피와 불의 문자들

M 아우또노미아총서 62

피와 불의 문자들 In Letters of Blood and Fire

지은이 조지 카펜치스
옮긴이 서창현

펴낸이 조정환
책임운영 신은주
편집 김정연
디자인 조문영
홍보 김하은
프리뷰 안태호 · 조미애

펴낸곳 도서출판 갈무리 등록일 1994. 3. 3. 등록번호 제17-0161호
초판인쇄 2018년 8월 13일 초판발행 2018년 8월 16일
종이 화인페이퍼 인쇄 예원프린팅 라미네이팅 금성산업 제본 은정제책

주소 서울 마포구 동교로18길 9-13 [서교동 464-56]
전화 02-325-1485 팩스 02-325-1407
website http://galmuri.co.kr e-mail galmuri94@gmail.com

ISBN 978-89-6195-183-8 93300
도서분류 1. 정치학 2. 경제학 3. 철학 4. 문화비평 5. 사회운동 6. 정치사상

값 27,000원

이 도서의 국립중앙도서관 출판예정도서목록(CIP)은 서지정보유통지원시스템 홈페이지(http://seoji.nl.go.kr)와 국가자료
공동목록시스템(http://www.nl.go.kr/kolisnet)에서 이용하실 수 있습니다.(CIP제어번호 : CIP2018023141)

피와 불의 문자들

갈무리

In Letters of
Blood and Fire

노동, 기계, 화폐
그리고 자본주의의 위기

George Caffentzis
조지 카펜치스 지음
서창현 옮김

일러두기

1. 이 책은 George Caffentzis의 *In Letters of Blood and Fire : Work, Machines, and the Crisis of Capitalism* (PM Press, 2013)을 완역한 것이다.
2. 단행본과 정기간행물에는 겹낫표(『』)를, 논문에는 홑낫표(「」)를 사용하였으며, 단체명에는 가랑이표(⟨ ⟩)를 사용하였다.
3. 원서에 이탤릭체로 강조된 것은 고딕체로 표기하였다. 단, 원서에서 영어가 아니라서 이탤릭으로 강조한 것은 한국어판에서 강조하지 않았다.
4. 지은이 주석과 옮긴이 주석은 같은 일련번호를 가지며, 옮긴이 주석에는 [옮긴이]라고 표시하였다.
5. 원서의 대괄호는 〔 〕를 사용하였고, 옮긴이가 덧붙인 내용은 [ ] 속에 넣었다.

『피와 불의 문자들』에 대한 찬사

시의적절하게 출판된 카펜치스의 이 책은 지난 30년간의 자본의 변형에 대한 날카롭고도 단호한 분석을 제공하며, 이 시대의 관점에서 고전적 작품들을 재독해한다. 책은 가치 투쟁의 전선에서 우리가 견지해야 하는 부단한 경계심을 일깨워준다. 이것은 우리에게 매우 소중하다. 우리가 현재 위기의 의미를 전복하고 이 위기를 해방을 위한 기회로 바꿀 수 있는 새로운 투쟁 시기에 접근하고 있기 때문이다. 우리 자신의 안전과 공동체의 안전에 본질적인, 그리고 거짓 신화를 위안으로 삼지 않는 경각심은 다음과 같은 것이다. 자본의 야수는 여전히 야수이며, 우리를 사회정의와 평화로 인도해줄 과학기술이나 특권적인 노동 형태는 존재하지 않는다는 것. — 맛시모 데 안젤리스, 『공통인들』의 편집자, 『역사의 시작』의 저자

카펜치스는, 1960년대의 미국 시민권 운동에서 1970년대 유럽 자율주의 운동에 이르는, 1980년대 석유 호황기 나이지리아 노동자 투쟁에서 1990년대 사빠띠스따의 엔꾸엔뜨로[대륙간회의]에 이르는, 가사노동에 대항하는 페미니즘 운동에서 공통장들을 위한 프레카리아트의 투쟁에 이르는 반자본주의 운동의 정치철학자다. 경제학과 물리학을 두루 섭렵한 그는 화폐·시간·노동·에너지·가치 같은 근본적인 범주들을, 혁명적 맑스주의 그리고 변화하는 운동의 역학과 맺는 연관 속에서 재고찰했다. 이 시대의 역사가인 그는 20세기의 정치적 지혜를 21세기로 가져온다. 활발하면서도 집요한 논객인 그는 오만한 맑스 연구가들을 에워싸고 원무를 춘다. 시간이 흐르면서 그의 사유는 더 깊어지며, 더 즐겁고 유머러스하게 표현되는 경향이 있다. 그가 세계를 전복하는 지렛대는 깃털처럼 가벼우며, 그 지렛목은 주부·학생·농민·학생 들처럼 건실하다. 여기 이 시대에 걸맞은 자본주의 비판과 프롤레타리아트 이론이 있다. 그는 브루클린, 메인, 영국, 이탈리아, 나이지리아, 그리스, 또는 인도네시아에 정통하며, 고대의 이솝과 디오게네스, 중상주의 시대 화폐에 대한 영국 경험주의 철학자들, 또는 미국 학계를 지배한 유럽의 다양한 근대성 철학자들에 대해서도 역시 정통하다. — 피터 라인보우, 『마그나카르타 선언』의 저자

이 글들은 21세기의 시초축적의 피와 불을 밝혀줄 뿐만 아니라 이 야만적이고 지속적인 과정을 로봇 이코르, 실리콘 칩, 유전자 코드로 새겨진 새로운 형태의 미래주의적 강탈들에 연결하는 불가피한 결합들 역시 밝혀준다. 카펜치스는 오랫동안, 이론적으로 매우 심오하고 철저하게 역사적이며, 아주 독창적이고 필수적으로 읽어야 하는, 변화무쌍한 계급투쟁의 전선에 항상 연결된 현대 맑스주의를 창조해 왔다. 오늘날 그의 저작들은 전 세계에서 다시 폭발하는 전 지구적 봉기들을 이해하는 데 필수불가결하다.

— 닉 다이어-위데포드, 『사이버-맑스』의 저자

이 역사, 생산자들에 대한 수탈의 역사는
피와 불의 문자들로 인류의 연대기에 기록되어 있다.
― 칼 맑스

차례

3부

화폐, 전쟁 그리고 위기

:: 한국어판 지은이 서문

　이 책에 실린 논문들은 1980년(「노동/에너지 위기와 종말론」이 최초의 논문이다.)과 2010년(「금융위기에 대한 메모 – 주가 폭락에서 동결까지」가 마지막 논문이다.) 사이에 쓰였고 2013년에 발간되었다. 이때는 "에너지" 위기에서 "금융" 위기에 이르기까지 복합적인 자본주의 위기의 시대였다. 당시 많은 사람들은 자본주의 시스템이 죽을병이 든 사회 시스템을 위한 요양원에 들어갈 준비가 되어 있다고 주기적으로 선언했다.

　내가 이 논문들을 쓴 것은 무엇보다도, 주로 미국이나 서유럽에서 투쟁하는 반자본주의 활동가 독자들로 하여금 자본가 계급이 1980년대에 시작하고 오늘날의 트럼프 체제까지 계속 이어져 오는 반혁명에 대항하고 있는 사람들의 전략 토론에 개입할 수 있도록 하기 위한 것이었다.

　이 논문들에서 다룬 자본주의 위기에 대한 내 분석이 맑스주의의 영감을 받은 것이긴 하지만, 그것은 새로운 종류의 맑스주의였다. 이 맑스주의는 목적론적 논리와 공장 중심적인 노동계급 개념을 명백하게 거부했다. 이러한 논리와 개념은 (1989년까지의) 소비에트 연방에서 지배적인 위치를 점했고, 유럽과 미국의 노동자 정당과 분파들의 일부 후예들에게는 오늘날까지도 여전히 힘을 얻고 있다.

　미국과 서유럽 그리고 한국에서 일어난 계급투쟁의 맥락이 상이하다는 점을 고려하면서 나는 이 논문들에서 활용한 "대안적인" 맑스주의의 주요 교의들에 이르게 된 경로에 대한 자전적인 스케치로서 이 서문을 집필하고자 한다.

　나는 70년 이상의 인생 대부분을 계급투쟁을 배우는 학생으로서 지내왔다. 그러나 나의 계급투쟁 개념은 적어도 세 번 근본적인 변화를 겪었다. 계급투쟁에 대한 현재의 내 견해는, 1962년 내가 오하이오의 안티오크 대학교에서 공부를 시작하면서 맑스의『1844년 경철 수고』를 읽었을 때 가졌던 웅장하지만 제한된 시각이 아니다. 바로 이 해에 나는 또한 "쿠바에서 손을 떼라" 캠페인을 통해 정치적 행동주의의 삶에 돌입했고, 오하이오 남동부에서의 "차별 폐지" 투쟁을 시작했다. 나는 이곳에서 일어난 시민 불복종 시위들에서 여러 차례 체포되었다. 뉴욕의 브루클린에서 소규모의 가족 레스토랑을 운영하고 철두철미한 공화당의 정치적 견해를 지니고 있던 그리스 이주민 부모 사이에서 태어난 나는 고등학교에서는 좌파로 기울었다. 여기에서 나는 매카시 숙청 당시 해고되었던 교사들의 자녀들과 어울렸다. 더욱이 1958년 봄과 여름에는 그리스에서 지냈는데, 미국 기지에 반대하는 최초의 대규모 시위를 목격했으며 좌파적인 정치적 견해를 지니고 있던 친지들을 만났다. 당시 나는 "비트족"[1]이기도 했는데, 앨런 긴즈버그[2]에게서 영감을 받아 시를 쓰기도 했고 그리니치빌리지[3]에 있는 재즈 클럽이나 포크 음악 카페에 드나들었다.

1960년대 동안에 나의 행동주의와 맑스주의 연구는 융합되기 시작했다. 안티오크에서 물리학 전공으로 학업을 시작했지만, 내가 사용하려고 흥미를 느끼고 있는 핵물리학 연구 수단 대부분이 정부의 접근 승인을 필요로 하고 나의 정치적 신념과 행동으로 인해 그러한 승인을 받을 수 없을 것이기 때문에 내가 이 분야에서 어려움을 겪게 될 것임을 금방 깨달았다. 그래서 나는 뉴욕 시립대학교에서 역사와 과학철학으로 학업의 초점을 바꿨고 프린스턴 대학교로 가서 과학 역사가이자『과학혁명의 구조』의 저자인 토머스 쿤이 주도하는 프로그램에서 대학원 공부를 했다. 이때는 베트남 전쟁에 반대하는 매우 창의적인 투쟁이 일어난 시기였다. 그래서 나는 프린스턴 대학교에서 양자역학의 논리에 대한 박사학위 논문을 구상하면서 프린스턴 대학교 교정 그리고 대학에서 남쪽으로 약 50마일 떨어진 포트딕스의 주요 육군 기지에서 일어난 활동들에 참여했다.

이론과 실천의 이러한 융합은 1970년 켄트주와 잭슨주 대학교들에서 일어난 주 방위군의 학생 살해로 촉발된 전국 학생 파업 이후에 본격적으로 시작되었다. (줄리어스 센샛과 마크 린더를 포함한) 수많은 대학원생과 나는 "대항 강의"를, 특히 경제학에서 그러한 대항 강의를 개설할 때가 되었다고 생각했다. 이 프로젝트는 당시 가장 광범위하게 채택된 교재 폴 새뮤얼슨의 『경제학』에 대한 대항 교재의 집필을 필요로 했다. 우리는 이 프로젝트를 준비하면서 3년에 걸쳐 맑스의 『자본론』세 권의 독서를 병행했다. 이 스터디그룹을 통해 나는 결정적으로 맑스의 정치경제학 비판에 입문하게 되었고, 뒤이어 1974년 독일어로 번역 출간되고 『반새뮤얼슨 ─ 부르주아 경제학의 대표적인 교재 비판』이라는 제목을 달고 있는 네 권짜리 저작(마크 린더가 대표 저자)을 읽게 되었다. 이 책의 결말은, 오이겐 뒤링의 "체계"에 대한 반론인 『반뒤링론』에 대해 엥겔스가 다음과 같이 언급했던 것과 유사한 방식으로, 미국의 대학생을 위한 "대항 교재"라는 애초의 의도를 넘어섰다. "그것에 수반하는 긍정적인 생각들을 위해 뒤링의 교의에 대한 논쟁을 받아들일 만큼 충분히 큰 주제에 관심을 갖는 대중이 있는 것 같다. 그렇지만 그 논쟁은 이제 대부분 논점을 잃어버렸다."[4]

당시 1970년대 초반 노동계급과 자본가계급은 내게는, 피켓라인에서부터 혁명의 전쟁터에 걸쳐 생산수단의 통제를 둘러싸고 싸움을 벌이고 있는 두 개의 제도적으로 규정된 거인들(기업 및 국민─국가 대 노동조합 및 노동자 정당)이었다. 이 거인 투쟁의 결과에 따라 평균이윤율에 의해 표현된 바의 전체 사회의 착취 정도가 결정되었다. 이렇게 해서 계급투쟁에 대한 나의 "평균적인 맑스주의"적 시각이 구성되었고, 나는 이것을 1960년대와 1970년대 초반 미국의 여러 사람들과 공유했다.

계급투쟁에 관한 나의 첫 번째 개념적 혁명은 "아랍 오일 보이콧"이 일어난 때인 1973~74년에 이루어졌다. 역사적으로 볼 때, 이 시기는 미국에서 에너지 위기가 시작되고 실질임금이 절정에 이르렀을 때였다. 나는 계급투쟁을 사회적 생산의 노동과정 전반에 걸쳐 분산된 것으로 이해하기 시작했으며, 처음에는 평온한 사회적 장인 것처럼 보였던 것이 왜 갑자기 혁명적 행위로 분출되었는지를 설명해 주는 "숨은 변수"가 바로 노동거부라는 것을 이해하기 시작했다. 미셸 푸코와 존 스코트가 각각 "권력의 미시물리학"과 "약자의 무기"로 세계의 이목을 끌기 전에, 빌 와트슨의 「작업장으로부터의 대항 계획」과 같은 논문들과 마리오 뜨론띠, 안또니오 네그리, 로마노 알꽈띠 같은 이탈리아 출신의 노동자주의자들의 연구는 반자본주의 전사들에게 다음과 같은 사실을 경고했다. 즉 미시 투쟁이 자본주의 사회 전반에 걸쳐 "1년 내내"[5] 수백만 개의 장소에서 노동자와 사장 사이에서 벌어지고 있다는 사실, 그리고 이 투쟁이 대부분 자신을 투쟁으로 선언하지 않는다는 사실을 말이다!

이 투쟁은 대부분 격식에서 벗어났으며, 종종 공식적인 노동자 정당과 노동조합에 적대적이기도 했다. 이 투쟁은 노동거부에 의해, 그리고 자본주의의 생산과 재생산의 회전에 본질적인 일상적 억압에 대한 증오에 의해 유발되었다. 내 마음속에서 일어난 이 개념적 혁명으로 인해, 동질적인 계급적 거인들 사이에서 벌어지는 투쟁이라는 이미지는 사회적 장의 길이와 폭을 가로질러 배열된 경향들, 순환들, 세력들의 분산된 "지하의" 투쟁으로 분해되었다. 더욱이, 이러한 투쟁은 계급이라는 장벽에 외부적이지 않고 자본주의의 핵심 그 자체를 관통했다. 자본주의 사회에서 노동은 억압이며 수많은 속임수와 수백만 형태의 (현실적인 및/또는 위협적인) 폭력을 통해 끊임없이 다시 부과되고 있기 때문이다. 한편 노동거부는 대부분 자신을 "계급투쟁"으로 인식하지 못하거나 인식되지 못한 채 무한히 다양한 표현들을 통해 사회적 표면 위에서 모습을 드러낸다. 이러한 시각은 분명 "평균적인 맑스주의"에 비판적이었다. 그래서 나는 반새뮤얼슨 프로젝트에 대한 협력 작업을 동지적 방식으로 종료했다.

디트로이트와 토리노의 공장 노동자들을 동일한 개념적 우산 아래 결합시키는 통찰은 내게 종교적 관점 혹은 과학적 관점의 시각적 충격을 가져다주었다. "노동거부" 관점은 (물리학에서 척력을 상기시키는) 사회적 우주의 강력한 숨겨진 힘들을 밝혀주었다. 이러한 힘들은 숨겨져 있었지만 쉽사리 "이용당하지" 않았다. 자본가들은 공식적인 "노동계급 조직들"보다 오히려 이러한 힘들에 반응하는 데 더 주의를 기울여 왔다. 왜냐하면 노동거부 그리고 노동과정 중에 일어나는 계급투쟁은 자본주의 발전을 위한 기동력들을 제공해 왔기 때문이다. 분산된 계급투쟁은 (공공연하고 제도적인 투쟁보다도 훨씬 더) 과학기술적 억압에 대한 (종종 "진보"로 불리는) 매우 강도 높은 투자를 하나의 필연으로 만든 에너지들을 창출했다. 자본가들은 생산의 기계화, 자동화, 컴퓨터화, 로봇화로 인해 노동자에게 닥쳐올 급박한 실업 위기를 끊임없이 "예언함으로써" 노동자들을 위협하기 위해 기계를 사용했다. 그러나 거의 150년 이상의 이러한 예언의 시대가 지났음에도 불구하고 "노동의 종말"은 아직 도달하지 않았으며, 대다수의 사람들에게 노동은 사실상 증가하고 있다. 나는 이것이 왜 그런지를 이 책 2부, 특히 「기계는 왜 가치를 창출하지 못하는가 ― 맑스의 기계론」에서 설명하고 있다.

자본주의 이해에서 일어난 두 번째 개념적 혁명은 내가 페미니스트들의 작업을 소개한 1973~74년에 또한 시작되었다. 마리아로사 달라 코스따, 셀마 제임스, 실비아 페데리치가 그들인데, 그들은 "가사노동에 임금을" 관점을 발전시켰다. 그들은 임금이 노동계급의 경계들을 분리하지 않았음을, 그리고 착취(그러므로 노동일)가 임금노동의 전통적인 장소들, 즉 공장·사무실·농장에 국한되지 않았음을 논증했다. 그들은 세계의 비임금 노동자들, 특히 "가정"에서 임금을 받지 않고 노동하는 여성들이 잉여가치 창출에 핵심적이라고 강력하게 주장했다. 왜냐하면 그들의 노동이 공장, 사무실, 농장에서 자본에 의해 "직접" 착취되는 노동력을 창출

및 재창출하는 데 훨씬 더 본질적이기 때문이었다. "가사노동에 임금을" 관점 덕분에 나는 페미니스트 투쟁을 계급투쟁의 결정적인 영역으로 이해하게 되었다. 그뿐만 아니라 이 관점은 또한 내가 "노동의 다양성"을 이해하는 토대가 되어주었다.

나는 이러한 시각을, 표준적인 맑스주의의 (노동을 오로지 한 가지 유형의 선형적인 시간적 현상으로 기술한다는 의미에서) 일차원적인 노동관과 대조하기 위해 "노동의 다양성"이라는 표현을 사용한다. 이러한 노동관은 사장과 노동자 사이에서 "자유롭게" 계약된 임금노동이 이윤율과 착취율을 결정하는 자본주의 사회에서 지배적인 노동 유형이라고 가정한다. 그러나 실제로는, 자본주의 사회의 노동은 여섯 개의 논리적 가능성들로부터 최소한 네 가지 양태들을 취한다.

	자유	강압	합법	불법	임금	비임금
조립라인	x		x		x	
가사노동	x		x			x
노예노동		x	x			x
범죄	x			x	x	

자본주의 사회의 가치화에 대한 완전한 결산은 적어도 노동 다양성의 이러한 차원들의 통합을 필요로 한다. 마찬가지로, 계급투쟁의 일반 회계는 노동의 다차원적인 다양성의 이 모든 차원들과 이것들의 상호작용 내부에서 만들어지고 있는 투쟁 종류들에 대한 평가를 필요로 할 것이다.

물론 계급투쟁에 대한 이러한 접근법은 자본이 노동을 분할하기 위해 임금의 위계들을 어떻게 활용하는지, 또한 노동자들을 상이한 "차원들"로 훨씬 더 결정적으로 분할하기 위해 노동의 다양성의 상이한 차원들을 어떻게 활용하는지 보여주었다. 맑스주의적인 자본주의 분석이 봉착한 주요한 정치적·이론적 문제는 임금의 위계뿐만 아니라 (가정주부나 노예 같은) 특수한 무임금 범주들의 창출에도 역시 뿌리를 두고 있는 인종주의나 성차별주의를 다루지 못하는 무능력이었다. 이러한 범주들에서는 노동계급 내부의 "양적" 분할들뿐만 아니라 (인종과 성 같은) "질적" 분할들의 창출을 찾아볼 수 있다.

1970년대 초반의 두 가지 개념적 혁명들을 결합하려는 노력은 1980년대 전반에 걸쳐 내 사유의 토대를 이루었다. 우리는 〈미드나잇 노츠 콜렉티브〉Midnight Notes Collective 활동을 하면서 "대중적인 맑스주의"라는 우리 나름대로 특유한 브랜드를 고집했다. 이것은 여전히 이윤/임금 숫자 속에서 계급투쟁의 지형을 읽어내고, 당시 제기되고 있었던 다양한 형태의 포스트모더니즘에 대한 적대 속에서 노동의 다양성을 읽어낸다. 그러나 새로운 경험들과 투쟁들은 개념적 지평을 확장하여 "임금투쟁"(아무리 폭넓게 규정된다 하더라도)과 노동의 다양성에 의해 밝혀진 것보다도 더 심원한 단계를 가리키기 시작했다. 레이건 집권 초반의 억압이 늘어나면서 〈미드나잇 노츠〉의 동지들과 나 자신은 대지의 끝자락과 시간의 극한에 내몰리게 되었다. 예컨대 나는 1983년과 1987년 사이에 나이지리아 남동부의 칼라바르 대학교로 가서 철학을 가르쳤다. (억압은 최소한 나에게는 발전으로 귀결되었다.) 하지만 이 상황에서 우리는 계급투쟁에 관한 우리가 실제로는 세계의 중심부로, 또 역사의 개시로 진입했음을 깨달았다. 당시 보스턴과 뉴욕에서 가진 콜렉티브의 임시 모임에서 우리는 아프리카·인도·아메리카 대륙에서 목격하고 있는 토지 투쟁들 속에서, 팔레스타인의 물 투쟁들 속에서, 취리히·암스테르담·베를린의 무단 점거 투쟁들 속에서, 모두에게 공개되어 있는 뉴욕시의 공원들과 집단적인 도시 정원들을 지키려는 투쟁들 속에서, 다음과 같은 두 개의 측면을 가진 일반화된 임금투쟁의 심층구조를 발견하기 시작했다.

한편으로, 임금노동자가 존재하지 않는다면 임금투쟁은 일어나지 않을 것이다(역도 마찬가지다). 하지만 임금노동자들은 자연적인 존재가 아니다. 그들은 역사적으로 형성되어야 한다(사실상 비임금 노동자들도 역사적으로 만들어졌다). 왜냐하면 만약 우리가 공통적인 것에, 다시 말해 우리를 둘러싸고 있는 강력한 공동체와 풍부한 생존수단에 접근할 수 있다면, 피할 수 없는 사장에게서 비참한 임금을 구걸할 가능성은 없을 것이기 때문이다(훨씬 적은 사람들이 비임금 범죄, 노예화 또는 남성 임금에 대한 의존을 수용할 것이다). 임금 및 비임금 노동자들은 생존수단에 접근할 수 없도록 내쫓긴 사람들이 자본주의 사회 속으로 내몰리게 되었을 때 동시에 창출되었다(우리는 이것을 "인클로저"라 부른다). 임금 관계가 생존수단으로 되지 않았다면, 노동자들은 착취에 이용당하지 않았을 것이다. 이러한 까닭으로 노예 해방 투쟁은 언제나 두 가지 측면을 갖는 경향이 있다. (1) 임금을 받는 지위에 대한 요구 및/또는 (2) 비임금 생존수단으로의 복귀에 대한 요구.

인클로저의 단순 논리는 (맑스의 『자본론』 1권의 8부 "소위 시초축적" 뿐만 아니라) 반자본주의 전통의 기본적인 텍스트들 속에서 피와 불의 문자들로 각인되어 있다. 실제로 우리는 반자본주의 투쟁이 (자본이 지배적인 사회적 세력이 되는 것을 막기 위한 투쟁의 형태로) 1492년 이전에 시작되었다고 말할 수 있다. 그러나 우리는 여행을 통해 이 인클로저 과정이 결코 끝나지 않았음을 이해했다. 놀랍게도 그것은, 구조조정프로그램으로서, 처음에는 대서양의 노예무역을 통해 그리고 나중에는 식민주의를 통해 이루어졌던 수백 년 전의 대륙 황폐화를 반복하면서 세계은행과 국제통화기금IMF에 의해 아프리카에서 재도입되고 있었다.

다른 한편으로, 임금노동자는 기꺼이 임금노동자로 남으려 하지 않았다. 그들은 생존을 위해 전적으로 임금에 의존하지 않는 상호부조의 환경과 네트워크를 재창출하려고 끊임없이 시도했다. 실제로, 그들은 임금에 매개되지 않으면서 부에 접근할 수 있는 방식과 생존방식을 재창출하려고 애썼다. 이러한 노력들이 성공한다면 임금노동자들은 노동을 거부할 수 있는, 그리고 자본을 초월하고 머지않아 자본주의를 극복하는 삶을 실현할 수 있는 더 많은 힘을 갖게 될 것이다.

이 두 측면은 오늘날의 현실을 표현한다. 하지만 첫 번째는 자본의 시작을 다시 가리키는 반면, 두 번째는 자본의 종말을 가리킨다.[6] 이것 역시 계급투쟁의 요소다. 자본은 (그 모든 화신들 속에서) 언제나 본래의 자급적 삶을 제거하고 싶어 하며, 그렇게 하기 위해 '찾아서 파괴'하려는 노력들을 계속해서 수행하고 있다. 마찬가지로 자본은, 노동자들에 의해 구성되었으며 그들에게 노동을 거부할 증대된 힘을 부여하는 모든 새로운 공통장들을 에워싸기 위해 항상 예의 주시하고 있다.

임금의 아래에서 벌어지고 있는 투쟁의 이 심층 구조를 표현할 언어를 발견하기 위해 우리는 "자율"과 "자기가치화" 같은 용어들이 적절하다고 생각하지 않았다. 이 용어들은 우리가 의심스럽다고 생각한 철학적 가정들의 짐을 너무 많이 지고 있었다. 우리에게는 공통장들과 인클로저 같은 어휘가 더 생각을 자아내게 했으며 역사적으로 풍부했다. 왜냐하면 이 용어들은 (감옥-산업 복합체와 사형에 반대하는 투쟁을 포함하는) 굴종 반대 투쟁과 맑스주의, 생태학, 페미니즘, 원주민 투쟁들이 만나는 공간에 대해 이야기하기 때문이다.

우리의 용어 선택은 적어도 선견지명이 있는 것으로 판명되었다. "공통장들"과 "인클로저"는 소프트웨어에 저작권을 부여하고 인간 유전자에 특허를 부여하는 것에서부터 공공 도서관 시간을 단축하는 것에 이르기까지 무엇인가를 기술하는 방식으로 이용되어 왔다. 이 어휘는 또한 사회주의 국가의 종말론 시대에 신자유주의적인 시장 숭배에 대한 대안을 명료화하는 방식으로 기능했다.[7]

이 책에 등장하는 새로운 계급투쟁 이미지는 그러므로 복잡한 이미지다. 이것은 공식적인 (계약적이고 화폐적이며 "자유로운") 임금 투쟁에서 시작한다. 그러나 이것은 (가사노동에서 노예노동에 이르는) 다양한 형태의 비임금 (즉, 비계약적이고 비화폐적이거나 "강압적인") 노동을 포함하는 훨씬 광범한 투쟁 속에 각인된다. 마지막으로, 일반화된 임금투쟁은 오래되고 새로운 공통장들을 인클로즈하려는 자본의 종종 집단학살적인 노력들 때문에 계속 확대되고, 새로운 공통장들의 구축과 오래된 공통장들의 보존에 의해 축소된다.

우리는 이렇게 공통장들을 직접 방어하는 것이 점점 자본주의적 지구화에 반대하는 전 지구적 투쟁의 특징이 되었음을 인식했다. 설령 이 투쟁이 노스다코타의 스탠딩 락[8]에서부터 이스탄불의 게지 공원[9]에 이르기까지 수많은 상이한 형태를 띠었다 해도 말이다. 이것이 바로 자본 스스로 멕시코의 에히도에서부터 서유럽 노동자들의 연금에 이르기까지 공통의 오래되고 새로운 자급 영역에 대한 공격을 강화하고 있는 이유다.

이것이 바로 이후 〈미드나잇 노츠〉가 사빠띠스따 봉기와 뒤이은 세계화 반대 운동에 그렇게 많은 관심을 쏟은 이유다. 이 봉기와 운동은 자본과의 더 나은 임금 거래를 위해 싸웠다기보다 오히려 (임금 수준이 어떻든 간에) 삶의 모든 측면들을 상품화하고 인클로즈하는 것을 목표로 하는 신자유주의 세계를 거부한 것이었다. 사빠띠스따의 "만인에게 모든 것을, 우리 자신을 위해서는 무nothing를", 그리고 반세계화 운동의 "이 세상은 판매용이 아니다." 같은 구호들은 공통장들을 옹호하고 전 지구적 수준의 인클로저에 반대하는 투쟁을 간결하게 표현한다. 두 운동의 문제와 한계에도 불구하고, 우리는 맑스주의적 및/또는 아나키즘적으로 중상하는 사람들에 맞서 이 운동을 옹호했다. 우리는 이것들이 오래된 반자본주의적인 프롤레타리아트 요구들을 직접적으로 명료화하는 것으로 간주했기 때문이다.

이러한 투쟁들이 임금투쟁을 부정하는 것은 아니다. 이 투쟁들은 진실로 우리에게 임금투쟁이 (지질학에서 역사와 언어에 이르는) 자본주의 이전의 자연적이고 사회적인 공통장들의 지속 그리고 (사이버스페이스에서 사회보장연금에 이르는) 자본주의 이후의 새로운 공통장들의 지속적인 구축에 기초하고 있음을 상기시켜 준다. 자본의 사상가들은 종종 "이데올로기적"이라 불리고 있는 투쟁의 이러한 "다른" 측면들에 매우 민감한 반응을 자주 보였다. 그러나 석유가 고대의 숲에 살았던 사람들의 관념이 아니듯이 인간과 자연의 과거도 "관념"idea이 아니다.

　책의 제목이 아주 잘 어울리는 시대에, 한국의 독자들을 만나 『피와 불의 문자들』에 대해 토론할 수 있기를 기대한다.

2016년 12월 21일
조지 카펜치스

내가 1980년에서 2010년 사이 미국, 유럽, 아프리카에서 쓴 이 정치논문집은 이 책의 [영어판] 부제에서 나타나는 주제들, 즉 "노동, 기계 그리고 자본주의의 위기"를 다룬다. 나는 여기에서 이 논문들의 배경, 이 논문들의 개념적 연속성, 이 논문들에 힘을 부여하는 정치적 목표들에 대해 간략하게 기술하고자 한다.

내가 볼 때 지난 30년은 종종 무자비한 자본주의의 만성적인 위기의 시기처럼 보였다. 이 치명적인 연대는 이 논문집이 사용하고 있는 방법론을 설명해 준다. 이때는 좌파에서 우파에 이르기까지 당시 모든 언론이 위기라고 선언했던 시기들이었다. 첫 번째는 "에너지" 위기였고, 두 번째는 "금융" 위기다. 그러나 이러한 표현들은 내가 생각하기에 잘못 붙여진 이름 같다. "에너지 위기"가 추상적인 물리량(에너지)이 본질에서 위기에 관련된다는 것을 함축한다면, "금융위기"는 위기가 추상적인 사회량(화폐)에 의해 야기되었음을 함축한다. 이러한 함축들은 대립하는 정치적 사고, 전략, 행위 등을 여러 막다른 골목으로 쉽사리 몰아간다. 이런 이유로 나는 "에너지"와 "금융"처럼 스케어 따옴표[1]를 종종 사용한다. 이 책의 요점은 반자본주의 운동을 하는 동지들에게, 이러한 구절들이 그리고 (좌파의 수사학에서 쓰이는 용어들을 포함해서) 우리 시대의 정치용어들이 암시하는 물신적 자극을 거부하는 방법을, 즉 자본주의 위기에 대해 말하고 사고하는 방법을 제공하는 것이다. 여기에서 나의 가정은, 체계에 대해 제대로 기술한다면 체계를 분쇄할 수 있는 더욱 효과적인 방법을 얻을 수 있을 것이라는 점이다.

따라서 첫 번째 논문 「노동/에너지 위기와 종말론」에서 나는 "에너지"

위기에 노동/에너지 위기라는 새로운 이름을 부여한다. 왜냐하면 그것은 1980년대에 위기에 빠진 것이 전 세계에서 노동에 대한 자본의 통제였으며, 문제가 되는 것은 자본이 한때 노동과정(자본주의에서 가장 중요한 과정)에 가했던 통제를 다시 한번 부과하기 위해 에너지 상품들이 어떻게 활용되어야 했는가 하는 것이었기 때문이다. 3부에 실린 논문「금융위기에 대한 메모」에서 2010년의 "금융" 위기는 전 세계 노동자들과 자본가들 사이에서 (종종 신용과 부채를 포함하는 새로운 지형에서) 치러지는 계급 투쟁의 산물로 묘사된다.

처음부터 끝까지 이 책은 (파농의 위상학적 표현을 사용하자면) "확장되는" 맑스주의 범주들을 적용하려는 끊임없는 노력을 나타낸다. 다시 말해 이 범주들은 "왜곡" 없이 변형된다. 이 범주들이 확장되어야 하는 것은 이것들이 비임금unwaged 노동자들(특히 여성들)의 투쟁을 자본주의와 자본주의 위기를 이해하는 데 기본적인 것으로 받아들이기 때문이다. 이 범주들은 역사적 사건들에 대한 설명을 제공하기 위해 상품과 화폐의 물신주의뿐만 아니라 기계의 물신주의를 받아들이기를 거부한다. 그리고 이 범주들은 반자본주의 운동에 가능성의 공간을 제공한다.

이 책은 노동자들이 세상을 바꿀 수 있다는 주장을 이해하고 있으며, 그러한 주장에 대한 증언을 담아내고 있다. 책에 실린 논문들은 반자본주의의 주요한 문제 틀을 (그것이 기술적 변화이건 또는 최첨단 식량 생산의 결핍이건 간에) 기술적인 것으로 제시하는 것을 거부하면서, 자본주의가 임금 및 비임금 노동자들 사이에서 끊임없이 창출하고 재생산하고 있는 ─ 성적sexual, 성차적gendered, 인종적racial, 민족적ethnic, 국가적national, 법적legal ─ 분할들과 위계들에 정면으로 방해물을 설치한다.

계속해서 이 책의 새로운 측면 몇 가지를 기술하기 전에 나는 이 논문들이 온전히 "내 것"만은 아님을 지적해야겠다. 왜냐하면, 이 논문들 대부분이 동지들의 도움, 영감, 토론을 근간으로 집필되었기 때문이다. 그들 대부분은 〈미드나잇 노츠 콜렉티브〉의 회원들이거나 정치적으로 그들과 가까운 사람들이었다. 그들은 언제든지 즉각적으로 내 논문을 심사숙고 해 주었으며 (애덤 스미스의 개념적 인물을 빌려 표현하자면) 내부의 "공정한 관찰자"[2]가 되어주고 있다. 그래서 〈미드나잇 노츠 콜렉티브〉에 대해 몇 마디 더하는 것이 이 책의 서문에 적절할 것이다. 〈미드나잇 노츠〉는 1979년에 보스턴과 뉴욕에서 창립되었다. 그리고 우리는 과거의 노동자 운동(그리고 비단 맑스주의만이 아닌 [다양한 분파들을 포함해] 그들이 생산한 풍부한 지식)과, 자본의 계획들을 좌절시키는 데 주요한 역할을 하기 시작하고 있던 새로운 사회운동들을 잇는 가교가 되고자 했다.

당시 우리의 기획을 규정하는 데 어울리는 단순한 공식은 "〈미드나잇 노츠〉 = 사회운동들 + 노동계급 범주들"이다. 이러한 기획에서 우리는 마리아로사 달라 코스따, 실비아 페데리치, 셀마 제임스 등의 "가사노동에 임금을" 이론가들의 영향을 깊게 받았다. 이들은 사실상 페미니스트에게, 그리고 임금노동자의 운동들, 특히 맑스주의에 바로 그러한 (그리고 그 이상의) 영향을 미쳤다.[3] 가정에서의 재생산 노동을 기술하기 위해 임금, 잉여가치, 이윤 같은 범주들을 사용함으로써 그들은 바로 이 개념들을 보존하고 변형했다. 물론 우리가 사용한 맑스주의 범주들은 이미 마리오 뜨론띠, 페루치오 감비노, 세르지오 볼로냐, 안또니오 네그리 같은 이탈리아의 자율주의적 사상가들과 활동가들에 의해서도 "확장"되었다. 마지막으로, 우리는 임금이 아직 계급 구성의 유력한 척도가 되기 전인 17~18세기의 계급투쟁을 연구했던 E. P. 톰슨과 그의 동료들 같은 역사가들의 영향도 받았다.

〈미드나잇 노츠〉가 이 방법론을 최초로 적용한 것은 유럽과 미국에서 핵 발전소의 확산을 저지하는 주요한 세력으로 입증된 1970년대 후반의 반핵 운동이었다. 「노동/에너지 위기와 종말론」은 이러한 노력의 소산이다. 그 이후로 약 12년 동안, 우리는 이와 비슷한 논리를 핵전쟁 반대,

사형 반대, 세계화 반대, 사빠띠스따 지지, 공유지 운동 지지 등에 응용했다. 비록 이 책에 실린 논문들 중에 일부만이 〈미드나잇 노츠〉에서 출간되었지만, 논문들 전체가 몇 년 전 이 집단이 활동을 접을 때까지 이 집단의 정치적 궤적의 영향을 받았다.

노동과 노동거부

나는 1970년대 초반, 자본주의에 대한 몇몇 계몽적 통찰들의 은총을 받았다. 물론 이 통찰들은 당시 반자본주의 운동들의 힘이 만든 것이었다. 첫 번째는 1971년의 통찰이었다. 이때 나는 마침내 ─ 얼어붙은, 단련된, 말하는, 소곤거리는 심지어 비명을 지르는 ─ 남성 및 여성 노동자들과 함께 생활하기 시작했고, 내 주변의 모든 곳에서 이들의 노동을 발견하기 시작했다. 두 번째는 1973년에 이루어진 것으로서 "가사노동에 임금을" 운동으로 고무된 인식이었다. 자본주의에서 이루어지는 대부분의 노동이 여성이 수행하는 비임금 재생산 노동이라는 것이었다.[4] 세 번째는 1974년에 이루어졌는데, 이때 나는 일상생활의 대상들 속에서 노동거부를 보고 듣기 시작했다. 그때부터 계속해서 나는 대상들의 세계를 노동과 노동거부 사이의 뒤얽힌 투쟁의 산물로, 그리고 모든 사람의 행위를 자본을 위한 노동(또는 그것을 위한 준비)이나 자본에 대한 거부로 이해해 왔다. 이러한 적대적 세력들이 순수한 형태로 발견되거나 쉽게 해결된 형태로 발견되는 일은 좀처럼 없다. 따라서 내가 보기에 계급투쟁은 대규모의 파업, 노동자 반란, 혁명적 강령에서만 발견되는 것이 아니다. 계급투쟁의 심장은, 결국에는 (역사책에 기록되는) 파업들, 반란들, 헌장들이 되는 노동과 노동거부 사이의 미시투쟁들micro-struggles이다.

이러한 통찰력의 핵심 요소는 자본주의에서 일어나는 노동과정을 재해석하는 것이었다. 노동은 인간 활동들 전반으로 확대되는 다양체로서,

그 대부분은 임금을 받지 못하고, 보이지 않으며, 인식되지 않는다. 노동을 어떤 특별한 장소(공장, 논밭, 광산)에 고립시키려 한다면 그것은 노동을 왜곡하는 것이다. 노동은 가정에서도, 노동자들을 태운 열차에서도, 감옥에서도 역시 발견되기 때문이다. "가사노동에 임금을" 관점에서 배운 것처럼, 노동자들과 노동계급은 더는, 시계를 차고 노조협약의 "보호를 받는" 임금노동자들과 동일한 것으로 간주되지 않는다. 가정주부, 노예, 마약 운반책, 소작농, 죄수 들은 모두 노동계급에 속한다. 그들의 노동은 임금노동자들과 마찬가지로 자본주의 역사 전반에서 가치를 창출하며, 이러한 노동에 대한 그들의 거부는 임금노동자들의 파업처럼 자본가들에게 파괴적인 결과들을 가져올 수 있다.

나는 이러한 결론을 얻기 위해 노동과 노동력에 대한 맑스주의 개념을 (파농이 말한 것처럼) "확장"해야 했는데, 노동 개념의 이러한 확장은 또한 노동에 반대하는 투쟁 영역의 확대이기도 하다. 노동을 다양체로 보는 이러한 시각은 수 세기 전에 만유인력 개념이 많은 사람에게 가한 것과 비슷한 충격을 나에게 가했다. 사과의 낙하와 달의 운동이 단일한 힘으로 설명되었던 것처럼, 나는 노동에 반대하는 투쟁에 대한 대응의 징후들 ─ 벽돌이나 출입문 손잡이의 형태와 무게에서부터 1940년대 후반의 레빗타운5의 설계에 이르기까지 ─ 을 모든 곳에서 발견하기 시작했다. 대상들의 세계는 노동에 대해서뿐만 아니라 노동거부의 부정적인 힘에 관해서도 이야기해주었다. 공식적인 파업은 더는 노동에 반대하는 투쟁의 척도가 될 수 없었다. 더 정확히 말하자면, 파업은 매일 매일의 수많은 미시적인 거부들의 결과였다. 작업 현장에서 부엌에 이르는 자잘한 "대안계획들"이 모든 곳에서 내 눈을 사로잡기 시작했다.

1부에 실린 논문들에서 나는 다양한 방식으로 노동에 대한 이러한 통찰력을 활용했다. [그 방법들은] "에너지 위기"를 노동/에너지 위기로, (실비아 페데리치와 함께) 우주여행space travel을 가사노동으로, 생산의 컴퓨터화를 광범한 영역의 노예-노동을 개시한 것으로, 시간을 노동에 의해, 그리고 노동과정에 대한 거부에 의해 조건 지어진 것으로, 인지 노동자를 17~18세기의 가내공업 노동자처럼 자율을 상실하기 쉬운 존재로 분석하는 것이었다.

기계들

이 책의 2부는 자본주의에서 기계가 갖는 본성에 대한 고찰에 몰두한다. 여기에 실린 논문들은 과학이 생산과정에 통합되면서 자본이 노동자를 필요로 하지 않게 하는 기계들의 체계가 확립되었다는 견해와 관련된 현재 진행 중인 논쟁에 고무되어 작성되었다. 이 견해는 우파뿐만 아니라 좌파에서도 영향력 있는 지지층을 확보하였다. 이들은 기계화의 증대로 인해 자본주의가 더는 노동자들을 필요로 하지 않으며, 더욱이 21세기 초가 되면 "잉여" 노동자들의 숫자가 폭발할 것이라고 주장한다. 나는 1970년대 이래로 안또니오 네그리, 크리스티안 마라찌 같은 정치적 동지들과의 논쟁들 속에서 이러한 견해에 반대하는 주장을 펼쳐오고 있다.[6]

나는 이러한 가설과 관련된 결정적인 실험이 1990년대에, 아프리카, 아시아, 남미 전역의 구조조정을 통해, 이른바 소련과 동유럽에서의 공산주의의 "붕괴"를 통해, 그리고 최종적으로는 중국에서 덩샤오핑의 경제적 반혁명의 완전한 승리를 통해 이루어졌다고 생각한다. 결국 세계 노동시장에서 20억 또는 30억 명의 노동자들이 늘어났다는 사실이 보여준 것은, 상품생산에서 과거의 증기기관, 지렛대, 도르래에 컴퓨터, 로봇, 자기-재생산적 자동기계를 도입한다고 해서 자본주의의 "노동에 대한 욕망"이 조금도 줄어들지 않았다는 것이다. "잉여" 노동자 가설이 옳지 않다는 것은 한 치의 의심도 없이 증명되었으며, 노동가치론을 무시했던 대부분의 이론가는 최근 노동가치론을 재활용하기 시작했다.

기계에 대한 이러한 논문들이 우리에게 독창적인 영감을 주는 것과 별개로, 이 논문들은 여전히 논쟁 중인 두 개의 주장들을 펼쳐 놓는다. 첫 번째는 20세기에 도입된 새로운 기계론 ― 더 정확히 말하자면, 17세기에 갈릴레오가 이론화한 고대 그리스·로마 시대의 단순한 기계들(지렛대, 도르래, 나사, 궤도, 수레바퀴, 굴대) 그리고 19세기 사디 카르노가 이론화한 증기기관 등을 포함하는, 기계들에 대한 새로운 이론 ― 이 맑스주의의 자본주의 이론을 위기에 빠뜨린다는 것이다. 이 "새로운" 기계가 1930년대에 앨런 튜링이 이론화한 튜링 기계다(하지만 이 기계의 모델은 맑스가 활동했던 시대에 런던에서 가동되고 있던 찰스 배비지7의 분석 엔진에 암시되어 있었다).

모든 기본적인 기계 유형은 특정한 인간 노동을 추상화하고 분석하고 측정한다. 그래서 지렛대가, 덩어리들을 옮기고 대개 기계적인 힘들을 한 위치에서 다른 위치(예컨대 팔)로 변형하는 특정한 종류의 노동이라는 이미지를 우리에게 제공한다면, 증기기관은 열의 운동을 모방하는 기계적인 힘으로 열에너지를 변형한다는 이미지를 제공한다). 튜링 기계 이론은 계산 노동(실제로, 이 이론에 대한 초기의 해설서를 따르면, "컴퓨터"는 사무직 노동자였다)을 모델로 삼으며, 우리에게 (두뇌의) 이러한 노동을 추상화하고 분석하고 측정하는 방법을 알려준다. 분명, 맑스는 단순한 기계들과 증기기관에 친숙했지만, 분석 엔진에 대한 찰스 배비지의 작업의 중요성을 알지 못했다. 기계 일반에 대한 배비지의 텍스트들을 읽었는데도 말이다. 그리고 맑스와 배비지는 동시대인들이었으며 같은 시기에 런던에 살고 있었다.

맑스의 기계 이론에서 발견되는 이러한 틈이 그의 이론에서 치명적인 것은 아니지만 중요한 공백이기는 하다. 튜링의 기계 이론은 20세기 후반과 21세기 초반에 점점 더 중요해지는 노동형태뿐만 아니라 이 노동형태의 한계에도 초점을 맞춘다. 기계 유형이 저마다 자신이 모델로 삼고 있는 노동을 응용하는 데에서 나타나는 한계를 반영하는 고유한 한계들을 가지고 있는 것처럼, 열역학 제2법칙에 따라 열을 노동으로 변형할 가능성에도 한계가 설정된다. 따라서 노동자들의 열량 투입과 노동 산출 간의 비율(나치 과학자들에 의해 강박적으로 측정된 비율)은 결코 100%의 효율에 도달할 수 없었다. 마찬가지로 이러한 기계들의 본성 자체에 근거하는 어떤 문제들에 대한 해결책에도 한계가 존재한다(예컨대 멈춤 문제가 해결될 수 없는 까닭은, 작동 중인 어떤 특별한 튜링 기계가 어떤 지점에서 멈출지를 결정할 튜링 기계란 존재할 수 없기 때문이다). 이러한 튜링 기계의 한계들은 컴퓨터를 사용하는 노동과정 역시 한계가 존재한다는 것을 보여준다.

이 글들이 다루고 있는 자본주의 기계 이론의 두 번째 측면은 기계가 가치를 창출하지 않는다는 주장에 대한 변호다. 이것은 맑스의 공리 중에서도 중요한 것이지만, 이러한 주장은 [오늘날과 같은] 자동화된 공장, 로봇, 미사일의 시대에 이상하게 보일 수도 있다. 기계들은 더 적은 노동자들을 데리고 물건들의 생산을 증대하기 위해 사용하는 것이지 않은가? 이론적으로 말해, 가치를 갖는 상품들을 생산하는 데 노동자들의 감독을 필요로 하지 않는 기계들을 갖는 게 가능하지 않은가?

이러한 반박에 대한 나의 대답은 이 책의 2부에서 다루어진다. 하지만 나는 해답이 위에서 논의한 노동거부에서 발견될 수 있다고 주장하고 싶은데, 가치 창출 노동이 되기 위한 필요조건은 노동이 거부될 수 있다는 사실에 있기 때문이다. 하나의 움직임이 거부될 수 없다면, 그것은 생산과정의 일부인 가치 창출이 아니라 가치 이전의 일부가 된다. (마술사-자본가의 완전한 통제를 받는 사람들이 줄지어 있다는 의미에서) 좀비 같은 조립라인 공장은 우리에게 무가치한 생산의 한 사례를 보여줄 것이다. 비록 그 생산물들이, 실제로 가치를 창출하는 다른 생산 영역들로부터의 가치 이전으로 인해 가치를 지니게 된다고 해도 말이다.

위기와 전쟁

3부에서는 계급투쟁의 범주들을 이용해 위기와 전쟁을 분석한다. 맑스주의 사유와 부르주아 경제학에서, 위기 개념은 보통, 화폐와 상품 간의 거래가 문제가 되어서 자본가가 자신의 대출금을 갚지 않을 때 상품생산이나 금융 거래의 영역에서 사용되는 개념이다. 하지만 이 글들에서 위기 개념은 두 가지 차원으로 확장된다.

첫 번째 확장은 사회적 재생산의 위기라는 개념을 도입한다. 이 개념은 재생산의 순환을 완료할 수 없는 불가능성을 의미하는 대규모의 traumatic 변화들을 사회적 재생산 형태에 포함하도록 한다. 이러한 현상들은 전쟁에서 기근에 이르기까지, 그리고 임신에 대한 여성들의 대중적인 거부에 이르기까지, 아레스[8]에서 데메테르[9], 리시스트라타[10]에 이르기까지 걸쳐 있다. 물론 상품생산의 영역에 영향을 미치지 않는 사회적 재생산 위기란 존재할 수 없다. 상품생산은 모든 가치생산에 불가결한 요소인 노동을 제공하기 위해 사회적 재생산에 의존하기 때문이다. 그러나 사회적 재생산양식의 연속성이 문제가 될 때, 계급투쟁은 이례적으로 뚜렷하게 모습을 드러낸다. 예를 들어 전쟁은, 이윤율 하락에 따라 가치생산이 하락하는 자본주의적인 사회적 재생산에 본질적인 것이 된다.

위기 개념의 두 번째 확장은 부채와 신용에 대한 계급투쟁 분석 안에서 이루어진다. 맑스주의에서, 노동자와 자본가 간의 계급투쟁 개념이 전통적으로 임금과 이윤 간의 적대적인 관계를 위해 마련되어 있었다면, 이자·부채·신용 등과 같은 금융 범주들은 자본가들 사이의 관계에 의해 결정된다. 노동자들의 투쟁은 신용의 이용 가능성과 신용의 이자율에 포함된 것으로 간주되지 않았다. 하지만, 현재의 위기에 대한 분석에서, 부채의 개시·기간·결과를 설명하는 데 계급의 역학을 도입하는 것이 불가결하다.

결론 : 제목

이 책의 부제가 드러내는 의미는 더할 나위 없이 명확하지만, "피와 불의 문자들"이라는 제목은 설명이 필요하다. 이 제목은 맑스가 자본의 축적이 어떻게 시작되는지에 관한 설명을 매듭짓는 『자본론』의 1권의 한 구절을 인용한 것이다. 맑스는 복잡한 비유를 통해, 만일 역사가 한 권의 책이라면, 그리고 인간의 행동들이 그 책에 쓰인 문자들이라면, 16세기 자본주의의 기원의 역사를 서술하는 유일한 방법은 시초축적을 다루는 장을 구성하는 행동들이 "피와 불의 문자들로 … 쓰여" 있음을 인식하는 것이라고 말한다. 이 피와 불이라는 이미지들은 피 묻은 칼을 들고 서 있는 병사들에 포위된 채 불길에 휩싸인 농부의 오두막들을 그린 16세기 ─ 그리고 17세기 ─ 의 수많은 그림 속에서 쉽게 발견할 수 있다. 공통의 토지, 숲, 물에서 쫓겨나고 있는 시골 노동자들의 이야기는 "결백한 자들에 대한 학살" 같은 성서 제목들 아래 종종 은폐되어 있다.

자본주의는, 거래하는 상품들이 "윈-윈"win-win 교환이라는 인식의 결과로서가 아니라 지구 전역의 수많은 지역에서 일어난 일련의 폭력적인 착취와 노예화라는 행동들의 결과로서 시작되었다. 이러한 폭력으로 인해, 위험에 처한 서유럽의 지배계급들이, 오늘날까지 지속되어온 착취의 순환을 시작하는 데 필요한 시초적인 대규모의 노동하는 신체들을 축적하는 것이 가능했다. 자본주의의 기원이 유럽의 노동하는 신체들과 토지들을 요구했다 해도, 정복자와 "탐험가"의 형태로 아메리카 대륙으로 떠나는 탐색 여행을 추동한 것은 (실비아 페데리치의 표현대로) "노동에 대한 갈망"이었다.

맑스 역시 노동자들이 결과적으로 자본주의적 삶의 리듬과 흐름에 익숙해져서 그들이 자신을 자연의 힘들과 동등한 것으로 인식하게 될 것이라고 썼다. 헤엄치는 사람이 조류에 따라 솟았다 가라앉는 것처럼 노동자들은 "자연스럽게" 출근하고 퇴근할 것이다. 그러나 그의 이러한 판단은 틀렸다. 노동과 자본주의적 관계에 대한 거부는 노동 그 자체만큼이나 자본주의의 역사를 형성하는 본질적인 힘이었다. 오직 일부의 사람들만이 자본주의를 "제2의 자연[본성]"으로 간주할 뿐이다. 자본주의 체제를 고찰하는 모든 곳에서, 거시경제정책들로부터 출입문의 모양과 무게 그리고 사무실 의자의 디자인에 이르기까지 우리는 노동거부, 즉 자본주의의 특징인 노동에 대한 과도한 강박과 뒤섞여 있는 노동거부를 발견할 수 있다. 실제로, 자본의 논리 자체가 이러한 이율배반을 필요로 한다. 오늘날의 자본주의에 대한 기록들이 아직도 피와 불의 "문자"로 쓰이고 있고 자본주의가 최후를 맞이할 때까지 그렇게 계속될 수밖에 없는 이유가 바로 이것이다.

1부

노동/거부

노동/에너지 위기와 종말론

석유, 천연가스, 우라늄, 석탄, 목재, 물, 햇빛 등의 천연자원에 대한 장황한 이야기, 즉 그러한 자원의 한도에 대한 우려, 자원의 풍부함에 대한 환희, 자원의 혜택에 대한 회의 등은 "우리가" 직면하고 있는 "에너지 위기"의 수많은 분석을 관통하고 있다. 1950년대와 1960년대에 대자연Nature이 "통제를 받고" 로봇들[1]이 반항을 하고 있었다면, 오늘날 대자연Mother Nature은 새로운 얼굴을 하고 있는 것처럼 보인다. 지상의 거처terrestrial abode는 사회발전의 순종적이고 비가시적이며 매우 유순한 요소라기보다는 인색하고 믿을 수 없을 정도로 유혹적으로 보인다. 왜냐하면, 에너지 위기는 보통 다음의 두 문제로 거슬러 올라가기 때문이다.

(a) 지구의 화석 및 우라늄 연료의 "한정된" 또는 "유한한" 양
(b) 이 연료들의 사용과 이 연료들의 생물학적이고 사회적인 효과의 상호작용에 대한 점점 "놀랄 만한" 발견

분석가들이 이 두 "문제들"을 서로 다르게 강조한다 해도, 그들의 "해결책들"은 보통 이 두 문제를 모두 다룬다. 사실, "에너지 대토론"(적어도 에너지를 다루는 것)은 반反한계론자들과 집단적 상호작용론자들 간의 조우다. 반反한계론자들은 석유-석탄-천연가스-우라늄이 제로가 되는 지점으로 신속하게 접근하고 있는 심연에 대해 우려하며 어떤 ─ 그러나 시

도된 적이 없는 – "탈출구"를 제시하고자 한다. 집단적 상호작용론자들은 대자연의 "균형" 또는 "구조"가 매우 복잡하고 (은유를 섞어 말하자면) 취약해서 반反한계론자들의 모든 도식은 대자연Mother Nature을 정신분열적 몰락으로 몰아갈 것이라고 주장한다.

이러한 논쟁을 보면서 사람들은 지금이 중대한 시대라고 생각할 것이다.

지금이 중대한 시대인 것은 맞지만, 그 논쟁이 함축하고 있는 방식으로 그런 것은 아니다. 한편으로 반反한계론자들은 "지구가 움직이지 않고 멈추었던 날"이 너무나 자주 반복되어서 "문명"(때때로 "우리가 그것을 알고 있다."는 단서를 단다면)이 사회적 무정부 – 기아, 강간, 살인, 만행("무엇이 새로운 거지?"라고 물을 수 있을 것 같다) – 의 시대로 몰락해 가는 건 아닌지 두려워하면서 움츠리고 있다. 다른 한편으로 마찬가지로 종말론적인 상황론자들은 다음과 같은 것을 상상하고 있다. 이산화탄소 "온실" 효과로 고삐가 풀린 대홍수, 또는 걷잡을 수 없는 고에너지 방사선이 염색체 결합을 관통하고 단백질을 파괴하도록 하는 오존층의 고갈로 인한 모든 생명체의 종말, 또는 원자로의 방사선 폐기물이 만든 끔찍한 돌연변이의 정글을 말이다. 결론은 사회적 무정부 또는 자연적 무정부다. 우리는 "어느 쪽인지 선택하라"는 말을 듣는다. 하지만 우리가 꼭 선택해야 할까? 이것들이 우리의 대안일까?

종말론적 함축을 담고 있는 이 논쟁은 자본에 치명적인 위기를, 그리고 위기를 극복하기 위해 축적과정에서의 중대한 재조직을 완수하려는 자본의 시도를 보여준다. 종말론은 우연이 아니다. 진행 중인 착취 모델이 유지될 수 없게 될 때마다, 자본은 세계의 종말이라는 사망 선고를 통보받는다. 자본주의 발전의 모든 시대마다 그에 맞는 종말론이 있었다. 나는 여기에서 죽음이라는 미시종말론을 언급하고 있는 것이 아니다. 사람들은 모두 죽는다. 그리고 모든 사람이(그렇다, 모든 사람이) 동시에 죽는다 해도 무엇이 문제란 말인가? 지구가 기록이 지워진 테이프가 된다고 해서 천사들이 왜 비탄에 젖어야 하는가?

나는 자본주의의 발전과 사유에서 모든 중대한 변화를 기록한 그와 같은 기능적인 종말론에 대해 말하고 있다. 왜냐하면, 그 종말론이, 계급 투쟁이 자본의 명령을 위험에 빠뜨리는 단계에 도달한 때인, 자본 역사의 또 다른 시대에 접근했기 때문이다.

17세기 종말론의 만연한 징후는 자본주의적인 노동 규율을 받아들이고 있던 신흥 프롤레타리아의 혁명적 봉기에 직면했던 "철학자들", "천문학자들", "해부학자들"(예컨대 자본의 계획자들)에 의해 드러났다. 이 시기에는 관성, 시간, 질서 등의 문제들이 무엇보다 중요했다. 통제 기제들은 외부의 힘에 의해서만 관리될 수 있었다. 자신이 종말에 이를 수 있다는 가능성에 대한 자본의 관심은 뉴턴의 태양계 이론에 반영된 것으로 볼 수 있다. 행성들이 태양 주위를 돌지만, 그들이 서고 주고받는 일정하지 않고 불규칙한 중력의 충격들 때문에 안정적인 경로를 계속해서 벗어난다는 것이다. 프톨레마이오스의 구체球體는 갑자기, 비록 명목적으로나마 태양의 중력장에 좌우되었다 할지라도 이런저런 것에 의해 천천히, 감지할 수 없을 정도로 제어하기 힘들게 된 폭도처럼 보였다. 어떤 행성들이 태양의 불바다 속으로 뛰어들고 또 다른 행성들이 별의 오지 속으로 들어가는 지점까지 일탈은 [점점 데] 늘어났다. 여기에서 신의 현존이 필요하다는 뉴턴의 주장이 나오게 되었다. 우주에서 신의 기능은 진정한 기적을 통해 행성들을 평형 궤도로 일정하게 되돌림으로써 이러한 파국을 막는 것이었다. 태양계는 "거대한 시계"였으며 신은 시계 제조공일 뿐만 아니라 시계 수선공이기도 했다. 그렇지 않았다면 그러한 기제는 아무리 정교하게 만들어졌다 할지라도 관성의 법칙에 대한 맹목적 복종을 통해 부러지고 부서졌을 것이다. 신은 관성과 인력의 카오스적인 혼합물로부터 질서의 시간을 창출하기 위해 개입해야 한다. 17세기에 보편적으로 신과 국가를 동일시했다는 점을 가정한다면, "방황하는 별"인 프롤레타리아가 그림자를 드리운 종말 상황에 대한 뉴턴의 국가 정책 처방을 해독하는 것은 어렵지 않다. (뉴턴은 영국 조폐국을 위해 위조범들을 심문하고 고문하는 일을 하면서 이러한 처방을 내렸다.)

뉴턴의 시대에 자본의 주요 과제는 시간을 노동일의 연장을 위한 전제 조건으로 조직하는 것이었다. 중세의 노동시간은 순환적이었으며, 노동과 "휴식"의 간격은 "영원한" 계절과 하루의 이분법에 따라 고정되었다. 여름과 낮들은 늘어날 수 없었고, 겨울과 밤들은 마음대로 줄어들 수 없었다. 뉴턴과 그의 동료인 "세기의 천재" 계획자들은 겨울과 여름에, 낮처럼 밤에도, 천상에서처럼 지상에서도 같은 것이 될 비세속적인[비지구적인] 노동–시간을 창조해야 했다. 시간의 이러한 변형이 없었다면, 노동일을 연장하는 것은 상상할 수도 없었을 것이며, 하물며 "피와 불로써" 강제할 수도 없었을 것이다.

이와 대조적으로 19세기 초반 노동계급이 분출한 "혁명들"과 조직 형태들은 노동일을 그 한계까지 늘림으로써 이윤이 창출될 수 있던 시대의 종말을 고했다. 자본은 노동에 대한 프롤레타리아의 반란을 철저하게 생산적인 노동일로 전환하기 위해 생산의 기술적·사회적 조건들을 "혁명화해야" 했다. 절대 시간은 더는 본질적인 것이 아니었으며, 생산의 강도가 본질적인 것이 되었다. 자본은 더는 노동계급이 생기가 없고 이렇다 할 동기가 없다고, 또는 휴식하려는 경향이 있다고 불평할 수 없었다. 노동계급은 계획적이고 정력적이며 쾌활하게 움직이고 있었다. "환경"elements으로부터 분리되어 봉인된 소년원 감옥이 최초의 노동 실험실이었다면, 노동계급은 감옥의 벽들을 확실하게 날려 버렸으며 그 실험을 파괴하고 있었다. 문제는 노동자들을 어떻게 가능한 한 오래 가두어 두는가가 아니라, 그들의 에너지와 혁명적 열기를 어떻게 노동으로 변형하는가 하는 것이었다. "주로 열과 일에 관련된 에너지의 학문"인 열역학이 1848년 이후 과학이 된 것은 놀랄 일이 아니다.

열역학은 열과 에너지로부터 생산적인 일을 창출하는 것의 가능성과 한계를 결정하고자 했던 사디 카르노[2]의 시도 — 열과 에너지는 가두면 폭발한다 — 에서 비롯되었다. 그의 핵심적인 생각은 어떤 덩어리가 폭발하면 그것이 피스톤을 밀어내서 우리에게 유리하게 작동하는 방식으로 길을 터주어야 한다는 것이었다. 카르노의 분석은 맨체스터 [지역]의 "신들린" 증기기관의 이상화된 생각에 초점을 맞췄으며, 기체의 팽창/압축 주기가 최대량의 일을 산출할 조건들을 결정하려고 시도했다. 그리하여 카르노의 주기는 19세기에 형성되고 있었던 계급투쟁 주기를 표현하게 되었으며, 노동계급의 임금 요구를 "경기 순환"의 핵심에 놓았다.

카르노의 열역학 법칙은 연구 논문에서 발전하여, 아리아드네의 실처럼 "위기의 미궁"에서 빠져나왔다. 왜냐하면 물리학은 단지 대자연에 대한 학문에 그치거나 과학기술에 응용되는 것이 아니라 자본주의적 노동 모델을 제공하는 것이 그 핵심적인 기능이기 때문이다. 자본을 위한 궁극적인 자연이 인간 자연이라면, 과학기술의 결정적인 요소는 노동이다. 예를 들어 열역학의 제1법칙은, 에너지가 설령 (그저 "기계적이지"만은 않은) 다양한 형태를 띠고 있다 해도 각각의 에너지가 손실 없이 다른 [형태의] 에너지로 전환될 수 있다는 점을 인정한 것에 그친 것이 아니다. 이 법칙의 결론들은 노동력에 대한 자본의 구상을 자극했다. 생산의 기술적이고 사회적인 조건들이 "혁명화되어야" 한다면 에너지에 대한 더 일반적인 시각이 불가피했다. 왜냐하면, 낡은 생산양식은 노동을 발생시킬 수 있는 에너지 형태들에 대한 어떤 고정된 한계를 가정했기 때문이다. 이 새로운 법칙은 자본이 자본의 생산적 배치 내에서의 일반성과 유연성을 배우도록 했는데, 이는 1차 산업혁명 때 실험조차 하지 못했던 것이었다.

다윈의 발견처럼 에너지 보존 법칙에 대한 구스타프 메이어의 최초의 발표는 전형적인 19세기의 방식으로 — 열대지방을 향한 제국[주의]적인 항해

과정 중에 – 이루어졌다. "한 선원이 심각한 폐 질환으로 앓아누웠다. 메이어는 그에게서 피를 뽑아 정맥혈이 열대지방에서는 더 밝은 붉은 색을 띠고 동맥혈에 훨씬 더 가까워진다는 것을 알아내고, 더운 기후에서는 신진대사를 통해 혈액으로부터 산소가 덜 빠져나오는데 이는 체온의 유지를 위해 더 적은 열이 필요하기 때문이라고 결론지었다."[3] 메이어의 시각에서 볼 때 선원의 몸은 "파괴될 수 없고 가변적이며 헤아릴 수 없는" 다양한 형태를 보이는 힘의 매개자였다. 힘과 에너지의 형태들은 [다양한 형태로] 변형을 겪었지만, 생산의 기본적인 양 – 에너지 – 은 보존했다. 이처럼 에너지 개념이 이러한 일반성과 추상성의 수준에서 규정되기 때문에 기업가 정신은 새로운 의외의 자원들로부터 노동[일]을 생산할 가능성을 이해하곤 했다.

무한히 다양한 에너지 형태들이 새로운 노동력을 추구하는 자본에 엄청난 낙관주의를 불러일으켰지만, 열역학은 이러한 낙관주의에 [열역학] 제2법칙이라는 독소를 상당량 가미했다. 불길한 설명은 다음과 같다. 주변 사물들의 에너지를 손실 없이 일로 완전하게 변형하는 영구기관은 불가능하다는 것이다. 하지만 제2법칙은 노동을 무상으로 얻겠다는(노동자들이 "아무것도 먹지 않도록" 하겠다는) 자본의 꿈을 꺾는 것보다 훨씬 더 암울한 결말을 가져왔다. 모든 일[노동]–에너지 과정에서, 일[노동]을 위해 가용할 수 있는 에너지가 점점 줄어든다는 것이다. 엔트로피(노동 비가동률의 척도)는 증대한다. 클라우지우스[4]는 이에 대해 다음과 같이 우주론적 형태로 진술했다. "우주의 에너지는 일정하지만, 우주의 엔트로피는 최대로 증대한다."[5]

제2법칙은 생산성을 갈망하는 자본에 특징적인 종말론 – 열사熱死[6] – 을 공표했다. 모든 노동 주기는 노동에 필요한 에너지의 비가동률을 증대시킨다. 증기기관의 효율은 투입된 열과 산출된 열 사이의 차이에 달려 있으므로, 제2법칙은 일에 필요한 에너지의 더 이상의 흐름이 존재하지 않을 때까지 [이루어지는] (우주론적 규모의) 열-에너지 차differences의 완만하고 하향적인 평준화를 예언한다. "세상은 자기 살을 뜯어먹고 살며", 사방엔 임박한 침묵의 속삭임이 존재한다.

구분되지 않은 혼돈의 세계라는 이러한 이미지에는 다음과 같은 이중적인 메아리가 존재했다. 하나는 헨리 애덤스("이른바 근대 세계는 예술 및 감정의 원초적 본능의 개념들을 왜곡하고 타락시킬 수 있을 뿐이다. 고로 우리에게 남아 있는 유일한 기회는 제한된 수의 생존자들 — 1천분의 1의 타고난 예술가들과 시인들 — 을 받아들이고 감정의 에너지를 그러한 빛나는 중심 안에서 강렬하게 만드는 것이다.") 같은 대중문화 수사학자들이 보내는 메아리고, 다른 하나는 프레더릭 테일러의 실용주의 사상에서 울리는 메아리다.[7] 헨리 애덤스는 축적된 가치들의 상실을 애통해했다. 그 가치들은 열사熱死 종말로의 "에너지의 소산"이라고 알려진 사회문화적 차이들의 평준화 속에서만 "구제될" 수 있는 것이었다. 이와 달리 테일러는 이 종말론에서 어떤 기획의 정수 — 생산성이 효율이다 — 를 발견했다. 제2법칙에 대한 테일러의 대답은 (절대적이 아닌 상대적인 처지에서 보더라도) "보수적이지" 않다. 테일러의 대답은 훨씬 효율적인 노동 조직을 창출하고 노동자와 환경의 연동을 완성하려는 "혁명적인" 시도이다. 테일러는 카르노가 이론적으로 했던 것을 실천적으로 시도했다. 에너지의 일[노동]로의 효율적인 변형의 한계들을 시험하는 것이 그것이다. 테일러는 전형적인 미국 방식으로 인간-기계에 의지했다. 다시 한 번 말하자면, 종말론은 [신의] 조치가 취해져야만 피할 수 있을 것 같았다. 하지만 이번에는, [취해져야 할 조치는] 초국가로서의 신의 조치가 아니라 자기 의식적이고 과학적인 분석력을 갖춘 자본의 계획 — 과학적 경영 — 이었다.

뉴턴의 종말론과 클라우지우스의 종말론은 각각의 시대에 발생한 자본의 위기와 유비적 연관성을 갖는 것에 그치지 않는다. 그들의 종말론들이 끌어낸 이론들은 당대에 이루어지고 있는 노동 조직과 그저 우발적이거나 이데올로기적인 관계에 놓여 있는 것이 아니다. 자본주의의 위기들은 노동 거부에서 발생한다. 따라서 위기의 시기에, 노동에 대한 새로운 분석들, 노동에 대한 저항들을 극복할 수 있는 새로운 도식들이 불가피한 것이 된다. 이러한 맥락에서 물리학은 독립된 내용을 갖는 게 아니라 노동에 대한 명확한 분석들, 그리고 노동의 조직을 위한 새로운 계획들을 제공한다. 물리학이 제시하는 "모델들"이 추상적으로 보일 수 있지만, 이 모델들은 노동과정과 직접 관련이 있다.

노동계급 관성의 노동으로의 변형이라는 뉴턴의 우화 그리고 국가로서의 신이 구심적이고 원심적인 압력 아래에서 평형을 회복해야 한다는 그의 요청은 하나의 일반적인 방법론적 도식이다. 열역학과 일[노동]의 관계는 더욱 명확하다. 열역학의 일[노동]과 자본의 일[노동]은 단순한 동음이의어가 아니다. 자본은 노동에 대한 노동계급의 저항에 끊임없이 새로운 방식으로 직면하는데, 이는 이러한 저항이 힘과 조직의 측면에서 (설령 그것이 "무기력하고" "혼란스럽게" 보인다 하더라도) 변화를 겪기 때문이다. 자본이 물리적 일에 관심을 두는 까닭은 노동과정이 노동력(에너지, 관성)의 노동(일)으로의 변형이기 때문이다. 이것이 자본의 "영원한 필요"이며, 물리학은 "저항들"을 극복할 모델들과 위기의 수준을 측정할 막대들을 제공해 준다. 종말론은 이러한 모델들의 실패에 대한 극단적인 척도이다. 비활성 기계들의 저항이 무작위적인 미립자들의 카오스적인 에너지로 변하는 것과 마찬가지로 19세기 자본의 문제는 뉴턴 시대의 문제와는 다르다. 하지만 본질적인 측면에서 보자면, 그것은 같은 것이다. 거의 자연적인 회피, 전복, 저항, 은폐 또는 노동계급으로부터 유용한 노동("질서")을 창출할 가능성, 한계, 방법은 무엇인가?

자본의 절망은 언제나 가설적인 것이다. 하지만 그것은 언제나 잠재적으로 존재한다. 이것이 종말론의 복합적인 기능이다. 종말론은 노동 조직 및 실험의 지속적인 과정을 위한 매개 변수로 기능할 뿐만 아니라 하나의 독촉장으로 그리고 하나의 위협으로 기능한다. 그것이 독촉장인 것은 자본의 통제는 임시적이고 혁명적 잠재력은 매 순간 존재하기 때문이며, 그것이 위협인 것은 종말론이 (열역학적 죽음에서처럼) 자본의 파괴를 세계의 파괴로 이해시키려 하기 때문이다. 노동계급의 "요소들"이 총체성에 속하는 한, 종말은 대립자들이 회피 속에서 만나게 되는 극값이다. 극단적으로 말하자면, 우리를 그렇게 떼어놓겠다는 것이 자본의 위협이다. 우리가 신을 너무 심하게 괴롭힌다면, 우리가 너무 심하게 [신을] 초조하게 만든다면, 우리가 도무지 일하는 데 쓸모가 없다면, "계급들의 상호 파괴"가 우리를 다시 정렬시키기 위한 곤봉으로 사용된다. 그러나 엔진이 꺼진다고 분자가 두려워해야 하는가?

　"에너지 위기"와 그것의 종말론들은 어떠한가? 첫 번째로 주목할 것은 "에너지 위기"라는 용어가 잘못된 명칭이라는 것이다. 에너지는 보존되며 양적으로 무한하므로 결코 결핍될 수 없다. 지난 10년간의 자본 위기의 진정한 원인은 노동, 더 정확히 말해 노동에 대항하는 투쟁이다. 그러므로 이 위기에 상응하는 이름은 "노동 위기", 더 정확히 표현하자면 "노동/에너지 위기"이다. 자본이 직면하는 위기는 노동 그 자체의 양이 아니라, 그 노동과 그 노동을 창출하는 에너지(즉 노동력)의 비율이다. 자본은 단순히 노동의 산물만은 아니다. 자본은 노동−창조의 과정, 다시 말해 에너지를 일[노동]로 변형하기 위한 조건이다. 에너지는 자본이 절대적으로 필요로 하는 노동을 생산할 뿐만 아니라 그것에 적대적이거나 무관심한, 예측 불가능한 미세한 모호함, 즉 부단한 활동성을 지니고 있다. 자본주의적 현실의 끊임없는 주기가 에너지의 노동으로의 변형이라 해도, 문제는, 일정한 양적 단계에 도달하지 못하면 노동/에너지의 비율에 표현되는 관계가 붕괴한다는 점이다. 엔트로피가 증대하면, 노동계급을 노동을 위해 이용할 수 있는 가능성이 감소하면, 종말론이 출현하는 것으로 보인다.

　이러한 위기 속에서 종말론이 취하는 형태들은 결정적이다. 테일러주의에 영감을 주고 뉴턴의 구심적/원심적 파국들을 고무했던 열사 종말론이 중상주의적인 국가 개입의 어떤 특징들에 영향을 미친 것과 마찬가지로, 이 형태들은 경고와 특수한 위협을 동시에 나타낸다. 현재의 위기를 해석하기 위해 반反한계론자들과 상호작용론자들은 무엇을 고려하는가? 그러한 해석의 첫 번째 단계는 "자연"과 함께해야 한다. 대자연과 사물들은 독립적인 극인 것처럼, 주어진 것처럼, 그리고 자본과 별개인 것처럼 보인다. 말하자면 대자연은 "원"재료이다. 석유나 천연가스의 고갈 곡선을 보면, 틀림없이 어떤 블랙홀이 그것들을 집어삼키고 있는 것처럼 보인다. 그러나 자본의 처지에서 보면, 대자연으로서의 대자연은 존재하지 않는다. 대자연 역시 하나의 상품이다. 상품 형태를 취하지 않는 석유나 천연가스는 없으며, 심지어 광자들photons 8조차 상품 형태를 띤다. 결정적인 것은 그것들의 상품으로서의 실재이다. 우리는 지구 또는 태양계에 관해 이야기할 때조차 비자본주의적인 실재에 관해 이야기할 수 없다. 에너지 문제는 분명 자본의 문제이지 "자연" 또는 "대자연과 인간"의 문제가 아니다. 우리의 문제는 계획과 축적에서 겪는 자본의 어려움이 노동 거부(에너지가 노동으로 순조롭게 변형되는 것을 다차원적으로 전복하는 것)에 대한 자본의 투쟁에서 비롯된다는 것을 이해하는 것이다. 따라서 우리의 해석에 따르자면, 종말론의 소음을 통해 우리는 지하의 심연에서 소용돌이치고 있는 천연가스의 매장지에서, 석유 저장 기지에서, 더욱 친숙한 어떤 것 – 계급투쟁 – 을 발견해야 한다.

누군가의 종말은 다른 누군가의 유토피아다

종말론의 메시지들을 해독하기 위해 우리는 반反한계론자들과 상호작용론자들이 모두 생산양식에서의 완전한 변화를 요구한다는 점을 이해해야 한다. 그들이 "혁명적인" 까닭은, 자본의 수법을 해체시키는, 현재의 양식에 존재하는 어떤 것 — 즉 요구, 활동성, 그리고 지금까지 포위되지 않은 거부 — 을 경외하기 때문이다.

반反한계론자들은 전후前後 시대의 석유-자동차 조립라인 경제를 종식하기 위한 "필요"에 초점을 맞춘다. "수소 폭탄의 아버지"인 에드워드 텔러의 「에너지 — 행동을 위한 계획」이 그들의 태도를 나타내 주는 것으로 생각한다면 우리는 그들이 다음 세기[21세기]의 초까지는 1970년대와는 완전히 다른 생산 세계를 [구축할 것으로] 구상했음을 알 수 있다.9 몇 가지 비율들을 살펴보자. 1973년에, 전기 생산이 미국 전체 에너지의 25%를 차지했다면, (자동차 생산을 제외한) 운송 역시 25%를 차지했다. 지난 10년간 이 두 부문은 대략적인 균형을 이루고 있었다.

이와 달리, 텔러는 운송이 11%까지 내려가고 전기가 전체 에너지의 50%를 차지할 근본적으로 새로운 체계를 구상한다. ("원료"는 서방의 석탄 노천광들의 엄청난 증대와 원자로들의 사용으로부터 생겨날 것이다.) 이것은, 연료를 공급하고 발전소를 돌리는 데 필요한 노동자들의 숫자가 상대적으로 소폭 증대한다 할지라도, 생산과 재생산의 완전한 재조직화를 포함할 것이었다. 텔러는 역사적 추세에 따른 "에너지" 소비의 대폭 증대에 대해서뿐만 아니라 노동 구조의 근본적인 변동에 대해서도 논의를 펼친다. 그가 염두에 두고 있는 것이 무엇인지는 「인력 수요」에서 다음과 같이 드러난다.

여론이 우리가 무엇을 믿도록 하건 간에 과학기술은 인간의 생존에 결정적일 것이다. 현재 우리가 대부분 생각하고 있는 것들과는 반대로 과학기술과 그 발전은 인간적 가치들과 대립하지 않는다. 실은 정반대가 참이다. 도구 제작 그리고 그것이 수반하는 사회조직은 우리의 본성 속에 매우 깊게 뿌리박혀 있다. 사실상 이것이 인간을 다른 동물과 구별시켜 주는 일차적인 속성이다. 우리는, 본질적으로 오늘날 인류가 직면한 문제들에 대항하기 위해 자연을 더 효과적으로 변형하는 능력인 과학기술을 끊임없이 조정해야 한다. 바로 이러한 이유로 기술 교육의 발전과 확장이 그렇게 중요한 것이다. 고도의 기술을 보유함으로써만, 그리고 이러한 기술을 획득하기 위한 교육 체제의 발전을 통해서만 인류의 번영이 보장받을 수 있다.[10]

텔러는 자동화된 생산 과정을 컴퓨터 네트워크를 통해 모니터링하고 계발하고 조절하는 "장인들"의 군대로 둘러싸인 고도로 "숙련된" 과학자-기술자들을 갖춘 "새로운 아틀란티스'를 구상한다.

언제라도 가장 저렴하게 이용할 수 있는 전원電源을 끌어옴으로써 에너지 사용을 최적화할 목적으로 전기 접속을 조절하기 위해 중앙제어실에 컴퓨터가 도입되었다. 이 컴퓨터는 또한 발전소와 송전선의 주요 부품들의 상태에 관한 데이터를 저장하고 표시하는 데 사용되기 시작하고 있다. 이것은 배전 담당자가 올바른 결정을, 예컨대 과부하가 걸린 시스템이 고장이 나도록 방치하는 것이 아니라 국부적이고 일시적인 전압 저하나 정전 같은 것을 감지함으로써 올바른 결정을 내리는 데 도움을 줄 것이다.[11]

우리는 여기에서, 총체적 붕괴를 막기 위해 조정된 피드백 회로들에 반응하는 일에 노동과정이 빛의 속도로 통합되는 중앙 집중적인 신경 사회를 목격한다. 자본은 마침내 자신의 어원론을 발견한다. 텔러는 박력 있는 트럭 운전사들 노래의 끝 소절―'새벽 3시 자갈길의 가사'―을 다음과 같이 읊조린다. '모든 것은 이제 공기 조절 장치가 있는 제어장치의 전선들 속에 집중되고 그 안에서 제어된다.' 내연기관은 무엇보다도, 견딜 수 없는 욕망을 "탈집중화시키는" 거대한 원천이었다. 왜냐하면 내연기관이 파국으로 치닫는 것처럼 보이기 때문이다.

텔러의 종말[론]은 석유 의존적인 조립라인 경제의 폐허를 투사한다. 텔러의 유토피아는 축적에서 새로운 도약을 허용해 주는 전자적인 테크노-원자력 자본 모델이다. 하지만 어느 누군가의 종말[론]은 다른 누군가의 유토피아다. 상호작용론자들을 살펴보면 이 사실을 알 수 있다. 그들은 텔러의 경로를 따라 한 걸음이라도 내디디면 인류는 절멸로 이르게 된다고 주장한다. 한 사람은 생태학자이고 또 한 사람은 사회복지사인 오덤 부부가 텔러의 정확한 대항 극에 들어맞는다. 왜냐하면, 그들은 상호작용론자들 가운데에서도 극단주의자들이기 때문이다.[12] 그들은 조립라인 경제가 끝났다는 텔러의 주장에 동의하지만, 고갈되는 "에너지"에 대한 어떠한 과학기술적인 해결책도 미래에는 존재하지 않는다고 주장한다. 그들은 태양 에너지 광신자들과 핵융합 광신도들 모두를 멀리한다. 그들의 시각에서 볼 때, "태양 에너지를 이용하려는 다양한 계획들은 주로 화석 연료에 토대를 둔 설비들로 드러났는데, 그것들의 주요 에너지 흐름은 사실 태양에 의존하지 않는다." 핵융합 원자력의 가능성에 반대하는 그들의 주장은 확실히 독창적이다. "핵융합은 어떤 상황에서도 인류에게 재앙을 가져다줄 수 있는데, 매우 풍부해서 넘치는 에너지를 제공하건, 또는 우리의 모든 자본을 가져가 버리면서 어떠한 순 에너지net energy도 제공하지 않건 마찬가지다." 그것이 실패한다면 그래서 모든 에너지 알들이 핵융합 바구니 안에 있다면 재앙이 뒤따를 것이다. 그러나 만약 그것이 성공한다 해도, 매우 강렬한 에너지 흐름을 방출하기 때문에 "인체human system의 강도에 맞춰 약해지도록 제어하는 데" 엄청난 에너지가 필요할 것이다. 성공이라는 바로 그 대가가 재앙을 증명할 것이다.

따라서 "우리는" 줄어들고 있는 매장량에 의존하는 현재의 생산양식으로 돌아갈 수도 없다. 또 "과학기술적 도약"이라는 방도가 체제를 구할 수도 없다. 그들[상호작용론자들]은 새로운 생산양식, 즉 인류를 대자연과의 안전한 평형 상태로 이끌 "안정-상태 그리고 저-에너지" 경제를 제안한다. 하지만 생존을 위한 대가는 그렇게 만만치 않다. "사람들은 안정 상태에 적응하기 위해 거대한 것, 새로운 것, 그리고 다른 것에 대한 그들의 동요와 고집을 포기해야만 할 것이다. 그러나 고에너지 성장 시기의 과잉을 피하고자 저에너지 하위문화를 형성하려 했던 젊은이들 또한 변해야 할 것이다. 저에너지 사회에서 각 개인은 더 많은 노동을 해야 하는데, 그 까닭은 여기에서는 기계들이 덜 필요해질 것이기 때문이다."[13]

오덤 부부의 안정-상태 유토피아의 사례는 열대우림, 산호초, "(거의 언 상태의) 바다의 균일한 냉저층", 덧붙여 산업화 이전의 인도 농촌 등이다. 이러한 체제들의 공통 요소는 "최고의 다양성, 친밀하면서도 고도로 조직된 상징적 관계들, 서로 섬기는 복잡한 행동 프로그램을 갖춘 유기체, 중요한 물질들을 손실하지 않는 시의적절한 광물질 순환 과정, 그리고 유입된 에너지의 고도로 생산적인 전환 등이다."

"그늘 속에 숨겨진 문어의 정원"[14]이 에너지 위기의 해결책이 된다. 다음은 오덤 부부의 시각을 더 명확하게 서술하고 있는 안정-상태 경제의 몇 가지 특징들이다.

- 성장 유인형 산업들은 배제된다.
- 수송[교통]은 덜 강조된다.
- 균형 잡힌 정부 예산.
- 저에너지를 사용하도록 과학기술을 소형화하기.
- 공적 및 사적 선택들과 실험들의 축소.
- 도시 건축은 소규모의 독립된 주택들로 대체될 것이다.
- 농장들은 더 넓은 토지, 더 적은 연료, 더 많은 손노동을 사용한다.
- 에너지를 고도로 집중시키는 특질들 ─ 범죄, 사고, 법 집행, 소란, 중앙 서비스, 세금 ─ 은 감소할 것이다.

더 이상 도시도, 교통도, 공장도, 발전소도, 그리고 어쩌면 국가도 존재하지 않을 것이다. 다만 짐 존스[15]의 농장에서 지내는 침묵의 노동집약적인 삶만이 존재할 것이다(그들이 파리를 본 이후에 [가능할까?]). 이 유토피아를 실현하기 위해 고용 재구조화가 필수적임은 분명하다. "성장 산업과 사치 산업"에서의 실업은 "사람들을 농업으로 이동시킬 것"이며, 아울러 임금을 계속 삭감시키고 노조로 하여금 고용 변압기의 역할을 떠맡도록 할 것이다.

이 모든 것은 너무나 유익한 것처럼 들린다. 텔러의 핵-컴퓨터 철학자-왕들이 없는 세상이라니! 사과 위의 얼룩들! 새들과 벌들! 자연의 주의 깊은 눈은, 임박한 붕괴 앞에서 비틀거리는 우리의 신경 접속을 감독하는 (텔러가 말한) 전자 눈을 가진 외눈박이 대신에, 정당한 하루의 노동에 대한 정당한 하루의 임금을 보증한다. 하지만 여기에는 수소 폭탄의 아버지를 연상케 하는 푸근함에도 불구하고 어떤 냉담함이 존재한다. 텔러와 오덤 부부가 공유하는 어떤 공포, 어떤 분노가 존재한다. 그들은 생산에 대한 대립적인 혁명들, 즉 종말론과 유토피아를 제공하지만, 다음 한 가지, 즉 자본의 현재 상태는 이미 끝장났다는 점에 동의한다. 그 이유는 자본이 자기의 "에너지"를 상실했기 때문만이 아니라 너무 많은 "카오스", 통제되지 않는 너무 많은 행위, 너무 많은 수요가 존재하고 노동은 충분하지 않기 때문이라는 것이다.

이러한 공통성은 1960년대와 70년대의 "청년"에 대한 주변적 언급들에서 첨예하게 드러난다. 반反한계론자나 상호작용론자들 모두 다음과 같이 말하는 것에 동의한다. 젊은이들은 게으르다! 텔러가 "젊은이들 사이의 반反과학적 경향"에 대해 불평한다면, 오덤 부부는 의심할 여지없이 (위에서 언급한 것처럼) 가망 없는fuck-off 젊은 반란자들이 노동을 시작하기를 기대한다. 하지만 그들의 가장 큰 공통성은 과거의 종말론자들처럼 자신들의 문제를 대자연 속에서 바라본다는 것이다. 한편에서는 에너지적인 물질들의 천연天然 한계raw limit, 다른 한편에서는 산업 발달로 인한 "생태학적" 파국. 그들은 자연의 "투입"(연료)이나 자연에 대한 "산출"(공해)에 한계를 설정한다. 그러나 다시 한 번 말하자면, 우리는 그들의 공포와 해결책을 곧이곧대로 받아들일 수 없다. 왜냐하면, 그들의 텍스트에서 대자연은 다름 아닌 대자본과 밀접한 관련을 맺고 있기 때문이다. 그들은 결코 다음과 같은 명백한 것을 선언하지 않는다. '자본은 투쟁의 관계이다.' 이런 식으로 해석하면, 그들의 불가사의한 시각들은 해독될 수 있으며, 그들의 불길한 우울함은 일소될 수 있다. 그들의 한계가 우리의 한계는 아니다.

종말론을 해독하기

종말론의 해독된 메시지는 노동/에너지로 읽힌다. "거대한 에너지 논쟁"의 두 측면은 다시 비율의 균형을 맞추고자 한다. 그렇지만 먼저 무엇이 그것의 균형을 깨뜨렸는가? "에너지 위기"가 1973년에 시작되었다면, 검토할 만한 곳은 바로 직전의 시대다. 당시에 노동/에너지에는 어떤 일이 일어나고 있었는가? 상품 생산과 노동력의 재생산에서 자본주의적 파국[이 일어나고 있었다]. 낡은 슬라이드 필름을 꺼낼 필요가 있을까? 슬럼가의 폭동들, 팬서들[16], 대학에서의 "소요 사태", 위성데이터시스템SDS과 기상학자들, 마약에 중독된 제국의 군대, 디트로이트의 DRUM[17]과 웨스트버지니아의 살쾡이 파업들, 복지사무소 농성들, 앤디 워홀 저격 사건, SCUM[18], 스톤월 항쟁[19], 애티카 형무소 폭동 사건.[20] 〈도표 1〉과 〈도표 2〉[의 설명]으로 충분할 것이다.

첫 번째 도표는 임금/이윤 관계에서의 역사적 변형에 대한 것이고, 두 번째 도표는 방위비와 "사회복지"비 사이의 변화된 관계를 나타낸다. 두 도표는 1960년대 후반과 1970년대 후반에 장기 추세의 역전이 일어났음을 보여준다.

예를 들어, 1947년과 1967년 사이의 20년을 들여다보면, 우리는 이 시기에 임금과 이윤이 미국의 자본주의적 꿈의 성취를 암시하고 있음을 알 수 있다. 그것은 계급투쟁을 피할 수 있고, 어쩌면 같은 비율로는 아닐지라도 장기적으로는 평형을 이루는 성장 경로를 따라 임금과 이윤이 동반 성장할 수 있으

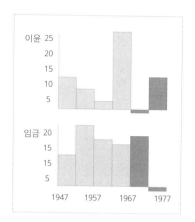

〈도표 1〉

리라는 꿈이었다. 실질임금 상승을 생산성 증대에 맞춘다는 케인스주의 전략은 성공할 것처럼 보였다. 각자 알아서 [하라], 그러면 만족할 것이다. 1967년에서 1972년 동안에 충격적인 일이 벌어졌다. 처음의 상당 기간 이윤이 감소하였다. 이러한 이윤 감소는 임금인상을 대가로 나타났다. 모든 것이 백지로 돌아갔다. 다시 한 번 말하자면, 임금은 (스라파에 의해 최근 발굴된) 리카도와 맑스의 나쁜 옛 시절과 마찬가지로 이윤에 적대적인 것처럼 보였다. 이 시기는 유럽과 태평양의 퇴역군인들이 공장에 복귀하면서 이루어진 "사회적 평화"의 종말을 특징으로 했다. 하지만 이때는 (독일, 이탈리아, 프랑스의 특징일 수 있었던 것과 같은) 임금 "폭발"의 시대가 아니었다. 더 정확히 말하자면, 이 시대에는 2차 세계대전 중 그리고 전쟁 직후 자본의 게임 이론가들이 극복한 것처럼 보였던 임금 협상의 제로섬 게임이 귀환했고 수학적 역전이 이루어졌다.

〈도표 2〉는 국가가 평균이윤율의 일반적 보증인으로 기능하는 것을 보여준다. 국가는 노동계급의 재생산을 감독하고 균형 잡힌 소득을 제공할 필요가 있다.

아래 도표는 전체 사회적 가치에서 국가의 "몫"이 증대했음을 보여준

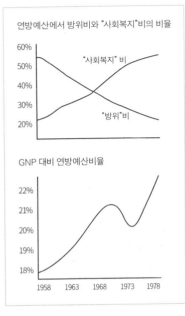

연방예산에서 방위비와 "사회복지"비의 비율

"사회복지" 비

"방위"비

GNP 대비 연방예산비율

〈도표 2〉

다. 국가의 몫이 베트남 전쟁 중에 증대했다는 것은 놀라운 일이 아니다. 놀라운 것은 전쟁이 계속되는 바로 그 순간에 "방위"비의 비율이 극적으로 하락했다는 점이다.

"전쟁"과 "방위"는 노동력 재생산의 본질적인(비록 그렇게 인식되고 있지는 못하지만) 부분으로서, 수백만 노동자들의 죽음을 명령할 수 있다. 아우슈비츠, 다하우[21], 벨젠 수용소들은 몰살 공장으로서 이곳의 생산물 ─ 수백만 명의 신체들의 질식과

소각 ─ 은 나치 자본의 "노동정책"의 본질적인 계기였다. 노동력의 재생산은 "인간 신체"와 "존재"의 재생산뿐만 아니라 "죽음"의 재생산과 같은 것으로 간주하여야 한다. 더욱이, 국가의 "사회복지"비는 방위비와 같은 것으로 간주할 수 있다. 실제로, 이 두 번째 측면은 1960년대 후반에 두드러졌다. 미국의 거리에서 또 다른 전쟁이 치열하게 치러지고 있었다는 점에도 관심을 기울일 필요가 있다. 이때부터 "사회복지"비, 즉 여성, 흑인, 청년들을 다루기 위한 "이전"transfer 지출[22](그렇지만 이 체제에서 이전 지출이 아닌 것이 무엇이란 말인가?)의 돌연한 증대가 일어났다. 이들은 자기들이 재생산되고 있는 방식을 점점 거부하고 있었다. 이 도표는 우리가 그것을 "전쟁"으로 부르건 또는 "복지"로 부르건, 대규모 임금, 이윤, 생산성의 관계들뿐만 아니라 사랑, 직업, 훈련, 숨겨진 죽음의 미시관계들을 받아들이고 있는 사람들을 확보하는 과정이 위기에 빠졌음을 보여준다.

노동/에너지 비율이 단기적으로 곤경에 처했을 뿐만 아니라 장기적으로도 더욱 심각한 곤경에 빠졌다.

하지만 곤경은 사유를 촉발한다. 그리고 자본의 사상가들은 새로운 이해방식으로 노동/에너지 비율을 다루었다. 비율은 양면 관계의 표현이며 어느 한쪽의 측면으로 살펴볼 수 있다. 자본의 시각에서 볼 때, 노동/에너지 비율은 착취(또는 이윤)율의 한층 일반화된 표현이다. 이러한 렌즈를 통해 보면 위기는 1960년대 중반에서 70년대 중반에 이르는 10년간의 이윤율 급락처럼 보인다. 이러한 하락의 원인은 무엇이었는가? 업계의 가장 시시콜콜한 잡담과 불평이 담긴 기록물들에서 자본의 컴퓨터적 자기인식의 수학적 최상층부에 이르기까지, 해답은 다음 두 요소의 반향 속에서 나타난다. 세금과 소심함이 그것이다.

국가는 "우리"에게 세금을 부과하여 죽음에 이르게 하지만, "우리" 모두 역시 종종, 실제로 큰 성과를 내는 장기간의 위험한 투기를 시도하는 대신 적은 이윤(그러나 더딘 "성장")을 보장하는 "안전하고 안심이 되는 통로"를 받아들인다. 통계학은 이러한 사실을 보여주었다. ("현재의 생산" 이윤을 기초로 계산된) 이윤에 대한 과세는 1965년 40%에서 1974년 60%로 상승했다. 그와 동시에 투자의 위험성도 하락했다. 금융 자본을 조달하기 위해 기업들이 지급해야 하는, 부채와 지분에 대한 이자율을 "위험성"의 척도로 받아들인다면, 확실히 자본은 집단으로 겁쟁이chicken가 되었다. 이자율은 1966년에 8%에서 1972~3년에 4%로 줄어들었다. 수입에서 차지하는 자신의 몫에 대한 자본의 "요구"는, 요구되는 몫이 점점 국가보다 더 많이 주어져야 했을 때도 줄어들고 있었다. 미국 자본은 "영국병"[23]에 걸려 있었던 것으로 보였다.

노드하우스는 자신의 유명한 논문 「이윤 몫의 하락」에서 투자에 대한 이자가 위와 같이 하락에 직면한 이유를 설명하기 위해 케인스의 주관적인 투자 이론에 도움을 청한다.[24] 케인스에 따르면, 자본가들은 "수학적 확률"의 계산을 활용하여, 투자 시장에서 다른 자본가들의 "평균적인 견해"에 대한, 그리고 마지막으로 "동물혼[야성적 충동]", 즉 자본의 "무위가 아닌 행동에의 자발적 충동"에 대한 2차, 3차 (또는 그 이상의) 판단들을 통해 "미래에 대한 무지"를 극복해야 한다. 노드하우스는 이러한 케인스의 실존주의에 동의하면서 이윤의 하락이 자본의 마음과 정신이 예외적으로 평온했던 시대 때문이었다고 주장한다.

내가 볼 때 해답은 새로운 대공황에 대한 공포를 전반적으로 일소하는 것에 존재한다. 대공황 이후 수년 동안 투자자들은 응당 그러한 사건들이 반복되지 않을까 걱정했다. 그 두려움이 꽤 시들어졌을 1955년 3월 말에도, 대공황이 반복될 수 있다는 갈브레이스 교수의 말은, 그가 주장한 대로, 시장을 일시적 공황 상태로 빠져들게 하기에 충분했다. 하지만 이때 이후로 나쁜 옛 시대의 기억은 희미해졌고, 공포로부터의 이러한 자유가 자본 비용 측면에서의 전후戰後 운동에 어떤 원리를 제공해 주는 것은 당연한 일이다.[25]

아마도 2차 세계대전 이후 시대에 만연하고 있던 특별한 심리적 "분위기" 속에서 투자자들은 미래에 대해 더욱 확신하게 되고, 보장받고 있다는 새로운 느낌이 들었을 수 있으며, 위험 요인은 줄어들고 있는 것처럼 보였을 수도 있다. 따라서 (이러한 이윤 이론에 따라) 투자에 대한 예상 수익은 하락했다. 위험성이 높으면 투자자들은 높은 이윤을 요구하고 위험성이 낮으면 낮은 이윤에 만족할 것이기 때문이다. 무엇이 공포로부터의 이러한 자유를 일으켰으며, 자본주의 정신은 어떤 정신분석 요법을 겪었는가? 노드하우스는 이에 관해 설명하지 않지만, 모든 치료 전문가들에게 이것은 다음처럼 명백한 것이었을 것이다. 의사는 마땅히 치료비를 받아야 하는 법이다. 이 경우, 자본의 장기간 공포들을 치유하는 의사는 국가였으며 "치료비"는 세금이었다. GNP의 중대한 구조적 변형이 국가의 몫인 것은 이러한 이유 때문이다. 연방 예산은 1940년 GNP의 10%에서, 1960년부터 현재까지의 기간 사이에 평균 20% 상승했다. 다시 말해, 국가는 노동력 재생산에 투자함으로써 대공황의 외상(과 그것의 잠재적인 혁명적 결과들)을 떨쳐냈으며, 기업 이윤에 부과된 세금 증가분은 그에 대한 비용이었다. 자본이 더욱 안전하다고 느끼며 취하는 모든 조치의 대가는 이윤의 감소로 귀결된다.

그러나 자본은 왜 두려워하고, 투자는 왜 위험하며, 미래는 왜 그렇게 모호한가? 정말 왜 자본은 "동물혼[야성적 충동]"을 먼저 가져야 하는가? 이것은 형이상학적 진리인가? 사실은 그렇지 않다. 왜냐하면, 상이한 종류의 위험들이 존재하기 때문이다. 어떤 위험들은 거의 수학적인 방식으로, 예를 들어 도박에서 공정하게 동전을 던지는 식으로 또는 날씨를 예측하는 방식으로 다루어진다. 과거의 데이터에서 미래의 가능성을 계산하고, 돈을 걸고, 결과를 기다린다. 이러한 위험들은 케인스가 이야기하고 있는 것들이 아니다. 또한, 전략 게임 위험들이 존재하는데, 이것들은 모든 참가자가 동의하고 같은 규칙들이 적용되는 게임에서 다른 참가자의 행동들에 의존(하거나 의지)할 때 발생한다. 여기에서는 단순히 과거의 행위에 따라 행동할 수 없다. 풍부한 규칙들과 입장들의 조합으로 이루어진 게임은 모두 완전히 새로운 상황들을 일으킬 수 있으며, 이것 때문에 상대방의 전략에 대해 심사숙고해야 하고 그가 취할 것 같은 움직임을 읽어내야 한다. 이것은 위험을 내포하고 있지만, 이 위험은 우리를 적군과 아군(이들은 끊임없이 뒤바뀔 수 있다)에 묶어두는 규칙들의 네트워크에 포위되어 있다. 폰 노이만[26]이 밝힌 것처럼 포커 게임에 전형적인 이러한 위험은 계산 가능하다. 하지만 수학적 예측이나 전략에 대한 고찰에 의존하지 않는 마지막 위험이 존재하는데, 이는 상대방이 예측 불가능한 존재이거나 그가 규칙들에 동의하지 않기 때문이다. 여기에는 우리의 움직임에 대응해 그들이 미래에 어떻게 행동할지 판단하기 위한 명확한 토대가 존재하지 않는다. 이것은 완전히 새로운 종류의 위험으로서 이것은 "동물 혼[야성적 충동]", "자발적 낙관주의", "행동에의 충동", 더 정확히 말하자면 "힘에의 의지"를 필요로 한다. 이것은 계급투쟁이다.

케인스가 대공황 기간에 자본의 "확신 상태"를 우려했던 것은 대공황이 경기 순환에서 (매우 가파른) 내림세를 수반하기 때문이 아니었다. 자본의 생애에서 이러한 내리막은 예상 가능하며 계속해서 자본화될 수 있다. 케인스가 관심을 가졌던 것은 1차 세계대전에 뒤이은 혁명의 여파 이후 자신들의 투자 결정을 내리는 데 자본가들이 계발할 필요가 있었던 전혀 새로운 "육감"이었다. 이것은 사회적 생산 과정의 "외부" 위험들(시장의 동요, 날씨, 광석 발견 등등)에서 "내부" 위험들(노동계급 태도, 훈련, 노동습관)로의 관심의 이동을 수반했다. 케인스의 처방에서는 국가가 개입해야 했는데, 이는 노동계급이 예측 가능한 존재나 "게임의 일부"가 아니라 규칙들을 파열시킬 정도로 충분히 강력하다는 점을 깨달았기 때문이었다. 세금과 소심함의 혼합은 케인스의 추천 사항들의 직접적인 귀결이다.

뉴딜 이후 국가는 집단 협상, 핵 테러, 보증부 대출을 신중하게 활용하면서 투자 위험들을 점차 줄였다. 이렇게 해서 자본에 대한 이자는 축소되었는데, 그것은 자본의 불안감을 누그러뜨림으로써 불가피하게 자본이 추진하는 프로젝트의 이득이 축소했기 때문이다. 하지만 1960년대에 "방위"에서 "복지"로의 연방 예산 구성의 변형은 국가의 "보살핌"이 비용 증대를 불러왔다는 점뿐만 아니라, 노동계급 불복종의 방향과 본성이 새롭고 예측 불가능한 방식으로 변하고 있다는 점을 보여주었다. 1967년과 1972년 사이의 시기는 치료가 환자를 망칠 정도로 침묵의 비용이 늘어나고 있음을 보여주었다. 프로이트는 치료가 불안을 줄이면서 동시에 불안을 창출할 수 있다고 쓴 적이 결코 없다. 자본에 대한 이자가 2차 세계대전 이후의 역사적 경향을 뒤따랐던 한편, 자본은 이러한 경향이 안락사를 의미한다는 사실에 직면하기 시작했다. 더욱이 전통적인 조립[라인] 노동자들, 즉 플린트, 쾀, 매카시의 퇴역군인veterans들이 아닌, 전혀 새로운 주체들에게 국가적 치료가 적용될 때 그 효율성에 대한 의심이 늘어가고 있었다. 블랙파워-장발족-마리화나족-노골적인 동성애자-가정주부-레즈비언들이 원했던 것이 바로 이것이다!

1960년대 중반과 1970년대 중반 사이에, 세금-소심함 증후군이 심화하였다. 케인스가 제안한 국가와 개별 자본의 관계는 위기에 처했다. 자본은 매듭 안에, 이중구속 안에 갇혔으며, 1973년 10월 그것을 끊으려고 시도했다. 이윤율을 다시 끌어올리는 것은 자본에 달려 있었다. 자본은 주도권을 쥐고 자신의 가장 취약한 영역들을 잘라내야 했으며, 가장 결정적으로는 자신의 낡은 규칙들에 따라 작동하는 것을 그만두어야 했다.

케인스주의의 위기

케인스 시대에 국가와 사회의 관계는 어떠했는가? 미국의 케인스주의 계획의 특징은 재생산 영역에 관심을 가졌다는 것이다. 이는 미국 자본이 수 세기 동안 생산과 재생산을 둘러싸고 협상을 벌였던 숙련된 노동계급을 만나지 못했기 때문이었다. 이주와 인종학살의 물결은 신뢰할 만한 인구학적·지리학적 불변성을 거의 제공해 주지 못했다. 미국 노동계급은 필연적으로 "가변적"이었고 "불안정"했으며, 거의 "물자체"things in itself였다.

미국 케인스주의 정책 실현의 기본 조건은 조립라인 공장들에 구현된 고정자본의 거대한 축적과 그에 비례하는 노동계급 내부의 자본 축적(나중에 이것은 "인적 자본"이라 불렸다)이었다. 자본이 일단 리버 루지 디멘션, 즉 기계가 1마일 길이로 가득 찬 공장들에 도달하면, 실업의 단기 훈육 효과는 노동자 생산성의 장기 손실에 의한 상쇄분을 뛰어넘는다.[27] 그리고 이윤을 찾아야 할 곳은 바로 생산성 내부였다. 뉴딜 계획자들은 실업이 장기화하면 1920년대에 [조립]라인의 엄격한 교육을 받았던 공장 직원들의 최근 세대로부터 "노동 윤리"가 약해질 것이라는 생각에 사로잡혔다(조립라인에서 하는 일은 하루면 배울 수 있지만, 조립라인 [노동자로서의] 생활을 배우는 데는 1년이 걸린다). 이러한 훈육은 개별 자본가들이 이것을 감당할 준비가 될 때까지 "보류"될 수 없었다. 왜냐하면 그것의 가치가 하락하여 폭발적으로 뒤집힐 수 있었기 때문이다. 따라서 노동 생산성을 증대하는 것에 기초한 자본의 궁극적인 수익성이 "대량 실업"을 견딜 수 없게 만들었다.

노동력은 생산되어야 할 뿐만 아니라 재생산되어야 한다. 주부는 케인스주의의 방정식에서 조립라인 노동자와 상관관계에 놓이게 된다. 일반적으로 주부는 소비자로 간주되지만, 대공황 설계자들은 "매우 특별한 품목"의 생산자로서의 주부, 공장 노동자의 노동을 이용할 수 있게 만드는 주부에 더 많은 관심이 있었다. 이것은 자본을, 즉 가정家庭을 필요로 한다. 이것이 바로 대공황 기간에 붕괴하고 있던 자본이었다. 더욱더 많은 여성이 가정을 떠나고, 이혼하고, 일반적으로는 [주부로서의 역할을] "포기"했던 것이다. 케인스주의자들은 고강도의 어떤 조립 노동자들도 똑같이 고강도의 재생산 과정이 없다면 노동을 하지 못하거나 노동[현장]으로 돌아가지 못하리라는 점을 이해했다.

조립라인은 노동 속도의 개별적인 변화들에 특히 취약하다. 그것의 리듬은 일자리에 연결되는 만큼이나 일자리에서 분리되어야 한다. 규칙적인 식사, 규칙적인 섹스, 규칙적인 배설 등은 주형 공장의 노동력과 자본의 전동 장치에 본질적이다. 실업은 "정복"되어야 했다. 그뿐만 아니라 노동계급이 대공황이라는 가장 황량한 시절에는 "방어"를 했고 이후에는 인상하려 했던, 실질임금은 계속 자본화될 수 있었다. 임금인상이 가정을 자본화하는 데 이용될 수 있었다면, 그 결과 노동 생산성은 향상될 것이고, 그리하여 이윤도 상승할 것이다. 여기에서 우리는 계급 간의 거래를 보게 된다. 행복한 노동자들, 행복한 자본, 그리고 타협! 케인스 시스템은 가정과 공장의 공생 위에서, 그리고 노동계급 생존을 위해서뿐만 아니라 자본투자의 한 형태로서 임금을 활용하는 것 위에서 신중하게 균형을 잡았다.

가정과 [조립]라인의 역동적인 평형은 임금, 공장 노동, 가사노동이라는 변수들의 정밀한 그물 짜기를 필요로 했다. 1960년대 후반과 1970년대 중반에 이르는 시기에 이 그물이 찢어지기 시작했다. 예를 들어 임금에 의해 가속화된 이혼[사례]들은 케인스주의적 종합의 양극들 사이에 존재하는 새로운 긴장을 보여주었지만, "위기를 일으킬 정도는 아니었음이 분명하다." 하지만 케인스주의적 평형이 맞닥뜨린 곤란은, 이 평형이 이러한 흐름에 매우 취약하다(어쩌면 "소규모의" 핵전쟁에 취약한 것보다 더 그럴 수 있다)는 점이다. 이 시기는 "벼락 경기"의 시절이었지만, 자본에는 아니었다. 공장, 가정, 거리에서의 투쟁으로 인해, 자본은 공장 노동에만 더 큰 비용을 치르는 것 이상을 해야 했다. 자본은 점점 더 국가를 통해서, 예전에 남성의 임금노동을 통해 조달되었던 재생산 노동에 직접 비용을 지불해야 했다. 여성과 청년들은 남편과 가부장의 지시에 따라 했던 일을 더는 "당연히 해야 하는 것으로" 여기지 않게 되었다. 따라서 이 시기에 노동계급에 의해 막대한 에너지 증산이 이루어졌다 해도, 그것은 노동으로의 변형에 대해 특별한 내성을 지니고 있었던 것으로 드러났다. 일[노동]/에너지 비율에 가파른 하락이 존재했다. 이것은 "이윤 위기"로 해석되었고, 또한 케인스주의 공리들의 전복으로 해석되었다.

가격과 가치

엔트로피 에너지의 이러한 습격에 대한 자본의 대응은 "투자 둔화 경제" 시대의 발단이 되었던 "파업", "투자 동결"이 아니었다. 1974년의 경기 후퇴를 참작한다면, 1973년 이래 (GNP 대비) 투자는 유지되었으며, (경제 관련 잡지들의 악어의 눈물에도 불구하고) 1960년대의 일반적인 수준들을 능가하기조차 했다. 투자의 구성에 변화가 있었을 뿐인데, 그것이 다수의 자본가와 노동자에게는 투자가 부족한 것으로 비쳤다.

이유는 무엇인가?

단순히 말하자면 그것은 점점 더 사람들이 그것을 못 보기 때문이다.

그런데 모든 사람이 목격한 것은 (석유, 천연가스, 석탄, 우라늄, 그리고 전기 형태를 띠는) "에너지" 상품들의 상대적·절대적 가격의 비약적 상승이다. 인플레이션을 통한 "평균적인" 실질임금의 하락이 직접적으로 노동계급 소득을 공격했다면, 다른 가격들에 대한 에너지 가격의 변화된 비율은 노동계급의 구성과 착취의 조직화에 막대한 간접적 영향을 미쳤다.

2차 세계대전 시대 이후부터 1973년까지는, 산업 부문의 가격 인상과 에너지 부문의 가격 인상 사이에는 대략적인 평형상태가 존재했다. 1973년부터 지금까지 일어난 주요한 구조적 변화에서, 두 계열의 가격은 상승했지만, 산업 가격 지표는 대략 100% 상승한 반면 에너지 가격 지표는 200% 이상 상승했다. 마찬가지로 이러한 가격 변동은 두 부문의 상대적인 "판매"와 "이윤"의 변동과 궤를 같이했다.

이러한 수치들을 보면 1960년대와 1970년대 초반의 투쟁들에 대해 자본이 어떻게 대응했는지 알 수 있다. 그들이 원한 것은 조립라인-자동차-가정 정치경제학의 종말, "블루칼라" 노동자/가정주부 연계의 종말, 케인스주의 사회라는 정교한 기계의 종말 등이다. 자본은 에너지 부문에 우선권을 부여함으로써 막대한 양의 노동을 지배할 수 있다. 왜냐하면 이러한 지배는 착취가 이루어지는 현장에서 벗어난 곳에서 실행되기 때문이다. 이것은 거의 유령 같은 느낌을 준다. 그것은 공장, 광산, 거리에 축적된 계급 권력의 마디들과 합선을 일으킨다. 왜냐하면 이러한 재조직화가 축적 과정을 중앙 집중화시킴과 동시에 착취 과정을 엄청나게 탈중앙 집중화[분권화]시키기 때문이다. 자본은 에너지 부문을 발달시킴으로써 자신의 매력적인 지배를 행사하고 사회적 직조의 모든 "털구멍"으로부터 잉여를 추출할 수 있다. 모든 커피숍, 모든 아파트, 모든 노동력 착취 공장 sweatshop은 에너지 비용을 지급해야 하는 것이다.

자본의 이러한 재구성 앞에서 노동자라는 바로 그 이미지가 해체되는 것처럼 보인다. 건장한 "블루칼라"의 조립라인 노동자들은 석유 위기 때 존재감을 상실해 가는 것처럼 보이며, 여성 서비스 노동자와 추상적인 컴퓨터 프로그래머로 분해된다. 폭발적인 것으로 입증된 공장 노동자들의 대규모 집중은 분산되며, 노동자 존재의 비중은 극적으로 축소된다. 그리고 이 모든 것은 너무나 다른 느낌을 준다! 임금은 상승하지만, 소비하기도 전에 증발해 버린다. 사장에 맞서 보지만 사장은 "지불할 청구서들이 있다"고 외친다. 그리고 훨씬 더 심각한 것은, 착취당하고 있다는 사실을 우리가 더는 보지 못한다는 것이다. 조립라인에 서면 말 그대로 노동력이 상품으로 결정화되는 것을 목격할 수 있었고, 생명이 조립라인 아래로 사라져 가는 것을 볼 수 있었으며, 소외가 현실화되는 것을 느낄 수 있었다. 그러나 서비스 산업에서 당신의 잉여노동은 존재하지 않는 것처럼, 심지어는 "비생산적인" 것처럼 보인다. 그것은 환자용 변기를 청소하고 달리기를 한 사람의 근육을 풀어주고 달걀을 익히는 등의 "가사노동"의 지불 형태에 지나지 않는다. "에너지/정보" 부문에서 우리는 우리를 둘러싸고 있는 막대한 고정자본에 휩쓸려지는 것처럼 보인다. 우리는 전혀 착취를 당하지 않고 기계의 하인이 되는 느낌이 든다. 심지어는 "시스템의 두뇌"의 일부가 되는 "특권을 누리고 있는 것" 같은 느낌이 든다. 이러한 느낌은 투쟁을 잘못된 방향으로 이끈다. "일자리를 찾기 위한" 거대한 공간적 이동이 투사militant 집단들을 해체하기 때문에, 오래된 요새들은 고립된다. 그리고 그것들은 낡은 것으로, 거의 희극적인 것으로 보인다.

마지막으로, 이러한 가격 지표들은 재생산의 조직화에서 변동이 시작되었음을 요약해서 보여준다. 자동차[산업] 위에 세워진 "사회"는 컴퓨터, 맥도널드, 핵무기 위에 세워진 "사회"와 같지 않다. 여기에서 우리가 말하는 "사회"는 전체적인 재생산 과정을 의미한다. 에너지/정보 부문의 선차성에 의해 지배를 받는 새로운 생활 형태는 (그러한 우선성에 반대하는 투쟁들과 마찬가지로) 겨우 형성되기 시작하고 있을 뿐이다.

케인스주의적인 "자동차–산업" 사회의 기둥들에 반대하는 노동계급 투쟁들에 대한 대응(그리고 그에 대한 공격)인 자본 편에서의 "에너지 위기의 합리성"에 대해서는 아래에서 살펴볼 것이다. 하지만 이러한 설명에 대한 중요한 반대가 다음과 같이 즉각적으로 제기될 수 있을 것이다. 자본이 만약, 다국적인 기업 권력을 기초로, 즉 상품들의 생산에 투입되는 노동의 양과 별개로, 에너지 가격과 산업 가격을 마음대로 변경하고 조작할 수 있다면, 우리의 기본적인 분석 범주들인 노동과 잉여가치(착취)를 포기해야 한다고 말이다. 맑스는 명예롭지만 죽어버린 개가 되고 말 것이다. 우리는 독점 조직과 기술발달이 자본이 "가치법칙" — 바꿔 말하자면, 가격, 이윤, 비용 그리고 그 밖의 회계 수비학numerology 28이 상품들의 생산과 관련 노동자들의 재생산에 투입된 노동시간에 기초하고 있(고 또 그러한 노동시간에 의해 설명된)다는 법칙 — 으로부터 독립하도록 해주었다는 스위지와 마르쿠제의 입장을 받아들여야만 할 것이다. 자본은 자기 자신의 규칙들을 깨뜨릴 수 있고, 계급투쟁은 이제 순수한 단계의 권력 — "지배에의 의지", 힘 대 힘 — 위에서 이루어지며 가격은 방아쇠를 당기는 것처럼 마음대로 결정되는, 폭력 균등화의 일부가 된다. 우리는 이러한 "독점 권력" 이론가들에 동의하지 않는다. 노동과 착취는 여전히 자본주의 발달에서 기본적인 운동 결정 요인으로 남아 있다. 우리가 컴퓨터와 핵무기를 취급하든, 또는 삽과 조면기29를 취급하든 말이다.

그렇다면 우리는 석유 생산에 투입되는 노동과 관계없이 유가를 결정하는 데에서 자본가들이 누리고 있는 것처럼 보이는 외관상의 자유를 어떻게 설명하는가?

가격과 가치가 분기되는 것이 새로운 것은 아니다. 오히려 그러한 분기는 언제나 자본주의 규칙의 본질적인 측면이었다. 가치(노동시간)는 가격으로 변형되어야 하고 이러한 변형은 결코 1대 1로 이루어지지 않는다. 가치가 가격으로 변형되는 데 핵심적인 것은 자본이 잉여가치를 지역적으로locally 추출한다 해도 자본이 [잉여가치를 추출한 그 사람들이 그 잉여가치를 지배하거나 소비하도록 내버려 두지 않는다는 점이다. 자본의 손은 자본의 입이나 항문과는 다르다. 가치의 가격으로의 변형은 실재적이지만, 그것은 자본가들과 (당신과 나를 포함한!) 노동자들 모두의 두뇌 속에 환상을 불러일으키기도 한다. 그 모든 것은 오직 시스템이라는 마야[환영幻影의 여신]의 가장 깊은 사소함, 즉 "내 것임"mineness을 둘러싸고 일어날 뿐이다. 자본은 작은 기계들, 물질의 다발들, 노동의 작은 사건들로 나타나며, 이 모든 것들은 우리 — 불평하고 변명하고 말다툼하는 자본의 작은 행위자들 — 와 연결되어 있다. 각각의 개별 자본가들은 "내" 돈에 대해 불평하고, 각각의 개별 노동자들은 "내" 일자리를 호소하며, 각각의 노조 간부들은 "내" 경영자에 대해 불평한다. 외관상 서로 다른 일들과 관련해 모든 곳에서 눈물이 흘러넘친다. 이런 점에서 자본주의의 집은 영원한 통속극이다. "내 것임"은 본질적 환상이다. 비록 환상이 모두 똑같은 것이라 할지라도 말이다. 노동이 사회적인 것처럼, 자본 역시 사회적이다. 그리고 자본은 또한 시바 신[30]이 불평자들에게 그러는 것처럼 무자비하다. 자본은 스스로를 먹기 위해 그러한 맹목성을 필요로 한다. 그러한 맹목성은 자본가들이 착취한다고 해서 그들에게 응보하지 않으며, 마찬가지로 노동자들이 착취를 당한다고 해서 그들에게 응보하지 않는다. 만인에게는 그 자신 이외에 어떠한 정의도 없다.

가치의 가격으로의 변형은 "그 자신의 정당한 몫을 얻고자 하는" 자본의 본능적인 요구에 의해 규제된다. 자본의 신체에는 다수의 다른 수족, 기관, 동맥과 정맥, 신경 가닥, 감지기와 처리기 들이 있으며, 그 각각은 유기적 구성을 갖추고 있다. 또한 이것들은 모두 피드백을 받을 필요가 있다. 그것들이 함축하고 있는 필요, 균형, 조화, 비율 등은 [서로] 조응해야 한다. 만약 그렇지 않다면 그것[자본]은 살아남아 그 자신의 환상을 볼 수 없을 것이다.

얼마나 많은 잉여가치가 자본의 어떤 특수한 기관에로 가는가 하는 것은 자본의 유기적 구성 ― 그곳에서 발견되는 산 노동과 죽은 노동의 혼합물 ― 에 의해 결정된다. 원자력 발전소, 자동차 공장, 지역의 "소규모의 값싼" 식당과 주점의 세 가지 예를 들어 보자. 이들 각각은 서로 다른 필요와 서로 다른 생산품을 갖추고 있는 기계다. 주점에는 잭 대니얼스[31]가 필요하고, 원자력 발전소에는 정련한 우라늄($U235$)이 필요하다. 식당과 주점에는 마약에 중독된 요리사가 필요하고, 자동차 공장에는 용접공과 조립공이 필요하다. 이 모든 "필요들"에는 투쟁에서 비롯된 역사가 있다. 원자력 발전소는 모든 중대한 조작을 감시하는 데 "2인 1조 규정"을 갖출 "필요"가 있다. 자동차 공장은 정문을 지키는 경비원과 감속을 탐지하기 위해 흐름[공정]의 속도를 측정할 컴퓨터가 "필요"하다. 식당에는 영어를 못 하는 접시 닦는 사람이 "필요"하다. 투쟁은 기계에 기록된다. 투쟁은 과잉의 필요성을 창출한다. 왜냐하면 투쟁은 기계가 발신하는 메시지를 믿을 수 없는 것으로, 영원하지 않는 것으로 만드는 소음이기 때문이다.

산 것과 죽은 것, 동물과 광물, 에너지와 일[노동]의 이러한 혼합물 각각은 고정자본의 가치(생산수단의 가치)와 노동력의 가치(임금의 가치)의 비比에 대략 상응하는 수학적 비율로 측정될 수 있다. 전형적인 원자력 [발전소] 노동자는 약 30만 달러의 가치가 있는 장비를 가지고 일하고, 전형적인 자동차 제조 노동자는 약 3만 달러의 가치가 있는 다른 기계들을 결합하고, 전형적인 식당-주점 노동자는 3천 달러의 가치가 있는 "생산수단"을 사용한다. 그렇지만, 전형적인 자동차 제조 노동자와 원자력 발전소 노동자가 받는 임금은 거의 같은 반면, 식당-주점 노동자가

	고정자본/가변자본	잉여가치	일의 형태
높음	10^5	이전	프로그램 엔지니어
평균	10^4	상대	조립라인
낮음	10^3	절대	사무직, 맥도날드 여성 안마사

〈도표 3〉

받는 임금은 공식적으로 절반이다(팁이 포함돼 임금이 늘어난다 해도 말이다). 분명, 종업원 1인당 자본에서 드러나는 차이들은 임금에서의 차이들을 압도하며, 우리는 10^3, 10^4, 10^5 등의 유기적 구성의 지수 거듭제곱으로 표현된 자본의 골격 속에서 분절을 발견한다. 이것들을 자본의 낮음, 평균, 높음 영역으로 부르기로 하자. 그리고 〈도표 3〉을 살펴보자.

　자본의 이러한 근간에 대해 말할 것이 많이 있지만, 이 구간들에서의 일[노동]/에너지 관계에 집중하도록 하자. 평균 구간에는 투입된 에너지, 그리고 그로부터 획득되는 이윤 사이에 명확한 관계가 존재한다. 속도를 높이면 조립라인에서 생산되는 자동차의 흐름과 제너럴모터스 사의 이윤이 증대된다는 것은 자동차 노동자에게는 분명한 사실이다. 여기에는 기계에 대한 투자 증대와 노동의 생산성 및 강도 사이에는 일대일의 관계가 존재하는 것처럼 보인다. 이것이 상대적 잉여가치의 영역이다. 노동자는 조립라인의 속도에 의해 자신이 착취되고 있다는 것을 알 수 있다. 낮음 구역에서 노동일의 길이는 중요해진다. 이것은 절대적 잉여가치의 영역이다. 이 영역에서 노동은 작업 내에 노동자들의 에너지를 가능한 한 오랫동안 저장하는 것에 의해 이루어진다. 여기에서의 문제는 노동자가 잉여를 볼 수 없다는 것이다. 지방의 식당에서는 과로로 종업원들이 죽을 수도 있으며, 여전히 "수익이 없는" 것처럼 보일 수도 있다. 사장은 자신이 고용한 노동자들처럼 우울해질 수 있으며 자신의 에너지를 "무를 향해" 쏟아내고 있을 수 있다. 이렇게 해서 소기업 유형들의 눈물, 자본의 "중노동"

영역이 존재하게 된다. 마지막으로, 높음 구역이 있다. 여기에서는 막대한 이윤이 만들어지지만, 본질에서, 원자력 발전소를 작동하는 노동자들과는 관계가 없다. [원자력 발전소] 노동자들은 주차장에서 통제실로 가면서 임금을 받지만, 이후의 8시간에 "생산된" 잉여가치의 양은 상대적으로는 막대하다고 해도 절대적으로는 하잘것없다! 그들의 이윤은 어디에서 나오는가?

잉여가치는 가격과 가치의 분기 때문에 원자력 산업으로 변형된다. 맑스가 지적하는 것처럼 사회적 자본은 평균이윤율이 필요하지만, 개인적 자본은 각각의 기관[회사]에 투자된 양에 따라 다르게 보상받아야 한다. 그러나 각각의 기관[회사]이 보유하고 있는 고정자본의 양은 다르다. 노동자에게 자본을 많이 투자한 기관들은 평균 이상의 잉여가치 양이 되돌아오는 게 필요하고, 노동자에게 평균적으로 투자한 기관들은 평균의 양을 필요로 하고, 낮은 양의 자본을 가진 기관들은 단지 낮은 수익이 "필요하다."

사회적 자본은 레스토랑, 열악한 공장, 건설 회사에서 "동일한 척도"에 대해 말하며 욥의 비가를 되뇐다. "나는 나 자신만을 인정한다.", "나는 나다."는 말들이 회오리바람 속에서 자본을 불러내고, 소규모 회사 사장들은 종기가 돋은 채로 몰래 도망친다. 피드백 정의justice는 가격에 의해 결정된다. 높음 산업의 상품 가격은 언제나 그것들의 가치보다 높다. 낮음 산업의 상품 가격은 언제나 그것들의 가치보다 낮다. 높음 산업들은 이러한 가격 구조를 통해 시스템의 저층에서 생산된 잉여가치를 "빨아들인다." 가격과 가치가 분기됨으로써 잉여가치의 추출과 잉여의 지출에 대한 명령이 서로 다른 작동들이라는 점이 분명해진다. 앨리스 식당의 사장은 불평할 수는 있지만, 여전히 전기료와 난방비를 지급해야 한다(비록 내지 않으려고 갖은 노력을 하더라도 말이다). 욥처럼, 소규모 회사의 사장은 거부할 수 없는 더 높은 힘의 존재를 인정한다. 왜냐하면 그 힘이 그에게 고통을 주기는 하지만 만약 그 힘이 그를 포기한다면 그는 소멸하고 말 것이기 때문이다. 그러므로 그는 이 힘이 아무리 부조리하게 보인다 해도 이 힘에 경의를 표해야 한다. 심지어 이 힘이 그를 짓밟는다 해도, 그는 잔혹한 신의 더 깊고 더 넓은 설계 위에서 명맥을 이어갈 수 있을지 모른다.

"에너지 위기"라는 연역법 : 이론적 간주곡

가치에서 가격이 분기되는 것을 통해 우리는 자본주의의 노동 착취 분석을 포기하지 않고도, 어떻게 에너지 가격이 다른 가격들보다 상승할 수 있는지 알 수 있다. 조립라인에서의 반항, 여성의 가사노동 거부, 도시 봉기 등을 피하기 위해 높음 영역에 투자함으로써, 높음 영역은 더욱 높은 상품 가격을 만들어낸다. 그렇지만 왜 이윤 위기는 단순히 자본주의적 주기의 전통적인 수단들이 아닌 "에너지 위기"를 현실적으로 필요로 했을까? 왜 [자본주의] 시스템의 일반적인 특징으로 남아 있는, 이윤하락-실업-임금감소-이윤상승의 연쇄(예컨대 자본의 "구시대 종교")는 더는 적절하지 않게 되었는가?

이러한 물음들에 대한 대답은 여러 측면을 가지고 있지만, 한 가지는 분명하다. 2차 세계대전 이후의 정치경제학의 토대였던 케인스주의 공장-가정 회로가 파손된 것에 위기의 근원이 존재한다는 것 말이다. 자본은 아메바처럼 산도가 높은 지역에서는[상황이 악화하였을 때는] 수축하고 영양이 풍부하고 부드러운 물에서는[상황이 순조로울 때는] 팽창한다. 이윤이 위기를 맞은 10년 동안 산도가 높은 지역은 다음의 두 지점에 집중했다. 하나는 조립라인 생산 즉, "중간 수준의" 제조 및 채취 산업들이고, 다른 하나는 재생산 노동이 집중된 "가정"이다.[32] 자본은 이윤의 위기를 자부심의 하락으로, 그리고 거악 big-bad 국가에 의한 "거세"(세금-소심증후군)로서 경험할 뿐만 아니라 지역적이면서 전 지구적인 자극원으로서 경험했다.

이 절에서 제기한 문제들에 대한 전형적인 "상식적" 대답은, 세금-소심 증후군이 만성적인 생산성 위기(에너지 위기도 그 한 사례다)를 초래했다는 것이다. 회사 중역들의 고상한 언어들, 경제적 폴로니어스[33]의 설교에 따르면, 생산성의 몰락이라는 동일한 악이 확인되고 비판받는다. 그렇지만 이러한 설교는 완전히 신화들[에 불과한 것]인가? 그렇다, 정말 신화다. "생산성"이라는 좁은 의미에서는 말이다.

우리가 (계량 경제학자들처럼) "생산성"에 노동시간당 "실질적인" 산출이라는 의미를 부여한다면, 자본에 생산성 문제는 존재하지 않는다. 오히려 2차 세계대전 이후 기간에는 생산성의 급속한 발전이 이루어졌다. 적어도, 두 번의 전쟁과 대공황이 있었던 1914~1947년의 시기와 비교해 본다면 말이다. 더욱이, 양 시기에 시간당 생산량에서 비교할 만한 증대가 있었다 해도 앞선 시기[1914~1947]에 더 큰 실질임금의 인상과 주 노동시간의 단축이 이루어졌다. 만약 첫 번째 시기의 성과가 두 번째 시기에 반복되었다면 주 노동시간은 이제 27.8시간이 될 것이며, 평균 실질임금은 실제로 더 높을 것이다(〈도표 4〉를 보라).

게다가 에너지 위기 시기(1973~1980)에 단위 노동당 산출이 과거보다 더 천천히 오르고 있었다 해도, 실질임금은 이러한 속도에 비해 뒤처지고 있었다. 그러나 자본은 산출 자체에는 관심이 없다. 자본이 관심을 두는 것은 자기의 몫이다. 실질적인 이윤의 변화와 생산성의 변화 사이의 관계는 1965~1973년 시기의 통계적 이상異常을 보여준다. 2차 세계대전 이후 시기에서 1965년에 이르는 동안, 이윤의 연별 변화는 생산성 변화의 평균 두 배에 달했다. 그러나 1965년에 이윤과 생산성의 변화들은 균등해지기 시작했다. 1973년이 되어서야 그 비율은 역사적 자리로 돌아갔다. 이것은 1965~1973년의 기간에 이윤의 인력引力이 감소하고 더욱이 이윤-임금의 비율이 붕괴하였음을 보여준다. 어디에선가 누수가 일어나고 있었고, 모

	시간당 개인 실질 생산량의 변화	실질임금의 변화	주 노동시간의 변화
1914~1947	+107%	+103%	−31%
1947~1979	+91%	+66%	−11%

〈도표 4〉

든 곳에서 이윤 도둑에 대한 수색이 이루어졌다. 청년, 여성, 흑인, "노동윤리의 붕괴"들이 유력한 피의자들이었다. 1969년 12월 맬컴 드니스가 언급한 점잔 빼는 말들을 살펴보자.

요즘 피고용인들은 (1) 실직이나 사용자와 함께 있는 것에 대해 별로 관심이 없으며, (2) 더럽고 불편한 작업 조건을 참으려 하지 않으며, (3) 동적인 조립라인 위에서의 일정한 속도와 기능을 받아들이려 하지 않으며, (4) 규칙을 따르지 않으려 하거나 더 높은 권위에 순종하려 하지 않는다. 게다가 전통적인 미국의 노동윤리 ─ 고된 노동이 미덕이자 의무라는 관념 ─ 는 대단한 손상을 입었다. ··· 또한, 작업장의 규율을 점차 받아들이지 않으려는 반항이, 다시 한 번 말하지만, 특히 젊은 종업원들 사이에서 생기고 있다. 이것은 단순히 하나의 작업장에 국한된 현상이라기보다는 오히려 대부분의 작업장에서 볼 수 있는 현상으로 우리 주변의 오늘날의 젊은이들 사이에서는 유행이 되고 있다.[34]

바람은 이러한 비탄의 소리로 가득 찼다! "환각제가 조립라인을 먹어치울 것이다!" "페미니스트들이 가족을 파멸로 이끌 것이다!" "흑인들이 전부 가지려고 한다!" ··· 구역질이 난다.

광업에서 시간당 생산량이 폭락하고 또 자동차, 철강, 고무 산업에서 생산량이 하락하기 시작했을 때, 자본가의 전화기 볼륨의 눈금은 몇 단계 높여졌다. 생산성이 증대하면서 이윤의 배분은 위험에 처했으며 ··· 그리하여 가격과 노동의 구조에서 전면적인 변화의 필요성이 대두되었는데,

왜냐하면 이것은 단순히 통계량이 아니라 노동계급과 자본 관계의 토대였기 때문이다. 서문에서 지적했듯이, 생산성과 이윤의 만족스러운 정합은 19세기 이래 자본주의 전략의 정수였다. 이러한 전략에 교란이 일어나기라도 하면 「가치와 분배의 한계 이론」에 구현된 지난 시절의 자본주의적 지혜는 문제에 봉착하게 된다. 자본주의는 한계·가속도의 체계이자, 변화·미분의 체계이다. 자본주의는 흐름이 아니라 흐름들의 흐름이다. 그것의 현상들이 명백하게 비탄에 빠진 것처럼 보인다 해도 그것들이 사태를 말해 주지는 않는다. 자본은 추상적이다. 그리고 자본의 단절 역시 처음에는 추상적이다. 왜냐하면 문제는 속도가 아니라 자극의 결핍이기 때문이다. 1965~1973년의 이윤 위기는 흐름이 아니라 흐름들의 흐름을 멈추었다. 이 시기의 계급투쟁으로 위기에 빠진 축적 전략을 이해하기 위해서 우리는 자본의 심리를 어느 정도 고찰해야 한다. 이것은 정신분석이라기보다는 이론적 도청盜聽이 될 것이다.

　모든 입문 과정에서 만나게 되는 경제학인 "한계 이론"은 의미심장하게도, 파리 코뮌의 폭발과 학살의 바로 그 시대에 무대에 모습을 드러낸다. 한계 이론에 따르면, 개별 기업들이 이윤을 극대화하고 축적 과정이 자본주의 내내 유지되기 위해서는 임금과 이윤이, 계속 증가하는 사회적 노동의 생산성과 관련을 맺어야 한다. 다시 말해, 새로운 과학기술의 도약, 공장이나 광산, 농장에서의 더욱 "효율적인" 노동 조직화, 그리고 가정, 학교, 보건의 더욱 "과학적인" 계획 등에 의해 성취된 생산성 증대는 노동계급과 공유되어야 했다. 자본은 그 모든 것을 전유할 수는 없었다. 이러한 전략의 고전적인 응용은, 자본집약적이고 대량적인 생산 기법을 시간 엄수와 "순결한 가정생활"에 대한 보너스와 적절하게 결합한 초기 포드의 임금 정책이었다. 이러한 시책들이 없었다면, 해마다 300%에 근접하고 있었던 노동자 이동률은 (자본 생산성의 바로 그 토대인) 조립라인의 연속성을 끝없이 파괴했을 것이다. 누구도 태어날 때부터 자동차 노동자는 아니다. 노동자들은 만들어져야 한다. 가정에서 그들의 생산이 계획되어야 한다. 포드는 한계 이론의 또 다른 면을 이해했다. 노동자들이 조립라인의 규율을 받아들이도록 "유도하기" 위해 임금을 이용해야 한다는 것, 그리고 더욱 높은 임금을 받음으로써 노동계급은 활기찬 소비자가 될 수 있으며 자본주의 시스템을 더욱 높은 단계의 생산으로 추동할 수 있다(이렇게 해서 더 높은 수익성이 확보되는데, 리버 루지35 같은 고정자본의 집중은 성공의 지속적 활용을 필요로 한다)는 것을 말이다. 일단 임금이 사회적 생산성처럼 역동적이 되면, 노동계급은 소비자-재화 시장을 통해 자본주의 시스템 속에 통합된 생산 주체가 된다. 재생산은 단순히 노동력의 생존을 보장하는 것이 아니라 "생산의 역동적인 힘"이 된다.

맑스주의자들은 한계 이론이 맑스주의를 죽이려는 이데올로기적인 목적을 갖는 저속한 경제학의 주관적인 수식화라고 비판했다. 부하린은 한계 이론을 "이미 생산과정에서 배제된 부르주아지의 이론"이라고 부른다.36 그런데 실제로 이 이론은 소비과정에 노동계급을 끌어들이기 위한 전략이다. 맑스주의자들은 한계 이론의 합법화 목적이 주제에서 벗어난 것이었음을, 그리고 이 이론의 일차적인 목적이 근본적으로 상이한 계급투쟁에 맞닥뜨린 자본에 새로운 전략을 제공하는 것이었음을 이해하지 못했다. 1870년대경에 욕망이 분출했던 파리 코뮌에 이르러, 노동계급이 인구 증가에 따라 충족될 수도 있고 그렇지 않을 수도 있는 고정된 욕구들을 갖춘 개별적이고 거의 자연적인 종들로 간주할 수 없다는 것이 명확해지기 시작했다. 맑스가 1867년에 쓴 「가치, 임금 그리고 이윤」에서 말하는 것처럼, 이 시기에 표준적인 노동일을 위한 투쟁은 가장 선진적인 부문들에서 임금인상을 위한 투쟁들에 천천히 자리를 내주고 있었다.

계급적 힘들은 새로운 성좌星座[배열]로 진입하고 있었다. 이러한 점을 확인하기 위해 기초로 돌아가자. 노동일은 다음 두 개의 양으로 분해된다.

$$V\_\_\_\_\_ / \_\_\_\_\_S$$

V는 노동계급을 자본주의적 기능 속에서 재생산하는 데 필요한 사회적 노동시간의 총량을 나타내고, S는 자본이 노동일 속에서 전유하는 잉여노동이다. 자본의 비밀인 부불노동은 단지 공장 안에서만이 아니라, 부엌, 슬럼가, 연구실 등에서 다양한 형태로 나타난다. 수학적으로 볼 때, 계급투쟁은 자본을 위해, V, S, 그리고 V+S의 관계로 분해된다. 목표는 잉여, 즉 S의 축적이며, 잉여를 늘리는 데는 두 가지 방법, 절대적인 방법과 상대적인 방법이 존재한다. 절대적 잉여가치는 V를 변화시키지 않고, 노동일 즉 V+S를 연장함으로써 충당된다. 이것은 뉴턴 시대에 개발된 잉여가치 유형이었다. 그러나 절대적 잉여가치를 산출할 수 있는 자본의 능력은 "표준적인" 노동일을 위한 노동계급의 투쟁들, 다시 말해 "10시간 노동"과 "8시간 노동" 쟁취 운동에 의해 침식되었다. 자본은 상대적 잉여가치를 늘리는 것으로 대응했다. 이것은 V+S를 일정하게 유지하거나 또는 그것을 감소시키면서 S에 대한 V를 줄이는 것을 통해 충당된다. 상대적 잉여가치는 노동[일]/에너지의 열역학적 연구의 토대에 존재하는 생산 유형이다.

상대적 잉여가치의 생산은 생산력과 생산관계의 부단한 혁명을 통해서만 가능하다. 이를 위해서는 과학, 기억, [숙련] 기술을 연결하여 응용하는 것이 필요하다. 맑스는 상대적 잉여가치로의 선회를 자본의 필연적 경향으로 이해했다.

기계류에서 대상화된 노동은 노동과정 자체에서 살아 있는 노동에 대하여 이것을 지배하는 권력으로서 맞서는데, 이 권력은 그 형태에서 볼 때 살아 있는 노동의 점취로서의 자본이다. 노동과정을 자본의 증식 과정의 단순한 계기로 수용하는 것은 소재적 측면에서 볼 때도 노동수단이 기계류로 전환되고 살아 있는 노동이 이 기계류의 단순한 살아 있는 부속물로 전환됨으로써, 기계류의 활동 수단으로 정립하는 것이다. 노동 생산력 증대와 필요 노동에 대한 최대의 부정은 자본의 필연적 경향이다. 이 경향의 실현이 노동수단의 기계류 전환이다. [실현] 가능성의 최대한 부정이 늘어나는 것은 자본의 필연적인 경향이다.… 생산과정이 단순한 노동과정으로부터, 자연의 폭력을 자신에게 복무시키고, 그리하여 그것을 인간의 욕구에 봉사하는 데 작용하도록 하는 과학적 과정으로 전환되는 것이 살아 있는 노동에 맞서 있는 고정자본의 속성으로 현상한다.… 그리하여 노동의 모든 힘이 자본의 힘들로 전조轉調된다.[37]

한계 이론은 상대적 잉여가치 시대의 자본주의적 전략을 반영한다. "생산성"은 핵심적인 정치 범주가 되고, "비생산적인"이라는 말이 초기 부르주아에 의해 봉건 지주들에게 내던져지면서 "효율성"은 계급관계를 조절하는 전투 구호가 된다. 그래서 "한계 이론의 아버지"인 제번스[38]는 이러한 사실을 (욕망, 쾌락, 실용의 형태를 띠는) 에너지들의 노동으로의 변형을 설명하는 통계학적 열역학으로 바라보았다. 그에게 자본주의 체제는 노동계급의 분산된 무수한 에너지적인 자극들을 축적된 자본주의적 힘으로 바꾸는 거대한 증기 엔진이다. 한계 이론이 자본주의 경영자의 커리큘럼에 채택되는 데에는 비교적 짧은 시간이 걸렸다. 이 이론의 교육적 기능은 (자신들의 이론적 동료들에 반대하는 "통속적인" 비즈니스 경제학자들의 끊임없는 불평에도 불구하고) 그 추상적 형태에서조차 즉각적으로 명확하게 드러난다. 왜냐하면, 이 이론은 자본이 생산적인 배치들에서의 유동성 ― (노동계급 조직의 작은 마디들의 파괴를 목표로 하는) 생산관계들에서의 일정한 변화에 대한 기대 그리고 그 자신의 추상성에 대한 평가 ― 에 익숙하도록 해주기 때문이다. 동시에 이 이론은 다음과 같은 보조적 교훈을 가르쳤다. 투쟁하는 노동계급은 더는 격퇴할 수도, 억압할 수도, 죽일 수도 없다는 점. 노동계급이 생산관계의 체계와 시장 속에서 역동적으로 기능하도록 해야 한다는 점. 투쟁은 활용될 수 있고 또 활용되어야 한다는 점.

이 이론은 노동조합이 등장할 때마다 그것을 불법시하거나 분쇄하는 대신 어떻게 활용할 수 있는지를 자본에 보여주었다. 그래서 이 이론은 노동조합은 결국 노동의 생산성을 넘어서 임금을 인상할 수 없는데, 그 이유는 임금이 궁극적으로 노동시장에서의 수요와 공급으로 통제되기 때문이라고 주장한다. 최악의 경우라도 노동조합은 무해하다. 기껏해야 노동조합은 개별 자본가들에게 고통을 줄 수 있겠지만 임금과 노동조건에 대한 협상을 통해 노동 조직의 변화에 박차를 가하고 생산성을 자극할 수 있다.

"맑스주의 체계의 잘못"(예컨대 가격의 가치로부터의 일탈)의 발견자이자 오스트리아 재무장관이었던 뵘-바베르크를 살펴보자. 1914년에 그는 다음과 같이 썼다.

> 기업가가 자신의 손이 회사의 물리적 설비들에 묶여 있는 것이 아니라 노동의 가치에 묶여 있음을 알게 된다면, 그리고 그가 생산 요소들의 현재로서 가장 저렴한 조합을 채택하고자 한다면, 그는 이전에 활용했던 것과는 다른 조합을 선호할 것이다. 그 조합은 지금 더욱 비싸진 노동요소를 절약할 수 있게 하는 조합일 것이다. 이것은, 예컨대, 토지가격의 상승이 조방적 경작에서 집약적 경작으로 경작 방법을 바꾸도록 한 것과 같다.[39]

다시 말해, 노동조합이 임금을 올리면 이로 인해 자본가는 생산을 시간 속에서 더욱더 집약적으로 만듦으로써 생산을 재조직할 수밖에 없게 된다(토지에서 노동으로 가면, 공간은 시간이 되기 때문이다). 노동조합은 절대적 잉여가치에서 상대적 잉여가치로의 이행을 강제할 수 있으며,

노동조합이 [자본주의] 체제에 조율된다면(너무 많이 선동하지 말 것, 너무 많이 욕망하지 말 것, 제일 중요한 것으로, "우리와 운명을 함께할 것"), 그것은 자본 발전의 한 요인이 된다. 자본이 노동계급을 조율하기 위해 사용하는 다양한 전술들이 교재와 문서들에는 거의 언급되어 있지 않아도 "기업가"는 그것을 – 때로는 두목-때리기를 통해, 때로는 국무총리의 지위를 활용해 – 스스로 알아내야 한다. 결정적이었던 것은 세대를 거듭해 자본가들에게 전해진 다음과 같은 전략이었다. 우리는 더는 스크루지 전술들을 가지고 계급투쟁과 싸움을 벌여서는 안 된다.

한 세기나 된 이러한 전략은 쉽사리 포기되지 않는다. 소위 "케인스적 혁명"조차 임금 및 이윤 상승을 생산성 상승에 연결하는 것의 중요성을 문제 삼지 않았다. 케인스는 "집단적 자본", 즉 국가가 개별 자본가라면 거부했을 이러한 상호관계에 개입하고 이것을 보증하는 것이 결정적이라고 보았다. 하지만 1960년대와 1970년대 전반에 걸쳐 한계 이론은 자본의 이론에 대한 논쟁들 속에서 체계적으로 공격을 받았다. "왜 임금과 이윤은 죽은 연인의 무덤에서 뻗어 나온 덩굴손처럼 자라고 감길 수 없는가?"라고 한계 이론 경제학자들은 말한다.

통계학적 조사가 실질임금과 생산성의 연계에서의 장기간의 성공을 보여주고 있을 바로 그때, 현자들의 위원회 안에서는 점점 동요가 일어나고 있었다. 1970년대 초반, 이윤과 임금이 절대적 잉여가치의 시절처럼 다시 적대적이 되었음이 분명해졌다. 이윤은 생산성 증대의 통상적인 몫을 축적하지 못하고 있었으며, 훨씬 더 불길하게도, 평형을 유지하는 데 필수적인 협상 제도들(노동조합과 사회민주당)은 투쟁으로 전복되거나 무시되었다. 복지 투쟁, 슬럼가의 반란, 비공인파업, 공장 점거, 군대와 대학에서 일어난 (가족관계와 성관계에서의 "무질서"를 반영하는) 규제의 "붕괴"는 모두 노동조합과 관리자의 협상 테이블의 궤도 바깥에서 일어났다. 이러한 투쟁들의 절대적 내용이 외관상 다음과 같이 대립적인 극들을 취했지만 말이다.

노동의 종말 — 우리가 행하는 모든 노동에 대해 지급하라

전쟁이 아닌 사랑을 만들라 — 사랑이 노동이다

지금 자유를 — 자유로운[공짜] 노동은 이제 그만

자본은 그들의 "협상 불가능성", 그들의 "비합리성"에 더 관심이 있었다. 자본주의는 미래를 먹고 산다. 그런데 그들이 내건 요구들의 직접적 특질은 "우리는 미래가 아닌 지금 그것을 원한다!"라는 글귀로 나타났다. 사소한 통계적 변화로 보였던 것은 데이터 도표들과 컴퓨터 출력물이 복잡하게 뒤엉킨 데에서 비롯된 것이었다. 생산성은 새로운 계급 세력들에 의해 더 이상 보장받지 못했으며, 이 새로운 세력들은 성취된 천문학적 수준의 축적을 인지하고 그것 모두를 지금 당장 내놓으라고 요구하고 있었다.

실용주의 인식론에서 보는 것처럼, 자극irritation은 사유로 이어지며, 이러한 요구들은 자본 경영자들의 아픈 곳을 건드린다. 자본에는 다행스럽게도, 필요한 사유가 이미 의식상에 떠올랐다. 피에로 스라파는 한계이론파들과는 근본적으로 다른 전략 체계를 제시했다. 노동계급 투쟁들에 대해 취했던 모든 진정한 자본주의적 대응과 마찬가지로 스라파의 대응은 노동계급의 요구를 받아들이되, [그대로가 아니라] 그 의도를 비틀어서 받아들였다. 초기 자본이 [17세기 영국의 평등주의 운동 단체] 디거스Diggers의 반反 지주 구호 "일하지 않는 자는 먹지도 말라."를 차용해서 그것을 디거스에 대항하는 것으로 바꾸었듯이, 새로운 자본주의적 전략은 노동계급의 노동거부를 차용해서 그것을 상대화한다.

스라파의 전략은 임금과 이윤 상승을 생산성 변화에 균형 잡힌 방법으로 연동시키지 못하는 무능력을 위기로 파악하는 자본의 인식에서 시

작된다. 스라파는 임금과 이윤이 중요한 적대로 간주되어야 한다고 주장한다. 다시 말해 하나는 다른 하나의 정반대라는 것이다. 한계 이론에서는 이와 반대로, 임금은 일정한 "생산 요인"인 노동의 활용을 위해 노동소유자들에게 치르는 지출이며, 이윤은 (기계, 원료 또는 화폐의 형태로) 투자된 자본의 활용을 위해 자본의 소유자, 즉 자본가에게 치르는 지급이다. 다시 말해 임금과 이윤은 이론적으로 각기 독립적이라는 것이다. 한계 이론은 개별 회사가 처한 상황에서 시작한다. 노동과 자본이라는 각각의 요인은 회사의 생산에 이바지하고 그에 따라 보상을 받게 될 것이다. "정당한 하루의 노동에 대한 정당한 하루의 임금" 그리고 "훌륭한 도구는 고용할 가치가 있다."

이와 달리 스라파는 자본주의 기계를 하나의 전체로, 총투입량과 총산출량이 있고, 음식을 먹고 배설을 하는 전체로 간주한다. 그는 총산출량을 임금과 이윤으로 나눈다. 임금은 전체 노동계급이 전유하는 총가치의 일부다. 그는 자본주의 기계(원료와 노동의 흐름, 이전, 창조, 중지 등이 뒤섞인 복합체)가 주기적으로 멈추고 총생산품이 감소되어 자본가와 노동자가 각각 [그것들을] 얼마나 많이 획득할까를 둘러싸고 투쟁하는 이미지를 제시한다. "각자에게 그들의 몫을"의 원칙은 더 이상 적용되지 않으며, 이제는 먹이를 두고 개떼와 이리떼가 으르렁거리는 탈리오법칙[40]이 적용된다. 그러나 노동자들이 얼마나 조금 획득해야 하는가에 대해서는 하한선이 존재한다. 노동자들은 총생산물 중에서 생존을 가능하게 하고 자신을 재생산할 수 있을 정도로 충분한 양을 받아야 한다. 따라서 임금은 다음과 같이 두 개의 부분으로 나뉘어야 한다. 생존임금과 잉여임금이 그것이다.

우리는 지금까지 임금을 노동자들의 필수적인 생존을 구성하는 것으로, 그리고 엔진용 연료나 가축용 사료와 같은 기반 위에서 체제에 진입하는 것으로 간주했다. 우리는 이제 임금의 다른 측면을 고려해 보아야 한다. 왜냐하면 지금까지 생존을 위해 필요한 요소 외에 임금에는 잉여 생산물로 남아 있는 몫이 포함되어 있기 때문이다. 임금의 두 가지 특징을 고려하면, 우리가 자본가와 노동자 간의 잉여 분할을 고려하게 될 때, 임금의 두 가지 구성 부분들을 분리하고 "잉여"만을 하나의 변수로 간주하는 것이 적절할 것이다.[41]

임금의 "생존" 부분은 고전적인 임금 개념을 떠올리게 한다. (예를 들어, "노동의 자연적인 가격 … 노동자들 각자가 생존할 수 있고, 증대도 감소도 없이 종족을 영속시킬 수 있도록 하는 데 필수적인 가격"이라는 리카도의 개념.)[42] 본성상, 생존임금은 수행된 노동의 총량에 비례하지 않는다. 설령 그것이 특수한 생산 시스템의 제약 그리고 "노동자 종족"의 고정될 수 있는(준생물학적인) 욕구들 때문에 고정된다 할지라도 말이다. 생존임금이 필요하다는 것에는 개별 자본가들이 회피하고자 하는 문제적 진실이 투영되어 있지만, 총체적인 자본은 그것을 회피할 수 없다. 노동하기 위해서는 지금 노동을 하고 있지 않을지라도 살아는 있어야 한다. 이 것은 자본주의 생산의 최종적인 "외부성"이다. 그것은 누군가 "일소해야" 하는, 노동이 영구적으로 생산하는 비노동의 공해다.

고전적인 경제 이론은 "철의 임금 법칙"이 되었지만, 철도 강렬한 열 아래에서는 녹는 법이다. 그래서 한계 이론은 노동 생산성으로 인해 임금이 변할 수밖에 없는 한 임금이 하나의 변수라는 점을 인정했다. 그와 달리 스라파에게 임금의 가변 부분은 단순한 생계를 넘어 생산 설비 전체에 의해 생산된 전체 잉여의 존재로부터 발생한다. 스라파는 "노동자 종족"이 자본의 생산성과 관계없이 이 잉여의 일부를 전유하기 위해 자본과 투쟁한다고 주장한다. 이 "잉여 임금"은 일종의 "정치적 임금"인데, 그 이유는 그것이 생산의 기술적 관계들의 체계 속에서 결정되는 것이 아니기 때문이다. 스라파로 인해, "자유로운" 노동 시장이 결국 임금을 결정할 것이라는 뵘-바베르크의 확신은 혁파된다. 스라파의 작업 틀은 노동계급이 생산성과의 연계를 효과적으로 깨뜨리고 임금과 이윤의 관계가 완전히 적대적인 세계를 기술한다. 스라파로 인해, 자본은 전체 기계의 생산량이 더는 노동계급으로부터 쥐어짜진 노동량과 비례하지 않는 상황을 개념화한다. 임금은 노동으로부터 독립적이게 된다. 이것은 자본이 생산과정에 기여하는 것에 대한 "정당한 보상"이 이윤이라고 정당화하려는 한계주의자들의 시도가 끝났음을 말해준다. 자본에 당연한 것은 없으며, 모든 것은 싸워서 얻어야 한다. 우리는 이 지점에서 지난 세기 맑스가 예견한, 거대한 계급적 긴장 상황에 도달한다.

> 실재적 부는 오히려 이용된 노동시간과 그 생산물 사이의 엄청난 불비례에서뿐만 아니라, 순수한 추상으로 축소된 노동과 그것이 감시하는 생산과정의 강권 사이의 질적인 불비례에서도 표명된다 ― 그리고 대공업이 이를 폭로한다. 노동은 더는 생산과정 자체에 포함된 것으로 나타나지 않고 오히려 인간이 생산과정 자체에 감시자와 규율자로서 관계한다.[43]

노동 생산성이 일정 한계들을 넘어 증대할 때 "노동시간"을 부의 척도로 사용하려는 모든 시도는 실패로 돌아가며, "교환가치는 사용가치의 척도가 되기를 멈춘다."라고 맑스는 주장한다. 자본은 가장 심각한 모순 속에 놓인다. 요컨대 자본은 한 측면에서 보면 부의 창출을 그것에 이용된 노동시간에 대하여 (상대적으로) 독립시키기 위해 사회적 결합 및 사회적 교류뿐만 아니라 과학과 자연의 모든 힘을 소생시킨다. 다른 측면에서 보면 자본은 이렇게 창출된 방대한 사회적 힘들을 노동시간으로 측정하고자 하며, 이미 창출된 가치를 가치로 유지하는 데 필요한 한계 안에 이 사회적 힘들을 묶어두고자 한다.[44] 노동계급 투쟁이 필요노동시간이 영에 도달하는 지점까지 자본을 밀어붙일 때 스라파의 체계는 유익하게 적용될 수 있다.

이러한 상황 속에서 생산성이 아니라면 그 무엇이 임금을 결정할 수 있을까? 스라파는 곡물법의 낡은 논의로, 다시 말해 상품의 상대적 가격 통제에 의한 임금의 조작으로 돌아간다. 스라파는 가격이 임금에 의해 고정된다고 주장한다. 그와 동시에, 상품 생산이 주어지면, 임금이 또한 상품 간의 교환 관계에 의해 결정될 수 있다고 주장한다. 가격을 관련시킬 힘이 자본에 있다면, 자본은 [또한] 노동계급이 (잉여의) "정치적" 임금 중 어느 정도를 전유하게 될지를 통제할 힘을 가지고 있다. 그러나 어떠한 상품도 그렇게 하지 못할 것이다.

스라파는 두 가지 유형의 상품들을 구분한다. 기본 상품과 비기본 상품이 그것이다. 기본 상품은 모든 상품의 생산요소가 되지만 비기본 상품은 그렇지 않다.

비기본 생산물들은 그 체제의 결정에 관여하지 않는다. 이 생산물들의 역할은 완전히 수동적이다. 이러한 유형의 "사치스러운" 상품 한 개를 생산하는 데 필요한 개별 생산수단의 양을 어떤 발명이 절반으로 줄이게 된다면, 그 상품 자체는 가격이 절반으로 되겠지만, 그 이상의 일은 일어나지 않을 것이다. 다른 생산물의 가격 관계와 이윤율은 영향을 받지 않을 것이다. 그러나 이러한 변화가, 생산수단 일부가 되는 기본 상품의 생산에서 일어난다면 모든 가격은 영향을 받을 것이며 이윤율 또한 변하게 될 것이다.[45]

다시 말해, 임금(그리고 결국 이윤)에 영향을 미치고자 한다면, 펜실베이니아의 뻐꾸기시계 가격이나 심지어 스테레오와 TV의 가격, 예컨대 지난 시절 그 체제의 발전에 매우 결정적이었던 것으로 입증된 "내구 소비재"의 가격을 바꾸는 것은 어불성설이 될 것이다. 스라파식 전략은 에너지 상품들(예를 들어 석유와 전기)을 채택해야 한다. 왜냐하면, 이 상품들은 직접적으로건 간접적으로건 비료에서 컴퓨터에 이르는 생산의 전체 스펙트럼의 일부가 되기 때문이다. "에너지" 상품들은 기본 상품들이다. 따라서 한계 이론이 작용하지 않는 시기에 임금-이윤 관계에 영향을 끼치려는 모든 시도는 기본 상품들의 가격 변동을 포함해야 한다. 이런 식으로 스라파의 이론을 답사해 보면 우리는 1965~1972년의 이윤 위기가 왜 에너지 위기를 필요로 했는지 이해하게 된다. 에너지 상품들의 가격 변동이 이루어져야만 평균적인 실질 임금이 하락할 수 있으며, 유기적으로 더욱 낮게 구성된 산업으로부터 고도산업으로 투자가 이동할 수 있다. 이러한 가격 변동은 이윤율에 영향을 미치는 전 지구적이고 국지적인 자극들을 배열하는데, 그 이유는 이러한 변동이 일반 임금(일자리에 대해 지급되건, 또는 복지 전표, 연금, 실업 전표를 통해 지급되건)을 감소시키고, 동시에 [유기적 구성이] 평균적인 산업과 낮은 산업으로 돌아가는 몫을 감소시키기 때문이다. 에너지는 임금 상품 "다발[묶음]"(열, 음식 등등)에서도, 그리고 "자본"재의 생산에서도 핵심적인 역할을 한다. 에너지의 상대적 가격을 바꾸면 결국, 예정된 이윤율로 주기적으로 귀환하는 대신 평균적인 이윤율에 영향을 미치게 된다. 이윤 위기는 주어진 "장기적인" 평균 이윤율을 둘러싼 또 다른 변동을 예고하는 것이 아니라, "화폐적 환상"을 통해 실질임금과 생산성을 통합하는 케인스의 임금-인플레이션 주기에 기초하여 다루어질 수 없는, 평균이윤율의 하락을 예고했다. "국영은행이 유발한" 인플레이션이나, 임금인상에 대한 "독점 자본"의 비용 전가는 노동계급 투쟁의 놀랄 만한 총체성과 새로움을 다루지 못할 것이다. 체제를 재형성하기 위한 본질적인 기제는 에너지 가격 변동을 통해 전 지구적이고 국지적인 측면에서, 다시 말해 사회적 재생산의 영역에서 그리고 반항하는 공장들의 폐쇄에서, 이윤 위기에 영향을 미치는 것이었다.

노동의 다양성 : 재생산

기본 상품과 비기본 상품이라는 스라파의 구분은 에너지 위기가 1960

년대와 1970년대 초반의 자본주의적 축적에 가한 노동계급의 공격에 대한 하나의 대응이라는 우리의 설명에 핵심적이다. 하지만, 스라파의 이론에는 한 가지 결정적인 결함이 있다. 자본은 물건들을, "상품 다발들"을, "유한한 파이"를, 또는 물질적인 똥을 생산하지 않는다. 노동[만]이 가치들을 생산한다. 자본은 시간, 생명, 에너지의 착취를 위한 체계다. 우리가 모든 "과학과 자연의 힘들, 사회적 결합의 힘들, 사회적 교류의 힘들"이 생산과정에 필수적인 시기에 도달했다 하더라도, 자본은 스라파가 제시하는 것처럼 결코 그것의 측정 도구 – 노동–시간 – 를 벗어날 수 없었다. "가치법칙"은 무효가 되지 않았다. 오히려 가치법칙은 가장 엄격하게 관철되고 있다. 마찬가지로, 자본과 노동계급 간의 관계는 (사드의 귀족과 하인 간의 관계처럼) "순수한 권력관계"가 아니라, 노동이 자본 권력의 토대를 이루는 관계다. 기본 상품 가격의 변동 때문에 변형되는 것은 낮은 영역에서 높은 영역에 걸쳐 있는 노동이다.

에너지 가격 인상 전략이 성공하기 위해서는 엄청난 양의 노동이 생산되어야 하며, 높은 영역에 이용 가능한 자본으로 변형되기 위해서 노동은 낮은 영역들로부터 추출되어야 한다. 에너지, 컴퓨터, 유전공학 영역들에 속하는 "고기술의" '벤처 자본 요구' 산업들의 새로운 자본주의적 "유토피아"에 자금을 대기 위해서는 새로운 자본주의적 "유토피아"가 창조되어야 했다. 그것은 "노동집약적이고", 저임금의, 미친 듯한, 분산된 생산의 세계이다. 가격 인상이 하찮은 일에서의 질적 상승을 강제하지 않는 한 그러한 가격 인상은 휴지 조각으로 전락할 것이다. 이것은 위기 안에서의 위기다. 에너지 가격 인상이 필수적인 노동으로 뒷받침될 수 있을까? 이 시점에서 자본의 역사에서 언제나 그랬듯이, 과학기술에서의 도약은 기술적인 측면에서 가장 결핍을 겪고 있는 노동자들의 피부에서 자금을 얻는다.[46]

"원자력은 파괴하고 태양 에너지는 고용한다."라는 구호를 내건 반핵운동은 잘못됐다. 원자력 사회는 막대한 노동 증대가 필요하다. 그것은 물론 공장들이나 연료 사이클 안에서가 아니라 자본주의 환경 안에서 이루어지는 것이다. 원자력 발전소에 설비들이 투자되고 발전소를 운영하는 데 필요한 기술자들과 경비원들이 투자될 수 있지만, 그러한 투자가 일정한 "수익"을 보장하는 것은 아니다. 이러한 "고기술" 투자로부터 이윤이 창출되기 위해서 이윤은 "저기술"low-tech 착취로부터 이전되어야 한다. 늘 그렇듯 "한쪽 끝의 부의 축적은 동시에 반대편 끝, 즉 자기 자신의 생산물을 자본으로 생산하는 노동계급 측의 빈곤, 노동의 고통, 노예 상태, 무지, 잔인, 도덕적 타락의 축적이다."[47] 에너지 위기의 해결은 낡은 유형의 [조립]라인 노동자를 파괴하고 새로운 형태의 착취를 창조하는 것을 필요로 한다. 이러한 노동은 어디에서 도출할 수 있는가? 아니 더 정확히 말해 누구로부터 끌어낼 수 있는가?

자본주의 발전은 노동계급의 에너지를, 노동계급의 혁명적 혐오를 먹이로 한다. 아이러니하게도 자본[이 풀어야 할 문제]의 해답은 투쟁 자체에 의해 주어졌다. 이윤 위기의 진앙이 [조립]라인 노동자들과 가정주부들의 [핵]분열과 폭발이라면, 그것을 해결하기 위해서는 이 분열과 폭발의 에너지들을 그들 자신에 맞서도록 이용해야 했다. 바로 이것이 변증법이라 불리는 자본주의적 춤이다. "일단 일자리를 구하고 그다음에 그것을 힘껏 밀어붙여라."[48]라고 말하는 남성[노동자]에게 자본은 자동차와 철강 공장을 폐쇄하는 것으로 대응했다. "떠나 버려, 잭"이라고 말하는 여성[노동자]에게 자본은 "서비스 부문" 일자리로 대응했다. 여성과 청년들이 오이디푸스 임금 관계를 점점 받아들이길 거부하자 노동의 구조와 임금에 대한 완전한 재조직화가 이루어질 수밖에 없었다. 오이디푸스 임금이란 남성 노동자의 재생산을 위해 남성 노동자에게 지급된 임금이다. 이것은 비록 은폐되고 왜곡된 방식일지라도 그의 아내와 자녀 역시 재생산하도록 해 주며, 그에게 그들을 지배하는 힘을 부여한다. 핵가족의 구조는 이 임금 속에 묻혀 있으며, 남성과 여성 사이의 권력관계라는 전체 복합체는 숫자로 요약된다. 그러나 그것은 임금의 환상적 본질의 또 다른 사례다. 가정에서의 미지급 노동에 대한 여성들의 반란이 풀어놓은 에너지들은 에너지 가격 변형에 필요한 노동을 제공해 온 낮은 유기적 구성 부문이 엄청나게 확장되는 토대였다. 여성의 반란은 오이디푸스 임금을 통해서 이루어지는 그녀들에 대한 착취를 드러내는 한편 자본주의 발전을 위한 새로운 길을 열어놓았다.

경제학자들은 임금이 "노동의 가격"이라고 말하지만, 이 가격이란 무엇에 대한 것이란 말인가? 한 시간에 5달러, 일주일에 200달러, 일 년에 일만 달러, 평생 사십만 달러 … 시간당 화폐는 진정 무엇에 대한 지급인가? 얼마만큼의 양이 당신의 평생에 대한 지급이란 말인가? 사실은 그렇지 않다. 임금이란 그저 당신을 만드는 데 드는 시간에 대한 비용에 지나지 않는다.

> 노동력의 가치는 [다른 모든 상품의 가치와 마찬가지로] 이 특수한 상품의 생산과 재생산에 드는 노동시간에 의해 규정된다. 노동력이 가치인 한, 노동력 그 자체는 거기에 대상화되어 있는 일정한 양의 사회적 평균 노동을 표현할 뿐이다. … 노동력의 가치는 노동력 소유자의 생활을 유지하는 데 필요한 생활수단의 가치다.[49]

맑스는 위와 같이 말하지만, 여기에서 그는 틀렸다. 왜냐하면, 노동력의 생산은 상품들의 다발, 즉 생존수단으로 "축소[환원]되지" 않기 때문이다. 노동은 또한 이 "특수한 물품"을 생산하는 데 필요하며, 그것은 노동력의 가치에 포함되어야 한다. 그것은 본질적인 미세 노동microwork으로서 대부분 여성에 의해서 수행되고, 지급되지 않으며, 그래서 보이지 않는다. 요리하기, 세탁하기, 섹스하기, 성질 가라앉히기, 쓰레기 뒤처리하기, 립스틱 바르기, 온도 조절하기, 출산하기, 아이 보기, 대소변 가리도록 가르치기, 감기 낫게 하기, 암세포가 커지지 않나 지켜보기, 심지어는 정신분열에 좋다는 서정시 읽기 등의 가사노동 … 물론 맑스는 무수한 생존수단 안에 "역사적이고 도덕적인 요소'가 존재한다고 지적하지만, 그의 하녀나 제니는 무상으로 온 것 같았다.

가사노동은 왜 미시-비가시성microinvisibility과 가상적 특성을 보이는가? 간단히 말해 그것은, 자본이 그것[가사노동]에 대해 지급하지 않아도 된다면, 자본은 여성 가사 노동자들의 요구들을 억누를 수 있고, 노동계급의 남성과 여성이 서로 싸우도록 할 수 있기 때문이었다. 여성이 이 노동을 수행하기를 거부할 때에만 자본은 그것을 인식할 수 있고 그것에 대해 지급할 수 있다. 여성이 이 노동에 대해 투쟁을 할 때만 그것은 하나의 상품이 된다. 왜냐하면, 자본은 근본적으로 상품 형태라는 거울 속에서 자기 자신을 인식하며, 어떤 것이 상품이 되는 필수 조건은 그것이 "실제적이거나 환상적인" 욕망을 충족시킨다는 점이기 때문이다.

하지만, 어떤 것이 존재 그 자체로서의 존재, 순수한 사실성으로 존재한다면, 그리고 그것이 자연적인 것이라면, 그것은 욕망될 수 없다. 어떤 것이 누군가에게 결핍되지 않는다면 그것은 상품이 될 수 없다. 그러나 결핍된 것은 결핍되어 가는 것으로 만들어질 수 있다. 자본은 토지의 경우에서처럼, 자연적인 것을 비자연적인 것으로 만듦으로써 상품들을 창출한다. 그러나 비자연적인 것을 자연적인 것으로 만드는 상보적인 작업이 존재한다. 통상적인 임금노동은 자본에 의해 욕망된다. 자본은 임금노동을 필요로 했으며 원했다. 그런데 자본은 [노동자] 투쟁 때문에 그것을 거부당할 수 있다. 이 때문에 임금노동은 비자연적인, 지급되는 하나의 상품이다. 가사노동의 경우는 질적으로 다르다. 가사노동은 여성에게 강제됐을 뿐만 아니라, 우리의 여성적 체형과 인성의 자연적인 속성 – 우리의 여성적 특성의 저 깊은 곳으로부터 나오는 것으로 추정되는 내적인 필요, 염원 – 으로 변형됐다. 가사노동은 하나의 사회적 계약으로 인식되기보다는 하나의 자연적 속성으로 변형되어야 했다. 여성에 대한 자본의 계획 초기부터 이 노동은 임금을 주지 않는 것으로 예정되었기 때문이다.[50]

여성이 "자연적인 것"을 행하기를 거부할 때, 그들의 서비스는 자본을 위한 상품이 되며 다수의 산업들이 태어난다. 마찬가지로 진폐증이 "석탄 광부에게 비자연적인 것"이 될 때, 광부들의 투쟁이 그들의 일과 질식 사이의 "변치 않는 공존"을 거부할 때, 방독면 산업이 "시작되었다." 그러므로 자본은 우리의 죽음으로부터만이 아니라 그 죽음에 대한 우리의 거부로부터도 발전한다. 자본의 과학기술적인 "창조적 파괴"의 조류 이면에 놓여 있는 욕망들의 혁명은 단지 존재하기만 하는 것에 대한 노동계급의 거부에 뿌리를 둔다. 이것은 계급투쟁을 자본주의적 발전에 결합하는 변증법적 화음이다. 이러한 일반적인 상호관계는 또한 이 위기에도 적용된다.

대자연이 "자신의 선물들을 풍부하게 선사하길 거부하는" 바로 그 순간, 사회 내부의 "대자연" ─ 여성 ─ 은 자신의 직분을 거부한다. 싸움, 의사 만나기, 연애, 이혼, 생활보조금 수령을 위한 줄서기the welfare line, 서비스 부문 일자리 등이 유가 상승과 만난다. 오이디푸스의 파괴는 단순히 정신 분석적 희극에 지나지 않는 것이 아니다. 자본은 바로 이러한 여성과 아동의 반란, 그리고 남성의 방랑으로부터, 이 시기에 없어서는 안 될 노동을, 그리고 잉여가치를 발생시키기 위해 상품들을 창출해야 한다. 이것은 위험하고 심지어는 절망적인 술책이 아닌가? 그럴지도 모른다. 그러나 지금은 "종말론적" 시대다.

달리기를 예로 들어 보자. 남자들은 심장 절개 수술 이후, 아내나 심지어 어머니가 반드시 자신을 돌보아주지는 못하리라는 것을 알고 있다. 또한 개인 간호사 비용도 엄청나게 비싸리라는 것을 알고 있다. (개인 간호사를 이용할 수 있도록 해줄) 수십 년간의 안정적인 일자리의 요구들이, 이제는 존재하지 않는 가족만이 제공해줄 수 있는 양육을 필요로 한다는 것을 가정하면 특히 더 그렇다. 그래서 그는 달리고 "몸 관리를 한다." 이것은 여성에게도 마찬가지로 사실인데, [여성에게는] 보험도, 부가혜택이 있는 안정된 남자들의 일자리도 없으며, 받게 될 일정한 임금도 없기 때문이다. 시간제 일자리는 이러한 것을 전혀 제공하지 않는다. 그래서 그녀는 달리기를 한다. 아이들조차 처음부터 달리기를 한다. 왜냐하면 일찍부터 그들은 그러한 삶의 진실들을 배우기 때문이다. 하루가 끝날 무렵 우리는 공원 주변에서 시간을 보내고, 자신을 재생산하는데, 이는 더는 아무도 당신을 위해 재생산노동을 공짜로 해 주지 않을 것이기 때문이다. 그런데 새벽녘에 하는 활동[즉, 건강달리기]을 둘러싸고, 다수의 산업들, 새로운 건강 테크놀로지들, 비가 내려도 달리기가 가능한 새로운 의복, 새로운 운동화, 마사지 전문가들, 헬스클럽 등이 돌고 돈다.

사실, 죽음에 대한 공포가 늘어남에 따라 죽음을 둘러싼 새로운 산업이 발달한다. 알다시피 콜로누스는 기다려 주지 않지만[결국에는 누구나 죽지만], 백혈병, 정맥주사, [의료용] 산소 보급 텐트는 남고 죽음을 둘러싼 새로운 산업은 발전한다. 임종 간호사들이 "다섯 단계"에 따라 당신을 차분히 안내한다. 왜냐하면 단계들은 쟁반 위에 차려진 모르핀과 위스키의 칵테일과 함께 사전에 계획되고, 연구되고, 조작되기 때문이다. 가정이 사라지면서, 가장 폭발적인 산업은 신체에 대한 산업이 된다. 경기순환의 상승 및 하강과 무관하게 "의료 서비스"가 그 진공을 메우기 위해 위기 속에서도 거의 두 배의 고용 상태를 보이는 것을 보게 되는 것은 우연이 아니다. 대략 4백만 명의 여성과 약 백만 명의 남성 노동자들이 이 산업에 종사한다. 사정은 명확하다. 당신의 예전의 아내, 어머니, 또는 누이는 [과거에는] 공짜로 했던 일들을 수행하고는 있지만, 이제는 그 일에 대해 대가를 지불받는다. 이전에 자연스러웠던 것들이 이제는 문제적인 것이 된다. 그리고 당신이 침대 옆의 단추를 눌렀을 때 과연 누군가 응답하게 될 것인지 의심하게 된다.

자본에는 불행한 일이지만 노동력은 신체를 필요로 한다. 자본은 "살아있는 개인을 전제로 한다." 그래서 자본은 우리가 자기의 모니터[영향권] 안에서 일하도록 (그리고 죽도록) 만들기 위해 우리의 생명을 유지시킬 필요가 있다. 그러나 삶과 관련하여 자동적으로 일어나는 일은 없다. 삶을 유지하기 위해서는 노동을 수행해야 한다. 그리고 가족 구성원 중 여성이 노동을 하지 않으면 누군가 그것을 대신해야 한다. 음식 문제를 예로 들어보자.··· 분명 식품 가격은 임금에 결정적인 영향을 미친다. 그러나 다음과 같은 물음, "날음식인가 조리 음식인가" 하는 물음도 마찬가지로 중요한 요소다. 누가 요리를 하고 음식을 제공하고 먹는 동안 누가 말을 거는가? 엄마? 점점 더, 맥도널드에서 당신의 주문을 받는 사람은 10대 소녀이며, 미국 식사의 절반가량은 "가정" 바깥에서 이루어진다.

"서비스 경제"는 "에너지/정보" 경제의 반대 극이 되며, 위기의 성장 부문이 된다. 이 부문은 가정 내 여성 노동의 확장 및 사회화에 지나지 않는다. 케인스주의 시대에 "국가의 제도들" — 학교, 병원, 감옥, 그리고 군대 — 은 가정을 보충하는 것이었다. 이 제도들은 "여성들"이 실패했을 때, 자신의 노동을 끝마쳤을 때, 그것을 표준화했을 때 그 역할을 떠맡을 것이다. ··· 그렇지만, 중심에서는, 가정 내 여성 노동이 여전히 남성 노동자의 생존에 대한 근본적인 생산자로 남아 있었다. 그러나 노동자/에너지 위기와 더불어 그 중심이 더는 유지될 수 없었다. 점차, 이전에는 조립라인에 결정화되어 있던 보이지 않는 노동이 서비스 부문의 노동으로 나타난다. 오이디푸스 임금은 해체되게 된다. "외부의" 기관들과 산업들이 팽창하고 가정의 원조자가 아니라 교체자가 된다. 가사노동에 대항하는 여성들의 투쟁은 임금에 대한, 그리고 가정에서 행해진 재생산적 노동에 대한 재분석이 이루어지도록 했다. 과거에 그것이 남성 노동 속에 은폐되어 있었다면, 이제 그것은 분리된 형상을 띤다. 임금에 의해 가려졌던, 가사노동의 비가시성은 새로운 어떤 것이 아니다. 왜냐하면, 임금 그 자체가 은폐를 위해 설계되기 때문이다.

그리하여 임금형태는 노동일이 필요노동과 잉여노동으로, 또 지불받는 노동과 지불받지 않는 노동으로 분할된다는 것을 전혀 알아보지 못하게 된다. 전체 노동이 지불받는 노동으로 나타난다. 부역노동에서는 사정이 달라, 농노가 자신을 위해 하는 노동과 영주를 위해 하는 강제노동은 공간적으로나 시간적으로나 매우 명확하게 구별된다. 노예노동에서는 노동일 중 노예가 자기 자신의 생활수단 가치를 대체하는 부분[즉 그가 사실상 자기 자신을 위해 노동하는 부분]조차도 주인을 위한 노동으로 나타난다. 노예의 전체 노동은 지불받지 않는 노동으로 보인다. 이와는 반대로 임금노동에서는 잉여노동[즉 지불받지 않는 노동]까지도 지불받는 노동으로 보인다. 노예노동에서는 소유관계가 노예의 자기 자신을 위한 노동을 은폐하는데, 임금노동에서는 화폐관계가 임금노동자의 무상노동을 은폐한다.[51]

노예의 반란은 주인으로 하여금 노예의 노동력이 노예로부터 소외되어 있음을 인정하지 않을 수 없도록, 그 노동력을 구매하고 지급하지 않을 수 없도록 강제했다. 그러나 임금 속에는 착취의 또 다른 형태가 다시 은폐되어 있다. 거울들은 똑같은 방식으로 놓여 있지 않다. 공식적인 노예제는 임금노동과 같지 않다. 노예제 아래에서는 불가능한 노동조직 형태들이 존재하며, 지속 불가능한 리듬 유형들이 존재한다. 자본은 채찍과 사슬이 가장 유익한 노동 통제 형태들이 아니라는 것을 깨달았다. 노예는 "활발하지 않고," "비가시적이며," "불투명하다." 그래서 그로부터 무언가를 얻기 위해서는 그를 난폭하게 다뤄야 한다. "자유로운" 노동력이 실제로 더 거대한 착취 단계로 이어진다는 것은 자본의 위대한 발견이며, 일시적인 노예제로의 귀환(나치 독일, 짐 존스, 남서부 이주)이 이런 사실을 다시 확인해주었다. 노예가 그냥 견디고 있음에 반해, 자유로운 노동자들의 "자유"는 자본에 새로운 차원의 운동을 제공해 주며, 생산과정에 기계적으로 의존한다. 이 자유는 기계들 중의 기계이며 고장이 날 때를 대비해 관리되어야 한다.

여성의 노동은 노예와 임금노동자 사이에 놓인 중간 단계의 형식적 지위를 지니고 있었다. 왜냐하면 여성이 기술적으로는 자유롭지만 실제로는 지급을 받지 못하기 때문이다. 어떤 면에서 여성의 지위는 노예의 지위보다 더 나쁜데, 이는 여성이 주인이 아니라 "노동자의 노예"이기 때문이다. 그러나 여성의 반란은 낡은 체제를 파괴하는 한편, (자본주의적 파국의 가능성과 더불어) 착취의 새로운 원천의 가능성을 창출한다. 왜냐하면, 자본은 가사노동을 서비스 영역으로 폭발적으로 확장함으로써 역사에서 잊힌 한 페이지를 다시 펼친다. 그것이 바로 절대적 잉여가치 생산이다.

가사노동은 언제나 "노동 집약적인", 저기술 형태의 노동이었기 때문에, 서비스 영역은 고정자본 비율이 낮다. (예를 들어, 성애 테크놀로지는 최근까지도 고대 이집트의 단계에 머물러 있다. 그리고 수많은 사람이 그 개념을 사유할 더 나은 방법에 관한 탐구에 돌입했지만, 성애적 쾌락이나 그 밖의 쾌락의 생화학적인 뿌리들에 관한 공식적인 탐구에서 어떠한 진전도 이루어내지 못했다.) 그래서 일부 경제학자들은 위기에서 범경제적 economy-wide 생산성의 붕괴 경향을 설명하기 위해 이와 같은 사실, 즉 서비스들의 "낮은 생산성"을 활용한다. 상대적 잉여가치 생산성이 착취의 원천이 아닐 때, 자본은 시간에, 그리고 노동일의 길이, 즉 절대적 잉여가치에 의존해야 한다.

가사노동으로부터 상대적 잉여가치를 추출하는 데에는 중요한 문제점이 있다. [가사노동의] 산업화가 이루어졌다 할지라도 그것의 생산성을 제약하는 장애들과 시대착오가 존재한다. 매춘을 예로 들어보자. 남성을 더 빨리 절정에 오르게 하는 갖은 종류의 술수가 있다 하더라도, 다소 시간-소비적인 접촉과 시간을 둘러싼 직접적인 싸움이 존재함에 틀림없다

(이러니 포주가 있는 것이다). 사실, 수많은 서비스의 재생산적 노력은 (계절 때문에 농업이 받게 되는 한계들 같은) 시간의 어떤 최소량이 있어야 하는 것처럼 보인다. 이론적으로 볼 때, 이것들 역시 농업이 계절의 순환에서 완전하게 분리될 수 있는 것과 같은 방식으로 다뤄질 수 있겠지만, 이것은 아직 일어난 적 없는 투쟁들의 역사를 필요로 할 것이다. 따라서 서비스 노동은 그 단위별 특성 때문에 대부분, 오직 절대적 잉여가치 생산만을 허용한다.

통계적으로 볼 때 분명한 것은 아니지만, 절대적 잉여가치의 이러한 발전은 이 노동의 대부분이 "비상근 노동"이기 때문에 이루어진 것이다. 이것은 시간제 노동이 여성의 노동일을 단축시킨다는 것을 의미하지 않는다. 그와 반대로 이것은 전체 가사노동 여성의 대부분이 여전히 지불받지 못하고 있음을 의미한다. 이러한 이행기에 자본은 일자리를 통해서건 그리고 가정에 남아 있는 것을 통해서건 여성으로부터 가능한 한 미지급 노동을 많이 끌어내는 데 여전히 관심이 있다. 그래서 우리는 1970년대에, 맨체스터 직원들을 신경질 나게 만들 작업 일정을 가지고 있는 (마이크로 컴퓨터, 유전자 테크놀로지, 핵분열 원자로의 정글 한가운데에 있는) 여성들을 목격한다. 6시 반에 아이들과 남편을 깨우고, 9시에는 "시간제" 일을 하고, 2시에는 일을 멈추고 아이들을 데리러 가고, 5시에 저녁을 차리고, 8시에는 미래의 더 좋은 일자리를 위해 주부 대상의 수업을 듣고, 12시에는 사랑을 나눈 뒤 잠들고(?). 이 일정 안에는 엄청난 양의 잉여가치가 존재한다. 비록 그것을 행하는 에너지가 남편의 "영향권에서" 벗어나고자 하는 욕망에서 나온다 하더라도 말이다.

이렇게 해서 가사노동은 외부화되고 임금을 지불받게 된다. 잉여가치는 일하고 있는 여성의 노동시간으로부터 직접 추출되고, 거기에 더해 그녀의 재생산 노동 역시 조립라인에서 일하는 남성 노동자로부터 추출된다. 위기 속에서 서비스 부문이 성장하면서, 케네디 정부와 존슨 정부의

"인적 자본" 실험들은 포기되거나 축소되었는데, 가사노동을 기초로 한 자본화의 간접적인 방법은 너무 불확실했기 때문이다. 1960년대 국가의 구상은, (복지, 식량카드 등등을 통해) 가정에 투자하면 여성이 자녀들과 함께 적정한 수준의 가사노동을 하리라는 것이었다. 하지만 1970년대가 되면서 점점, 국가는 인적 자본 투자로 인한 노동력의 생산성 증대가, 투자에 대한 적절한 수익을 제공할 상대적 잉여가치를 창출해 주기만을 기다리고 있으려 하지 않았다.

미래가 믿을 만하다면 자본은 가사노동자들의 노동 열매를 따기 위해 어떤 때는 기꺼이 한 세대를 기다렸다. 하지만, 이윤 위기는 미래가 즉각적이고 단기적인 것임을, 그리고 미래가 더는 보장된 것이 아님을 보여 주었다. 그래서 가사노동의 잉여가치는, 재생산된 조립라인 노동자에 의해서 다음날에, 또는 노동시장에 진입하는 새로운 노동자 부대에 의해서 다음 세대에 실현되는 것이 아니라, 즉각적으로 실현되어야 했고 산출되는 그 순간에 바로 흡수되어야 했다. 이 지점에서 에너지 위기가 등장한다. 위대한 어머니 자연은 이제 작은 어머니[여성]를 완전히 짜내는 데 이용된다. 위대한 어머니[자연]가 인색하고 쌀쌀맞게 변하면, 자본은 작은 어머니[여성]에게 눈을 돌린다. "나를 도와줘. 그렇지 않으면 우리 모두가 함께 망할 거야."

여성이 이런 거래를 거부할 때, 여성이 자신들의 노동에 대해서 "너무 많은" 것을 요구할 때, 그러한 노동을 적절하게 그리고 효율적으로 하는 것을 거부할 때, 에너지 위기는 무산된다. 이 마지막 장막이 떨어져 내릴 때 자본은 [남성과 여성으로 분할되는] 성적 권력의 극들에 의해 찢기지 않은 노동계급에 직면한다. 종말론이 사실이 된다.

노동의 다양성 : 정보로서의 반ؘ엔트로피

여성 서비스 노동자는 에너지 위기가 일어날 때 컴퓨터 프로그래머와 기술자 속에서 자신을 보완하는 것을 발견한다. 왜냐하면, 가장 낡은 착취 형태들이 에너지 가격 상승 때문에 부활하는 한편, 반대편에서는 정보 및 통제 수단들의 발전이 집중적으로 이루어지기 때문이다. 왜 에너지 위기의 절정에서 컴퓨터 산업이 융성했을까? 우리는 이러한 발전을 이해하기 위해 1960년대 후반과 1970년대 초반의 노동/에너지 위기로 다시 돌아가야 한다.

노동계급 에너지의 범람은 수많은 셈법에 에너지 위기를 부과했다. 첫째, 이것이 기본적인데, 에너지 가격들에 힘입어 자본은 임금/이윤의 비율을 마음대로 뒤집어엎고 평균이윤율을 증대시킬 수 있었다. 둘째, 이러한 가격들은 자본의 유기적 구성을 재조직하고, "직접적인" 노동자 투쟁과 관계없이 이윤을 실현하기 위한 수단이다. 셋째, 가격의 변동으로 재생산 노동으로부터 잉여가치를 직접 추출하는 것이 가능해졌다. 그러나 이것으로 아직 충분하지 않았다. 여성이 점점 경제의 낮은 영역에 고용되었다는 단순한 사실이, 이것[여성의 고용]이 이윤으로, 자본으로 전환되는 것을 보장하는 것은 아니었다. 자동차 공장들이 폐쇄된다는 단순한 사실이 승용차나 트럭이 더는 생산되지 않는다는 것을 의미하지는 않는다. 그것들은 단지 더 적은 수의 노동자들에 의해 생산될 뿐이다. 마지막으로, 단순히 고기술 부문에 투자가 이루어진다고 해서 이러한 투자가 성과를 거두리라는 것을 의미하지는 않는다. 고도의 유기적 구성 부문은 붕괴에, 진정으로 파국적 붕괴에 매우 민감하기 때문이다. 따라서 에너지 위기는 정보, 통제, 소통(이동)에 새로운 프리미엄을 부과한다. 서비스 산업에서 일어나는 고용의 광범위한 탈집중화로 인해 시스템의 한끝에서 다른 끝으로 잉여가치를 이동시킬 새로운 방법이 필요해졌다. 대공장 노동자가 배제되면서 자동화 경향이 재도입된다. 결국, 생산적 자본이 복잡한 기계들에 집중되면서 자기조정self-policing 및 자본 보존의 집중화가 요구된다.

정보 처리 산업과 서비스 산업의 동시 상승을 더 잘 이해하기 위해 우리는 자본이라는 화산의 심장부, 즉 노동 과정 속으로 내려가야 한다. 노동은 사람을 죽인다. 그리고 [바로] 이것이 문제인데, 왜냐하면 자본은 노동과정을 재생산할 수 있어야 하기 때문이다. 생산은 선형적이다. 하지만 생산은 돌아가야 한다. 노동과정 속에는 노동과정을 최초의 자리로 돌아가게 만들(그리하여 그것이 다시 행해질 수 있도록 할) "영원회귀"의 기제가 존재함이 틀림없다. 노동은 사람을 죽인다. 그러나 이 각각의 죽음 속에는 재생의 씨앗들이 있음이 틀림없다. 이것이 생산과 재생산의 순환이다. 멩겔레[52]가 발견한 것처럼, 사람은 누군가를 몇 분 만에 죽음에 이르게 혹사할 수 있지만, 어쩌면 아르 데코[53] 램프의 갓과 비효율적인 비료 외의 허섭스레기들을 가지고서는 아무것도 할 수 없을 것이다. 고로 자본은 연속적인 토대 위에서 생산과정의 재생산을 계획해야 한다. 카르노의 순환에서처럼, 오직 하나의 단계가 추진력推進力을 이루어낸다 하더라도, 그 엔진을 노동이 다시 행해질 수 있는 위치로 회복시켜 주기 위해서는 다른 것들이 [훨씬 데] 본질적이다.

그러한 순환의 재생산적 부분 없이 무엇인가를 한다는 것은 자본주의의 자살 행위이다. 더욱이, 초기 콜럼버스 이후의 은광銀鑛들과 나치의 노동 수용소들의 사례가 보여주는 것처럼, "생존을 위한 본능"이란 존재하지 않는다. 오직 조건들과 문턱들이 존재할 뿐이다. 자본은 극도로 주의를 기울여서 생존의 문턱들에 도달할 수 있을 뿐이다. 자살은 언제나 생존의 경계에서 손짓한다. 자본가에게서 그의 가치를 빼앗을 자살의 쾌락은 [죽음 이외에는] 아무것도 할 수 없는 노동자에게는 매력적인 것이 된다.

하지만 생산의 재생산을 보장하기 위해서는 노동자들을 재생산하는 것으로는 충분하지 않다. 자본 역시 보호되어야 한다. 불변자본은 노동과정의 핵심적인 부분으로서, 노동자들의 부식적corrosive 에너지로부터 보호되어야 한다. 자본의 자기보존 및 자기재생산 경향은 영세 자본가의 고전적인 인격 속에 나타난다. "노동이 적절한 방법으로 수행되는지, 그리고 생산수단이 지성과 결합해 사용되는지, 그리하여 원료의 불필요한 낭비는 없는지, 노동 때문에 필연적으로 야기되는 도구들의 마모는 없는지 노심초사하는 자본가."[54]

"무지하게," "엉성하게," 그리고 무엇보다도 낭비적으로 노동을 수행하는 노동자의 끊임없는 위협이 존재하기 때문에 미시micro자본가는 자신의 고정자본을 너무나 걱정한다. 노동자들은 투쟁이 좌절되었을 때 자신을 죽일 수 있을 뿐만 아니라 [또한] 언제나 그 가장 구체적이고 취약한 형태의 자본, 즉 기계를 죽일 수 있다. 이 가장 기본적인 형태의 계급투쟁을 통제하기 위해서는 순환을 그 최초의 상태로 되돌리는 것으로는 충분하지 않다. "낭비", "마모", "노동의 손실", "가치 저하" 없이 이 회귀를 일으키는 것이 가장 중요하다. 노동은, "재생산되어야" 하는 에너지의 "지출"인 것만은 아니다. 이 지출은 초기 상태를 재생산하는 데 필요한 노동량이 과잉이 되지 않도록 통제되어야 한다. 이 문제는 불변자본이 집중의 특정한 임계점에 도달하면, 괴로운 것이 된다. 급속한 가치 절하의 가능성이 있고 불변자본에 대한 투자가 막대한 탈축적dis-accumulation의 원천이라면 말이다. 이것으로 인해 에너지 가격 전략에 명확한 한계가 그어진다. [유기적 구성이] 낮은 부문의 노동이 높은 부문의 자본으로 변형된다면, 그리고 그것이 너무나 집중되고 취약해져서 즉각적으로 가치 절하될 수 있다면, 전체 전략은 붕괴한다. [이 때문에] 불변자본을 보호하는 것이 정보/컴퓨터 산업의 주요한 기능으로 된다.

우리는 이미, 핵 산업의 경우에서 "에너지 위기" 전략을 파괴할 수 있는 게임을 살펴보았다. 스리마일섬을 생각해 보라.[55] 발전소의 시동이 늦게 걸린 것을 벌충하기 위해 관리자는 처음부터 (핵발전소들에 적합한) 규정 용량보다 더 높은 용량으로 가동하라고 명령했다. 노동자들에게는 종종 초과근무가 주어졌고 "오류들을 제거하는" 강도는 약해지기 시작하고 있었다. 그리하여 이른 봄 아침 4시에 노심 용해가 일어났다. 발전소가 가동되는 첫 몇 달에 몇백만 달러의 추가 이윤을 생산하는 중에, 멧 에디슨은 스리마일섬[발전소]의 겨우 반을 다시 가동하는 데 거의 수십억 달러를 쏟아부어야 할 필요에 직면하고 상당한 어려움에 봉착한다. 여기에서 우리는 핵발전소를 1979년 3월 28일 오전 4시 이전 최초의 상태로 되돌리는 데 필요한 노동량이 처음 발전소에 의해 생산된 노동의 몇 배에 이르게 되는 상황을 맞이한다. 사실, 주변의 계급 구성을 포함해 펜실베이니아 도심의 일반적인 노동 환경을 고려하면, 어떠한 방법으로도 발전소를 그 최초의 상태로 되돌릴 수 없으리라고 말할 수 있을 것이다. 스리마일섬에서 우리는 계급투쟁에 대한 에너지 위기 대응이 절대 안전하지 않음을 보게 된다. 게다가 그러한 대응은 새로운 형태의 계급 대결을 끌어들이고, 더 정확히 말해 예로부터의 "일꾼과 기계 사이의 대결"을 호출한다.

이 사건Accident은 에너지 위기라는 정치경제학의 핵심적 범주가 된다. 그런데 사건이란 도대체 무엇인가? 사건이란 (노동과정의) 최초의 상태를 재생산하는 데 들어가는 노동량이 엄청나게 늘어나게 되는 노동 상황이다. 사건은 노동과정의 죽음mortality을 논증한다. 케메니 위원회[56] 보고서인 『스리마일섬의 사건』은 다음과 같이 언급했다.

이 사고를 심각한 사건으로 바꾼 주요 요인은 부적절한 조작 행위였으며, 많은 요인이 조작자들의 행위에 이바지했다. 그 요인들이란 훈련의 결핍, 조작 절차에서 정확성의 부족, 이전에 발생한 사고들에서 적절한 교훈들을 배울 수 있도록 하는 조직화의 실패, 그리고 통제실 설계의 결함 등이었다.…스리마일섬 제2발전소의 조작이 이루어지는 통제실은 여러 가지 면에서 부족한 점이 있다. 제어판은 수백 개의 경보기가 달려 있을 만큼 거대하다. 일부 주요 표시기들은 조작자들이 볼 수 없는 장소에 놓여 있다. 사건이 일어난 최초의 몇 분 동안 100개 이상의 경보기들이 울렸고,

조작자들이 [그 정보 중에서] 유의미한 경보기들에 집중할 수 있도록 중요하지 않은 신호들을 억제하는 시스템은 없었다. 정보는 명확하고 효과적으로 이해할 수 있는 형태로 제시되지 않았다. 예를 들어 원자로의 냉각수 시스템 내부의 압력과 온도는 표시되었지만, 압력과 온도가 결합되면 냉각수가 증기로 바뀐다는 것을 나타내는 직접적인 표시는 없었다.[57]

여기에서 컴퓨터 언어인 베이식BASIC의 공동 개발자인 케메니[58]는 오래된 자본주의적 비탄의 최신판을 발행한다. "노동자들은 어리석다. 그들이 얼마나 어리석은지를 우리가 알기만 한다면, 우리가 알기만 한다면 말이다!" 기계들은 고장이 난다. 이런 일은 반드시 일어난다. 기계들의 가치는 결국 하락한다. 그러나 이런 고장들은 단지 '사고'일 뿐이다. 사고를 사건으로 바꾸는 것은 노동자들이 별다른 비용 없이 기계를 최초의 상태로 되돌리기 위해 고장을 통제할 수 있거나 통제하지 못한다는 사실이다. 사건은 일어날 필요가 없었는데 일어난 것이다. 사건들을 멈추는 것은 즉각적으로 이용 가능한 지식, 정보, 선견지명, 그리고 가장 중요하게는, 소통이다. 다음을 살펴보자.

(원자력 증기 시스템을 제공하는 업체인) 블랙콕 앤드 윌콕스 회사의 한 수석 엔지니어는 스리마일섬의 사건과 아주 유사한 초기 사건에서 조작자들이 실수로 비상 냉각 시스템의 스위치를 꺼 버렸다는 점에 주목했다. 그는 이런 잘못이 벌어지는 상황이 심각한 사건으로 이어지지 않은 게 다행이라고 지적하고 (이후 스리마일섬에서 일어날 일들과 같은) 또 다른 상황에서[라면] 매우 심각한 사건으로 귀결될 수 있었을 것이라고 경고했다. 그는 명확한 지침들이 조작자들에게 전달되어야 한다고 힘주어 주장했다. 이 메모는 스리마일섬 사건이 터지기 13개월 전에 작성되었지만, 이 메모로부터 어떠한 새로운 지침도 나오지 않았다.[59]

"우리가 그들에게 알려주기만 했어도, 우리가 명령의 새로운 정보 부분을 만들기만 했어도."와 같은 애절한 불평만 이어진다. 그러나 그것은 케메니가 알고 있듯이 단지 불평에 지나지 않는다. 어떤 특정한 사건은 말 그대로 피할 수 있다 하더라도 사건 일반은 피할 수 없기 때문이다. 모든 과정이 역전될 수 있는 것이 아니라는 사실 속에서 시간 자체는 하나의 방향성을 갖는다. 사건들, 정보, 시간, 노동 간에는 깊은 관계가 있다. 맑스는 이러한 관계를 다음과 같은 방식으로 기술했다. 생산수단은 어떤 새로운 가치를 창출하지 않았다. 기껏해야 생산수단의 가치는 생산물 속에 이전되거나 보전된다. 기계들은 단지 자신들의 에너지를 생산된 새로운 형태 속에 소진하거나 이전한다. 따라서 노동과정은 다음의 두 가지 구성요소를 갖는다. (a)"신선한 가치"(잉여가치 그리고 가변자본의 재생산)의 생산, 그리고 (b)생산수단 가치의 이전과 보전. 맑스가 지적하는 바와 같이, 노동은 비록 서로 다른 이유에서이긴 하지만 (a)와 (b) 둘 모두를 동시에 수행해야 한다.

그래서 한편으로, 면화와 방추의 가치에 새로운 가치를 부가시키는 것은 방적공의 노동이 가진 추상적·일반적 속성을 통해서이며[즉 인간 노동력의 지출이라는 의미를 통해서이며], 다른 한편으로 그 노동이 이들 생산수단의 가치를 생산물로 이전시키고 그것들의 가치를 생산물 속에 보전하는 것은 그 노동이 가진 방적 과정으로서의 구체적이고 특수한 사용가치적 성격을 통해서이다. 그리하여 같은 시점에서 노동의 결과는 양면성을 띠게 된다.[60]

무로부터 가치를 창출하는 기계는 없으며, 영구기관도 존재하지 않는다. 더욱이 기계 속에 구현된 가치는 계속해서 소진되고 있으며, 낡은 교환가치가 다시 나타나는 새로운 사용가치 속으로 이전되고 있다. 자본주의 마법사들의 모든 장치는 결국 송장corpes이 된다. 왜냐하면 아무리 독창적인 사상조차도 자본의 키를 조금도 키울 수 없었기 때문이다.

종전에는 10명의 노동자가 아주 적은 가치를 갖는 10개의 도구를 사용하여 비교적 적은 양의 원료를 가공하고 있었는데 이제는 노동과정의 여러 기술적인 조건이 개선되어 1명의 노동자가 1대의 비싼 기계로 100배의 원료를 가공할 수 있다.··· 그러나 이 변동은 불변자본과 가변자본 사이의 양적 비율[즉 총자본이 불변자본과 가변자본으로 분할되는 비율]을 변화시킬 뿐이며, 불변자본과 가변자본 사이의 차이에는 아무런 영향을 끼치지 않는다.[61]

노동과정은 팽창해야 하고 재생산될 수 있어야 할 뿐 아니라, 새로운 노동을 창출하면서도 낡은 노동을 보전해야 한다. 생산과정의 컴퓨터화는 새로운 가치를 창출하지 못한다. 하지만 그것은 불변자본의 너무 급속한 소모가 일어나지 않도록 주의하면서 가변 부분을 더 작게 만드는 것을 가능하게 해 준다. 그것은 "영세 자본가" 심리의 기계화이다. 생산주기의 어떤 요소도 낭비되어서는 안 되며, 노동자들의 시간이나 기계들의 시간 역시 그렇다. 자본은 그 주기를 부드럽고 효율적으로 그리고 가능한 한 거의 "역전할 수 있도록" 만들어야 한다. 왜냐하면, 그것이 부분적으로 이윤율을 결정하기 때문이다.

잉여가치가 주어져 있다면, 상품의 생산에 필요한 불변자본의 가치를 감축해야 이윤율을 상승시킬 수 있다. 불변자본이 생산에 들어가는 한, 문제가 되는 것은 그것의 교환가치가 아니라 사용가치다.···[마찬가지로] 기계가 예컨대 3명의 노동자에게 주는 도움은 그 기계의 가치에 달려 있는 것이 아니라 그것이 기계로서 갖는 사용가치에 달려 있다. 기술발전의 어느 단계에서는 나쁜 기계가 값비쌀 수도 있고 다른 단계에서는 좋은 기계가 값쌀 수도 있다.[62]

이와 동시에 노동의 각각의 측면에는 고유한 반발 작용이 존재한다. 생산수단의 가치를 유지하고 보전하는 과정이 관계되어 있는 한, 거부가 확실한 전술이 된다. 산업화의 발달에 따라 불변자본이 늘어나면서, 생산수단의 가치와 생산의 단위 주기 동안에 사용된 가치 부분 사이의 틈은 대단히 넓어진다(원자력 발전소와 조면기[63]의 차이를 생각해 보라). 이것은 기계에 접근할 수 있는 노동자들에게 막대한 양의 자본을 인질로 삼도록 해 준다. 이것은 자본의 유기적 구성에서의 모든 새로운 비약과 더불어 강렬하게 된다. 노예 노동이 고도로 자본 집약적인 과정에 통합될 수 없는 이유가 이 때문이다. 왜냐하면, 가변자본과 불변자본의 틈이 매우 커져서, 다시 말해 노예의 가치와 노예가 파괴할 수 있는 가치 사이의 균형이 매우 불안정해져서, 아주 가벼운 반란의 몸짓으로도 자본의 후퇴를 일으키게 할 것이기 때문이다. 하지만 자본은 인질극이 좀처럼 사용하지 않는 방식으로 "자유로운 노동자들"의 노동과정을 조직했다(주목할 만한 반대의 사례 한 가지는 플린트의 "앉아서-쉬기", 더 정확히 말해, 1936년의 "입주해-살기"였다).

생산수단의 가치가 천천히, 효과적으로, 그리고 조심스럽게 생산물로 이전된다는 것을 보증하는 데 필요한 막대한 양의 노동이 존재한다. (일종의 그단스크[64] 조처가 항상 유혹하고 있으므로) 완전한 인질극은 매일 피해야 한다. 그뿐만 아니라 "보장된 것"을 초월해 불변자본을 소모하면서 노동과정을 통해 끊임없이 진동하는 비가시적인 반란의 순간 역시 항상 좌절되어야 한다. 그래서 케메니의 애도는 다음과 같은 것을 요청한다. "더 많은 주의", "더 많은 감시", "더 나은 훈련", "더 좋은 정보 표시 시스템", "비상 계획". 한마디로 말해, 불변자본의 엄청나게 집중되고, 휘발적인[덧없는], 어쩌면 "결정적인" 단편들의 마모 속에서의 더 대단한 "효율성".

완전한 생산과정의 순환성을 달성하기 위해서는 끝없는 주의가 필요하다. 그러나 노동과정은 결코 완벽하게 재생산될 수 없다. 시스템을 최초

상태로 되돌리는 것을 또한 하나의 노동과정으로 만드는 다소 작은 "파열", 다소 사소한 "멍청한 짓"이 언제나 존재한다. 자본은 언제나, 손실 없는 에너지로 작동하는 영구기관을 꿈꾼다. 그러나 시간은 비대칭적이며 미래는 과거처럼 되지는 않을 것이다. 우리의 거부와 불복종을 통해, 모든 계획은 무로 돌아가며, 기계는 소모되고 고장이 난다. 자본의 모순은 "멍청한 짓"을 한 바로 그 행위자가 그 멍청한 짓이 필요로 하는 에너지들을 소유하고 있다는 점이다. 오직 우리만이 영구 운동 속에 있다. 이 운동은 영원히 정력적이고, 능수능란하고, 유순하고, 소심하고, 무례하고, 반란을 일으킨다. 그런데 그 운동이 언제나 노동, 발전, 잉여의 유일한 원천이다.

위기 동안에 "정보" 산업의 엄청난 발전의 필요에 대한 평행적 추론이 열역학으로부터, 즉 서문에서 논의된 19세기 후반의 과학으로부터 출현한다. 열역학의 제1법칙, 제2법칙 이래 자본주의 과학을 괴롭혀 온 역설은 에너지가 보존되더라도 어떤 체계 속에서 일[노동]에 이용할 수 있는 에너지는 감소한다는 것이다. 에너지는 정연한 순서의 등급으로 생긴다. 따라서 본질적인 것은 에너지의 양 자체가 아니라 그 구조이다. 어떤 유형의 에너지는 쉽게 일[노동]로 전환될 수 있지만 다른 유형의 에너지는 그럴 수 없다. 잔잔한 호수의 물에 들어 있는 원原 에너지의 양은 수면 위로 부는 가벼운 바람의 에너지의 양보다 훨씬 더 클 수 있지만, 바람은 더 쉽게 일[노동]로 전환될 수 있다. 일[노동]을 위한 에너지의 이용 불가능성의 척도는, 닫힌 체계 속에서 최대로 늘어나는 엔트로피이다(열역학 제2법칙). 이 법칙은 자본주의적 비관주의를 품고 있는데, 그것은 이 법칙이 다음과 같이 밝히고 있기 때문이다. 즉, 일[노동]을 창출하는 과정이 인간을 포함하는 모든 시스템 속에 투여된 에너지를 떨어뜨린다는 것이다.

우리가 하나의 시스템을 무수한 미립자들로 이루어진 것으로 받아들인다면, 제2법칙은 정연한 구조의 미립자들이 어지러운 카오스로 전환되는 일정한 경향이라고 고쳐 말할 수 있다. 어떤 시스템에는, 결국 어떤 고도로 정연한 구조의 파손으로 이어질 영구적인 임의 운동으로 인한 미립자들의 일정한 "뒤섞기"shuffling가 존재한다. 슈뢰딩거는 인간적 평면 위에서 이루어지는 이러한 "뒤섞기"의 뚜렷한 사례를 제공했다.[65] 재미 삼아 컴퓨터 자료 도서관을 급습해서, 자료들을 탈취하거나 파괴하지 않고 그저 장난으로 지정된 장소에서 빼내 어지럽혀 놓는 무법적인 군중을 상상해 보라. 난장판의 끝에 자료들은 보존되지만, 자료들의 질서는 완전히 파괴된다. 더욱이, 그러한 소동이 벌어지기 전의 질서를 재창출하는 일[노동]은 새로운 자료를 만드는 일[노동]만큼 실제적이며, 또한 그것보다 훨씬 더클 수도 있다.

자본주의 과학의 이러한 분과에 따르면 문제는 다음과 같다. 즉 대자연은 자발적으로 카오스를 사랑한다는 것이다. 카오스는 마치 과거의 게으르고, 무정부적이고, 술 취해 있고, 분방한 노동자들과 꼭 마찬가지로, 질서들의 영구적인 전복이며 축적된 노동의 마모이다. (신이 노동계급 편이 아니라면, 대자연은 분명 노동계급의 연인이다.) 외관상 에너지를 상승시키는 시스템들은 결국 죽을 운명에 처한다. 증기 엔진, 또는 에너지를 일[노동]("상승된" 에너지)로 변형하는 자본주의 같은 시스템들은 끊임없이 대재앙의 위협을 받는다. 그리고 엔트로피 침공의 사건들과 파국들의 위협을 받는다.

제2법칙은 시간과 사건 간의 깊은 관계를 보여준다. 시간이 일방향적인 것은 노동과정들이 비가역적이기 때문인데, 이는 시스템을 그 최초[의] 상태]로 되돌리는 데 필요한 실제적인[플러스의] 양이 존재하기 때문이다. 하지만 피스톤과 실린더의 접합이 아무리 부드럽게 이루어진다 해도, 비상 냉각 시스템이 임계 온도를 넘어서 작동하도록 아무리 주의 깊게 조정된다 하더라도, 언제나 마찰이 일어나며 밸브들은 들러붙는다. (잠재적으로 영원회귀를 보유한) 가역적으로 계획된 과정들을 (고도의 엔트로피

상태로 이어지는) 비가역적인 벡터들로 바꾸는 사건들이 일어날 것이다. 사건들은 시간을 죽음을 향한 흐름으로 만드는데, 자본이 알고 있는 바와 같이 시간이란 단지 흐름이 아니라 축적된 것들의 해소, 즉 죽은 노동의 죽음이기 때문이다.

낮은 엔트로피(고도로 조직된 구조들)를 높은 엔트로피(무질서한 장場들)로 소모시키는 분자적 동인들의 "무법적인 군중"은 살금살금 움직여서 대사건Grand Accident의 조건들을 창출한다. 핵 엔지니어들이 원자로 노심이 저절로 위험한 상태에 빠지게 될 가망성이 극히 적다고 주장할 때 그들은 옳을지도 모른다. [술이나 마약에] 취한 엔지니어가 있을 가능성, 밸브를 열어놓은 것을 잊을 가능성, 바람이 갑자기 불어와 양초의 불꽃이 옮겨붙을 가능성 등은 원자로 노심을 용해할 엔트로피를 창출하는 조건들이다. 분자들이 결국 이길 것이라는 게 자본이 갖고 있는 은밀한 생각이다. 자본은 침대에서 "시간은 그들 편이다. … 시간은 그들의 것이다."라고 속삭인다. 그러나 자본이 할 수 있는 것이 있다. 시간이 멈출 수 있도록 해 주는 것, 즉 정보가 바로 그것이다. 충분한 정보가 신속하게 모이고 소통된다면, 시간은 속도가 늦추어질 수 있을 것이다. 어쩌면 무기한 그럴 수도 있을 것이다. 이로부터 결정적으로, 빛의 속도로 정보를 저장하고 계산할 수 있는 기계들이 생겨난다.

낮은 엔트로피 시스템들의 위치에 대한 정보는 생산과정의 본질적인 부분이다. 맥스웰의 도깨비[66] 이야기가 보여주는 것처럼, "지성"이나 "정보"를 갖춘 기계는 제2법칙을 잠깐 방해할 수 있다. 클락 맥스웰이 이 이야기를 제시했을 때, 그는 다소 복잡하고 본질적으로는 어리석은 장치에 기초한 것이 아니라 사유와 범주화의 응용에 기초한 '영구적으로 작동하는' 기계의 가능성을 암시했다. 맥스웰의 도깨비는 영구적인 혼합 장치 한가운데에서 분류 기계처럼 작동한다(〈도표 5〉를 보라).

칸막이 방 A 안에서 평형 온도 상태를 이루고 있는 완전 기체를 생각해 보라. 이 기체의 입자들은 그들의 평균 속도가 일정하다 해도 모두 같은 속도로 움직이는 것은 아니다. 어떤 것들은 평균보다 빠른 속도로 움직이고 어떤 것들은 느린 속도로 움직인다. 작은 문과 문지기로 연결된, 기체 A와 거의 같은 부피의 빈 칸막이 방 B가 더 있다고 생각해 보라. 이 문지기는 영리하다. 문지기는 평균 분자보다 더 빠른 분자에 대해서만 문을 개방한다. 짧은 시간 안에 빈 칸막이 방은 평균 속도가 이전보다 더 빠른 분자들로 가득 차는 한편, 원래의 칸막이 방은 평균 속도가 이전보다 더 느린 분자들로 가득 찬다.

따라서 A는 이전보다 더 차가워지는 한편, B는 더 뜨거워진다. 만약 두 칸막이 방이 하나의 열기관으로 연결되어 있다면, 우리는 온도의 차이로부터 일[노동]을 만들어낼 수 있을 것이다. 과정이 끝나갈 무렵 도깨비는 빠른 분자들과 느린 분자들 사이의 새로운 분할을 만들어낼 수 있다. 따라서 우리는 영구운동 기관을 위한 비법을 갖게 되는바, 열기관에 그저 '지능적인 분류' 기계를 결합하기만 하면 되는 것이다! 우리가 무책임한 노동자들을 찾아낼 수만 있다면, 결함이 있는 부분을 확인할 수만 있다면, 부주의하게 움직이는 미세한 것들을 골라낼 수만 있다면, 어쩌면 영원히 작동하면서 일[노동]을 위해 사용된 에너지를 재활용하고, 개량하고, 재사용할 수 있는 새로운 주기를 갖게 될 것이다.

하지만 이 도식은 틀렸다. 도깨비는 문에 충돌하는 분자 중 어떤 것이 평균 속도보다 빠른지 그리고 느린지 알 수 있어야 한다. "우리가 충분히 알기만 한다면, 시간을 되돌릴 수 있습니다."라고 자본은 죽음의 신에게 간청하지만, 죽음의 신은 "너희는 알기 위해 일해야 한다. 그리고 노동은 죽었다."라고 대답한다. 정보는 공짜가 아니다. 진정, 정보는 엔트로피를 떨어뜨리지만, 그 축적, 검색, 소통의 과정은 하나의 노동과정이다. 또한, 그 과정은 결국 승리를 거두는 엔트로피의 위협들로 가득 차 있다. 문제는 "얼마나 빨리?"인가이다. 노버트 위너는 다음과 같이 말했다.

결국, 맥스웰의 도깨비는 주변 환경의
온도에 상응하는 임의적 운동의 영향
을 받는다. 그리고 라이프니츠가 모나
드들에 대해 말하는 것처럼, "어떤 현기
증"이 일어날 때까지 그리고 명징한 지
각을 할 수 없을 때까지 도깨비는 작은
느낌들을 대단히 많이 받는다. 사실상
맥스웰의 도깨비는 맥스웰의 도깨비로
행동하는 것을 멈춘다. 그런데도, 도깨
비가 몸 상태가 나빠지기 전에 꽤 주목

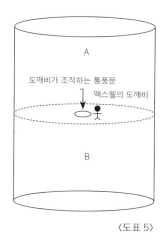

〈도표 5〉

할 만한 시간 간격이 존재할 수도 있다. 그리고 이 시간은 아주 길어서 우
리는 도깨비의 활동 국면이 준안정적準安定的이라고 말할 수 있을 것이다.
준안정적인 도깨비가 존재할 수 없을 것이라고 가정할 아무런 이유가 없
다.… 이러한 점에 비추어 볼 때, 우리는 인간 그 자체〔문자 그대로〕처럼
살아 있는 유기체에 대해 생각하는 것도 무리가 아니다. 분명 효소와 살
아 있는 유기체는 모두 준안정적이다. 효소의 안정적인 상태는 깨질 것이
며, 살아 있는 유기체의 안정적인 상태는 죽음에 이르게 될 것이다.[67]

낮은 엔트로피의 영역들이 발견될 수 있다면, 노동과정은 제2법칙의
냉혹한 작동 속도를 늦추는 적절한 정보에 힘입어 변질로부터 구출될 수
있다. 그러나 그러한 탐색에는 비용이 발생한다. 따라서 정보산업이 폭발
하고, 프로그래밍이 강조되고, 마이크로컴퓨터가 보급되며, 또 다른 비용
통계―소비의 비용들―가 결정적으로 중요해진다. 위기 속에서 이루어지
는 가장 중요한 발전 중의 하나는 컴퓨터화 비용에 비한 에너지 가격 상
승의 극적인 역전이다.

이것은 엔트로피의 증대가 무한정 연기될 수 있고, 일[노동]/에너지 "상

호작용"interface의 완전한 순환에 도달할 수 있다는 희망을 열어놓는다. 그래서 여성 서비스 노동자가 고기술 영역에서의 축적에 필요한 감정적인 잉여노동을 제공할 수 있다면, 컴퓨터 프로그래머는 안정적인 노동자, 안정적인 상황, 안정적인 기계를 확인하면서 산 자와 죽은 자를 구별하는 영원히 방심하지 않는 카론[68]이 될 수 있다.

따라서 프로그래밍 산업 공론가들은 코드 부여가 불가능한 것들, 찬찬히 확인해 볼 수 없는 것들과 범주화할 수 없는 것들 ─ 투쟁의 범죄적 측면들과 선™ ─ 에 관심을 둔다. 이 지점에서, 에너지 위기 전략의 성공 그 자체는 높은 수준의 확실성을 갖고서, 노동계급의 노동력 안에서 이루어지는 엔트로피의 다른 단계들을 선별할 수 있는 능력을 매우 결정적인 것으로 만든다. 사기, 유용, 기만, 거짓말(예를 들어 노예의 자기-반영적 움직임) 등이 문제가 된다. 더욱더 많은 노동자에게 시행되는 거짓말 탐지기 테스트들을 생각해 보라. 이 테스트들은 땀 분비와 혈압의 탐지와 연동된 심문을 통해 낮은 엔트로피의 노동자가 누구인지 알아낸다. 그러나 점차, 명상적 과정에서 단련되는 노동자들은 기계들을 압도하고 있으며, 프로그램을 짜면서 모든 것들에 대해 책임을 지는 위치로 항해하고 있다. 다시, 그리고 언제나, 위기에 빠진 새로운 맥스웰의 도깨비들과 함께 자본이 당면한 문제는 이것이다. "누가 선별하는 사람들을 선별할 것인가?"

노동의 다양성 : 똥으로서의 반엔트로피

엔트로피는 정보에 의해, 즉 낮은 엔트로피의 주머니들을 배치함으로써 그리고 그것들을 노동과정 속에 통합시킴으로써 감소할 수 있다. 노동에 대한 이용 가능성의 불가피한 감소는 저지될 수 있다. 정보가 더 많이 늘어나고 정보를 창출하고 소통하는 비용이 더 줄어들수록, 시간은 더욱 지체된다. 그러나 이 과정은 역전될 수 있다. 즉 노동과정 내부에서 증가하는 엔트로피는 국지화될 수 있고 방출될 수 있다. 모든 생산과정은 똥을 눈다. 그래서 다음과 같은 물음이 던져진다. "똥을 어디에 누어야 할 것인가?" 이것이 똥이라면, 다시 말해, 다시 삼켜질 수 없고 재활용될 수 없는 물질적·사회적·생리학적·방사능적·심리학적 쓰레기가 생산과정의 주변에 남도록 허용된다면, 각각의 새로운 생산 주기는 엔트로피의 기하급수적인 상승을 강화할 것이다. 기계 순환의 재생산은 남겨진 똥에 의해 방해를 받을 것이고, 최초의 상태로 회귀하는 데 드는 비용은 너무나 엄청날 것이므로 순환의 각 돌출 무대에 의해 생산된 노동을 압도할 것이다. 네트워크는 부정적인 상태로 떨어질 것이고, 이윤은 물론 위험에 처할 것이다.

엔트로피에 대한 자본의 투쟁이 갖는 이러한 측면은 순 net 노동생산에 영향을 미치지 않은 채 높은 엔트로피의 영역들을 주변 환경으로 몰아낼 가능성을 포함한다. 쓰레기가 조절되고 사건들이 방지되어야 할 뿐만 아니라(컴퓨터 관리인들의 일), 쓰레기가 만들어질 수밖에 없다면, 극소수의 위험한 일들이 용인될 수밖에 없다면, 그 똥이 국지화되고 방출되는 것이 결정적[으로 중요한 문제]이다. 잔해들은 매장되고 소각되어야 한다. 우리는 노동의 최종적인 국면 ─ 자본의 쓰레기들을 흡수하는 수동적인 노동 ─ 에 이르렀다. 생산하고, 재생산하고, 정보를 제공하고, 통제하는 노동에 더해 자본의 똥을 흡수하고 흡입하는 막대한 노동이 존재하기 때문이다. 자본은 생산수단의 가치에 해당하는 것들을 낭비와 사건 없이 상품 생산에 이전하는 데에 관심이 있다. 그뿐만 아니라 노동과정 역시 필연적으로 그 지역적이고 전 지구적인 노동자들의 엔트로피를 강화한다. 맑스는 노동의 이러한 측면에 대해 다음과 같이 논평한다.

자본주의적 생산은[유통과정과 격심한 경쟁을 무시하고 생산만 고찰하면] 상품에 대상화되는 죽은 노동을 극도로 절감한다. 그러나 자본주의적 생산은 다른 어느 생산양식보다도 인간을, 살아있는 노동을 더욱 탕진하며, 피와 살뿐 아니라 신경과 뇌까지도 탕진한다. ⋯ 우리가 논의하고 있는 절약은 모두 노동의 사회적 성격에서 생기는 것이므로, 노동자의 생명과 건강을 이렇게 낭비하는 것도 사실상 바로 노동의 이런 직접적인 사회적 성격 때문이다.[69]

자본은 똥을 누려고 하는 고양이보다 까다롭다. 핵발전소 터에 대한 전체 논쟁은 이러한 민감성의 한 사례이다. 어떤 특정한 터가 발견되기 위해서는 계급 구성으로부터 비롯되는 복잡한 고려사항들이 존재하기 때문이다. 사건이 일어나면 그들이 폭동을 일으키지 않을까? 사용된 우라늄의 수송과 누출에 그들이 흥분하지 않을까? 암과 관련된 소문과 염색체 손상에 대한 보도들이 흘러나오기 시작하면 "히스테리를 부리게" 되지 않을까? 그들이 조세 탕감을 받아들일 만큼 절박할까, 아니면 그다지 절박하지 않아서, 개의치 않고 어쨌든 폭발할까? 분명, 스리마일섬이 남근 모양의 사일로들에[70] 둘러싸이고, 암만파[71] 이주민들과 주 종업원들을 품고 있는, 미국 가부장제의 핵심 지대 중심부에 위치해 있었다는 것은 우연이 아니었다.

그와 동시에 자본이 생산과정 안에서 높은 엔트로피적 배출구들sinks을 발견할 때, 그 방출은 신속하고 격렬하다. 자본주의적 발전 전반에 걸친 노동자들의 처형[죽음]에 대해 언급할 필요가 있을까? 자본은 왜 그 자신의 노동력을 살해하고 있는가? 아우슈비츠 사태와 칠레의 독재는 왜 일어났는가? 아주 단순하게 얘기하자면, 그것은 어떤 유형의 노동력이 생산에 대해 너무 엔트로피가 높으며, 자본의 처지에서 볼 때 그것들은 제거되어야 할 살아 있는 똥이기 때문이다. 물론 노동자들에 대한 직접적인 학살은 불리함을 극복하기 위한 자본의 절대 끝나지 않은 투쟁에서 가장 극적인 사건에 지나지 않는다. 높은 엔트로피의 노동자들을 확인하고, 그들을 잡초 뽑듯 "제거하고", "감시 대상 명단에 올리고", 가두고, 굶기고, 죽이는, 끊임없이 이어지는 방법들은 이제 우리의 입에 재갈을 물린다. 밤이 너무 깊다! 그러나 엔트로피를 국지화하고, 몰아내고, 근절하기 위한 제도가 존재한다면, 그 제도가 바로 "형사 사법 제도"다. 이 제도의 기능은 노동에 완전하게 이용할 수 없는 "요소들"을 생산과정에서 제거하는 것이다.

그런데 높은 엔트로피를 찾는 노동뿐만 아니라 그것을 몰아내는 노동, 궁극적으로는 그것을 흡수하는 일도 존재한다. "점퍼"jumper 72를 생각해 보라. 핵발전소 노심의 붕괴적이고 엔트로피적인 측면은, 열을 생산하지 못하고 "새어나가는" 방사능이다. 핵 노동자가 수행하는 주요 일 중의 하나는 이 엔트로피를 흡수하는 것이다.

바로 그와 같은 일 – 원자로에서 나오는 똥을 견디어내는 것 – 을 하는 핵 노동자들이 존재한다. 방사능의 밀도가 높은 지역으로 보내져 (정규직 노동자라면 1년에 흡수할) 방사능을 몇 분 안에 "할당된 몫" 전부를 흡수하기 위해 고용된 시간제 점퍼가 그것이다. 그는 밸브를 돌리고 나서 백 달러를 받고 사라진 후 어쩌면 몇 달 안에 돌아올 수도 있고, 또 어쩌면 10년 뒤에 의심스러운 혹을 발견할 수도 있다. "점퍼"는 극단적인 형상이며, 이상적인 유형이다. 그러나 분명한 것은, 전국에 화학 및 방사능 폐기장이 확산되면서 그것들이 우리 중에서 "낙오자들"을 만들어 냈다는 점이다. "인류 삶의 탕진"이 핵발전소나 화학 공장의 출입문 안에서만 일어나는 것이 아니라는 점, 그리고 그것이 방사능 전기와 독들을 생산하는 노동만큼 "사회적"이라는 점 역시 분명하다.

자본의 똥구멍에 대해 다루고 있으므로 우리는 가장 더럽고, 부패하고, 무서운 모든 것들 – 시체, 암, 처형, 노예, 그리고 길모어식 농담73 – 을 불가피하게 다루어야 한다. 바로 이러한 제도적 위계의 가장 낮은 수준에서, 그리고 그들이 우리에게 행하고 있는 것에 대한 우리의 공포 밑바닥에서 기본적인 이윤 수준이 보장된다. 어떤 우울한 유머 때문에 우리가 이곳에서 어슬렁거렸던 게 아니다. 우리가 그 유명한 "바닥선"bottom line을 발견하는 것은 정확히 물질, 신체, 신경의 이러한 폐기장 속에서이다. 그것은 모두 물리학에서 다루는 것들이다. 열기관의 효율은 그것이 생산한 노동에 비례할 뿐만 아니라, 그것이 창출한 엔트로피와는 반비례한다. 엔트로피가 낮으면 낮을수록 "효율"은 더욱 커진다. 따라서 일[노동]/에너지 비율이 높으면 높을수록, 이윤은 더욱 커진다.

교도소는 엔진들을 가동하는 석유만큼, 일꾼을 공장으로 배웅하는 입맞춤만큼, 당신이 저지른 바보짓을 알려주는 출력물만큼 생산과정에 필수적이다. 왜냐하면, 노동력과 불변자본의 폐기장들이 없다면, 엔트로피 오염을 제거할 길이 없다면, 시스템은 멈출 것이기 때문이다. 물론 자본주의의 의도는 똥을 없애지 않고 통제하면서, 반대하지 않거나 보이지 않는 주민들을 대상으로, 똥을 고립되고 이의가 없을 장소에 부려놓는 것이다. 따라서 에너지 위기와 함께 사형이 주어진다.

이것이 이윤 위기의 마지막 요소이며, 에너지 위기 대응의 최후 근거이다. 노동계급이 1960년대와 1970년대 내내 점점 자본주의적 똥의 폐기장, 그 엔트로피 쓰레기들의 집단적 하수구가 되길 거부해 왔기 때문에, 어떤 적대적인 강제는 당연하였다. 에너지 가격 상승은 방어의 차원에서 즉각적으로 이러한 거부가 똥을 흡수하도록 만든다. 왜냐하면 에너지의 높은 가격이 엔트로피 통제를 위한 필요성, 그리고 고도로 집중된 엔트로피 침전물을 생산과정에서 몰아내는 것의 필요성을 정당화하는 것으로 보이기 때문이다. 따라서 명시적이거나 암시적인 반핵 운동은 다음과 같은 반응, 즉 핵발전소는 에너지 가격이 상승할 때에만 비준될 수 있을 것이라는 반응을 만난다. 그러나 일단 텔러식의 원자력과 석탄의 전화電化 시스템이 도입된다면, 불가피하게 생산과정에서의 통제와 정보 기제들의 강화가 이루어진다. 결국, (이 유기적 구성이 높은 영역에 바로 그 투자 때문에 강제된) 이러한 가격 상승에 의해서만 발전소들의 해체적 배설작용을 수용할 "필요성"이 주변 주민들의 목소리에 강제될 수 있다. 스리마일섬의 세금 납부자들은 늘어난 전기 요금으로 [핵] 발전소의 수리에 자금을 대고 있으며, [섬] 마을 전역에 방사능 폐기장을 열라는 주[국가]의 늘어나는 압력이 모두에게 감지된다.

종말론의 종말

우리는 세계의 종말, 즉 종말론에서 시작했다. 자본주의 예언가들은 소란을 떨면서 에너지 문제가 임박한 파국의 원인이라는 의견을 내놓았다. 에너지기 너무 적어도(반한계론자들) 문제고 너무 많아도(상호작용론자들) 문제라는 것이다. 상상조차 어려울 정도의 거대한 이익을 생각하는 "핵 홀로코스트"의 "부흥"은 에너지를 원자폭탄의 방아쇠로 받아들인다. 왜냐하면 언제나 그것은 가장 절박한 대자연적 결핍으로 간주되기 때문이다. 핵전쟁 시나리오들은 과도하게 호르무즈[74]만에 의지하는데, 여기에서 국제적인 적대의 불가피한 원천이 발생하기 때문이다. 반한계론자들에 따르면, 근본적인 결핍에 직면하여 가동할 수 있는 유일한 길은 군사적 대치 가능성에 대비하는 것이다. 다른 한편으로, 상호작용론자들은 핵전쟁의 위협에서 벗어나고자 한다면 이러한 대치의 필요성을 제거하기에 충분할 정도로 독재적인 "깨끗하고" "안정적인 상태"로 후퇴해야 한다고 경고한다. 양측은 그러한 "문제"를 "자연적인 야만적 사실들"의 퇴적물로 받아들인다.

사실들은 충분히 야만적일 수 있지만, "자연적인" 것은 아니다. 자본이 새로운 종말론을 발표할 때마다, 우리는 그것의 범죄 용의자는 대자연이 아니라 원자탄, 즉 "절멸주의"를 향한 어떤 면에서 자율적인 관료적 충동임을 이해해야 한다. 자본의 종말론은 그 충동이 결정적 크기에 이르렀을 때, 그것에 대항하는 투쟁의 전도된 이미지이다. 우리는 그림자를 가지고 그림자와 싸우지 않으며, 이성이 없는 동물을 자극할까 두려워 "신중하게 그리고 도발적이지 않게" 돌아다니지 않는다. 모든 미사일, 핵무기, 원자력 발전소, 자본이 그렇게 도발적으로 전시하는 모든 "극장의 우상들"의 뿌리에는, 자본주의적 축적에 대항하는 투쟁, 노동과 착취로 지배되는 삶에 대한 투쟁이 존재한다. 이 투쟁이 오늘날의 종말론적 소문들의 원천이며, 이 투쟁이 이 소문들을 종식할 수 있다. 1960년대 초반의 핵무기 종말론을 무엇이 끝냈는가? 그것은 친핵 및 반핵 운동 간의 수사적 전투가 결코 아니었다. 와츠Watts에서의 폭동75, 석탄[산업]에서의 비합법[파업들]의 부흥, 쿠바 위기의 훈련 이후에조차 민방위대의 수용을 거부하는 것 등은 케네디와 존슨 정부들에 핵무기의 통제능력이 느슨해지기 시작했음을 각인시켰다. 테러에 대한 공포가 새로운 노동계급 운동, 그들의 욕망, 혐오 들을 옥죌 수는 없었다.

똑같은 것을 현재에 대해서도 말할 수 있다. 요한 계시록의 네 기수騎手 — 칼, 기근, 역병, 짐승들을 가지고 죽이기 위해 대지의 네 번째 봉인들에서 나온 — 는 오직 그들의 봉인을 해제한 바로 그 투쟁에 의해서만 멈추어질 수 있다. 투쟁을 회피하기 위해 시도되는 에너지 위기에 대한 어떠한 "해결책"도 — 미사일 격납고로 둘러싸인 텔러의 전자핵적electronuclear 방침이건, 농업의 항상성과 방어주의라는 오덤 부부의 "대안적인" 방침이건 — 단지 이 위기를 재생산할 뿐이다. 우리가 살펴보았듯이, 자본은 텔러나 오덤만으로 어떻게 할 수가 없다. 높은 또는 낮은 유기적 구성이라는 외관상 반대되는 유토피아들은 필연적으로 서로를 보완한다. 사실 그들은 서로를 강화한다.

자본은 노동에 대한 투쟁을, 자본의 근육, 심장, 신경, 똥구멍에 대한 투쟁을 다루기 위해 세계를 물구나무 세웠다.

노동의 네 수준에 대한 [자본의] 대응은 다음과 같다.

· 공장에 대한 상대적 착취

· 가사노동에 대한 절대적 착취

· 낮은 엔트로피 저장고들을 탐지하여 노동과정을 부드럽게 하는 것에 의한 엔트로피의 감소

· 높은 엔트로피 쓰레기들의 방출에 의한 엔트로피의 감소

우리는 이에 상응하는 투쟁 단계를 살펴보았다.

· 조립라인에서의 "생산성 거래"에 대한 거부

· 노동자들을 생산과정에 끼워 맞추는 가족 및 재생산 장치의 해체

· 예컨대 교육 체계 속에서 그리고 "범죄"의 격화를 통해 자본의 엔트로피 분류기들을 수용하는 것의 거부

· 자본의 똥의 생물사회적인 재생산과정 속으로의 방출을 수동적으로 흡수하는 것에 대한 거부, 예컨대 교도소와 방사능 폐기장에 반대하는 투쟁

이 모든 거부 형태들은 직접 이윤 위기를 일으켰으며, 이어서 "에너지 위기"에 의한 수익성 회복의 원인이 되었다. 하지만 이러한 투쟁들은 자본이 그것들과 대결하기 위해 취했던 전체적인 "종말론적" 공격이 무엇이건, 여전히 다루기 힘들다. 폴란드 노동자들이 보여주었듯이 미사일에 맞설 수 있는 유일한 길은 더 많은 소시지와 고품질의 소시지를 요구하는 것이다. "두드리는[파업하는] 사람만이 고기를 먹는다."

공간 속의 모르몬교도들

실비아 페데리치와 공동 집필

공간은 응축된 시간에 지나지 않는다. 노동/삶을 통합된 연쇄들 안에 배치한 것. 그러나 지구는 또 하나의 물질. 그렇다면 이것은 왜 지구에서 벗어나려 애쓰는가? 그것을 파괴함과 동시에 초월하기 위해?

저 종국적으로 저항적인 신체의 파괴, 이것이 자본의 못된, 그리고 작은 비밀인가? 자본주의적 기능성의 즉자, 수십 억 년에 걸친 비자본주의적 구성의 잔존, … 결과적으로 왜 산들은 여기, 강들은 저기, 그리고 바다는 정확히 여기에 존재해야 하는가?

바퀴벌레의 생존조차 보장하지 못할 만큼 지구를 n번 이상 파괴하기 위해…그렇게 밀집된 핵무기, 무수히 많은 핵무기를 갖춘 우주 식민지들, 우주 왕복선들이 진정 왜 필요한가? 염색체들과 신경계의 부호화 방식을 변경하려는 동시적인 시도는 왜 존재하는가?

순수하게 자본주의적인 원형질 속에서 그리고 궁극적으로 순수하게 자본주의적인 노동 사건들의 연쇄 속에서 진정으로 자본주의적인 **존재**를 정의하기 위해서가 아니라면 왜 이러한 일이 일어나는가? 거미줄이 거두어지고 또 무한하게 다시 거미줄이 쳐질 준비가 되어 있는 무게 없는, 형태 없는 신경계들.

수천 톤의 산소 바닥에서 이동하고, 이 모든 무게를 끌고 다니는, 수천 년 동안 프로그래밍 되지 않은 존재에 대한 탐색이 아니라면, 이 중력은 왜 노동을 거스르는가?

공간은 궁극적으로 시간의 장애물이다. … 베르그송은 이것을 잘못 파악했다. … 루카치 역시 그랬다. … 자본주의는 시간의 공간화가 아니라 오히려 공간의 시간화이다. 거리의 해체, 우리가 비롯되는 '바로-그곳임'의 해체다.

"외부 공간"outer space은 우리가 알고 있는 바의 공간이 아니라 시간 관계들과의 최종적인 합체이다. 그것은 화성의 광물질들 때문에―카리브해 섬들에 있는 금은 때문에― 열망되는 것이 아니다. 그들이 당신을 그곳에 데려갔을 때 화성에서 그들이 당신에게 할 수 있는 것 때문에 열망된다.

이것은 노동계급이 왜 이렇게 고대적인지, 왜 그렇게 오작동을 하는 기계인지 설명해 준다. 초기 홉스주의자들은 부분적으로만 옳았다. 인간은 기계가 아니라 기계의 가엾은 복사물일 뿐이다. 그들의 욕망은 너무 제한되어 있다가 다시 너무 확장된다. 그들은 수백만 년 동안의 비자본주의적인 기쁨들과 고통들 위에, 그리고 너무 자의적인 그들 자신의 폐물성에 대한 혐오 위에 세워진, 가사노동에 대한 필사적 갈망을 갖고 있다.

나치의 생활공간Lebensraum은 사실, 달성해야 할 "삶"leben의 엄청난 파괴를 요구한 노동공간Arbeitsraum이었으며 결국은 실패했다. 그래서 또한 "당신은 나를 이해하지 못해"라는 멜로드라마 속에 등장하는 도자기 타일이 붙어 있는 컴퓨터들. 계절의, 하루의, 달의 주기로부터 자유롭고, 또 무한한 환원에 열려 있는 생물학적으로 순수한 영역에 대한 이러한 욕망에 대한 필사적 갈망과 더불어 우주 왕복선의 귀환이 예고된다.

이것은 언제나 자본의 치명적인 매력―공간에 대한 자본의 무관심―이었다. 본질적인 문제가, 지금 내가 필요로 하고 욕구하고 원하는 것이 아니고 내가 필요로 하고 욕구하거나 원하는 것을 다른 사람이 필요로 하고 욕구하거나 원하는 것일 때 지금-여기는 사라진다. 여기는 추상적인 저기-여기-저기 속에서 자취를 감춘다.

당신은 자신의 우주 정거장에서 내려다보고 있는 자본을 목격할 수 있다. … "저렇게 가엾고 살짝 미친 기계들! 그들의 필요들은 너무나 철저하게 규정되었기에, 그들의 섹슈얼리티는 분별력이 없고, 그들의 욕구들은 너무나 지역적인 생물화학적인 주기에 의해 고착되어 있기에 그것들 때문에 당신은 울고 싶어질 수 있다! 궁극적으로 우리는 언제 이러한 신체들에서 벗어날 수 있을까?"

오늘날 신우익New Right 1을 통해 호흡하는 시대정신을 정의하는 과정에서 우리는 외관상으로는 해독 불가능한 어떤 수수께끼와 대면하게 된다. 한편으로 이들은 몇 년 전[이라면] 과학소설을 연상하게 했을 과학적이고 과학기술적인 혁명 – 유전자-접합, DNA 컴퓨터, 시간-압축 기술, 우주 식민지 – 의 대변인들이다. 그와 동시에 신우익의 순환들을 통해 우리는, "우리의" 청교도 건국자들과 함께 최종적으로 땅에 묻혔다고 생각되는 종교적 경향들과 도덕적 보수주의의 부활을 목격하고 있다. 폴웰의 도덕적 다수파2는 이렇게 캘빈과 코튼 매더3의 가치들로 회귀하는 것 중에서 가장 적극적이지만, 지금까지 이들이 유일한 집단은 아니다. 돌아보는 곳마다, 청교도 식민지들의 모델에 따라 나라를 바꾸려고 마음먹었던, 신을 두려워하고 사탄에 관심을 갖는 집단들이 버섯처럼 뻗어 나가고 있다. 기독교 소리, 가정 옹호 포럼4, 전국 기도 모임, 독수리 포럼, 생활위원회 권리, 교양 선거인 회복 재단, 기독교 경제 기구 등이 그것이다. 이들의 외형에서 대략 볼 수 있듯이, 신우익의 신체는 한쪽은 대담하게 과거로 도약하고, 동시에 [다른 쪽은] 대담하게 미래로 도약하면서, 두 개의 반대 방향으로 뻗어있는 것처럼 보인다.

이들이 개별적인 분파들이 아니라 다양한 방식으로 동일한 사람들을, 그리고 동일한 돈을 끌어들인다는 점을 알게 될 때 이 수수께끼는 한층 복잡해진다. "다원론"이라는 외관을 유지하기 위한 일부 사소한 언쟁과 일부 애처로운 왜곡에도 불구하고, 왕복선을 궤도에 보내고 쥐와 토끼를 재조합하는 손은 초조하게 동성애자들을 화형에 처하도록 몰아붙이고 단지 20세기뿐만 아니라 19세기와 18세기에도 역시 성호를 긋는 [바로 그] 손이다.

도덕적 다수파 및 무수한 기독교 단체들과 미래학자들이 어느 정도로 하나의 영혼과 하나의 임무를 지니고 있는지는 ("전자적electronic 목사"의 이미지와, 신을 찬양함과 동시에 강화된 신경가스 생산과 중성자 폭탄을 요구하는 대통령의 이미지가 이러한 결합의 훌륭한 증거일지라도) 그들의 개별적인 대변인들의 삶들에서가 아니라면, 시간의 "핵심 논점들"과 대면했을 때 그들이 펼쳐 보이는 의도의 조화로움 속에서 가장 잘 볼 수 있다. 그것이 경제적이고 정치적인 사안으로 다가올 때, 모든 사소한 차이들은 사라지고 신우익의 이 두 영혼은 그들의 공통의 목표들을 향해 돈과 자원들을 끌어들인다. 자유-시장, (말할 것도 없이 사업을 위한) 자유방임주의, 국가의 군사화(소위 "강력한 군사 방어 구축"), "국내 안보" 강화(즉 미국 연방 수사국FBI와 미국 중앙정보부CIA에 우리의 일상생활을 단속할 자유로운 권한의 부여), 교도소를 설립하여 수백만 명을 수용하는 것 외의 모든 사회적 지출을 삭감하는 것. 한마디로 말해, 전 세계에 대한 미국 자본의 소유를 주장하는 것 그리고 최저임금으로 (또는 그 이하로) "미국"이 돌아가도록 설정하는 것이 모든 신우익이 성경을 걸고 맹세했을 목표들이다.

신우익의 이중적인 영혼을 이해하기 위한 단서는 반동적인 사회 정책들과 과학적 대담함의 이러한 혼합이 자본주의의 역사에서 새로운 것이 아니라는 점을 인식하는 것이다. 자본의 초기 — 도덕적 다수파가 행복한 마음으로 돌아가고 싶어 할 16세기와 17세기 — 를 살펴보면 우리는 이 "이륙"의 세기들 속에서 그와 같은 상황을 발견하게 된다. 갈릴레오가 망원경으로 달을 관찰하고, 프랜시스 베이컨이 과학적 합리성을 정초하고 있었을 바로 그때 유럽 전역에서는 유럽 지식인들을 근대화하려는 은총이 만연했던 한편, 여성들과 동성애자들이 수천 명씩 화형에 처해졌다.

갑작스러운 대유행? 야만으로의 불가해한 전략? 실제로, 마녀사냥은 일반적으로 근대적 합리주의 창시자들의 꿈으로 인정되는 "인간의 완전 가능성"을 향한 그러한 시도의 중요 부분이었다. 자연을 지배하고 착취하려는 신흥 자본주의 계급의 돌진력이 새롭게 발견된 자연법칙들처럼 일정하고 예상 가능하며 통제 가능한 행위를 하는 새로운 유형의 개인 창출을 수반하지 않는다면, 그것은 공염불에 지나지 않게 될 것이다. 이러한 목적을 이루기 위해서는, 해외 식민지에 사는 인디언들로 하여금 땅을 파는 것이 신성을 모독하는 것이라 믿게 하고 유럽 중심부의 프롤레타리아에게 사람들이 [하늘을] 날 수 있고, 동시에 두 장소에 있을 수 있으며, 미래를 점칠 수 있다고 확신시키는 세계에 대한 마술적 개념화는 파괴되어야 했다. 즉 어떤 "불행한 날들"에 그러한 것을 믿게 하려는 모든 기획enterprise은 신중하게 회피되어야 했다. 더욱이 마녀사냥은 낙태와 모든 형태의 피임을 국가에 대한 범죄로 죄악시함으로써 노동의 주요한 원천인 여성의 신체에 대한 통제를 보장했다. 결국, 마녀사냥은 가정생활을 재조직하는 기능, 즉 자본주의적 토대 위에서 노동의 재조직화를 동반하는 재생산을 재구조화하는 기능을 했다. 간부姦婦, "평판이 나쁜" 여성, 레즈비언, 독신녀나 "모성애"가 모자란 여성, 또는 사생아를 낳은 여성들이 화형에 처해졌다. 술과 빵을 주지 않았다고 건방지게 저주를 퍼부은 수많은 거지가 화형을 당했다. 자본주의의 "이행기"에 가난에 처하게 된 사람들은 주로 (생존을 위해 남성에게 의존해야 할 운명에 놓인) 여성, 특히 반항하는 여성이었다. 근대 합리주의의 창시자들은 이러한 것에 찬성했으며, 일부는 국가의 조치가 충분하지 않다고 불평하기조차 했다. 보댕이 마녀들이 불꽃에 넣어지기 전에 "자비롭게" 교살되어서는 안 된다고 주장한 것은 악명이 높다.

오늘날 미국에서 유사한 상황이 만연하고 있음을 볼 수 있는 것은 자본의 위기가 심각해졌다는 징후이다. 그 토대가 불확실할 때 자본은 항상 ─ 처음부터(그 마지막도 그러할 것으로 생각하지만) ─ 기초로 되돌아간다. 현시점에서 이것은, 한편으로 (생산의 발전적 극에서) 자본을 집중하고 전례가 없을 정도로 노동을 자동화하며, 다른 한편으로 수백만 명의 노동자들을 무임금(실업)에 할당하거나 훨씬 인기 있는 "노동력"workforce 모델에 기초해서 최소 비율로 지급되는 노동집약형 일자리의 고용에 할당하는, 대담한 과학기술적 도약을 시도하는 것을 의미한다. 하지만 이것은 노동이 재생산되는 과정의 재조직화 – 여성들이 가장 결정적인 역할을 할 것으로 기대되는 기획 – 를 수반한다.

오늘날, 도덕적 다수파와 신기독교권리New Christian Right의 노선에 따른 억압과 자기규율의 제도화는 노동계급 스펙트럼의 양극단에[도] 요구된다. 그 양극단이란 (장시간 노동이나 끊임없는 일자리 탐색이 수반되는) 임시적이고 시간제적인 최저 생활수준 임금에 처할 운명인 사람들과 이제 자본의 기술자들이 생산할 수 있는 가장 정교한 장비들을 가지고 일하는, "의미 있는 임금"이 정해진 사람들이 그들이다. 신/노동/가족의 신성한 삼위일체가 억압의 시대에는 언제나 결정적이라는 점은 자본이 결코 잊어서는 안 되는 충분히 입증된 진실이다. 우리가 다른 사람들과 맺는 유일한 관계가 상호 규율의 관계일 때 무엇이 고립의 삶보다 더 생산적일 수 있을까? 아빠는 엄마를 통제하고, 엄마는 삶이 고되며 생존이 문제라는 것을 아이들에게 가르치고, 이웃들은 마을의 "청결"을 유지하기 위해 모이고, 사회성sociality은 우리가 일자리를 얻거나 지키는 데 도움을 주는 경우에 맞춰 움츠러든다. 그리고 삶이 고통이라면, 언제나 신이 존재한다. 당신은 심지어 신의 이름으로 이교도들에 맞서는 핵전쟁을 정당화할 수 있다. 이교도들은 반란을 일으킨 소돔 사람들처럼 (일부 올바른 사람들 역시 쓸어 없애는 한이 있더라도) 지구의 표면으로부터 쓸어 없앨 만하다는 것이다. 당신은 심지어 당신 자신 역시 쓸어 없앨 핵전쟁을 정당화할 수 있다. 결국, 당신이 이미 임금과 암을 바꾸는 것을 받아들이고, 당신의 모든 욕망을 단념하고, 그러한 욕망의 실현을 다른 세계로 연기했다면 삶에서 무엇이 중요하단 말인가?

실수를 저지르지 말자. 와인버거5에겐 제리 폴웰6이 필요하다. 월가에서 군대에 이르기까지 자본의 모든 유토피아는 우리의 동물혼을 억제하면서, 그리고 (적어도 지금까지는) 모든 헌법적 거짓말 중에서 가장 심한 거짓말이었던 저 유명한 행복 추구의 의미를 다시 정의하면서, 신체 수준의 극미한 미시정치학 위에서 서술된다. 제리 폴웰은 ─ 노동계급의 더 낮은 부대에 속한 사람들과 달리 ─ (신이 실패했을 경우) 엄벌로 다스려질 수 없는 고기술 (컴퓨터, 정보, 에너지, 유전자) 노동자의 발전에 훨씬 더 필요했다. 그 이유는 이 노동자가 입힐 수 있는 손상이 (그가 자신의 임무에서 벗어나기만 한다면) 대단히 크기 때문이다. 그가 가동시키는 기계가 매우 비쌀 테니까 말이다.

오늘날의 고기술 산업의 발전은 인간 기계에서 하나의 과학기술적인 도약 ─ 자본의 투자 필요를 충족시키기 위한 새로운 유형의 노동자를 창출하는 커다란 진화의 한 단계 ─ 을 필요로 한다. 우리의 미래학자들이 주창했던 것처럼 이 새로운 존재의 능력은 무엇인가? 우주 식민지들에 대한 논쟁을 통해 이러한 점이 드러나고 있다. 무엇보다도, 오늘날 우주에서의 인류 식민지들의 발전을 가로막는 주요한 장애가 과학기술적이라기보다는 생물사회적이라는 점에 대해서는 모두가 동의한다. 우리는 우주 왕복선의 타일들을 접착할 수 있을지 모르지만, 우주 노동자와 우주 기술자를 적절하게 결합하는 것은 오늘날의 유전학적 진전으로도 결코 해결될 수 없는 기획이라는 것이다. 우주 식민지는 다음과 같은 것을 할 수 있는 개인들을 필요로 한다.

· 고장 없이 장기간 사회적 고립과 감각의 상실을 견딜 수 있다.

· 극도로 적대적이고/이질적이고 인공적인 환경 속에서 그리고 엄청난 스트레스 아래에서 "완벽하게" 임무를 수행할 수 있다.

· 자신의 신체적 기능들(우주에서는 똥을 누는 데 한 시간이 걸린다는 것을 생각해 보라!)과 심리학적 반응들(분노, 증오, 우유부단함), 우주 안의 허약하고 취약한 삶의 세계에서 재앙적일 수 있는 우리의 '인간적인, 너무 인간적인' 약점들을 훌륭하게 통제해낼 수 있다.

・가장 작은 사보타주 행동이 수중에 있는 매우 비싸고 복잡하며 강력한 장비에 파국적 결과들을 가져올 수 있을 때 사회적 일탈과 불화에 보일 아량이 거의 없으므로 명령에 대한 완전한 복종, 순응, 수용을 표시할 수 있다.

실제로, 우주 기술자는 자기가 다루는 기계에 대해 준準종교적인 관계를 맺을 것이다. 그뿐만 아니라 그 자신이 더욱더 기계를 닮아가서 컴퓨터와 완벽한 공생을 이루어야 한다. 그의 컴퓨터는 우주에서의 긴긴 밤 동안 종종 그의 유일한, 그리고 언제나 그의 가장 믿을 만한 안내자, 반려, 동료, 친구이다.

따라서 우주 노동자는 대단히 금욕주의적이고, 신체와 영혼이 순수하며, 완전한 수행 능력을 지니고, 잘 감긴 태엽 시계처럼 순종적이며, 정신적 양태에서는 극도로 물신적이어야 한다. 이런 보물은 어디에서 가장 그럴듯하게 만들어지는가? 근본주의적인 유형의 종교 분파에서 [만들어질 것이다. 생물학자 개릿 하딘식으로 말하자면 다음과 같다.

어떤 집단이 이 최신의 '멋진 신세계(우주 식민지)'에 가장 적합한가? 십중팔구 종교 집단이 그럴 것이다. 이곳에서는 사상이 통일되고 규율이 받아들여진다. 그러나 식민주의자들은 유니테리언교도[7]이거나 퀘이커교도[8]의 무리가 될 수는 없었을 것이다. 왜냐하면, 이 사람들은 개인의 의식을 행동을 이끄는 가장 훌륭한 안내자로 간주하기 때문이다. 우주 식민지들의 존재는 그 주민들을 위해 후터파들[9]이나 모르몬교들[10] 같은 어떤 것을 요구한다.…이 섬세한 장치에서 사보타주와 테러리즘에 대한 공포 때문에 통합은 감행될 수 없었을 것이다. 오직 "정화"淨化만이 그렇게 할 것이다.[11]

최초의 우주 정거장 비행사들이 착륙 후 며칠 뒤 모르몬교 예배소에서 엘더 닐 맥스웰의 영접을 받은 것은 놀라운 일이 아니다. "우리는 오늘 밤 놀라운 주의 능력으로 신을 뵙고 온 분들에게 경의를 표하는 바입니다."라고 그가 말하자 6천 명의 신도들이 "아멘"으로 화답했다.

창조론과 진화론 간의 싸움은 가장 적절한 통제 수단을 둘러싼 자본주의 내부의 말다툼에 지나지 않는다. 우리의 사회 생물학자들과 유전자 공학자들 - 오늘날의 과학적 약진의 영웅들 - 이 완벽한 로봇을 창조하는 수단을 발견할 때까지 채찍질은 계속될 것이다. 특히 아직도, 수많은 나쁜 병균들이 아이들과 부모들 모두에게 이식된 1960년대의 무정부주의 이데올로기들에 오염된 시대에는 더욱 그렇다.

더욱이, 청교도적 가르침의 요체인 금욕주의, 자기통제, 대지와 신체로부터의 탈주 등은 자본의 과학적·경제적 계획들이 번성할 수 있는 최적의 토양이다. 실제로 자본은 더 안전한 지역에 자신을 재배치하려고 시도하면서 오늘날 그 어느 때보다 더 의식적으로 모든 종교의 꿈 - 모든 물리적 경계들의 극복, 개별 인간의 천사 같은 창조물로의 환원, 완전한 영혼과 의지 그 자체 - 을 포용하고 있다. 자본은 전자적/우주적 노동자, 우주의 과학적 탐험-착취의 사제를 창출하면서 다시 한번 물질에 대한 역사적 전투를 치르고 있다. 자본은 지구의 경계들 그리고 현재의 형태 속에서 극복해야 하는 환원 불가능한 한계들을 드러내는 "인간 본성"의 경계들을 즉각적으로 분쇄하려고 시도한다.

산업들을 우주 속에서 조직하려는 맹렬한 시도와 신체의 탈물질화 dematerialization는 동시에 진행된다. 전자는, 지구 위에서 수십 억 년에 걸쳐 이루어진 물질적 진화의 산물이자 지금까지 생물사회적인 재생산의 물질적 조건이었던 필요, 희망, 욕망의 전체 연쇄 - 푸른 바다, 초원, 젖꼭지, 무도회, 항문에 난 털, 오렌지와 쇠고기와 당근의 감촉, 바람과 바다 냄새, 일광日光, 신체적 접촉에 대한 필요, 섹스!!! - 를 개조하지 않고서는 완수될 수 없다.

섹슈얼리티의 위험들은, 오로지 화면에만 마음을 쏟은 채 컴퓨터하고만 이야기하면서 혼자서 밤을 지새울 수 있는 완벽한 자제력을 갖춘 존재를 창조하려고 시도하면서 자본이 만나는 장애물들의 상징이다. 당신은 우주 속에서 발기를 하거나(성욕을 느끼거나) 고독할 수 있는가? 당신은 질투를 느끼거나 파경을 맞이할 수 있는가?

이런 점에서의 올바른 태도는 남극 대륙에 세워진 남극 기지에 대한 보고서에서 볼 수 있다. 이 기지는 외면상으로는 극지방에서의 기상학적, 천문학적, 지리학적 조건들을 연구하기 위해 세워진 것이지만, 실제로는 다음과 같은 인간 실험 — 그러한 공간에 접근하는 조건들(여러 달 동안의 고립, 감각적 접촉의 결핍 등등)에 놓인 인간에 관한 연구 — 을 위한 거대한 센터이다. 보고서에는 다음과 같이 쓰여 있다.

성관계에 관해 말하자면 … 모든 후보는 이곳의 과급過給된 조건들 하에서의 정사의 "위험들"에 대해 경고를 받았다. 금욕이 최상의 방침이었다.… 남자들은 첫 몇 주 동안 오로지 섹스만 생각하지만, 이후 겨울이 거의 끝나갈 무렵이 되어서야 가라앉는다. 〔한 노동자는 다음과 같이 보고했다.〕 "당신은 단지 당신의 마음에서 그 생각을 끄집어낼 뿐이다. 당신은 항상 일하고 있다. 사생활이란 없다."[12]

금욕, 에이즈, 절제, 이것들은 신체적 접촉을 정신적 이미지로 대체하면서 우리의 삶 및 다른 사람과의 조우가 지닌 감각적-성적 내용을 감소시키려는 자본주의 기획의 장기적 과정에서의 마지막 조치들이다. 수 세기에 걸친 자본주의적 훈육(규율)은 접촉이 두려워 타인을 겁내는 개인들을 생산하는 데 큰 영향을 미쳤다. (사회적 공간들 속에서 우리가 어떻게 살아가는지 생각해 보라. 버스와 열차에서 승객들 각자는 자신만의 공간, 자신만의 신체에 갇힌 채, 비가시적인 명확한 경계선들을 유지한다. 각각은 자기 자신의 성 안에서 산다.) 각자로부터의 이러한 신체적이면서도 정서적인 고립이 자본주의 협력의 본질이다. 그러나 이것은 – 모든 형태의 우리 삶의 탈물질화와 함께 – 순수한, 완전히 정화된 천사가 될 수 있는 능력에 그의 성공 여부가 달린 미래의 우주 식민지의 거주자에 이르러 절정에 달한다. 이 사람은 성교를 하지 않고, 지구에서 우리의 일상적 영양물을 이루는 감각적 자극들이 필요하지 않으며, 오직 자급자족적이고 자기중심적인 의지력을 섭취하면서 살아갈 수 있다.

적의 신체라는 추상성을 증대하기, 당신이 파괴하는 사람을 비디오 기계 위의 소음으로 축소하기, 이것은 공간 산업화의 핵심적인 산물이 될 수 있는 죽음 생산의 또 하나의 본질적인 요소이다. 사실, 전자 전쟁은 너무 추상적이 될 수 있으므로 당신의 이미지가 비디오 화면에 비치지 않는다면, 당신은 당신이 당신 자신을 파괴할 수 있다는 점을 망각할 수 있다. 공격 대상의 추상성은, 어릴 때부터 모든 "일탈 행위들"이란 악의 추상적 권력들이라는 표현들과 동일하다는 – 완벽하게 교환 가능하다는 – 말을 들은 근본주의적 청년들이 배우는 교훈의 본질이다.

공산주의 = 동성애 = 마약 = 난교 = 전복 = 테러리즘 = … 사탄. 이러한 관점에서 볼 때, "누가", "무엇을", "어디에서", "언제"를 묻는 모든 물음은 부적절한 것이 된다. 억압의 정치학을 위한 훌륭한 연습, 그리고 대규모 핵 파괴의 정책을 위한 뛰어난 연습, 이것은 수백만 신체들의 파괴를 모든 사회적 일탈과 투쟁 – 근본주의자의 눈에는 스트론튬 90[13]보다 훨씬 더 나쁜 오염 – 으로부터 지구를 정화하기 위한 불쾌하고, 어쩌면 그런데도 필수적인 목표로 받아들일 수 있는 유형의 인간을 만들어내는 것을 필요로 한다.

이것을 이루기 위해서는 자기와 타자들 사이의 결합을 깨뜨리고 자기 자신을 신체로부터 격리하는, 체계적인 고립 전략이 필요하다. 전자 교회는 치료자를 완벽하게 탈물질화한다. 그는 수천 개의 화면 위에 복제된

차가운 이미지가 되거나 컴퓨터가 쓴 편지 속의 "개인적인" 논평이 된다. 설교자와의 주요한 "피드백"은 화폐인 피드백이 된다. 내가 돈을 보내면 그는 나를 위해 기도하기 시작한다. 내가 그러한 지급을 그만둔다면, 기도하는 사람들은 열정을 잃기 시작하여 마침내 "최후통첩"으로 마무리를 짓는다.

전자적 설교자들과 더불어 사회관계는 너무 추상적이 되어 그들은 이미지에 의해 가상적으로 대체된다. 라디오–TV 설교는 고기술 가족에서 가정 컴퓨터가 하는 것과 똑같은 기능을 수행한다. 정화되고–실체 없는 형태로 당신을 위해, 당신이 일상생활 속에서 박탈당하고 있는 관계들/경험들을 재생산하는 것. 그것들은 – 예측할 수 없으므로 – 위험한 인간 만남을 마음대로 끌 수 있고 멈출 수 있는 기계–생산적gadget-produced 사회성으로 교체한다. 그것은 신체를 통과하지 않고 곧장 영혼에 연결된다. 깨끗하고 효율적이며, 밤과 낮 언제라도 무한하게 이용할 수 있다. (실제로 그것은 당신이 원할 때마다 기록되고 재생될 수 있다. 공간뿐만 아니라 시간 역시 확보된다!!!)

기계와 더불어 살아간다는 것은 기계를 닮아간다는 것이다. 중력과 모든 인간의 욕망/유혹이 제거되어 무한히 무중력 상태인 우주비행사의 포드[14] 안에서처럼 노동–공간과 생활공간을 완벽하게 통합하면서 엔진의 틈새들에서 움직이는 탈성화된desexualized 천사. 고전적인 노동거부는 결국 부정된다. 베이컨에서 데카르트에 이르는 16세기와 17세기 유토피아들에서 두드러지게 모습을 보이는 "인간의 완전가능성"이라는 자본의 오래된 꿈은 가까이 다가온 것처럼 보인다. 이제 우리는 "천사들은 천국에서 무엇을 할까?"라는 유명한 청교도적 물음에 대답할 수 있을 뿐만 아니라 그들이 어떻게 느끼는지 알 수 있게 되었다. 시라[15]에 따르면

무중력을 느끼는 것 … 모르겠다. 그것은 다음과 같은 것들이 다 합쳐진

것이다. 우쭐한 느낌, 건전한 외로움의 느낌, 더럽고 불쾌한 모든 것에서 벗어난 고귀한 자유의 느낌. 당신은 아주 편안하다고 느낀다. '아주'는 딱 들어맞는 말이다. … 당신은 편안하다고 느끼며, 일하려는 충동과 같은, 일을 할 수 있는 능력과 같은 에너지를 많이 가지고 있다고 느낀다. 그리고 당신은 땀을 흘리지 않고, 어려움 없이 일을 잘한다. 생각을 잘 한다. 잘 움직인다. 얼굴에 땀을 흘리고 비탄에 젖어서라는 성경의 저주가 더는 존재하지 않는 것처럼. 마치 다시 태어난 것처럼.[16]

그러한 높이에서 바라보는 지구 위의 삶은 얼마나 사소한가…. 자본이 우리들의 세속적인 삶에 그토록 소홀한 것, 그것을 파괴하려고 그토록 열심인 것 등은 이상할 게 없다. 핵폭발의 대폭발 – 1초 안에 몇백만 톤의 물질을 파괴하기 – 신이 행한 최초의 행위처럼 창조적인 지구 물질에 대한 정신 승리의 완벽한 구현! 모든 구속으로부터 자유로워지려는 신과 같은 열망 속에서 빌어먹을 이 썩어가는 지구, 순수한, 힘에 굶주린 본질로 축소[환원]되는 대폭발[의] 거대한 남근. 천사/우주 비행사/우주 노동자 얼굴[가면] 속의 파우스트, 단지 지구에서뿐만 아니라 우주에서도 역시 자신의 의지를 갖출, 그 자신의 것이든 타인의 것이든, 어떠한 신체도 필요로 하지 않는 슈퍼맨.

신에 의해 통치되는, 순수하게 정신적인-종교적인-애국적인 관심사를 동기로 하는 천사들의 도시. 우주 식민화의 모험은 표류자들, 비순응자들, 노예들의 쓰레기 처리장이라는 의미에서 "새로운 아메리카"는 아닐 것이다. 노동-프로젝트와의 완전한 동일성, 완전한 복종, 완전한 자기-규율과 자기-통제에 대한 필요성이 너무 높아, 미국 항공우주국 NASA에 따르자면, 오래된 보상형태들조차 즉각적으로 제외되어야 한다. "높은 화폐적 유인책은 우주 식민지 건설 모집에 사용되어서는 안 된다. 왜냐하면, 나쁜 사람들을 끌어들이기 때문이다. 더욱이 그것은 공동체에 대해서 유해할 뿐만 아니라 우주 공동체에 '비순응자들'을 보유하려고 노력하는 개인들에 대해서도 유해할 것이다. 그들을 지구로 되돌려 보내는 것이 더 유익할 것이다. 이것에 더 많은 '비용이 들어가는 것처럼' 보일지라도 말이다."[17]

임금 없는 노동. 그것은 노동과 억압이 그들 자신의 보수가 되는 본질적으로 자본주의적인 유토피아다. 그리고 그것을 거부하는 모든 사람은 별빛 밝은 차가운 밤 속으로 내던져진다. 우주에서 자본은 마침내 그 한계에 도달한다.

노동의 종말인가 노예제의 부활인가

리프킨과 네그리에 대한 비판

서론

지난 수년간, 노동에 대한 논의가 1970년대 중반을 회상하는 미국에서 수많은 변주를 일으키며 나타났다. 초기에는 『로봇들은 모두 어디로 사라졌는가?』, 『거짓 약속』, 『미국에서의 노동』과 같은 책들, 그리고 "블루칼라 블루스", "제로워크", "노동거부" 같은 말들이 1973년과 1974년에 미국의 자동차 공장들에서 일어난 살쾡이 파업들에서 극적으로 모습을 드러낸 조립라인 노동자의 위기를 보여주었다.[1] 이 파업들은 1940년대에 자동차 자본이 자동차 노조들과 주고받은 "거래"의 토대였던 임금과 생산성의 상호의존 관계를 부정하는 것을 목표로 했다. 1974년 6월 10~14일 미시간의 워런에서 6천 명의 노동자들이 참여한 닷지 트럭Dodge Truck 공장의 살쾡이 파업에 대해 피터 라인보우와 브루노 라미네즈가 쓴 것처럼, "파업 3일째가 되는 날까지 요구사항들은 공식화되지 않았다. 그들은 '모든 것'을 요구했다. 한 노동자는 '나는 그저 일하고 싶지 않을 뿐이다.'라고 말했다. 이 투쟁으로 강화된, 소득과 생산성의 분리는 [이보다] 더 명확할 수가 없었다."[2]

그러나 이 명확성은 공장과 조립라인에서 노동과정에 대한 통제를 재천명하려는 자동차 자본가들의 십여 년간의 캠페인에 의해 훨씬 더 분명해졌다. 이 자본가들은 자신들을 구하기 위해 바로 이 공장들과 조립라인을 파괴하는 데 주저하지 않았다. "쇠락한 산업단지"[3]와 "도피공장"runaway plant [4]이 1980년대의 자동차와 그 밖의 다른 공장 생산을 기술할 때 비즈니스 잡지에 등장하는 말들이 되었다. 이 말들은 1990년대에 "세계화"와 "로봇화"라는 말 속으로 거의 이음매 없이 흘러들었다. 이러한 캠페인은 전례 없는 결과를 낳았는데, 그것은 노동시간이 실제로 늘어났음에도 미국 제조업에서 일주일의 기준 노동시간의 "실질" 임금이 거의 20% 하락했다는 것이다. 그러나 1990년대 중반 『노동의 종말』, 『디오니소스의 노동』, 『일자리 없는 미래』와 같은 책들, "다운사이징"과 "노동자 대체"worker displacement 같은 말들은 노동자와 자본 사이의 역관계가 1970년대와 역전되는 시기의 노동 위기와 연관된 주제를 부활시켰다.[5] 1970년대에 노동자들이 노동을 거부하고 있었다면, 1990년대에 자본가들은 아마도 노동자들을 거부하고 있는 것 같다. 이 책들과 말들은 "생산의 첨예한 국제화의 한가운데에서 일어난 과학에 근거한 과학기술적 변화는 너무 적은 일자리에 비해 너무 많은 노동자가 있다는 것을, 그리고 훨씬 더 적은 수의 노동자들이 임금을 많이 받고 있다는 것을 의미한다."[6]라고, 또는 "기술혁신과 시장의 힘이…노동이 거의 필요 없는 세계로 우리를 몰아가고 있다."[7]라고, 또는 훨씬 더 추상적으로, "프롤레타리아적 노동의 중심성이라는 이름으로 그리고 자본주의적 발전과 보조를 맞추는 그것의 양적 축소라는 이름으로 우리들의 역사를 이해하려고 했던 [첫번째의] 노동-가치법칙이 완전히 파산했다."[8]라고 주장하면서 오해를 불러일으키고 있다.

일자리와 노동의 다양성

"일자리 없는 미래"와 "노동 없는 세계"는 이러한 문헌의 핵심 구절들이지만, 이러한 구절들이 현재나 가까운 미래에 대해 설득력이 있는지 살펴보기 전에 이 구절들이 함축하는 일자리와 노동 개념들에 대해 잠시 생각해 보는 것이 가치 있을 것이다. "일자리"job는 둘 중에서 좀 더 쉬운 표현이다. 이 말은 다소 불쾌한 어원적 과거를 지니고 있다. 17세기와 18세기 영국에서(그리고 심지어 오늘날에도) "job"은 동사로는 속이거나 기만한다는 것을 암시했고, 명사로는 사소한 범죄와 신용 사기의 세계에 대한 느낌을 불러일으켰다. 이러한 맥락에서 "일자리 없는 미래"는 인류에게는 이익이 될 것이다. 그러나 20세기 중반에, "job"은 일정하게 고정되고, 긴 재직 기간이 계약상으로 합의된 공식적인 임금 고용의 단위를 가리키기 위해 미국식 영어에서 사용되는 주요한 단어가 되었다. 부두에서 어떤 일자리를 갖고 있다는 것은 부두에서 노동하는 것과는 상당히 다르다. 왜냐하면, 그곳에서 일자리를 얻지 않고 어딘가에서 노동하고 있을 수 있기 때문이다. 따라서 job은 정치경제학의 지하세계에서 떠올라 성배聖杯가 되었다.

그렇지만 "일자리"라는 단어의 신비한 힘은 노동과의 관련성에서 나오지 않는다. 실제로, "일을 하다"to do a job나 "삯일하다"to job는 노동하지 않고서 수입을 얻는 "부정한" 방법을 기술하는 말이었다. "일자리, 일자리, 일자리"는 20세기 후반 미국 정치가들의 구호가 되었는데, 이는 "일자리"가 유권자의 신체적이고 정신적인 생존에 결정적인 임금과 자본주의에서 노동의 여타 계약적인 측면들을 강조하기 때문이었다. 따라서 "일자리 없는 미래"는 자본주의적 인류에게는 지옥이 될 것이다. 왜냐하면, 그것이 임금 없는 미래, 노동자와 자본가 사이의 계약 없는 미래를 함축하기 때문이다. 그것의 특징이 명백하다 해도, 일자리가 종종 매우 관습적으로 그리고 그와는 매우 다르게 노동과정 일부를 표시한다 해도, 일자리와 노동 사이의 일대일 상호관계는 존재하지 않는다. 같은 노동과정이 한 개, 두 개, 또는 여러 개의 일자리로 나누어질 수 있다. 결론적으로 말해, "노동"work 그리고 그것과 외면적으로 의미상 친족인 "노동"labor이 실재實在할 더 충분한 자격을 지닌 것처럼 보인다. 따라서 "노동의 종말"은 "일자리 없는 미래"보다 더 근본적인 변형을 나타내는데, 그것은 인류의 역사에서 사회들이 "일자리가 없었던" 수많은 시대 ─ 예컨대, 노예제 사회와 생계-생산적 농부 공동체들 ─ 가 존재하기 때문이며, 에덴을 제외하고, 노동이 없었던 때는 존재하지 않기 때문이다.

하지만 노동의 종말에 대해 말하기 전에 노동의 의미와 관련해서 최근의 정치적 세대에서 개념적 혁명이 일어났다는 점을 인식해야 한다. 오랜 시간 동안, 아마도 1930년대의 집단 협상 체제의 공식화 그리고 1970년대의 그러한 체제의 붕괴와 일치하여, "노동"은 "일자리", 즉 공식적인 임금노동과 동의어가 되었다. 그러나 그때 이후 노동의 엄청난 다양성이 나타났다.[9] 이 다양성은 비공식적인, "장부에 기록되지 않은" 노동을 포함한다. 이 노동은 임금을 받지만, 계약에 의한 것으로 공식적으로 간주할 수 없는데, 그것은 이것이 법적 요건과 세법을 위반하기 때문이다. 다양성의 이러한 차원은 완전한 공식적인 일자리 관련 활동이 양과 가치의 면에서 많은 나라와 지역에서 경쟁을 벌이는 순수한 범죄 활동의 큰 영역 속으로 축소해 들어간다. 훨씬 더 중요한 것은, 사회적 재생산에 결정적인 그 모든 양태들(예를 들어 섹슈얼리티, 생물학적 재생산, 육아, 문화 적응, 치료적 에너지, 자급 농업, 수렵과 채집, 반反엔트로피적 생산) 속에서 가사노동에 대해 페미니즘적으로 "재발견"한 것이었다. 가사노동은 자본주의 사회들에서 거대한 타자이다. 왜냐하면, 가사노동은 임금을 받지 않는 상태를, 그리고 전국 통계에서 대부분 인식되지 않는 상태를 완고하게 유지하고 있기 때문이다. 자본주의 발전에 결정적인 것으로 점점 더 인정되고 있음에도 말이다. 결국, 이와 같은 소위 "노예제 이후" 시대의 모든 강제된 노동을 모으는 자본주의 지옥의 원시적 단계가 존재한다. 감옥 노동, 군대 노동, "성 노예", 도급제 노역, 아동 노동 등이 그것이다. 이 모든 형태의 노동을 종합하면서 우리는 공간-시간적이고 가치적인 관점에서 "노동의

공식적인 세계"를 작아지게 하는 에너지적인 투자들의 교차적이고 자기
-성찰적인 다양성을 인식하지 않을 수 없다. 이 거대하게 출현하는 존재
Presence뿐만 아니라 그것의 거부에 대한 전도된 다양성은 노동에 대한 이
해방식을 심대하게 변형시켰다. 비록 많은 사람은 알아채지 못한 것처럼
보이지만 말이다. 이것은 분명 노동work과 노동labor(아렌트) 사이의, 생명
권력과 자본주의(푸코) 사이의, 노동과 소통행위(하버마스) 사이의 지루
한 구분을 문제 삼는 한편, 계급 분석의 주목할 만한 확장과 미래의 공장
시스템을 위한 계획이라는 문제들을 넘어서는 혁명적 이론의 확대를 강
제한다. 우리의 논의에서 가장 중요한 것은, 노동의 이 다양성이 과학기술
적 변화로 인해 발생하는, 노동과 그것의 종말에 대한 논의를 문제로 삼
는다는 것이다.

노동의 종말

불행히도, "노동의 종말" 관련 문헌에서 사용된 노동 개념은 종종 시
대에 뒤졌으며, 노동의 자본주의적 의미를 망각한다. 이것은 『노동의 종
말』에 등장하는 리프킨의 핵심적인 주장에서 가장 명확하게 드러난다.
그는 유전공학을 농업에, 로봇화를 제조업에, 컴퓨터화를 서비스 산업에
응용하는 것을 포함하는 새로운 과학기술적 혁명이, "정보 시대"의 도전
들에 대응할 수 있는 잘 훈련된 노동력이 존재한다면, 새로운 고용 기회
를 낳을 것이라고 주장하는 사람들을 논박하고자 한다. 리프킨의 논박은
단순하다.

과거, 기술 혁명이 경제 부문에서 전반적인 일자리를 위협했을 때, 새로운
부문이 잉여 노동을 흡수하기 위해 출현했다. 금세기 초, 초기 형태의 제
조업 부문이 농업의 급속한 기계화로 일자리를 잃은 수많은 농장 소유

주들과 농토들을 흡수할 수 있었다. 1950년대 중반과 1980년대 초반 빠르게 성장하는 서비스 부문은 자동화로 일자리를 잃은 수많은 블루칼라 노동자들을 재고용할 수 있었다. 그러나 오늘날 이러한 부문이 급속한 구조 재편과 자동화의 희생물이 됨에 따라 일자리를 잃고 있는 수백만 명의 사람들을 흡수해줄 "주목할 만한" 새로운 부문이 나타나지 않고 있다.[10]

결국, 마지막 서비스 노동자가 최신의 현금자동입출금기, 가상의 사무 기계, 지금껏 생각해보지 못한 컴퓨터 과학기술의 응용 등으로 대체될 때 거대한 실업 문제가 발생할 것이다. 우리는 어디에서 일자리를 찾을 것인가? 농업이나 제조업으로 돌아갈 수도 없고 서비스 너머의 새로운 영역으로 나아갈 수도 없다. 리프킨은 이러한 시나리오를 전 지구적인 맥락에 적용하고, 가까운 미래의 지구에는 수백만 명의 사람들이 실업 상태에 놓이지만 수십억 명은 그렇지 않을 것이라고 예견한다.

이 주장의 형식적인 논리는 나무랄 데 없는 것처럼 보이지만, 이 논리의 경험적 전제들과 이론적 가설들은 올바른가? 나는 그렇지 않다고 주장한다. 왜냐하면, 리프킨의 과학기술적 결정론은 자본주의 시대의 고용과 과학기술적 변화의 역학을 고려하지 않기 때문이다. 리프킨의 고용 단계 이론에서 나타나는 범주 문제에서부터 시작해 보자. 위의 인용구와 『노동의 종말』의 다른 많은 부분에서 나타나는 것처럼 리프킨은 자본주의 경제의 세 가지 발전 단계를 구분하기 위해 "농업", "제조업", 그리고 특히 "서비스" 같은 용어들을 비판 없이 사용한다. 우리는 리프킨이 여기에서 색다른 선택을 한 것에 대해 비난할 수는 없는데, 그것은 미국 노동 통계국 같은 주요 통계 기관들 역시 지난 수십 년간 고용, 생산, 생산성을 분류하기 위해 이러한 범주들을 채택하기 때문이다. 이러한 삼분법을 형성하는 데 도움을 준 핵심적인 은유들은 (농장에서 또는 농장 밖에서 생산된) 물질적인 재화와 비물질적인 서비스의 구분에, 그리고 농장, 공장, 그 밖의 다른 곳(사무실, 학교, 상점, 창고, 도로 등등)의 공간적 구분에 뿌리를 두고 있다. 이 삼분법은 보통 모호한 기본 범주 같은 것으로 기능하는 "서비스 산업"과 함께, 거친 기성의 경제적 유형학을 참조한다.

그러나 어떤 개념을 소급하여 사용하는 것과 (과거나 미래 어느 쪽이든) 투영적인 방식으로 사용하는 것은 별개다. 리프킨의 다소 헤겔적인 도식은 과학기술적 변화를, 어떤 단계가 다른 단계로 변형되어 역사의 현 단계, 즉 "서비스" 단계에서 파국적 휴지에 이르는, 자율적으로 움직이는 정신으로 간주한다. 하지만 과거의 자본주의적 사회들을 살펴보면, 이 말끔한 시리즈는 전혀 정확하지 않다. 예를 들어, 17세기와 18세기의 영국은 농업[단계]였는가? 당대의 대규모 농지에서 하인의 형태로 이루어진 "서비스 산업"은 상당히 중요했지만, 이 하인들은 종종 장인(매뉴팩처)으로 그리고 농장 노동자(농업)로 일했다. 더욱이 가내 공업이 부상하면서 농업 노동자들이나 소농들은 농장에서 매뉴팩처 노동자들의 역할을 이중삼중으로 했다. 마지막으로 자본주의 역사 전반에서 우리는 이 세 범주에서 노동자들의 복잡한 이동을 발견한다. 농업에서 매뉴팩처로, 그리고 매뉴팩처에서 서비스로의 단순한 이동 대신에 우리는 이 세 범주 사이에서 모두 여섯 개의 가능한 변이들을 발견한다.

"저개발의 개발"에 대한, 그리고 여러 시기의 자본주의적 "탈산업화"에 대한 광범한 문헌이 보여주는 풍부한 사례를 통해 우리는 이러한 이행들이 명백히 어떤 자율적인 과학기술적 정신에 의해서가 아니라 역사적으로 구체적이고 매우 다양한 계급투쟁과 역관계에 의해서 일어난 것임을 알 수 있다. 산업 노동자들의 힘을 침식하기 위해 자본가가 도입한 기계는, 힘과 가능성의 복잡한 결합 때문에 이 노동자들이 실직하여 "서비스 노동자"가 되거나 "농업 노동자"가 되도록 만들 수 있다. 자본주의 전체 역사를 통틀어 볼 때, 마지막의 서비스 노동자로 귀결되는 직선적인 진행만이 존재한다는 증거는 어디에도 없다.

리프킨의 도식은 우리가 그 미래의 투영을 고찰해 보면 더욱 위태로워진다. (음성인식에서 엑스퍼트 시스템11, 디지털 신시사이저에 이르는) 서비스 산업에 컴퓨터 과학기술을 광범하게 응용하는 것을 살펴본 뒤 리프킨은 다음과 같이 불길한 결론을 내린다. "미래에는, 첨단의 계산기, 고기술 로봇공학, 지구 전역의 통합된 전자 네트워크들이 경제 과정의 더욱 더 많은 부분을 포섭해 나갈 것이며, 제조, 운송, 판매, 용역에 인간이 직접 참여할 여지는 점점 더 줄어들 것이다."12 그러나 서비스 범주의 바로 그 초기화하는 기능으로 인해 그것의 미래적 투사projection는 리프킨에게 문제로 되는데, 왜냐하면 그 기능이 과학기술적 변화 때문에 영의 수준으로 축소되기 위해 논리적 공간 안의 단일한 장소에 머물지는 않을 것이기 때문이다. 서비스 노동을 구성하는 것에 대한 표준적인 정의 중의 하나 – 인간(머리 손질과 마사지)이나 사물(자동차나 컴퓨터 수리)의 개량 – 를 생각해 보자. 이러한 범주를 과연 미래에 어떻게 투사할 수 있을까? 문제가 되고 있는 개량의 유형에는 어떤 한계도 존재하지 않기 때문에, 누구도 "진보된 병렬 컴퓨터 기계, 고기술 로봇공학, 지구 전역의 통합된 전자 네트워크들이" 그 가능한 실현들을 시뮬레이션하고 대체할 수 있다고 절대로 말할 수 없다. 사실, 미래의 서비스 노동이 기계들로 시뮬레이션되거나 대체될 수 없는 인간들과 사물들에 대한 개량으로 (적어도 이러한 기계들의 건설자들과 관련하여) 역으로 정의되는 것도 전혀 무리가 아니다!13 오늘날 "유기농의", 유전공학적으로 처리되지 않은 농업 생산물, 그리고 비非합성 섬유로 만들어진 "손으로 만든" 의류들이 존재하는 것처럼, 미래에도 역시 바흐를 인간적인 방식으로 연주하거나(바흐의 신시사이저 버전이 기술적으로 더 정확하다 해도) 춤을 추는 것(디지털화된 홀로그램이 비평가들의 기준에 의하면 춤을 더 잘 춘다 해도)에 관심이 존재할 수도 있을 것이다. 이러한 서비스 산업이 나타나지 않는다면 놀랄 만한 일일 것이다. 그것들은 농업 노동이나 제조업 노동에서 쫓겨난 수많은 노동자를 "흡수"할 수 있을까? 나는 모르겠다. 그렇다면 리프킨 역시 그러할 것이다. 이러한 범주 도식을 과거에도 미래에도 투사할 수 없는 리프킨의 무능력은 훨씬 더 심각한 문제점을 드러낸다. 가장 먼저, 과학기술적 변화가 왜 일어나는지 적절하게 설명할 수 없는 그의 무능력이 문제 된다. 리프킨은 『노동의 종말』의 첫 부분에서 맑스의 『자본론』과 『그룬트리세』에 호소하면서, 그가 "낙수-과학기술 논쟁"이라고 부르는 것 – 예를 들어, 산업의 한 분야에서의 과학기술적 변화가 그곳에서 실업을 일으킨다 해도 경제의 나머지[부문] 전체에서 고용이 늘어나는 것으로 귀결된다고 보는 관점 – 을 거부한다. 맑스에 대한 리프킨의 관점은 다음과 같은 긴 구절에서 살펴볼 수 있다.

> 맑스는 생산자는 계속 노무비를 절감하기 위한 시도를 하고 언제든 어디에서든 가능하다면 노동자를 자본 기계로 대체함으로써 생산수단에 대한 더욱 큰 통제력을 확보한다고 주장했다. … 맑스는 생산 자동화의 증가가 궁극적으로 노동자를 전부 제거하리라 예측했다. 이 독일 철학자는 "기계의 자동화 시스템"이 마침내 경제 과정에서 인간을 대체하게 될 때, "노동의 … 최종적 변형[이 일어날 것]"이라고 완곡하게 언급하며 예고했다. … 맑스는 생산자들이 인간의 노동을 계속해서 기계로 대체하려는 노력은 결국 자멸적인 것으로 드러날 것으로 생각했다. … 그들의 생산물들을 구매해줄 충분한 구매력을 갖춘 소비자들이 점점 더 줄어들 것이[기 때문이]다.[14]

맑스를 이런 식으로 이용하는 것은, 넓게 보자면 미국 좌파의 사회 정책 분석에서 발견할 수 있는 새롭고도 광범하게 주목되는 경향의 일부이다. 그러나 맑스 사유의 이러한 부활은 우파에서 스미스와 리카도의 활용이 그런 것처럼 종종 선별적이다.[15] 리프킨의 경우, 과학기술에 대한 맑스의 견해들의 전반적인 흐름을 제대로 파악한 것은 분명하지만, 몇 가지 것들을 두드러지게 생략했다. 첫 번째 생략은 더 높은 임금을 위한, 노동 감축을 위한, 더 나은 노동조건을 위한, 강제된 노동을 단호하게 거부하는 삶의 형태를 위한 노동자들의 투쟁들이다. 이러한 투쟁들은 자본가들이 계급 전쟁에서 기계를 무기로 도입하는 것에 그렇게 관심을 기울이는 주요한 이유이다. 노동자들이 순종적인 "생산요인들"이었다면, 과학기술적 변화의 긴급성은 훨씬 줄어들었을 것이다. 두 번째 생략은 영구적으로 기계로 대체되는 모든 노동자가 자본가 계급 전체가 이용할 수 있는 전체 잉여가치(그리하여 전체 이윤)를 감소시킨다는 맑스의 리카도적 인식이다. 자본가 계급은 이윤에 의존하기 때문에 과학기술적 변화는 노동자들에게 위험한 것처럼 자본가 계급에게도 위험하다. 따라서 자본가 계급은 다음과 같은, 잘 다루어야 하는 영구적인 모순에 직면한다. (a) 반항적이고 지나치게 요구하는 노동자들을 생산으로부터 제거하고자 하는 욕망, (b) 가능한 한 가장 많은 노동자 대중을 착취하고자 하는 욕망. 맑스는 『잉여가치 학설사』에서 이 영원한 긴장에 대해 다음과 같이 논평한다.

> 한 가지 경향은 노동자들을 거리로 내몰고 인구 일부를 과잉으로 만들고 난 뒤 다시 그들을 흡수하고 임금 노예제를 절대적으로 확대한다. 그래서 노동자 다수는 항상 변동을 겪지만, 결코 그것에서 벗어날 수는 없다. 따라서 노동자는 정당하게도, 자기 노동의 생산력 발전을 자기 자신에 적대적인 것으로 간주하며, 다른 한편 자본가는 언제나 그를 생산으로부터 제거되어야 하는 요인으로 취급한다.[16]

과학기술적 변화와 관련한 자본의 문제는 소비자들의 감소가 아니라 이윤의 감소이다.

이 이야기에 대한 맑스의 가장 발전된 논의는 『자본론』 3권 3부 「이윤율의 저하 경향 법칙」에서 찾아볼 수 있다. 여기에서 맑스는 인간이 "자동화된 기계 시스템"으로 총체적으로 교체되는 경향이 끊임없이 "반대 요인들"을 만나야 하고 그렇지 않으면 평균적인 이윤율이 실제로 하락할 것이라고 인식한다. 이 반대 요인들은 잉여가치 양을 증대시키거나(예컨대 노동일의 강도와 지속을 끌어올리기), 가변자본 양을 감소시키거나(예컨대, 가치 아래로 임금을 떨어뜨리고 해외무역을 확대하기), 불변자본 양을 감소시키거나(예컨대 자본재 산업에서 노동의 생산성을 증대하거나 해외무역을 확대하기) 혹은 이것들의 일정한 조합 또는 이것들의 이접 가능성을 [가져온다].17 현재의 미국 자본주의는 이러한 반대 요인들의 최고의 종합을 적용하는 것으로 보이지만 유럽 자본들은 더욱 선별적이 되어가고 있다. 노동자 투쟁을 극복하고 이윤율의 극적 하락을 막으려는 충동 속에는 필연적인 자본주의 전략이 존재하지 않는다. 이러한 투쟁들은 현장의 계급 세력들에 의존하는 ─ 노예제의 재도입으로부터 노동일의 극적 증대, 임금 노동일의 합의적 단축, 자본주의의 종말 등에 걸친 ─ 수많은 미래들로 귀결될 수 있다.

그러나 자본주의가 생존하는 한 가능한 미래의 메뉴들 속에 절대로 포함될 수 없는 한 가지 결과가 존재한다. "고기술 혁명이 인간의 노동을 기계로 대체하고 궁극적으로 인류를 해방하여 탈脫시장 시대로의 자유로운 여행을 시켜주는 오랜 숙원의 유토피아의 꿈을 실현해줄 것"18이라는 리프킨의 시각이 그것이다. 자본주의는 막대한 양의 잉여가치에 의해 창출될 수 있을 뿐인 이윤·이자·지대라는 원료가 필요하지만, 인간 노동의 기계로의 완전한 대체는 이윤·이자·지대의 종말을 의미하게 될 것이다. 리프킨이 자본주의의 역학에 대한 맑스의 분석 대부분에 동의하는 것처럼 보이지만, 맑스의 불길한 결론은 그[리프킨]의 책 마지막 부분에 제시된 낙관적인 시나리오와 신중하게 거리를 유지하고 있다. 리프킨은 노동일의 극적 축소를, "제3부문" – "공적이고 사적인" 부문 중에서 독립적인, "비이윤적인" 또는 자발적인 부문 – 에서 노동하는 것에 대해 ("사회적인" 임금 또는 "그림자" 임금으로부터 세금 혜택에 이르는) 금융적 유인책을 제공해줄 "새로운 사회계약"과 결합할 미래를 설계한다. 이 부문은 21세기의 "서비스 산업"이 될 수 있는데, 그 이유는 그것이 "전 지구적인 시장에서 축출된 잉여 노동을 건설적으로 재배치시키는 유일하게 가능한 수단을 제공하기"[19] 때문이다. 다시 말해, 이 부문은 잉여가치를 생산하지 않는 노동자들을 흡수하고, 그들에게 '잉여가치를 창출하지 않는' 노동에 대한 임금을 제공한다.

다시 말해, 리프킨이 바라보는 인류에게 "안전한 천국"은 대부분의 노동자가 이윤, 이자, 지대를 생산하지 않는 자본주의의 한 형태이다. 그는 이러한 시각을 "문명이 … 돌이킬 수 없는 빈곤 증대와 무법천지로 해체되어 버릴"[20] 미래와 대조한다. 기술–자본주의적 머리에, 넓고 텁수룩한 제3부문의 몸뚱이를 하고, '잉여가치를 생산하는' 조그마한 꼬리를 달고 있는 리프킨의 사회적 키메라가 어떻게 생존할 수 있을까? 미래주의적 키메라들을 다룰 때조차 고려해야 할 비례가 있는 법이다. 리프킨의 키메라는 생존할 수 없다. 과학기술적으로 아무리 복잡해도 그렇게 조그마한 꼬리로는 머리가 영양을 공급받을 수 없다는 단순한 이유 때문이다. 리프킨의 "새로운 사회계약"에 기인하는 자본주의는 불가능한데, 정의상 이 자본주의는 이윤·이자·지대가 없는 자본주의이기 때문이다. 자신들의 소득의 10분의 1을 포기하기보다는 차라리 지구의 절반을 날려 버리겠노라고 냉전 내내 떠벌린 마당에 자본가들이 왜 이러한 거래에 동의하겠는가?

이 "불가능성 증거"가 너무 명백하기에 우리는 왜 리프킨이 『노동의 종말』의 서두에 그렇게 직접 맑스를 인용하고 마지막에 가서 그를 완전히 몰아냈는지 그 이유를 묻지 않을 수 없다. 왜 그는 자신의 초기 성찰들이 환기했던 세계전쟁, 혁명, 핵 절멸의 불쾌함에 대한 언급을 회피하고 있는가? 그는 은폐된 맑스주의적 위협을 통해 기술-자본가 계급으로 하여금 수명 연장으로 위장된 자살을 하도록 구슬리려고 하고 있는가? 이러한 질문들에 대한 답들에는 리프킨과 그의 서클이 채택한 수사학의 유형에 대한 정치적 분석이 뒤따라야 할 것이다. 나는 이러한 수고를 하지는 않으련다. 그러나 리프킨의 키메라 전략이 모두 잘못된 것은 아니라는 것은 지적할 만하다. 결국, 그는 자본주의적 관계의 확대를 위한 새로운 부문을 찾고 있다. 그는 "비이윤적이고", 자발적인 부문을 잘못 선택했는데, 그 까닭은 이 부문이 정말로 "비이윤적이고" 자발적이라면, 그것은 자본주의 안에서의 새로운 부문의 고용을 위한 진정한 토대가 될 수 없기 때문이다. (그리고 아무리 유혹적일지라도 대규모 사기를 통해서는 자본주의에서 벗어날 수 없다.)

그러나 리프킨의 직관은 옳은데, 그것은 노동의 다양성이 공식적인 임금노동의 차원을 훨씬 벗어나 확대되고 이 비임금노동이 진정으로 잉여가치를 풍부하게 생산하기 때문이다. 이 노동이 더욱 직접 그리고 효율적으로 착취된다면, 그것은 강제 노동의 확대, 직접적인 자본주의적 관계의 노동 재생산 영역으로의 확장, 그리고 마지막으로 마이크로기업과 범죄 기업들의 상승 작용을 통해 고용을 창출하는 새로운 잉여가치 영역의 원천이 될 수 있다. 그것이 "신자유주의", "신노예제", "그라민주의"[21], 그리고 "마약 전쟁"이 리프킨이 권한 "비이윤적인" 제3부문보다 더 적절한 3차 산업혁명의 구호인 이유이다. 왜냐하면, 그것들은 컴퓨터화, 로봇화, 그리고 유전공학이 일으키는 이윤율의 가파른 저하에 대해 "반대 요인들"을 활성화할 수 있기 때문이다.

네그리와 가치법칙의 종말

리프킨은 어쩌면 맑스의 사유를 불완전하게 활용했을 수도 있다. 무엇보다도 그는 맑스주의 전통에 서 있지 않았으며 이전에 그가 맑스 저작을 참조한 경우는 극히 적었고 그것도 대부분 스쳐 지나가는 식이었다. 그러나 리프킨이 『노동의 종말』에서 매우 명확하게 제시한 주제들은 수많은 맑스주의, 포스트맑스주의, 그리고 포스트모던 맑스주의 저자들 속에서, 종종 훨씬 더 모호하고 신비적인 판본들 속에서도 찾아볼 수 있다. 이 분야에서 주요한 인물 중의 하나가 안또니오 네그리다. 그는 1970년대의 리프킨과 매우 유사한 결론들을 뒷받침하는 논의들을 전개했지만, 네그리에게는 리프킨의 맑스주의적 순박함은 없었다. 1994년에 발간된 『디오니소스의 노동』(마이클 하트와의 공저)은 『맑스를 넘어선 맑스』[22]에서 명확하게 시작되고 『자유의 새로운 공간』[23]에서 계속된 논의를 이어 나갔다. 이 절에서 나는 현대 자본주의에 대한 네그리의 더 복잡하고 맑스주의적인 분석이 리프킨의 분석처럼 얼마나 문제가 있는지를 보여줄 것이다. 네그리와 리프킨의 유사성을 식별하기는 어렵다. 단순하게 말해 네그리의 작업이 엄밀하게 반경험주의적인 것에 비해(그의 글에는 사실이나 사실 같은 것은 거의 나타나지 않는다), 리프킨의 『노동의 종말』은 고기술에 대한 통계학과 저널리즘적인 기존 양식들로 가득 차 있기 때문이다. 네그리는 "노동의 종말" 시대에 대해 솔직하게 쓰지 않는다. 하지만 그는 실체화된hypostasized 동사들을 가지고 고전적인 노동 이론이나 가치법칙을 이론적으로 거부함으로써 그와 같은 주장을 표현한다. 네그리에 따르면 20세기 후반에 그 법칙은 "완전히 파산"했거나 "더는 작동하지 않"거나 "가치법칙은 죽어 버렸다."[24]

이것은 리프킨의 더욱 경험주의적인 주장들과 동등하지만, 이 동등성은 아찔한 이론적 환원을 거친 뒤에야 수립될 수 있을 뿐이다. 고전적인 가치론에 대한 네그리의 시각은 다음과 같다. "[이 이론에 의해 제시된] 주요 과제는 사회적 생산의 서로 다른 부문들 사이의 노동력 배치를 지배하고 그럼으로써 자본주의적 가치화의 과정들을 밝혀주는 사회적·경제적 법칙들의 탐구다."²⁵ 또는 그것은 "구체적인 실제 노동과 생존을 보장하는 데 필요한 화폐량 사이의 관계를 표현"²⁶한다. 또는 그것은 "필요노동과 잉여노동 사이의 결정적인 비례"²⁷의 척도이다. 가치법칙은 19세기에 살아 있었지만, 마치 니체의 신처럼 그때[부터] 죽기 시작했다. 하지만 가치법칙이 공식적으로 사망진단서를 발급받는 데에는 좀 더 시간이 필요했다. 파산, 작동불가, 가치법칙의 죽음 등은 단순하게, 자본주의적 삶의 근본적인 변수들 — 이윤, 이자, 지대, 임금, 가격 — 이 더는 노동시간에 의해 결정되지 않는다는 것을 의미한다. 리프킨이 그런 것처럼 네그리는 맑스가 『그룬트리세』의 「기계에 대한 단상」에서 가장 환상적으로 서술했던 시기 속으로 자본주의가 진입했다고 주장한다. 이러한 시각에서 자주 많이 인용되는 구절 중의 하나를 골라보면 다음과 같다.

> 대공업의 발달과 더불어 대공업이 기초하는 토대인 타인 노동시간의 점취가 부를 구성하거나 창출하기를 중지하는 것과 마찬가지로, 이 발전과 더불어 개인의 직접적인 노동은 한 측면에서 보면 더욱더 감독하고 규율하는 활동으로 전환됨으로써 생산의 그러한 토대이기를 중지한다.… 한편으로 자동 과정으로 발전한 노동수단의 생산력에서는 자연력의 사회적 오성에의 복속이 전제인 것과 마찬가지로, 다른 한편으로는 직접적 형식의 개별 노동은 사회적 노동으로 변형된다. 그리하여 이 생산양식의 다른 토대가 사라진다.²⁸

1960년대 이후 유전 공학, 컴퓨터 프로그래밍, 로봇화에서의 "자동 과정"의 발달은 네그리와 리프킨으로 하여금 현대 자본주의의 지배적인 특징이 1857~1858년에 드러난 맑스의 시각과 일대일로 일치한다고 확신하도록 만들었다. 네그리의 저작과 리프킨의 『노동의 종말』의 주요한 차이점은 리프킨이 이러한 "자동 과정들"의 결과가 노동자 대중의 실업이라고 강조한다면 네그리는 "사회 지성"과 "사회적 노동"에 핵심적으로 포함된 새로운 노동자들을 강조한다는 것이다. 리프킨이 이러한 새로운 "지식 노동자들"(예를 들어 연구 과학자, 디자인 엔지니어, 소프트웨어 분석가, 금융 및 세금 고문, 건축가, 시장 전문가, 영화 제작자와 편집자, 변호사, 투자 은행가 등)이 숫자상으로 결코 큰 부문이 아니므로 자본주의 발달의 이 단계가 생산한 문제들의 해결책이 아니라고 주장하는 반면, 네그리는 그들을 "현실 사회주의"를 넘어서 코뮤니즘으로의 변형을 달성할 열쇠로 간주한다.

네그리와 리프킨 사이에서 드러나는 용어상의 차이를 주목하는 것이 중요한데, 그것은 네그리가 1970년대에 처음 나타난 리프킨의 "지식 노동자"를 오랫동안 "사회적 노동자"라고 칭해 왔으며, 이후 1990년대에는 다나 해러웨이식으로 "사이보그"[29]라고 명명했기 때문이다. 그 영어 번역이 매우 적절하지 않다 해도, "사회적 노동자"라는 용어는 직접 『그룬트리세』의 페이지들에서 찾아볼 수 있다. "정보 및 지식 부문"의 새로운 노동자들과 조립라인 시대의 "대중 노동자들"을 대조하여 서술하는 구절을 보면, 맑스 문장들의 많은 부분이 네그리에게 심대한 영향을 미쳤음을 알 수 있다. 예를 들어, "이러한 변형에서 생산과 부의 커다란 지주支柱로 나타나는 것은 인간 스스로 수행하는 직접적인 노동도 아니고, 그가 노동하는 시간도 아니며, 그 자신의 일반적인 생산력의 점취, 그의 자연 이해, 사회적 형태로서의 그의 현존에 의한 자연 지배 ― 한마디로 말해 사회적 개인의 발전이다."[30] 사회적 노동자는 "기술-과학적 노동"의 주체이며, 그/녀는 『그룬트리세』의 페이지들에서 걸어 나와 20세기 후반의 사이보그, 즉 "물질적 노동과 비물질적 노동 사이의 경계들을 부단히 가로지르는 기계와 유기체의 혼성물"[31]이 된다. 조립라인에서 일하는 오래된 대중 노동자의 노동시간이 대개 (교환가치와 사용가치) 생산성에 관련되고, 그/녀가 공장 체제에서 소외되었다면, 사회적 사이보그의 노동시간은 그것의 생산성으로부터 독립되어 있으면서도 생산 영역에 완전히 통합된다.

리프킨은 "상징 분석가"의 "지식 계급"을 자본과 근본적으로 같은 것으로 이해하고 지적 재산권 안에서의 새로운 이해관계를 엘리트 자본가들이 지식 계급의 중요성을 인식하고 자신들의 부를 이 계급과 기꺼이 공유하고자 하는 하나의 신호로 설명한다. 지식 노동자들은 "아주 빠른 속도로 새로운 귀족 계급이 되어가고"[32] 있다. 네그리는 이 계급의 현재와 미래를 다소 다르게 독해한다. 네그리에 따르자면, 사회적 사이보그의 현존은 자본주의 발전의 변증법이 "파괴되었음"을 증명할 뿐만 아니라, 자본은 [사회적 사이보그를] 쉽사리 "매수할" 수도 없다. 그 까닭은 "사회적 노동자는, 완성된 변증법적 운동으로 이해되는 자본주의적 발전의 관점에서는 더는 파악될 수 없는 하나의 주체성을 생산하기 시작했기"[33] 때문이다. 달리 말해, 기술-과학적 노동은 자본에 의해 통제될 수 없다. "최상"을 위한 최고 단계의 경영적, 금융적, 정치적 권력으로의 진입이라는 약속으로 마무리되는 자본의 임금 및 노동 규율 체제를 통해서는 말이다. 사회적으로 노동하는 사이보그는 자본의 유서 깊은 통제 기술들의 경계들을 초월할 뿐만 아니라, 코뮤니즘 혁명의 전위에 서 있다. 왜 그런가? 우선 네그리의 말을 들어보고 난 뒤 해석해 보자.

협력, 즉 [사이보그] 생산자들의 연합은 자본의 조직상의 역량과는 독립적으로 제기된다. 노동의 협력과 주체성은 자본의 책략 외부에서 접촉의 장소를 발견했다. 자본은 단지 포획, 환영, 우상의 기구로 되었을 뿐이다. 그것의 주위로, 잠재적 발전의 대안적 기초를 구성할 뿐만 아니라 하나의 새로운 제헌적 기초를 실질적으로 나타내는, 자기-가치화의 급진적으로 자율적인 과정들이 움직인다.[34]

네그리는 사이보그 노동자들이 자본의 중력장을 벗어나 그들의 노동과 삶이 코뮤니즘에 적합한 근본적인 사회관계와 생산관계를 현실적으로 생산하고 있는 영역으로 들어갔다고 주장한다. 이 관계들은 기술-과학적 노동이 패러다임이 되는 시기에 발생하는 "자기-가치화" ─ 예를 들어 노동자들은 자본가를 위해 교환가치의 토대 위에서 노동력과 노동의 가치를 결정하는 대신 자신들의 자율적인 발전을 결정할 수 있는 그 능력을 위해 자신의 노동력에 가치를 매긴다 ─ 를 특징으로 한다.[35] 사실, 네그리의 "자기-가치화" 개념은 더 전통적인 맑스주의의 "대자적 계급"이나 "계급의식"과 유사하다. 그러나 자기-가치화는 사이보그를 대중노동자의 정치학과 구별한다. 그리고 그것[자기-가치화]는 아이러니하게도 지구의 대중노동자, 농민, 게토 주민의 (낡고 새로운) 거주지가 아니라 전 세계의 네트에서 스며 나오는 참된 코뮤니즘적 혁명의 도래를 나타낸다.

자본주의를 반대하는 사이보그라는 네그리의 그림과 자본주의를 옹호하는 지식 노동자라는 리프킨의 이미지 간의 충돌은 매력적인 주제에 이바지할 수 있다. 그러나 (최후의 이익 창출 종업원인) 리프킨의 지식 노동자가 자본주의적 발전이라는 잘못된 개념화 위에 세워진 것과 마찬가지로 네그리의 사이보그 역시 그렇다. 결국, 이 두 시각 모두의 공통 토대를 고찰하고 비판하는 것이 더 유익하다. 리프킨의 지식 노동자와 마찬가지로 네그리의 "사회적 노동자"라는 시각은 맑스의 『그룬트리세』에 토대를 두고 있지만, 우리는 「기계에 대한 단상」이 자본주의의 기계에 대해 맑스가 최종적으로 언급한 것이 아니었음을 기억해야 한다. 맑스는 10여 년 동안 계속해서 작업을 이어나갔으며 새로운 관찰들로 『자본론』 1, 2, 3권을 채웠다. 여기는 이러한 발전들을 깊이 있게 개관하는 자리가 아니다. 맑스가 『자본론』 1권에서 기계가 생산과정에 투입하는 막대한 힘들을 인식하기만 한 것이 아니었음을 강조해야 한다. 그는 또한 주어진 에너지 장에서 노동의 이용 가능성에 가해진 열역학적 한계와 유사한 기계의 가치 창출 결핍을 강조했지만, 우리의 기획에서는 맑스가 「기계에 대한 단상」

의 영역으로 되돌아오는 『자본론』 3권의 부분이 훨씬 더 결정적이다.[36] 이 구절들 속에서 그는 자본이 "자동 과정"의 단계에 도달하는 모든 시대에는 시스템 전체가 이윤율 하락 경향의 극적인 가속화에 직면할 수밖에 없음을 인식했다. 그는 "어째서 이 하락은 더 큰 폭으로 그리고 더 급속하게 일어나지 않는가?"라고 물었다. 그의 대답은 자본주의적 활동에는 이러한 경향에, 그리하여 체제의 과학기술적 대단원에 저항하는 내장적 built-in 과정들이 존재한다는 것이었다. 이것들은 "반대 요인들"을 다룬 14장에서는 직접적으로 그리고 평균이윤율의 형성을 다룬 2부에서는 간접적으로 찾아볼 수 있다. 나는 리프킨에 대해 논의하면서 "반대 요인들"의 비판적 결론들에 대해 언급한 바 있는데, 이는 네그리에게도 마찬가지로 적용된다. 네그리는 오만하게도 "사회적 생산의 상이한 영역들 사이에서 노동력의 배치를 좌우하는 사회적·경제적 법칙들"을 거부하고, 노동시간이 "자본주의적 가치화 과정"에 결정적이라는 시각을 버린다. 그러나 자본과 자본가들은 이 두 가지에 아직도 절실하게 관심이 있다. 이것이 자본을 임금이 낮은 지역으로 보내려는 움직임이 존재하는 이유이며 임금을 받는 노동일을 축소하는 것에 대해 그렇게 많은 저항이 존재하는 이유이다. 왜냐하면, 서유럽, 북미, 일본의 공장 및 사무실의 컴퓨터화와 로봇화는 "지구화"와 "새로운 인클로저" 과정을 동반해 왔기 때문이다.

자본가들은 생명 형식에 특허권을 부여할 수 있는 권리를 얻기 위해서 맹렬하게 싸웠고, 세계에서 기계화가 가장 덜 된 지역에 조립 지구와 홍등가를 설치할 수 있는 권리를 확보하기 위해서도 마찬가지로 맹렬하게 싸워 왔다. 공장 생산은 지구의 수많은 지역 곳곳에서 감소하기는커녕 거대한 확대가 이루어져 왔다. 실제로, 전 지구적 기업들의 이윤 대부분과 세계적인 은행들이 수취한 이자 대부분은 이러한 저기술, 공장, 성 노동으로부터 창출되었다.[37] 이 공장들과 홍등가들에서 일할 노동자를 확보하기 위해, 엄청난 새로운 인클로저가 아프리카, 아시아, 아메리카 대륙

전역에서 이루어지고 있다. 또한 "산업 생산을 밀어내는 무형의[에테르적인] 정보 기계들"을 소유한 바로 그 자본이 지구 전역의 토지 인클로저에 몰두하고 있으며, 그 과정에서 기근, 질병, 저강도 전쟁, 집단적 비참함을 유발하고 있다.[38]

생산성의 참된 원천을 지구의 사이보그에서 찾을 수 있다면, 자본은 왜, 예를 들어 아프리카의 공동 토지 보유권을 걱정하는가? 한 가지 대답은 단순하게 말하자면, 제3세계의 이러한 공장·토지·홍등가 들이 이윤율 하락 경향에 대한 "반대 요인들"이 존재하는 장소라는 점이다. 그것들은 잉여노동의 전체 풀pool을 늘리고, 임금하락에 도움을 주고, 불변자본 요소들의 가격을 낮추고, 노동 시장을 엄청나게 확대하며 직접 극소수의 지식 노동자들이나 사이보그를 고용하는 고기술 산업들이 발전할 수 있게 해 준다. 그러나 또 하나의 보충 대답은 『자본론』 3권의 2부, 「이윤의 평균 이윤으로의 전화」에서 찾아볼 수 있다. 여기에서 우리는 일종의 자본주의적 자기-평가self-valuation를 볼 수 있다. 자본주의 시스템 전반에서 평균이윤율이 존재하기 위해서, 매우 적은 노동과 수많은 기계를 고용하는 산업 분야는 고기술-노동과 저기술이 창출하는 가치의 풀pool을 요구할 권리를 가질 수 있어야 한다. 이러한 부문이나 이러한 권리가 존재하지 않는다면, 고기술, 저기술-노동 산업에서 평균이윤율이 너무 낮아 모든 투자는 멈출 것이고 시스템은 최후를 맞이할 것이다. 결론적으로 말해, 교외의 "새로운 인클로저"는 산업에서 "자동화 과정들"의 부상을 수반해야 하며, 컴퓨터는 착취 공장이 필요하고, 사이보그의 실존은 노예를 전제로 한다.

고기술 분야의 새로운 노동자들의 부상을 자기-가치화와 연결한다는 점에서 네그리는 옳지만, 자기-가치화는 노동자들의 자기-가치화보다는 자본주의적 자기-가치화 ― 예를 들어, "죽은 노동"이 "산 노동"의 분담 몫을 요구할 수 있는 권리 ― 와 관계가 더 많다. 사실, 자본의 자기-가치화는 전 지구적인 프롤레타리아의 쇠퇴를 전제로 한다. 네그리의 분석이 지구의 수십억 민중들의 가치 창출적 노동을 무시한다는 점에서 대단히 유럽 중심적이라고 쉽게 기각할 수 있다. 실제로, 네그리는 다소 낡은 방식으로 유럽 중심적이다. 네그리는 적어도, 그의 직접적인 지평의 구성 요소가 되는 포스트모던 사상가들의 다소 소규모 모임보다는 전 지구적인 자본주의적 다문화주의와 그것이 일으킨 이데올로기들에 주목하는 것이 좋을 것이다. 자본주의적 관점에서라도 오늘날의 계급투쟁을 평가하기 시작하기 위해서 말이다.[39] 그러나 유럽 중심주의라는 비난은 좀 너무 막연하다. 그가 맑스-레닌주의의 원리 중의 하나 — 모든 시대의 혁명적 주체는 계급의 가장 "생산적인" 요소들의 종합이다 — 를 고수하는 것을 보면, 그가 왜 전 지구적인 프롤레타리아를 방법론적으로 망각하는지 더 잘 설명이 된다. 네그리가 단지 변증법적 유물론의 형이상학에 대해, 그리고 "현실 사회주의"의 역사에 대해 경멸한다는 것은 사실이지만, 혁명적 주체의 선택에서는 철두철미하게 레닌주의자다. 네그리는 컴퓨터 프로그래머와 그와 같은 부류에 대해 대단히 많이 언급하는데 그것은 그들이 생산성이 높다는 평판을 받기 때문이다. 일반 지성이 생산적이기 때문에 이러한 지적 노동자들은 그 [일반 지성의] 이상적(이고 그리하여 혁명적)인 대표들이다. 그들이 "사회적 노동자"나 "사이보그"로서 아직 자본주의적 축적에 대한 구체적인 투쟁을 개시하지 못했다 할지라도 말이다. 그러나 혁명과 생산성을 이처럼 방법론적으로 동일시하는 것은 역사 속에서 되풀이하여 오류로 입증되었다. 과거의 레닌주의자들과 레닌주의 정당들은 종종 그들의 목숨으로 이러한 실수에 대한 대가를 치렀다. 마오쩌둥의 정치적 발전은 마오쩌둥이 도시에서 공산당 노동자들의 대학살을, 농촌에서는 죽음에 직면하는 수많은 경험을 겪고 나서야 비로소, 도가道家적 원리 — 겉으로 보기에 가장 약하고 가장 적은 생산력을 갖는 것이 투쟁에서는 가장 강력할 수 있다 — 가 레닌주의의 원리보다 더 정확했다는 점을 깨달았음을 분명하게 보여준다. 이 시대의 혁명적 주체 – 에테르적 기계들의 장인들 – 에 대한 네그리의 선택은 과거 레닌주의자들의 산업 노동자에 대한 편향만큼 문제가 있다. 실제로, 1994년 6월 미국에서 발행된 『디오니소스의 노동』이 지구의 원주민들의 혁명적 투쟁들, 특히 멕시코 사빠띠스따를 설명하지 못한 것은 네그리의 혁명적 지형학이 확대될 필요가 있다는 결정적 신호이다.

결론

네그리와 리프킨은 비록 수사학적 스펙트럼의 양극단을 차지하고 있기는 하지만, 1990년대 "노동의 종말" 담론의 주요한 참여자들이다. 리프킨이 "노동의 종말"을 평가하는 데 경험주의적이고 비관주의적이라면, 네그리는 선험적[연역 추론적]이고 낙관주의적이다. 하지만 둘 다 자본주의가 발전할 수 있는 길은 하나뿐이라고 주장한다는 점에서 과학기술적 결정론을 호출하는 것처럼 보인다. 네그리와 리프킨, 그리고 이 담론을 만지작거리는 다수의 사람들은 자본주의가 수많은 비례와 모순적 경향들에 속박되어 있(고 그것들에 의해 보호받)고 있다는 점을 망각한다. 자본주의 체제는 어떤 어려움이 있더라도 더 많은 고기술 기계들, 기술들, 노동자들의 단순한 추가를 통해서 파산하지는 않을 것이다. 왜냐하면, 맑스의 다음과 같은 견해, 즉 "자본주의적 생산의 진정한 한계는 자본 자신이다."라는 언명이 그 어느 때보다도 더 진실이기 때문이다. 이러한 언명은 낡고 끔찍한 진실일지 모른다. 하지만 오늘날까지 아직도 일정한 비율의 이윤, 이자, 임금, 노동은 자본주의가 생존하는 데 특수하지만 필수불가결한 조건들이다.[40] 자본은 스스로 사라질 수 없으며, 존재를 박탈당하거나 저주를 받을 수도 없다. 리프킨은 자본주의 체제를 속여, 자신이 예견하는 실업 위기에서 벗어날 실행 가능한 길이 이윤을 창출하는 경제 영역들을 포기하는 것이라고 믿도록 하려고 한다. 그는 자본가들이 자동화된 농업, 제조업 그리고 서비스 산업을 장악하고 있다면, 그리고 대부분의 사람들이, 헤게모니에 대한 어떤 주장도 하지 않는 비영리적인 제3부문에서 일하고 있다면 모든 것이 잘될 것이라고 안심시키듯 말한다. 그러나 이 시나리오는 자본주의적 언론의 날카로운 눈을 피할 수도 없을뿐더러 회사 간부들의 조롱을 피할 수도 없다. 고로 이 시나리오는 성공할 수 없다. 네그리는 그와 달리 철학적 저주를 시도한다. 그는 20세기 후반의 자본주의가 존재론적으로 "단지 포획, 환영, 우상의 기구로 되었을 뿐"[41]이라고 말한다. 나는 이 대량학살, 굴욕, 불행의 체제에 저주를 내리고자 하는 네그리의 욕망을 이해하지만, 그의 "단지 … 뿐"이라는 표현에는 의문이 든다. (포드 재단 같은) 자본주의의 최고 정보기관이 보여주는 것처럼, [16세기의 유럽] 정복자들이 아스텍 사제들의 신학적 저주들에 영향을 받지 않은 것과 마찬가지로 자본은 이러한 존재론적 저주들에 영향을 받지 않는다. 사실, 자본은 자신의 환영 같은 특징을 즐긴다. 자본의 주요 관심사는 환영의 지속이지 그 존재론적 지위가 아니다. 따라서 1990년대의 "노동의 종말" 관련 문헌들은 이론적으로뿐만 아니라 경험적으로도 그 부당함이 입증되었다. 이 문헌들은 또한 실패한 정치학을 만들어내는데, 그 이유는 이것들이 궁극적으로, 모든 사람의 뒤에서, 자본주의가 끝났음을 적과 동지 모두에게 확신시키려 하기 때문이다. 이들의 좌우명은 제3인터내셔널의 "걱정하지 마라. 자본주의는 조만간 스스로 붕괴할 것이다."와는 다르다. 그렇다기보다는 다음과 같다. "자본주의는 이 체제의 고기술적 종말과 함께 언제나 이미 종말을 고했다. 단지 그것을 알아차리라." 그러나 [오늘날] 아직도 수많은 사람이 신과 자본의 여러 이름으로 학살되고 있는 이때에 니체의 좌우명인 "신은 죽었다."의 이러한 반자본주의적 판본은 거의 감흥을 불러일으키지 못한다.

계급투쟁의 세 가지 시간적 차원

> 과거의 시간과 미래의 시간
> 있을 수도 있었던 것과 있었던 것은
> 하나의 끝을 가리킨다. 그것은 언제나 현재다.
> ―T. S. 엘리엇, 「타버린 노튼」

> 그러니 가라, 보(Bo)여. 두 발이 있는 한.
> 완전한 미국을 보라.
> 밤에는 작은 불꽃과 파이프가 있다.
> 그리고 아침이 밝아올 때 다시 타오르고.
> 보이는 것은 온통 도로와 하늘뿐.
> 그리고 할 일이라곤 그저 가는 것뿐.
> ―H. H. 닙스, 「할 일이라곤 그저 가는 것뿐」

서론

시간은 자본주의에서 본질적이다. 우선, [『가난한 리처드의 연감』에서] 가난한 리처드가 말한 것처럼 "시간은 돈이다." 그리고 돈은 자본주의의 내용이다. 가난한 리처드가 옳다면, 대우법적으로 말해, 자본주의를 반대하는 것은 시간을 반대하는 것이다.

그러나 그것이 무엇을 의미할 수 있을까? 자본주의를 부정하기 위해 시간을 부정해야 한다면, 이성적인 사람들은 노력에 대해, 또는 심지어 노력에 대해 사고하려는 노력조차 잊어야 한다. 이러한 논리는 즉각적으로, 자본주의에 반대하는 투쟁들의 비합리성(자본주의 내부의 투쟁들은 완전히 합리적일 수 있겠지만)을 보여주는 것이 아닌가?

사실이 꼭 그런 것은 아니다. 왜냐하면 예컨대 칸트 철학의 독점적 시간 개념은 오래전에 거부되어 왔기 때문이다. 우리는 이제 시간이 하나의 소여所與가 아니라는 것을 알고 있다. 시간의 요소들에 그것들 각각의 이야기가 있는 것처럼, 시간 개념들 자체에도 복잡하고 모순적인 "역사"와 "계보학"이 존재한다. 사실, 자본주의에는 서로 다른 수많은 시간이 존재한다. 하루에, 자본의 단위 자체는 서로 다른 수많은 시간적 차원을 따라 동시적으로 진행된다. 아래에서 나는 본질상 수많은 차원을 지닌 시간에 대한 투쟁인 계급투쟁의 과정에서 자본주의에 본질적인 시간이 탈취되고 파괴되고 초월될 수 있는, 그리고 탈취되고 파괴되고 초월되어 왔던 세 가지 방식들을 고찰할 것이다.

계급투쟁의 더 잘 알려진 첫 번째, 두 번째의 시간적 차원에 대한 논의를 진행한 후, 세 번째 시간 차원에 집중할 것이다. 그 차원은 계급투쟁 분석의 출발점인 시초 축적 - 예컨대 상품 대신 노동계급을 창출하는 것 - 과 시초 탈축적 - 예컨대 자본주의 내에서 비자본주의적인 사회적 협력 형태를 창출하는 것 - 을 활용하는 것을 필요로 한다. 이러한 접근법이 갖는 가장 매력적인 측면 중의 하나는 이것이 종종 "문화적인" 또는 "상부구조적인" 것으로 간주한 수많은 투쟁들(예를 들어, 원주민들의 투쟁, 지적 재산권을 둘러싼 투쟁, 환경 투쟁)이 계급투쟁임을 밝혀준다는 것이다.

자본주의에서의 시간의 세 형식과 시간 파괴

내가 여기에서 논의할 자본주의의 시간은 직선적 형식, 순환적 형식, 시제 형식이다.

직선적 시간

이것은 시간적 길이와 이 길이 간의 비율로 구성되는 시간이다. 이것은 자본주의에서 가장 잘 알려진 시간 차원이며, 공장, 농장, 사무실에서의 노동시간(이것은 또한 가정에서의 노동 재생산의 노동을 흡수한다)으로 나타난다. 이러한 종류의 시간은 원래 마을 교회 시계, 테일러주의적인 스톱워치, 인공위성이 모니터하는 컴퓨터 왕복 계산기로 측정된다. 노동이 이루어지는 하루, 노동이 이루어지는 주간, 노동이 이루어지는 연간의 길이는 자본주의의 건강을 위한 결정적인 양이다. 노동 단위의 단편 간의 비율 역시 마찬가지다. 생산에서의 노동시간(직선적인 구조)을 둘러싼 ─ 예를 들어, 노동일의 길이, 실질임금과 명목임금의 비율, 이윤율을 둘러싼 ─ 직접적인 투쟁이 존재한다.

맑스는 『자본론』 1권에서 가치와 잉여가치가 시간 단위들로 측정되어야 한다고 주장했다. 맑스는 이렇게 하려고 노동일을, 그리고 노동일의 필요노동시간과 잉여노동시간으로의 분할을 개념화했다. 하지만 이러한 양들은 주기에 대한 전체 자본주의적인 생산 체계의 작동에 의존하기 때문에 결국 스톱워치로는 측정될 수 없다. 그 까닭은 상품의 가치가 상품의 생산에 포함되는 "사회적으로 필요한 노동시간"에 의해 측정될 수 있기 때문이다. 그것은 "결정화된crystallized 실체"가 아니라, 하나의 "필드 양"field quantity이다. 상품 생산에 요구되는 사회적으로 필요한 노동시간은 투입물(노동력과 생산수단)의 생산에 요구되는 노동을 포함한다. (기체 온도가 비평형적인 상태에서는 결정될 수 없는 것과 마찬가지로) 오직 모든 분야에서 전형적인 상품을 위해 요구되는 평균 노동시간이 결정되어야만 노동시간이 규정될 수 있다. 이것은 평균이윤율의 형성이 완료되어야 달성될 수 있다.

노동계급은 역사적으로 자신의 가치와 삶에 가해지는 자본의 독재에 대한 완전한 복종을 거부해 왔으며, 노동일의 길이를 둘러싸고 항상 투쟁해 왔다. 모든 자본주의적 기업들에는 "임금과 시간"을 둘러싼 투쟁들이 존재해 왔다. 이러한 투쟁들은 어떤 때는 명백하며, 종종 "그곳에 있지 않다면" 이러한 투쟁을 목격하는 것은 불가능하다. 이윤율을 증대하려고 끊임없이 노력하는 자본의 최초의 추진력은 (임금을 올리지 않고) 노동일을 늘리는 것이다. 맑스는 이것을 "절대적 잉여가치"라고 불렀다. 노동계급이 이러한 유형의 축적에 성공적으로 도전하고 노동일을 상당히 축소할 때, 자본은 축소된 노동일 속에서 노동 리듬을 강화하려는 노력으로 대응하고/대응하거나 (기계에 대한 투자나 새로운 노동 방법을 통해) 그 시간을 더욱 생산적으로 만든다. 예컨대 상대적 잉여가치로 대응하는 것이다. 맑스는 『자본론』 1권의 8장에서 16장에 걸쳐 이러한 이야기를 하고 있다.

노동계급은 특히, "공업 시대"의 대규모 조립라인 공장들에서, 노동일의 강화에 대해 "노동 거부"를 표현해왔다. (살쾡이 파업에서부터 라인에서의 조직적인 조업 단축에 이르는) 노동계급 반대의 수많은 기술은 노동일의 단축에 대한 상대적 잉여가치 "해법"에 맞서는 집단적 대응이었다. 이러한 노동 거부는 노동자들의 노동반대 협력을 무너뜨리기 위한 감독과 "산업 심리학"(품질 관리반, 종합적 품질 관리 등등)이라는 막대한 노력의 자극제였다.

오랫동안 이러한 투쟁들을 고찰해 보면 이러한 투쟁들 속에는 하나의 방향이 존재한다는 것을 알 수 있다. 이 투쟁들은 "자유와 필연의 영역"과 (자본으로부터의 자율이라고는 할 수 없겠지만) 자본으로부터의 자유를 (보통) 점진적으로 늘리기 위한 노동계급의 투쟁 사이에 현저한 차이가 있음을 보여준다. 맑스가 『자본론』 3권에서 말했듯이, "자유의 영역은 필연의 영역을 그 토대로 해야만 개화될 수 있다." 그리고 그 필연의 영역은 "필연성과 외적 유용성의 강제하에서 전개되는"[1] 노동의 영역이다. 노동계급 해방의 역사적 과정은 "그 기본적인 전제조건인 노동일의 단축" 속에서 판단될 수 있다.

이러한 직선적인 시간 개념은 노동력의 응용을 더욱 강렬하게 하려는 테일러주의적 방법들에서부터 노동과정을 단축하고 완화하기 위해 노동자들이 사용하는 다양한 방법들에 이르기까지 계급투쟁에 대한 경영진과 노동자들의 분석들 속에서 가장 빈번하게 적용되었다. 이것은 피켓라인에서, 파업과 공장 폐쇄에서 종종 보이는 정말로 거대한 투쟁임과 동시에 미시적인 투쟁이지만, 사회적 신진대사 전체에서는 금방 비가시적이되고 입자처럼 된다. 예를 들어, 노동자들은 사장의 이윤에 반대하여 자신의 즐거움과 풍요로움을 위해 무수한 교묘한 방법으로 공장과 사무실에서 기계를 활용한다. 노동과정에 대한 대부분의 분석은 시간이 (자본가들이나 노동자들에게) "도둑맞는" 다양한 방식들에 대한 설명이다.

재생산의 순환적인 시간

자본주의에는 시간의 순환적 구조들이 존재한다. 예컨대 회전시간과 순환시간이 그것이다(이 시간은 자본주의 그리고 그에 대한 저항들에 전형적인 일종의 "속도 향상"을 특징으로 한다). 맑스는 이것을 논의하는 데에 『자본론』 2권의 대부분을 바친다. 이러한 수많은 주기가 오늘날의 도시의 하루 동안에 시작되고 완수된다.

이 시간은 자본의 순서상 측면에 뿌리를 두고 있다. 통상적으로 임금이 구매된 노동력이 노동에 투입된 이후에 지급되는 것과 마찬가지로, 자본 축적 과정의 근본 단계들에 맞는 순서 역시 존재한다. 그 가장 기초적인 형태는 화폐-상품-화폐, 즉 $M-C-M'$의 주기이다. 이것은 선택의 여지가 없는 순서이다. 순서가 $M'-M-C$가 될 수는 없는데, 판매하기 전에 구매해야 하기 때문이다. 즉 구매 단계($M-C$)는 판매 단계($C-M'$)에 선행한다. 또한, 거기에서 이윤이 발생할 가능성이 존재해야 하는데, 그래서 가장 이상적인 과정은 $M')M$이 되는 $M-C-M'$이다. 결국, 이 주기는 재생산적 주기 속에서 조직되고, 그리하여 최초의 자본 M은 "단순 재생산"의 새로운 주기의 토대가 되기 위해 쓰인다.

$$M-C-M' \rightarrow M-C-M' \rightarrow M-C-M' \rightarrow \cdots$$

또는 "확대 재생산의"

$$M-C-M' \rightarrow M'-C'-M'' \rightarrow M''-C''-M''' \rightarrow \cdots$$

여기에서는 $M \langle M' \langle M'' \langle M''' \langle \cdots$

이러한 주기는 현실적으로 진정으로 자본주의적인 것이 되기 위한 생산적인 측면을 필요로 한다. 즉, 상품 C는 자본주의적 상황에서 생산될 가능성을 지니고 있어야 한다. C는 L, 즉 적용된 노동력과 Mp(원료, 공장 건물, 기계, 에너지), 즉 생산수단의 생산물일 수 있다. 이것은 다음과 같은 맑스의 "완전한 주기"의 토대이다.

$$
\begin{array}{ccccc}
 & & L & & \\
M-C & \cdots & P & \cdots & C-M \\
 & & Mp & &
\end{array}
$$

이러한 완전한 주기들이 자본주의 체제 전반에 걸쳐 다양하다는 점이 분명해져야 한다. 예를 들어 한 자본가의 생산수단은 다른 사람의 "최종 생산물"인 상품이다. 노동력 L이 특별한 형태의 상품이라는 점 역시 인식되어야 한다. 노동력은 잉여가치의 원천이다. 그와 동시에 그것은 광범한 비임금노동(특히 여성의 비임금노동)과 일군의 상품들(소비 상품들과 다양한 종류의 "서비스들", 예컨대 정식 교육을 마음대로 다룰 수 있을 정도로 임금이 높은 영역들에서의 상대적으로 큰 상품 집합)의 결합을 통해 생산되어야 한다.

이 주기에서 가장 중요한 요소는 물론 대시(-)이다! 이 주기가 손상될 수 있고 파괴될 수 있는 곳이 대시이다. 대부분의 경제 위기는 마지막 대시, 즉 판매에서의 파열로 나타난다. 왜냐하면, 자본가는 이미 종종 융자에 기초해서 상품 생산에 투자했는데 상품이 생산된 후에는 상품을 판매할 수 없거나 그것을 "원가" 아래로 팔아야 하기 때문이다. 이러한 상황에서 개별 자본가는 단순히 파산할 뿐이지만, 이것이 수많은 상호 연결된 주기들에서 일어나면 위기가 불쑥 모습을 드러낸다. 왜냐하면, 판매할 수 없는 자본가 A가 자본가 B에게서 구매할 수 없고, 이것은 C에게 판매할 수 없는 B로 이어지고 할 테니까 말이다. 체제적 위기 속에서, 산업 분야들의 복잡한 상호의존성은 불완전한 주기들로 이어지는 예측 불가능한 실패들의 연속 그리고 체제적 재생산의 위기를 낳는다. 전 지구적 연계들의 시대에 벌어지는 이러한 자본가 내부의intracapitalist 투쟁은 쉽사리 눈에 띄는 폭력 사태를 창출한다. 하지만 자본의 유기적인 화학반응에 의해 결정되는 이러한 상호연계들과 그것들의 실패가 이야기의 전부는 아니다. 이 대시들은 계급 간interclass의 행동 때문에 파괴될 수 있다.

이 능력의 가장 분명한 사례는 보이콧 속에 있다. 왜냐하면 자본가가 판매할 의향으로 구매한다면, 노동계급은 "소비"할 의향으로 구매하기 때문이다. 따라서 노동계급의 소비는 일정한 임금 수준을 넘어서 폭발하기 쉽다. 그것은 광범한 스펙트럼의 대상물을 가질 수 있지만, 또한 선택적으로 철회될 수도 있다. 결국 상품시장의 행위자인 노동계급은 자본주의의 구성에 정치적으로 영향을 끼칠 수 있다. 이러한 유형의 변형이 제한적이라는 것은 참이다. 이것은 기껏해야 산업 분야 내에서 그리고 이 분야를 가로질러 가치를 재분배할 수 있을 뿐이기 때문이다. 그것은 이 기제를 중단시킬 수 없는데, 그 까닭은 이 기제가 이러한 변형에 의존하기 때문이다. 하지만 보이콧들 그리고 계급 지향적 구매들의 다른 형태들은 (받아들일 수 없는 노동 정책들을 시행하는 자본 부분들을 선택적으로 "처벌함"으로써) 사회적 재생산을 유리한 방향으로 형성하기 위해 효과적으로 이용됐다.

사회적 재생산 주기에서 일어나는 계급투쟁의 또 다른 사례는 M-L 부분이다. 자본가는 특수한 등급과 양의 노동력 L을 발견하기 위해 자신의 화폐 M을 가지고 노동시장에 참여한다. 그러나 이것은 팔려고 내놓은 L이 만족스럽다는 것을 의미하지는 않는다. L의 특정한 양과 질을 창출하는 데 연관된 결정들이 M에 의해 결정되지는 않기 때문이다. L은 자본이 그 이해관계와 욕망을 감독하지 못하는 수많은 노동자들(특히 여성 노동자들)을 포함하는 생산과정이 필요하다. 이것은 자본주의의 "문화적" 측면들에 가끔 남아 있는 인구학과 교육의 영역인바, 이것은 종종 "이차적 이해관계"라는 말의 약칭이다. 그러나 (그 가장 넓은 의미를 고려해 보면) 인구학과 교육은 자본주의의 필수적인 (그렇지만 가장 특별한) 상품의 토대를 형성한다.

따라서 자본가들은 미리 결정된 장소와 시간에서 주어진 임금 수준을 받는 특정한 양의 노동력을 필요로 한다. 이것은 1980년대와 1990년대 "적시" 생산과정에서 처음 만들어진 것이 아닌 강력한 조정 문제를 제기한다(비록 이 적시생산 과정이 이러한 조정 기제의 성공적인 기능에 상당 부분 의존했다 할지라도 말이다). 이러한 변수들은, 성공적인 조정을 침식할 수 있는 수많은 힘이 존재한다 해도 자본주의 역사 전반에 걸쳐 함께 고려되어야 한다. 예를 들어, 장소의 문제가 존재한다. 자본가는 노동력이 있어야 하는 지점을 정할 수 있지만, 그것이 노동자들이 노동력을 제공하기 위해 그곳에 있을 것이라는 걸 의미하지는 않는다. 종종 자본가들은 어떤 생산의 지점에 노동자들을 물리적으로 그리고/또는 정신적으로 고정하기 위해 국가 권력(또는 그들 자신의 사적인 경비 세력들)을 활용하지 않을 수 없다. 노동자들과 관련된 문제는 그들이 두 발 동물이라는 점이다. 다시 말해 고용조건을 받아들일 수 없거나 생계유지를 위한 (노동시장으로부터 독립적인) 대안적 경로들을 이용할 수 있는 경우 노동자들은 생산 장소에서 [벗어나] 걸어 나(가거나 뛰어나)갈 수 있다.

다음은 시간의 문제다. 노동자들은 그들의 노동력 판매를 집단적으로 연기할 수 있다. 이러한 연기가 조직될 때 우리는 그것을 파업이라고 부를 수 있다. 하지만 파업은 노동력을 화폐로 교환하는 것에 대한 완전한 거부의 표현이 아니다. 파업의 종결은 (자본가의 시각에서의) M-L과 (노동자의 시각에서의) L-M의 노동력-화폐 교환으로의 회귀다. 그러나 그 회귀는 노동자 처지에서 보면 더 유리한 (또는 덜 유리한) 토대 위에서 이루어지는 회귀다. 이것은 파업이 혁명적 견지에서 볼 때 언제나 실망스러운 이유다. 왜냐하면, 파업은 노동이 가진 힘의 강력한 발휘이지만 결국은 자본의 재생산으로의 회귀를 다시 제시하기 때문이다. 파업은 재생산 과정에서 일어나는 파열이되, 나중에는 치료되도록 되어 있는 파열이다.

노동자들의 통제되지 않는 이동성에 의해, 그리고 자신의 노동력 판매를 선택적으로 연기할 수 있는 노동자들의 능력에 의해 야기된 재생산 과정의 간극보다 더 결정적인 것은 이용 가능한 노동력의 양이다. 맑스는 자본주의에 적합한 인구학적 "법칙들"이 존재한다고 주장한다.[2] 이것은 사실일 수 있다. 하지만 중요한 질문의 요점은 이것들이 투쟁을 통해 모든 수준 위에 구축되는 시스템을 위한 "법칙들"이라는 것이다. 따라서 자본주의에서 "적정한" 인구는 주어진 이윤의 수준과 관련하여 결정될 수 있다. 그렇지만 이용할 수 있는 이러한 노동자의 양이 종종 "적정량"보다 더 적은 (또는 더 많은) 이유는 무엇인가? 이러한 사태가 일어나는 까닭은 여러 세대에 걸쳐 노동자들을 생산하기 위한 궁극적인 결정들이 자본가의 결정도 그들 국가의 결정도 아니기 때문이다. 남성 노동자들 그리고 특히 여성 노동자들은 재생산할지 말지 결정해야 한다. 오직 아주 드문 경우에만 자본은, 노동자들을 "번식시키는"breeding 과제를 직접 떠맡았다. 예를 들어, 노예무역이 불법이 된 1808년 이후의 미국에서 노예 소유주들은 그들의 노예들이 새로운 노예들을 출산하도록 꾀했다. 수많은 경우, 자본은 자신의 "적정" 조건들을 충족하지 못하는 더 적은 (또는 더 많은) 노동자들과 함께 존재한다는 것을 깨달았다. 왜일까? 실비아 페데리치가 『캘리번과 마녀』에서 지적했듯이, 맑스와 맑스주의 전통에 속한 대다수의 사람은 인구학을 계급투쟁의 일부로 받아들이지 않았다.

맑스는 출산이 착취의 영역이자 저항의 영역일 수 있다는 점을 전혀 인정한 바 없다. 그는 여성이 출산을 거부할 수 있다거나 그런 거부가 계급투쟁의 일부분이 될 수 있다고 상상하지 못했다.… 또 그는 임신을 성 중립적인 무차별적 활동으로 이해했기 때문에 남성과 여성이 임신에 대해 다른 이해관계가 있을 수도 있다고는 상상하지 못했다.[3]

그러므로 L의 양은 노동시장의 기계적 작동으로 주어지지 않는다. (직업소개소에서 임시 직원에 이르는, "구직" 광고, 면접과 약물 검사에 이르는) 노동시장 제도들의 이면에는 자본가들의 것이 아닌 욕망을 지닌 또 다른 세력(대부분 여성)이 존재한다. 자본은 가장 값진 상품이 생산되는 이 어둠의 세계에 대한 통제력을 확보해야 했다. 페데리치가 통찰력 있게 보여주었듯이, 그것은 16세기와 17세기 마녀사냥의 추진 동기 중의 하나다.

시제의 시간 : 시작-중간-끝

계급투쟁을 이해하는 데 결정적인 세 번째의 시간 구조, 즉 시제의 시간이 존재한다. 시작-중간-끝(즉 자본주의 이전의, 자본주의의, 자본주의 이후의)이 그것이다. 이러한 종류의 시제의 시간은 계급투쟁과 직접 관련된다. 왜냐하면, 자본주의의 전제 조건들의 구축을 방해하는 그리고 그 조건들이 일단 구축되고 나면 또한 이러한 조건들을 초월하는 투쟁이 존재한다. 정확히 말해 그것은 "계급투쟁"이 아닌데, 그 까닭은 그것이 계급 실존의 전제를 거부하거나 그것들을 초월하기 위한 시도이기 때문이다.

물론, 자기 의식적인 자본주의 공론가들은 이러한 구조 그리고 그것이 암시하는 투쟁들을 인식하지 못하는데, 그 이유는 그들이 (언제나 이미 그랬듯이) 연속적인 과거 속에서 그리고 (언제나 그러할) 연속적인 미래로서, 다시 말해 처음과 도래할 끝을 갖지 않는 것으로서, 자본주의 자체만을 정립하기 위한 노력에 끊임없이 연루되기 때문이다. 그것은, 역사적 투쟁들의 과정에서 하나의 총체성으로 변형되어 온 모든 사상에 특징적인 "영구화" 과정이다.

이러한 과정의 고전적인 사례는 자본주의의 시작을 "인간성의 원초적 본능들" – 하나의 물건을 다른 물건과 바꾸고, 거래하고 교환하는 성향 – 의 "매우 느린 그리고 점진적인" 활동과 동일시했던 애덤 스미스이다.[4] 스미스에 따르면, 이러한 성향은 "모든 인간이 보편적으로 가지고 있는 것"이며, "이성과 언어의 재능에서 나오는 필연적인 결과"다. 달리 말해, 이러한 성향들을 보이지 않는 존재가 있다면, 그/그녀/그것은 사람일 수 없을 것이다. 그래서 자본주의의 조건들은 인간 실존의 조건들 및 인류 역사의 특징들과 뒤섞이는 것으로 보인다.

실제로, 스미스처럼 자본주의의 시작을 논의하는 사람들은 그것을 신화 속에 감추거나 그것을 "모든 나이와 모든 발육 단계의 사람들에게 가장 적합한 보육원 이야기의 관점"[5]에서 표현하는 데 전념하는 것 같다. 그러나 자본주의에는 시작이, … 실제로 앞으로 보게 되겠지만 수많은 시작이 존재한다. 맑스주의적 분석에서, 그것은 "시초(또는 원시) 축적의 비밀"로 제시된다. 하지만 시초 축적의 불쾌한 작은 "비밀"은 자본주의의 실존을 위한 조건들이 영원히 현존하지 않았고, 않으며, 않을 것이라는 점이다.

시초 축적을 여는 논리적 열쇠는 생존수단에 이르는 비자본주의적인 접근("공통장들의 인클로저"로 환유적으로 기술된다)을, 이러한 접근이 언제 그리고 어디에서 일어나건, 사람들에게서 박탈하는 과정이다. 분명, 자본주의에 대한 저항은 자본주의가 확립되기 이전에(예를 들어 봉건 유럽의 인클로저에 반대하는 투쟁들 속에서 그리고 정복에 대항하는 아메리카 대륙의 원주민 투쟁들 속에서) 발생했다. 이러한 저항은 노동자들이 ("디지털 공통장들"에서 "유전자 코드", 반식민지 투쟁 말기에 식민지 정착민들에 대한 수탈, 사회 보장 제도의 형성 등에 이르는) "새로운 공통장들"을 전유하려 하고, 자본이 이러한 접근을 차단하려 하는 현재까지 계속된다(최근의 구체적인 모습들 속에서 이것들은 종종, "신자유주의"라는 규범 아래에서 조직된다). 결국, 자본주의는 계급투쟁의 장 전반에서 매일 태어나고 죽는다(또한, 축적하고 하락한다). 그리고 역사의 일괴암적 "단계들"은 현재로 용해된다. 피에르 독크Pierre Dockes의 주장처럼, 노예가 주인들의 의제에 항상 나타나듯이 (생존 및 생산 수단에 대한 집단적인 접근이라는 의미에서) 공통장들 역시 노동자들의 의제에 나타난다.

맑스는 적어도 선전적으로는, 자본주의의 시작(과 끝)을 단계적인 관점에서 이해했다. 그는 그것을 수많은 출발(점과 종결)점을 갖는 과정으로는 이해하지 못했다. 그가 보기에 "자본주의 시대는 16세기부터 비로소 시작"[6]되고, 그 끝은 [시간이] 덜 "걸리고 [덜] 힘들고 [덜] 어려울" 것으로 간주되었다. 왜냐하면 그러한 변형이 "인민 대중이 소수의 횡령자를 강탈하는 것"[7]을 의미할 것이기 때문이다. 하지만, 나는 자본주의가 다른 의미에서 아직 완전하게 시작되지 않았다고 주장한다. 왜냐하면 수많은 더 오랜 공통장들이 아직 존재하고 그러한 사실로 인해 사람들이 노동시장에 완전하게 의존하는 것에 저항할 수 있었기 때문이다.

시제적 구조 속에서 이해된 계급투쟁은 자본의 자기 영구화에 적대적인 두 개의 기본적인 행위 ― 예방과 공통화 ― 로 구성된다. 이 두 행위는 상관적이다. 하나는 자본주의적 원환 시도의 외부에서 내부로의 흡수를 차단하려고 하고, 또 하나는 내부에서 외부로 나가 어떤 귀환을 차단하려고 한다. 하나는 공통장들의 손실을 막고 다른 하나는 공통장들을 확장한다. 하나는 자본주의적 시간으로의 흡수를 막고 다른 하나는 그것으로부터 빠져나온다.

예방은, 지금까지 생존을 위해 연장과 부를 제공해 오고 있는 자본주의 이전의 공통장들을 방어하기 위한 투쟁으로부터 발생한다. 이러한 유형의 공통장들은 자본주의적 관계들로의 진입을 거부할 가능성을 제공한다. 예방은 노동계급의 형성을 중단하는 원시-계급투쟁이다. 노동자들이 될 운명에 처한 사람들은 그러한 변신을 멈추기 위해 이러한 투쟁을 벌인다. (남미와 아프리카의 식민지화의 초기에 나타났던 귀신들림과 흡혈귀 공격에 대한 수많은 전설은 이러한 투쟁의 매우 완곡한 표현들이다.)[8] 이것은 오랜 "역사"를 지닌 시초 축적에 대항하는 투쟁이다. 대략 지난 1만여 년 동안의 수많은 투쟁은 대부분, 자본주의적 관계들의 확장적인 순환에 저항하려는 노력이다. 왜냐하면, 자본주의의 창출을 위한 모든 기초는 당시 이미 실존했었기 때문이다. 때때로 이러한 투쟁을 목격하는 것은 어려운데, 그것은 이 투쟁이 자신을 계급투쟁으로 표현하지 않기 때문이다. 그리고 이것은 종종 계급투쟁을 반동적이거나 부적절한 것으로 보는 표준적인 개념화의 창시자들에 의해 기각되었다.[9]

그러나 이것들은 "과거지향적인" 투쟁들이 아니라, "외부 지향적인" 투쟁들이다. 그것들에서 중요한 것은 노동자들과 비노동자들 모두에게 여전히 막대한 비상품적 부를 제공하는 자본주의 이전 시대의 잔존 공통장들이다. 신자유주의적 경제학자들은, 공통장들을 상품화하기 위해 세계은행과 거대한 다국적 건설 회사들 같은 기관들이 체계적인 노력을 시도하는 바로 그때 "자연"에 토대를 둔 다양한 공통장들의 "가치"를 측정하는 방법을 고안하려고 했다. 이런 식으로 (종종 수천 년이 된) 지하수는 그 가치가 계산되어 감에 따라 지구 전역에서 점점 "사유화"되고 상품화되고 있다.

전 자본주의적인 생존 형태들에 대한 접근이 양자택일적인 일이 아님을 분명히 해야 한다. 왜냐하면, 어떤 사람이 임금노동자일 때조차 전 자본주의적인 생존의 원천에 접근할 수 있는 그/녀의 능력은 자본에 대항하는 엄청난 힘이기 때문이다. 예를 들어, 공장 노동자들이 가족 관계를 통해 직접적으로건 간접적으로건 농촌에 접근할 수 있을 때, 그들의 파업은 장기화할 수 있는데, 그것은 그들이 식량이나 식량을 재배할 토지에 접근할 수 있기 때문이다. 그래서 다양한 공통장들과 자본주의적 영역 간의 경계들은 노동자들에게는 절대적이지 않다.

한 개인의 삶에는 이러한 선들의 계속된 교차가 존재한다. 실제로, 종종 애석한 우리의 혼란스러운 자의식 대부분, 우리의 파편화와 소외, 이것들은 오래된 공통장들(인간과 비인간)과 자본 간의 경계들의 이러한 계속된 위반을 반영한다. 이러한 의미에서, 존엄의 기억, 집단적인 자율, 그리고 "도덕 경제"는, 우리가 매일 다른 적대적인 논리들을 계속해서 사용하고 있다는 사실에서 발생한다. 나는 이것이 조이스가 『율리시스』에서 숙고하고 있는 것을 이해하는, 즉 분주하게 자본을 재생산하는 근대적인 — 비록 주변적이긴 해도 — 도시의 한가운데에서의 전 자본주의적인 현존들의 공존을 이해하는 한 가지 방법이라고 생각한다.

그러나 이러한 공존은 소여가 아니다. 신자유주의는 "상품화하라, 상품화하라!"라는 자본의 전체주의적인 주장의 공개적인 승인이다. 이 명료한 표현은 케인스주의와 사회주의의 오랜 휴지기 동안 정확히 자본주의가 무엇인지를 망각한 사람들에게 유용한 상기의 표어였다. "냉전"이 끝났으므로, 진정한 "열전"이 사유화의 완전한 승리라는 기치 아래 시작되었다(이것은 뉴 라이프 교회 같은 특정한 기독교 근본주의 분파들 속에서 적절한 종교적 표현을 얻었다. 이들 구성원은 분명 그들의 지도자인 테드 목사를 따라 "이윤, 위험, 그리고 무엇보다도 자유 시장 사회의 흥분"을 좋아한다).10 자본은 자신의 전반적인 생존이 최상의 보호를 받지 못할 때조차도 양적으로 그리고 질적으로 자신의 한계를 초월하기 위해 끊임없이 노력해야 하는 운명을 벗어날 수 없다. 그러나 이러한 충동이 성공할 가능성은 거의 없다. 왜냐하면, 자본은 자본의 폭격기와 암살단의 피와 불로도 축소시킬 수 없는 것으로 종종 모습을 드러내는 전자본주의적 공통장들에 직면하고 있을 뿐만 아니라, 새로운 후-자본주의적 공통장들의 지속적 창출에도 직면하고 있기 때문이다.

내가 "후-자본주의적 공유하기"에 대해 언급할 때, 원시 공산주의, 아시아적 양식, 고대 노예제, 봉건주의, 자본주의를 포함한 일련의 생산형태들에 뒤이은 코뮤니즘적 미래, 즉 하트와 네그리의 자본주의로부터의 "대탈출" 개념에 공명하는 코뮤니즘적 미래에 대한 (맑스의 실제 관점이 무엇이었건) 고전적인 맑스주의의 단계적인 작업 틀로 돌아가고 있는 것은 아니다.[11] 왜냐하면 내가 언급하고 있는 공유하기 과정은 상품화된 삶의 형태들의 공통장들로의 지속적인 변형을 포함하기 때문이다. 이것은 양자택일의 과정도 아니며 "미래" 삶에 대한 유토피아적 시각도 아니다. 그와 반대로, 그것은 대부분의 공통장들이 자본주의 아래에서, 종종 광범위하게, 이미 작동하고 있다는 것을 인정한다. 그리고 논점은 그러한 공통적인 삶의 지대의 자기 조직적인 확장이다. 다시 말해, 이 시간적 차원에서 일어나는 계급투쟁은 인클로저들(그리하여 자본의 시간으로의 진입)의 예방 문제일 뿐만 아니라 현실적으로 공통장들을 사회적 삶의 새로운 지역들로 확장하는(그리하여 자본의 시간에서 빠져나오는) 문제이다. 이러한 확장적 공유하기 과정은 미래 완료 시제 속에 안전하게 은폐된 이상이 아니다. 그것은 현재 속의 미래 시간이며 그게 아니라면 그것은 아무것도 아니다.

자본주의적 지형으로부터 공통장들을 창출하는 매우 많은 사례가 존재한다. 거기에서 미래 시간은 현재 시간이 된다. 나는 이 글에서, 한때 자본주의의 발전에 핵심적이었던 과학기술에 뿌리를 둔 한 가지 사례, 즉 열기관만을 제시할 것이다. (나는 이것이 튜링 기계의 과학기술을 둘러싸고 형성되고 있는, 종종 언급되는, "새로운 공통장들"에 몇 가지 유용한 통찰들을 제공해줄 것으로 생각한다.) 내가 논의할 공통장들은 19세기 후반과 20세기 초반 "호보헤미아"[12]의 설립과 관계가 있다.[13] 호보헤미아의 "떠돌이 노동자"hobo 거주민들은 그 당시 북미에 사는 이주하는 "백인" 남성 노동자들이었으며, 그들은 철도와 철도 재산을 자신의 공통장들로 사용했다. (동유럽, 중국, 멕시코 노동자들이 가끔 그랬던 것처럼) 주로 영속적으로 규정된 집단을 이루어 화물 열차의 유개 화차 안에서 여행하지 않았다는 점에서 그들이 개별적으로 유목민적이었다 할지라도, 재생산의 측면에서 그들은 매우 집단적이었다. 왜냐하면, 떠돌이 노동자 삶의 본질적인 부분이 "정글", 다시 말해 "열차가 만들어지거나 열차가 멈춰 승무원들과 엔진들을 교체하는 곳인 철도 분기점 근처에 있는"[14] 장소였기 때문이다. 떠돌이 노동자들은 도로에 있을 때 정글 속에서 모이곤 했다. 그곳은 그들이 "멀리건 스튜"를 요리하고, 목욕과 세탁을 하고, 상대적으로 안전하게 잠이 들고, 철도 공안들이나 일자리가 있는 곳에 대한 지식을 공유하고 정치에 대해 동료들을 설득할 수 있는 장소였다.

어떤 정글들은 잠깐 나타났다가 사라졌지만, 다른 정글들은 거주민들의 이동이 매우 잦았다 해도 계속해서 존재했다. 그것들은 국가의 철도 간선들에 점점이 존재했으며, 철도 시스템의 실제적 지방 자치화[공통화]를 위한 결절점을 제공했다. 정글들은 일반적으로 우호적이고 민주적이었다 (비록 그것들이 지금처럼 그때에도 노동계급을 나누는 인종[피부색]과 성적gender 선들에는 거의 도전하지 못했지만 말이다).[15]

정글들은, 공격받기 쉬운 정글 속에서 밤늦게까지 불을 피우기, 음식을 낭비하거나 음식을 먹고 나서 분쇄하기, 그릇이나 세간 도구들을 사용한 뒤에 그대로 두기 등등과 같은 행동들을 금하는 무수한 "불문율"의 토대 위에서 운영되었다. 떠돌이 노동자 입법자들이 경찰, 자경단, KKK에 의한 외부 침입으로부터 정글을 방어하려 했던 것과 마찬가지로 이러한 규칙들은 입법자들 자신에 의해 내부적으로 엄격하게 지켜졌다.

정글 위원회는 규칙 위반에 대해 다루고 처벌 조항들을 기술하려 했다. 예를 들어, 이전에 떠돌이 노동자 사회학자였던 넬스 앤더슨이 언급한 사례가 있다. 어떤 "하이재크"가 잠자고 있던 "부랑자"에게 강도질을 한 행동으로 붙잡혔다. 위원회가 즉각적으로 구성되었으며 어떤 조치를 해야 할지 결정하기 위해 의장이 선출되었다. 위원회는 하이재크에게 채찍질을 해야 한다고 판결했지만, "어떤 진전된 조치도 이루어지지 않았다. 가죽이나 막대기를 사용하기를 모두 거절하니까!"[16] 혼란스러운 휴지기가 지나고 나서, 어떤 젊은이가 하이재크와 싸우는 것에 동의했으며, 권투 경기가 주선되고, 여기에서 하이재크는 결국 두들겨 맞는다. 정신이 들자 그는 정글에서 추방되었다. "[밤] 11시가 되자 흥분은 가라앉았다. 다른 사람들이 자신들은 이곳저곳으로 갈 것인데 그 시간에 화물 열차가 출발한다고 말한다. 이것에 대해 누군가 자신도 역시 그쪽으로 갈 것이며 그러니 함께 출발하자고 응수한다."[17]

부랑자들은 이동, 정보 교환, 재생산 마디 등의 복잡한 조직화를 통해 철도 회사들의 사적 재산을 사용하는 전국적인 네트워크를 자신들의 공통장들에 창출했다. 진정, 그것들은 – 어쩌면 탁월한 정치 이념들을 규정하는 〈세계 산업 노동자 조합〉IWW과 더불어 – 수많은 다른 정치 이념들을 표현했지만, 그들이 실제로 이루어낸 성취는 철도와 그들의 땅이 공유화될 수 있다는 점을 보여준 것이었다. 이것은 상당한 공적功績이었다. 왜냐하면 그들은 당시 유럽 대륙의 경제에 가장 중요한 운송 양식을 소유하고, 1916년 254,037마일의 철도를 부설하는 기록을 세움으로써 막 확장의 정점을 찍은 산업에 직면해야 했기 때문이었다.[18] 선로와 함께 철도 회사들의 힘을 재는 또 다른 척도는 남북 전쟁부터 지금까지 정부가 그들에게 수여한 막대한 토지 조차지였다. 그 토지는 그들을 미시시피 서부의 국가 경제 관리의 결정권자로 만들었다. 하워드 진은 연방 정부가 남북 전쟁 중에만 약 1억 에이커의 땅을 철도 회사들에 제공했다고 추정한다.[19]

철도 영역 및 운송 열차의 공유화의 주요한 "경제적" 목표가 직접 혁명적인 것은 아니었다. 떠돌이 노동자들이 기차를 타는 것은 보통 수확물을 따라가기 위해서, 말하자면 ("중심가"로 불리는) 시카고의 웨스트매디슨 거리에 있는 직업소개소 중의 한 곳에서 계약된 원거리 일자리에 나가기 위해서, 아니면 아주 아이러니하게도, 소문난 철도 건설 용지에 나가기 위해서인데, 선로 설치는 떠돌이 노동자들에게 일반적인 일자리였기 때문이다. 그러나 떠돌이 노동자들은 전국적으로 어마어마한 규모로 현존했다. 그 까닭은 수십만 명의 사람들이 1년 동안 호보헤미아의 한두 지역(철도, 정글, 또는 번화가)을 관통했기 때문이다. 더욱이, 의심할 바 없이 수많은 떠돌이 노동자들의 정치학은 반자본주의적이었다. 철도는 추수기나 건설 붐으로 노동자들을 모을 수 있었을 뿐 아니라, "언론의 자유" 투쟁이나 총파업으로 일군의 지지자들을 불러모을 수도 있었다. 결과적으로, 그들은 미국 자본의 심장부에 대한 공유적[공통적] 도전을 조직했다. 운송 열차와 철도 지역의 떠돌이 노동자들의 공통장들은 인클로저되어야 했다. 왜냐하면 떠돌이 노동자들이 무엇보다도, 연방 정부에 의해 처음으로 정복되고 국유화된 뒤 철도 회사에 무상 매각됨으로써 사유화된 아메리카 원주민들의 공통장들을 다시 공유화하고 있었기 때문이었다.

인클로저의 경로는 노골적인 억압과 과학기술적·이데올로기적인 변형들을 포함하는 복잡한 것이었다.[20] 억압은 파머 레이드 시기[21]에 명백하게 볼 수 있었다. 첫째, 〈세계 산업 노동자 조합〉은 정부의 골칫거리 대상이 되었으며, 그 지도부는 물리적으로 제거되었다. 둘째, 엄청난 수의 철도 "무단 침입자들"이 이때 죽거나 다쳤다. 예를 들어 1919년에는 2,553명이, 1920년에는 또 2,166명이 죽었으며, 종종 철도 경찰의 지원 사격이 있었다.[22] 셋째, 1920년대의 KKK단과 다른 다수의 지역 암살단들의 늘어나는 반反급진적인 활동들은 종종 떠돌이 노동자 정글들을 향한 것이었다.

떠돌이 노동자들에 반대하는 이러한 폭력과 더불어 수송 양식상의 과학기술적 변화도 일어났다. 고속도로 시스템이 확대되고 철도가 사양길에 접어들면서 자동차와 트럭이, 지배적인 수송 형태인 승객 및 화물 열차를 대체하기 시작하고 있었다. 노동력이 고속도로를 둘러싸고 이동하면서 그것은 철도가 호보헤미아를 침식했던 것과는 완전히 다른 계급투쟁 관계를 발생시켰다.

이데올로기적인 측면에서, 떠돌이 노동자들은 "노숙자"가 된, 그리고 "가정"의 속박을 받지 않는 일탈적인 "백인 남성"의 사례로 공격받았다. 바로 그런 이유로 그들은 자본에 위험한 존재였다. 연방 정부, 특히 뉴딜 정책 시기의 연방 정부는 "떠돌이 노동자 문제"를 "국가의 지배적인 거주 형태로서의 교외 거주지"의 창출을 통해 해결할 수 있다고 보았다.[23] 2차 세계대전 무렵, 철도를 공통장들로 변형하려는 노력은 확실하게 좌절되었다.

명백한 자본주의적 지형 위에 세워진 반자본주의적 공통장들에 대한 떠돌이 노동자들의 이야기가 독특한 것은 아니다. 자본주의 시대의 역사는 모든 영역의 ― 단독의 그리고 집단적인 ― 노동계급에 의한 이러한 노력으로 채워져 왔다. 대서양과 카리브해의 18세기 해적들의 공동체에 대한 최근의 정치적 관심의 동기가 된 것은, 내가 생각하기에, 최고 수준의 자본의 유기적 구성의 지형 ― 해적들의 경우 원양선의 형태를 띠었다 ― 위에서 공통장들로 모습을 드러내는 대부분 남성 노동자들의 반자본주의적 투쟁에 대해 알고자 하는 욕망이었다.[24] 그들 자신과 그들의 실천을 "자유 소프트웨어", "크리에이티브 커먼즈", "피어투피어", "파일 공유" 등 무엇으로 부르건, 소통하는 튜링 기계의 지형 위에 반자본주의적 공통장들을 세우려고 하는 다양한 움직임들에 대해서도 이와 유사한 관심이 쏟아지고 있다. 이것들은, 이미 자본이 조직하고 소유한 지형으로부터 공통장들을 확대하려는 노력을 조직한다. 그것들은 실제로 현존하는 미래의 가능성에 대해 언급한다. 비록 그것이 공유화하려는 지형에 의해 불가피하게 "왜곡"되어 있다 할지라도 말이다. 예를 들어, "자유 소프트웨어" 운동은 떠돌이 노동자들과 해적들의 경험으로부터 많은 것을 배워야 한다.

결론

위에서 묘사된 시간의 세 가지 차원은 계급투쟁을 분석하는 데 유용할 수 있다. 적어도 이러한 접근법을 통해 우리는 자본이 시간을 구성하는 다양한 방식이 존재하는 것을 분명하게 알 수 있다. 그와 동시에, 자본이 시간을 조직하는 다른 방식들 모두에서 시간이 다시 전유되지 않는다면 자본주의를 넘어설 가망은 거의 없다. 시간을 단순히 직선적인 측면에서만 다루는 정치학, 예컨대 "생계" 임금과 시간 정치학은 시간에 대한 순환적인 그리고 시제적인 측면들의 중요성을 놓치게 될 것이다. 다른 종류의 시간들을 지나치게 강조하는 것에 대해서도 유사한 논점을 제기할 수 있다. 다양한 시간의 양태들 모두는 자본주의적 삶의 형태와 사회적 조정을 넘어서려는 모든 정치적 노력 속에서 동시적으로 다룰 필요가 있다.

"인지자본주의"에 대한 비판

하지만 돈 자체는 어디에나 존재하며 또한 모든 것을 위한 수단이 되기 때문에 우리 실존의 다양한 요소들은 포괄적인 목적론적 관계망으로 편입된다. 그 안에서는 어떤 요소도 첫 번째가 되지 않으며 어떤 요소도 마지막이 되지 않는다. 더 나아가 돈은 모든 사물을 무자비한 객관성을 가지고 측정하며, 그렇게 해서 얻어지는 사물들의 가치척도는 바로 그 사물들의 결합 관계를 결정한다. 그리하여 삶의 객관적인 내용과 인격적인 내용의 조직망이 나타나는데, 이 조직망은 그 부단한 결합성과 엄격한 인과성으로 인해 자연법칙에 의해 지배되는 우주 질서에 근접한다. ─ 게오르그 짐멜, 『돈의 철학』[1]

서론

　지난 수년간 우리는 (아직 끝나지 않은) 중요한 자본주의적 위기 그리고 그러한 자본주의적 위기를 설명하는 전통적인 맑스주의적 설명의 위기 둘 다를 목격했다. 이런 이유로 하트, 네그리, 베르첼로네, 부땅, 비르노, 마라찌 같은 "포스트오페라이스트" 또는 "자율주의적 맑스주의자들"의 작업의 전개는 매우 매력적인 것으로 드러났다. 그들은 낡은 것에 대해 포스트포스트 케인스주의, 포스트포스트 포드주의적 자본주의에 고유한 새로운 개념들과 새로운 접근법들의 집합을 제공해 준다(예를 들어, 인지자본주의, 제국, 다중, 대지, 포획, 특이성, 형식적 포섭과 실질적 포섭, 산 지식). 이를 통해 그들은 결국 "대중", 아니 그들의 용어법에 따르자면, "다중"을 장악할 수 있는 이론을 제공해주는 기회를 얻는다.

　그래서 많은 사람이 현대 자본주의를 "인지자본주의", 또는 어쩌면 "생산의 정보화", "지식 경제", "정보 자본주의" 같은 일부 유의어들로 설명하는 포스트오페라이스트에 편승한다. 인지자본주의와 그 유의어들은 인지자본주의를 만들어낸 생산력과 계급투쟁의 새로운 형태들이 인지자본주의가 제공하는 생산관계보다 그 속도가 훨씬 빨라서 붕괴에 직면한 자본주의의 새로운 형태를 묘사하고자 한다. 다시 말해, "(인지) 혁명을 위한 시간이 무르익었다." 하지만, 새롭고도 태생적으로 불안정한 자본주의의 주도권을 묘사함으로써 우리 시대의 혁명적 에너지를 해방하려는 기특한 정치적 노력 속에서 인지자본주의의 이론가들은, 자본주의를 더욱 불안정하게 만들고 동시에 잠재적으로 더욱 지속하게 만드는 계급 노선의 양 측면에서 작용하는 실제적인 힘들의 범위와 복잡성을 망각한다.

이 장에서 나는 "인지자본주의"(와 그 유의어들) 개념이 지닌 힘을 "시험해 보고", 그것(들)이 현대 자본주의를 충분히 설명해야 하는 과제에 적절하지 않음을 밝힐 것이다. 나는 "인지자본주의"의 이론가들이 확신하는 것처럼 자본주의, 지식-생산, 정치적 해방을 연결하는 직접적인 방법은 존재하지 않는다고 주장할 것이다. 결론에서 나는 그들의 "인지론적" 분석에 대해 내가 가한 혹평을 벗어날 수 있는 대안 개념을 지적할 것이다.

인지자본주의의 계보학 : 자본주의 = 합리성 : 베버, 짐멜, 하이에크 … 그 사이에 케인스는 없고 맑스가 있는

인지자본주의 개념을 시험하기 위해서는 우리가 어떤 개념에 관해서 이야기하고 있는지 분명하게 하는 것이 중요하다. 카를로 베르첼로네와 그 밖의 포스트오페라이스트 또는 자율주의적 맑스주의 사상가들이 인지자본주의 개념을 전개하기 전에 학계, 통속 사업[연예 사업], 그리고 OECD-세계은행 관련 문헌에는 지식 경제 및 지식 생산이라는 이미 상당히 진전된 개념이 존재했다.[2] 이 두 전통을 구분하고 그들의 중첩과 차이를 식별하는 것이 중요하다.

사실, 자본주의를 인식, 합리성, 추상적인 양적 정신과 결합하려는 오랜 전통이 존재해 왔다. 19세기 후반에서 1차 세계대전이 일어나기 전 시기 사이의 시대에 이미 일련의 경제학자들과 사회학자들, 특히 게오르그 짐멜, 막스 베버 같은 독일 신칸트주의자들은 자본주의를 합리성·계산·추상성을 특징으로 하는 "삶의 형태"로 파악했다. 그들의 작업은, 형식적인 구조들이 "삶"에 대해 지배력을 행사하는 현대 자본주의에서 실존의 불모성에 대한 광범위한 애도의 일부였다. 여기에서 우리는 또한 20세기 중반에 엄청난 영향력을 발휘한 관료제에 대한 비판의 씨앗을 발견한다.

예를 들어, 짐멜은 자본주의를 수단/목적이라는 양극의 전복에 그리고 삶의 모든 형태의 등가 교환에 기초한 양적 가치 체계를 삶의 모든 형태들에 적용하는 것에 고착시켰다. 제사題詞에서 볼 수 있듯이, 짐멜은 이러한 합리적인 자본주의가 조장하는, 영혼을 빼앗는 전체주의적인 삶의 형태를 찬양하는 동시에 절망했다.[3] 베버에게 자본주의는 그의 유명한 "쇠우리" 이미지로 연결되는 합리성의 "영혼"으로 충만해 있었다. 다시 말해, 자본주의는 자유로운 노동의 합리적인 배치, 합리적인 회계 형태, 시장만이 아니라 영혼 없는 생활 세계에도 대응하는 합리적인 산업 형태로 인류를 몰아간다.[4] 사실, 이 영혼은 도구적 합리성만을 조작했지만, 그것은 이전의 모든 경제 형태들뿐만 아니라 (사회주의를 포함하는) 그 동시대의 경쟁자들보다 우월한 합리성이었다. 그것은 불가피한 것으로 보였다.

수십 년 뒤 하이에크는, 잘 알려져 있다시피, 시장을 판매용 상품에 대한 정보를 제공하는 인식론적 도구와 동일시함으로써 자본주의에 대한 이러한 인지적 접근법들을 더욱 발전시켰다.[5] 그의 견해로는, 분배를 조직하려는 시장 이외의 모든 노력은 척도의 결핍으로 인해 끊임없이 괴롭힘을 당할 것이다. 그리고 자의적이고 비경제적이며 그리하여 필연적으로 타락한 선택들에 토대를 둔 체계를 낳게 될 것이다. 이러한 접근법은 사회주의에 대한 그의 비판으로 이어졌고, 그가 사회주의의 장기적인 생존 능력을 문제 삼도록 했다.[6]

자본주의에 대한 부르주아 논평가들이 자본주의의 합리적이고 인지적인 특성과 관련해 모두 같은 결론에 도달한 것은 아니었다. 케인스는 다양한 맥락에서 자본주의의 합리성을 문제 삼았다. 예를 들어 그는 "동물혼[야성적 충동]"과 관련한 그의 언급에서부터, 투자 대부분이 지닌 게임 같은 특징과 투자자 대부분이 게임을 하는 것 같은 행동에 이르는, 그리고 도박꾼[투자자들]이 평균적으로 배팅하는 것에 배팅할 수밖에 없는 주식시장의 "편승 효과"에 이르는 다양한 맥락에서 자본주의의 합리성을 문제 삼았다. 그의 전반적인 태도는 자본주의가 순전히 도구적이라는 것이었다. 그의 동료인 블룸즈버리 그룹의 포스터E. M. Forster가 민주주의에 "두 번의 환호"를 보냈던 것처럼 케인스도 자본주의에 "한 번의 환호"를 보냈다. 사실, 케인스는 1928년의 논문 「우리 손자들의 경제적 전망」에서 그의 태도를 조화롭게 표현했다. 이 논문에서 그는 축적 과정이 (대략 21세기 초반, 즉 오늘날) 희소성의 문제에 대한 "해결책"을 낳는다면 인류가 마침내 화폐-동기의 진정한 가치를 최종적으로 평가할 수 있을 것이라고 주장했다. 바로 그때 "삶을 향유하고 삶의 실재들에 접근하는 수단으로서의 화폐에 대한 사랑과 구별되는, 소유로서의 화폐에 대한 사랑은 있는 그대로 평가받을 것이다. 즉 그 사랑은 조금은 역겨운 병적인 것으로, 사람들이 정신병에 시달리는 전문가들에게 두려움에 떨며 넘겨주는 반#-범죄적인, 반#-병리학적인 경향 중의 하나로 평가받을 것이다."7

한마디로 말해, "인지자본주의"라는 말은 (케인스에게 그렇지는 않지만) 베버, 짐멜, 하이에크에게는 필요 없는 표현이다. 의심할 바 없이 이들이 21세기 초반의 인지자본주의 이론가들에게 큰 영향을 끼쳤지만, 맑스가 가장 큰 영향을 미친 사람임에는 더 분명해 보인다. 한편으로, 맑스는 베버, 짐멜, 하이에크와 더불어 모든 자본주의 시대가 "인지적" 측면을 가지고 있었다고 인정했다. 왜냐하면 [자본주의] 시스템의 기본적인 기제는―교환과정, 가치의 노동시간 척도, 회전 시간을 감축하는 것의 중요성, 잉여가치의 이윤·지대·이자로의 변형과 같은, 그가 강조한 기제들도―도구적 합리성의 발전을 자극하는 "구체적 추상들"을 창출하기 때문이다. 사실, 맑스는 [자본주의] 체제의 불합리성과 야만성을 비판했음에도 불구하고 자본주의에 관한 한 최초의 "비물질주의자" 그리고 "인지론자"였다. 왜냐하면, 그는 자본가들이 사물에 관심이 없고, 분명히 그것들의 양적 가치에 대해 알기를 원하고 가치는 결코 물질 같은 것이 아니라고 주장했기 때문이다!

하지만 베르첼로네 같은 "인지자본주의" 이론의 자율주의적 맑스주의 지지자들은 알프레드 존-레텔과는 달리, 양적인 (그러나 물신화된) 합리성의 어떤 형태를 갖춘 자본주의에 대한 맑스의 일반 방정식에 특별한 관심을 두지 않는다.[8] 자율주의적 맑스주의자들은 맑스가 지식-자본주의 관계를 연구한 사람이라는 점을, 그리고 정치경제학과 인식론이 융합하는 지형을 연구한 사람이라는 점을 강조한다. 그 과정에서 그들은 맑스가 밤늦게까지 쓴 원고 뭉치인 『그룬트리세』를 재평가한다. 그들의 주장에 따르면, 지식을 생산에 응용함으로써 만들어지고 (잠재적으로는) 착취로부터 노동자들이 해방되는 것으로 귀결되는 자본주의 위기에 대한 정치 이론을 위한 토대가 이 책에 설계되어 있기 때문이다.

『그룬트리세』에 실려 있는 「기계에 대한 단상」에서 나타나는 맑스의 잘 알려진 주장은, 대규모 산업이 도래하면서 과학이 주요한 생산력이 되고, 과학기술이 노동과정을 장악하며 (이윤율의 당연한 하락으로 인해) 기계들이 인간 노동을 대체하는 자본주의 발달 국면이 시작된다는 것이다. 노동자는 기계의 시중을 드는 존재로 전락하지만, 그와 동시에 부를 측정하기 위해 노동시간을 사용하는 것은 점점 더 비합리적인 것으로 밝혀진다.[9]

「기계에 대한 단상」은 또 다른 사회로의 이행, 그리고 자본으로부터의 탈출을 촉진할 가능성을 지닌, 비물질적 노동과 인지자본주의 같은 자율주의적 맑스주의의 개념화에 지대한 영향을 미쳤다. 자본주의가 생산력들의 심화된 발달에 장애가 되는 단계에, 생산력과 생산관계 간의 역사적 모순이 위기에 빠지고, 그리하여 인지 노동이 그러한 모순의 극단에서 중대한 요인이 되는 단계에 우리가 처해 있다는 (네그리와 하트의 최근 저작들에서 특히 두드러진) 일반적인 믿음이 존재한다.

하지만 맑스학Marxology이 인지자본주의 이론의 발달을 추동하는 유일한 힘은 아니었다. 1970년대 중반의 자본주의 위기, 대부분 명확하게 전 세계 산업 노동자들이 벌인 투쟁의 순환으로 조성된 위기에 뒤따른 획기적인 변화들이 결정적이었다. 인지자본주의라는 이념을 촉발한 것은 이러한 투쟁들에 대응한 세계 경제의 재구조화 ― 탈산업화, 지구화, 컴퓨터/정보 혁명 ― 였다. 자율주의적 맑스주의 이론가들이 베푼 친절은, 최소한 지구 북쪽에서 일어난 생산의 탈산업화를 공장의 거부에 대한 하나의 대응으로 그리고 그것[공장의 거부]에 대한 구체화로 독해함으로써, 1970년대 산업 노동계급의 패배를 승리로 바꾸었다는 것이다. 이러한 견지에서 보면, 인지자본주의는 노동자들이 조립라인을 거부하고, 생산성 위기를 초래하며, 삶의 전반적인 산업적 체제가 종말에 이르렀음이 틀림없다고 시위함으로써 자본가들이 취할 수밖에 없도록 만든 조치이다.

OECD와 세계은행

외생독립변수의 지위로부터, 투입에 의존하고, 자원들의 할당에 의존하는 내생독립변수 지위로 "끌어올리는 것"은 중요한 조치이다. ― 프리츠 매클럽[10]

태양 아래 새로운 것은 없다. 이것은 지식과 인지, 그러므로 "인지자본주의"에 대한 경제적 접근법에도 해당된다. "지식 경제" 같은 용어들은 1990년대 중반경 경제학자들과 사회학자들에 의해 널리 사용되기 시작했다. 그뿐만 아니라, 그것들은 1970년대의 위기에 대응하는 경제적 재구조화로부터 출현하는 새로운 실재를 규정하고자 하는 세계은행 같은 주요 자본주의 계획 기구들에 의해서도 광범하게 사용되기 시작했다. 하지만 1960년대 초반에 이미, 프리츠 매클럽 같은 경제 이론가들은 지식을 하나의 상품으로 그리고 하나의 산업 요소로 변형시켜 줄 범주들을 개발했다. 실제로, 매클럽은 1962년에, 1958년경에 임금노동자들의 30% 이상이 "지식을 생산하는 사람들"로 구성되어 있다고 주장했다.[11]

이미 복잡한 계보학적인 이 그림을 더욱 복잡하게 만드는 것은, 부르주아 경제학자들과 그들의 경쟁자인 포스트오페라이스트나 자율주의적 맑스주의자들 모두 "인지"라는 용어와 그 연관어들("지식"과 "정보")을 자본주의 역사의 특정한 (사실은 최근의) 시대를 식별하기 위한 꾸밈말로 사용하고 있다는 사실이다. "인지"는 "산업"이 "산업 자본주의"나 "산업 기반 발달" 등등과 같은 구절들에 나타나는 것과 같은 식으로 사용되고 있다. 이것이 의미하는 것은, 이전의 자본주의 시대들에서 지식과 인식이 중요했다 하더라도, 가장 최근의 자본주의 국면이야말로 "인지"나 "지식" 같은 용어들로 적절하게 명명되어야 한다는 것이다.

자본주의에서 일어난 어떤 변화가 이러한 용어들의 사용을 정당화하는가? "지식"이라는 꾸밈말은 과거 "산업"처럼 기능하고 있는가? 의미론적으로 볼 때, "지식 기반 경제", "지식 관련 직업", "지식 기반 산업" 개념들은 1990년대에 더욱 빈번하게 사용되기 시작했다(로버트 라이시가 『국가의 일』에서 소개한 "상징 분석"이라는 용어가 더 정확한 표현이었지만 말이다).[12] 세계은행은 1994년에 이미 "경제 발전의 주요한 추동력이 된 지식의 새롭게 출현하는 역할"과 같은 새로운 추세를 지적하고 있었다.[13] 이러한 사태 전개는 저 최초의 탈냉전 10년 동안 이루어진 "신경제"의 "발견"과 일치하는 것처럼 보인다.

이 시대 초반, "지식이 경제 발전에서 가장 중요한 요인이 되었다."거나 "오늘날, 경제 성장은 자본 축적의 과정이기도 하지만 또 그만큼 지식 축적의 과정이기도 하다."라는 구호들은 낡은 말이 되었다.[14] 세계은행이 최소한 이 주장들을 정당화하고 더 일반적으로 자본주의에 관한 새로운 인식론적 특징을 준비하는 데 사용한 증거는 분명 대답보다 더 많은 물음을 요구한다. 예를 들어, 다음을 생각해 보자. (1) OECD는 1985년과 1997년 사이에 지식 기반 산업 분야가 총부가가치에서 차지하는 몫에서 중대한 성장을 이루었다고 결론지었다(독일에서는 51%에서 59%로, 영국에서는 45%에서 51%로, 또한 핀란드에서는 34%에서 42%로 성장했다). (2) OECD[국가]의 회사들은 "지식 기반 무형[자산]"에 투자의 최소한 3분의 1을 바친다.[15]

이러한 "증거"와 관련된 문제는, 측정되고 있는 것 – "지식 기반 산업 분야"와 "지식 기반 무형[자산]" – 이 모호하다는 것이다. 그것들과 지식-직업, 지식-노동, 그리고 최종적으로 지식 경제의 특징은 무엇인가? OECD와 세계은행은 "지식 기반 산업 분야"를 "고도 및 중간 고도 과학기술 산업들 : 통신 서비스, 금융, 보험, 기타 기업 서비스, 그리고 지역, 사회, 개인 서비스 등"[16]을 포함하는 것으로 규정하고, "지식 기반 무형[자산]"은 "훈련, 연구개발, 특허, 면허, 디자인, 마케팅 등"[17]을 포함하는 것으로 규정한다.

이처럼 중대한 문제를 기술하는 용어법에는 대단히 모호한 측면이 있다. 지식 기반 산업과 무형[자산]은 비지식 기반 산업과 유형[자산]보다 더 지식에 연결되지 않는다. 그것들은 대답보다 훨씬 많은 물음을 유발한다. 재생산하는 노동력과 불변자본은, 계산하고 소통하고 투기하면서, 하나의 회사, 하나의 기업, 하나의 산업 부문을 "지식 기반"적인 것으로 만드는가? 무엇이 "무형[자산]"을 비지식 기반적인 것으로 만드는가? 예컨대, "감시 서비스"surveillance services는 지식 기반적이지만 "경호 서비스"guard-services는 비지식 기반적인가? 비지식 기반적인 산업들은 무지를 기반으로 하는가? 무엇이 자동차 회사, 부동산 회사, 음식점, 광산, 농장을 배제하는 지식 기반 산업 부문 제목 아래에 은행, 포르노그래피 영화 회사, 소프트웨어 설계 회사, 통신회사 들을 한데 모으는가? 후자는 전자보다 더 지식에 의존하는가, 후자는 전자보다 훨씬 더 다양한 지식을 창출하는가? 그리고/또는 전자의 노동자들은 후자의 노동자보다 더 많이 아는가? 마지막으로, 가장 신랄하게 물어보자면, 왜 세계은행은 1990년대 내내 아프리카 국가들에서 (추측건대 당시 세계은행은 지식과 지식 노동자가 전 지구적인 시장에서의 생존이 기대되는, 모든 현대 경제에서 가장 결정적인 "투입"이라고 인정했다.) 그들의 교육 시스템에 대한 출자를 중지하는 구조조정프로그램들을 시작했는가?[18]

반자본주의적 입장에서 바라본 인지자본주의

a. 지식 경제에서 인지자본주의로

"인지자본주의"라는 용어는 "지식 경제"보다는 더 최근에 나타난 것 같다. 왜냐하면, 이 용어가 나타나는 책과 논문 들은 2000~2001년의 "닷컴" 몰락에서 비롯되기 때문이다. 베르첼로네와 부땅이 "인지자본주의"라는 제목을 달고 집필한 책들은 2007년에 출판되었으며 "인지자본주의" 연구 프로그램에 대한 최초의 참조 문헌들은 2000년 무렵에 나타났다.[19] 나는 인지자본주의에 대한 자율주의적 맑스주의 이론을 언급하면서, 네그리·하트·부땅·비르노를 포함해서 대부분 프랑스와 이탈리아에 집중된 학자-활동가들이 다양한 방식으로 집단으로 정교화한 이론을 참조한다. 그렇지만 한 명의 필자가 두드러지는데, 카를로 베르첼로네가 바로 그 사람이다. 그는 자신의 저작 속에서 이 이론의 주요 개요들을 언급했으며 이 이론의 핵심적 통찰 대부분을 제공했다. 그래서 나는 그의 저작에 집중해서 인지자본주의 이론에 대해 논평할 것이며 다른 이론가들에 대해서는 적절하게 보완하고 가끔 참조할 것이다.

자기-규정적인 계보들의 함정들을 인식하면서, 인지자본주의 개념을 현대 사회 및 경제에 대한 다른 이론들과 연관 지어 설정하려는 베르첼로네의 노력에 주목하는 것이 유용하다. 그는 "인지자본주의 가설들이 새

로운 지식-기반 경제 이론들의 정치경제학 비판으로부터 전개된다."라고
주장하고 나서 다음과 같이 설명한다.

> 신자유주의적 영감의 변호론적 설명들에 대한 비판적 관점은 인지자본
> 주의 개념 자체를 구성하는 두 용어 속에 각인되어 있다. 1) '자본주의' 개
> 념은 자본주의 생산양식의 구조적 불변요소들 - 특히, 이윤 및 임금 관계
> 의 주동적 역할, 또는 더욱 정확하게는 잉여노동 추출이 토대를 두고 있는 종
> 속 노동의 서로 다른 형태들 - 의 변화 속에서 지속적 요인을 규정한다. 2)
> '인지'라는 용어는 자본 및 노동의 대립적 관계의 새로운 본성, 그리고 자
> 본 축적이 의존하는 소유 형태의 새로운 본성을 강조한다.[20]

우리는 밀레니엄 전환기에 이러한 가설이 필요했음을 인정할 수 있다.
이때 분위기는 닷컴 거품을 불러일으키는 "신경제" 수사학으로 충만했으
며, 자본주의 이데올로그들은 기하급수적으로 증대하는 컴퓨터 능력에
힘입어 빠른 속도로 접근하는 "특이점"(기계가 인간의 지능을 능가할 것
으로 가정되는 시점) 덕분에 영원한 성장 시대가 도래할 것이라고 선언하
고 있었다.[21] 이때는 닷컴 백만장자인 단기 투자자들이 21세기의 노동자
모델로 주목받고 있던 시대였다. "인지자본주의"의 "자본주의" 측면은, 과
학기술과 심리학에서의 모든 변화에도 불구하고 자본주의는 여전히 자
본주의라는 점을, 그리고 [자본주의] 체제가 생존하기 위해서는 노동자들
의 노동이 착취되어야 한다는 점을, 그리하여 필연적으로, 자본과 노동
간의 투쟁이 계속될 것임을, 그리고 어쩌면 강화될 것임을 모든 사람에게
냉정하게 상기시켰다.

b. 백투더퓨처

[특별한 기교와 숙련을 필요로 하는 직업을 배우기 위해] 많은 노동과 시간을 투입한 사람은
[위에서 말한] 비싼 기계의 하나에 비유될 수 있다. — 애덤 스미스, 『국부론』[22]

무엇이 이 시대의 자본주의를 다른 어떤 것보다도 더 "인지적"으로 만드는가? 베르첼로네에게 이 대답은, 맑스의 미간행 논문 「직접적 생산과정의 제 결과」에서 발견되는 개념들 – 자본 아래로의 노동의 실질적인 포섭 및 형식적인 포섭 – 뿐만 아니라 『자본론』 첫째 권에 등장하는 절대적 잉여가치와 상대적 잉여가치 같은 용어들을 사용하는, 자본주의 역사에 대한 새로운 시대구분 속에 있다. "포섭" 그 자체는 형식 논리에서 파생된 기술적 용어다. 그것은 논리적으로 규정된 다른 계급에 의한 또 하나의 계급의 포괄을 가리킨다. 혹은 그것은 더 큰 주장의 중재 요인으로 기능하는 삼단 논법의 소전제의 포괄을 가리키기도 한다. 그러나 맑스는 이 논리적 관계를 정치경제학 비판 속에서 사용해, 자본이 직접적 생산과정 속에서 노동을 포섭할 수 있는 두 개의 다른 방식들을 구분한다.

자본 아래로의 노동의 형식적 포섭은 "즉, 자본주의적 관계들의 출현 이전에 전개된 노동양식의 자본에 의한 탈취"[23]이다. 이러한 양식들에서는, "노동일의 연장에 의해서만, 다시 말해 절대적 잉여가치의 증대를 통해서만 잉여가치가 창출될 수 있다."[24]라고 맑스는 주장했다. 베르첼로네가 보기에, 자본 아래로의 노동의 이러한 형식적 포섭의 모델은, 상업 및 금융 자본이 지배적이었던 16~18세기의 "선대제"putting-out system이다.

맑스가 보기에 자본 아래로의 노동의 실질적 포섭이 발생하는 상황은 다음과 같다.

형식적 포섭의 일반적 특징들은 살아남는다. 다시 말해, 노동의 기술적 발달 상태와 상관없이, 노동과정은 자본에 직접 종속된다. 그러나 이러한 토대 위에서 이제, 노동과정의 본성과 그것의 현실적 조건들을 변형하는 과학기술적으로 특수한 또한 그와 다른 방법으로 특수한 생산양식이 나타난다. … 자본 아래로의 노동의 실질적 포섭은 절대적 잉여가치와 대립하는 상대적 잉여가치에 의해 발달된 모든 형태 속에서 전개된다.[25]

이 포섭 형태는 과학과 과학기술의 생산과정으로의 직접적 응용을 유발한다. 이 시기는 19세기에서 1960년대와 1970년대 초반의 조립라인 노동자의 위기에 이르는 포드-스미스-테일러-맨체스터 생산 모델을 포함한다. 그러나 베르첼로네는 "도요타주의적"/"적시" 노동 체제 속에서 새로운 "포스트포드주의적" 시대를 발견하는 사람들에 대해서도 비판적이다. 그 이유는 그것이 여전히 "자본에 의한 노동의 실질적 포섭이라는 포드주의적-산업적 논리의 심화된 발전으로 이해된, 새로운 자본주의에 대한 공장[에 의해] 고취된 시각"에 묶여 있기 때문이다. 그렇지만 이 모델은 "1차 산업혁명으로 시작된 장기간의 동역학의 더 구조적인 불변요인들 중 일부의 경향적 위기"[26]를 보여주지는 못한다. 이러한 "구조적 불변요인들"의 한 사례는, "포드주의적" 모델에서의 테일러주의적 시간-동작 연구에 의해서건, 또는 "포스트포드주의적" 모델에서의 "품질 관리반"의 형성과 노동-경영 네트워킹을 통해서건, 노동과정에 개입하는 것에 대한 자본가의 강조일 것이다. 달리 말해, "포드주의"와 "포스트포드주의"는 "포스트포드주의자들"이 공언하는 것처럼 서로 다른 게 아니다. 베르첼로네는, 시기를 구분하는 더 좋은 방법이 있는데 그것은 수많은 "포스트포드주의적" 특징들을 실질적 포섭의 선행 단계로 접어 넣고, 자본주의의 세 번째 단계를 "인지자본주의"라고 명명하는 것이라고 주장한다.

인지자본주의를 지지하는 사람들은, 명백히 자본주의의 역사적 위기의 한가운데에서 매력적인, 그리고 우리 시대의 표준적인 맑스주의가 정치적으로뿐만 아니라 개념적으로도 무력하다는 것을 드러낼 때 매력적인 대담한 주장을 펼치고 있다. 그들은 우리가 (기생적인 자본가와 집단적이면서 전 지구적으로 사회화된 지식 노동자가 갈등하는) 계급투쟁에 대한 새로운 시각을 갖기를, 그리고 매개자로서의 국가 사회주의 없이 자본주의에서 코뮤니즘으로의 직접적인 이행 가능성을 다시 연구하기를 요구하고 있다. 그렇다면 베르첼로네와 다른 인지자본주의 지지자들이 제시하는 주장들과 가설들을 평가하는 것이 중요하다.

베르첼로네의 주장에 따르면, 자본주의의 이 "인지적" 단계의 새로운 면모들은 많다. 그러나 핵심적인 특징은, 자본가들이 노동과정의 지대에서 쫓겨나 노동의 형식적 포섭으로 되돌아갔다는 것이다. 비록 노동시간이 더 이상 가치 척도는 아니지만 말이다. 베르첼로네는, 훨씬 더 과학적이고 기술적인 지식을 생산에 응용한 것이고 자본주의의 두 번째 단계의 특징인, 상대적 잉여가치 축적을 향한 끊임없이 강렬해지던 자본주의적 충동이 과거의 것이 되었다고 주장한다. 인지자본주의는 (자본이 생산과정 외부의 위치로 되돌아간다는 점에서) 자본 아래로의 노동의 형식적 포섭으로의 귀환을 수반하지만, 거기에는 두 가지 조건이 있다. 엄밀히 말해, 형식적 포섭은 전前자본주의적 노동형태들과 절대적 잉여가치 축적을 포함해야 하지만 (a) 우리 앞에는 전前자본주의적 노동형태들로의 귀환 대신 자본의 직접적 통제 아래 놓이지 않는 새로운 노동형태가 있으며, (b) 절대적 잉여가치 축적으로의 귀환 대신 시간상으로 측정될 수 없(으며 그리하여 이 시대에서는 상대적 및 절대적 잉여가치 범주들이 작동될 수 없)는 노동형태가 있다.

자본이 더는 생산의 조직자가 아니라는 주장을, 그리고 "노동의 포섭이 본질적으로 순환 과정 내부에서 임금-노동자의 화폐적 종속 관계에 기초하고 있다는 점에서 이 포섭이 다시 한번 형식적으로 되었다."는 주장을 살펴보자.[27] 분명 베르첼로네는 이 핵심적 지점에서는 다소 추상적이다. 하지만 그에 따르면 자본은 분명히, "고정 자본(과 기업 조직) 속에 통합된, 죽은 지식에 대한 노동에 의해 통합되고 가동된 산 지식의 새로운 질적 우위"[28]로 인해, 노동과정에 대한 지배력을 상실한다. 실제로, 이러한 발전의 극적 전환점[29]은 "본질에서 사람 속에 통합된 무형 자본(연구개발, 교육, 건강)의 몫이 주식 속에 보유된 물질 자본의 몫을 뛰어넘어 성장의 주요 요인이 될"[30] 때였다. 이것은 노예에 투자된 자본의 몫이 불변자본에 대한 국내 주식의 가치보다 훨씬 컸던 때인 장기간의 미국 역사를 생각나게 한다. 베르첼로네는 다음과 같이 쓰고 있다.

> 노동의 조직화가 점점 더 자율적으로 되어가는 한 화이트칼라 사무실들은 사라지거나 지난 시대의 아바타가 된다. 이러한 틀에서 볼 때, 노동에 대한 통제는 업무의 직접적 할당이라는 테일러주의적 역할을 떠맡지 못한다. 그것은 대부분 배달의 책임, 주체성의 규범, 그리고 임금 관계의 불안정화에 연결된 순수하고 단순한 강제에 기초를 둔 간접적인 기제들로 대체된다.[31]

이것은 오늘날 노동자의 특징을 명인名人적인 소통적 수행으로 파악하는 빠올로 비르노에게 경의를 표하는, 자율적이고 창조적인 "백투더퓨처" 노동자 모델이다.[32] 비물질적 노동 – 예컨대, 비물질적 정동(정동적 노동)과 지식(인지적 노동)을 생산하는 노동 – 의 범주가 경향적으로 지배적인 생산으로 발전하기 때문에, 노동의 본성은 불가피하게 변화를 겪는다. 노동은 더는, 물질적 생산물을 생산하는 노동이 감독되거나 측정되는 것과 같은 방식으로 감독되거나 측정될 수 없다. 결론적으로 베르첼로네는, 자본주의 고용주들이 – 음반 및 영화 산업 사장들이 "예술가들"을 다루는 방식과 유사하게 – 이러한 비물질적 노동자들을 주의 깊게 그리고 "외부"로부터 다루는 것이 필연적이라고 주장한다. 이것은 특히, 인지적 노동의 경우, "산 지식"의 구체화의 경우 진실이다. 오늘날의 인지자본주의의 생산은 자신의 모델로 공장 대신 선대제를 제시한다. 선대제에서 상인은 임금을 제공하고, 때로는 기계를 투입하고 그 대가로 생산물을 받는다. 실제로, 생산과정 내에서의 노동자의 점증하는 자율과 "화폐 및 금융 순환 분야에 의해 실현되는 잉여 착취 기제들과 생산에 대한 간접적인 지배 형태들"[33]로의 자본의 경향 사이에는 깊은 관계가 있다.

두 번째 조건은 맑스가 형식적 포섭과 절대적 잉여가치 사이에서 도출한 본질적 관계와 관련된다. 절대적 잉여가치는 가치의 시간 척도에 기초하고 있으므로, 지식 노동을 다룰 때 이것은 완전히 부적절하다. 이 경우에 이 인지적인 자본주의적 포섭과 절대적 잉여가치 사이에는 아무런 관계가 없다. 사실, 이러한 관계의 결여가 가치법칙의 위기를 만들어내는데, 그 까닭은 하나의 생산과정에서 만들어진 생산물의 지식-가치와, 맑스의 말을 바꾸어 보자면, 그것이 점점 더 "부의 척도와 부의 분배 규범의 '비참한 토대'"[34]가 되어감에도 자본이 고집스럽게 사용하는 시간-가치 사이에 모순이 시작되기 때문이다.

c. 지대의 귀환

맑스와 관련된 그다음의 이론적 혁신은 베르첼로네가 이윤과 지대의 관계를 재배치했다는 것이다. 그의 논제는, "가치-노동시간 법칙이 위기에 빠져 있고 노동의 협력이 점점 자본의 경영 기능으로부터 자율적으로 되어가고 있어서 지대와 이윤의 바로 그 경계들이 붕괴하기 시작한다."[35]는 것이다. 여기에서 핵심은 자본이 (적어도 노동의 "인지적" 힘들이 결정적인 분야에서) 생산을 조직하는 것에서 물러나게 되었기 때문에 사실상 생산수단을 노동자에게 "임대"하고 그 대가로 지대를 받는다는 것이다. 예컨대 나는, 머크Merck [36] 소유의 유전 실험실이 과학기술 노동자들에게 은밀하게 "임대되고", 그들은 자신들이 연구하는 특정한 유전적 배치에 관한 물질의 약리학적 효험에 대한 지식을 머크사에 넘겨줌으로써 머크사의 경영진과 주주들에게 "지대"를 지불한다고 가정한다. 그러면 머크사는 이 지식을 약제 특허로 만들어 전 세계의 제약 회사들에 임대할 수 있다. "우리는 전前 자본주의를 상기시켜 주는 상업적이고 금융적인 논리의 귀환을 목격하고 있다."[37]

이것은 주어진 노동자로부터 가능한 한 최대의 생산량을 효율적으로 뽑아내기 위해 노동과정 각각의 순간을 관리하는 "생산적인" 자본 모델과는 매우 다른 모델이다. (막노동꾼의 가장 작은 움직임으로부터 기업 본사 사무실의 벽 색깔에 이르는) 효율에 대한 이러한 관심은 자본이 노동을 실질적으로 포섭했던 (19세기에서 1970년대에 이르는) 상대적 잉여가치 시대를 대표한다. 이때 이윤은 소득의 지배적인 형태였으며 지대와는 뚜렷이 구별되었다. 실제로, 리카도주의자들에서 신고전주의 경제학자들에 이르기까지, 지대로 살아가는 사람rentier과 지대 추구자rent-seeker는[38] 자본의 신체 위에 기생하는 종양으로 비난받았다. 지대로 살아가는 사람들은 [자본주의] 시스템에 대한 암적 존재이기 때문에, 예전에 케인스는 이들을 안락사시켜야 한다고 요구했다.[39]

하지만, 베르첼로네는 맑스가 『자본론』 3권에서 선견지명을 가지고 "이윤의 지대 되기"를 보았다고 주장한다. 이것은 자본 소유owning capital와 "자본 수행"performing capital을 점점 더 구별했던 주식회사의 부상에서 맑스가 주목했던 상황이다. 자본 소유는 "노동의 조직화에서 더는 어떠한 기능도 행사하지 못한 채" 잉여가치를 추출하는 반면에 자본 수행은 "관리자의 형상 속에 점점 더 구현되는데, 여기에서 지도력과 노동착취의 기능들은 생산에서 개념적이고 조직적인 과업들을 실행하는 임금노동자라는 거짓된 외양을 띠고 나타난다."[40] 그러나 맑스는 일단 [수행 자본가가] "자본으로부터 자신을 자율적으로 조직할 수 있는 생산적 협력에 맞닥뜨리게"[41] 되면 관리자로서의 그 수행 자본가 역할조차 사멸된다는 것을 인식함으로써 지대 추구자들(자본 소유자들)에 대한 케인스의 저주를 뛰어넘었다. 그러나 대중교육과 강도 높은 수준의 훈련으로 만들어진 분산된 지성이 촉진한 이 생산적 협력은 수행 자본가들을 대체하고, 그들을 더욱더 생산과정에 불필요한 것으로 만든다.

수행 자본가는 생산과정으로부터 소외되면서 생산과 시장을 잇는 "중간 상인"으로서의 역할을 담당한다. 새로운 자본가는 노동자들에 의해 자율적으로 운영되는 생산과정의 결과물들을 "포획함으로써" 법적으로 그리고 광고를 통해 시장에 대비한다. 자본가가 생산으로부터 어떤 소득을 요구할 권리가 있다면, 그것은 오직, (주어진 현재의 생산관계, 예컨대 지적 재산권 아래서) 자본주의적 "중간상인"이 생산과정을 관리하고 있기 때문이다. 이것이 특허, 저작권, 등록상표에 의해 사유화된 지식 사용 허가로부터 얻는 소득이 왜 오늘날의 자본주의에 그렇게 중요하게 되었는지에 대한 이유이다. 예를 들어, 상무부 장관 게리 로크는 최근의 한 연설에서 "우리 수출의 50%가 소프트웨어나 복잡한 과학기술 같은 어떤 지적 재산 형태에 의존한다."[42]라고 주장했다.

이 상황은 귀족적 토지 소유주들이 수 세기 동안 농업 생산에 가했던 속박과 매우 유사한데, 중농주의자들은 이들이 토지에 세금을 매길 것을 요구했을 때 이에 대해 비난했다(맑스의 『잉여가치 학설사』를 참조하라). 이들의 비판에 대한 대답은 프랑스 혁명 그리고 귀족의 목에 내리쳐진 단두대의 활판으로 제시되었다. 그리고 지식의 경우에는, 생산력에 대한 낡은 생산관계의 족쇄를 깨뜨려야 한다는 베르첼로네, 하트, 네그리, 부땅의 요구가 울려 퍼졌다. 이에 대한 대답은 오래 걸릴 것인가?

종결부

베르첼로네에게 인지자본주의 시대의 인지적 노동은 "이행"에서 결정적인 요소로 나타난다. 이 주제는 자율주의적 맑스주의 저작에서 더욱더 두드러졌다. 자율주의적 맑스주의자들이 다음과 같은 암울한 관점, 즉 유연화나 임시직화[비정규직화] 같은 경제적 불안을 조성하는 것들로 종종 비난받는 모든 노동관계 내부의 부수적 변화들과 불안정성 및 불안정화에 대한 암울한 관점을 받아들이기를 거부한 것은 우연이 아니다. 자율주의적 맑스주의자들은 한편에서 소득의 결핍으로 인한 어려움을 인정하면서도 불안정화를 더 긍정적인 맥락에서 바라본다. 그들이 불안정화를 노동의 규율화 regimentation에 맞서는 투쟁의 산물로 이해하는 한 말이다. 그들의 주장에 따르면 노동의 규율화란 누구도 되돌아가고 싶지 않은 상황이다. 다른 한편에서 그들은 불안정화를, 노동의 인지화와 더불어서 생산영역들이 어떤 면에서 직접적인 자본주의적 감시와 조직화에서 해방된 지대들("무경영 지대")이 되고, 그리하여 자율과 자기-조직화의 지대들이 된다는 사실의 표현으로 해석한다.

이러한 이론이 왜 그렇게 성공적이었는지 이해하기는 쉽다. 이 이론은 자본주의로부터의 탈출이 이미 시작된 오늘날의 삶에 대한 낙관적 관점을 제공해줄 뿐만 아니라, 전 세계 대도시 지역 노동력의 큰 부분을 구성하는 다수의 "지식 노동자들" — 학생들, 프로그래머들, "창조적인" 디자이너들, 건축가들, 예술가들 — 에게 자기-이해의 수단 역시 제공해 준다. 자율주의적 맑스주의자들은 그들에게 자본주의적 생산의 새로운 주체인 "코그니타리아트"라는 자기-규정을 제공해 준다. 자본주의를 넘어서는 "이행"은 이들에게 달려 있다. 베르첼로네의 시각이 이제는 독특한 것이 아님을 여기에서 다시 한번 강조하는 것이 중요하다. 말하자면 그의 시각은 "널리 퍼져나갔으며" 이제는 다양한 형태로 대부분의 자율주의적 맑스주의 이론들의 핵심적 구성 요소를 이루고 있다.

인지자본주의에 대한 비판

진리의 법칙과 기준은 만들어져야 한다. – 잠바티스타 비코(1710)

베르첼로네와 그의 동지들은 오늘날의 정치 담론에 맑스주의적 분석과 반자본주의 혁명을 다시 도입한 공로로 찬양받아야 한다. 하지만 정치적이고 개념적인 시각에서 볼 때 그들의 인지자본주의 이론에는 비판해야 할 것이 많다. 이 절에서 나는 여러 면에서 더 강력한 실천으로 이어지는 우호적인 대화를 나눈다는 기분으로, 이 이론에 대한 일련의 의미론적, 역사적, 맑스주의적 도전들을 제시할 것이다.

a. 누가 무엇을 아는가?(의미론)

들어가는 게 좋아야 나오는 것도 좋다.[콩 심은 데 콩 나고 팥 심은 데 팥 난다.] — 무명씨[43]

인지자본주의 지지자들의 저작이 갖는 가장 중요한, 그러나 혼란스러운 측면 중의 하나는 그들이 "지식"과 "인지"라는 용어를 사용하는 방식에 있다. 베르첼로네는 종종 이러한 개념들이 "신자유주의적인 지식-기반 경제 이론들의 제약을 받는 변증법적인 현실 변동 관점"에 대한 근본적인 비판으로부터 생겨난 것으로 소개한다. 그는 "'인지'라는 용어가 자본-노동 관계의 변화된 본성을, 그리고 자본 축적이 의존하는 소유 형태들을 강조한다."[44]고 주장한다. 이 개념 창시자 중 한 사람의 자기-서술은 의미론적 명료화를 위한 노력의 중요한 증거다. 베르첼로네 본인이 인정한 바에 따르면, 지식-기반 경제 이론가들에 맞서 그가 제기한 주된 비판은 그들의 변호론적 결론들이다. 그는 지식-기반 경제라는 개념을 문제 삼지는 않는다. 설령 이 개념이 "지식이란 무엇인가?"라는 난처한 질문에 대한 대답을 기다리고 있더라도 말이다. 나아가 (내 생각에는, "산업" 대신에) "인지"라는 용어는 (죽은 지식에 산 지식을 대립시키는) 지식-기반 경제 내에서의 계급투쟁의 새로운 측면들뿐만 아니라 더욱 새로운 착취 형태들(예컨대, 생산물 소유 대신에 저작권과 특허에 기반을 둔 라이선스, 로열티, 지대 등)을 강조하기 위한 것이다.

양쪽 모두에서 쟁점은 지식이다. 난점은 이 문제 있는 개념이 문제화되지 않는다는 것이다. "지식"의 의미에 대한 이러한 성찰 결여는 그들의 부르주아 반대자들의 저작 속에 반영되어 있다. 진정으로 지식은 무엇인가? 인지자본주의의 반자본주의 이론가들과 지식-기반 경제의 신자유주의적 이론가들 모두 지적 재산권 법률의 영역을 순환하는 지식에 대한 정의의 결핍에 의존한다. 이 영역이 지식이나 인지를 전혀 언급하지 않고 지적 상품들에 대해 말하는 것을 가능하게 해 준다는 단순한 이유로 말이다. 우리는 조리법이 정말 형편없는 『맛있는 이탈리아 소스』라는 제목의 요리책을 저작권으로 보호할 수 있으며, 실제로 쥐를 한 마리도 잡지 못하는 쥐덫에 특허권을 줄 수 있다! 예컨대, 내가 언급한 반자본주의 이론가들과 신자유주의 이론가들이 논의한 재산 형태는 "지식"이나 "인지"와는 직접 관련이 없다. 베르첼로네 같은 이론가들이 이러한 용어들을 그렇게 태평스럽게 사용할 수 있는 이유가 이것이다. 그렇지 않다면 우리는 예컨대 진리는 지식의 필수적인 조건인가 같은 몇몇 다소 곤란한 철학적 쟁점들과 씨름하고 있는 그들의 텍스트를 발견했을 것이다. 참된 명제란 무엇인가? 귀납은 지식-생산 과정인가? 모든 과학 이론은 완전하게 왜곡되거나 입증되는가? 수학적 명제들은 필연적으로 참인가? 과학 지식은 모든 지식의 패러다임인가? 그렇지 않다면, 도대체 그것은 무엇이란 말인가?

이러한 물음들은 회피될 수 있다. 왜냐하면 중요한 것은 지적, 컴퓨터적, 정신적, 디지털적(잠깐 어떤 관형어든지 당신이 원하는 것을 선택해 보라) 노동의 생산물들을 상품화하는 것이지 지식이나 인지로서의 그것들의 상태가 아니기 때문이다. 우리는 과학적으로 볼 때 아주 유혹적으로 설계된 명제들을 생산하는 "지식-기반" 경제나 "인지" 자본주의의 온전한 산업 부문, 예컨대 광고 산업을 볼 수 있다. 따라서 우리는 양쪽의 이론들을 해석하는 데 주의를 기울여야 한다. 그것들은 이데올로기와 과학, 또는 거짓되고 물신화된 자본주의적 사유와 참된 프롤레타리아적 시각 사이의 더 오래된 전투들의 재개를 일으키지 않기 때문이다. 베르첼로네 등등이나 로버트 솔로우 같은 세계은행 대표들이나 모두 이러한 냉전 전투에 관심이 없다. 상황은 1990년대에 극적으로 바뀌었다. (인터넷으로 완결된) 새로운 소통 산업기반 위에 세워진 세계화된 생산이라는 쟁점으로 인해 반자본주의자들과 신자유주의자들 모두 낡은 의미의 "이데올로기의 종언"에 이르는 길 위에 놓이게 되었다.

이러한 논쟁 대부분이 부정확한 명칭 아래에서 이루어지고 있다는 간단한 관찰이 베르첼로네 등의 통찰들을 완전히 무효로 만드는 것은 아니다. 우리가 그것을 어떤 식으로 측정하든 지적 재산 상품들의 생산 그리고 – 신조어를 사용하자면 – "지적 재산 집약 산업"IPIIs이 오늘날 미국 자본주의 경제의 중요한 측면이라는 점은 의심의 여지가 없다. 비물질적 생산물들을 생산하는 노동으로 정의된 비물질적 노동이 노동 분업을 설명하는 한 가지 중요한 방법처럼 보이는 것은 분명히 맞다. 이것들은 연구되고 정치적으로 평가될 필요가 있다.[45] 그러나 그것은 라이시, 커즈와일, 또는 세계은행이 언급한 지식 경제의 평온한 요정 이야기 속에 베르첼로네가 끌어들이는, 인지적 수준에서 벌어지는 노동자와 자본 간의 투쟁이라는 시각에 어느 정도 주의를 기울이도록 만든다. 베르첼로네는 이 새로운 차원의 투쟁이 다음과 같은 것들을 포함하는 것으로 이해하기 때문이다. (a) "고기술 상품들의 생산에 직접 바쳐진 시간은 훨씬 더 사소한 것이 되므로, 이 상품들은 무료로 배포되어야 한다." 그리고 (b) "산업자본주의에 고유한 죽은 노동과 산 노동 간의 전통적인 대립은 자본의 죽은 지식과 노동의 산 지식 간의 새로운 적대 형태에 자리를 내준다."[46]

투쟁이 벌어지는 최초의 장소는 다소 혼란스럽다. 표면적으로 텍스트나 이미지 안에서 명제들이 별 비용을 들이지 않고 쉽게 재-생산된다 하더라도 명제나 이미지의 생산은 수십 년이 걸릴 수도 있고 사소한 비용이 드는 게 아닐 수도 있기 때문이다. 그래서 여기에는 두 종류의 투쟁이 있다. (A) 우리에게 아주 친숙한 첫 번째 투쟁은 무료 다운로더들, 즉 음악, 텍스트, 스틸 사진, 동영상을 "무료로" 인터넷 외부로 전유함으로써 기업의 이윤을 극적으로 감소시키고 있는 다운로더들과 기록record 기업들 사이에서 벌어지는 전투다. (B) 두 번째 투쟁은 텍스트나 이미지를 생산하는 노동자들과 그들의 회사 고용주 사이에서 벌어지는 전투이다. 노동자들은 어떻게 생산할 것인지와 관련하여, 그리고 생산된 지적 상품의 가치를 얼마나 많이 전유할 것인지와 관련하여 그들의 몫을 요구하고 있다. 회사 고용주는 그 상품이 자신의 재산이라고 주장하며 이윤으로서의 자신의 "몫"을 요구한다.

이것들은 지적 재산을 다루는 데에서 매우 이질적인 투쟁들이다. 하나의 동영상은 제작하는 데 5년이 걸릴 수도 있고, 수백 명의 기술자들·배우들·미술가들·제작자들·감독들이 관련될 수도 있고, 수백만 달러의 비용이 들 수도 있지만 인터넷에서 영화를 말 그대로 공짜로 내려받는 데에는 단 몇 분도 걸리지 않는다! 저 5년 안에, 노동을 둘러싸고 "무대 위에서" 투쟁들이 벌어질 것이다. 노동이 어떻게 이루어지는지, 누가 돈을 가져가는지, 특정한 애니메이션을 제작하는 데 얼마나 많은 시간이 걸리는지 등등을 둘러싸고 말이다. 그러는 한편으로 몇 분 안에, 영화 회사들은 단호한 "공짜" 다운로더들을 전자적으로 괴롭히고 위협하려고 노력할 것이다. 이것들은 서로 동맹할 뿐만 아니라 갈등하는 이질적인 행위자들 ― 소니 같은 기업들, "예술가들", 그리고 청중들 ― 을 포함하는 이질적인 투쟁들이다.

하지만 확실한 것은, "고기술 상품들의 생산에 직접 바쳐진 시간은 훨씬 더 사소한 것이 된다."[47]는 것은 사실이 아니라는 점이다. 어쨌든 영화를 찍는 기간과 비용, "비물질적 노동"이라는 전형적인 고기술 상품은 하찮은 것이 아니다. 45분 분량의 TV 액션 모험 쇼를 촬영하는 데에는 여전히 60시간에서 96시간 정도의 시간이 들며, 다른 한편으로 평균적인 "장편 영화"는 약 백만 달러의 비용이 든다.[48] 더욱이, 시간이나 비용의 절감이 사소하게 되는 어떤 주목할 만한 경향이 존재하는지는 분명하지 않다. 0에 도달하고 있는 것은 영화나 TV 쇼를 재-생산하는 시간과 비용이다. 물론 생산 비용과 재생산 비용 사이의 이러한 모순이 자본에 심각한 문제들을 제기하지만 ― 미디어 기업들의 감소하는 이윤을 보라 ― 이 모순은 배우 및 음악가와 그 청중 사이의, 예컨대 비물질적 노동자들과 그 밖의 노동자들 사이의 갈등 역시 창출한다. 영화 및 음악 제작에 적용되는 것은 또한 과학에도 적용되는데, 그 이유는 특정 분야에서 (과학 잡지 논문의 형태로) "낡은 지식"을 재생산하는 비용이 극적으로 감소하고 있다 할지라도 새로운 지식을 생산하는 비용이 극적으로 늘어나는 것(아원자 물리학subatomic physics을 위한 광속에 가까운 사이클로트론의 필요성)은 확실하기 때문이다.

일단 우리가 이러한 논의 속에서 "지식"이라는 말의 사용이 존경을 담고 있지만 부적절한 명칭이라는 점을 인식하자마자, 베르첼로네 등등이 문제에 봉착하는 두 번째 장소가 죽은 지식과 산 지식 사이의 투쟁과 더불어 나타난다. 이 투쟁은 『자본론』에서 (그리고 『자본론』의 밑그림을 그리면서 썼던 미간행 원고인 「직접적 생산과정의 제 결과」에서) 볼 수 있는, 한편으로는 죽은, 과거의, 수동적인, 보람 없는, 대상화된[객체화된] 노동과 [다른 한편으로는] 산, 현재의, 능동적인, 창조적인, 주체적인 노동을 가르는 맑스의 오래된 구분에 상응한다. 두 항은 맑스주의의 은유적인 삶에 기본적이다. 베르첼로네 등등은 산 노동을 죽은 노동과 대조하는 방식으로 그것들을 지식의 영역으로 확대했다. 이러한 대조가 의미하는 것은 무엇인가? 그것은 워즈워스가 그의 시집 「돌려놓은 탁자들」에서 책들의 지루하고 생명 없는 지식과 비교되는 독창적인 형태의 지혜에 대해 낭만적으로 요구한 것을 모방하는 게 아니다.

책이여! 그것은 지루한 끝없는 싸움:
와서 들어보라, 숲속의 붉은 가슴 방울새의 울음소리를,
그의 음악은 얼마나 감미로운지! 맹세코,
그 안에 더 많은 지혜가 담겨 있느니…

그러나 산 지식에 대해 베르첼로네와 그 밖의 이론가들이 제시한 설명에는 "돌려놓은 탁자들" 주제의 메아리가 존재한다. 그 까닭은 맑스가 19세기 중반에 기계, 공장 건물, 거대한 철제 선박, 기관차 등의 형태를 띤 자본의 거대한 덩어리들이 노동자들을 작아 보이게 하는 것 같고 그들을 사소하게 보이도록 만든다고 지적했던 것과 꼭 마찬가지로 오직 노동자들만이 자본가들이 궁극적으로 욕망하는 가치를 창출하고 그래서 또한 유사한 탁자 돌려놓기가 21세기 초반에 지식의 평면 위에서 일어나기 때문이다.

베르첼로네 등등에 따르면, 인간 지성을 대체하고 있는 것처럼 보이는 오늘날의 경제의 "지적인" 기계들 — 컴퓨터-통신-정보 네트, 실험실, 영화 제작 스튜디오, 자동화 공장 — 은 마찬가지로 죽은 자본이며, 그것들이 자본을 위해 가치를 창출할 수 있는 과정 일부가 되기 위해서는 인지 노동자들의 산 지식에 연결되어야 한다. 예를 들어 네트, 스튜디오, 공장, 실험실들은 모두 죽은, 대상화된 지식의 결정체들이며, 노동자의 산 지식의 생동하는 주체적인 활동을 기다린다. 맑스 자신이 언급한 바와 같이 노동자란 "사회의 축적된 지식을 두뇌에 지닌"[49] 사람이다. (수많은 SF 소설과 영화에서 그려지고 있는 것처럼) 자본주의 시대에 기계들이 인간들을 제거하고 있는 것처럼 보이지만, 인간 속에 구현된 지식의 새롭고 불가결한 중요성을 주장하고 있는 이 반휴머니즘적인 맑스주의자들에게서 새로운 "휴머니즘"이 생겨난다.

이러한 입장에 대한 나의 비판은 복잡하다. 왜냐하면 이러한 입장에는 내가 동의하는, 그리고 여러 곳에서 내가 옹호했던 요소가 있기 때문이다. 그것은, 기계들이 — 그것들이 간단한 기계건, 증기기관이건, 또는 튜링 기계건 상관없이 — 가치를 생산할 수 없다는 점이다.[50] 베르첼로네와 그 밖의 인지자본주의 이론가들처럼 나도 가치 창출에서 차지하는 살아있는 인간 노동의 중요성을 긍정한다. 하지만 나의 비판의 요지는 다음처럼 세

겹이다.

(1) 지적 재산 집약 산업들에서 착취당하고 있는 산 노동이 꼭 지식인 것도 아니며 또는 지식 생산적인 것도 아니다. 중요한 것은 산 노동이 자신의 인식론적 가치와 상관없이 교환가치를 창출할 수 있다는 점이다. 그래서 예를 들자면, 어떤 상품이 가치를 가지려면 "어떤 종류의 것이든 인간의 욕구를 충족" 시켜야 한다. "이 욕구의 성질이 어떠한가, 예컨대 욕구가 위장에서 나오는가 또는 환상에서 생기는가는 전혀 문제가 되지 않는다."[51] 이러한 생산의 영역에는 협잡, 오류, 환상이 너무나 많이 존재하기 때문에(파생상품 딜러들이 하는 일을 생각해 보라!) 그곳에서 작동하는 노동-력을 "지식 노동"이나 "산 지식"으로 부르는 것은 심지어 어떤 포스트모던적인 문화 이론가의 의미론적 톨레랑스를 확대하여 해석하는 것이다! 내가 일단 언어적 결벽에서 벗어나면, 나는 자본주의가 여전히, 이후에 "포획할" 수 있는 가치를 창출하기 위하여 (사고하고, 상상하고, 창조할 수 있는 능력들을 포함하는) 노동-력을 노동으로 변형할 필요가 있다는 베르첼로네, 하트, 네그리에 전적으로 동의한다.

(2) 산 지식이 가치를 창출하지만, (과거의 산 노동과는 달리) 측정될 수도 통제될 수도 없다는 주장은 문제가 있다. 왜냐하면 지적 재산으로 변형될 수 있는 명제들, 객체들, 아이디어들, 형태들과 기타 소위 "비물질적인" 생산물들을 만들어내는 과정은 측정될 수 있는 (그리고 현재 측정되는) 시간 속의 한 과정이기 때문이다. 노동-시간을 통제하고 속도 증진을 강제하기 위해 사용되는 기술들이 조립라인들과는 다르다 해도, 지적 재산 집약 산업들의 노동자들에게는 마감 시간을 맞춰야 하는 특정 과업이 일상적으로 주어진다. 베르첼로네가 "산 지식"이라고 부르는 것의 측정과 관리라는 논점에 관한 문헌이 무수히 다양한 분야들과 경험적 결과들에서 이제 점점 늘어나고 있다.[52] 우리는 이 측정 불가능성 주장과 관련하여 두 가지, 즉 하나는 일반적인 것(A), 다른 하나는 노동의 측정에 고유한

다른 것(B)을 기억해야 한다.

(A) 측정 불가능성 주장들은 종종 단순히 측정의 도구 그리고/또는 개념이 갖는 한계의 산물이다. 시간 t에서 측정될 수 없다는 것은, 그것이 [특정한] 시간 t+1에서 측정될 수 없다는 것을 의미하지는 않는다. 이것은 주요한 측정 학문 분야인 수학에서 분명히 알 수 있다.

우리는 숫자 개념의 발전을, 이후 숫자의 확장된 영역 속으로 통합되어 가는 "측정될 수 없는 것"과의 연속적인 대면으로 간주할 수 있다. 수학의 어휘는 "허수", "완전수", "초월수", "비가산 집합의 집합수" 같은 용어들로 넘 쳐난다. 이것들은 측정 불가능한 것들이 측정 가능한 것들로 변형된 의미론적 화석들이다.[53]

측정 불가능한 것들이 측정 가능한 것들로 바뀐 가장 극적인 전환은 19세기 후반 초한 집합론transfinite set theory에서 나타났다. 이때 측정 불가능한 것들의 패러다임 사례인 무한조차 척도와 숫자(예컨대 농도cardinality)를 갖는 것으로 제시되었다.

(B) 결론적으로, 협력, 상호작용, 자율이 노동과정의 주요 특징들인 사회에서는 노동이 창출한 가치가 "생산에 직접 바쳐진 노동시간의 토대 위에서 측정"[54]되는 것이 가능하지 않다고 인지자본주의 이론가들이 주장할 때, 나는 이것이 자본주의의 시작 이래 모든 종류의 상품들 ─ 존슨 박사[55]가 걷어찰 수 있는 상품들에서부터 지각될 때에만 존재하는 버클리적 상품들에 이르는, 물질적이거나 비물질적인 상품들, 고기술과 저기술 상품들 ─ 의 특징이었다고 대답할 수 있다. 맑스가 지적했듯이, 그리고 수천 번의 맑스주의 핵심 강좌들에서 반복되었듯이, 시계-시간과 노동-시간은 결코 같은 것이 아니다. 상품의 가치는 "주어진 사회의 정상적인 생산조건과 그 사회에서 지배적인 평균적 노동숙련도와 노동강도에서 어떤 사용가치를

생산하는 데 드는 노동-시간인 사회적으로 필요한 노동-시간socially nec-essary labor-time"56에 달려 있다. 사회적으로 필요한 노동-시간SNLT은 생산에 직접 사용된 노동의 시계-시간에 의해 결정되지 않는다. 그것은 "지역적으로" 측정될 수 없는 수천 가지의 다른 방식들로 영향을 받는다. 예를 들어, 영국의 베틀 직공에 의해 생산된 직물의 가치는 역직기가 도입되자마자 그 가치가 반으로 줄었다. 그렇다면 생산의 시계-시간이 (예컨대 노동일과 휴식의 구분이 확고부동한 것으로 보인다는 사실을 포함하는) 상품의 노동-시간 가치와 접선tangential의 관계를 갖는다는 것이 왜 놀라운 일인가. 하트와 네그리에게 사회적으로 필요한 노동-시간을 통해 가치를 결정하는 기제는 쓸모없는 것으로 보이지만, 이 기제들은 구글에서 착취 공장에 이르기까지 자본주의 생산이 현실적으로 기능하는 곳에서 여전히 작동하고 있다.

(3) 노동력의 생산으로 이어지는 (탈식민주의 이론에서 어머니의 수유에서부터 졸업 세미나에 이르는) 재생산 노동의 양은 고도의 자본/노동 비율을 나타내는 산업들에서의 노동-력 가치를 설명해줄 수 있다.57 실제로, 그러한 재생산 노동의 비용을 누가 부담할 것인지, 그리고 그것이 함축하고 있는 자율과 불복종의 결과들을 누가 감수할 것인지를 둘러싼 투쟁이 존재한다. 유어Ure는 매뉴팩처 시대의 숙련 노동자에 대해 다음과 같이 말하고 있다. "인간성이 가지고 있는 결함 때문에, 노동자는 숙련되면 될수록 한층 더 제멋대로 되고 다루기 어렵게 되며, 그리고 당연히 기계적 체제의 부품으로 잘 맞지 않게 된다. … 그는 전체 기구에 막대한 손해를 끼치게 된다."58 오늘날 노동자(베르첼로네의 표현대로라면 지적 재산 집약 산업 노동자들의 "분산된 지성")의 이 증대된 훈련은, 생산물에 이전되는 불변자본과 유사하게, 평균 노동-시간에 부가적인 가치를 더한다. 매뉴팩처 시대의 숙련 노동자들과 마찬가지로 여기에서도 역시 우리는 지적 재산 집약 산업들 속에서 오늘날 노동자의 자율("자기-의지

적이고 다루기 힘든")뿐만 아니라⋯ 그/녀의 취약성을 발견한다.

b. "우리가 그렇게 영리하다면, 왜 우리는 자유롭지 못한가?"(역사)

베르첼로네와 그 밖의 인지자본주의 이론가들의 시각이 갖는 놀라운 특징은 "백투더퓨처" 캐릭터였다. 이 캐릭터는 기계들이 통제하는 매트릭스 세계 이미지와 대조되는 시각을 제시한다. 이 이미지에 따르면 인간 노동자는 "생산과정의 주요 행위자가 되지 못하고 생산과정의 측면으로 밀려나고" "생산과정의 감시자와 규율자"의 역할을 한다.[59] 인지자본주의 이론에 따르면, 인지 노동자들의 산 지식은 부의 생산에서 여전히 본질적이지만 자본가들은 1970년대 대중 노동자들의 봉기 이래 지식-기반 사업 영역들의 생산 감독자 역할에서 문자 그대로 쫓겨났다. 우리는 맑스가 『자본론』 3권에서 논의한 단계에 도달했다.

> 자본주의적 생산 그것은 감독노동을 자본 소유로부터 완전히 분리해 언제나 이용할 수 있게끔 만들었다. 따라서 감독노동을 자본가가 수행할 필요는 없게 되었다.⋯ 협동조합 공장은 자본가가 생산의 기능자로서는 불필요하게 된 것을 증명하고 있는데, 이것은 자본가 자신이 자기의 우월한 지위에서 내려다보면서 대토지소유자를 불필요한 존재라고 생각하는 것과 마찬가지다.[60]

베르첼로네는 계속해서 오늘날의 생산형태들과 16~18세기의 선대제(또는 가내 공업) 사이에 존재하는 기막힌 역사적 유사성에 주목한다. 핵심적인 유사성은 두 시기 모두 노동자들이 고용주들로부터 획득한 자율이다. 더욱이, 우리는 노동/비노동 그리고 생산/재생산의 분할들이 제거되고 있는 데에서 그 이상의 유사성을 발견할 수 있는데, 그것은 선대제에서는 노동이 가정에서 수행되기 때문이다(그래서 "집"과 "가정" 같은 용어들 역시 이러한 것을 기술하는 데 사용된다).

그러나 이 두 생산형태 사이에 정말 유사성이 존재한다면, 가내공업 노동자들의 파국에 대한 주의 깊은 고찰이 이들의 오늘날의 등가물들[인지 노동자들]에 특히 중요할 것이다. 그렇다면 이 유사성을 더욱 상세하게 고찰하고 선대제의 역사에 각인된 노동자들, 그리고 어쩌면 오늘날의 코그니타리아트가 맞닥뜨린 중대한 문제에 주목해 보자.

선대제라는 명칭은 상인이 노동자(또는 더 정확히 말하자면 그의 가족)에게 노동 대상인 원료를 "임대"한 데서 비롯되었다. 그는 또한 생산과정에서 사용될 기계들을 노동자에게 임대하기도 했다. 상인은 나중에 완제품을 돌려받고 가내노동자^{cottager}에게 그가, 실제로는 그의 가족이, 생산한 "성과들"^{pieces}을 (사용된 원료나 주인 소유의 임대된 기계와 연장에 가해진 손실을 공제한 뒤) 지급할 것이다. 원료와 연장/기계들을 가지고 있기에 상인 자본가가 생산과정에 들어가기는 했지만, 생산과정을 감독하지는 못했다. 피터 크리드테는 다음과 같이 말했다. "〔상인이〕 원료나 생산된 원료 혹은 심지어 연장^{tools}을 취득할 신용을 [노동가 가족에게] 선급했을 때…그 결과로 상인은 생산영역에 끼어들기는 했지만, 그것에 대한 통제권은 가지고 있지 못했다. 상인^{Verleger} 61은 생산물에 대한 통제권을 가졌다. 한편 소생산자는 노동과정에 대한 통제권을 지녔다."62 생산물에 대한 통제권과 노동과정에 대한 통제권 사이에 존재하던 미묘한 균형이 완전하게 흐트러진 것은 "생산수단들^{instruments}까지 선대주의 재산이 된 때였다. 이 경우에, 자본은 생산영역을 거의 완전히 지배했다. 직접 생산자들은 자신의 소유물로서 판매했던 상품들을 더 이상 제조하지 않게 되었다. 그들은 그저 (자기들의 집이기도 한 작업장의 유지를 포함하는) 성과급을 위해 노동력을 팔았다."63

따라서 베르첼로네가 오늘날의 인지 노동자들과 16~18세기 산업화 이전의 가내공업 노동자들 사이의 유사성에 대해 그리고 있는 이미지는 소금의 알갱이나 진실의 씨앗 정도로 받아들여야 한다. 베르첼로네는 오래된 선대제 속에서, 직접 생산자들이 자본가로부터 자율적이었고 노동과정이 끝나고서야, 즉 "포획"의 지점에서만 자본가를 만나면 되었던 장소를 발견한다. 하지만, 선대제에 대한 역사적 설명들은 상인 자본가가 노동과정을 계획하고 조직하는 데 깊이 연루되었음을 보여준다. 그가 때때로 너무 [깊이] 연루된 나머지, 소위 법적으로 자율적인 노동자가 실제로는 기껏해야 "생산도구들에 대한 지배력의 가상"[64]만을 지닌 성과급 노동자에 불과했다. 이 연결이 워낙 긴밀해서 맑스는 실제로 성과급을 "근대적 '가내노동'의 토대"[65]로 정의했다.

선대제 안에서 보수를 조직하기 위한 이러한 성과급 경향은 매우 중요하다. 특히 우리가 베르첼로네의 비교를 다른 방식으로 가공해 보고 오늘날의 코그니타리아트를 우리 시대의 가내공업 노동자들로 간주한다면 말이다. 말할 것도 없이 성과급은 모호하고 물신화된 시간-임금 형태이지만 또한 마치 21세기의 코그니타리아트의 처지를 생생하게 보고 있는 것처럼 오래전에 맑스가 주목했던 매우 중요한 특징들을 다수 지니고 있기 때문이다.

첫째, "여기에서는 노동의 질과 강도가 임금형태 자체에 의해 통제되므로 노동에 대한 감독은 대부분 필요 없게 된다."[66] 이것이 지식 노동자의 그 유명한 "자율"을 나타낸다. 그/녀는 시계에 맞춰 일하고 있는 것이 아니므로 "자신의 속도에 맞춰" 일할 수 있다. 그러나 물론 이 속도는 결국 (그것이 저녁에 집에서 걸 수 있는 50번의 통화이건 또는 "휴가" 중에 생각해낼 수 있는 6개의 "아이디어들"이건) 성과급 노동 일정의 요구 때문에 제약을 받는다. 결국, 자본가들은 성과급 제도가 제공하는 원거리 행위를 통해 감독 비용을 절감한다.… [이것은] 진정 쓰라린 자율이다.

둘째, 성과급은 "[또한] 착취와 억압의 계층체계의 토대를 이룬다."[67] 이 구절에서 맑스는, 조금 다른 관점에서 인지자본주의 이론가들에 의해 자주 언급되는 협력 노동에 관해 기술한다. 그는 성과급 체제가 우리가 도급제라고 부르는 것 그리고 그의 시대에는 "노동의 전대轉貸"라고 불리던 것을 낳는다고 주장한다. 컴퓨터 프로그래머, 예술가와 디자이너, "사회적 기업가" 등등의 세계에서 이 노동 형태는 일반적이다. 어느 면에서 가내공업은, 전대되기 위한 항목들로서 장인의 손과 그 가족의 손을 갖춘, 노동의 자본주의적인 전대를 필요로 한다. 그러나 19세기에 때때로 이러한 "중간상인" 전대자들은 도급을 조직하고 "자본가가 지급하는 노동의 가격과 노동자가 받도록 실제로 허용하는 그 가격 몫 사이의 차이로부터" 이윤을 얻는 자본가들이었다. 이것은 "고한제도"sweating system 68라고 불리기에 충분했다. 때때로 자본가들은 "스스로 보조노동자들을 모집하고 그들에게 임금을 지급하는 일을 맡는 두목노동자를… 일정한 가격에" 고용한다. 하지만 여기에서 그 결과는 "자본에 의한 노동자의 착취가 여기에서는 노동자에 의한 노동자의 착취를 통해 실현된다."69는 것이다. 물론 두 경우 모두, 중간상인과 "두목노동자"라는 매개자는 그들과 그들의 최종 고용주들에게 이윤을 보장해줄 수 있는 협력의 수준을 만들어내야 한다.

셋째, 성과급노동으로 형성된 21세기의 코그니타리아트 이데올로기나 "주체성"은 (가내공업의 노동자들을 포함해) 과거의 성과급 노동자들 사이에서 발견되었던 주체성과 유사하다. 맑스는 후자의 주체성을 임금 형태에 연결했다. "그러나 성과급은 개성에 더 큰 활동의 여지를 줌으로써, 한편으로는 노동자들의 개성을, 따라서 이와 함께 그들의 자유로움·독립심·자제심 등을 발달시키고, 다른 한편으로는 그들 상호 간에 경쟁심을 발달시키는 경향이 있다."70 코그니타리아트에게 근본적인 것으로 말해지는 이러한 "자율" 감각은 또한 지적 재산 집약 산업들에서 생성된 "주체성들"의 잘 알려진 측면인 분열적인 개인주의와 경쟁심으로 표현될 수도 있다.

선대제 노동자들과 코그니타리아트 사이의 이러한 유사성은 우리가 다음과 같은 질문을 하도록 이끈다. 선대제에서의 노동자와 자본 간의 투쟁은 어떻게 전개되었으며 노동자들은 19세기와 20세기 공장들 속에서 어떻게 패배하여 임금노동자로 변형되었는가? 선대제를 연구하는 역사가들은 상인 자본가들과 직접 생산자들 간의 투쟁을 적어도 다음의 두 가지 수준에서 분석한다. (1) 노동이 가해지는 원료(와 때때로 연장들) (2) 호황기에서의 노동의 위축, 즉 악명 높은 "후방굴절 노동 공급곡선"[71]이 그것이다.

수준 (1)은 선대제에서 끊이지 않는 논점이었는데, 그 이유는 상인 putter-out이 "그의 네트워크 부분인 가정들에 분배하고 있는 원료들을 부정하게 사용하는 것에 맞서 자신을 보호해야"[72] 했기 때문이었다. 노동이 완료되거나 불변자본이 미단속unpoliced 노동자들의 수중에 맡겨지기 전에 임금이 계급관계 내에서 지급될 때마다, 지급된 노동 또는 불변자본의 운명을 둘러싸고 상습적인 게릴라 전쟁이 빈번하게 일어난다. 상인Verleger은 선대先貸한 원료를 끊임없이 감시할 필요가 있는데, 이것은 그가 사용할 수 있는 "선대가옥"cottages의 숫자에 불가피한 한계를 설정한다. 이러한 한계는 말할 것도 없이 [경기] 순환의 호황기 동안에 특히 문제가 있다. 상인과 종종 지방의 가내공업 노동자들이 사용한 상이한 전략들은 인클로저에 반대하는 투쟁을 포함하여, "원생산업화"protoindustrialization라는 범주 아래에서 16~18세기에 발생했던 유럽 농촌에서의 더 넓은 투쟁의 일부다.[73]

수준 (2)는 훨씬 더 거대한 투쟁의 장소였는데, 그 이유는 그것이 가치들의 기본적인 충돌을 표현하고 유럽에서 자본주의의 확대를 방해했기 때문이었다. 상인은 "축적하라, 축적하라"라는 자본주의의 기풍(또는 심지어 종교)에 의해 추동되었던 반면, 유럽 전역에서 가내공업에 연루되었던 가정들은 여전히 최저생활 형태에 빠져 있었다. 여기에서 장인 노동은 여타의 시골 노동 형태들을 보완했다.[74] 이러한 가치 충돌은 원생-산업적 경기 순환의 "호황"기에 가장 분명하게 발견되었다. 크리드테는 다음과 같이 쓰고 있다. "원생-산업적 가정은 바로 그 호황 시대에 산출 감소 성향을 보여주었다. 이것은 단위당 수익률이 올라감에 따라 그것의 최저생계 욕구들이 더 적은 노동의 효과로 충족될 수 있었기 때문이었다."[75] 이러한 종류의 행위는 종종 경제 문헌에 "후방굴절 노동 공급" 곡선으로 서술됐다. 다시 말해, 이 곡선은 임금 인상이 작업 시간의 감소를 낳는 지점이 나타나는 상황을 설명해준다. 이 "역설적" 행위는 물론, 생산영역에 대한 자본의 침투 정도에 그리고 자본이 "억압이나 소비자 장려책들을 통해 노동자들을 자본의 이익에 종속"[76]시켰느냐의 여부에 달려 있다. 그래서 예컨대, 가내 노동자들이 생계 목적의 토지(공유지이든 자유 보유지이든)에 점점 더 접근이 어렵다면 경제 순환의 변덕에 더 의존하게 되고 그리하여 상인이 주문하는 노동을 줄일 수 있는 능력이 떨어지게 되었다.

사실상, 후방굴절 노동 공급 곡선은 유럽 자본주의 발전에 대한 근본적인 제약 요인이었는데, 그것은 (자급 농업에 이용될 수 있는 토지를 줄일) 시초 축적의 "피와 불"에 의해, 그리고 노동자들의 중앙 집중화를 늘리고 생산의 과학기술적 변형을 가능케 한 공장 시스템의 증가로 깨어졌다. 선대제에 대한 (그리고 매뉴팩처 중심지의 장인들의 권력에 대한) 저항에 응답한 선두 주자는 18세기 후반에 시작된 영국의 섬유산업이었다.[77] 실제로 전통적인 장비를 새롭고 값비싼 기계로 대체하는 일이 일어났고, 도시 공장들에 노동자들이 집중되었으며, 생산에 투입되는 면화를 위해 브라질, 카리브해, 미국 남부에서는 노예 노동이 활용되었다. 에릭 홉스봄은 이러한 발전에 대해 다음과 같이 쓰고 있다. "이처럼 가장 근대적인 생산의 중심지는 가장 원시적인 착취 형태를 보존하고 확대했다."[78] 대서양 노예무역의 특징인 자본주의적 노예제 형태가 야만적이기는 했지만, 과학기술적으로 정련된 나치의 죽음의 수용소보다 결코 더 "원시적"이지는 않았다.

결론적으로 우리는 21세기 초반의 코그니타리아트의 운명에 대해 고찰하면서 선대제에 대한 여담을 덧붙여야 할 것이다. 왜냐하면 만약 베르첼로네가 코그니타리아트와 선대제 노동자들이 유사하다고 바라보는 것은 소금의 알갱이라기보다는 진실의 씨앗이라면, 자신들이 대체 불가능하며 자신들의 노동의 가치가 측정 불가능하다고 주장하는 일단의 노동자들을 위해 비슷한 결론을 준비해야 할 것이기 때문이다. 과거의 가내공업 노동자들의 경험이 어떤 안내자 역할을 한다면, 우리는 다음과 같은 여러 측면에 대한 [자본의] 반격을 (인지자본주의 이론가들의 말 속에서) 기대해야 마땅할 것이다. (a) "산 지식"의 원천을 세계화하기 (b) 노동자들의 "산 지식"을 기계(죽은 지식)로 대체하기, (c) 인지 노동자들을 중앙집중화하는 새로운 기술들의 창출, (d) 인지 노동을 재는 새로운 측정 시스템들의 개발, (e) 새로운 지급 방법의 개발.

현재의 위기 속에서 작동하고 있는 이러한 시나리오를 발견하는 데는 그렇게 많은 상상력이 요구되지 않는다. 예를 들어, 유럽과 북미에서 (실제이건 전망이건) 교육에 종사하는 "지식 노동자들"은 유치원에서 대학원에 이르기까지 전례 없는 인원 감축과 적자, 직원들의 해고 등을 겪고 있으며, 그들과 그들의 자녀들이 동일한 인지적 수준에서 지금 일하고 있는 노동자들과 국제적인 경쟁 관계에 놓일 수밖에 없을 것이라고 한다. 다시 말해, "지식 노동", 인지 노동 등은 평준화되고, 측정 가능하게 되어가고 있으며(왜냐하면, 이럴 때에만 경쟁할 수 있으므로!) 직접적인 자본주의적 통제 아래 놓이고 있다. 그와 같은 것이 불가능할까? 자본주의 역사 전반에 걸쳐 모든 숙련 노동자들이 내지른 외침이 바로 이것이다. "그들은 내 일자리를 빼앗을 수 없어. 내가 한 공헌은 측정할 수 없어. 나는 너무 많은 걸 알고 있어!" 하지만 숙련 노동자의 자기-확신은 재구조화, 교체, 해직에 맞서는 방어에서 실패를 되풀이하고 있다. 인지자본주의 이론의 낙관주의가 이러한 도전에 대해 우리를 준비시키지는 못하는 것 같다.

c. 잉여가치의 이윤, 지대, 이자 되기 또는 이윤의 지대 되기?(맑스학)

그리하여 우리는 여기에서, 상호경쟁에서는 그렇게도 형제답지 않게 행동하는 자본가들이 왜 노동계급 전체에 대해서는 진정한 비밀 결사적인 동맹을 형성하게 되는가에 관한 수학적으로 정확한 증명을 얻게 된다. — 맑스[79]

인지자본주의 이론가들의 중요한 주장 한 가지는 인지자본주의의 발흥과 함께 맑스가 분석했던 수익들 — 이윤, 이자, 지대, 임금 — 에서 주요한 범주적 변화들이 일어났다는 것이다. 특히 이윤 범주는 지대 범주로 융합되고 있다. 실제로 이 이론가들은 맑스가 그가 끝내지 못한 『자본론』 3권과 『그룬트리세』에서 그러한 변화의 징후를 어느 정도 보였다고 주장한다. 그들이 사용하는 핵심적인 증거는 생산과정에서 자본가가 수행하는 역할이 변했다는 것이다. 그들의 중심적인 교의 중의 하나는 자본가들이 실질적 포섭의 시대에 했던 방식으로는 더는 생산을 계획, 조직, 그리고 직접 감독하지 않는다는 것이다. 결과적으로, 만약 이윤이라는 것이 사장들이 그들이 마땅히 해야 하는 방식대로 (예를 들어, 노동자들을 착취하고, 노동의 강도를 높이고, 노동자들의 노동 거부를 무시하는 새로운 방식들을 찾기, 그리고 일반적으로 노동의 길이, 강도 그리고/또는 생산성을 높이기) 할 때 그들이 벌어들이는 소득이라면, 이윤 범주의 중요성과 진실성[온전함]이 감소하고 있음이 분명하다.

그러나 이것이 사실이라 하더라도 — 그리고 지식-생산적 분야를 포함해서 대부분의 산업 분야에 이 주장을 적용하는 것에 대해 이의를 제기하는 증거들은 많다 — 이 테제는 맑스의 관점에서 볼 때 성공적이지는 않을 것이다. 맑스 자신은 "기업가이득"과 "감독임금"을 날카롭게 구분했으며, 전자는 후자에 의존적이지 않았다.[80] 기업의 이윤은 "지역적으로 생산되지" 않으며, 그것은 시스템 전반에서 집단적으로 창출된 잉여가치(일종의 자본주의적 공통장)를 취하고 그것을 특정한 반환 규칙에 따라 재분배하는 변형 과정의 결과인 가변적인 "장"이다. 어떤 산업 분야에서 c가 불변자본, v

가 가변자본이고 R이 모든 산업 전반에서의 평균이윤율이라고 한다면, 자본과 노동의 자유 운동이 존재한다고 가정했을 때 이윤은 $(c+v)R$이 될 것이다. 맑스의 표현으로 다시 말하자면 다음과 같다. "자본주의 사회에서는 이 잉여가치 또는 잉여생산물은 자본가들 사이에서 사회적 자본 중 각각의 자본가에게 속하는 지분에 비례하여 배당으로 분배된다."[81]

결국, 사장 개인의 지략, 자제력, 카리스마 또는 무자비함과 그/녀의 회사나 기업의 이윤율 사이에는 아무런 관계가 없다. 일부 자본가들은 노동자들에게서 엄청나게 착취를 하고 있을 수도 있다. 예를 들어 어떤 산업 분야에서 그 착취율이 100%에 이를 수도 있지만, 그들의 회사들이 낮은 유기적 구성도(거칠게 말해, 생산과정에 이용되고 있는 기계들과 노동-력 간의 비율)의 산업에 속해 있다면, 그들은 자신들의 기업에서 창출한 잉여가치를, 실제 착취율이 10%인, 생산 시스템의 높은 유기적 구성도의 말단에 있는 산업들에 속한 자본가들과 "공유"해야 한다! 관건은 생산과정에서 사용한 (불변 및 가변) 자본의 양이다. 이것이 자본주의적 정의 justice다. 개별 자본가들, 특히 시스템의 낮은 [유기적 구성도] 말단에서 일하는 "고되게 일하고" 극심한 저항에도 불구하고 노동자들로부터 최대의 잉여가치를 쥐어짜는 자본가들이 그들이 추출한 잉여 노동의 아주 작은 양만을 취할 수밖에 없게 된다 하더라도 자본 자체는 제 몫을 받아야 한다.

이러한 잉여가치 변형 과정은 단일한 자본가 계급의 실존을 위한 물질적 토대이다. 이것이 바로 이 절의 제사題詞에 나타난 자본가들의 "비밀 결사체"를 언급하면서 맑스가 의미했던 바이다. 이 사회는 "일상생활의 신앙"[82]에서 서로를 경쟁자들로 인식하는 사람들의 배후에서 구성원들 간의 연대를 창출하는 비밀 사회이다. 맑스는 이 연대를 다음과 같이 표현했다. "자기의 생산 분야에서 가변자본을 전혀 사용하지 않는 자본가, 이리하여 노동자를 한 사람도 고용하지 않는 자본가(사실상 극단적인 가정이지만)는, 오직 가변자본만을 사용하는 자본가, 즉 자기의 자본 전체를 임금에 지출하는 자본가(이것도 역시 극단적인 가정이지만)와 마찬가지로, 자본에 의한 노동계급의 착취에 이해관계가 있으며 불불잉여노동에서 그의 이윤을 끌어낼 것이다."[83] 따라서 이윤 범주의 결정적인 측면은 생산 과정과 관련하여 자본가가 하는 행위와는 직접 관련이 없다. 자본가들이, 더러운 일은 고용된 관리자에게 시키고 돈을 훔쳐 달아나는 신들을 닮았는지, 또는 자신들의 구원을 위해 기업의 내부에서 고통을 당하는, 십자가에 매달린 신들을 닮았는지 하는 것은, 잉여가치가 이윤의 형태로 흘러가는 기능과는 궁극적으로 아무 관련이 없다. 결국, 자본주의를 자본주의이게 하는 바로 그 변형 과정[잉여가치의 이윤으로의 변형]을 폐기하지 않는다면, 생산과정에서 자본가들이 철수하는 것에 관한 인지자본주의 이론가들의 주장은 큰 의미를 갖지 못한다.

기업의 이윤이 단순히 기업에서 일어나는 것에 의해 결정되지 않는다는 사실은 맑스가 『『자본론』 3권 48장』 「삼위일체의 공식」[84]에서 검토했던 여타의 소득 형태들에 서로 다른 방식으로 적용된다. 맑스는 소득 범주들(이윤, 이자, 지대, 임금)과 그 개별 원천 간의 일대일 관계를 정립하는 소득들에 대한 "생산 요인들" 접근법의 정념에서 벗어나고자 했다. 맑스는 소득의 각 범주가 상품들의 가치에서 차지하는 "제 몫"을 받도록 "정당화"된다는 것을 인정하기를 거부했다. 그는 "속류 경제학은 부르주아적 생산관계에 사로잡혀 있는 생산담당자들의 관념을 교조적으로 해석하고 체계화하며 변호하는 일 말고는 아무것도 하지 않는다."[85]는 경멸 속에서 생산요인에 상응하는 몫이라는 생각을 혹평한다. 왜냐하면, 그 어느 누구도 실제로 가치 창출에서 자신들이 수행한 "공헌"에 대한 계산량에 따라 그들의 소득을 받는 것이 정당화되는 것이 아니었기 때문이다.

소득 범주들에 대한 맑스의 시각은 잉여가치의 객관적인 신진대사적 변형과 주관적인 혼란 및 환상 ─ 즉, 만사가 만인의 등 뒤에서 일어난다, 사적인 것이 공통적인 것이 되고 공통적인 것이 사적인 것이 된다 ─ 을 결합한다.

따라서 "삼위일체의 공식" — 자본-이윤/이자, 토지-지대, 노동-임금 — 은 자본, 토지, 노동을 각각 이자, 지대, 임금이라는 소득들의 원천으로 체계적으로 물신화한다. 그러나 (화폐, 기계, 원료 형태의) 자본이 어떻게 자신을 확대해서 이윤을 벌거나 이자를 지불하고 그럼으로써, 맑스가 조롱하듯이, 4를 5와 같게 만들 수 있는가? 사용가치는 가지고 있지만 교환가치가 없는 토지가 어떻게 무에서 교환가치, 즉 지대를 생산할 수 있는가? 어떻게 "하나의 사회적 관계[지대]가 사물로 파악되어 자연과의 비율관계에 놓"일 수 있는가?[86] 마지막으로 가치를 창출하는 노동에 어떻게 가격이 매겨질 수 있는가? "노동의 가격"이라는 말은 "노란색의 대수logarithm라는 말만큼이나 불합리"[87]하지 않은가? 맑스는 이런 불합리에 직면하자, 이러한 소득들에 대한 또 하나의 "원천"을 제안한다. 그것은 또 다른 양식에서는 마찬가지로 거대한 양의 상품들, 신체들, 화폐, 그리고 기계들로 나타나는, 거대한 공통의 저수지인 가치창출적 산 노동이다.

인지자본주의 이론가들의 문제는 그들이 이윤과 지대 같은 소득의 원천들을 이윤을 만드는 자본가들이나 금리생활자들의 행위에 귀속시킨다는 것이다. 그들은 다음과 같이 주장하는 것 같다. 자본가들이 금리생활자로 행동하기 시작한다면 그들의 소득은 이윤이 되기를 멈추고 지대가 되기 시작한다는 것이다. 그러나 이윤형성적 자본가로서의 또는 금리 생활자로서의 이러한 행위는 이윤과 지대로 나타나는 가치의 원천이 아니고 따라서 이러한 변화들은 (그들의 경험적 상태가 무엇이건) 소득의 행위와는 논리적으로 분리된다. 베르첼로네나 부땅 같은 인지자본주의 이론가들은 [자본주의] 체제의 최저의 유기적 구성의 극과 최고의 유기적 구성의 극 사이의 관계를 그리고 유기적 구성이 더 높은 분야들이 적어도 평균 이윤율을 달성할 수 있도록 더 낮은 분야들에서 더 높은 분야들로 옮겨가는 잉여가치의 이전을 고려하지 않는다.

이것은 "수학적" 제약인 것처럼 보이지만, 오히려 그것은 변덕스러운 계급관계들에 기초하고 있다. [자본주의] 체제 전반에서 이윤율 하락에 맞설 수 있는 유일한 방법은, 통상적으로 지식 영역과 관련된 산업들의 증대하는 유기적 구성을 상쇄하기 위해 산업에 낮은 유기적 구성을 계속 도입하는 것이다. 그렇지만 이 산업들은 어디에서 출현해야 하는가? 이 산업들은 노동력을 값싸게 만드는 상대적 인구과잉이 존재하는 영역들에서 나타난다. 왜냐하면 거기에는 "이용 가능한 또는 해고된 임금노동자가 값싸게 많이"[88] 존재하기 때문이다. 이러한 영역들에서는 낮은 유기적 구성 산업들이 나타날 수 있으며, 거기에서 창출된 이윤을 높은 유기적 구성 산업들로 이전시킬 수 있고, 또한 이윤율 하락에 대한 상쇄 경향을 만들어 낼 수도 있다. 이것이 바로, 미국과 서유럽의 지적 재산 집약 산업과 관련된 생산의 증대하는 유기적 구성의 맥락에서 중국의 산업화를 설명해 준다. 중국의 공장 노동자들의 늘어나는 힘은 중국 회사들에 투자했는지 여부와 상관없이 지구 전역의 자본가들의 이윤에 대해 획기적인 결과들을 가져올 것이다.

결론: 전 지구적 투쟁들에 대한 개략적 시각을 찾아서

여러분이 허락해 주신다면, 핏속에 살면서 피와 림프 등등의 입자들을 눈으로 식별할 수 있는 작은 벌레를 상상해 봅시다. 그리고 각각의 입자가 다른 입자와 만나거나 반발하거나 자기 운동의 일부를 전달하는 방식을 성찰할 수 있는 작은 벌레를 상상해 봅시다. …이 벌레가 모든 부분이 피의 일반적 속성에 의해 변화되는 방식을, 그리고 서로 고정된 관계를 유지하기 위해 자신을 강제적으로 적응시키는 방식을 결정할 수는 없을 것입니다. ― 스피노자가 올덴버그에게 보낸 편지(1665~1666)[89]

인지자본주의 이론가들의 작업은 현대 자본주의 학계에서 열렬한 환영을 받았다. 그들의 접근법은 분명 상투적이지 않으며 외양적인 승리가 실질적 패배가 되고 외양적 약점이 실질적 강점이 되는 범주적 뒤죽박죽으로 가득하다. 예를 들어 상투적인 맑스주의적 지혜가 패배로 받아들이는 것 - 탈산업화와 세계화 - 이 인지자본주의 이론가들의 시각에서는 유럽과 미국의 프롤레타리아에게는 승리였다(왜냐하면, 이들의 투쟁이 사실상 자본가들을 생산과정에서 몰아냈으니까 말이다). 더욱이, 인지적 단계의 자본주의는 매우 취약한데, 그 이유는 노동자들이 이제 자신의 산 지식을 업무에 적용하는 바로 그 과정에서 협력과 자기 결정의 힘들을 사용하는 반면, (헤겔의 주인/노예 변증법을 상기시키면서) 자본가들은 "중간상인"의 역할로 격하되고 더는 생산과정에 손을 대지 못하기 때문이다. 인지자본주의적 이론가들은 자본이 심각한 약점으로 고통을 겪고 있으며, 코그니타리아트가 훨씬 더 큰 강점을 지니고 있다고 주장함으로써 시대의 혁명적 열정을 부활시키고자 한다.

혁명적 열정과 기쁨에 이르는 행로를 방해하고 싶은 마음은 내게 추호도 없다. 어떠한 위대한 변형도 그것들 없이는 일어날 수 없으니까 말이다. 그러나 나는 기쁨과 자부심을 구별하는 적실한 관념의 존재 여부를 중요하게 생각한 스피노자에 동의한다. 이러한 개념적 적실성의 특징적인 척도는 분석의 개괄적 폭이다. 그래서 우리는 (이 절의 제사에서처럼) 인간 (또는 사회) 신체의 "핏속 벌레"의 제한된 시각에 쩔쩔매지 않는다. 나는 바로 이러한 개괄적 이해의 결여가 인지자본주의 이론의 취약점이라고 생각한다.

인지자본주의 이론가들은 지식 기반 분야에서 일어나는 투쟁들을 집중적으로 조사함으로써 거대한 농업 지역에서(특히 토지 이동에 맞서는 투쟁들에서), 그리고 전 세계의 공장 생산에서 일어나고 있는 계급투쟁을 소홀히 할 수밖에 없었다. 공장과 농업 생산이 단순히 현재 미국의 취업에서 단지 4분의 1의 비율을 차지한다고 해서 공장과 농업 생산이 전 세계 취업의 거의 3분의 2를 구성한다는 사실이 무시될 수는 없다. 이것은 임금 고용을 강조하는 국제노동기구 통계들에 기초하고 있다. 그래서 오늘날의 우리 시대 프롤레타리아의 복잡한 구성으로부터 생겨나는 모순적인 정치적 충격들과 관련된 가장 중요한 질문들이 다루어지지 않는다. 이것이 특히 문제적이다. 왜냐하면 여기에는 자본주의 생산성의 최고 영역들에 속하는 노동자들이 가장 혁명적이라는 가정이 들어있는 것으로 보이기 때문이다.

실비아 페데리치와 나는 전에 이러한 가정이 오류라는 점에 주목한 적이 있다.[90] 산업 노동의 시대에 혁명을 일으킨 것은 산업 노동자들이 아니었다. "아이러니하게도, 산업 자본주의와 공장 노동의 체제에서 20세기의 혁명들을 일으킨 것은 멕시코, 중국, 베트남, 그리고 대부분 러시아의 농민운동들이었다. 또한, 1960년대 전 지구적 수준에서 일어난 변화의 추진력은 인종차별에 반대하고 미국의 흑인 권력을 지지하는 투쟁을 포함하는 반식민주의 투쟁에서 비롯되었다."[91] 이와 유사한 아이러니들이 인지자본주의 시대에도 발생하고 있는 것처럼 보인다. 이때 "자본주의적 관계의 전 지구적인 확장에 맞서 가장 "선진적인" 투쟁들을 수행하고 있는 사람들은 멕시코(치아빠스, 와하까), 볼리비아, 에콰도르, 브라질, 베네수엘라 등의 원주민, 농업 노동자들campesinos, 실업자들, 인도의 농부들, 미국 국경 지대의 외국인노동자들maquila, 미국의 이주민 노동자들 등이다."[92] 사실 우리는 다음과 같은 질문의 21세기 판본에 직면하고 있는 것 같다. (실리콘 칩과 광섬유 케이블의 형태를 한) "망치"와 그 망치를 든 사람들이 다시 한번 "낫"[93]을 지배할 것인가?

유기적 구성과 계급 구성의 양극단을 결합하고 핏속 벌레의 딜레마를 벗어날 수 있는 개괄적 이론은 21세기에 자본주의로부터의 혁명적 이행을 위한 적실한 관념들의 원천이 될 것이다. 인지자본주의 이론가들은 이 이론을 구성하는 작업 일부를 수행했을 뿐이며, 바로 이러한 이유로 우리는 그들에게 감사해야 한다. 하지만 [이 개괄적 이론의] 전체는 미완으로 남아 있다.

2부

기계들

아프리카와 '자기를 재생산하는 자동기계들'에 대해

그와 마찬가지로 제국주의 국가들이 우리 땅에서 군대와 관청을 철수하는 것으로 자족했다면 그것은 커다란 오산이며 언어도단의 부정의를 행하는 것이라고 말할 수 있다. 그 군대와 관청의 기능은 애초부터 식민지 나라의 부를 찾아내고 추출해 [식민] 모국으로 보내는 데 있었기 때문이다. 우리는 민족 독립이라는 도덕적 배상에만 목을 매달지 않는다. 제국주의 나라의 재산은 우리의 재산이기도 하다. ― 프란츠 파농, 『대지의 저주받은 사람들』[1]

자연에서 기능 불량을 다루는 기본적인 원리는 사실상 그것의 효과가 가능한 한 중요하지 않도록 만드는 것이고 교정법 ― 어쨌든 그것들이 필수적이라면 ― 을 천천히 적용하는 것이다. 다른 한편 인공적인 자동 기계들을 다루는 데에서는 즉각적인 진단이 필요하다. …이러한 차이가 발생하는 근본적 이유를 찾기란 어렵지 않다. 자연의 유기체들은 기능 불량들이 개시될 때조차도 작동할 수 있다고 충분히 간주할 수 있다. …하지만 모든 기능 불량은, 일반적으로 퇴보하는 어떤 과정이 이미 기계 안에 도입한 상당한 위험 요소를 나타낸다. 따라서 즉각적으로 개입하는 것이 필요하다. 왜냐하면, 오작동하기 시작한 기계는 그 스스로 복원하는 경향이 매우 드물며, 십중팔구 악화할 것이기 때문이다. ― 존 폰 노이만, 「자동 기계의 일반 및 논리 이론」[2]

아래의 주석들은 엄밀한, 그러나 명백히 이론적이거나 관념적인 고찰로부터 시작된다. 자기를 재생산하는 자동기계들(예를 들어 노동 투입 없이 자신을 재생산하는 기계들)이 실제로 나타나기 전에 맑스는 그것들의 특징을 적절하게 설명했다. 하지만 이러한 고찰은 계급투쟁 일반과 그리고 특히 아프리카와 직접 관련된 정치경제적 결론들에 도달한다.

공장 시스템은 생산을 장악한stranglehold 노동자들의 기술에 대한, 그리고 매뉴팩처 및 가내공업에서 이루어졌던 노동자들의 불변자본 통제와 전유("관습적 사용법")에 대한 자본의 대응이었다. 그러나 공장 시스템(근대 산업의 구체적인 본질) 자체는 이 시스템의 기본 기계들(증기기관, 자동 방적기 등등)을 만든 매뉴팩처 노동자들의 힘 때문에 지체되었다. 오직 기계들이 기계들을 구축할 때에만, 즉 공장의 요소들이 그 자체로 공장들의 생산물들이 될 때만, 전체 시스템은 그것이 의도한 바의 것, 즉 노동자들의 적대로부터의 상대적 자율을 자기반영적으로self-reflexively 달성할 수 있다.

자동기계들은 이론적이고 계산적인 작동들이 그 자체로 기계화된 복잡한 기계들("단순한" 기계들의 통합된 배열에 연결된 열기관들)이다. 따라서 자동기계 시스템(또는 하부시스템)은 인간 노동자들이 "감독 출석"을 하지 않는 공장 시스템이다. 자본은 2차 세계대전 이후 공장 시스템 직원들의 투쟁들에 대응해서 조립라인 및 연속공정 공장들에 자동기계 시스템들과 하부시스템들을 도입했다. 이러한 전략들은 일반화되었으며, 자동기계 시스템들은 자본의 순환적이고 사회적인 회계 회로들에 광범하게 통합되었다. 점용접spot-welding 3 로봇들, 컴퓨터로 청구서 작성하기, 그리고 유용한 화학물질을 배출하는 유전공학 처리된 세포들은 모두 광범하게, 자동기계 시스템들이나 하부시스템들의 요소들로 인식되고 있다.

그러나 자동기계들은 대부분 숙련된 정신 노동자들 및 제조 노동자들, 아울러 자동기계 시스템들의 생산에 그리고 그러한 시스템들을 통한 생산에 새로운 적대적 속박과 한계를 부과하는 공장 직원들에 의해 설계되고 조립된다. 컴퓨터 칩 공장들에서 일하는 필리핀 여성들의 필사적인 파업들로부터 "재미 삼아" 컴퓨터 바이러스들을 설계해 배포하는 컴퓨터 프로그래머들에 이르기까지, "노동자들과 기계 사이의 싸움"의 그림자는 노동자 없고 투쟁 없는 생산이라는 자본의 꿈을 여전히 방해한다. 이러한 속박과 한계에서 벗어나는 이론적 탈출은 자기반영성을 통해 이루어진다. 오직 자동기계들이 자동기계들을 창조할 때만, 즉 자동기계 시스템들의 요소들이 자동기계 시스템들의 산물이 될 때에만, "포스트모던 산업"은 자신에 적합한 토대를 발견할 수 있다. 이러한 자동기계 창조적 자동기계들의 이상적인 유형은 자기를 재생산하는 자동기계SRA다.

기계들은 예로부터 "노동의 보조물"로 규정되었으며, 그 결과 노동자–

기계 단위의 생산물은 필연적으로 생산하는 단위 자체보다 덜 복잡하다. 왜냐하면, 노동자-기계 단위는 기껏해야 또 다른 기계를 생산할 수 있었을 뿐, 또 다른 노동자를 생산할 수는 없었기 때문이다. 노동자들의 모순적인 불안정성volatility을 가정하면서, 자본주의 사상가들은 언제나 작업에서 직접적인 인간 개입이 필요 없는 기계들, 즉 자동기계들의 생산 가능성에 관심을 가졌다.

그러나 초기의 기계들은 완벽한 자동기계들이 아니었다. 왜냐하면, 그것들을 생산하는 데 막대한 양의 숙련된 노동이 투입되었고, 그것들을 수리하고 "재생"하는 데는 더 많은 노동이 요구되었기 때문이었다. 완전한 자동기계, 즉 ─ 최초의 단위 이후 ─ 순수한 "원료"로부터 자신을 생산하고, 아울러 인간 노동의 투입 없이도 자신을 수리하고 재생할 자동기계를 창조하는 것이 가능했을까? 이렇게 완전한 자동기계를 "자기를 재생산하는 자동기계"self-reproducing automata(이하 SRA)라고 부르기로 하자.

2차 세계대전 이후 초반 시기에 기계에 대한 이러한 새로운 생각을 최초로 개념화한 사람 중의 하나가 폰 노이만이다. 그는 아주 초기의 자본주의적 사유의 영감이었던 뻐꾸기시계나 기계 "인형들" 같은 자동기계의 직접적이고 널리 알려진 모델들을 전혀 이용할 수 없었다. 하지만 그는 핵무기의 생산에 따르는 수학적·공학적 문제들을 다루고 있었기 때문에 몇 개의 조작적 전자 컴퓨터들을 실제로 만들고 이론화하는 것에 성공했다. 이 컴퓨터들은 그에게 두 가지 이유에서 SRA의 원형으로 보였다. 첫째, (그 자신을 포함해) 모든 임의적인 컴퓨터의 작동을 문자 그대로 "재창조할" 수 있는 (보편적인 튜링 기계라 불리는) 컴퓨터를 상상하고 수학적으로 기술하는 것이 가능했다. 둘째, 그리하여 심지어 자기수정이 가능한, 즉 그 자신의 오류들과 고장들을 진단하고 (한계 내에서) 그것들을 수정할 수 있는 컴퓨터들을 설계하는 것도 가능했다.

폰 노이만은 SRA에는 다음의 네 가지 구성요소들이 필요하다고 주장했다. (1) 그가 "세포"라고 부르는 원료, (2) 컴퓨터 명령 프로그램, (3) 프로그램이 생산물 자체에 복사된다는 조건으로 그 프로그램이 "세포"를 배열하는 "공장", (4) "외부"로부터 새로운 "명령들"을 받아 그것들을 복사해서 "공장"에 전송할 수 있는 "감독자". 이것이 개념화될 당시 이러한 SRA는 "과학 소설[적인 것의]"로 생각되었지만, 그 마지막 세대는 무수히 다양한 생산 환경들 속에서 이러한 이상에 접근하려는 자본 내의 경향을 발견했다. 점점, 컴퓨터들은 조립라인·인공위성·미사일 속에서, 그뿐만 아니라 "인공 지능" 로봇들 속에서 컴퓨터들을 생산하고, 컴퓨터 오류들을 진단하고 스스로 수리하기 위해 이용된다. 따라서 자동화automation의 자동화automatization는 엄청난 도약을 이루었다. 더욱이 석유 내부의 연소 에너지 주기(예컨대 석유의 천공, 운송, 정제)와 우라늄 전기 주기(예컨대 플루토늄의 재순환에서의 주기)를 고찰할 때 우리는 "원료" 단계로까지 그 덩굴손들이 확장하여 자동화가 점증하고 있음을 발견한다.

폰 노이만은 다음과 같은 말로 자기재생산 과정을 기술했다. "모든 상상할 수 있는 자동화를 이진 코드로 기술하는 방법에 대해 완벽한 공리적인 설명을 제공하는 데에는 큰 어려움이 없다. 따라서 이러한 서술 중 어떤 것도 엄밀한 요소들의 사슬〔프로그램〕로 설명될 수 있다.… 어떤 자동기계 X가 주어졌을 때 f(X)가 X를 나타내는 사슬을 가리키도록 하라. 이렇게 하면 당신은 이러한 사슬 f(X)가 갖추어질 때 주변 환경 속에서 자유롭게 떠다니는 부분들로부터 자동기계 X를 구축함과 동시에 그것을 받아들여 점진적으로 소비할 보편적인 공작 기계 A를 설계할 수 있다. 이 모든 설계는 고되기는 하지만 원리상 어렵지는 않은데, 그 이유는 그것이 형식 논리학 속에서의 단계들의 연속이기 때문이다. 이것은 튜링이 자신의 보편적인 자동기계를 구축할 때 사용한 입론 유형과 질적으로 다르지 않다." 일단 공작 기계 A가 있으면 자기재생산은 손쉬운 다음 단계이다. A가 설명서 f(A)를 가져야만 하고, 아무런 역설, 모순, 또는 순환성

없이 f(A)는 A에 공급될 수 있고 또 다른 A가 생산될 것이기 때문이다.

아마도 폰 노이만이 제시한 SRA 모델의 가장 심오한 본보기는 "유전공학"에 있을 것이다. 여기에서는 SRA의 모든 요소를 즉각적으로 이용할 수 있다. 실제로 자동기계 연구들과 생물 발생 연구의 통합은 SRA가 실용적으로 완전하게 실현될 수 있음을 나타낸다. (폰 노이만에 따르면 "자연적인" 자동기계들을 생산하는) 발생 과정의 바로 그 기제가 자신을 복제하는 특수하게 설계된 생산물들을 창출하기 위해 스스로 기계화될 수 있기 때문이다.

따라서 SRA는 자본주의적 상상력의 "천국"에서 생산과정의 "지옥"에 이르는 길을 천천히 만들어내고 있다. 왜냐하면, 자동기계들은 영구기관 ─ 노동자 없는 생산 그리하여 계급투쟁 없는 이윤 ─ 이라는 자본의 꿈을 실현하는 것으로 보이기 때문이다. 그러나 이러한 꿈은 누구의 악몽인가?

꿈과 악몽, 종말론과 유토피아, 이것들은 사회적 가능성의 스펙트럼의 극단들이다. … 그러나 누구의 가능성인가? 자본은 부와 가치를 동일시함으로써 사회적 교류의 논리적 장을 노동과 노동의 관리에 제한한다. 천국에서 찬송가 부르기로부터 지옥에서 용광로 지피기에 이르기까지 … 노동은 자본이 상상할 수 있는 모든 것이다. 사실 상상력은 자본을 위한 노동이다. SRA는 노동 없는 환락향에 이르는 오랫동안 기다려 온 진화론적 도약인가 아니면 노동을 위한 노동의 밀레니엄의 제7의 봉인인가?

얼핏 보면 SRA는 노동자의 악몽이다. 왜냐하면, SRA가 계속해서 자본주의적으로 통제되는 생산수단이 된다고 가정한다면 그 직접적인 충격은 생산과정 안에서 거부의 힘을 삭제하는 것이기 때문이다. 절대 발을 들여놓을 수 없는 공장에 맞서 그리고 아무도 고용하지 않는 고용주들에 맞서 어떻게 파업을 할 수 있는가? 따라서 SRA 산업은 완벽한 "공장폐쇄"lock-out를 실현한 것으로 보였을 것이다.

SRA급 "초대형 공장폐쇄"superlockout와 유사한 것들은, 공간적으로는 저임금 영역들로 멀어지고 시간상으로는 더욱 높은 유기적 구성의 생산형태들로 나아가면서 꿈같은 품질에 도전하는 자본과 산업 프롤레타리아의 최근의 많은 대결들 속에서 발견할 수 있다. 지난 10년 동안 미국에서 벌어진 파업 활동의 역사적 붕괴는 자본의 베들레헴에 대한 SRA의 경배가 나타날 것을 예고하는 수많은 전조 중의 하나다. 이러한 기술적 교묘함을 갖춘 괴물들에 맞서 노동자 투쟁의 일상적인 전술들이 중요한 것으로 보인다.

그러나 외양은 당연히 사람들을 속인다. 전통적인 맑스주의 이론에 비추어 이러한 SRA를 분석해 보면, 우리는 그것들이 수많은 역설적 특질들을 지니고 있음을 알게 된다. 예를 들어, 생산물의 가치와 그것을 생산하는 시스템의 유기적 구성은 분석의 기본적인 개념들이다. 범박하게 말하자면, 생산물의 가치는 상품으로서의 생산물을 생산하는 데 요구되는 사회적으로 필요한 노동시간이며, 생산 시스템의 유기적 구성은 가변자본에 대한 불변자본의 비율, 즉 고용된 노동력의 가치에 대한 "기계류"의 가치 비율이다. 간략히 말해, SRA 산업의 유기적 구성은 무한할 것이고 그러면 그 생산물들의 가치는 0에 접근할 것이다.

SRA 산업의 유기적 구성은 무한하다. 왜냐하면 정의상 SRA가 자기를 생산하고 그리하여 그들을 생산하는 데에 어떠한 노동력도 필요로 하지 않기 때문이다. 즉 SRA의 가변자본은 0이고, 0으로 나눈 모든 수는 무한하기 (아니, 어쩌면 미정이기) 때문이다. SRA의 가치는 0을 향하는 경향이 있는데, 이는 "부모" SRA의 "최초의 자본"이 그 "자식"의 잠재적으로 무한한 연쇄를 둘러싸고 천천히 분배되기 때문이다. 더욱이 (다시 한번 범박하게 말하자면) 어떤 상품에 의해 발생한 잉여가치는 생산과정에서 상품에 덧붙여진 가치와 생산과정에서 지출되어 (그 생산물에 덧붙여진) 노동력의 가치 사이의 차이다. 그러나 다시 다음과 같은 이상한 결과가 뒤따른다. SRA의 잉여가치가 0인 까닭은 그저 어떠한 노동력도 SRA

의 생산 속에 흡수되지 않기 때문이다. 이미 자본의 꿈 ― 계급투쟁 없는 생산과 이윤 ― 은 뒤집히기 시작하는데, 그것은 이러한 SRA 생산이 자본에게는 본질적인 잉여가치를, 외관상 생산하지 않기 때문이다. 무한과 0의 이 기묘한 조합은 탐사되어야 하는 자본주의적 생산 시스템 안에 위협적인 변칙을 펼쳐 놓는다. 하지만 우리는 SRA의 소란스러운 "극단주의"에 미혹되어서는 안 된다. SRA는 결국 그저 기계들에 지나지 않는다. 그리고 그들을 도입한 이유는 자본주의에서는 충분히 이해할 수 있다.「기계들의 사용에 대한 머리말」이라는 글을 간결하게 쓴 사람이 다음과 같이 말하고 있는 것처럼 말이다. "노동의 단위 생산당 비용이 기계의 비용보다 훨씬 더 클 때 노동자는 기계로 대체된다." 고전적인 사례 ― 무거운 물건을 [일정한] 거리만큼 옮기기 ― 를 들어 보자. 기계로 100온스의 무게를 1마일 옮기는 데 (평균적으로) 1달러의 비용이 든다면, 1달러보다 더 높은 모든 임금은 노동자들을 "대체 가능한 것"으로 만들 것이다. 이렇게 해서 기계를 임금 투쟁에서 자본가의 무기로 사용하는 것이다. 왜냐하면, 그것은 임금 요구들에 절대적이고 객관적인 한계를 설정하는 것처럼 보이기 때문이다. 이상한 소리로 들리겠지만 SRA의 경우에 적용되는 이 원리에 대해서는 두 가지의 결론이 명약관화하다. (1) SRA의 자기재생산 비용이 SRA를 생산하는 노동자들에게 지급되어야 하는 임금보다 더 적은 경우에만 SRA는 다른 SRA에 의해 상품으로 생산될 것이다. (2) X의 SRA 생산비용이 임금노동을 고용했을 때의 비용보다 더 적은 경우에만 SRA는 상품 X를 생산하는 데 사용될 것이다.

그러나 자본주의에는, SRA에 의해 침해받지 않는 것처럼 보이는, 기계 도입의 또 다른 원리가 존재한다. 즉 상대적 잉여가치를 증대하고자 하는 욕망이 그것이다. 역사적으로, 기계 도입의 위대한 추진력은 노동일의 단축과 노동조건의 개선을 달성한 노동계급 투쟁이었다. 이러한 단축과 개선의 직접적인 충격은 절대적 잉여가치의 축소였다. 왜냐하면, 사장은 글자 그대로, 유효한 법률적 제한이 주어졌을 때 더 적은 노동시간, 즉 더 적은 노동일을 빼앗을 수 있었기 때문이다. 이러한 노동일 단축은 자본가들이 노동을 더 생산적으로 만들거나 집중적으로 만들, 또는 둘 다를 가능하게 만들 기계를 생산에 도입하도록 자극했다. 시스템 전체에 가져온, 특히 생존수단을 생산하고 그리하여 노동자가 소비하는 가치를 낮추는 데 이러한 기계가 불러온 결과는 노동일의 "필요한" 부분(예를 들어, 노동자의 재생산을 위해 필요한 가치, 즉 간단히 말해 실질임금을 창출하는 데 수반된 노동시간)의 단축이었다. 이러한 기계 도입이 성공한다면, 노동일의 길이를 단축시킨다 하더라도 잉여 노동시간과 필요 노동시간의 비율은 매우 극적으로 늘릴 수 있다.

SRA의 도입이 이러한 원리를 침해하는 것처럼 보일지 모른다. 왜냐하면, 그것들의 잉여가치 생산은 0이고, 그 결과 이것들의 상대적 잉여가치 또한 0이기 때문이다. 따라서 그것들이 전체 자본 가치들의 총확대재생산에 이바지하지 않는다면 그것들은 축적 과정에서 무용한 것으로 보일 것이다.

SRA의 자기재생산 비용이 인간에 의한 생산비용보다 적고 그것들이 실제로 일반 이윤율을 늘린다면, SRA는 자본주의적 공간에서 역설적 사물로 남는다. 그것들은 "블랙홀"이나 다양한 노동과정들 속의 "시공간 특이점들"과 같다. 왜냐하면, 그것들은 가치를 흡수하지만 그 대가로 아무것도 생산하지 않는 것처럼 보이기 때문이다. 그래서 SRA 산업은 겉으로 보이는 모습과는 정반대일 것이다. 무한히 효율적이거나 생산적인 대신에 완전히 "비생산적인" 것으로 드러날 것이다.

여기에서 약간의 논리가 필요하다. "무"와 "0" 사이에는 차이의 세계가 존재한다. "무"는 연속, 연쇄, 또는 집합의 구성원이 아니지만 "0"은 명확히 존재한다. 다시 말해 "0"은 예의 연속, 연쇄, 또는 집합의 엄밀한 출발점이다. 따라서 맑스의 "노란 대수"는 절대 숫자가 아니지만, 0은 분명히 숫자이다. 우리는 0의 가치를 생산하는 과정들이 비생산적이라고 결론 내릴 수 없다. 우리는 SRA를 "사치"품이나 "생산의 부수비용", 황금 욕조 그리고 우리 시대의 크루즈 미사일 등이 있는 저 잡다한 방에 들여놓기를 원할 수도 있다. 그러나 SRA는 사회적 생산에 "부수"적이지 않을 것이며, 모든 상품의 생산주기에 들어가는 "기본 필수품"임이 입증될 수도 있다. 하지만 잉여가치를 포함하는 사치재와는 달리 SRA는 새로운 가치를 티끌만큼도 덧붙이지 않을 것이다.

무와 0을 논리적으로 구분하는 것은 추상적이고 "의미론적"일 수도 있지만, "생산적" 노동 대 "비생산적" 노동과 관련한 전통적인 맑스주의 논쟁들의 핵심에 가 닿는다. 0의 가치를 갖는, 또는 갖는 경향이 있는 (즉 무임금의) 노동력은 가치 생산의 전체 주기에 걸쳐 잉여가치를 엄청나게 생산할 수 있지만, 높은 가치를 가지고 있는 것처럼 보일 수 있는 노동력은 완전히 "비생산적"인 것 ― 잉여가치 생산에 아무것도 기여하지 않는 것 ― 으로 충분히 판명 날 수도 있다. 당신은 이제 봉급으로 생산적인 노동을 결정하는 대신 스톱워치로 가치를 결정할 수 있다.

SRA와 맑스주의 이론에는 그 이상의 연관성이 존재한다. 맑스는 자신의 가장 중요한 혁명적인 구절들 일부에서 SRA를 예고할 생산단계에 몰두했다. 맑스가 노동계급 투쟁에 의해 그리고 생산 속으로 과학을 직접 도입함에 의해 추동되는 상대적 잉여가치 발생 과정의 한계를 생각하고 있는 『그룬트리세』와 『자본론』에서 그러한 구절들을 살펴보자. 이 한계 속에서 맑스는 노동자들의 악몽이 아니라 자본 자신의 파국을 발견한다. 이러한 맑스주의적 분석 속에서 폰 노이만의 SRA는 가치 생산의 전체 시스템이 "폭발하는" 축적 과정의 바로 그 한계들을 드러낸다. 이제 우리는 다음과 같은 이분법에 도달하게 된다. 첫 번째 인상들이 옳은가, 즉 SRA가 노동자들의 악몽이 될 것인가, 아니면 이 악몽이 악몽 소유주에게도 악몽이 될 것이라고 주장하는 맑스가 옳은가?

어떤 특별한 대상 또는 조건이 누군가에게나 유용하다고 말해보자. 아니 더 강력하게 그것이 인류의 생존에 본질적이라고 말해보자. 분명 그러한 대상이나 조건은 인간 부의 한 측면이지만 이 사실이 그것에 가치를 부여해 주지는 않는다. SRA 산업은 일부에게는 매우 유용할 수도 있었고 획기적인 이종 간의 진화 과정을 시작할 수도 있었을 것이다. … 그러나 자본의 구현체로서의 개별 자본가들에게 인류[종] 생존의 유용성 문제는 논점을 벗어난 것이다. 그들에게 SRA 수수께끼는 다음과 같이 단순하게 던져진다. SRA는 SRA 소유자들에게 "돈을 벌어줄" 수 있는가?

이 물음에 대답하기 위해 우리는 먼저 폰 노이만의 관점을 조정해야 한다. 그의 관점은 SRA가 상품이라는 (또는 상품이 될 것이라는) 숨겨진 전제를 포함하고 있기 때문이다. 그러나 그러한 전제는 논쟁적이다. 분명 SRA가 상품이라면 SRA 산업은 전체 상품 생산 "나무"의 부분, 즉 SRA "가지"가 된다. 하지만 만약 이러한 SRA가 상품들의 논리 외부에 남아 있고 교환되지 않은 채 누구에게라도 이용될 수 있는 새로운 "생물역학적" 종 같은 어떤 것이 된다면, 왜 자본가들은 도대체 그것들을 소유하거나 생산해야 하는가? 명백히 SRA가 상품이 아니라면 이 수수께끼는 저절로 풀릴 것이다. 그러니 SRA가 자본주의 발달 과정의 어떤 단계에서 상품이 된다고 가정해 보자.

만약 SRA가 상품이라면 이것들은 가격이 매겨져야 한다. 즉 가져다가 교환가치로 팔려야 한다. 그러나 결국 그것들이 사실상 0의 가치를 가질 때 어떻게 일정한 가격을 지닐 수 있는가? 다시 한번 우리는 명백한 역설을 만나게 되지만 이것은 쉽게 해결될 수 있다. 자본주의는 정확히 말해, 우선 가격이 일반적으로 가치와 같지 않은 시스템이다. 사실, 오직 아주 드문 경우에만 가격은 가치와 같다. 대부분 상황에서, 전체 자본주의적 생산 체계가 자신을 단순히 또는 확대된 규모로 재생산하기 위해 가치는 가격으로 "변형되어야" 한다. 맑스주의 이론에 대한 다수의 논평가는

"가치의 생산 가격으로의 변형"을 하나의 "문제"로 받아들이는데, 그것은 맑스가 『자본론』 3권에서 제시한 단순 모델에서 변형의 수학식을 정밀하게 수행할 수 없었기 때문이라는 것이다. 그들은 맑스가 사용하는 "변형" 개념이, 그 어느 것도 문자 그대로 "있는 그대로" 남아 있지 않는 자본주의 안에서 삶의 일반적이고 심원한 특징이 취하는 특수한 경우임을 망각한 것 같다. [자본주의] 체제의 위대한 매력(과 공포) 중의 하나는 자본주의가 자신을 구성하는 요소들의 끊임없는 교환, 흐름, 출현, 소멸을 필요로 한다는 것이다. 가치의 가격으로의 변형은 자본의 출현-소멸 과정의 불가결한 측면이다. 이러한 변형이야말로 우리로 하여금 자본가가 어떻게 아무런 잉여가치를 실현하지 않는 상품으로부터 이윤을 만들어낼 수 있는지를 설명할 수 있도록 도와주는 바로 그것이다.

가치가 가격으로 변형되는 과정에서, 높은 유기적 구성 산업에서 생산된 상품들은 자신의 가치보다 더 높은 가격을 지니지만, 낮은 유기적 구성 산업에서 생산된 상품들은 자신의 가치보다 더 낮은 가격을 지닌다. 이러한 비결은 "낮은" 산업들에서 "발생한" 잉여가치가 "높은" 산업으로 (시장에서 또는 "관리된" 가격들에 의해) 전위되는 것에 의해 수행된다. SRA 산업들의 자본가들(생산 나무의 맨 꼭대기 가지)은 대지에 들러붙은 비틀린 그 나무의 뿌리로부터 이윤 자양분을 챙길 것이다. 따라서 SRA 산업이 생존하고자 한다면 어느 노동자도 직접 착취하지 않으면서 수탈될 수 있고 또 수탈되어야 한다.

더욱 엄밀한 형태로 SRA 산업의 수익성과 관련한 핵심을 짚어보자. 상품의 가치는 상품의 불변자본(c), 가변자본(v), 그리고 잉여가치(s)의 총합이지만, 생산 가격은 c, v와 r 즉 생산에서 전체 자본주의 시스템을 위한 인공 두뇌학적 안정판으로 기능하는 평균이윤율에 의해 결정된다. 따라서 상품의 가치 L은 다음과 같다.

$$L = c + v + s$$

한편, 상품의 생산가격 P는 다음과 같다.

$$P = c + v + r(c + v)$$

SRA의 "극단론"은, SRA에서 v = s = 0이고, L = c이며, P = c + rc라는 점에 있다. 분명 P는 L과 같을 수 없고 실제로 P − L = rc이지만, 이 "rc"는 어디에서 나오는가? 기계들은 가치 그 자체를 생산할 수 없으므로 SRA 산업에서의 이윤은 궁극적으로, 생산 나무의 "보다 낮은" 가지들과 "뿌리들" 안의 그 유명한 "땀과 노력"으로부터 나온다. 따라서 그것은 자본에 대한 모든 투자가 "공정한" 대가를 얻기를 요구하는 자본주의적 "정의"justice 의 전도된 논리로부터 도출되는 "순수한" 이윤이다. 이러한 정의는 단순히 말하자면 SRA의 경우 거의 신적인 것이 된다.

이것이 무슨 상황이란 말인가! 우리는 여기에서, 잉여가치를 생산하지는 않지만, 잠재적으로 막대한 이윤을 흡수하는 자본주의 산업의 한 가지를 만나게 된다. 이것은 직접 착취하는 사람들에게 이윤이 생긴다고 생각하는 사람들에게만 역설적일 뿐이다. 그러나 이것은 잉여가치 대부분을 생산하는 노동자들이 가장 높은 임금을 받는다는 가정보다 더 진실이 아니다. 오히려 그 정반대가 타당하다.

아마도 우리는 SRA 자본가들을 순수한 "금리생활자들"rentiers로 분류할 수도 있을 것이다. 그러나 그렇지 않다. 왜냐하면, 그들의 산업은 무언가를 "생산하고" 그들이 받는 대가가 어떤 자연적으로 주어진 희소성에 기반을 두는 것이 아니기 때문이다. 그들이 무가치한 것dirt을 생산하고 판매하는 어떤 가설적인 산업을 통제하는 자본가들이 아닌 것처럼 그들은 금리생활자들도 아니다. 실제로, 그것의 "자기재생산적" 지위에 의해 이 산업의 생산물들은 계속해서 대폭으로 늘어나고 있다.

그들의 이윤은 얼마나 큰가? 그것은 진행 중인 이윤율과 c의 크기, SRA 장치의 구축에 사용되는 SRA 산업 안의 불변자본 일부에 (어느 정도) 비례하는데, 이는 사소한 일이 아닐 수 있다. 오히려, 실제로 이러한 "이상적인" 기계 산업에 도달하는 데 필요한 투자는 막대하고, 어쩌면 천문학적일 수 있다. 이러한 기업을 실제로 상상하려는 어떠한 이성적인 시도도 거대한 지출로 귀결될 것이 틀림없다. 그러므로 이 산업의 실존은 현재의 이윤율이 어떻다 하더라도 잉여가치의 막대한 흡수를 전제로 한다. 실제로, 자본주의 시스템이 이러한 산업을 창출하도록 강제된다면, 그것은 다소 위험한 내기에 자신의 모든 "칩"chip을 거는 도박 같은 것이 될 것이다.

2차 세계대전 이후 원자력 발전소로의 이동은 이러한 "위험들"에 대한 암시를 줄 수 있다. 미국 석탄 광부들의 투쟁과 석유 산출국들의 민족주의 운동에 맞서 자본주의 시스템은 막대한 투자를 해야 하는 매우 높은 유기적 구성의 에너지 생산 형태들의 생산을 수용 가능한 "위험들"로 간주했다. 그 결과는 이 도박이 이윤이 남지 않는 것으로 입증되었을 때 투자금 중 천억 달러의 평가 절하로 드러났다.

SRA 산업의 도입은 세계의 가치 생산 나무의 "바닥" 가지와 "꼭대기" 가지 간의 대단히 큰 "경제적" 거리가 있어야 하는 국제적인 상품 생산 형태의 거대한 재구조화가 필요할 것이다. 이러한 재구조화는 "자연적으로" 일어나지는 않을 것이다. 오히려, 이제 그 규모를 헤아리기 힘든 치명적인 폭력이 자본주의적 의제에 모습을 드러낸다. 이러한 차원들에서 불운이 제시될 때마다 그 내기의 위험성은 명백한 것이 된다.

그러나 이러한 "내기"는 즉각적으로 만들어지지 않는다. SRA 한계에 이르는 생산의 가지들 내부의 유기적 구성의 경향적인 증대에는, 투자의 관점뿐만 아니라 환수의 조건들에서도, 서로 접근하는 접근법이 존재한다. 우리가 이러한 서로 접근하는 접근법을 첫 번째로 인식할 수 있는 것은 상품들의 가격 구조에서의 근본적인 변화 안에서이다. 왜냐하면 하나의 산업이나 시스템 전체의 유기적 구성에서 일어나는 모든 대규모적인 도약, 특히 무한을 향하는 도약은 나무의 더 낮은 가지들과 뿌리들로부터 "뽑아내야" 하기 때문이다(여기에서 "뿌리들"이 의미하는 것은 c와 v가 0을 향하는 생산의 가지들이다). 이러한 "뽑아내기"와 "짜내기"의 기제가 가격의 가치로의 변형이다.

상대적 가격의 이러한 변형 양상은, 낮은 또는 0의 유기적 구성 가지들과 뿌리들이 낮은 그리고 더 낮은 상대적 가격들을 발견하는 한편 SRA을 향하는 가지들이 높은 그리고 더 높은 상대적 가격들을 경험하는 것으로 드러날 것이 틀림없다. 다른 것들이 같을 때 한 산업의 유기적 구성이 증대하고 다른 산업의 유기적 구성이 같은 것으로 남아 있다면, 첫 번째의 가격은 두 번째의 가격에 비해 높아질 것이다. 이것은 가치의 축적을 목표로 하는 시스템에서는 단지 하나의 수학적 압박일 뿐이다.

생산 나무의 "바닥"에서 추출된 잉여가치의 훨씬 더 고통스러운 짜내기와 상대적 가격의 이러한 광범한 교란은 내 생각에 맑스가 『그룬트리세』의 "폭발" 논평에서 언급하고 있는 바이다. "실질임금"에서 노동력의 "비용"이 증대되고 노동일이 노동계급 투쟁을 통해 단축되자 지배적인 자본주의적 대응은 생산의 극적인 "재구조화"가 된다. 그러나 더 높은 유기적 구성 산업들에서 이러한 투자를 위한 자본은 어디에서 나오는가? 그것은 분명 전 세계 잉여가치의 끝없이 확장하고 심화하는 흡수와 상대적 가격의 변형 안에서 이루어진다. 바닥의 노동자들, 또는 바닥으로 내팽개쳐진 노동자들에게 이것은 대부분 절대적인 의미에서의 증대된 착취(예를 들어 증대된 노동일)와 감소한 임금을 의미한다. 왜냐하면 "낮은"〔유기적 구성 부문〕 자본가의 "이윤"이 노동자의 필요노동시간으로부터 나와야 할 것이기 때문이다.

상대적 가격의 이러한 변형에는 또한 시간적 차원이 존재하는데, 그것은 우리의 SRA 산업에서 가장 두드러지게 보인다. 앞에서 지적된 것처럼 SRA 단위들의 가치는 0을 향한다. 이것은 단순히 다음의 전제들로부터 도출되는 수학적 결론이다. 일련의 SRA가 잠재적으로 무한이지만 "최초의" 자본 C는 유한하다(C가 매우 크다 하더라도 말이다). 그러나

$$C/n \rightarrow 0$$

$$as$$

$$n \rightarrow \infty$$

즉 n이 무한에 접근함에 따라 C/n은 0에 접근한다. 여기에서 n은 생산된 SRA의 숫자이다.

　하지만 자본가는 수학적 영원 속에서 살아가지 않는다. 그/녀는 인류의, 심지어는 자본가의 후손이 "그의" 수익을 축적하는 것에 만족하지 않을 것이다. 그/녀는 적절한 기간 이내에 자신의 투자에 대한, 물론 "정당한 이윤"이 덧붙여진, 수익을 바랄 것이다. 그러나 그의 불변자본의 회전 시간은 문자 그대로 무한하다. 그러므로 수익의 시기에는 시간적 팽창이 존재해야 한다. 왜냐하면 무한한 시간 속에서 자신의 C + rC를 되돌려 받는 대신에 그는 유한한 시간 안에, 실제로는 상대적으로 짧은 시간 안에 그것을 되돌려 받을 필요가 있을 것이기 때문이다. 그렇지 않다면 그는 투자하지 않을 것이다. 시스템 전반의 회전 조건들을 고려할 때 한 세기 안에 수익이 발생하지 않는다면 SRA 산업에는 투자가 이루어지지 않을 것이라고 말해 보자. 하지만, 오직 10개의 SRA만이 매년 "수익성 있게" 생산될 수 있다고 말해 보자. 그러면 SRA의 가격은 평균적으로 C + rC/1000이 되고, 이것은 그것들 안에 있는 실질적 가치와 크게 비교될 것이다. 일정한 시간 안에서 이렇게 이윤을 "보장하는 것"은 "바닥"에 대한 강탈 압력을 더욱 강화할 것이다.

SRA의 시대를 예감하고 시작하는 이러한 상황은 현재의 평균이윤율에 가해지는 위협에 대한 자본주의의 평균적인 대응의 "극단적인" 판본이다. 현재 시대의 근본성은 한편으로는 자본의 접근법의 "극단론" 속에 그리고 그것이 요구하는 임금 감소의 폭과 깊이에 존재한다. 하지만 다른 한편으로 노동계급은 투쟁의 순환을 전례 없는 정도로 가속할 수 있는 투쟁에 대한 거대한 현실적이고 잠재적인 지식을 소유하고 있다.

자본의 유기적 구성의 이러한 도약은 그러므로 아프리카에 대해 예외적으로 결정적이며(왜냐하면, 아프리카는 축적 위계의 바닥에 놓여 있기 때문이다.) 한 세기 전의 상황을 생각나게 한다. 아프리카에 대한 착취 게임의 규칙들을 조직했던 1885년의 베를린 회의⁴는 테일러주의적 생산의 형성에서 본질적인 단계였다. 아프리카는 임금 규모의 바닥에 그리고 절대적 착취 지수의 꼭대기에 놓여 있으므로, 그것은 이 시대의 자본의 모험담에서 핵심적인 것이 된다. 자본이 여기에서 임금 축소와 절대적 착취를 강화할 수 없다면, (모든 합당한 조건들을 갖춘) 생산의 "더 높은 가지들"에서의 파국적 대결 수준을 피할 수 없을 것이다.

"부채 위기", 미국의 재정 적자, 1970년대에 시작하고 1980년대에 심화한 제3세계 상품들의 더욱 "악화한" 무역 조건들, 이 모든 것들은 변형의 중압과 명령의 징후들을 밝혀준다. 악명 높은 국제통화기금의 융자 조건들과 긴축 프로그램들은 단순히 아프리카가 변형에서 해야 할 역할을 상세하게 설명한다.

따라서 아프리카에 대해 "합의된 사항"은, 임금이 너무 높다는 점, 그리고 아프리카 프롤레타리아의 도시화가 "충분히 생산적이지 않은" 시스템에는 [과거에도] 위험했으며 [현재에도 여전히] 위험한 계급 권력의 중앙집중화를 가져왔다는 점이다. 우리는 [나이지리아] 라고스의 조건들을 알고 있으므로 라고스인들의 평균 임금이 "높다"고 주장하는 사람들의 사악함을 보고 놀랄 수도 있다. 하지만 "높다"는 것은 표준에 비교되는 상대적인 말이며, 표준은 지각된 평형감각과 비교된다. 자본주의 제도들의 영역에서 케인스의 세계사적 공헌이라고 할 수 있는 국제통화기금에게, 아프리카 임금의 "높음"은 명백하다. 따라서 "다시 토지로 돌아가자"라는 프로그램들, 기아의 위협과 현실, 비싼 음식과 상품 가격, "자립적인" 빈곤에의 호소, 그리고 (기껏해야) 신석기 시대식의 "적정 기술" 개념의 귀환(등이 뒤따라 나온다).

그래서 자본은 에티오피아로부터 나이지리아를 가로질러 짐바브웨에 이르는 남아 있는 공통장들을 최종적으로 몰수하는, 아프리카에 대한 잔인한 시초축적 시대를 다시 기도하지 않을 수 없다.

(자기를 재생산하는 자동기계들에서 아프리카에 이르는, 오늘날의 자본주의 생산의 이상적인 한계적 꼭대기에서 그것을 실질적으로 떠받치는 바닥에 이르는) 선행하는 일련의 문서들은 아프리카 프롤레타리아에게 전략에 관한 난해한 수수께끼를 제시한다. 이것은 이 시대의 좌파와 우파의 특수한 "수렴"에 의해 강화된 수수께끼다. 좌파와 우파는 모두 아프리카 청년의 기대들이 너무 높다는 것에, 평균적인 아프리카 도시 노동자와 농민의 "규율 부족", "쁘띠부르주아적 행동", "게으름", "후진성", "반사회성"의 수준이 "역사적·경제적 현실"과 너무 모순적이라는 점에 동의했다. 물론 한 측은 "계급의식의 결여"에 대해 말하는 한편, 다른 측은 "성취동기의 부족"에 대해 말한다. 그리고 한 측이 "경제적 자급자족"에 대해 말할 때 다른 측은 "국내적 투입"을 권장한다. 하지만 양측은 아프리카가 "참된 자본주의"나 "참된 사회주의"가 준비될 때까지 이번 세기가 지나가고 다음 세기가 올 때까지 충분히 기다려야 한다고 결론을 짓는다. 시각의 이러한 합의를 이해하면, 좌(우)익들의, 말하자면 국제통화기금(소련)의 "배반"으로 보일 수 있는 것의 대부분이 좌파의(우파의) 입장 자체의 논리로부터 충분히 이해될 수 있다. 결론적으로 아프리카에 대한 매우 정치적인 분석은 "도덕주의"의 수준에 머물러 있다. 가치들을 바꿀 수 없을 때, 그

에 뒤따르는 자연적인 과정은 그것들을 이상화[관념화]하는 것이기 때문이다.

이러한 가정들과 전략들을 수용하는 것은, 설령 "사람들이 올바르게" 행동하기를 바라는 "선의의" 관점에서일지라도, 인류사에서 전례가 없는 수준의 생산과 사회교류에서 객관적으로 존재하는 가능성을 아프리카 프롤레타리아로부터 박탈하는 조처에 협력하는 것이다. 왜냐하면, 좌파와 우파의 가정들과 전략들은 이러한 가능성을 오직 "동지들"이나 "전형적인 남부 백인 남자들"good old boys의 최상층의 사회 부문들에만 기능화하고 배분하기 때문이다. 우리는 아프리카의 좌파와 우파 양측 정부들의 "불안전성"은, 그리고 현재 [아프리카] 대륙을 특징짓는 흔히 미조직된 정치적 폭력(자주 "부족적인", "인종적인", 또는 "종교적인" 것으로 치부되는)은 생산과 교류의 이러한 객관적인 가능성이 이데올로기적인 스펙트럼 전반에 걸쳐 억제되고 있다는 대중적 지각 속에 명확하고도 합리적인 토대를 지니고 있다고 가정할 수 있을 뿐이다.

이 문서들의 논리가 완전히 다른 방향을 가리킨다는 점은 분명할 것이다. 이러한 방향이 과학적 사회주의의 현실주의적 전략들이 아닌 파농의 주장들과 유사하다는 점 또한 놀랄 일이 아닐 것이다. 파농에게서 우리는 (신비화된 형태로 "서구 문명"으로 집결되는) 자본주의적 가치들에 대한 완전한 거부 그리고 그와 마찬가지로 비타협적인 재전유 전략을 동시에 발견한다. 파농의 주장은 어떤 맑스주의적인 상투어의 강력한 응용에 지나지 않는다. 즉 "선진 자본주의 세계"의 문화적이면서도 물리적인, 축적된 부는 맬컴 엑스가 말한 바 있듯이, 모든 필요한 수단에 의해서 되돌려져야 하는 아프리카인들의 노동의 변형태에 지나지 않는다는 것이다. 실비아 페데리치가 「고향으로의 여행」이라는 논문에서 설명하고 있는 것처럼, 파농에게 아프리카의 "참된 역사" 대부분은 유럽과 아메리카 대륙에 존재한다(사실상, 유럽과 아메리카 대륙의 "참된 역사" 대부분이 아프리카에 흉터로 남아 있는 것처럼 말이다).5 아프리카인들이 오늘날 그들에게 프로그램화되어 있는 노고, 비참, 불행 들에서 벗어날 수 있는 것은 오직 그러한 부와 "참된 역사"를 재전유하는 것을 통해서이다.

지금 여기는 재전유의 기제에 대해 논의할 장소도 시간도 아니며 단지 그 논리와 결과 들만을 논할 수 있을 뿐이다. 따라서 우리의 주장은, 사회적 기술과 부를 아프리카 대륙으로, 아프리카의 조건에 맞게 막대하게 반환하지 않고는, "자조"self-help, "자립"self-reliance, "자급자족", "우리의 수단에 맞춰 생활하기", "대체적 국내 투입" 등등에서의 모든 노력은 가장 "시초적인" 착취 형태에 기반을 둔 세계 축적의 바로 그 필요가 정점에 도달하고 있는 시대에 지구의 나머지로부터 아프리카 프롤레타리아가 더욱 고립되는 것으로 귀결될 것이라는 점이다. SRA에 "자립" 전략을 추가하는 것은 적어도 재앙적인 국면을 창출할 것이며, 이는 아프리카에만 국한되지 않을 것이다.

아프리카인의 임금을 낮추고 아프리카에서의 절대적 착취를 높일 수 있는 능력은 이 시대 자본의 갱신 기획의 성공을 위해 필수적인 조건이다. 1960년대 후반과 1970년대 초반의 국제적인 임금 "폭발"과 이윤 "위기"에 의해 촉발된 이러한 기획은 (1979~80년의 약간의 실패를 제외하고는) 매우 성공적이었다. 오늘날 생산의 "더 높은 가지들"에서 이러한 기획에 대한 저항은 약화된 것처럼 보인다. 관심은 이제 그 나무의 "뿌리들"로 돌아간다. 왜냐하면 모든 논리학자가 말하듯이, 어떤 기획의 필요조건 실패는 그 기획 실패의 충분조건이기 때문이다.

왜 기계들은 가치를 창출할 수 없는가
맑스의 기계론

타인 의지의 점취가 지배 관계의 전제이다. 즉, 예컨대 동물처럼 의지가 없는 것은 봉사할 수는 있으나 그 소유자를 지배자로 만들지는 않는다. 그러나 여기에서 우리는 마찬가지로 지배 복속 관계가 어떻게 생산도구의 이러한 점취 공식에 속하는지를 목격하게 된다. 그리고 이 지배 복속 관계는 그것이 모든 본원적인 소유관계 및 생산관계의 편협성을 표현하듯이, 이들 관계의 발전과 몰락의 필연적인 효소를 이룬다. 물론 이 지배 복속 관계는 자본에서—매개된 형태로—재생산되고, 마찬가지로 자본 해체의 효소를 이루며 자본의 편협성의 문장(紋章)이기도 하다. — 맑스, 『그룬트리세』[1]

노동을 더 쉽게 만들어 주는 기계들이 존재할 것이다. 그러나 [그러려면] 우선 당신은 그런 기계를 하나 갖기 위해 열심히 노동해야 한다. — 마르셀 비퍼와 비트 즈그라겐, 『예언들』[2]

30년 전 내가 속한 세대에게 경제학자들, 사회학자들, 미래학자들은 기계들이 대부분의 반복적이고 스트레스를 주는 업무들을 떠맡을 것이고 노동일은 기계화로 단축되어 우리의 실존적 문제는 노동일을 어떻게 견뎌낼 것인가가 아니라 우리의 여가를 어떻게 채울 것인가가 될 것이라고 말해 주었다. 다가오는 "풍요로운 사회"가 기아, 질병, 불안 같은 오래된 문제들을 역사적 기억들 속에서 희미해지게 만들 것이라는 확신이 들었다. 1960년대 초반에 나타난 노동일 단축을 보여주는 장기간의 경향들, 실질임금의 상승, (아동노동에 대한 억제와 더 이른 은퇴에 따른) 임금을 받는 노동인구의 상대적 감소 등은 이러한 "위대한 기대들"을 입증하는 것처럼 보였다.

하지만 미래는 절대 완전하지 않았다. 좌파와 우파의 예언자들은 이러한 사회경제학적 경향들의 기반 위에 다른 디스토피아들을 투사했다. 우파에 선 사람들은, 보장소득으로 살아가며 개인적 진취성이 모자라고 전체주의적인 복지국가에 의해 전자적으로 조작되고 있는, 일탈적인 "과잉인구"로 가득한 탈산업적인 대중사회를 경고했다. 좌파 예언가들은 이러한 기계화 속에서, 자본에 맞설 수 있는 프롤레타리아의 투쟁 능력의 극적인 감소를 보았다. 왜냐하면 프롤레타리아 노동이 덜 필요해지게 되는 한편, 구조적 실업이 고임금을 받는 작은 부문의 숙련 노동자들과 거대한 "최하층의" 고용 부적격자들 사이의 인종-기반적인 분할을 더욱더 악화시키게 될 것이기 때문이라는 것이다.[3]

이러한 미래학적 가정들과 정치적 디스토피아들은 그들의 공통된 가정들 속에 근본적으로 잘못이 있었음이 드러났다. 가장 명백한 실수는 [연간] 노동시간의 연장과 관련해서 일어난 일 그리고 임금노동 시장의 크기에서 찾아볼 수 있다. 1840년대와 1850년대에 이루어진 자본주의적 축적의 증대가 하루 10시간 노동 법률이 통과되면 자본가들이 이윤의 상당 부분을 잃게 될 것이라는 나소 시니어의 주장을 위기에 빠뜨렸던 것과 마찬가지로, 노동일과 노동시장의 참여율을 실질적으로 단축하자는 것에 대한 1960년대 이래 계속되어 온 자본주의 국가들의 완고한 거부 역시, 이제 기계들이 주요한 가치 생산자들이기 때문에 가치를 창출할 수 있는 프롤레타리아의 역량을 자본주의가 더는 필요로 하지 않는다는 가정에 대해 문제를 제기하는 것으로 보인다.

1973~74년의 에너지 위기 이후 미국의 [연간] 노동시간은 약 10% 상승했으며, 임금노동자들의 숫자 또한 수백만 명의 이주 노동자들과 여성 노동자들이 임금노동 시장에 진입함에 따라 극적으로 늘어났다. 더 많은 사람이 미국 역사상 이전의 어느 때보다도 더 긴 시간 동안 (그리고 더 낮은 실질임금을 받고) 일하고 있다.[4] 1994년 미국 통상부의 평가에 따르면, 미국의 1주일당 임금노동의 총량은 1970년과 1993년 사이에 57% 늘어났으며, 비농업 임금노동자들의 숫자는 1970년 6,946만 천 명에서 1993년 1억 701만 천 명으로 늘어났으며 그들의 평균 주간 노동[시간]도 38.3시간에서

39.3시간으로 늘어났다. 이러한 경향은 (OECD 국가로 규정되는) 선진 자본주의 세계에서 관찰할 수 있는데, 여기에서는 이 시기에 (임금노동자들의) 평균 실업률이 늘어났음에도 불구하고 인구에서 차지하는 임금노동자들의 총비율이 42.8%에서 46.8%로 상승했다.[5] 이러한 사실들은 "프롤레타리아의 쇠퇴"와 관련된 현학적인 예언들과 모순되었다. OECD와 제3세계 국가들에서 미지급 가사노동, "장부에 기록되지 않는" 노동, 범죄 행위에 이르는 "비공식적인 경제 활동"의 점증하는 중요성을 고려할 때 특히 그렇다.[6] 이외에도 (국제통화기금과 세계은행 같은 국제적인 기관들과 공모관계에 있는) 신자유주의·탈식민 정부들과 탈공산주의 정부들이 구조조정프로그램과 강제된 이주를 통해 국제적인 노동시장에서 수십억 명의 새로운 노동자들을 서로 경쟁하도록 만들려고 했던 필사적인 시도들은 더 적은 노동에 이르려는 기획 경향과 심각한 모순 관계에 놓인다.

이전의 동유럽 나라들 그리고 아프리카와 아메리카 대륙(뿐만 아니라 서유럽)의 여러 나라에서 더 높은 평균 실업률이 실존한다고 해서 그것이 우리의 설명이 틀렸음을 입증하는 것은 아니다. 늘어난 실업률은 자본가들이 노동과 노동자들을 덜 필요로 한다는 것을 나타내는 것이 아니다. 오히려 실업의 창출은 노동력의 가치를 줄이면서 이용 가능한 노동력을 갖춘 대중을 늘리기 위한 표준적인 자본주의적 전략이다. 실업의 추세와 상관없이, 지난 세대에 미국에서 그리고 국제적으로, (산업 노동의 로봇화에서 상업 노동의 컴퓨터화, 농업노동에서 생명공학적 방법들의 도입에 이르는) 기술적 변형의 전례 없는 증대에도 불구하고 노동의 기간과 양 모두 증가했다. 다시 말해, 기계화는 노동의 감소가 아닌 노동의 증대로 귀결되었다.

지난 세대에 대한 대부분의 현학적 분석가들은 왜 잘못된 길로 접어들었는가? 기술적 혁신 속에서 노동 없는 생산의 새 시대라는 약속을 발견하는 리프킨의 『노동의 종말』 같은 저작들이 오늘날까지 왜 아직도 계속해서 그 흐름을 유지하고 있는가? 이러한 실패를 이해하는 한 가지 방법은, 이 분석가들과 저작들이 과학기술이 현대 자본주의에서 질적으로 새로운 역할을 떠맡고 있다고, 그리고 기계들이 가치, 그리하여 잉여가치와 이윤을 창출할 수 있다고 가정하고 있었음을 파악하는 것이다. 우리는 상품 생산에 사용된 (기계 형태의) 자본이 그 상품의 가치에 부분적으로 역할을 한다고 주장하는 신고전주의적인 경제학자들 사이에서가 아니라, 함축적으로건 명시적으로건, 한나 아렌트와 위르겐 하버마스에서 안또니오 네그리, 장 보드리야르에 이르는 다른 여러 사람 사이에서 이러한 시각을 발견할 수 있다. 이들은 자본주의에 대한 맑스주의적 분석을 진지하게 취하지만, 뒤이어 종종 맑스의 구절들을 증거로 사용하면서, 과학기술적 변화로 인해 21세기 자본주의적 축적의 본성에서 질적인 변화가 일어났다고 주장했다.[7] 기계들이 정말 가치를 창출한다면, 우리는 (포스트모더니스트들이 주장하는 것처럼) 자본주의의 질적 변화를 함축하는 시나리오들이 정당하다고, 그리고 "프롤레타리아여 안녕"이라고 작별을 고하면서 자본주의에 맞서는 저항에 대한 "사회운동"적 분석과 "동일성 정치"의 분석에 중점을 두었던 이론가들이 정당하다고 분명하게 말할 수 있을 것이다.[8]

이러한 주장들과 반대되는 다른 방법은, 기계들이 가치를 창출할 수 없다고 하는 맑스의 원래 주장을 재분석하고 방어하는 것이다. 이것은 다음의 두 부분으로 나뉜다. 첫 번째 부분은 정치경제학, 물리학, 공학에서 이루어진 기계, 에너지, 노동에 대한 19세기 중반의 논의 맥락 안에서 맑스의 원래 주장을 검토한다. 두 번째 부분은 20세기 말의 시각에서 맑스의 주장을 다룬다. 이렇게 하는 것이 중요한 까닭은 단순히 우리가 한 세기 또는 반세기 동안 『자본론』에서 분리되어 있었기 때문만이 아니라 과학기술 연구에서 주요한 이론적 발전들이 이 시기에 이루어졌기 때문이다. 맑스와 고전적인 맑스주의 분석가들은 오직 기계에 대한 다음의 두 가지 이론들만을 인정했다. (헤론에 의해 전개되고 갈릴레오와 18세기 기계론자들에 의해 완성된) 단순한 기계들에 대한 이론과 (카르노에 의해 전개되고 19세기 중반 클라우지우스와 톰슨에 의해 완성된) 열기관 이론이 그것이다. 이것들은 그들 자신의 기계론을 위한 틀을 설정했다. 그러나 맑스와 고전적인 맑스주의자들은 알 수 없었을 (튜링, 폰 노이만, 위너, 섀넌[9]과 관계된) 새로운 기계 이론이 1930년대에 전개되었다. 맑스의 원래 주장이 우리 시대에 어떻게 전개되고 있는지 이해하기 위해, 이론적으로 피드백과 자기재생산이 가능한 소통하는 튜링 기계들의 맥락 속에서 이루어지는 가치-생산 분석을 설명할 필요가 있다.[10]

맑스의 이론과 19세기 중반의 열역학

A 안의 에너지는 늘어나고 B 안의 에너지는 줄어든다. 즉, 따뜻한 시스템은 더욱더 따뜻해지고 차가운 시스템은 더 차가워졌다. 그렇지만 아무런 작업도 가해지지 않았다. 매우 주의 깊고 꼼꼼한 손길을 갖춘 존재의 지성만이 사용되었을 뿐이었다. — 1867년 맥스웰이 테이트에게 보낸 편지

　　기계들은 자본주의 시기 전반에 걸쳐 복잡한 과학적·철학적 담론의 핵심이었다. 이러한 담론에서 가장 눈에 띄는 점은 기계들을 대자연에 대한 사유를 조직하기 위한 수사 어구로 사용한다는 것이다. 그래서 19세기 낭만주의와 하이데거에 의해 고취된 생태학자들이 그렇게 한탄한 "세계상world picture의 기계화"는, 초기 부르주아 사상에, 그리고 자연 과정으로부터 얼마나 많은 노동을 기대할 수 있을지를 결정하려는 초기 부르주아적 시도에 뿌리를 두고 있다. 하지만 "세계의 탈신비화"에 대한 낭만적 한탄은 너무 때 이른 것이었다. 지난 4세기는 자연의 "재신비화"를 보여준다. 이 과정에서 자연은 호머의 장군과 숙녀의 무섭거나 매력적인 인격화를 취하지 않고, 거대 기계의 형태로 서술되었다.

이러한 수사 어구의 사용은 우연이 아니었는데, 그것은 기계의 발달과 기계론의 필요성이 고조되는 것이 계급 적대 발전의 본질적인 측면이기 때문이다. 노동계급이 – 파업, 반란, 사보타주를 통해 – 노동일의 확장이나 [최저] 생계 이하의 임금 삭감에 의한 축적의 경로를 위험에 빠뜨리면, 열려 있는 축적의 주요 경로는 상대적 잉여가치를 높이는 것이다. 노동 생산성과 노동 강도를 높이는 기계의 도입으로, 노동일의 필수적인 부분은 (적절한 양으로) 줄어들 수 있으며, 노동일의 길이가 고정되거나 최저 생계임금이 지켜진다 해도 잉여가치는 늘어날 수 있다. 사실상 대부분의 자본가 계급 일반과 수많은 개별 자본가들은 매번의 "산업혁명"의 전시실 앞으로 발버둥을 치며 끌려가게 된다. 또한, 그들이 저항하는 것도 무리가 아닌데, 이는 새로운 기계들이 정말 비싸고 [산업혁명의] 초기 국면에서는 특히 "수많은 문제를 만들어내기" 때문이다. 그러나 언제나 변함없이 이러한 저항적인 자본가들이 당면하는 노동계급 엔트로피 때문에 그들은 새로운 기계들을 사거나 완전히 새로운 영역의 노동계급을 발견하여 착취하거나…아니면 자본으로서 죽을 수밖에 없다.

맑스는 정당하게도 이런 "기계들의 이론"에 대해 비판적이었는데, 그것은 그가 이 이론을 19세기 중반에 발견했기 때문이다. 기계론은 (마찬가지로 오래된 지렛대, 경사면, 나사 등등으로 귀환하고 있는) 한창때의 영웅시대와 거의 달라지지 않았다. 비록 그 수학적 내용은 17세기와 18세기에 엄청난 변형을 겪고 있었지만 말이다. 특히 맑스는 이 이론의 혼란스러운 범주들에 대해 그리고 그것의 역사성 결여에 대해 비판적이었다. 그래서 그는 당대의 기계 과학을 다음과 같이 비난했다. "자연과학의 추상적인 유물론 – 역사와 역사적 과정을 배제하는 유물론 – 의 결함은, 그 대변자들이 일단 자기 전문영역 밖으로 나왔을 때 보이는 추상적이며 관념론적인 견해에서 곧 드러난다."[11] 맑스는 『자본론』의 첫째 권의 4편을 "인간의 생산적 기관들의 역사"에서 시작하려고 한다. 맑스 자신의 특징이 잘

드러나는 기계에 관한 규정을 살펴보자.

> 완전히 발달한 기계는 어느 것이나 본질에서 서로 다른 세 부분, 즉 동력기, 전동장치, 도구 또는 작업기로 이루어진다. … 전동장치는 … 운동을 조절하고, 필요한 경우에는 운동의 형태를 변경시키고[예컨대 수직운동을 원운동으로 전환하고], 운동을 작업기에 분배하고 전달한다. … 기계 장치의 이 마지막 부분, 즉 작업기는 18세기 산업혁명의 출발점이다.[12]

맑스는 산업혁명의 표준적인 서사를 구성하는 양극의 위계를 전복한다. 원동력과 도구의 차이 속에서 원동력에 대한 분석들이 탁월하게 제시된다. 그러나 맑스는 증기기관이 필요해지게 된 것은 오로지, 매뉴팩처가 성취한 원래의 노동과정 속에서 노동과 도구가 분리되는 것에 의해서라고 주장한다. 증기 동력의 응용을 방해한 것은 18세기 증기기관의 지나친 효율성이 아니라 오히려 그것들을 사용하기 위한 전제 조건들의 결여였다.[13]

왜냐하면, 노동과정이 "세 가지 기본적인 요인들" ─ 인간의 개인적 활동[원문 그대로], 즉 노동 그 자체, 그러한 노동의 주체, 노동의 도구들 ─ 로 이루어진다면, 매우 아이러니하게도 (노동의 착취를 그 역사적 조건으로 하는) 자본주의의 발달은 그러한 노동과정의 단계적인 해체를 가져온다. 첫째, 시초축적은 노동자를 노동의 주체로부터 분리한다. 그런 뒤에 매뉴팩처는 "거래의 자연적으로 전개된 분화"의 세부사항들에 대한 강박적인 관심을 통해, 근대 산업이 실제로 노동자들 전체의 활동을 제거하는 것처럼 보이는 정도까지 노동자들의 노동을 노동수단으로부터 분리한다.

맑스는 노동과정을 기술하면서 그것에 출발점과 종착점, 수단과 목적, 엔텔레케이아와 다이나미스[14]를 모두 갖춘 아리스토텔레스적인 과정의 형태를 부여한다. 다시 말해 노동과정은 아리스토텔레스적 시간 속에서 이루어지는 활동이다. 그러나 "제멋대로 되고 다루기 어려운 노동자"(유어Ure)에 대한 의존을 제거하려는 부단한 노력 속에서 자본주의적 발전은 분명 노동과정의 외형적인 형이상학적 구조를 파괴했다. 그렇지만 그것이 노동자들과 그들의 노동은 결코 파괴하지 못했다. 오히려 그 반대였다.[15] 왜냐하면, 인간 노동자들은 근대 산업의 도입 이후 다음의 두 가지 주요한 방법들 중의 하나를 통해 생산과정에 진입하기 때문이다. (a) 기계 체계의 "단순한 살아 있는 부속물"[16]로서, 또는 (b) 그들의 임금이 너무 낮아서 "기계 도입이 오히려 자본가의 생산비용을 증대시킬" "불쌍한 사람들"[17]로서.[18]

노동자가 부속물로 되는 경우 노동일은 선형화된다. 왜냐하면 노동의 기본적인 형태가 노동자의 작업 빠르기와 관계없는 주기를 갖는 기계들을 관리하는[돌보는] 것이기 때문이다. (애초에 맑스가 제시했던 바의) 노동 과정의 특징은 제거된다. "매뉴팩처에서 사회적 노동과정의 조직화는 순수하게 주체적이다. 그것은 세부 노동자들의 조합이다. 기계제에서 근대 산업은 순수하게 객관적인 생산적 유기체를 갖는다. 여기에서 노동자는 기존의 물질적인 생산 조건에 대한 단순한 부속물이 된다."[19] 근대 산업에서 노동자는 코페르니쿠스적 혁명과 같은 것을 경험한다. 그는 생산 시스템의 중심부로부터 지구 변두리에 이르기까지 변형을 겪으며… 실업의 위협 아래에서 헐떡이는 삶을 살아간다. 노동일은 연장되거나 강화된다.

마찬가지로 기계의 도입은 "불쌍한 사람들"을 창출한다. 이들은 사실상, 비용 지평선의 또 다른 면에 존재하며, 생산의 지옥에 놓인다. 만약 이 "불쌍한 사람들"이 자신들의 임금을 어떤 가능한 과학기술적 응용에 의해 결정되는 지평선을 넘어서게 만든다면 그들은 "불쌍한 사람들"로서의 그들 자신을 궤멸시킬 것이다. 만약 그들의 임금이 이 지평선 아래에 남아 있다면 자신과 자신의 노동력을 "흩뿌리게" 될 것을 그들은 안다.

열역학과 가치

부속물과 불쌍한 사람들을 창출하는 것 그리고 이 둘의 조건들을 결정하는 법칙들은 자본주의적 기계 활용에 대한 맑스 이론의 구성 요소가 된다. 그러나 맑스가 기계에 대한 이러한 이론을 끌어내고 있을 때, 또 다른 기계론 – 정밀하게 될 열기관의 열역학 – 이 영국과 독일에서 줄, 메이어, 클라우지우스, 맥스웰, 테이트, 톰슨에 의해 전개되고 있었다. 실제로 맑스의 이론과 열역학 사이의 긴장 그리고 그들이 각각 옹호하는 등가와 한계라는 서로 다른 개념들은 자본과 자연 간의 분할에서 나타나는 가장 심각한 문제 중의 하나 – 인간 노동력과 여타의 자연적 힘들, 그리고 인간 노동과 다른 형태의 작업을 구별하는 것은 무엇인가? – 를 제기한다. 맑스의 이론은 기계와 인간 사이에 차이가 크다고 가정한다. 기계는 가치를 생산할 수 없지만, 인간은 가치를 생산할 수 있다는 것이다. 이와 대조적으로 열역학은 기계도 인간처럼 "노동[일]"을 생산할 수 있다고 주장한다. 둘 다 노동[일]work에 대한 이론들임에도 불구하고 맑스의 이론에서는 기계와 인간 사이의 비대칭이 중요하다면, 열역학에서는 이러한 차이가 받아들여지지 않는다.

　　맑스는 분명 기계에 관한 이 새로운 열역학적 이론에 대해 인식하고 있었고, 이것이 자신의 이론과 맺는 관계에 대해 관심이 있었다. 그의 이론은 기계와 노동의 비대칭을 가정한다. 맑스는 노동과 노동력에 대해 다룰 때 그로브와 리비히의 작업을 『자본론』 1권에서 직접 언급한다. 이들은 에너지 보존을 발견한 명예로운 사람들이 되고자 하는 많은 지망자들 중의 일부였다. 이러한 언급을 보면 우리는 맑스가 분명히 노동력이 19세기 중반의 에너지론자들이 연구하고 있던 광범위한 힘들에 포함되어(또는 연관되어) 있다고 보았음을 알 수 있다. 이러한 연구들은 수평적으로는 열에서부터 빛, 전기, 자기, 화학적 친화력에 이르기까지, 수직적으로는 (원자가 고체로 결정화되는 것과 같은) 무기 영역에서부터 (토양의 광물질들, 대기 중의 탄소와 산소, 태양의 빛과 열이 식물 세포들을 구성하기 위해 결합되는) 식물 영역, (자신들의 동물적 행동을 가능하게 만들기 위하여 내적으로 식물들의 에너지를 방출하는) 초식 동물의 영역, (메타수준meta-level에서 식물들의 에너지를 방출하는) 육식 동물의 영역에 이르기까지 두루 걸쳐 있다. 노동력은 살아 있는 것들을 인간 행동으로 바꾸거나 인간행동과 연관시키면서 이 수직적 위계의 정점에 다소 불안정하게 놓여 있다. 따라서 그것은 물리학, 생리학, 정치경제학의 대상이다. 하지만 그와는 다르게 푸코는 경제학 담론에서의 노동이 언어학에서의 언어, 그리고 생물학에서의 생명과 같은 것으로 보았다.[20] 더 정확히 말하면 노동력은 사회적 생산의 물리적 전제조건이며 에너지 보존의 법칙과 가치 보존의 법칙의 교차점이다.

하지만 맑스는 정치경제학에서 나타났던 노동labor(또는 일work)을 열역학에서의 그것의 현상으로부터 구분하려고 애썼다. 그는 이것을 수많은 완곡한 방법들을 써서 수행했다. 예를 들어 맑스는 『자본론』 1권의 16장 끝에서 정치경제학으로의 리비히의 탈선들 중의 하나를 비판한다. 리비히는 농업 생산에서의 "노동의 수확 체감의 법칙"이라는 존 스튜어트 밀의 표현을 칭찬했다. 맑스는 리비히가 "'노동'이라는 단어 – 그는 이 단어를 정치경제학이 채택하는 것과는 매우 다른 의미에서 사용했다 – 에 대한 부정확한 해석"을 사용했다고 지적했다. 이는 아주 뛰어난 화학자조차도 자연과 사회, 또는 화학과 정치경제학의 경계선을 횡단하는 실수를 범할 수 있음을 의미하는 것이다. 맑스는 『자본론』 1권의 서두에서 노동의 생리학인 측면과 사회적인 측면을 더 직접적으로 (접속적으로) 구분한다. "모든 노동은 생리학적 의미에서 인간노동력의 지출이며, 이 동등한 또는 추상적인 인간노동이라는 속성에서 상품의 가치를 형성한다."[21] "이러한 특질"은 저 생산적인 리바이어던, 즉 "사회의 총체적인 사회적 노동력"을 창출하기 위해 어떤 특정한 시점에서 온갖 다양한 생리학적인 장소들에 대해 평균되는 사회적 생산물이다. 결국, 맑스의 분석에서, 노동labor과 노동력labor-power은, 증기기관에 의해 이루어진 전체 일[노동]이 증기 구름 속에서 개별적인 원자들에 의해 이루어진 일[노동]에 관련되는 것처럼, 열역학적으로 민감한 생리학자들의 노동work과 노동–력work-power에 관련된다. 분명 이 두 수준에는 관련성이 존재하지만, 높은 수준은 엔진(또는 사회의 생산적) 부분들의 거시적인 배치에 의존하고, 낮은 수준은 확실히 이론적으로 이러한 배치와는 상관없다.

그러나 맑스가 이렇게 노동과 일[노동] 사이에, 즉 정치경제학과 열역학 사이에 근본적 구분을 짓는다고 해서 이것이 맑스가 이 시기 자본주의적 생산 및 재생산의 발전에서 큰 역할을 했던, 기계들과 열기관들에 대한, 엔지니어(카르노, 줄), 의사(메이어, 헬름홀츠[22], 카펜터), 법률가(그로브), 화학자(패러데이, 리비히)의 당시 유행하던 이론과 관련이 없었다는 것을 의미하는 것은 아니다. 예를 들어, 맑스와 자본주의의 기술 지식 계급들 모두에게 핵심적이었던 것은 영구기관의 존재 문제였다. 즉 자신의 유일한 투입과 산출로서 같은 "원료" Q를 가지며, 작동하는 주기마다 Q(투입)가 Q(산출)보다 더 작은 기계 M이 존재할 수 있는가? 이러한 기계 M이 존재한다면, M은 어떤 바라던 양의 Q, 즉 Q(d)를 생산할 수 있게 될 것이다. 그것은 M이 n의 주기 동안 적절하게 작동한다고 가정한다면, n(Q(산출) - Q(투입))이 Q(d)보다 더 커질 어떤 n이 분명히 존재하기 때문이다. 의도된 양 Q에 의존하는 수많은 종류의 영구기관들이 존재할 수 있다. 그리고 물론 Q가 가치가 크면 클수록 M은 더욱더 환상과 욕망의 대상이 될 것이다. 이러한 M들을 향한 탐색의 역사는 수많은 불가해하고 유머러스한 책들의 원천이 되어 왔으며, 실제로 1775년은 종종 마술적인 과학기술의 마지막 해로 간주된다. 이 해에 파리 과학 아카데미가 영구기관을 의도한 모든 설계도의 검토를 거부했기 때문이다.

그러나 에너지 보존의 최초 공식들이 출간된 1775년과 1840년대 사이의 이 기간에는 전기, 자기, 열, 친화력chemical attraction, 생리학적인 생명력

등의 비기계적인 힘들 속에서 영구기관을 위한 어떤 원천을 발견하고자 하는 새로운 유혹이 존재했다. 열역학은 이러한 유혹을 거부하는 것에 기초하고 있었는데, 그 까닭은 열역학이 (첫 번째 그리고 두 번째 종류의) 영구기관의 불가능성을 전제하는 것에서 시작했기 때문이었다. 그래서 리비히는 자신의 논문 「힘들의 연결과 등가성」을 다음과 같은 주장으로 시작한다. "우리 기계들이 어떠한 힘도 창조하지 않고, 받아들였던 것을 오직 되돌려 주는 것뿐이라는 것은 잘 알려졌다."[23] 실제로 그는 힘의 보존은 힘이 소멸할 수 없다는 시각의 단순한 역逆이라고 주장한다. 물론 리비히는 이어서 열역학의 모든 다른 창시자들이 그랬던 것처럼 영구기관의 가능성을 기각한다. 실제로 [이들 중] 많은 사람이 "경제적" 묘수를 끼워 넣었다. 예를 들어, 헬름홀츠는 「자연적 힘들의 상호작용」이라는 에너지 보존에 관한 유명한 논문에서, 17세기와 18세기 자동기계들에 대한 매혹 그리고 "유기적 삶의 실질적 정수精髓"로 인해 다수의 사람은 새로운 현자의 돌―이윤을 위한 영구운동―을 논의하려고 시도하게 된다고 주장한다. 그는 어떤 미국 발명가의 최근 사례를 위해 "우화가 풍부한 미국"에 눈을 돌렸다. 이 발명가는 전기분해로 만들어진 기체들이, 나중에 증기기관에 연료를 공급할 물을 분해할 자기-전기magneto-electric 기계를 가동할 증기기관을 돌리기 위해 연소할 수 있다고 주장했다. 물론 이러한 도식들은 운이 다했다. 하지만 헬름홀츠는 아이러니하게도 그것들이 만들어 낸 희망들에 관해 기술했다. 우화로 유명한 미국에서뿐만 아니라

〔인공적으로 사람들을 창조하려는 시도 이후〕 또 다른 희망이 두 번째 자리를 차지하는 것처럼 보였다. 이것은 우리가 살아가고 있는 더 현명한 시대에 분명 인간의 사유들에서 제1의 지위를 주장할 것이다. 영구운동은 소비와 부합하지 않게, 다시 말해 무로부터 무진장하게 일[노동]을 생산하는 것이었다. 하지만 일[노동]은 돈이다. 그러므로 여기에서 역사적으로

뛰어난 두뇌들이 가장 다양한 방법들로, 즉 무로부터 돈을 만들어내려는 방법들로 풀려고 했던 실질적인 문제는 해결책을 찾았다. 그것은 고대 화학자들이 추구한 현자의 돌과 완전히 유사했다. 그것은 또한 유기적 삶의 정수를 포함하는 것으로, 그리고 금을 생산할 수 있는 것으로 생각되었다.[24]

에너지(또는 1860년대와 1870년대까지는 "힘")의 보존뿐만 아니라 카르노의 원리(헬름홀츠의 진술에 따르면 "열이 더 따뜻한 신체로부터 더 차가운 신체로 지나갈 때만, 그럴 때라 할지라도 오직 부분적으로만, 그것은 기계적 일[노동]로 전환될 수 있다.")는 이러한 경제적 꿈들에 확실한 종지부를 찍었다.

맑스는 단지 에너지론적 프로그램으로 상호 연관되고 있는 힘들의 네트워크 속에 노동력을 끼워 넣음으로써만 이 논의에 참여한 것이 아니었다. 그는 또한 초기의 에너지론적 운동의 이데올로기적 무대 설치의 대부분을 제공한 영구기관에 대한 경제학적 분석에 맞서 매우 역설적인 논지를 펼쳤다. 열역학자들은 에너지의 보존과 소산에 대한 자신들의 법칙들 속에서, "무료 급식" 기계장치를 제공하는 모든 신연금술적이고 사이비과학적인 "미국인"을 응징하는 새로운 종류의 청교도주의를 발견했기 때문이다. 그러나 맑스는 자신의 기계론을 통해, 기계들이 "무로부터 화폐를 주조하는" 영구기관은커녕 직접 0의 가치를 생산할 것이라고 주장함으로써 에너지론적 청교도주의보다 한 걸음 더 나아갔다. 이 맑스주의적 역설을 이해하기 위해서는 "영구기관이 일[노동]을 생산한다."와 "일[노동]이 돈이다."와 같은 헬름홀츠의 주장들을 맑스의 시각에서 더욱 주의 깊게 고찰해야 한다.

맑스의 기계론에 따르면, 기계들은 가변자본이 아닌 불변자본으로서 가치생산 과정에 들어간다. 그것들의 가치는 보존되며 생산과정 동안, 그

과정에서 지출된 노동에 의해 합성된 상품으로 이전된다. 하지만 이 노동은 이중적 특징을 갖는데, 이는 그것이 (a) 유용하고 구체적인 노동이며 아울러 (b) 추상적이고 가치 생산적인 노동이기 때문이다. 노동의 이 이중적 본성은 생산과정 내부에서 어떤 일이 일어나는지를 이해하는 데 결정적이다. 구체적 노동은 그것이 생산물로 이전하는 기계의 가치를 "보존하는" 반면 추상적 노동은 새로운 가치를 창출하기 때문이다. 그래서 맑스는 방적사의 생산에 대해 논의하면서 다음과 같이 주장한다.

> 즉 방적공의 노동은 인간노동력의 지출이라는 그 추상적이고 일반적인 성질에 의해 면화나 방추의 가치에 새로운 가치를 첨가하며, 방적노동이라는 그 구체적이고 유용한 성질에 의해 생산수단의 가치를 생산물로 이전하여 그 가치를 생산물 속에 보존한다.[25]

결과가 이렇게 나뉘는 것은 상품 자체의 근본적인 구별 ─ 사용가치와 교환가치의 구별 ─ 과 생산과정 안에서의 자본의 이중적 본성에서 비롯된다. 왜냐하면 그 과정을 시작하기 위해 자본가가 원료, 보조 재료, 기계 그리고 노동력을 구매하기 때문이다. 이러한 구매품들은 자본가에게 완전히 대칭적인 것들로 보이지만, 그 결과는 매우 다르다. 첫 번째 것에 의해 표상되는 자본은 원래의 유용성이 생산물 속으로 소멸하는 것을 통해 불변적인 것으로 남지만, 노동력에 의해 표상되는 자본은 새로운 가치를 창출하며 그리하여 가변적이다.

따라서 우리는, 맑스의 가치 생산 이론에서 기계는 그것이 아무리 효율적이고 비용이 들지 않는다 하더라도 생산물에 가치를 덧붙일 수 없다는 것을 알게 된다. 맑스는 로크 같은 화폐에 대한 양적 이론가들이 17세기의 오래된 연금술의 꿈을 꾸는 사람들에게 했던 것을 19세기의 영구기관 광신자들에게 한다. 양적 이론가들은 말하자면 철을 금으로 바꾸는 것의 물리적 불가능성을 밝힌 것이 아니었다. 그들은 오히려 연금술의 자멸적인 특징을 폭로했다. 금의 공급을 늘리는 것은, [금의 공급을 늘린다는] 바로 그 사실로 인해, 전반적인 가격 수준을 높이기는 하지만 금의 상대적 가격을 하락시킨다. 연금술사들은 막대한 부라는 비전을 실현하기는커녕 그들의 비전이 전제로 하는 바로 그 이상을 파괴할 것이었다.

이와 마찬가지로, 맑스는 영구기관이 하나의 기계로서 직접적으로는 아무런 가치를 창출하지 못할 것이며, 그것이 정의상 비용이 들지 않을 것이기 때문에 생산물로 이전될 가치 부분도 갖지 않을 것이라고 주장한다. 그것은 황금알을 낳는 거위일 것이지만 그 알은 표준적인 닭의 품종보다 더 적은 가치를 실현할 것이다. 맑스는 자신의 1858년의 『수고』에 영구기관에 관해 썼으며, 이 기관이 관념적인 기계라고 주장했다. "기계가 영원히 계속된다면, 그것 자체가 재생산되어야 하는 소멸적인 재료로 구성되어 있지 않다면(기계로부터 기계의 성격을 박탈하는 더욱 완전한 기계의 발명은 전혀 차치하고라도), 그것이 영구기관이라면, 그것은 기계의 개념에 가장 완벽하게 조응할 것이다."[26] 이러한 관념적인 기계들은 분업과 협업, 과학적 힘과 인구 증가와 같은 자본에 아무런 비용도 필요로 하지 않는 다른 모든 "사회의 힘들"과 결합할 것이지만, 스스로는 가치를 창출하거나 정립할 수 없다. 맑스는 사용가치를 창출할 수 있는 능력과 가치를 창출할 수 있는 능력을 혼동하기 쉽다는 것을 인식했다.

기계가 노동의 생산력으로 작용하기 때문에 기계 자체가 가치를 정립한다고 착각하기 쉽다. 그러나 기계가 노동을 필요로 하지 않는다 하더라도 사용가치는 증대시킬 수 있을 것이다. 그러나 그것이 창출하는 교환가치는 그 자신의 생산비, 그 자신의 가치, 그것에 대상화된 노동보다 절대 크지 않을 것이다. 그것이 노동을 대체하기 때문에 가치를 창출하는 것은 아니다. 그것이 잉여노동을 증대시키기 위한 수단인 한에서만 가치를 창출한다. 그리고 이 잉여노동 자체만이 기계의 도움을 받아 정립되는 잉여가치의 (따라서 노동 일반의) 척도이자 실체이다.[27]

관념적인 맑스주의 기계의 구현으로서의 영구기관은, 헬름홀츠가 주장한 것처럼, 일[노동]을 해서 돈을 벌어주지는 못할 것이다. 그것은 오히려 (a) 덜 효율적이고 비용이 더 많이 드는 기계적인 경쟁자들에 비해 그것으로부터 생산물로의 가치 이전을 줄임으로써 (b) 예의 상품들의 생산에 요구되는 사회적으로 필요한 노동시간을 줄임으로써, 그것이 생산하는 데 연루된 상품들의 가치를 줄이는 것을 통해 돈을 벌어줄 것이다. [다시 말해] 영구기관은 그것이 생산한 상품들의 가치를 축소함으로써만 자본가들에게 돈을 벌어줄 수 있을 것이다. 이 역설은 그래서, 영구기관을 향한 자본주의적 욕망이 그것 내부에 가장 극단적인 형태로 자신을 파괴할 바로 그 추동력을 가지고 있음을 언급하는 『그룬트리세』의 몇몇 페이지들에서 해결될 뿐만 아니라 더욱 강화된다.

요컨대 [자본은] 한 측면에서 보면 부의 창출을 그것에 이용된 노동시간으로부터 (상대적으로) 독립시키기 위해 사회적 결합 및 사회적 교류뿐만 아니라 과학과 자연의 모든 힘을 소생시킨다. 다른 측면에서 보면 자본은 이렇게 창출된 방대한 사회적 힘들을 노동시간으로 측정하고자 하며, 이미 창출된 가치를 가치로 유지하는 데 필요한 한계 안에 이 사회적 힘들을 묶어두고자 한다. 생산력과 사회적 관계들 ― 양자는 사회적 개인의 발전의 다른 측면들이다 ― 이 자본에는 수단으로만 나타난다. 그것들은 자본에게는 그것의 협소한 기초 위에서 생산하기 위한 수단일 뿐이다. 그러나 사실상 그것들은 이 기초를 산산조각낼 물질적 조건들이다.[28]

연금술사들의 꿈속에 금본위제 경제의 파괴가 들어 있는 것처럼, 영구기관을 주장하는 사람들의 돈 버는 도식들은 암묵적으로 돈을 버는 경제의 종말에 관해 이야기하고 있다. 왜냐하면 그들이 단지 가치를…만들기 위해 모든 "과학과 자연의 힘들"을 (실제로는 이러한 힘들을 넘어서) 소환하기 때문이다.

맑스는 가치 영역에서의 보존 법칙을 환기함으로써 영구기관의 불가능성에 대한 자신의 견해를 입증한다. 어떤 기계도 새로운 가치를 창출할 수 없을뿐더러 그것이 상실한 가치보다 더 많은 가치를 자신이 생산한 생산물에 이전할 수도 없다는 것이다. 이 법칙은 고전적인 기계론과 증기기관 이론에서 발견되는 힘과 에너지의 보존 법칙들과 유사하다. 기계들은 어느 전통에서도 힘이나 에너지의 생산자들로 간주되지 않는다. 그것들은 그저 투입된 힘들이나 에너지들을 다소 효율적으로 변형할 뿐이다. 실제로 이것은 맑스의 정치경제학 비판에서 발견할 수 있는 수많은 가치 보존 법칙 중의 하나이다. 예컨대 등가물과 그 대립물[맞짝]의 교환 법칙이 있다. 『자본론』 1권에서 서술하듯이 "유통, 즉 상품교환은 아무런 가치도 창조하지 않는다."[29] 그리고 맑스가 『자본론』 3권에서 가치들의 가격으로의 변형에 대해 논의하면서 가정하는 전체 가치와 전체 잉여가치의 보존 법칙들이 있다.[30]

제로워크 역설

그러나 맑스는 이러한 보존 공리들을 만들면서, 생산과정 속에서 가치의 증폭/소산을 포함하는 수많은 현상을 다루어야 했다. 가장 두드러진 것은 상대적으로 적은 직접 노동(그리하여 훨씬 적은 잉여노동)을 사용하는 성공적인 산업들에서 이윤들이 엄청나게 존재한다는 것이었다. 선진 자본주의에서 생산된 전체 가치가 대부분 불쌍한 사람들과 부속물의 노동으로부터 나오기 때문에, 특별한 생산 영역에 연관된 직접 노동자들이 적으면 적을수록 거기에서 창출된 잉여가치도 더 적은 것처럼 보일 것이다. 그러나 분명 이것은 사실이 아니다. 맑스는 다음을 인정한다. "생산에 필요한 노동량의 감축이 이윤에 영향을 미치지 않는 것처럼 보일 뿐 아니라 오히려 일정한 조건에서는 적어도 개별 자본가에게 이윤을 증대시켜주는 직접적 원인인 것처럼 보이는 상황에서, 어떻게 살아있는 노동이 이윤의 유일한 원천이라고 말할 수 있겠는가?"[31] 실제로 맑스는 노동자들을 고용하지 않고 여전히 자신의 기계와 불변자본만의 다른 요소들을 바탕으로 평균이윤율을 발생시킬 가능성을 ("과장된" 가능성을 통해) 언급하기조차 한다.[32] 여기에는 기계들이 정말 가치를 생산한다는 확증이 존재하는 것처럼 보일 것이다!

이러한 "제로워크" 역설에 대한 맑스의 해결책은 (대부분) 상품들이 자신의 가치에 따라 교환되지 않으며 생산의 다른 영역들에 속한 자본가들의 이윤들이 거기에서 창출된 잉여가치와 동일하지identical 않다는 그의 주장 속에 존재한다. 오히려 개별적인 생산 영역들과 유통의 지역적 조건들을 전 지구적 제약들과 종합하는 "전체로서의 자본주의적 생산과정"은 이러한 동일성들identities의 토대 위에서 작동할 수 없다. 각각의 생산 영역들은 자신만의 "유기적 구성"(원래는 화학용어)을 지니고 있으며, 이것이 자신의 상품 생산물들 속에 가치를 결정화하거나 응결시킨다. 하지만 교환과 유통에서 가치들의 비율은 오직 우연적으로만 일대일의 관계에 놓인다. 오히려 높은 유기적 구성의 생산 영역에서 생산된 상품들은 보통 그들의 가치 이상으로 교환되는 반면, 낮은 유기적 구성의 생산 영역에서 생산된 상품들은 보통 그들의 가치 이하로 교환된다. "등가 교환"의 이러한 붕괴는 평균이윤율의 현존을 유지하고 높은 유기적 구성 영역들을 현존할 수 있게 하는 데 필요하다.

이 과정은 "직접적인 관찰에서 벗어난" 파동들의 세계 속에서 일어나며, 개별적인 자본가들과 노동자들의 "배후에서" 발생하는 "미스터리" 같은 것이다. 자본가들은 그들이 "자신들의 이윤이 그들 자신의 개별적인 영역에 고용된 노동에서만 비롯되는 것이 아니라는" 것을, 그리고 그들이 전체 노동계급의 집단적인 착취에 연루되어 있다는 것을 인식할 때 그것을 어렴풋이 인식한다. 확실히 그것은 하나의 계급으로서의 자본가 계급의 바로 그 현존을 설명한다. "그리하여 우리는 여기에서, 상호경쟁에서는 그렇게도 형제답지 않게 행동하는 자본가들이 왜 노동계급 전체에 대해서는 진정한 비밀 결사적인 동맹을 형성하게 되는가에 관한 수학적으로 정확한 증명을 얻게 된다."³³ 따라서 우리는 그 "변형 과정" 속에서, 식물적 뿌리들로 노동 영양소들을 빨아들여 그것들을 초식동물들에게 수직적으로 전송하고, 그것이 다시 육식동물에게 잡아먹히며, 그것이 최종적으로 애초의 노동을 신경계의 정점으로 이전시키는, 자본주의적인 생산과 재생산에 대한 진정으로 유기적인 관점을 획득한다.

가치의 가격으로의 변형은, 고정자본(기계, 건물, 원료)에만 투자하고 가변자본(노동력)에는 아무것도 투자하지 않는 "제로워크" 자본가들이, 많은 가변자본을 갖고 작동하는 생산 영역들로부터 가치의 변형으로 인한 평균이윤율을 받아들인다는 점을 지적하는 것만으로 "제로워크" 역설을 해결한다. 따라서 이러한 자본가의 기계들은 새로운 가치를 결코 생산하거나 창출하지 못한다. 오히려 이 기계들은 기껏해야 생산과정 속에서 소비된 고정자본의 가치를 유지하고 보존할 뿐이다. 이러한 완전히 자동적인 기계들은 노동자의 구체적인 유용 노동의 역할을 흉내 내지만, 노동자가 자신의 노동력을 추상적인 노동으로 현실화함으로써 가치를 창출할 수 있는 것처럼 가치를 창출할 수는 없다. 사실, 이러한 (무한을 향하는 경향이 있는) 높은 유기적 구성의 생산 영역들의 바로 그 현존은 매우 낮은 유기적 구성의 생산 영역들에서 착취되는 훨씬 더 많은 노동력의 현존이 필요하다. 그렇지 않다면 평균 이윤율은 극적으로 하락할 것이다.

그러나 [유기적 구성이] 더 낮은 영역에서 더 높은 영역으로 [가치가] 이동하는 이 모든 무대 뒤의 가치 순환은 우연한 것이 아니다. 그것은 자신의 교환 반응 속에서 이루어지는 자본의 화학적 구성에 의해, 그리고 "모든 다른 생산 분야들의 이윤 총액은 잉여가치의 총액과 동등하지 않을 수 없고, 사회적 총생산물의 생산가격의 합계는 가치의 합계와 동등하지 않을 수 없게 된다."[34]는 다양한 보존 법칙들에 의해 결정된다.

맑스 기계론의 전략

맑스 기계론의 맥락은 에너지학, 또는 다윈의 진화론, 또는 그뿐만 아니라 어떤 특수한 분과과학의 발달 속에서만 발견될 수 있는 것은 아니다. 이 기계론의 핵심이 헤겔주의 전통과 벌인 그의 철학적·방법론적 논쟁들 속에서 발견될 수 있는 것은 더욱 아니다. 맑스의 기계론은 정치적 투쟁 속에서 전개되었다. 그것은 어떤 초역사적, 선험적인 추론의 결과물이 아니었다. 이론적으로 맑스는 여전히 반자본주의적으로 남아 있으면서도 기계들을 이해하는 데 다른 경로를 취할 수 있었을 것이다. 예를 들어, 그는 기계들이 가치를 창출하지만, 이 가치가 자본가 계급에 의해 전유 되어서는 안 되는 일반적인 사회적·과학적 노동의 산물이라고 주장할 수 있었을 것이다. 이러한 접근법은, 물론 생시몽과 콩트에 뿌리를 두고 있기는 하지만, 실제로 20세기 초반 베블런과 그 밖의 다른 사람들에 의해 받아들여졌다.

맑스가 기계들의 가치 창출성[이론]에 맞서 선택한 이론적 무기는 그와 서유럽 노동계급 운동 내의 그의 당파가 미국 내전과 〈국제노동자협회〉(이하 IWMA) 형성기에 맞닥뜨린 복잡한 정치적 상황에서 비롯되었다. 한편으로는, 자본주의 이데올로그들은 기계들이 [노동계급] 운동을 분쇄할 수 있으며 미래는 근대 산업의 "수정궁"을 상상하고 소유할 수 있는 사람들의 것이라고 주장함으로써 노동계급 주도를 점점 더 수세에 몰리게 하고 있었다. 다른 한편으로는, 자본가 계급이 점점 더 노동계급으로부터 독립적으로 되어가고 있고, 그래서 임금 기금이 줄어들고 있다는 결론을 내리기 위해 이 자본주의 이데올로기와 임금 기금 이론을 결합하는 (최초의 라살레주의자들과 바쿠닌주의자들을 포함하는) IWMA의 "반경제학적" 분파가 존재했다. "반경제학자들"은 맑스주의 노선과 분명하게 선을 긋는 이런 결론들로부터 정치적 함의들을 끌어냈으며, 노조 활동이 궁극적으로 쓸모없는 짓이라고 주장했다.

이러한 이데올로기적이고 정치적인 투쟁들의 맨 꼭대기에는 맑스가 대응하고 있었던 역사적 현실들 ― 미국 내전의 혁명적 귀결과 내전이 끝난 뒤 유럽에서 일어났던 파업의 물결 ― 이 존재했다. 이 역사적 순간 안에는 불가피하게 러다이트 운동과 "노동자들과 기계의 적대"의 메아리가 존재했다. 자신을 "인터내셔널"이라고 칭한 조직의 지도자들은 행동 전략에 대한 대중적 요구에 직면했다. 이렇게 맑스는 분명 1860년대 중반의 열기를 느끼고 있었다. 『자본론』 1권의 출판에 이르는, 그리고 그것의 출판을 포함하는 그의 저작들과 연설들은 이에 대응하려는 그의 노력이었다. 그리고 그가 다루어야 했던 가장 중요한 문제 중의 하나는 복잡한 "기계 문제"였다.[35]

이 문제의 첫 번째 영역은 1830년대와 1840년대의 10시간 노동법에 반대하여, 그리고 뒤이어 1850년대와 1860년대 노조 합법화에 반대하여 영국 산업 자본가들이 개시했던 강렬한 선전 캠페인이었다. 이러한 캠페인들에서, 그들의 비밀 도구는 가장 착취 받는 사람들 ― 그리하여 자본주의의 실존에 가장 핵심적인 사람들 ― 을 가장 불필요한 존재들처럼 보이게 만들 수 있는 능력이었다. 이러한 캠페인들에서, "기계 문제"가 핵심적이었다.

첫 번째 시기에 자본의 가장 중요한 지적 대리자 중의 한 사람은 앤드루 유어였다. 그렇지만 아이러니하게도 그는 맑스가 다른 누구보다도 더 많이 기념하기 위해 다루던 사람이었다. 유어의 『매뉴팩처의 철학』은 자기 주인의 규칙에 대해 벌이는 노동계급의 저항을 좌절시키고, 파괴하고 그리하여 결국 분쇄하기 위해 기계를 자본주의적으로 활용하는 것에 바치는 찬가였다. 실제로 유어는 노동자들을 길들이기 위해, 그리고 만약 필요하다면 제거하기 위해 과학을 자본주의적으로 끌어들이는 것을 몹시 기뻐하는 것처럼 보인다. 그의 책은 자본가들과 기술자들 간의 협력이 어떻게 필연적으로, 자신들의 주인에 대한 "이집트인 노예감독"이 되고자 하는 공장 직원들을 불필요하게 만들 장치들을 창조할 수 있는지를 보여주는 이야기들로 가득 차 있다. 유어는 "자본이 과학의 도움을 받는다면, 다루기 힘든 노동의 손은 항상 유순함을 배우게 될 것이다."[36]라고 경구투로 찬사를 한다. 그는 특히 창의적인 기술자인 로버츠에 관한 이야기를 자랑스러워한다. 로버츠는 파업에 시달리는 랭커셔와 래너크셔의 방적 공장 소유주들의 끈질긴 요청으로 "방적 자동기계"를 고안하는 프로젝트를 맡았다. 몇 달 안에 그는 "직원들이 적절하게 부르는 것처럼 **철인**[iron man]"을 창조하는 데 성공했다. "이것은 미네르바의 분부에 따른 우리의 근대 프로메테우스의 손길에서 비롯되었다. 그것은 근면한 계급들 사이에 질서를 회복하고 영국이 예술[기술]art의 제국임을 확증하는 것을 목표로 하는 창조물이었다. 이 헤라클레스적 신동에 대한 소식은 노조 전체에 낭패감을 퍼뜨렸으며 그것이 요람을 벗어나기 훨씬 오래전에, 말하자면, 무질서의 히드라를 목 졸라 죽였다."[37] 이런 식으로 유어는 작업장에서 일어나는 계급투쟁을 비과학적 미신의 지위에 처하게 만들었다. 실제로 유어는 과학과 자본의 동맹이 만들어낸 무적의 힘에 대해 매우 확신하고 있었기 때문에 자본주의적 발전의 주요한 장애물이 공장 주인들 자신들이라고 생각했다. 왜냐하면, 주인들이 방탕하고 경건하지 못하다면 그들의 손은 그들의 전례를 따를 것이고, 오직 이 자기 파괴의 형태는 자본에는 그저 파멸의 길이 될 수 있을 것이기 때문이다. "그러므로 자신의 직공과 함께 똑같이 견실한 원칙 위에서 자신의 도덕적 기계를 조직하는 것이, 과도하다 싶기는 하지만, 모든 공장 주인들의 관심사이다. 그렇지 않다면 그는 우수한 생산물에 없어서는 안 되는 착실한 손, 주의 깊은 눈, 신속한 협동을 결코 다스리지 못할 것이기 때문이다."[38] 그는 노동계급이 철인에 의해 길들여 졌기 때문에 성공의 열쇠는 산업 개혁이라고 결론 내린다.

유어가 제시하는 이 이미지는 19세기 자본주의 이데올로기의 지배적 인 형상이다. 예를 들어, 1851년과 1862년의 대공업 박람회는 단순히 최근 의 과학기술적 약진에 대한 자본가 상호 간의 정보 교환을 위한 자리가 아니었다. 이 박람회는 또한 노동계급 대중에게 기계를 보여주기 위해서 막대한 비용을 들여 런던의 수정궁에서 개최되었다. 이 박람회는 무기들 이 지닌 힘을 대중적으로 전시하여 적이 두려움에 떨게 함으로써 기선을 제압하기 위해 우수한 무장 행렬을 벌였다. 박람회의 성공에 힘입어 기계 와 기계의 힘은 자본 일반의 문학적 표현이 되었다. 어쨌든 이것은 수정궁 이 런던에서 유럽을 거쳐 심지어 페테르부르크의 거리로 전송한 메시지였 다. 1864년 맑스가 한창 IMWA의 발기문을 준비하는 작업을 하고 있을 때, 도스토옙스키는 『지하생활자의 수기』에서 다음과 같이 쓰고 있었다. "우리는 오직 자연의 이러한 법칙들을 발견하기만 하면 된다. 그러면 인간 은 더는 자신의 행동들에 대해 책임을 지지 않을 것이며 삶은 인간에게 매우 쉬운 것이 될 것이다.… 그렇게 되면… 새로운 경제관계들이 수학적 엄밀성에 따라 수립되고, 모두 미리 만들어지고 계산될 것이다. 그래서 모 든 가능한 질문들은 순식간에 사라질 것이다. 단순하게 말하자면 그것에 대한 모든 가능한 대답들이 제공될 것이기 때문이다. 따라서 수정궁이 세워질 것이다."[39] 『지하생활자의 수기』에 등장하는 하급 관료에게 수정 궁은 인간성의 최종적 상실을 의미했으며, 자본에 대한 "인간의" 저항을 과학적 수단으로 분쇄하는 것을 의미했다.

기계들이 사회적 존재 일반의 조정자가 되고 있다는 주제는 1860년 대 무렵 유럽의 상상계를 사로잡았다. 그리고 그것은 유럽만의 일이 아니었다. 1863년, 사무엘 버틀러는 뉴질랜드에서 「기계들 사이에 있는 다윈」을 집필하고 출판했다. 그는 아이러니하게도 '기계=자본'이라는 은유를 이용하고 유효화하면서, 기계들이 인류 종을 초월하는 진화의 다음 단계로 가장 잘 이해될 수 있다고 주장했다. 이 진화적 경향이 제기하는 문제는 다음과 같은 것이었다. 어떤 것이 적절한 인류의 자세, 저항 또는 협력이 될 것인가? 저항-선택의 작용은 나중에 『에레혼』(1872)에서 볼 수 있었다. 이 작품은 『기계들의 책』이라는 예언서가 출간된 후 끔찍한 내전이 일어나 모든 기계를 파괴한 사회에 관해 기술하고 있다. 그 책『에레혼』에 등장하는 『기계들의 책』은 기계들이 급속하게 인류의 주인이 되어가고 있으며, 기계들을 파괴하지 않는다면 인류는 결국 절멸되거나 완전하게 지배당할 것이라고 주장했다.

『에레혼』은 대부분 보불전쟁과 파리코뮌의 대학살 와중에 집필되었다. 실제로 버틀러는 이 유토피아 소설의 뒷부분에서, 그가 파리의 포위 상황에서 벗어났다고 단순하게 생각해서 물에 빠져 죽을 뻔한 영웅을 구하는 이탈리아 선장을 그리고 있다.[40] 버틀러의 반†풍자적인 성향은 19세기 중반 부르주아 사이에 널리 퍼져 있던 기계 담론의 모호성을 나타낸다. 한편으로 과학과 자본을 은유적으로 동일시하는 것은 노동자들의 요구에 대한 건전한 "조절" 작용으로 시작되었지만, 다른 한편으로 그것은 점차 명확한 계급적 지시 대상을 상실했으며 심지어는 주변 부르주아를 위협하고 있던 소외세력과 동일시되기 시작했다. 계급적 무기들의 흥망성쇠란 이런 것이다!

맑스의 기계론이 대단한 효과를 발휘하며 작용했던 것은 바로 이러한 자본주의 상상계의 맥락 속에서이다. 맑스는 그러한 은유와 연결되는 힘들이 계급투쟁 속에서 이루어지는 단순한 전술적인 움직임이 아니라고 주장한다. 노동계급 투쟁은 상대적 잉여가치 생산의 시대를 낳는다. 그리고 그것은 자본주의 체제에서는 필연적으로 자본 자체의 힘들로 나타나는 노동의 생산적 힘들의 엄청난 해방을 낳는다. 맑스의 텍스트들은 이러한 논점으로 가득 차 있다.

> [또한] 사회적으로 발전된 노동 형태들 – (노동 분업의 한 형태인) 협력, 매뉴팩처, (기계를 자신의 물질적 기초로 하는 사회적 노동 형태인) 공장 – 도 자본의 발전 형태들로 표현되며, 그러므로 이러한 사회적 노동 형태들에서 발전한 노동 생산력 – 따라서 과학과 자연의 힘들 역시 – 은 자본의 생산력으로서 표시된다. … 기계제 생산의 발달에 따라 노동 조건들이 과학 기술적으로도 노동을 지배하는 힘으로서 나타나며 이와 동시에 노동을 대신하고 노동을 억압하며, 노동을 그 독립적인 형태 속에서 잉여적인 것으로 만든다.[41]

체제의 밑바닥으로부터 일어나는 이데올로기적 공격에 직면하여 맑스는 직접적인 응답을 필요로 했다. 그것은 물론 잉여가치가 전체 자본주의 체제가 의존하고 있는 연약한 갈대임을 지적하는 것이었다. 증기 해머의 천둥소리에도 불구하고, 화학 공장들의 위협적인 침묵에도 불구하고, 자본은 노동 없이는 아무것도 할 수 없었다. 노동은 부의 유일한 원천이 아니라 가치의 유일한 원천이다. 그래서 자본은 노동계급에 치명적으로 얽혀 있었다. 자본이 해방한 힘들이 아무리 노동-없는 생산 형태를 향해 질주하고 있었다 할지라도 말이다. 이것이 바로 맑스가 '기계＝자본' 은유라는 이데올로기적 질식에 맞서 벌인 정치 게임에서 내놓은 정치적 카드였다. 이것은 아이러니한 카드였지만, 1860년대 투쟁들에서만 유용한 카드로 판명 난 것이 아니었다.

맑스 기계론이 지닌 기능성의 또 다른 측면은 그가 IWMA의 구성원들과 벌인 내부 투쟁 안에 존재했다. 이 투쟁은 임금 인상을 위한 노동계급 행동의 가능성을 둘러싸고 전개되었다. IWMA는 미국 남북전쟁의 후반기 유럽 전역에서 일어난 파업의 물결에서 시작되었으며, 사실상 파리 코뮌의 피에 젖은 패배로 중단되었다. 이 8년 동안 서유럽과 미국에서 실질임금의 상승이 시작되었을 뿐만 아니라 주요 노동조합 조직들이 만들어졌다. 맑스는 실질임금과 노동조합들 속에서 노동계급 운동을 위한 긍정적인 방향을 발견했으며, 인터내셔널의 국가 협력주의자 분파와 봉기주의 분파 모두를 거부했다. 맑스는 IWMA의 노동조합주의자들을 대표해서, 노동계급이 자율적으로 임금을 올릴 수 있으며 그러는 과정에서 자본을 이윤 위기에 빠뜨리고 자본주의를 전복할 힘을 획득할 수 있다고 주장했다. 따라서 그는 IWMA의 라살레적 경향과 바쿠닌적 경향 사이에 있었다. 라살레는 산업 프롤레타리아가 "철의 임금 법칙"을 바꿀 수 없다고 주장했으며, 그래서 그 법칙에서 벗어나기 위한 국가 협력주의를 요구했다. 한편 바쿠닌은 자본주의 체제를 전복할 힘은 오직 주변부로부터만, 즉 산업자본의 힘에 의해 무기력하게 되지 않은 농촌 빈농들이나 도시 주변에 사는 룸펜프롤레타리아로부터만 나올 수 있다고 주장했다.

이 두 입장의 뿌리에는, 정치경제학에 아주 적절하게 "음울한"이라는 형용사를 제공한 교의가 존재했다. 이 교의는 "임금 기금" 이론의 종합 그리고 리카도의 『원리들』에 근원을 두고 J. S. 밀에 의해 다듬어진, 노동/임금을 대체하는 기계의 측면들에 대한 분석이었다. "임금 기금" 이론에는 수많은 변이가 있었지만, 본질에서 그것은 각각의 생산 시기에 노동계급 소비를 위해 설계된 임금 재화의 양은 고정되어 있다고 주장한다. 그 양이 W이고 평균임금이 w이며 임금노동자들의 숫자가 n이라면, $w = W/n$이다. 분명한 것은 W가 고정되어 있다고 가정한다면, w가 늘어나는 유일한 길은 n을 줄이는 것을 통해 가능하다. 개별 노동자들이나 노동자들의 하위집단들이 더 높은 임금을 위해 투쟁할 때, 그들은 단순히 w가 아닌 W를 재분배하는 것이다. 즉 임금투쟁은 다른 노동자들을 상대로 벌이는 일종의 제로섬 게임이다.

이 교의의 또 다른 "음울한" 부분은 자본주의 경제 속으로 기계를 구축하고 도입하는 것에 대한 분석에서 비롯된다. 임금 기금 W를 생산하는 공업 부문과 농업 부문에서 이루어지는 노동자들의 분배가 주어져 있다고 가정하고, 이제 자본가가 새로운 기계를 구축하기로 한다고 상상해 보라. 이것은 직접적으로건 간접적으로건 농업 부문으로부터 노동을 철수시킬 것이며, 이제는 다음 시기의 임금 기금 W를 축소할 것이다. 이어서 이것은 평균 임금 w의 축소로 귀결될 것이다. 그러한 구축 과정의 끝에 W는 확실히 같아질까 아니면 W보다 더 커질까? 그 결과가 필연적이지 않은 까닭은 그것이 기계들의 사용에, 기계가 농업 생산성에 가한 우연적인 충격들 따위에 의존할 것이기 때문이다.[42]

우리는 이 음울한 교의의 두 가지 측면들을 종합하면서, 항상 그 수가 늘어나는 산업 임금노동자들에 의해 공유되고 있는 고정된 (또는 하락하기도 하는) 임금 기금의 유령을 응시하게 된다. 이것은, 평균 임금을 육체적 생존의 수준에 균형을 맞추는 주기적인 맬서스주의적 위기로 귀결될 것이다. 그래서 기계화는, 어쨌든 맬서스주의에 처할 운명인 체제의 효과들을 강화하는 위협이었다. 따라서 부르주아 경제학자들은 노동자들에게 반란과 파업을 체념하고 성욕을 억제하라고 충고했다. 라살레주의자들은 국가가 시민사회의 법률들이 작동하는 것에 개입해 노동자들의 대규모 부문들에 자본주의적 산업 고용 대안을 제공하라고 요구했다. 마지막으로 바쿠닌주의자들은 도시와 시골에서 룸펜에 의해 그것[자본주의 산업] 외부에 침전된 임금 체제의 묵시록적 종말 속에서 구원을 발견할 수 있을 뿐이었다.

물론 맑스는 조지아의 목화 플랜테이션에서부터 서유럽의 거대 공장들과 광산들을 거쳐 폴란드의 밀밭들로 뻗어 나가는 대규모 파업 물결 속에서 또 다른 가능성을 보았기 때문에 이러한 방식들을 거부했다. 그러나 그렇게 하기 위해서는 파업 물결의 핵심부에 있던 사람들의 조직적 응집성이 요구되었으며, 그들로부터의 이론적 이해가 요구되었다. 그래서 그는 "음울한 교의"의 유령을 몰아낼 필요가 있었다. 그 교의의 첫 번째 측면은 다음과 같이 매우 쉬웠다. 국민적 생산이 끊임없이 변하고 그러한 생산에서 임금과 이윤 부분의 비율 또한 변동하기 때문에 고정된 임금 기금이란 존재하지 않는다는 것이다. 1865년 6월 IWMA의 정책 회의에서 한 그의 연설 ─ 나중에 「가치, 가격 그리고 이윤」이라는 제목이 붙었다 ─ 은 임금 기금 이론에 결정적 타격을 가했다.[43] 그러나 기계의 노동/임금 대체적 특징은 어찌 되는가? 기계의 구축이 자본가들의 이윤을 늘려주고 임금을 줄여줄 수 있도록 자본가들이 자신들의 투자를 지휘할 수 없을까? 기계가 가치의 창출자라면, 분명히 이것은 (자본에게는) 황금빛이지만 (노동자에게는) 음울한 축적 경로가 될 것이다. 그러나 기계가 가치를 창출하지 않는다면, 그것과는 다른 결론이 도출된다. 자본가들이 임금 인상 그리고/또는 노동일 단축을 하려는 노동계급의 노력에 맞서 기계를 도입할 때마다 그것들은 평균이윤율을 위협한다. 다시 말해, 임금 투쟁은 기계화를 강화하고, 이것은 이어서 자본의 가변 (그리고 가치 창조적인) 부분의 상대적 감소를 초래한다. 따라서 파업들 그리고 또 다른 형태의 작업장 행동들이 끼친 직접적인 충격은 언제나 임금 인상으로 귀결되지는 않는다 하더라도 평균 노동일의 필요 부분을 줄임과 동시에 자본의 평균 이윤율이 하락하는 경향을 강화한다. 그리고 자본가 계급이 이 함정 속에서 발견할 수 있는 중요한 방법은 자본주의 노동시장의 그물을 더욱 확장하는 것이다.[44] 맑스가 IWMA의 주장의 핵심으로 간주한 것이 바로 이러한 결론이다. 그것은 겉으로 보기에 개량주의적인 노조 투쟁들에서부터 제1인터내셔널의 전략에 함축되어 있던 세계혁명에 이르는 아리아드네의 실을 따라가는 것을 가능하게 해 주기 때문이다. 그것의 핵심적인 요소는 기계를 통한 가치의 자기-창출을 통해 위기를 내적으로 해결할 수 없는 자본의 무능력이었다.

맑스와 튜링 기계

나는 안 하는 편을 택하겠습니다. — 멜빌, 『필경사 바틀비』

맑스의 기계론은 19세기 중반 열역학의 영향을 받아 발전했던 열기관 이론과 깊은 관련을 맺고 있었다. 가치 창출 능력을 인간 노동에 제한하려는 맑스의 전략적 동기에는, 열역학이 첫 번째 종류의 영구기관과 두 번째 종류의 영구기관에, 즉 열역학의 제1법칙(에너지의 보존)을 위반하는 기계와 제2법칙(엔트로피)을 위반하는 기계에 설정하는 제한들과의 뚜렷한 유비를 통해 "과학적" 지원이 주어졌다. 그러나 맑스가 다루지 않은 새로운 기계론이 1930년대에 전개되었(으며 그것의 이데올로기적 충격이 1960년대의 반란들 이후의 시기에 점점 감지되기 시작했)다. 이 절에서는 이 20세기 이론, 즉 튜링 기계 — 종종 "보편적인 컴퓨터" 또는 "논리 기계"라고 불리는 — 에 대해 다루며, 이 기계들의 가치 창출 능력의 문제를 제기할 것이다.

논의를 시작하기에 좋은 장소는 1936년 미국에서 일어난 계급투쟁을 위한 '기적의 해'다. 한편으로 이 해에는 리버 루지의 농성이 일어났고 〈산업별노동조합〉CIO 45의 대중 노동자 조직 운동이 절정을 이루었으며, 다른 한편으로 보편적 컴퓨터들에 대한 튜링(그리고 포스트(1936))의 저작이 출간되었다. 전자의 현상이 테일러화의 한계들을 실제로 불러냈다면, 후자는 기계에 대한, 그리하여 노동과정에 대한 새로운 학문을 위한 이론적 출발점이었다. 튜링은 원래 「계산 가능한 수들에 대해, 수리명제 자동생성 문제에 대해」라는 제목의 논문 속에서 튜링 기계라는 자신의 개념을 제시했다. 여기에서 튜링의 고전적인 논문의 세부사항들을 다루지는 않겠지만, 그것이 완전한 단순성과 개연성을 출발점으로 삼았다는 것에 그 신비한 매력이 있다는 점은 지적할 만하다. 튜링 기계의 기본적인 요소들은 다음과 같은 것들이다.

그 기계는 그것이 사용할 "테이프"(종이 아날로그)를 공급받으며, 각각 어떤 "기호"[공백 또는 "1"]를 찍을 수 있는 ("스퀘어"라 불리는) 영역들로 나뉜다. 어떤 순간에도…"기계 속에는" 오직 하나의 스퀘어만이 존재한다. 우리는 이것을 "주사走査된scanned 스퀘어"라고 부를 수 있다. 주사된 스퀘어 위의 기호는 "주사된 기호"라고 부를 수 있다. "주사된 기호"는 그 기계가, 말하자면, "직접 알 수 있는" 것 중 유일한 것이다.[46]

기계가 스퀘어를 주사할 때 그 기계가 그 안에 존재할 수 있는 "조건들"이나 상태들의 유한 집합 그리고 그 기계가 그 안에 존재하는 상태의 명세가 존재한다. 또한, 그 기계가 주사하고 있는 기호는 기계의 배치configuration라고 부른다. 그 배치는 다음 네 가지 동작 중에서 기계가 할 수 있는 것들을 결정한다.

주사된 스퀘어가 공백인 몇몇 배치들 속에서…기계는 주사된 스퀘어 위에 새로운 기호["1"]를 써내려간다. 어떤 배치들 속에서 기계는 주사된 기호를 제거한다. 기계는 또한 주사되고 있는 스퀘어를 바꿀 수 있지만, 오직 그것을 한 장소에서 오른쪽 또는 왼쪽으로 이동시킴으로써 그렇게 한다. 이러한 어떤 동작들 외에도 그 [상태]가 바뀔 수도 있다.[47]

그러므로 튜링 기계는 (1) 적절하게 새겨진 테이프, (2) 내적 상태들의 유한 집합, (3) 네 가지 동작들을 실행할 수 있는 용량, (4) (하나의 가능한 다음 단계가 기계의 동작을 중지시키고 있다는 조건으로) 모든 가능한 배치를 위해 기계의 다음 단계를 완전하게 결정하는 명령들의 집합을 갖춘 기계이다. 사실, 모든 종류의 튜링 기계는 명령들의 집합으로 완벽하게 기술될 수 있다. 그것은 또한, 결국 단순하게 말하자면 테이프 위에 써질 수 있는 기호들의 집합이다. 튜링은 이러한 기술을, 주어진 명령들에 따라

제어되는 튜링 기계의 "표준적인 기술"이라고 부른다.

『계산 가능한 수들』의 첫 번째 수학적 빼어남은 튜링 기계가 인간이나 그 밖의 컴퓨터가 계산할 수 있는 모든 함수를 계산할 수 있다는 논증이다. (즉, 튜링 기계인 아라자카드는 공백 테이프에서 시작해서, 인간이나 그 밖의 패턴 형성기가 생산할 수 있는 모든 수학적 패턴을 생산할 수 있다.)

그렇지만 이러한 작업의 두 번째 주요한 결과가 훨씬 더 주목할 만했다. 그는 "모든 계산 가능한 [함수를] 계산하는 데 활용될 수 있는 단일한 기계를 발명하는 것이 가능하다."는 것을 보여주었기 때문이다. 이러한 결과의 핵심은, 주어진 튜링 기계의 명령 테이블의 표준적인 기술이 특수한 기계, 즉 보편적인 튜링 기계(이하 UTM)의 테이프 위에 인쇄된 숫자로 나타내질 수 있다는 인식이다. 그 수와 이 테이프 위에 새겨진 어떤 정보에 기초해 UTM은 특정 튜링 기계가 계산할 수 있는 것을 결정하고, 튜링 기계가 계산할 수 있도록 설계된 함수의 계산을 처리한다. 다시 말해, UTM은 보편적인 시뮬레이터다.

보편적인 시뮬레이션을 위한 UTM의 역량은 사유의 고전적인 자기-성찰을 흉내 내는데, 이는 UTM이 그 자신의 명령들의 표준적인 기술을 나타내는 숫자를 자기 자신의 테이프 위에 가해지는 입력으로 받아들일 수 있기 때문이다. 실제로 우리는 이 성찰 기술을 사용해서 자신을 연구하는 모든 종류의 전문화된 기계들을 구축하려고 시도할 수 있으며 그것들이 어떤 구체적인 과제를 수행할 수 있는지 시험할 수 있다. 예를 들어, 우리는 어떤 두 대의 튜링 기계들에 대한 표준적인 기술들을 전제하고 그들이 같은 함수를 계산할 수 있는지 결정할 수 있는 기계를 구축해보기를 원할 수도 있다. 또는 어쩌면 우리는 그 기계가 중단하는지를, 즉 그 기계가 그 이상의 동작을 위한 어떠한 명령도 존재하지 않는 상태에 도달하는지를 우리가 결정할 수 있도록 해줄 기계를 구축해보기를 원할 수도 있다. 예를 들어 우리는 어떤 임의의 기계 M에 대한 표준적인 기술을 전제했을 때 M이 중단할지 말지를 결정할 수 있는 기계가 존재하는지 물을 수도 있다.

『계산 가능한 수들에 대하여』가 이룬 세 번째 주요한 성취는 튜링 기계가 대답할 수 없는 튜링 기계들에 대한 (그리하여 계산 가능한 함수들과 컴퓨터들, 인간 등등에 대한) 어떤 중요한 질문들이 존재한다는 그의 증명이다. 이러한 기계적으로 결정 불가능한 물음의 첫 번째 사례는 바로, 때때로 "멈춤 문제"로 불리는, 앞의 의문이다. 튜링은 어떤 튜링 기계도 주어진 튜링 기계가 멈출지 말지를 일반적으로 결정할 수 없음을 증명했다. 그러므로 필요한 부분만 약간 수정하여 말하자면, 인간 컴퓨터는 정밀한 명령들의 어떤 집합이 주어진 함수의 계산을 시작할 수 없으며, 그 일이 어떤 한정된 시간 안에 이루어질 것을 사전에 항상 알 수 있는 것은 아니다. 사실, 바로 자신이 한 작업의 이러한 측면을 통해 튜링은 컴퓨터 기계화의 한계들, 그리하여 계산 그 자체의 한계를 보여준다. 멈춤 문제의 결정 불가능성과 새로운 계산 과학의 관계는 열역학 제2법칙과 열기관의 관계와 같다. 그것은 기계들의 구축 가능성에 드리워진 한계다.

물론 튜링의 시도 이전에도 계산 과정의 특징을 서술하기 위한 수많은 시도가 있었지만, 튜링은 "규칙 따르기" 일반에 관한 개념을 포착할 수 있는 직관적으로 호소력 있고 수학적으로 정밀한 방법을 고안했다. 인간이 규칙 역시 잘 지키는 "튜링 기계들"이 될 수 있음을 이해하는 것이 중요하다. 실제로, 이 이론에 대한 에밀 포스트[48]의 시각에서는, (반복적이고 객관화할 수 있는) 특수한 일련의 행위들을 수행할 수 있는 노동자는 튜링 기계와 등가물이다. 결론적으로, 튜링 기계 이론은 그 과정의 주체를 물리적으로 구축하는 것과 관계없는 생산과정을 다룬다.

더욱이 튜링은 튜링 기계가 모든 함수를 계산할 수 있다는 것을, 혹은 어떠한 경쟁적인 계산 시스템이나 계산 도식이 당시에 알고 있던 모든 일련의 함수 기호들을 다룰 수 있음을 설득력 있게 보여주었다. 이러한 사실에 고무되어 알론조 처치[49]는 1930년대 중반 하나의 관찰을 시도했고 여기에는 나중에 처치의 테제라는 이름이 붙었다. 이 테제는 필연적으로 수많은 정식을 지니고 있다. 그중에 진지한 것은 다음과 같은 것이 될 것이다.

튜링 기계로 계산 가능한 함수라는 개념은 유한한 결정 절차 개념이 실현된 것이다. 즉 그것은 단계별 작동을 명확하게 결정하는 규칙들과 명령들의 집합이다. 그리고 더욱이 후자 개념의 모든 과거 또는 미래의 정식들은 튜링의 정식들과 같을 것이다.

처치의 테제는 엄격히 말하자면 수학적이거나 논리적인 정리定理가 아니다. 그것은 오히려, 첫 번째 종류의 영구 기관의 존재를 금지하는 열역학 제1법칙의 정식과 유사한, 어떤 – 인간이건 비인간이건 – 컴퓨터[계산하는 존재]의 역량들에 관한 주장이다. 어떤 시스템이 계산의 산물인 결과들을 생산한다면, 그것의 행위는 튜링 기계에 의해 시뮬레이션 될 수 있어야 한다. 더욱이 누군가 새로운 결정 절차를 제안하기를 주장한다면, 그 테제는 그것이 튜링의 테제와 같아야 한다고 주장한다.

1936년 이래 그 개념에 관한 엄청난 수의 새로운 정식들이 개발되어 왔지만 처치의 테제는 오늘날까지도 여전히 유효하다. 예컨대 콜모고로프[50]와 마르코프[51]의 알고리듬 개념, 맥컬록[52]과 피츠[53]의 신경망 개념, 포스트의 형식적 시스템 개념, 폭넓은 새로운 컴퓨터 프로그래밍 "언어들". 그리고 이러한 결정 절차에 관한 튜링 정식화의 직관적인 힘은 처치의 테제가 계산의 한계들과 내용을 구획한다고 대부분의 수학자를 설득하는 데 결정적이었다.

하지만 그런데도 가장 중요한 것은, 수학이 더는 정신적 활동과 육체적 노동을 가르는 분할선이 아니었음을 보여줄 수 있는 튜링 작업의 능력이었다. 왜냐하면 튜링 기계는 다음과 같은 인간 노동자의 행위를 복제할 수 있기 때문이다. 여기서 인간 노동자는, 튜링 기계가 숫자들, 별개의 물리적인 대상들 또는 잘 정리되고 공공연히 확인 가능한 환경 조건들의 조작을 포함하든 그렇지 않든 간에, 모든 고정되고 유한한 결정 절차를 (의식적이건 무의식적이건) 따르고 있다. 로스앨러모스[54]에서 일하는 데이터 입력 기술자, 자동 조립라인의 천공 노동자, 품질 관리 시험관, 1930년대와 1940년대의 산업적인 "모던 타임스" 자본주의에 전형적인 조건들 속에서 일하는 식자공이나 그 밖의 사람들이 보편적 튜링 기계에 의해 그 행위가 시뮬레이션 될 수 있는 튜링 기계들이다. 한마디로 말해, 튜링 기계 이론은 노동의 수학을 드러낸다.

튜링의 작업이 갖는 기술적 함축들이 거의 즉각적으로 인식될 수 있었다 해도, 그것의 정치경제학은 여전히 문제가 있는 것으로 남아 있다. 기술결정론의 몇몇 판본들이 그러는 것처럼 열기관이 어떤 고전적인 경제적 성찰 시대를 위한 조건들을 설정한다면, 튜링 기계는 포스트 고전적인 경제적 성찰 형태를 위한 조건들을 창출하는가? 다시 말해, 튜링 기계는 노동과 '자본으로서의 기계' 사이에 새로운 유형의 갈등을 위한 조건들을 창출하는가? 그리고 마지막으로, 우리의 작업에 가장 결정적이지만, 설령 우리가 단순한 기계와 열기관이 가치를 창출하지 못한다는 맑스의 주장을 인정한다 해도, 튜링 기계는 [그와 달리] 가치를 창출하는가?

이러한 질문들에 대한 간단한 대답은, 인간 노동의 가치 창출적 측면이 본질에서 튜링 기계 접근법에 의해 영향을 받지 않은 것처럼 보인다는 것이다. 사실, 그것은 노동의 사용가치, 즉 다른 숙련도를 갖고 다른 종류의 결과들을 낳는 노동의 사용가치가 인간 노동의 가치 창출적 측면을 분석하는 데 결정적이지 않다는 맑스의 주장에 더욱 구체적인 뒷받침을 해주는 것 같다. 오히려, 인간 노동력의 지출로서의 단순한 평균적 노동이 연구의 결정적인 대상이다. 열역학이 우리에게 모든 종류의 노동 에너지 지출을 비교할 수 있는 척도를 제공해 주는 것과 꼭 마찬가지로, 튜링 기계 분석 역시 우리가 기술의 양적 토대를 이해할 수 있도록 해 준다. 그것은 "서로 다른 노동이 그 측정단위인 단순노동으로 환원되는 비율은 생산자들의 배후에서 진행되는 하나의 사회적 과정에 의해 결정되며, 따라서 생산자들에게는 관습에 의해 전해 내려온 것처럼 보인다."[55]는 것을 분명하게 해 준다. 따라서 재단노동과 방직노동에 대한 계산 분석을 통해 우리는 "[그것들이] 질적으로 서로 다른 생산 활동이긴 하지만 모두 인간의 두뇌, 신경, 근육 등의 생산적 지출이고, 이러한 의미에서 양자는 모두 인간노동"[56]이라는 점을 분명히 알 수 있다. 숙련기술(특히 정신적 숙련기술)의 신비로움이 튜링 기계 분석에 의해 벗겨지며, 육체노동과 정신노동 사이의 근본적인 연속성이 입증된다.

노동의 자기부정성

나는 이것이 심사숙고한 행동이었다는 결론을 내리지 않을 수 없다. 이와 같은 유형의 사람의 경우 우리는 그의 정신 과정이 다음에 어떻게 전개될지 결코 알지 못한다. ― 앨런 튜링의 자살에 대한 어느 영국 검시관의 논평(1954)

튜링 기계 이론과 처치의 테제는 기계화의 가능성을 극단화함으로써 맑스주의 가치론에 근본적인 기여를 하고 있다. 계산[컴퓨터 사용] 개념이 규칙 지배적인 활동으로 적절하게 일반화된다면, 그것이 지닌 함축 중의 하나는 반복되고 표준화되는 (그리하여 어쨌든 가치분석에 좌우되는) 모든 노동(정신노동이건 육체노동이건)이 기계화될 수 있다는 점이다. 따라서 가치가 노동 자체에 의해 창출되고 노동의 모든 긍정적인 특징들이 (처치의 테제에 따라) 기계에 의해 수행될 수 있다면 기계들은 가치를 창출할 수 있다. 그러나 맑스주의 이론에서 이것은 귀류법, 즉 불합리에의 회귀이다. 결국, 우리는 노동력이 처치의 테제 아래 포섭될 수 없는 노동으로 변형되는 노동력 변형의 또 다른 특징들을 살펴보아야 한다.

물론 노동력과 노동 사이의 이러한 변형 연계는 가치론에서 핵심적이다. 결국 잉여가치의 창출이 발견되어야 하는 곳은 바로 여기, 즉 노동력의 가치와 노동으로 창출된 가치 사이의 차이다. 생리학과 역사의 비중이 이 연계의 노동력 측면에 두어진다면, 노동의 측면에서는 전적으로 기계에 의해 시뮬레이션 되는 활동에 비중이 두어진다. 하지만 가치 창조성이 발견되어야 하는 곳은 바로 이러한 간격 속에서이다. 그렇다면 기계들은 가치를 창출할 수 없는데 왜 노동은 가치를 창출할 수 있는가? 그 대답은 노동 자체의 어떤 긍정적인 특징 속에 존재할 수 없다. 왜냐하면, 노동의 어떤 특별히 잘 정리된 일부가 (적어도 이론적으로) 복잡한 기계에 의해 모형화되거나 시뮬레이션 될 수 있다는 것은 논쟁적이기 때문이다. 다시 말해, 보편적인 튜링 기계가 유도하는 보편적인 열기관에 의해 힘을 얻은 보편적인 단순 기계가 어떤 규칙 지배적인 노동을 모방하거나 예시할 수 있다고 가정해 보자. 따라서 개별적으로건 집단적으로건 가치를 창출한 노동의 긍정적인 측면이 존재한다면, 우리는 기계들이 또한 적어도 이론적으로는 가치를 생산할 수 있다고 결론 내릴 수 있다.

결국, (간단히 말해, 열 또는 튜링) 기계들은 가치를 창출하지 못하고 노동이 가치를 창출할 수 있다면, 노동의 가치 창출 역량capacities은 그것의 부정적 능력capability, 즉 노동이기를 거부할 수 있는 그것의 역량 속에 존재해야 한다. 이 자기 성찰적 부정성은 맑스 이론의 극히 적은 모델들이 포착할 수 있는 노동의 현실성의 요소다. 이 때문에 선형 대수적 맑스주의에서는 노동의 이러한 부정적 역량은 드러나지 않는다. 그와 반대로 형식적인 균등 대칭들은 "철"·"곡물"·"기계들", 또는 다른 여타의 기본적인 상품을, 가치를 생산할 수 있는 (그리고 착취될 수 있는) 노동처럼 역량 있는 것으로 만들면서 그러한 해석을 혼란에 빠뜨리는 것처럼 보인다.[57] 분명한 것은, 이 선형 대수적 시스템들이 맑스의 이론을 이해가 가도록 해석하지 못한다는 것이다. 그 까닭은 이 시스템들이 스라파의 방법을 기본적인 것으로 받아들이는 것으로 보이기 때문이다. 자본주의란 상품 그 자체에 의해 생산되는 상품들의 긍정적이고, 자기 성찰적인 체계라는 것이 그것이다. 그러나 맑스는 노동이 가치의 창조적 원천이지만 노동에는 가치가 없으며 하나의 상품도 아니라고 주장한다. 다시 말해 자본주의는 비상품에 의해 생산되는 상품들의 체계이다.

그러므로 노동은 외견상 총체적이고 동질적인 가치의 장 속에 있는 특이성, 또는 잠재적인 장 속에 있는 활동적인 궤적과 같은 어떤 것이다. 그것은 그 종류에서 분과학문의 대상들 — 『자본론』 1권을 시작하는 "상품들의 거대한 〔산악동굴/더미〕" — 과 약분 가능한 것이 아니다. 비록 이 불안정성이 바로 이 대상들의 가치를 창출하지만 말이다. 노동은 사용가치의 통속적인exoteric 속성과는 반대되는 방식으로 정치경제학의 외부에 존재한다. 왜냐하면 사용가치가 단순히 우리를 소비자 카탈로그나 유행의 기호론으로 이끄는 반면, 가치의 장에 대한 노동의 외부성의 발견은 어쨌든 "정치경제학 비판"이 존재할 수 있도록 만들기 때문이다.

그러므로 간결하게 이야기하자면, 우리는 기계들이 가치를 창출할 수 없는 맑스주의적 이유를 정식화할 수 있다. 그것은 그것들이 이미 가치들이기 때문이다.

가치의 존재와 가치의 형성 사이의 이러한 간격을 살펴보기 위한 좋은 (비록 수수께끼 같기는 하지만) 기회는 앨런 튜링 자신의 자살에 있다. 튜링의 자살로 인해 영국 정부와 산업계는 고도로 숙련된 수학자, 암호 해독 전문가, 컴퓨터 이론가를 잃었다. 1954년 6월 7일 그는 어떠한 메모도 설명도 남기지 않고 청산가리를 넣은 사과를 먹었다.[58] 자살 이면의 상황들은 명확하지 않지만, 그는 "1885년의 수정 형법의 11절에 위반하는 성추행" 혐의로 체포되어 법원으로부터 강제로 동성애적 "성향"을 "치료하기" 위한 "화학요법"을 처방 받은 뒤 자살했다. 그의 자살은 (그가 2차 세계대전과 컴퓨터 "혁명"의 초기에 매우 유능하게 봉사를 했던) 당국의 처사에 대한 항의였을까?

우리는 이 점에 대해 알지 못한다. 그러나 우리는 그가 한창 동성애 반대 정화 움직임이 일고 있을 때 국가에 고용되어 있었다는 것은 알고 있다. 바로 이러한 설명의 결핍이 그의 자살에 일종의 (멜빌의 1851년 작품에 등장하는, "하지 않았으면 좋겠다."고 한 신비한 필경사를 닮은) "바틀비 효과"를 부여했다. 이것은, 계약서에 포함되어 있건 그렇지 않건, 그리고 노동의 직접적인 조건에 꼭 집어 서술되지 않은 이유로, 노동으로 실현되기를 거부할 수 있는 노동력의 능력을 증명하는 행동이다. (국가에 고용되어 있었을 때의) 튜링의 자살 또는 (개인 회사에 고용되어 있었을 때의) 바틀비의 행동 거부는 인간 노동에 그것의 가치를 부여해 주는 결정적인 능력은 그것의 비기계화 능력이 아니라 오히려 그것의 자기부정 역량이라는 것을 보여준다. 그것이 거부될 수 있는 한, 노동력의 노동으로의 변형이 자기 성찰적으로 비결정적인 한 그것은 자신의 현실화 속에서 가치를 창출할 수 있다. 헤겔이 오래전에 주인-노예 변증법에서 지적한 것처럼 그리고 파농이 튜링의 자살 직후 보여주었던 것처럼, 이 자기성찰적 부정성은 단순한 문제가 아니다. 왜냐하면, 이 부정성이 삶과 죽음의 역사뿐만 아니라 죽이고 죽임을 당하는 역사 또한 작동시키기 때문이다.

가치 창출에 대한 이러한 분석을 통해 우리는 물질적 생산의 영역에서 발견될 수 있는 것과 마찬가지로 "정신적" 노동의 영역에서도 계급투쟁이 자본주의 생산양식에 기본적이라는 점을 알 수 있다. 그것이 기본적인 것은 그것이 정신노동의 특수한 자질의 신호이기 때문이 아니라 단순하게 말해 그것이 노동이기 때문이다. 복잡하기는 해도, 노동력이 노동으로 현실화되는 것을 거부할 수 있는 이러한 역량은 인류의 어떤 신비스러운 측면이 아니다. 그것은 무엇보다도 계약 사회가 존재할 수 있는 전제 조건이다.

맑스, 튜링 기계 그리고 사유의 노동

대공황이 심화되고 미국과 유럽의 산업 도시들의 조립라인에서 대규모 파업이 한창이었던 1936년에 영국의 젊은 수학자 튜링이 「계산 가능한 수들에 대해, 수리명제 자동생성 문제에 대해」라는 제목의 기술 논문을 학계 저널에 발표했다. 이 논문의 요점은 수학의 기초에서 중요한 이론적 문제를 해결하는 것이었다. 튜링의 논문은 당시 공장들에서 싸움을 벌이고 있는 노동자들과 관리자들에게 즉각적으로 많은 관심을 받지는 못했지만, 산업 생산의 개념과 실천을 근본적으로 변형할 수 있었다. 튜링은 복잡한 수학적 정리들에 대한 해답에 도달하기 위해서 "컴퓨터 혁명"의 토대가 될 수 있는 새로운 종류의 기계 – 나중에 "튜링 기계"라고 칭할 – 를 추상적으로 정의했기 때문이다.

튜링 기계는 매우 단순하게 말하자면 인간이나 그 밖의 다른 기계가 계산할 수 있는 모든 수학 함수를 계산할 수 있는 기계이다. 간단한 수학 함수의 보기, 예컨대 제곱 함수를 살펴보자. 제곱 함수는 어떤 정수, 예를 들어 10에 대해 그것이 어떤 명확한 정수, 이 경우에는 100을 할당하기 때문에 하나의 함수이다. 제곱 함수가 계산 가능한 것은 명확한 결과를 산출하는, 이 경우에는 주어진 수를 제곱하는, 단계별 연산을 명확하게 결정하는 일단의 규칙들과 명령들이 존재하기 때문이다. 제곱 함수가 계산

가능하기 때문에 우리는 (노동자가 곱셈 개념을 이해하지 못한다 하더라도) 노동자에게 곱셈 절차를 수행하도록 명령할 수 있으며 마찬가지로 또한 수를 제곱할 수많은 다양한 종류의 기계들을 고안할 수 있다. 튜링 기계는 누구든 또는 어떤 것이든 수학 함수를 계산하거나 수학적으로 설명될 수 있는 여타의 패턴화된 활동, 예를 들어 뜨개질, 편직, DNA 가닥 탐지하기 등을 수행할 수 있게 해 주는 일련의 규칙들과 명령들(오늘날의 용어로 하자면 "프로그램")을 설명하는 통일된 방법을 제공한다. 달리 말해, 모든 현실적 컴퓨터는 추상적인 튜링 기계의 상이한 현실화에 지나지 않는다.[1]

2차 세계대전 중에 튜링의 작업이 지닌 과학기술적 함의들은 암호 해독과 핵무기 설계와 같은 다양한 분야에서 인정을 받았다.[2] 전쟁이 끝난 후 튜링 기계는 점차 열기관을 대체하여 20세기의 패러다임적 기계 은유가 되었다.

그러나 우리가 21세기에 진입했음에도 불구하고, 튜링 기계의 근본적인 "경제학"은 여전히 문제로 남아 있다. 몇몇 과학기술적 결정론의 시각들이 말하고 있는 것처럼, 열기관이 고전적인 시기의 경제적 성찰을 위한 조건들을 마련했다면, 튜링 기계는 포스트고전적 형태의 경제적 성찰을 위한 조건들을 창출하는가? 아니면 어떤 맑스주의자의 말처럼, 튜링 기계는 노동자와 기계 사이의 새로운 유형의 갈등을 위한 조건들을 창출하는가? 그리고 마지막으로, 지레, 톱니바퀴, 도르래 같은 단순 기계들, 그리고 열기관들이 가치를 창출하지 못한다는 맑스의 주장을 받아들인다 하더라도, 튜링 기계들은 가치를 창출하는가?

정신/육체 구분에 관한 짧은 역사

이러한 질문들에 대답하는 첫 번째 단계는 과학기술적 사고에 친숙한 다른 유형의 기계들 – 단순 기계와 열기관 – 과 비교하여 튜링 기계의 무엇이 "새로운" 것인지 결정하는 것이다. 그것은 바로 사유이다. 단순 기계와 열기관이 육체노동을 위한 분명한 모델이었다면, 튜링 기계의 작동들은 정신노동으로서의 사유를 위한 모델이 되는 것처럼 보였다. 이 모델은 부르주아와 사유의 관계에서 결정적인 전환점을 이룬다. 왜냐하면 한편으로 17세기의 부르주아 철학은 사유를 활동에서 노동으로 변형하는 것에서 시작했고, 다른 한편으로 육체노동과 정신노동 사이에 일련의 새로운 분할을 제시했기 때문이다. 이 이중의 변형은 복잡한 변형이어서 존-레텔 같은 부르주아 이데올로기에 대한 비판가들 및 이론가들은 혼란을 겪는다.3 가치 창출의 문제에서 튜링 기계가 갖는 의미를 적절하게 평가하기 위해서는 최소한 대략적으로나마 이 복잡성을 이해하는 것이 유용하다.

먼저 정신노동과 정신적 활동의 차이를 살펴보자. 존-레텔, 톰슨, 패링턴은 자본주의에서의 정신노동과 육체노동의 분할과 고대 그리스에서의 유사한 구별 사이의 연속성에 주목한다.4 하지만 중요한 차이 역시 존재한다. 자본주의에서 정신의 산물들은 상품화될 수 있으며 일종의 노동으로 받아들여진다. 고대 철학에서는 그렇지 않다. 그래서 플라톤과 아리스토텔레스 철학에서 사유는 노동으로 간주하지 않으며 상품화될 수도 없다. 플라톤에게서 사유와 화폐는 날카롭게 구분되며 그것은 단순한 수사학적 목적을 위한 것이 아니다. 사유는 소유될 수 없는 이상적인 형태들의 활동에 대한 명상이자 그러한 활동에 참여하는 것이다. 그러므로 사유의 결과들은 사적 소유가 될 수 없다. 그것들은 소외될 수 없다.『공화국』의 사유의 주인들, 철학자 왕과 여왕들은 의심할 여지 없는 공산주의자들이다. 이와 마찬가지로 아리스토텔레스에게도 사유는 목적 그 자체이며, 과정 구조(처음-중간-끝)를 지니고 분리 가능한 결과인 텔로스를 지닌 노동과는 근본적으로 구별되는 활동이다. 그와 달리 앎이라는 행동은, 그야말로 시간의 바깥에서 [이루어지는], 그 대상과의 동일시[공명]의 행동이고 형태들의 무진장한 공통성에 대한 직관이다. 그러므로 아리스토텔레스에게 지자^{知者}는 그/녀가 태양을 소유할 수 없는 것과 마찬가지로 태양에 대한 그 자신의 지식을 소유할 수 없었다.

플라톤과 아리스토텔레스에게 정신과 육체의 구분은 노동의 두 가지 종류가 아니다. 그런데도 노예제 생산양식의 "노예" 노동은 주인의 정신적 활동과 공통적인 속성을 갖지 않는 것처럼 보인다. 단순하게 말하자면 고대 아테네 철학에서는 주인 계급과 노예 계급 사이에는 교환이 이루어지지 않는다. 그러나 자본주의 이행기에, 사유는 진정으로 노동다운 것이 된다. 그리고 자본의 초기 단계에 수많은 서로 다른 많은 철학적 전략가들이 존재했지만, 그들은 이념들(17세기 – 18세기 초기 – 담론에서 사유와 지식에 대해 사용되었던 일반적인 말)이 "소여"가 아니라는 점에, 그것들이 노동의 대상이 되고, 투쟁의 대상이 되고, 순화의 대상이 되어야 한다는 점에, 또는 무언가 가치 있는 것으로 계산되어야 한다는 점에 동의했다.

로크, 홉스, 베이컨, 데카르트 등이 속하는 초기 부르주아 전략가들이나 철학자들의 다소 대립적인 집합을 살펴보자. 그들은 어떤 것에도 좀처럼 의견 일치를 보이지 않았지만, 다음에는 동의했다. 앎의 사유는 자연적이고 자발적인 활동이 아니며, 그래서도 안 되고, 그럴 수도 없다. 고로

· "본유 관념"에 대한 로크의 비판 이면의 독설에는, 누구도 많은 노력을 들이지 않고, 그리고 마술적인 방법으로, 지식을 "공짜로" 얻을 수 있다는 생각을 해서는 안 된다는 그의 염려가 놓여 있다.

· 아리스토텔레스에 대한 베이컨의 비판은 지식이 자연적이라는, 그리고 귀납법의 과정이 궁극적으로 여성적 대자연에 대한 공들인 (그리고 고된) 남성적 통찰과 조작의 산물이 아니라 자발적인 것이라는 그 대철학자의 주장에 존재한다.

· 데카르트의 방법은, 그것이 사회적이건 역사적이건 감각적이건 모든 "소여들"을 거부하는 것을 그 첫걸음으로 삼는 지식 생산의 제조 모델을 그려내는 것이다.

· 홉스가 말한 정신적 활동의 정신노동으로의 변형은 사유의 분명하게 기계화될 수 있는 과정으로의 변형을 요구했으며, 여기에서 하나의 중재자로서 유망한 후보로 입증된 정신적 계산노동을 요구했다. 전형적인 기계론자인 홉스는 이러한 요점을 『리바이어던』에서 다음처럼 분명하게 언급했다.

'추론'reason이란 각 부분을 '더하기'하여 합계를 생각하는 일, 혹은 어떤 액수에서 다른 액수를 '빼기'하여 나머지를 생각하는 것을 말한다. 이러한 추론 행위를 언어에 적용하자면, 각 부분의 이름의 연결관계로부터 전체의 이름을 생각한다든가, 또는 전체 및 일부분의 이름으로부터 다른 부분의 이름을 생각하는 것이다. … 이러한 연산 작업은 수에 대해서만 이루어지는 일이 아니다. 더하거나 뺄 수 있는 모든 일에 적용될 수 있다. … 요컨대 '더하기'와 '빼기'의 여지가 있는 곳에는 어디서나 '추론'의 여지가 있다. 그리고 그런 여지가 없는 곳에서는 할 수 있는 추론이 전혀 없다.5

따라서 홉스, 로크, 그리고 베이컨이 비록 존재론적으로, 발생학적으로, 그리고 방법론적으로 (각각) 데카르트와 정반대 편에 놓여 있다 해도, 그들은 현재까지 전해져 내려오는 부르주아 철학의 보증 마크가 될 사유에 대한 "구성주의적"이고 노동[주의적인 접근법을 공유했다.

물론, 고대 그리스 철학자들이 그랬던 것처럼 근대 철학자들이 정신과 육체를 구분했던 것은 사실이다. 하지만 그 구분의 지점이 바뀌었다. 일단 육체노동이 법적으로 그 노예 상태에서 벗어난다면, 그리고 정신적 활동이 정신노동으로 변형된다면 통합의 조건은 마련된다. 왜냐하면 사유와 신체 움직임 모두가 분업 속에 포함되어야 하는 비교 단위들이기 때문이다. 실제로 정신노동과 육체노동 사이의 분할은 여전히 남아 있지만, 그것은 자본주의 시대에 역사적으로 발전한다. 우리는 존-레텔의 분석을 시사적인 것으로 받아들일 수 있다.[6] 맑스를 따르고 또 그를 보충하면서 그는 축적의 체제들과 기술적 출발점들에 상응하는 세 가지 단계가 존재한다고 주장한다.

각각의 단계는 정신노동과 육체노동 간의 서로 다른 분할을 나타낸다. 수학, 과학, 경영 기술들이 노동자들로부터 분리되면

매뉴팩처	중상주의	노동력
기계제 대공업	방임주의	기계
연속 흐름	독점	노동

서, 노동자들은 그들 자신 역시 사회적 노동의 본질적인 부분들임에도 불구하고 그것들을 뚜렷하게 소외된 자본의 힘들로 경험한다.

하지만 존-레텔은 연속 흐름 생산 방법들에 응용된 테일러주의와 시간-동작 기술들에서 정신노동과 육체노동의 관계에 대한 자신의 분석을 마친다. 1930년대와 1940년대는 속도 향상의 독재에 맞서 효과적으로 투쟁하는 방법을 배우는 대중 노동자들의 조직들로 인해 이러한 분석 방법이 승리와 위기를 동시에 구가했다. 튜링 기계 이론에 의한 정신노동과 육체노동의 통합을 위한 새로운 주도권은 승리와 위기의 바로 그 순간에 시작되었다. 왜냐하면 이 새로운 분석이 결정적이라고 간주한 것은 노동과정의 공간-시간 형태가 아니라 모든 생산 수준에 걸쳐 있는 그것의 연산 구조였기 때문이다. 그 결과, 노동과정의 육체적 부분이 분석되고 서로 비교되었을 뿐만 아니라 노동의 정신적 측면들도 육체적 부분들과 동일 기준으로 측정될 수 있었다.

맑스와 정신노동

사유를 튜링 기계의 노동으로 분석하는 것은 맑스주의 기획에 어울렸다. 튜링은 자신의 공식적이고 철학적인 분석들에서 모두, 정신의 형이상학적 예외성을 거부했으며, 결코 맑스주의자인 적은 없었지만 어릴 적부터 유물론적 존재론의 옹호자였다. "신학적 주장"(즉 "사고하기는 인간의 불멸하는 영혼의 함수이다. 신은 모든 인간에게 불멸의 영혼을 주었지만 다른 어떤 동물이나 기계들한테는 주지 않았다. 고로 어떤 동물이나 기계도 사고할 수 없다.")에 대한 그의 아이러니한 논평은 이러한 점을 매우 분명하게 보여준다.

우리는 인간이 명석함 면에서 다른 피조물보다 우월하다고 믿고 싶어 한다. 인간이 필연적으로 우월한 것처럼 보일 수 있다면 가장 좋을 것이다. 이 경우에는 그가 자신의 명령하는 지위를 상실할 위험이 없기 때문이다. 신학적 주장의 인기는 분명 이러한 느낌과 연결되어 있다. 이것은 지적인 사람들에게서 매우 두드러진 것처럼 보이는데, 이는 그들이 사고 능력을 다른 것들보다 더 높게 가치 평가하고, 인간의 우월성에 대한 자신들의 신념을 이러한 능력에 더욱 의거하고 싶어 하기 때문이다. 나는 이러한 주장이 반박을 필요로 할 정도로 충분히 중요하다고 생각하지 않는다. 위로가 더 적절할지 모른다. 아마도 이 위로는 영혼들의 윤회 속에서 찾아져야 할 것이다.[7]

분명 맑스는 사유의 존재론적 자율에 대한 유물론적 거부를 튜링과 공유했다. 더욱이 19세기 튜링 기계의 초기 버전의 발명자인 찰스 배비지는 맑스의 기계론에 중대한 영향을 미쳤다. 그런데 맑스는 『자본론』에서 배비지의 책을 폭넓게 인용했지만, 그의 책 『기계와 매뉴팩처의 경제』에 실린 「정신노동의 분할에 대하여」 장을 명시적으로 언급하고 있지는 않다. 실제로, 배비지의 확고한 생각인 정신노동의 기계화는 사유에 대한 맑스 비판의 발전에서 아무런 역할을 하지 못하는 것 같다.

반대로 정신노동은 맑스의 전반적인 저작에서 다양한 방식으로 그의 비판의 구성 요소가 된다.

(a) 본질적인 측면으로서. "우리가 가정하는 노동은 오로지 인간에게서만 볼 수 있는 형태의 노동이다. 거미는 직조공들이 하는 일과 비슷한 일을 하며, 꿀벌의 집은 인간 건축가들을 부끄럽게 한다. 그러나 가장 서투른 건축가를 가장 훌륭한 꿀벌과 구별하는 점은, 사람은 집을 짓기 전에 미리 자기의 머릿속에서 그것을 짓는다는 것이다."[8]

(b) "부기" 형태의 유통 비용으로서. 예를 들어 "그러나 생산과정의 통제와 관념적 총괄로서의 부기는, 생산과정이 사회적 규모에서 수행되고 순수히 개인적인 성격을 잃으면 잃을수록 더욱 필요하게 된다."[9]

(c) "비생산적인" 이데올로그들의 작업으로서. 성직자들과 속류 정치경제학자들과 같은 비생산적 이데올로그들의 작업과 이 작업의 "비물질적인 산물들"은 잉여가치를 창출하기 위해 자본가들이 직접 구매하는 물품이 아니다. 맑스는 수많은 아이러니를 활용해 사유의 이러한 측면을 다루는 경향이 있다. 예를 들어 "일정한 생산조건 아래에서는 식탁을 만드는 데는 얼마만 한 노동자들이 필요하며 일정한 생산물을 만드는 데는 일정한 종류의 노동이 얼마나 있어야 하는가가 항상 정확히 알려졌다. 많은 '비물질적 생산물'은 문제가 달리 제기된다. 이 경우에는 일정한 결과를 얻는 데 필요한 노동량을 규정하는 것은 결과 그 자체만큼이나 불확실하다. 20명의 성직자는 아마도 한 명으로는 해낼 수 없는 사람의 개전改悛을 공동으로 달성할 수 있을 것이며, 서로 협의하는 6명의 의사는 혼자서는 찾아낼 수 없는 치료방법을 찾아낼 것이다. 판사 집단은 아마도 자기 자신을 통제할 따름인 개별적 판사보다 더 정당한 판결을 내릴 수 있을 것이다."[10]

(d) 생산과정의 일부인 노동 자체의 형태, 즉 감독과 관리 노동으로서. 이것은 "직

접적 생산과정이 독립적인 생산자들의 고립된 노동의 형태가 아니라 결합한 사회적 과정의 형태를 취하는 곳에서는 필연적으로 생긴다."[11]

(e) 근대 산업 시기의 과학적·과학기술적 노동으로서. 이 시기에 "전체 과학은 자본에 복무하도록 잡혀 있다." 이러한 현상은 분업의 뚜렷한 일부가 된다. 예컨대, "발명은 사업이 되고, 직접적인 생산 자체에 과학을 응용하는 것이 과학을 규정하고 과학을 유인하는 전망이 된다."[12]

맑스의 정신노동 개념은 분명 양면적이고 모호하며 불완전하다(왜냐하면, 그는 자신이 분류한 정신노동을 생산 체제 속에 두지 않기 때문이다). 그 결과 그는 계몽주의의 환원론적 유물론을 의심할 뿐만 아니라, 자신의 작업에서 정신노동을 계급 분석의 개별 범주로 다루고자 하는 유혹을 거의 받지 않는다. (예를 들어 맑스는 19세기 중반에 존재했던 지적 재산권에 대한 법률, 다시 말해 특허권과 저작권의 발생에 대한 분석을 제공하지 않는다.) 실제로 존-레텔은 이 틈을 그의 기획에서 본질적인 것으로 주목한다.

더욱이 지적이고 정신적인 노동에 대한 이론, 그것들의 역사적 분할 그리고 그것들이 재통일될 수 있는 조건들에 대한 이론이 결핍되어 있다. 『고타 강령 비판』에서 맑스는 "공산주의 사회의 최고 국면"이 "개인들의 분업 아래로의 노예적 복종이, 그리고 또한 그와 함께 정신노동과 육체노동의 안티테제가 사라진 이후"에야 비로소 가능해진다며 이러한 안티테제를 언급한다. 그러나 이 안티테제가 어떻게 제거될 수 있는지를 이해하기 전에 그것이 우선 어떻게 발생했는지를 이해하는 것이 필요하다.[13]

정말, 고전적인 맑스주의 전통은 이데올로기 생산에 대한 논의들로, 그리고 서구 맑스주의를 거치면서 맑스주의 전통은 광고와 선전 속에서 상품 물신주의의 무한한 마야 여신이 행한 자본주의적 조작으로 가득차 있다. 그러나 오직 브레이버먼·고르·노벨의 작업과 더불어, 그리고 그마지막 세대에 속하는 존-레텔의 작업과 더불어 현실적인 "정신의 작업"은 맑스주의 정치경제학에서 극히 중요한 관심사가 된다(동시에 이러한 작업은 "지식과 정보의 경제학"에서 신고전주의적인 관심사가 된다). 이 새로운 관심사는 맑스주의 이론에 따르면 놀랄 만한 일이 아닌데, 그 이유는 정신노동이 그것의 기계화를 통해 사회적 생산에 통합되는 이 새로운 단계는 생산 및 유통 영역들의 컴퓨터화의 도래와 함께 최근의 세대 속에서 실현되었기 때문이다.

연산과 노동과정

튜링 기계 이론은 어떻게 맑스의 기계론에 영향을 미치는가? 우리는 유한한 결정 절차나 연산computation 과정에 대한 튜링의 분석이 실제로 사회적 생산에서 계산과 연산의 범위와 중요성을 전례 없는 방식으로 드러내고 있다고 명확하게 말할 수 있다. 사실, 생산의 이 측면은 배비지와 유어 같은 맑스주의 이전의 기계 이론가들에게 알려졌었다.[14] 따라서 자카르[15] 베틀Jacquard loom은 결국, 리옹Lyons의 비단 직공들의 연산 지식을 기계화한 것이었다. 특히 매뉴팩처 시기에 기계 공학에서 이룬 최고의 발전은 노동자들 자신의 연산 지식을 완전하게 전유하는 것을 필요로 한다는 점은 대체로 잘 알려졌다.

맑스는 분명 노동자들의 연산 지식에 대해 잘 알고 있었지만, 그것을 숙련노동과 미숙련노동의 범주 구분 속에서 분석했다. 그는 매뉴팩처에 대한 설명에서 다음과 같이 결론을 내리고 있다.

이리하여 매뉴팩처는 자기가 장악하고 있는 모든 업종에서 이른바 미숙련노동자라는 하나의 부류[수공업은 그 성질상 이런 부류를 엄격히 물리친다]를 만들어낸다. 매뉴팩처가 인간의 전반적 노동능력의 희생 위에서 일면적 전문성을 완벽한 경지에까지 발전시킨다면, 그것은 또한 미숙련노동자에서 보는 바와 같이 모든 발전의 부재를 하나의 전문성으로 만들기 시작한다. 위계등급 외에 노동자의 숙련공과 미숙련공으로의 단순한 구분이 나타난다.[16]

그렇다면 무엇이 숙련노동과 미숙련노동을 구분했는가? 튜링 이전까지는 노동과정의 연산적 측면을 나타내고 균질화하기 위한 균일한 방법이 없었다. 테일러주의의 시간–동작 연구가 노동자 행위(그것이 숙련 행위이건 미숙련 행위이건)를 궁극적으로 아날로그적이고 모방적으로, 그리고 부적절하게 재현했지만 테일러주의는 어떤 업무의 연산적 복잡성에 대한 객관적이고 균일한 척도를 제공해줄 수는 없었다.

노동과정에 대한 튜링 기계 접근법은 의심할 여지 없이 뛰어나다. 왜냐하면 이러한 접근법을 통해 우리는 "숙련"의 관점에 포함되어 있으면서 또 그것에 의해 모호해지는 연산 공정의 비용, 복잡성, 생산성을 예측할 수 있게 되기 때문이다. 그리하여 내과의사, 항공관제사, 기계 기술자, 제지업자, 폰섹스 노동자들의 숙련에 대한 튜링 기계 분석은 일관되게 재현될 수 있었으며, "전문 시스템"·"로봇"·"디지털 조절 장치"·"가상현실 기계들" 등등으로 기계화될 수 있었다. 이러한 숙련[기술들]의 종종 놀랄 만한 프로그램화와 기계화에 많은 대중적 관심이 집중되었지만, 과학기술적 발전과 계급투쟁의 수행 모두에서 훨씬 더 중요한 것은 기계화의 개념적 전제 조건, 즉, 숙련의 기계화의 조건인 노동과정에 대한 튜링 기계 분석이었다. 19세기에 전기적, 화학적, 생물학적 에너지의 변형에 대한 열역학적 분석이 가능성 있는 산업 및 공업 과정들에 대한 일관된 접근법을 만들어낸 것과 마찬가지로, 20세기 후반에 사회적 노동의 분할의 모든 부분에 내재하는 연산 과정들에 대한 튜링 기계 분석은 그와 유사한 개념적 통일성을 제공해 준다. 결론적으로 말해, 열기관과 단순 기계 이론에 튜링 기계 분석을 추가함으로써 노동과정에 대한 보다 철저한 맑스주의적 분석 설명의 토대가 만들어진다.

그렇지만 이러한 추가가 기계에 대한 맑스주의적 분석의 근본적인 원리, 즉 인간 노동력을 노동으로 변형하는 것만이 가치를 창출하고 기계들은 가치를 창출할 수 없다는 원리를 변경시키는가? 그렇지 않다. 인간 노동의 가치 창출적 측면은 본질에서 튜링 기계 접근법의 영향을 받지 않는다. 실제로, 노동에 대한 이 20세기 분석은 노동의 사용가치가 인간 노동의 가치 창출적 측면을 분석하는 데 결정적이지 않다는 맑스의 19세기 주장을 입증하는 것으로 보인다.

맑스는 노동의 서로 다른 수행들에 질적 위계를 부여하기를 거부했다. 그는 인간 노동력의 지출인 단순한 평균 노동이 자본주의적 생산을 연구하기 위한 결정적인 대상이라고 주장했다. 열역학이 모든 종류의 인간 에너지 지출을 비교하기 위한 척도를 우리에게 제공해 주는 것처럼, 튜링 기계 분석 역시 우리가 숙련[기술]의 양적 토대를 이해할 수 있도록 해 준다. "서로 다른 노동이 그 측정단위인 단순노동으로 환원되는 비율은 생산자들의 배후에서 진행되는 하나의 사회적 과정에 의해 결정되며, 따라서 생산자들에게는 관습에 의해 전해 내려온 것처럼 보인다."[17]는 것은 분명하다. 따라서 재봉과 직조의 연산적 분석은 "[그것들이] 비록 질적으로 다른 생산 활동이지만, 모두 인간의 두뇌, 근육, 신경, 손 등의 생산적 소비"[18]임을 분명히 한다. 숙련의 신비는 튜링 기계 분석으로써 해명되고, 정신노동과 육체노동 간의 근본적인 연속성이 입증된다.

정신적 숙련의 자기방어

물론 이 결론은 정신노동에 결부된 사람들에게는, 그리고 육체노동자들과 산업노동자들이 자본주의 여명기 이후 직면했던 기계화의 유형으로부터 자신의 노동이 면역되었을 것으로 생각하는 사람들에게는 특히 불길한 측면이 있다. 이러한 불안은, 본질적으로 "인간적인 노동"인 것을 기계화될 수 없는 노동 ─ 즉 "창의적이고", 지적이며, 유한한 일상으로 환원될 수 없는 "무한한" 노동 ─ 으로 규정할 가능성을 둘러싼 수많은 논쟁의 토대였다. 튜링 기계 이론의 극한 정리 ─ 멈춤 문제의 해결 불가능성과 산술의 불완전성(괴델의 정리) ─ 는 열역학의 엔트로피 법칙과 마찬가지로, 이러한 논쟁이 이루어졌던 지평이었다. 그래서 계산할 수 없는 수와 함수가 존재한다면, 그리고 증명할 수 없는 산술의 진리가 존재한다면, 인간 정신노동의 기계화될 수 없으나 본질적인 그러한 타자성을 배치하기 위한 공간이 바로 여기라는 점이 드러날 것이다. 따라서 이러한 계산 불가능한 공간이 존재한다면 지적 노동자는 기계화로부터 [벗어나] 영원히 안전할 것이다.

정령精靈이 분명히 엔트로피 법칙을 위반하는, 진화하는 생명 형태들의 존재를 설명해줄 것이라고 19세기의 많은 사람이 생각했던 것과 마찬가지로, 펜로즈[19], 루카스, 드레퓌스, 설 같은 20세기 철학자들과 과학자들은 사유와 경험의 외관상으로 계산 불가능한 여타의 측면들과 극한 정리들을 사용하여 (그것이 노력을 들여 성취한 것이건 아니건) 독특한 인간 노동을 정의하는 주장을 펼쳤다. 사실, 지난 반세기에 "인공지능"과 "마음의 철학"을 둘러싼 대부분의 논쟁은, 지식인들이 퇴화의 위협에 직면해서 사회적 노동의 위계에서 자신들이 점하는 지위를 방어하기 위해 기울인 시도를 둘러싸고 전개되었다. 왜냐하면 튜링이 지적했듯이, 종종 사유의 신비한 예외성에 기초한 의고적 주장처럼 보일 수도 있는 것이 갖는 힘은 "주로 지적인 사람들 가운데에서 매우 강하다. 그들은 사고하기의 힘을 다른 어떤 것보다도 더 높이 평가하며, 인간의 우월성에 대한 그들의 신념을 이러한 힘에 정초시키는 성향이 많으니까 말이다."[20]

이런 주장들의 견실성은 자본주의에 미래가 있는지 그리고 어떤 미래가 펼쳐질 수 있을지 결정하는 데 중요하다. 가치(그리고 잉여가치)가 창출될 수 있는, 계산 불가능하고 기계화될 수 없는 정신적 공간이 존재한다면, 그것은 정신노동과 다른 형태의 노동들 사이의 객관적 분할을, 또한 노동자들 사이의 그리고 노동계급 자체 내부의 영구적인 분할을 규정하게 될 것이다. 전 미국 노동부 장관이었던 로버트 라이시의 용어에 따르면, 이 정신적 공간에서 작동하는 "상징 분석가들"은 고로 다른 모든 노동자가 직면하는 딜레마, 즉 더 나은 임금과 노동 조건을 위해 투쟁하면 기계들에 대체 당하게 되고, 투쟁하지 않으면 생활비에 못 미치는 임금과 비참한 노동 조건을 불가피하게 받아들여야 하는 딜레마에서 자유로울 것이다. 그런데 자신의 숙련기술들이 기계화될 수 없음을 확신하는 "상징 분석가들"은 더 나은 임금과 노동 조건을 요구할 수 있다. 설령 미국과 다른 나라들에서 그들의 형제자매들이 노예 같은 처지로 전락한다 할지라도 말이다. 따라서 이러한 논쟁 속의 주장들이 때때로 불가해한 면이 있다 해도, 그것들은 자본주의적 생산관계를 종식하기 위한 통일된 투쟁이라는 운명을 함축한다.

튜링의 철학적 작업은 1930년대 그의 수학적 성과가 그랬던 것처럼 이러한 논쟁에서 핵심적이다. 1950년대 초반 그는 정신노동의 기계화될 수 없는 공간의 존재를 반대하는 주장을 펼쳤는데, 그 까닭은 기계로 대체되고 있는 것에 대한 불안으로 인해 정신노동의 영역에서 기계/인간을 날카롭게 나누는 이분법을 정당화하기에 이른 지식인들이 점점 더 이러한 공간을 주장하고 있었기 때문이었다. 그는 기계들의 사고 가능성 유무에 대한 문제에 대답하기 위해서는 어떤 행위적 기준, 다시 말해 무엇이 사고를 구성하는지에 대한 "시험"이 필요하다고 생각을 굳혔다. 튜링은 기계가 (예를 들어 인간 대화자가 기계를 볼 수 없는 "공평한 경쟁의 장"을 갖추고) 시종일관 대화자에게 그것이 인간이라는 인상을 줄 질문하고-대답하기 게임을 할 수 있다면, 기계는 시험에 합격할 것이며, 또한 공정한 마음을 가진 사람이라면 누구나 기계가 사고할 수 있다는 것을 받아들일 수밖에 없을 것이라고 주장했다. 1950년에 튜링은 20세기 말이 되면 이러한 기계들을 구축하는 것이 가능할 것이며, "단어의 사용과 일반교양의 활용이 훨씬 개선될 것이기에 우리는 모순되지 않게 생각하는 기계에 대해 이야기할 수 있게 될 것"[21]이라고 확신했다. 사실 여기에서 그의 사회적 통찰력은 실패했다. 왜냐하면 사고가 기계의 속성이라는 데 가장 반대하는 "교양 있는 견해"를 형성하는 사람들이 바로 그러한 "정신노동자들"이기 때문이다.

튜링의 시험은, 인간의 사고가 기계화될 수 없는 본질을 갖는다고 주장하고 싶어 했던 사람들의 표적이었다. 이 반대자들은 다음의 두 가지 그룹으로 나눌 수 있다. (a) 기계가 결코 튜링 시험을 통과할 수 없으리라고 주장하는 J. R. 루카스 같은 사람들과 (b) 기계가 그 시험을 통과하더라도 사고가 기계의 속성이라고 생각해서는 안 된다고 주장하는 존 설[22] 같은 사람들. 그룹 (a)의 주장들은 기계들이 절대 소네트를 쓸 수 없다고 외치는 주장에서부터 기계들의 사랑할 수 있는 능력을 인정하지 않는 주장에 이르기까지 매우 많다.

하지만 J. R. 루카스는 1961년 논문 「정신, 기계 그리고 괴델」에서, 괴델의 정리를 사용하여 기계는 기계일 뿐이라는 점을 인간이 언제나 알 수 있음을 입증한다고 알려진 주장을 고안했다. 루카스는 튜링 기계가 어떤 공식적인 시스템의 등가물로 받아들여질 수 있고, 또 쿠르트 괴델이 증명했듯이 산술의 정리들을 입증하는 힘을 가진 어떤 공식적인 시스템은 불완전하므로, 다시 말해 공식적 시스템은 시스템 안에서 입증될 수 없는 참된 정식을 갖고 있으므로, 이러한 진리들을 정식화하고 인식할 수 있는 인간은 어떤 식으로건 기계보다 우월하다고 주장했다. "어떤 면에서 보면, 정신이 최종 결정권을 가지고 있다는 바로 그 점 때문에, 정신은 자기가 어떻게 작용하는지 보여주기 위한 모델로 자기 앞에 제시된 모든 시스템 안에서 언제나 까탈을 부릴 수 있다. 이 기계적 모델은 어떤 의미에서 유한하고 명확해야 한다. 그렇게 되면 정신은 한 걸음 더 나아갈 수 있다."[23] 튜링 시험의 맥락 안에서 볼 때, 모든 대화자가 해야 하는 것은, 심문을 받는 튜링 기계에 맞춰진, 참이지만 증명 불가능한 괴델식 문장을 끌어내는 것이다. 그러면 기계는 유죄가 되어 난처한 처지에 빠지게 될 것이다. 따라서 루카스에 의하면, 기계는 유한하지만 그(또는 더 정확히 말하자면 어떤) 인간 정신(들)은 무진장하다. 왜냐하면 "괴델의 물음에 의해 풀리지 않는 모든 시스템은 그 자체로 튜링 기계, 즉 행동의 의미 내부에 있는 기계가 아니기"[24] 때문이었다.

그룹 (b)의 주장들은 튜링 시험으로 찾아낼 수 없는 본질적인 측면을 정신노동에 귀속시키는 경향이 있다. 이러한 주장들의 수많은 변종이 넘쳐나지만, 최근의 고전적인 버전은 설의 "중국식 방" 사례다. 1980년, 존 설은 「정신, 두뇌 그리고 프로그램」이라는 논문을 써서,[그 기계가] 통과한 적이 있는 튜링 시험을 치르는 튜링 기계 내부로 우리를 안내한다. 그는 심문을 받는 기계가 궁극적으로 언어를(그러니까 대화자에 대한 기계의 대답들을) 의미론적으로나 수행적으로가 아니라 통사론적으로 다룰 수 있을 뿐이라고 주장한다. 다시 말해 기계는 질문에 대한 자신의 대답들을 실제로는 이해하지 못한다. 그는 이러한 주장을 밀고 나가기 위해, 인간 대화자가 중국인 여자이고 그녀가 자신의 질문을 중국어로 써서 제출하는 상황을 기술했다. 기계 내부에는 중국어를 알아듣지는 못하지만 다소 정교한 규칙집rule book을 갖춘 판독기가 들어 있다. 이 규칙집은 적절하게 활용된다면, 방에서 나오는 출력물처럼, 그럴듯하게 적절한 대답을 중국어로 내놓을 수 있을 것이다. 따라서 그 중국식 방이 튜링 시험을 통과한다 할지라도, 그 방에 있는 조작자는 중국어의 한자 하나도 이해하지 못할 것이다!

루카스와 설의 노력으로 시작된 튜링 시험을 둘러싼 논쟁은 정교하고 강렬했지만, 오늘날까지 미해결로 남아 있다. 결론적으로 말해, 튜링의 예언 ― 2000년 무렵에는 "교양 있는 여론"이 기계들의 사유 역량을 상식으로 받아들일 것이다 ― 의 진실성은 점점 더 그럴듯하게 보이지 않는다. 튜링 기계와 "인공지능"의 방어자들이 펼친 온갖 성공 주장들과 더불어, 기계가 인간의 정신노동을 대체하지도 않을 것이고 또 그럴 수도 없다는 것을 보여주기 위한 반대 주장도 루카스나 설에 의해 제기되었다. 이것은 맑스주의적 견지에서 보면 놀랄 일도 아닌데, 그것은 노동 안에서 특별한, 대체 불가능한 "무언가"를 발견하는 경향이 있는 사람들은 언제나, 경쟁에 의해 노동이 위협당하고 있는 사람들이기 때문이다. 이데올로기 수준에서 볼 때, 이 논쟁은 온갖 종류의 숙련 노동자들을 생각나게 한다. 그들은 자신이 생산하는 특수강, 자신이 판매하는 정교하게 짜인 옷감, 또는 자신이 증류하는 특별한 향기가 나는 향수 들은 기계가 생산할 수 없으며, 만약 그들의 생산품 같은 어떤 것을 기계가 생산한다 해도…그것은 모조품일 뿐이라고 전 역사에 걸쳐 주장해 왔다.

따라서 정신을 옹호하는 위선자들과 변호인들은 이전에 이 모든 것을 들어보았기에, 의심 많은 청중 ― 그들이 자본가들로 구성되어 있건 미숙련 노동자들로 구성되어 있건 ― 앞에서 자신들의 주장을 펼친다. 지식인들, 학자들, 정신노동자들은 어떤 특별한 청문회를 기대해서는 안 된다. 왜냐하면 프롤레타리아가 자신을 육체노동과 동일시하지 않는 것과 마찬가지로 자본가 역시 자신을 정신노동과 동일시하지 않기 때문이다. 실제로, 맑스주의적 분석은 설과 루카스가 제시한 특정 유형의 초숙련노동hyperskilled labor의 대체 불가능성과 기계화 불가능성에 관한 주장을 받아들이지 않을 것이다. 그들은 다음과 같이 추론한다. 어떤 규칙-지배적인 활동이 계산 가능하다면 상품을 생산하는 모든 반복적이고 표준화된 노동(정신적이건 육체적이건)은 기계화될 수 있다는 것이다. 루카스에게는 실례지만,

괴델식의 문장들(즉 어떤 특수한 형식적 시스템과 관련하여 입증할 수 없는 참인 문장들)의 발견이 하나의 "일"이 된다면, 튜링 기계는 이러한 발견 역시 수행해낼 수 있는 더욱 강력한 프로그램의 토대 위에 구축될 수 있다. 완전한 괴델식의 문장들은 존재하지 않는다. 마찬가지로 설에게는 실례지만, 그의 "중국식 방" 비유에 기술되어 있는 노동으로부터의 소외 조건은 자본주의에서는 일반화된 노동 조건이며, 여기에서 사람들은 "이해될" 수 없도록 설계된 시스템 속에서 일한다. 하지만 이러한 소외는 결코 가치 창출의 방해물이 아니었다. 오히려 그것은 착취 과정의 본질적인 구성 요소다.

그렇다면, 기계에 의해 시뮬레이션될 수 없는 노동의 어떤 특수한 인간적 특징 안에서가 아니라면, 가치 창출성은 어디에서 발견될 수 있는가? 우리는 가치 창출성의 원천인 자본주의의 ─ 즉 노동자(정신노동자이건 육체노동자이건)와 그/녀의 노동력의 착취자 사이의 갈등의 ─ 일반적 노동 조건으로 시선을 돌려야 한다. 노동은 인간 노동력의 노동으로의 변형을 거부할 수 있는 인간의 잠재력으로 인해 가치를 창출한다. 가치는 노동의 고유한 기계화 불가능성 속에 깃들어 있지 않다. 우리가 모두에서 이야기를 꺼낸 1936년의 디트로이트 공장 점거는 이러한 잠재력의 고전적인 사례다.

결정들과 분석 엔진들
새로운 기계론을 위한 역사적이고 개념적인 예비들

이것은 아주 쓸 만합니다. 그러한 바퀴나 여타 기계들이 어떤 동일한 무게의 짐을 이러한 장비들 없이 동등한 힘을 적절하게 잘 조직해서 나를 수 있는 것보다 힘을 덜 들이거나 더 빠른 속도로, 또는 더 충분한 간격을 두고 나르기 때문이 아닙니다. 오히려 강의 낙하는 비용이 거의 또는 전혀 들지 않기 때문입니다. 한편 여덟 명이나 그 이상의 남자들을 능가하는 힘을 가진 말이나 그와 유사한 동물을 먹이는 것은 그렇게 많은 남자를 부양하고 뒷바라지하는 것보다 훨씬 싸게 먹힙니다. ― 갈릴레오[1]

　　이 장에서 나는 하트와 네그리 같은 주창자들이 규정한 바의 비물질적 노동이 존재하지 않는다고 주장할 것이다. 나는 이 주장을 방어하기 위해 기계들에 관한 연구를 통해 자본주의 역사 속에서 노동이 어떻게 이해되어 왔는지를 고찰하고, 자본주의에서 가장 성공한 기계론이 맑스의 기계론이라고 주장할 것이다. 비물질적 노동과 관련한 나의 회의론을 방어하기 위해 나는 맑스의 이론을 따를 것이다.

　　그렇지만 맑스의 이론 자체가 방어되어야 한다. 맑스에 대한 가장 현학적인 비판자들 중의 한 사람인 필립 미로프스키[2]는 맑스가 두 개의 모순적인 물리학 이론 ― 1840년대의 에너지 실체-이론과 1860년대의 에너지 장 이론 ― 을 동시에 "부러워하고" 있다고 비난했다. 미로프스키는 맑스가 어떤 것을 자신의 노동 모델 ― 기계들과 가치 ― 로 취해야 할지 결정할 수 없었고, 그래서 둘 다를 사용했으며 그것이 결국 가치와 기계들에 대한 모순적인 이론으로 귀결되었다고 주장한다.

　　1부에서 나는 미로프스키가 맑스의 이론을 비판하기 위해 전개하는 바로 그 두 물리학 이론이 결코 이원체가 아니며 맑스의 이론이 일관된다고 설명함으로써 맑스의 이론을 방어할 것이다.

2부에서 나는 맑스의 기계론이 미완성이라는 점을 보여줄 것이다. 맑스의 기계론은 단순 기계와 열기관에 대한 이론을 포함했지만, 튜링 기계를 파악하지는 못했다. 비록 찰스 배비지가 『자본론』이 출간되기 30년 전에 튜링 기계에 대한 최초 버전을 전개했지만 말이다. 이 불완전성에 고무된 하트와 네그리 같은 사상가들은 서비스, 문화 상품, 특히 지식, 소통이 생산되기 위해서는 비물질적 노동이 필요하다고 주장한다.

완성된 새로운 기계론은 서비스, 문화 상품, 지식, 소통이 왜 물질적 재화인지를 보여줄 것이며, 내가 처음에 펼친 주장을 뒷받침할 것이다.

서론

맑스는 자본주의적 풍조가 과학과 기계의 이윤 창출적 잠재력과 관련하여 일종의 마술적인, "공짜로 뭔가를 얻는 것의" 심상을 유발한다고 종종 냉소적으로 언급했다. 이러한 의견은 17세기에 『연금술사』라는 연극을 쓴 벤 존슨에 의해, 그리고 19세기에 찰스 레드헤퍼와 존 W. 킬리 같은 일확천금을 노리는 괴짜들에 의해 정확하게 포착되었다. 이들의 머릿속에서는 영구운동의 기관과 도식들이 끊임없이 윙윙거리고 있었다.[3] 맑스가 보기에 자본가들은 막스 베버가 이상적으로 묘사하고 있는 것처럼 건전하고 합리적인 행위자agents이기는커녕 기계의 사용에 대한 비합리적인 이해를 조장한다. 이것은 자본주의가 서아프리카 사람들이 나무 우상들에게 표현했던 숭배보다 더 철저한 물신 숭배를 상품에 주입하는 것과 같다. 자본주의는, 인류의 불가피한 미래를 정의하기는커녕, 이 상상된 미래 특유의 수단과 상징으로 기능할 바로 그 기계를 내적으로 이해할 능력이 없다.

아래에서 나는 맑스의 자본주의 기계론을 분석한다. 내가 이렇게 하는 것은 비물질적 노동과 관련해 진행 중인 논쟁에 기여하기 위함이다. 이 논쟁에서 나는 극단적인 태도를 보인다. 그러니까 하트와 네그리가 『제국』에서 정의한 바의 비물질적 노동 ― "즉 서비스, 문화상품, 지식, 혹은 소통과 같은 비물질적 재화를 생산하는 노동"[4] ― 은 존재하지 않는다는 것이다. 나는 서비스, 문화상품, 지식 그리고 소통이 "물질적 재화"이며 그것들을 생산하는 노동 역시 (항상 형태를 갖추고 있지 않을 수도 있지만) 물질적이라고 주장한다. 유행하는 머리 손질에서 마사지까지의 서비스 생산물들은 체화된 물질적 재화이다. 그림, 영화, 책과 같은 문화 생산물은 매우 물질적이다. 통신은 완전히 물질적인 채널을 필요로 한다(그 물질적인 것이 "비가시적인" 전자라 할지라도 말이다). 그리고 끝으로 지금 이해되는 바의 지식은 축구 게임에서의 골goal처럼 사회적 실재의 물질적 변형이다.

하지만 이것을 논증하기 위해서는 내가 조금 전에 한 것처럼 몇 가지 반대 사례들을 제시하는 것으로는 충분치 않다. 나는 "비물질주의자들"에 대응하는 하나의 노동 모델을 제시할 필요가 있다. 그러한 모든 모델들처럼 비물질주의자들은 기계 대체물을 필요로 한다. 왜냐하면, 자본주의에서 인간 노동을 이해하기 위한 모델은 자본주의 생산과정 속에서 인간 노동을 대체할 수 있는 기계이기 때문이다. 인간 노동을 기계들의 작동과 동일시하는 것은 일반적 상황의 특수한 사례이다. 맑스는 『1844년 수고』에서 『자본론』 3권에 이르기까지 거듭해서, 기계의 형태를 띠는 자본이 가치를 생산할 수 있는 것처럼, 그리고 잉여가치의 창출자인 것처럼 거짓되게 자신을 드러낸다고 집요하게 지적한다. 산 노동은 우리 자신의 산 노동의 경우에서조차 반복해서 죽은 노동으로 나타난다. 이 변형은 이데올로기적 선택이 아니다. 그것은 이러한 삶의 양식의 반영이다. (이러한 반영은 "달 착시" 같은 것이다. 달이 높이 떠올랐을 때보다 지평선에 있을 때 더 크게 보이는 이유는 시각의 영역에서 사회적 이해의 영역으로 옮겨진다.) 맑스는 다음과 같은 구절에서 이에 대해 쓰고 있다. "기계의 발전과 더불어 노동의 조건들이 기술적으로 노동을 지배하고 동시에 그 독자적 형태의 노동을 대체하고 억압하며 불필요하게 만든다는 감각이 출현한다."5 이는 맑스의 저작에서 찾아볼 수 있는, 같은 요점을 말하고 있는 수백 개의 인용구 중의 하나로서, 이러한 거짓 변형을 폭로하기 위해 그가 얼마나 강박적이 되었는지를 설명해 준다. 실제로 맑스의 기계론은 자본을 "매우 신비스러운 것"으로 만드는 이러한 반영을 미시적으로 분석하고 기계의 탈신비화를 위한 조건들을 상세하게 설명한다.

이 장에서 나는 일관적이지 못하다는 비난으로부터 맑스의 기계론을 방어할 것이지만, 그것이 미완성이라는 점 역시 밝혀낼 것이다. 나는 그것이 또 다른 범주의 기계(즉, 공식적으로는 1930년대 앨런 튜링에 의해 분리된, 모든 컴퓨터에 공통된 수학적 구조)를 포함하는 데까지 확대될 필요가 있다고 주장한다.6 단순 기계와 열기관뿐만 아니라 튜링 기계까지 포함하여 완성된 기계론은 한편으로는 모든 노동의 물질성을, 그리고 다른 한편으로는 자본에 대한 노동의 속박으로부터 노동을 해방하기 위한 전략의 윤곽들을 밝혀줄 것이다.

맑스가 비록 반산업적인 "땅으로 돌아가기[다시 토지로]" 활동가가 결코 아니었다 해도 그는 노동자들의 투쟁에 맞서는 개념적인 테러리즘의 형태로 기능하는 기계들에 대해 자본가들이 펼치는 경제적 주장들의 주요 폭로자였다.7 그는 능동적인 인간의 노동이 가치의 유일한 원천이고, 아무리 영리하게 설계되고 크기가 엄청나다 해도 기계들은 결코 가치를 생산하지 못하며, 오직 그들 자신의 가치를 생산물에 이전할 수 있을 뿐이라고 주장했다.

맑스의 태도는 마술적 기계에 대한 저 초기 근대적 비판자인 갈릴레오의 그것과 유사했다.8 이 글의 제사를 발췌한 것과 같은 단락에서 갈릴레오는 "기계들을 통해 자연에서 벗어날 수 있"으리라 믿는 "기계 설계자들"을 조롱한다.9 그는 기계들이 그 자체로는 힘이나 운동을 만들어내지 못하고, 더 "지적이고" 비용이 더 드는 힘과 운동의 원천들을 그저 덜 "지적이고" 비용이 덜 드는 힘과 운동의 원천들로 대체하는 것을 가능케 할 뿐이라고 주장한다. 기술자에게 문제는 "〔동작 주체, 말하자면 말이 가진〕 힘의 단순한 응용을 통해 바람직한 효과를 낳을 수 있도록"[10] 기계들을 설계하는 것이다. 기술자는 지적 설계를 이 세계에 도입하지만, 그/녀는 이 세계에 조금의 힘이나 운동조차 추가할 수 없다. 알렉산드리아 시대의 헤론에서부터 갈릴레오 본인에 이르는 기계학 책들 — 이 책들은 매개 기계들의 그림들로 가득 차 있다 — 을 살펴보면 안 그런 것처럼 보일 수도 있다. 그러나 그것의 참된 영역은 비용과 임금의 세계 안에 존재한다. 다시 말해, 단순 기계들 — 경사면, 지레, 도르래, 나사, 수레바퀴, 굴대(캡스턴) — 은 "힘을 적절히 조직하는 것이지" 그 힘을 만들어내지는 못한다.[11]

갈릴레오 이후의 물리학자들, 특히 사디 카르노와 헤르만 폰 헬름홀츠 같은 19세기 열역학의 개척자들은 이러한 반마술적인 교훈을 열기관의 맥락 속에서도 (예컨대, 어떠한 영구기관도 가능하지 않으며 에너지는 만들어지거나 파괴될 수 없다는 원리들을 선언함으로써) 역시 명백하게 하고자 했다.

당시 전개되고 있던 두 가지 "열역학 법칙"의 영향을 받았음에 틀림없는 맑스는 갈릴레오에 동의했다. 또한 "힘"이나 "에너지"를 "가치"로 대체하면, 우리는 기계를 통해 "저렴한 사회"를 만들려는 모든 시도를 저지하는 가치 보존 법칙을 수립하려는 그의 노력을 발견할 수 있다. 기계는 가치를 창출하지 못하고, 가치를 그저 "적절하게 조직"할 뿐이다. 가장 중요한 것은 기계가 더욱 값비싼 (그리고/또는 저항하는) 노동력을 비용이 덜 드는 노동력으로 대체하는 것을 가능하게 해 준다는 것이다. 19세기 "기계 철학자"인 앤드루 유어는 이에 대해 다음과 같이 쓰고 있다.

기계 개량은 일정한 결과를 달성하는 데 필요한 성인노동자의 수를 감소시킬 뿐 아니라, 한 부류의 인간노동을 다른 부류의 인간노동으로, 즉 숙련공을 미숙련공으로, 성인을 아동으로, 남성을 여성으로 대체한다.[12]

이런 이유로 기계들은 노동계급에 대해 그토록 강력한 무기들이 될 수 있으며, 그리하여 "노동수단이 노동자를 파멸시킨다."[13]

기계들이 종종 (19세기의 열기관에서처럼) 대단한 힘을 지닌 거인 또는 (20세기의 컴퓨터들에서처럼) 지력을 지닌 천사들이 되는 것처럼 보인다 해도, 기계들의 약점 − 가치를 창출할 수 없다는 사실 − 은 전체 자본주의 체제에 엄청난 결과를 가져온다. 상당한 양의 기계와 상대적으로 적은 양의 노동을 사용하는 산업들은 자신들의 생산과정 안에서, 불변자본(대부분 기계)과 가변자본(임금)에 들인 투자에 대한 평균이윤율을 구성하는 데 필요한 잉여가치를 창출할 수 없다. 그렇지만 자본가들이 최소한 평균이윤율을 받지 못한다면, 그들은 어쩔 수 없이 자신들의 산업 분야를 오랫동안 내버려 둬야 하고 그러면 새로운 투자자들은 그것들을 피할 것이다. 조만간 이 산업 분야들은 파산과 낮은 투자로 작동을 멈출 것이다. 이 산업 분야들(예컨대 원유 추출)이 체제의 재생산을 위해 필요했다면 어떨까? 이 분야에서 일하는 노동자들이 이윤을 낳지 못했다면 이분야의 이윤은 어떻게 제공되었을까? 이 질문에 대답하는 것은 특히 중요한데, 그것은 노동자들의 투쟁에 대응하기 위해 기계의 사용을 늘리는 것이 끊임없이 굴러가는 − 종종 저강도일지라도 − 계급 전쟁에서 결정적인 전략이기 때문이다.

이 수수께끼에 대한 맑스의 대답은, 임금보다 기계에 상대적으로 낮은 비율의 투자가 이루어진 일부 산업 분야들에서 창출된 잉여가치가 상대적으로 높은 비율을 갖는 분야들의 이윤으로 변형된다는 것이다. 이과정은 경쟁 과정에 있는 자본가들의 "배후에서" 일어나며, 이 체제의 외형상의 경쟁적 성격을 전제할 때 자본의 놀랄 만한 통일의 기초를 형성한다.[14] 기계들에 대한 투자는 체제 전반에서 장려된다. 설령 그러한 투자가 특수한 잉여가치의 증대로 이어지지 않는다 하더라도 말이다(물론 모든 다른 상품의 생산에서와 마찬가지로 이 기계들의 생산에서도 잉여가치가 노동자들에 의해 창출될 수 있다).

이 장의 1부에서 나는 맑스의 기계론이 근본적으로 이론의 비일관성에 뿌리를 두고 있다는 주장으로부터 맑스의 기계론의 중요한 교의를 방어하고자 한다. 이 교의는 일부 생산 분야들에서 발생한 잉여가치가 다른 생산 분야들의 이윤으로 변형된다고 하는 개념이다.

1부 개념적 예비 : 맑스의 기계론은 일관성이 있는가?

그저 집어들거나 캐내기만 하면 되는 것들을 내가 직접 들고 갈 수만 있었다면, 나는 지금쯤 부자가 되었을 겁니다. 어떤 곳에서는 진짜 마법의 정원에 있는 것 같았습니다. 내가 본 것들은 아주 귀한 금속으로 솜씨 좋게 만들어진 것들이었어요. 은으로 된 우아한 머리칼과 나뭇가지에는 루비처럼 붉게 반짝이는 투명한 열매들이 매달려 있었고, 더 이상 흉내 낼 수 없을 만큼 다듬어진, 수정으로 된 바닥에는 묵직한 나무들이 서 있었습니다. 이 놀라운 곳에서는 자기 눈을 거의 믿을 수가 없었어요. 그리고 이 매력적인 야생의 정원 사이로 걸으며 보석들을 즐기는 일은 전혀 싫증이 나지 않았습니다. 이번 여행에서도 나는 진귀한 것들을 많이 보았습니다. 다른 나라의 땅도 마찬가지로 기름지고 아낌없이 주더군요. ─ 노발리스[15]

맑스의 기계론은 자본주의적 삶의 근본적인 변형 원리가 실존한다는 것을 전제한다. 기계에 대한 투자와 임금에 대한 지급 간의 비율이 엄청나게 차이가 난다 해도, 이윤은 산업 전 분야에 걸쳐 평준화되는 경향이 있다. 이러한 변형이 작동하지 않는다면, 노동계급 투쟁에서 벗어나기 위해 또는 심지어 체제 자체의 물질적 재생산을 보장하기 위해 기계에 투자할 유인이 존재하지 않을 것이다. 왜냐하면, 잉여가치가 노동에 의해 창출되고, 원유 추출과 같은 핵심 산업에 매우 적은 노동이 사용된다면, 고정 자본에 막대한 투자를 해야 하는 산업에 이윤이 거의 또는 전혀 발생하지 않을 것이기 때문이다.

그렇지만 잉여가치의 이윤으로의 이러한 변형이 문자 그대로 이 체제에 참여하는 사람들의 "배후에서" 일어나는가? 맑스의 "변형"의 수학적·방법론적 타당성을 둘러싼 논쟁은 19세기 후반에 처음으로 뵘-바베르크의 『맑스와 그의 체계의 종말』이 출간된 이래 맑스주의자들과 반맑스주의자들 간의 중요한 학구적인 논쟁이 되어 왔다.[16] 실제로, 지난 세기에 계급투쟁이 격화되고 맑스주의 지식인들이 학계에 침투할 때마다, 자본의 지도자들은 서재에서 진부한 이야기를 꺼내 다시 늘어놓았다. 하지만 각각의 편에서 나온 기술적 반론들은 분명 점점 정교화하고 있었다. 그래서 1960년대의 대학 반란들에 대응해서 폴 새뮤얼슨[17](1971)은 그 늙은 무어인[맑스]에게 자신의 분석적 무기를 퍼부었지만, 선형 대수학적 관점에서 맑스의 이론을 모델로 삼은 전체 문헌이 그것을 방어하기 위해 싹트고 있음을 발견했을 뿐이다. 그 스라파적인, "분석적"이고 "귀납적인" 해결책을 갖춘 이 문헌을 통해 알 수 있는 것은, 우리가 자본주의 생산체제에 대한 맑스의 유창하고 화학적으로 생생한 묘사의 다소 과장된 수학적 모델들을 수용하고 또한 맑스의 보존 원리들이나 수학적 절차들의 한두 가지를 거부한다면, 그 "변형"의 기술적 문제들이 해결될 수 있다는 것이다.[18] 따라서 이 논쟁 상황은 더욱 흥미로운 단계로 접어들었다. 왜냐하면, 문제가 되는 것은 우선 노동가치론이 필요한 바로 그 이유이기 때문이다.

　이러한 변화의 징후는 필립 미로프스키의 『빛보다 더 많은 열』의 출간과 함께 나타났다. 이 책에서 맑스는 더는 기초적인 수학적 오류를 범하거나 『자본론』이 출간되고 한 세대나 두 세대 이후 창안된 분석 기법들에 무지하다고 비난받지 않는다.[19] 미로프스키는 오히려 변형 문제가 맑스의 이론에서뿐만 아니라 19세기 중반에 이루어진 모든 과학적 노력에서도 역시 어떤 중요한 긴장을 반영하기 때문에 문제라는 점을 보여주려고 시도한다. 미로프스키의 지적에 따르면 자연철학은 이 시기에 스스로 물리학으로 변형되고 있었고, 과학의 존재론은 "실체"로부터 "장" 실재들로(또는 카시러[1953]의 정식에서는 "실체"로부터 "기능"으로) 바뀌고 있었다.

미로프스키는 맑스가 이러한 이행의 "끝"에 있었으며 그의 가치론은 이것을 반영했다고 주장한다. "실제로 맑스주의 노동가치론은 하나가 아닌 둘로 귀결되는데, 하나는 더 오래된 실체 전통에 뿌리박고 있으며, 다른 하나는 물리학 초기의 장이론들과의 유사점들을 보여주고 있다."[20] 미로프스키는 첫 번째 유형을 "결정화된 노동 또는 실체 접근법"이라고 부르고 두 번째 유형을 "실질-비용 또는 가상 접근법"이라고 부른다.[21] 이것들은 매우 다른, 심지어 모순적이기까지 한 방법론적 함의들을 지니고 있다. 첫 번째가 물이 높은 곳에서 낮은 곳으로 흐르는 것과 같은 방식으로 열을 뜨거운 물체에서 차가운 물체로 "흐르는" 실체와 동일시한 열량 이론과 같다면, 두 번째는 열을 다른 상태들, 국면들, 형태들로 변형될 수 있는 일반화된 에너지 장의 한 양상과 동일시한다. 사실, 1824년 사디 카르노의 『기억』의 출간에서부터 1865년 엔트로피를 정의한 클라우지우스의 논문 출간에 이르는 열역학의 발전에서 일어난 지적 투쟁은 물리학에서 실체 이론으로부터 장이론에 이르는 이행을 기록한 것으로 읽힐 수 있다.[22] 그러므로 맑스의 이론은 열기관에 의해 이루어진 노동에 대한 카르노의 열량적 설명과 에너지 보존에 관한 초기 시각들 모두를 받아들인 사람들이 1840년대에 전개한 다수의 이론들과 유사할 것이다.

특히 결정화된crystallized 노동 이론은 착취가 생산과정 내부에 그 기원을 가질 수 있을 뿐이라는 점을 분명히 한다. 가치는 하나의 실체이기 때문에 지역적[국지적]으로도(예를 들어, 노동자에게는 음식이 또는 트랙터에는 휘발유가 이용되는 경우에서처럼 가치가 생산적 소비에 이용될 때) 그리고 전 지구적으로도[보편적으로도](가치의 총합이 하나의 산업 분야에서 다른 산업 분야로의 복잡한 변형 속에서 보존될 때) 보존된다. 이러한 가치 흐름은 "데카르트의 자연과학에서 나타나는 설명 구조를 모방하려고 했던 자연-실체 이론들의 신성한 전통"[23]의 모든 매력을 지닌 것처럼 보인다. 물론 가치에 대한 이러한 시각으로부터 발원하는 비유들은 강력한 정치적 호소력 역시 지니고 있는데, 이는 자본주의적 생산과정 중에 일어나는 도둑질이라는 생각이 직접 참조될 수 있기 때문이다. 결국, 노동자는 일정한 양의 가치-물질을 생산하고 그/녀는 이 가치-물질 일부를 임금의 형태로 되돌려 받을 뿐이다. 그것의 차이가 자본가들, 은행가들, 성직자들, 지주들에게 수익의 유일한 원천이 된다.

미로프스키의 지적에 따르면, 이러한 단순하지만 강력한 결정화된 노동 이론과 관련한 문제는 맑스주의적 정치경제학 비판에서 그것이 가장 복잡하게 이용되는 순간에조차 낡아빠진 것이라는 점이다. 열은 훨씬 더 미묘한 장-이론적 실재인 에너지로 대체됐으며, 운동, 변신, 보존 및 소실이라는 에너지의 연속성은 데카르트적인 소용돌이 속의 유체 역학에서는 모델화될 수 없었다. 이 미묘함은 잠재력을 운동 에너지로 설명하는 메이어의 에너지 방정식에 대해 카시러가 쓴 글 속에서 설명된다.

여기에서 어떤 수준 이상으로의 단순한 상승(그리하여 단순한 상태)이 (시간적 과정을 동반하는) 일정한 거리 이상의 낙하와 같은 것으로 가정된다면, 의심할 여지 없이 명백한 것은 어떤 직접적인 실체적 표준이 둘 다에 적용되지 못한다는 점, 그리고 그것들이 실제 성질의 어떤 유사성에 따라 서로 비교되지 않고 단지 추상적인 척도 가치들일 뿐이라는 점이다. 그 둘이 "같은" 것은 그것들이 어떤 객관적인 성질을 공유하기 때문이 아니라, 같은 인과적 방정식의 항들로 나타날 수 있기 때문이며, 그리하여 순수한 크기의 관점에서 서로 대체될 수 있기 때문이다. 에너지는 현상들의 총체 속에서 질서를 구축할 수 있다. 왜냐하면 에너지 자체가 그것들 중 어느 하나와도 같은 평면 위에 존재하지 않기 때문이며, 어떤 구체적 실존도 갖지 않으면서 에너지만이 상호의존의 순수한 관계를 표현하기 때문이다.[24]

"비용-가격" 접근법은 맑스의 작업에서, 이 새로운 관계들의-에너지-장에 관한 그의 초기적 인식이었다. 이 접근법에 따르면, 상품은 "생산의 현재적 배치와"[25] 관련해서만 가치를 가질 수 있다. 따라서 그것의 가치는, 가령 문제 되고 있는 상품의 생산과 직접적인 관련이 없는, 경제의 모든 곳에서 일어나는 과학기술적 변화(예컨대 새로운 프로그래밍 기법의 발달) 또는 심지어는 시장 현상들(예컨대 풍작)에 의해 바뀔 수 있다.[26] 하지만 더 이상 가치의 창출은 노동과, 이윤은 생산과정 속에서 노동의 착취와, 가치의 변형 및 흐름은 (비록 관찰되지는 않지만) 연속적인 과정들과 동일시될 수 없다. 사실, 비용-가격의 세계에서는 기계들 역시 가치를 생산(또는 공제)할 수도 있었다. 미로프스키는 이러한 접근법이, "역사를 창문 밖으로 던져버리는" 불가능한 대가를 치르고서라도, 맑스의 프로그램이 지닌 수많은 주요한 분석적 문제들을 해결했을 것이라고 제안한다. 여기에서 미로프스키가 말하는 "역사"는 단순히 현재의 조건들이 부분적으로 과거의 사건들과 과정들에 의해 결정된다는 것을 의미한다.[27]

대조적인 접근법들의 결론들을 도표로 나타내 보자.

실체 이론	장이론
결정화된 노동 접근법	실질-비용 또는 가상적 접근법
상품 속에 "담긴" 노동이 가치의 원천이다.	장 안에 있는 가치의 원천
가치의 양은 노동시간에 의해 결정된다.	사회적으로 필요한 직접적인 대체 비용이 가치의 양을 결정한다.
생산의 역사는 상품들의 가치를 결정하는 데 중요하다.	생산의 역사는 상품들의 가치를 결정하는 것과는 무관하다.
이윤은 생산 속에서 발생할 수 있을 뿐이다.	이윤은 교환과 시장 거래 속에서 발생할 수 있다.
노동 가치는 보존된다.	"불로소득"은 곳곳에 있으며, 체제 전반에서 가치들은 동시에 창출되거나 파괴될 수 있다.

그러나 미로프스키에 따르면, 맑스는 이러한 두 가지 일관적이지 않은 존재론들 사이에서 곡예를 하려고 시도했지만 실패할 운명이었다. 미로프스키는 이러한 파국을 "변형 문제"에 위치시킨다. 여기에서 결정화된 노동과 잉여가치의 보존은 이윤의 균일화와 조화될 수 없는 반면, 비용-가격 가치들은 균일화된 이윤율을 쉽게 강제할 수 있지만 "잉여는 생산 속에서 발생할 수 있을 뿐이고 가격화 과정에서 여러 산업들 사이에 돌려진다."[28]는 주장을 논파해야 한다. 미로프스키의 주장에 따르면, 가치의 가격으로의 변형이 수학적 문제 자체를 제기하지는 않으며, 오히려 그것은 더욱 심도 있는 논리적·방법론적 비일관성의 징후이다.

이것은 진지한 비판이다. 그렇지만 미로프스키의 매력은 그가 이러한 문제들을 둘러싸고 전개된 지난 두 세대의 학문적 논쟁에 비슷한 노력을 하도록 만든 뻔뻔한 냉전적 동기와 관련해 상대적으로 순결한 것처럼 보인다는 사실이다. 실제로, 미로프스키의 노력은 다소 낡은 장르의 새로운 포스트냉전적 전환에서 나타난 최초의 것들 중 하나다. 미로프스키가 새로운 비판적 공간에서 보내고 있는 신호는 그가 맑스주의 내부의 긴장들과 모순들을 찾기 위해 사용하는 것과 같은 해석학적 장치(예컨대 실체 접근법 대 장 접근법)를 J. B. 클라크 그리고 바로 그 폴 새뮤얼슨 같은 신고전주의 이론가들의 작업에 이용한다는 사실에 의해 드러난다. 그는 또한 맑스주의 연구 프로그램과 신고전주의적인 연구 프로그램 모두에서, 공유되고 있는 근원적인 실패를 발견한다. 잘못 이해되고 있는 "물리학 선망"physics envy [29]이 그것인데, 이것은 아이러니하게도 그것이 선망하는 대상의 복잡성에 대해 종종 무지하거나 물리 이론의 어떤 역사적인 구체화에 집착한다. 한마디로 말해, 현재의 신고전주의적인 연구 프로그램이 "어찌할 도리 없이 대략 1860년의 물리학에 속박"되었다면, 맑스주의는 1840년대의 물리학에 속박되어 있다.[30] 미로프스키는 한편으로는 19세기의 원시-에너지론을 대체한 물리학 모델들에 경제학을 개방시키고 다른 한편으로는 물리학 외부에서 모델들을 찾을 새로운 이론적 발의를 대변한다. 하지만 이러한 유형의 비판이 맑스의 저작들을 해석하는 방식으로서 전체적으로 유용하거나 정확한가?

미로프스키의 해석학 전반의 중요한 문제는 그가 의거하는 실체 이론과 장이론을 가르는 핵심적인 구분이 그 자체로 절대 명확하지 않으며, 그리하여 그것이 역사적 서술에 쉽게 삽입되지 않는다는 점이다. 먼저 뉴턴 기계학, 열의 운동 이론, 상대성 이론, 양자 기계학 같은 이론들을 고찰해 보라. 이것은 "실체" 이론인가, 아니면 "장" 이론인가? 그런데 이 이론들은 그런 요소들을 조금씩은 가지고 있다. 따라서 뉴턴의 중력은 장력 field force처럼 작용하지만 그의 질량 개념은 실체적이다. 운동 이론의 미시적인 당구공들은 관념적인 유형의 실체들이지만, 그것들이 만들어내는 (온도, 압력, 부피 같은) 미시적 상태들은 장^場 같은 실재들이다. 아인슈타인의 일반 상대성 이론은 공간-시간을 위한 실체적 속성을 정립하는 것으로 보이지만 그의 특수 [상대성] 이론은 그것에 장 같은 측면을 부여하는 것으로 보인다. 저 유명한 양자 기계학에 대해 말하자면, 우리는 그것이 해석자에게 제기하는 바벨탑 이중성들을 마무리하고 요약하기 위해 "실체"-"장" 이중성을 쉽게 추가할 수 있다. 따라서 대부분의 물리학 이론들은 최소한 자체 안에 실체 요소뿐만 아니라 장 요소 또한 지니고 있으며, 바로 이러한 요소들의 상호작용 속에서 그것들의 복잡한 잠재태들이 역설적으로 모습을 드러낸다. 뉴턴 기계학에서의 질점과 중력장, 기체의 운동 이론에서의 분자와 온도, 아인슈타인의 상대성 이론에서의 질점과 공간-시간 다양체, 양자 기계학에서의 파동과 입자가 그것이다. 우리는 이러한 이론들의 독특함이 이러한 교차의 역설적인 핵심에서 발견되어야 한다고 뒤집어서 주장할 수 있을 것이다.

따라서 우리는 미로프스키의 "실체" 개념과 "장" 개념이 어떠한 역사적으로 주어진 물리학 이론에서도 섞이지 않은 채로 발견되지 않는다는 점을 알게 된다. 그러나 심지어는 관념적인 유형으로서도 이러한 개념들은 결코 상호 배타적인 양극들이 아니다. 우리는 관념적 장이 그저 내적인 관계들의 무한한 집합으로 규정되는 고도로 복잡한 실체이며 관념적 실체가 그저 내적인 관계들의 0에 가까운 작은 집합으로 규정되는 순수한 장이라고 주장할 수 있다. 달리 말해, "실체"-"장"의 구분은 절대적인 종류의 구분이 아니라 변증법적 수준의 구분이다. 또한, 우리는 과학의 역사에서 종종, 실체에서 장으로의 이행 마디들을, 그리고 다시 그 역으로의 이행 마디들을 발견할 수 있다. 파동(장)에서 입자(실체)로의 그리고 다시 그 역으로의 양자 기계학의 역사에서 발견되는 복잡한 변증법적인, 교차하는 춤에 대해 생각해 보라.

따라서 역사적 서술에서 이러한 존재론적 개념들을 사용하는 것은 매우 어렵다. 17세기의 뉴턴-데카르트 논쟁들에서 20세기의 파동/입자 이중성에 이르기까지, "실체"와 "장"이 처음에는 자연철학의 그리고 나중에는 물리학의 이론-구축 도구 상자 안에 들어있는 변증법적 양극들이라는 점은 분명하다. 미로프스키는 물화 과정이 아리스토텔레스 이후 시기의 과학에 왜 그렇게 핵심적이었는지 설명하는, 18세기 초반의 프랑스 철학자이자 과학사가인 메이에르송을 신뢰한다. 메이에르송은 "실체" 존재론들이 어떻게 보존 법칙들의 기초가 되며 이러한 법칙들이 어떻게 "외부적인 〔그러나 천국이 아닌〕 세계"[31]에 수학적 방법들을 적용하는 것을 가능하게 하는지 보여주었다. 하지만 실체 존재론들은 똑같이 강력한 이유로 인해 장 존재론들로 대체되었다. 그리고 이러한 대체의 이유가 변증법적 정신의 내적 논리에 의해 결정된다고는 도무지 말할 수 없다.

미로프스키의 "실체"-"장" 이분법이 이론적 해석학의 일반적인 도구가 아니라면, 맑스와 맑스주의적 가치론에 대한 그의 비판이 설득력이 있는가 하는 문제가 남는다. 맑스는 가치에 대한 서로 다른 두 개의 이론을 가지고 있는가? 맑스는 노동을 물신화하고 또 그렇게 함으로써 부르주아 경제학자들이 아주 미신적으로 숭배하는 바로 그 실체-사물로 그것을 물화시키는가? 미로프스키의 비판들은 분명 오늘날의 시대정신을 반영한다. 보드리야르 같은 포스트구조주의 비평가들은 맑스주의적 분석들을 그 유명한 "객관론"과 "재현론"을 이유로 거부하니까 말이다.[32] 하지만 이러한 비판들은 정확한가? 이러한 물음에 대답하기 위해 미로프스키 비판의 핵심인 결정結晶을 직접적으로 살펴보자. 무엇보다도 그는 맑스의 가치 실체 이론을 "결정화된 노동 접근법"이라고 부르는데, 맑스에게 "생산과정에서 추출되는 노동시간은 상품 속에서 환생되고(아니 어쩌면, 맑스가 그것을 "죽은 노동"이라고 부르고 있으므로 "묻히고"가 더 정확한 용어일지 모른다), 그리하여 어떠한 시장 활동으로부터도 독립적으로 존속하기" 때문이다.[33] 그렇지만 결정은 실체인가?

19세기가 시작될 때, 결정은 광물학과 화학 연구 프로그램의 초점이 되었다. 광물학자들이 가장 단단한 무기체들이 미세 결정들로 구성되어 있다고 보았다면, 화학자들은 아우이[34]를 따라 모든 화학적 실체가 독특한 결정적 구조를 지니고 있다고 주장했다. 아우이의 가설은 멋진 이론적이고 경험적인 활동을 도입했지만 결국에는 받아들여지지 않았다. 하지만 이러한 접근 프로그램들과 그들의 운명은 맑스(와 엥겔스)의 관심을 끌었는데, 이는 그것들이 그들의 일반적인 수학적 관심사에 호소했기 때문만이 아니라 광물 중에서 가장 값비싼 금이 정치경제학에서 일정한 소임을 수행했기 때문이기도 했다.

1860년대에 이러한 결정체 이야기 속에서 새로운 에너지적 전환이 이루어졌다. 광물질의 결정 형태가 자연적으로 주어진 것이 아니라는 점이 인식되었던 것이다. 결정은 단순히 "주어진 외부 조건들 아래에서의 가장 안정적인 에너지 단계를 반영하는 에너지 평형 상태"였다.[35] 그로브는 맑스가 『자본론』 1권[36]에서 인용한 어떤 저작에서 분명하게 이러한 주장을 펼친다.

집합체와 관련된 힘이 물질에 그것의 결정 형태를 부여하는 것과 같은 것이라는 점에 대해서는 거의 의심의 여지가 없다. 실제로, 무정형으로 보이는, 전부는 아니지만 아주 많은 수의 무기체들을 면밀하게 고찰해 보면 구조적으로 결정화된다는 것을 알 수 있다. 따라서 물질의 분자들을 통일시키는 힘과 자기력 사이에는 상호작용이 일어나고, 후자의 매개를 통해 집합의 인력과 또 다른 양태의 힘과의 상호관계가 이루어질 수도 있다.[37]

따라서 19세기 초반 내내 화학제품들을 구분하는 한 가지 방법으로 연구됐던 결정 집합체는 힘들의 상호관계의 커다란 순환의 일부로 간주되었다. 그로브는 집합의 힘과 자기력의 상호작용으로써 결정 이론이 가능해질 수 있다고 지적한다. 결정이란 간단히 말하면 다양한 광물학적 과정들 속에서 방출된 뒤 다시 흡수되는 에너지 저장소이기 때문이다. 점점더 무기체들의 내적 구조는 물리학자, 화학자, 광물학자 들에 의해 "장력의" 또는 "잠재적" 에너지를 지닌 다소 복잡한 도구로 이해되었다.

에너지학 이론 전체는 이 "잠재적 에너지"와 관찰자에게 보이는 "현재적 에너지" 사이의 관계에 관심을 가졌다. 랭킨[38]은 1853년 「에너지 변형의 일반 법칙에 관하여」라는 논문에서 에너지학의 문제를 제기했다. 여기에서 그는 "잠재적 에너지"라는 개념을 처음으로 소개한다.

현실적, 즉 감각 가능한 에너지는 측정 가능한, 전달 가능한, 변형 가능한 조건이며, 이것의 현존으로 인해 실체는 여러 측면에서 상태를 바꾸는 경향이 있다. 이러한 변화들이 일어나면서 현실적 에너지는 사라지고, 그것은,

잠재적, 즉 보이지 않는 에너지로 대체된다. 이 에너지는 그 변화를 야기하는 저항 속으로의 상태 변화의 산물에 의해 측정된다. 운동하는 물질에 있어서, 측정되는 열, 복사열, 빛, 화학 작용, 그리고 전류 흐름은 현실적 에

너지의 형태들이다. 이러한 것들 사이에서 작용하는 중력, 탄성, 친화력, 정전기, 자기력 등의 기계적 힘들이 잠재적 에너지다.

에너지 보존의 법칙은 이미 알려져 있다. 즉, 우주의 모든 에너지, 현실적이고 잠재적인 에너지의 총합은 바뀔 수 없다.[39]

물론 잠재적 에너지는 전형적인 장 변수다. 왜냐하면, 이 에너지는 장의 변이들 때문에 변화(이러한 변화들이 중력, 전기, 자기의 변화이건 또는 화학의 변화이건 상관없이)할 수 있으면서도 오랫동안 정적인 상태를 유지할 수 있기 때문이다. 현실적 에너지는 완전히 다르다. 이 에너지는 바로 그 본성에 의해, 작용이 일어나는 현장에서 자신을 실현하고 자신을 파괴하고 있다.

따라서 잠재적 에너지가 현실적 에너지로 바뀌고 다시 잠재적 에너지로 바뀌는 과정이 맑스에게 산 노동이 생산과정 속에서 이전된 죽은 노동으로 전환하는 것의 모델 역할을 한 것은 놀랄 일이 못 된다. 예를 들어 그는 상품에 대해 다음과 같이 언급한다. [모든 노동생산물은]"그들에게 공통적인 이런 사회적 실체[예컨대 인간 노동]가 응고되어 있다는 점에서 가치, 상품가치다."[40] 결정은 잠재적 에너지 저장소의 이상적인 모델로서 이 저장소의 구조는 결정을 만드는 과정에서 사용된 현실적 에너지들에 의해 형성되지만, 그 전체 잠재적 에너지는 전체 잠재적 장에 의해 결정된다. 가치는 그러므로 현실적 에너지가 아닌 잠재적 에너지와 유사한데, 그 까닭은 노동은 창의적이고 변형을 일으키며 보존하고 결정하는 행위이면서도 무가치하지만, 일단 저장되면 죽은, 대상화된, 결정된, 응결된 노동은 가치가 있기 때문이다. 이 죽은 노동은 (그와 유사한 잠재적 에너지처럼) 사회적으로 필요한 노동시간으로 측정되는 것이지 시간 속으로 사라져버린 산 노동에 의해 측정되는 것이 아니며, 오직 상품의 가치 속에서 재현될 뿐이다.

그러므로 상품들은 자기 안으로 사라져 버린 (유용하면서도 가치를 창출하는) 노동에 힘입어 가치를 자기 안에 봉인했다. 헬름홀츠가 자기 안에 힘을 봉인하는, "대자연의 전체적인 창고" 속의 대상들을 묘사하는 것과 같은 방식으로 상품들은 자본의 결정형의 "창고" 동굴을 형성한다.[41]

> 제분기를 돌리는 시냇물과 바람, 그리고 열기관을 채우고 우리 방을 데우는 숲과 석탄층은 우리가 목표를 달성하기 위해 의지하는 위대한 자연이 공급하는 것의 작은 부분의 전달자들을 사용해야 하고, 우리가 적합하다고 생각하는 대로 응용할 수 있는 동작들을 사용해야 한다. 제분기 소유자는 낙하하는 시냇물의 중력, 또는 바람의 생명력이 자신의 소유라고 주장한다. 대자연의 저장소의 이 부분들은 그의 재산에 주요한 가치를 제공한다.[42]

시냇물의 잠재적 에너지가 잠재적 장에서의 변동들(예컨대 지진으로 인해 물의 낙하 높이가 감소하는 것)에 의해 변화될 수 있는 것과 마찬가지로 특수한 생산과정에 투입된 고정자본의 가치 역시 바로 그 과정의 외부에서 일어나는 사건들에 의해 변화될 수 있다. 그러나 잠재적 에너지에서 일어나는 변화 가능성이 잠재력을 운동 에너지로 바꾸지는 못하는데, 이는 이러한 변화들이 잠재적 에너지 현장의 소위 "외부에서" 발생하기 때문이다. 마찬가지로 순환 자본 및 고정 자본의 저장된 가치에서 일어나는 변화들은 그 생산과정의 "외부에서" 발생할 수 있다. 예를 들어 작년에 구매하여 방적 공장의 창고에 쌓여 있는 면화는 올해에 면화 수확이 나쁘면 가치가 상승할 것이다. 또는 이미 가동되고 있는 방적 기계는 설치비용이 덜 드는 새로운 기술이 적용된다면 그 가치는 하락할 것이다. 그러나 두 경우 모두 이러한 변화는 직접적인 생산과정 "외부에서" 일어난다.

하지만 면화를 방적하는 현재의 생산과정 내부에서 기계와 면화는 "노동 과정과 관계없이 독립적으로〔가지고 있던〕가치보다 더 큰 가치를 생산물에 첨가할 수는 결코 없다."[43] 유추를 계속하자면, 신체의 잠재적 에너지가 일단 결정된다면 그것이 방출하는 운동 에너지는 그 자신보다 더 커질 수 없다.

가치 생산과 기계들에 대한 맑스 이론의 핵심에 이런 식으로 덧붙인 다고 해서 이것이 맑스 이론이 에너지학에 대한 엄밀한 유비를 마음에 두고 고안되었음을 보여주려고 하는 것은 아니다. 그와 달리 맑스가 『자본론』을 구성하면서 염두에 두었던 매우 다른 유비들, 은유들, 환유들, 비유들 등등이 존재했다. 다윈의 생물학, 미적분학, 지질학에서의 논쟁들, 유기화학의 발전 등등은 종종 직접적으로 그리고 자주 간접적으로 텍스트에 인용되었다. 맑스, 엥겔스 그리고 실제로 당시 노동자 운동의 대부분은 "물리학 선망"에 크게 영향을 받고 있지는 않았다. 그들은 오히려 당시 과학의 엄청난 이론적이고 실제적인 생산성에 깊게 빠져 있었다. 하지만 분명 최고의 지위는 19세기 중반의 에너지학(즉 열역학에 관한 학문)에 주어졌으며, 맑스가 자신의 이론에서 노동과 에너지의 관계를 탐색하지 않았다면 그건 놀라운 일이 될 것이다. 맑스는 에너지학과 (운동 에너지 대 잠재적 에너지 같은) 그것의 주요한 이론적 특징들에 대해 확실히 알고 있었다. 따라서 맑스가 실체 이론과 장이론 사이의 "첨점"에 있었다는 미로프스키의 비판은 설득력이 없다.

하지만 우리는 미로프스키의 맑스 비판에 대한 이러한 대답을 (신고전주의 경제학에 대한 미로프스키의 비판과 유사한) 훨씬 더 날카로운 맑스 비판에 적용할 수 있다. 다시 말해, 맑스가 19세기 중반의 에너지학에서 이루어진 반실체론적 발전들에 대해 완전하게 인식하고 있었고 그것들을 기반으로 자신의 가치론 대부분을 유형화했다면, 왜 21세기 자본주의 비평가들이 그의 이론을 진지하게 받아들여야 하는가? 우선 열역학의 노인들이 마침내 카르노의 열량 이론과 에너지 보존 이론 사이의 모순을 해결한 이후 물리학이 주요한 새로운 개념적이고 방법론적인 영역으로 진입해 들어갔다. 상대성 이론, 양자 역학, 카오스 이론은 현재의 탈근대 상황을 이해하기 위해, 노동과 불쌍한 사람들에 강박 되어 있는 맑스주의보다 더 뛰어나고 더 흥미로운 통찰들을 제공해 주지 못하는가? 미로프스키는 신고전주의 경제학에 속하는 자신의 동료들에게 시대에 뒤진 (그리고 잘못 이해된) 물리 이론에 대한 의존을 떨치고 새로운 것을 찾도록 촉구한다. 이전에 맑스주의에 동조했던 포스트맑스주의자들과 기타 "반구조주의적" 사상가들이 이와 유사한 주장을 했다.

그렇다면 왜 그렇게 되지 않았는가? 대답은 단순하다. 바람직한 어떤 모델을 선택하더라도 모델이 되는 그것, 즉 우리의 실재 사회는 여전히 과거에 뿌리를 두고 있다는 것이다. 자본주의는 아직도 건재하고 있으므로 우리는 노동, 가치, 화폐, 잉여가치, 착취, 자본, 위기, 혁명, 코뮤니즘과 같은 범주들을 피하거나 "초월할" 수 없다. 19세기 중반에 없던 것들이 오늘날 존재한다고 해서, 그것들이 자본을 이해하는 데 결정적인 차이점을 가져다주었는가? 이 물음에 대한 답은 물론 복잡하지만, 화폐, 노동, 임금, 이윤, 이자, 지대가 정말 중요하지 않다고 [이 글을 쓰고 있는] 2007년에 실제로 누가 말할 수 있겠는가? 물론 이것들은 중요하다. 그리고 그것들을 무시하고 오늘날의 사회적·경제적 삶에 현대의 과학 이론을 적용하는 것은 정말 중요하지 않을 것이다.

하지만 19세기 중반 이후 기계들의 세계에는 진정한 변화들이 일어났다. 특히 튜링 기계의 발달과 산업화가 그렇다. 이것은 분명 맑스의 기계론의 확장을 요구하는 영역이며, 나는 이를 2부에서 논의할 것이다.

2부 역사적 예비 : 유어 대 배비지

튜링 기계는 인간 컴퓨터의 이상화다. (튜링의 설명에 따르면) "우리는 실수(實數)를 계산하고 있는 인간과 'm-배형'이라 불리는…유한한 조건수를 다룰 수 있는 기계에 비교할 수 있다. 그 기계에는 '테이프'가 제공된다. … " 비트겐슈타인은 빼어난 방식으로 요점을 지적한다. "튜링의 '기계'. 이 기계는 계산하는 인간이다."[44]

맑스의 기계론은 갈릴레오의 기계론이 특히 알렉산드리아의 헤론 같은 헬레니즘 이집트의 사상가들과 이후의 아라비아와 중세의 유럽 기계학자들에 의해 처음으로 전개된 단순 기계 이론과 관련되었던 것과 마찬가지 방식으로 "열역학"의 영향 아래 19세기 중반에 전개된 열기관 이론과 깊게 관련되어 있다.[45] 사실, 맑스가 가치 창출을 인간 노동에 한정한 주요 동기는 열역학이 첫 번째와 두 번째 종류의 영구기관, 즉 열역학의 제1법칙 – 에너지 보존 – 과 제2법칙 – 엔트로피 – 을 위반하는 기계들에 대해 설정한 한정들에 대한 유추에서 비롯되었다. 이 부분에서 나는 튜링 기계 이론에서 연구된 종류의 기계들 – 종종 "보편적 컴퓨터"나 "논리 기계"로 불리는 – 에 주목할 것이다.

맑스는 튜링 기계를 소홀히 한 것에 대해 용서받을 수도 있을 것이다. 왜냐하면 1930년대 중반이 종종 튜링 기계 이론의 출발점으로 기념되고 있고 또 2차 세계대전이야말로 튜링 기계를 현실적으로 작동하는 하드웨어로 변형할 수 있도록 한 "고온실"이기 때문이다. 보편적 컴퓨터나 논리 기계의 이론과 실제의 기원은 이보다 최소한 한 세기 정도는 앞설 수 있기 때문에 나는 내가 말한 것을 조금 더 보충설명하고 싶다. 보편적 컴퓨터 개념 같은 과학적이거나 방법론적인 개념의 불확실한 기원은 전혀 이상한 것이 아니며, 이러한 "포스트주의적" 시대에 기원들을 의심하는 것은 꼭 필요한 일이다. 그러나 이 특별한 시대 앞섬은 나의 논의에서 중요하다. 왜냐하면 그것이 (스탈린주의 그리고 자유주의 경향 모두의) 후기 맑스주의 전통이 전통적으로 (그들이 찬양한) 노동과정과 노동의 가치 창출을 혼동한 이유를 설명할 수 있는, 맑스 이론의 초기 긴장을 밝혀줄 것이기 때문이다.

시대적으로 앞선 기원들에 관한 이러한 사례를 통해 우리는 맑스와, 그리고 『자본론』 1권의 기계론을 다룬 부분들을 읽은 독자들과 매우 친숙한 인물, 즉 배비지를 만나게 된다. 맑스는 4편 「절대적 잉여가치와 상대적 잉여가치의 생산」에서 적어도 5번 정도 배비지의 『기계제 및 매뉴팩처 경제에 대하여』(1832)를 인용했지만, 그에 대해서는 다소 모호한 태도를 취하는 것 같다.[46] 한편으로 맑스는 배비지가 사용하는 기계에 대한 정의를 신뢰하지만, 다른 한편으로 맑스는 그를 현재의 근대 산업(자동 공장)이 아닌 다소 과거의 매뉴팩처(작업장)에 관심을 두고 있는 사람인 골동품 상인 역할로 격하했다. 흥미로운 주석에서 맑스는 배비지를 1830년대의 동시대인인 유어와 비교했다. 맑스는 『자본론』 1권에서 그의 저작인 『공장철학』(1835)을 여섯 번이나 언급했다.

유어 박사는 근대 기계 공업에 대한 찬양에서 매뉴팩처의 특유한 성격을 이전의 경제학자들[이 문제에 관해 관심을 가지지 않았다]보다도, 또는 동시대의 학자들 — 예컨대 배비지[그는 수학자·기계학자로서는 유어를 능가하지만, 대공업을 매뉴팩처의 관점에서만 고찰했다] — 보다도 더 날카롭게 끌어내고 있다.[47]

다시 말해 배비지가 여전히 세공 노동자의 나머지 측면들, 즉 작업장과 장인 노동에 대한 놀라움에 빠져 있었다면 유어는 매뉴팩처에 종사하는 숙련노동자들이 자본에 가한 목조름에서 벗어나기 위한 자본가들의 기계사용에 관심이 있었다.[48]

[맑스의] 이러한 평가는 놀랍게도 초점을 벗어나 있다. 21세기의 관점에서 볼 때, 배비지는 단연코 유어가 논의한 숙련 노동자의 미숙련 노동자로의 논쟁적 "환원"보다 더욱 중요한 의미를 갖는 기획에 열중했다. 왜냐

하면 배비지의 작업은 궁극적으로, 어떠한 기술이 중요한지에 대한 이해로 귀결될 것이었기 때문이다.[49] 하지만 배비지에 대한 맑스의 다소 관례적인 평가는 그럴 만하다고 생각되는데, 이는 배비지의 바로 그 기획이 아직 "근대 기계 산업"의 시계視界 안에는 없는 노동 부류에 관한 관심을 요구했고 "매뉴팩처"가 이 시대에 제공할 수 있었던 모든 자원을 여전히 필요로 했기 때문이다. 배비지는 금속과 전선으로 적어도 한 개의 연산 기계를 구축하기를 원했는데, 이 기계는 기계적 지식의 한계들을 시험하는 정밀함을 갖춘 기계를 구축하기 위해 영국의 최고 숙련 장인들 일부의 회집을 필요로 했다. 이 기계를 결합하는 과정은 『기계제 및 매뉴팩처 경제에 대하여』(1832)로 나아간 그의 연구의 기초였다. 그의 전기 작가는 다음과 같이 쓰고 있다.

> 기계와 제조 과정에 관한 배비지의 연구는 원래 아주 이상한 방식으로 시작되었기 때문에 거의 아무런 언급 없이 지나갔다. 마치 아무도 그가 실제로 무엇을 하고 있는지 알 수 없었던 것처럼 말이다. 그는 모든 제조 기술과 과정의 연구에, 더욱 특별하게는 그가 발견할 수 있는 모든 기계 장치들과 발명품들의 연구에 전념했다. 그것은 차분 기관[50]에 사용될 수 있는 이념과 기술을 찾기 위함이었다. 이러한 연구가 연산 기관에 구현된 우아한 장치들로 나아간 방식은 그 자체로 매력적인 연구거리다.[51]

이 "이보 전진을 위한 일보 후퇴" 움직임은 배비지의 운명이었다. 맑스는 그를 훌륭한 빅토리아 시대의 준괴짜로 취급한 유일한 사람이 결코 아니었다. 그가 괴짜였다는 증거는 충분했다. 예를 들어 맑스가 국제노동자협회를 만들어 1864년 9월 런던 발족식을 준비하는 일에 관여하고 있을 때, 배비지는 1864년 7월 25일 마침내 선두에 서서 배럴 오르간 연주자와 여러 거리 음악가들에 반대하는 널리 알려진 캠페인을 한창 벌이고 있었다. 그는 이 캠페인에서 "대도시 치안 지구 내 거리 음악의 더욱 효율적인 규제를 위한 법령" 즉 "배비지 법안"을 제의했다. 자신의 캠페인을 옹호하기 위해 배비지는 "거리의 말썽꾸러기들"이라는 이름으로 1864년 자서전 『철학자의 삶으로부터의 일절』의 전체 한 장을 할애했다. 아래의 것은 그 장에서 배비지가 서술하고 있는 내용이다.

거리의 말썽꾸러기들

부상을 입은 다양한 계급들 － 고문 도구들 － 격려들; 하인들 － 술집들, 아이들, 유순한 덕을 갖춘 숙녀들 － 음악 직업에 미치는 영향들 － 앙갚음 － 스스로 질서를 어지럽히는 경찰관 － 주의가 산만한 장애인 － 달아나는 말들 － 뛰어다니는 아이들 － 작가의 거리에 있는 택시 승차장에 끌어다 놓은 오르간 － 그의 이름을 외치는 군중들 － 그의 집을 태우겠다는 위협들 － 한밤중 병고로 인한 괴로움 － 항상 아픈 사람들의 평균 숫자 － 그리하여 항상 괴로움 － 남용되는 현수막들 － 설득력을 얻기 매우 힘듦 － 왕좌 재판소의 판례를 듣기 － 알게 된 그것의 무용함 － 팔리는 시체 － 또 다른 삽화 － 음악가들이 잘못된 이름과 주소를 대다 － 불안 증서를 얻기 － 피하는 그들 － 아직 경찰에 발견되지 않고 잡히지 않은 범죄자들 － 고속도로의 합법적 사용 －『타임스』지에 보내는 늙은 변호사의 편지 － 제안된 구제책들; 완전한 금지 － 악기를 빼앗아 경찰서로 가져갈 권리를 경찰에게 부여하라 － 거리 음악 금지를 위한 동맹이 제안됨.[52]

우리는 1864년에 73세의 이 심술궂은 기계 철학자가, 기계의 가치 창출능력을 논박하는 텍스트를 집필하고 제1인터내셔널을 조직하는 과정에 있었던 코뮤니즘 혁명가가 보기에(아니, 다른 사람이 보기에도), 어째서 조금 "이상해" 보일 수 있었는지 그 이유를 알 수 있다!

그러나 그것을 좋아하건 말건 배비지는 사디 카르노의 『불의 원동력에 대한 고찰』(1834) — 고전적인 열역학의 시초 — 을 출간하기 전에 연산 엔진에 관해 연구하고 있었으며, 정말이지 1834년에 보편적 기계, 또는 시대에 걸맞지 않게, 튜링 기계를 이론화했다. 결론적으로 우리는 열기관 이론이 보편적 컴퓨터 이론보다 앞선다고 말할 수 없다. 다시 말해, 카르노가 일반적으로 불의 원동력에 관해 연구하고 그것을 "온도의 차이"[53]에서 찾고 있을 때, 배비지는 "유한한 기계가 무한한 넓이의 계산을 할 수 있도록 해줄 전체 조건들"[54]을 연구하고 있었다. 그러한 연구의 산물인 배비지의 분석 엔진에는 두비가 지적하고 있는 것처럼 근대 컴퓨터의 주요한 다섯 가지 요소들이 있었다.

(a) 데이터, 명령어들, 중간 결과를 포함하는 저장소

(b) 기본적인 산술 연산이 수행되는 제작 기계〔"제작 기계 안의 연산 제어는 마이크로프로그램에 의해 (뮤직박스나 배럴 오르간의 방식을 따르는) 몸통의 표면에 있는 장식 못으로 표현된다."〕[55]

(c) 전체 연산의 제어. 배비지의 경우에는 자카르 베틀 시스템에 의해 이루어진다.

(d) 천공 카드에 의한 투입.

(e) 자동으로 결과를 인쇄하는 산출.[56]

게다가 분석 엔진은 명령어들을 반복하고, 조건부 결정들을 수행하고, 하나의 라이브러리 안에 프로그램들을 저장할 수 있었다. 하지만 그 자신의 프로그램을 기반으로 재귀적으로 작동하는 보편적 컴퓨터가 시뮬레이션할 수 있는 것의 완전한 일반성은 당시에는 배비지에게나 또는 메나브라 장군과 러블레이스[57] 여사 같은 그의 동료들에게도 역시 완전하게 이해되지 못했다. 카르노가 자연과 생명의 결정 형태를 열의 효과로 보았던 "열의 우주론"의 지적 배경을 가정했음에 반해, 배비지가 가장 중

요하게 주장했던 것은 "분석의 전개와 연산 전체가 이제 기계에 의해 실행되는 것이 가능해졌다."[58]는 것이다. 러블레이스 여사조차 가장 바이런스러운 과장법을 사용하면서 다음과 같이 수학적 세계를 언급할 수 있었을 뿐이다.

〔자카르〕 카드를 응용하자는 생각이 떠오른 순간 산술의 경계들은 어떻게든 사라져 버렸다. 그리고 분석 엔진은 단순한 "계산 기계들"이 있는 공통의 지반을 점하지 않는다. 그것은 전적으로 자기만의 위치를 갖는다. 그리고 그것이 제시하는 항목들은 본성상 가장 흥미롭다. 기제가 무한한 종류와 정도의 계열 속에서 일반 상징들을 결합할 수 있도록 만드는 과정에서 물질의 작용들과 수학의 가장 추상적인 분과를 위한 추상적인 과정들 사이에 하나의 통합 고리가 수립된다. 새롭고 거대하고 강력한 언어가 분석의 미래적 사용을 위해 개발되며, 여기에서는 진실들을 생산하여, 지금까지 우리가 소유한 수단들이 가능하게 했던 것보다 인류의 목적을 위한 더욱 빠르고 정확한 실제적인 응용이 될 수 있도록 진실들을 활용한다. 따라서 수학적 세계에서는 정신적인 것과 물리적인 것뿐만 아니라 이론적이고 실제적인 것 역시 서로 간에 더욱 친밀하고 효과적인 연계를 맺는다.[59]

다시 말해, 배비지의 엔진들은 수학적 컴퓨터들처럼 보였으며, 컴퓨터들은 분명히 수학적 사물들이었다. 사실 이러한 수학적 결과들은 "실제적 응용들"을 갖추었지만, 그것들 자체가 "실제적"이지는 않다. 배비지의 분석 엔진이 보편적 컴퓨터였다는 점은, 배비지에게는 슬픈 일이지만 20세기 중반의 창조물이었던 "계산의 우주론"과는 아직 연결될 수 없었다. 이러한 실패는 불가피했을까? 사이버펑크 소설가들인 윌리엄 깁슨과 브루스 스털링은 『차분 기계』에서 그렇게 생각하지 않았다. 그들은 빅토리아 세계를 상상했는데 그곳에서는 컴퓨터와 열기관의 연결이 완전한 자본주의 생산양식 속에서 이루어지고 물질화되었기 때문이다.[60] [컴퓨터와 열기관의] 연결이 상상 가능했고, 그래서 이러한 간극이 불가피한 것이 아니었음을 이들의 소설이 보여주고 있다면, 왜 연결은 이루어지지 못했을까?

왜 맑스가 1834년 이후의 영국 정부 및 "위험 투자가들", 그리고 다른 거의 모든 사람과 함께 19세기에 배비지의 엔진들을 무시했는지에 관한 대답들 일부가 여기 있다. (a) 그것들은 위에서 말한 것과 같은 가장 현란한 배경들 속에서조차 수학적 기구들로 간주되었다. (b) 사무 노동의 위기가 아직 가시화되지 않았다. (c) 모든 노동과정의 계산적 측면이 아직 이해되지 못했다. 19세기 중반에 열기관은 근대 산업 공장의 중심에 서 있었지만, 컴퓨터는 그렇지 못했기 때문이다. 이에 대해 유어는 다음과 같이 서정적으로 표현했다. "이런 큰 작업장들에서는 증기라는 인자한 임금이 그 주위에 무수한 신하들을 모으고 있다. [그리고 정리된 과제를 각자에게 할당하고 그들 편에서의 고통스러운 힘찬 노력을 그 자신의 우람한 팔의 에너지로 대체하고, 이제는 그의 작업장에서 가끔 일어나는 이러한 작은 이상들을 교정하기 위해 주의와 기민함만을 요구한다]."[61]

사무, 즉 수학적 노동 역시, 거대한 증기를 내뿜는 작업 현장 안쪽의 먼지투성이 사무실의 어딘가에 틀어박혀 있는 근대 산업의 다소 중요하지 않은 측면인 것처럼 보였다. 실제로 이러한 노동은 배비지의 『기계와 매뉴팩처 경제에 대하여』에서는 거의 언급되지 않는다.[62] 결론적으로 말해, 배비지의 엔진들은 1878년 후반 과학자나 수학자의 "희망 목록"에 기록되어 있는 한 항목의 지위로 격하될 수 있었다. 이 해에 영국 과학 진보 협회의 저명한 위원회는 "주저함이 없지는 않았지만", 그것들 중의 하나를 건설하는 데 어떤 자금도 투자하지 말라고 협회에 조언했다.[63] 19세기의 사업가들, 군사 전략가들, 혁명가들의 마음에는 거대한 증기가 들어차 있었으며, 계산 기계들은 산업이라는 진지한 작업에 순전히 보조적인 것으로 간주되었다.

이러한 평가는 절대적 잉여가치의 원시 자본주의 시대에서 현재의 이전된 잉여가치 시대로의 이행 속에서 바뀌어야 했다.[64] 이러한 변화의 표지는 19세기 중반과 20세기 중반 사이에 임금노동계급의 구성 내부에서 차지하는 사무 집단들의 변화하는 지위 속에서 발견될 수 있다. 브레이버먼은 이에 대해 다음과 같이 지적했다.

> 1870년 미국 인구조사에 의하면, 8만 2천 명(또는 "취업자" 총수의 0.6%)만이 사무직 종사자로 분류되어 있다. 영국의 1851년 인구조사에서는 약 7만 명에서 8만 명 또는 취업 인구의 0.8%가 사무직 종사자로 간주되어 있다. 20세기로 넘어오면서 노동인구 중에서 사무직이 차지하는 비율은 영국과 미국에서 각각 4%, 3%로 증가하였다. 즉 이 몇십 년간 사무직에 종사하는 노동계급이 탄생하기 시작한 것이다. 영국의 1961년 인구조사에 의하면 약 3백만 명이 사무직에 종사하여 취업인구의 약 13%에 이르며, 미국의 1970년 인구조사에서는 1천 4백만 명 이상의 노동자가 사무직으로 분류되어 취업인구의 약 18%까지 증가하였고, 직업대분류상의 각종 반숙련공의 규모에 필적하고 있다.[65]

그러나 19세기 중반부터 20세기 중반까지의 사무직 노동 규모에서 변화가 일어나자, 그와 동시에 (남성에서 여성으로의) 지배적인 성별gender의 변화, 그리고 (공장 직공의 약 두 배의 평균임금으로부터 직공들의 [평균]임금 이하로의) 상대적 임금에서의 변화가 일어났다.[66] 이러한 변형은 사무실의 기계에서, 가장 특별하게는 컴퓨터 사용에서의 실질적인 변화 없이는 일어날 수 없었을 것이다. 예컨대, 다른 사정이 같다면 거의 20%의 노동자의 임금이 갑작스럽게 두 배로 상승한다면 그것은 전체 임금계산서에서의 20% 증대 그리고 잠재적으로는 이윤의 실질적인 하락을 의미할 것이기 때문에 이러한 변화가 모든 자본에서 일어나는 것은 불가피했다. 따라서 사무 노동의 이러한 점진적인 임금 위기는 노동계급의 고도로 숙련된 부분의 임금 요구를 뒤엎을 컴퓨터 기계들의 발달을 유발했다. 그러나 이러한 위기는 1830년대에는 아직 모습조차 드러내지 않았으며, 심지어 1867년이 되어서도 마찬가지였다. 배비지의 분석 엔진들은 사무 노동의 위기 차원들이 나타나기 전까지는 자본가 계급의 "중앙 위원회"의 지속적인 관심을 끌 수 없었다. 이러한 일은 『자본론』 1권의 발간 이후 반세기 이상이 지난 후에도 나타날 수 없었다.

배비지의 엔진들이 주목받지 못한 더 중요한 이유는 배비지나 맑스, 또는 당시의 그 누구도 연산과 모든 형태의 노동과정 사이의 본질적인 관계를 보지 못했기 때문이다. 열쇠가 처음부터 배비지와 맑스의 눈앞에 있었는데도 말이다. 그 열쇠는 자카르 베틀이었다. 러블레이스 여사가 앞에서 언급했듯이 그것은 분석 엔진이나 보편적인 컴퓨터의 창출에 본질적이었다. 문제는 배비지가 이 치환을 수학적 목적에 이용되고 있는 산업 장치의 치환으로 받아들이지만, 맑스는 (유어를 따라) 그것을 노동자와 기계 사이의 투쟁에 대한 연속적인 무용담의 부록으로 간주했다는 것이다.[67] 이것은 이 두 사람이 본질에서 틀렸다고 말하는 것이 아니다. 다시 말해 자카르의 장치는 암묵적으로는 수학적 장치였으며 명시적으로는 산업의 계급투쟁 무기였다. 오히려 이것은 이 둘의 배비지식 치환이 1930년대까지는 이해되지 못했던 노동과정의 자기-반영의 한 순간을 나타냈다고 말하는 것이다.

문제의 각 부분을 좀 더 광범위하게 고찰해 보자.

첫째, 배비지는 다음과 같은 구절에서, 자카르 베틀이 자신의 분석 엔진의 발달에서 차지하는 역할에 관해 서술했다.

자카르 베틀이 인간의 상상력으로 고안할 수 있는 모든 디자인을 직조할 수 있다는 것은 알려진 사실이다. 패턴들을 디자인하는 데 매뉴팩처 업자들이 숙련된 장인들을 고용하는 것 역시 변치 않는 관례이다. 이제 이러한 패턴들이 특별한 장인에게 보내지고, 그는 일정한 기계를 이용하여 한 세트의 두꺼운 판지 카드에 구멍을 뚫는다. 이 카드들을 자카르 베틀에 놓으면 이어서 베틀이, 장인이 설계한 정확한 패턴들이 만들어 놓은 것을 토대로 피륙을 짜게 될 것이다. 이제 매뉴팩처 업자는 날실과 씨실을 짜기 위해, 온통 같은 색깔을 지닌 실들을 이용할 수도 있다. 그것들이 표백되지 않았거나 하얀 실들이라고 생각해 보라. 이런 경우 옷감은 모두 단일한 색깔로 직조될 것이다. 그렇지만 장인이 디자인했던 대로 그것 위에는 문직 패턴이 새겨질 것이다. 그러나 매뉴팩처 업자는 같은 카드들을 사용해서 다른 색깔의 날실에 얹을 수도 있다. 모든 실은 다른 색깔을 지닐 수도 있을 것이며, 또는 다른 명암의 색깔을 지닐 수도 있을 것이다. 그러나 이 모든 경우에서 패턴의 형태는 같고 색깔만이 다를 것이다. 분석 엔진과 이 잘 알려진 과정과의 유사성은 거의 완벽하다. … 그러므로 분석 엔진은 가장 일반적인 자연의 기계다. 어떤 정식의 개발이 필요하다 하더라도 그것의 개발 법칙은 두 조의 카드로 그것과 소통해야 한다. 이것들이 없히면 엔진은 그 정식에 특화된다. 따라서 그 상수들의 수치는 그것들 아래에 있는 바퀴들의 열 위에 놓여야 한다. 그리고 엔진을 작동하도록 설정하자마자 그것은 정식의 수치 결과를 계산하고 인쇄할 것이다.[68]

즉 러블레이스 여사가 말했듯이 "분석 엔진은 자카르 베틀이 꽃과 잎을 직조하듯이 대수적 패턴들을 직조한다."[69] 이처럼 배비지와 러블레이스는 자카르 베틀 원리 ― 전체 직물을 짜기 위해 부분적인 명령들의 집합을 차례로 이용하는 원리 ― 에서 그것들을 기계화하기 위해 숫자들 위의 수학적 연산 공간으로 치환될 수 있는 형태를 보았다. 그러나 배비지와 그의 지지자들에게 자카르 베틀과 분석 엔진 사이의 관계는 정확히, 산업적 설정에서 수학적 설정으로의 호환이었지, 노동과정 일반을 특징짓는 제3의, 수학적-산업적 공간을 가리키는 것이 아니었다. 물론 이러한 통찰은 배비지와 맑스뿐만 아니라 1930년대까지 노동과정을 연구한 대부분의 사람 역시 결여하고 있었다. 예를 들어, 세기의 전환기에 나타난 테일러의 "과학적 경영" 노력은 아직도, 전체 노동과정의 속도 향상을 목표로 그 시간적 구성요소들을 줄이기 위해 노동과정을 선형적으로 세분화한 시간-과-동작 연구들에 연결되어 있었다. 그러나 테일러화는 노동과정의 깊은 연산 구조를 고찰하지 않은 채로 두었다.

둘째, 맑스는 유어를 따라 자카르 베틀에서 또 다른 발명, 즉 "노동자들의 반항을 진압하는 무기를 자본에 제공하는… 발명"[70]을 보았다. 자카르 베틀은 분명 그런 측면이 있었는데, 왜냐하면 그것은 유럽 노동계급의 가장 전투적인 부분 중의 하나 — 리용 비단 노동자들 — 에 맞서는 것을 목표로 했기 때문이다. 리용의 "장인 공화국"에 대해 어떤 주석자는 다음과 같이 말했다.

18세기에 비단 산업, 즉 파브리크fabrique는 수백 명의 상인이 비단을 생산하기 위해 수천 명의 직조공들에게 위촉하는 자본주의적 선대제가 되었다. 거장들이 상인들의 고용과 성과급(또는 임금) 관행에 의존하게 되면서 거장들과 그들의 "피고용인들"이나 직공들journeymen의 연대 약정이 만들어졌다. 그 하나의 결과는 경제적 전투의 전통이었다. 1709년 초, 비단 노동자들은 상인들이 더 높은 도급비를 받는 것을 보이콧했으며, 1786년, 그리고 1789년과 1790년에 다시 전반적인 성과급 협정을 위해 파업을 일으켰다. …〔혁명 이후〕 비단 노동자들과 지역 당국은 1807년, 1811년, 1817~19년과 1822년에, 정부가 보증하는 집단 계약이라는 구체제의 개념으로 되돌아갔다. 게다가 비단 노동자들은 그들의 오래된 단체들의 공인된 자발적 판본을 만들었고 파업을 조직하기 위한 보호막으로 이러한 상

호부조…단체들을 이용했다.[71]

유어에 따르면, 이러한 역사적으로 비타협적인 노동자 부문에 직면하자 보나파르트와 라자레 카르노(사디의 아버지)는 자카르에게 비단 노동자들의 기술을 능가할 베틀을 개발하도록 했다.

〔자카르는〕 이후에, 보나파르트가 사용할 직물들을 만드는 데에 2만 프랑에서 3만 프랑이 소모되었다는 어떤 직물기를 조사해 달라는 요청을 받았다. 그는 지금까지 복잡한 기제에 의해 헛되게 시도되었던 것들을 단순한 기제로 해내겠다고 약속했다. 그리고 보캉송[72]의 모델-기계를 본보기로 삼아 그 유명한 자카르 베틀을 만들었다. 그는 자신의 고향〔리용〕으로 돌아가 천 크라운의 연금을 보상받았다. 그렇지만 실크-직조공들 사이에 자신의 기계를 도입하는 것에서 극도의 어려움을 겪었으며, 일촉즉발의 암살 위험에 세 번이나 노출되었다. 리용의 공식적인 무역 관리 위원들이었던 노동분쟁 조정위원들이 공공장소에서 그의 방직기를 부수고 거기에서 나온 쇠와 나무를 고물로 팔았으며, 그를 만인의 증오와 불명예 대상으로 매도했다.[73]

1807년에 일어난 러다이트 이전의 이 모든 분노는 오해로 인한 것이 아니었다. 자카르 펀치 장치는 "방직기에 실을 거는 데 드는 시간을 반으로 줄였으며, 직조공의 도움을 불필요한 것으로 만들었고, 생산성을 네 배로 늘렸다." 그리하여 성과급이 감소하였고, 1846년쯤에는 리용에 있는 비단 방직기의 약 3분의 1이 자카르의 장치를 달았다.[74] 물론 유어는 리용의 비단 직조공들의 자카르 베틀에 대한 저항을 기계화의 불가피하고도 유익한 결과들에 대한 노동자들의 전형적인 근시안적 대응으로 받아들였다. 유어 또한 나중에 다음과 같이 주목하고 있기는 하지만 말이다.

"1810년부터 현재[1835년]까지 계속해서 프랑스의 비단 직조[노동]의 임금은 지속해서 하락해 온 것으로 보인다."[75] 그러나 유어는 자카르 베틀을 둘러싼 계급들의 이러한 행위와 반응이, 적절하게 누그러진 노동계급과 자본의 연합에 의해 승리를 얻을, 더 일반적인 투쟁의 또 하나의 계기에 지나지 않는다고 확신했다.

유어와 (그를 거꾸로 추적했던) 맑스는 매뉴팩처로부터 근대 산업으로의 이행 속에서 하나의 일반적인 과정을 보았다. "장인들 사이의 노동 분할이나 등급화를 위해, 손기술을 기계과학으로 대체하는 것, 그리고 그 본질적인 구성요소들로의 과정의 분화."[76] 그러나 이러한 서술은 다소 모호하며 그 실현 과정이 대단히 가변적이다. "손기술을 어떻게 기술로 대체하는가?" 그리고 "노동과정의 본질적인 구성요소들은 무엇인가?"와 같은 질문들이 끝없이 이어진다. 유어도 맑스도 이러한 대체가 동시에 보편화할 수 있는 특수하게 동일한 특성들을 가질 수 있다고 생각하지 않았다. 맑스의 경우처럼 그것이 노동시장을 통해 추상적인 노동으로 환원될 수 있다는 것을 차치한다면 말이다. 그러므로 배비지가 자카르 원리를 수학의 기계화 속으로 끌어들인 것이 그 안에 노동과정에 대한 일반적인 서술을 포함한다는 깨달음은 사산된 채로 남아 있었다.

이러한 통찰은 1930년대와 1940년대에 만들어진 튜링 기계 이론과 동시대 "계산의 우주론"의 결과라고 할 수 있다. 그때까지 수많은 새로운 요인들이 작동했다. (a) 수학 자체가 눈에 띄게 일반화되었다. (b) 사무 노동계급의 임금 위기가 무르익었다. (c) 노동과정에 대한 시간-과-동작 분석 형태는 산업조직위원회와 여타 "대중노동자" 계급 조직 형태들에서 한계에 이르렀다. 이렇게 해서 연산 기계들과 노동과정에 대한 새로운 이론, 아니 더욱 정확하게 말하자면, 보편적인 계산에 대한 배비지의 잊히고, 완전히 인지되지 못한 이론의 자기 의식적인 응용을 위한 무대가 마련되었다.

결론: 새로운 기계론인가 낡은 자본주의론인가 — 아니면 둘 다인가?

이러한 개념적이고 역사적인 예비들의 결과는 겉으로 보기에는 모순적이다. 한편으로, 자본주의에서 기계의 역할에 대한 맑스의 오래된 이론은 미로프스키 같은 비판자들의 주장에 맞서 내적으로 일관적임이 입증되었다. 다른 한편으로, 맑스의 이론은 미완성이라는 것도 분명하게 드러났다. 왜냐하면 그것은 튜링 기계(배비지의 분석 엔진의 후예)의 도입이 노동과정, 잉여가치의 생성과 계급투쟁의 양상들에 어떻게 영향을 미치는지를 설명하지 못하기 때문이다.

필립 미로프스키는 맑스주의 경제학자들과 부르주아 경제학자들 모두 20세기에 뒤처졌던 낡은 물리학 이론들을 모델로 삼았던 자신들의 이론적 충성에 이제 의문을 제기해야 한다고 주장한다. 내가 1부에서 제시한 것처럼 이러한 주장은 타당하지 않다. 그러나 미로프스키에게 몇 가지 옳은 측면이 있다. 과학 및 기계들과 관련한 우리의 역사적 조건 속의 낡은 것과 새로운 것 사이에는 고립되고 해결되어야 하는 어떤 긴장이 존재한다. 단순하게 말하자면 기계들의 새로운 질서를 노동과정에 도입함으로써 야기된 거대한 생산성(과 폭력)은 자본주의적(이고 반자본주의적)인 자기-이해 범주들에 훨씬 많은 스트레스를 부과하고 있다. 이런 국면에서는 저 낡은 맑스주의의 케케묵은 이야기 — "생산력과 생산관계의 모순" — 에 부주의하게 호소하지 않고 그것을 벗어나는 것이 중요하다. 왜냐하면 마리오 뜨론띠가 오래전에 지적했듯이, 그 모순이 맑스가 구상했던 바의 또 다른 포스트자본주의 및 반자본주의 생산 시스템으로 필연적으로 이어지지는 않기 때문이다.[77] 사실, 대개 그 모순은 그저 자본주의 자체의 발달을 촉진한다.

그러므로 자본주의의 기계에 대한 맑스의 일관되지만 미완성인 이론은 튜링 기계의 영역으로 확장될 필요가 있다. 이러한 확장의 한 가지 직접적인 결과는 노동과정 자체의 힘들과 잉여가치가 창출되는 방식에 대한 새로운 개념일 것이다. 이 과정과 그 힘들은 본질에서 측정 불가능한 것도 아니고 전복적인 것도 아니다. 이것은 또한 최근에 일부 사람들이 주장한 것처럼 "비물질적 노동"의 이야기도 아니다.[78]

내가 기술한 새로운 기계론이 비물질적 노동은 존재하지 않는다는 내 주장을 뒷받침하는 데 어떤 도움을 주는가? 그것은 오늘날의 과학기술이 "마술적" 힘들에 의해서도 신비스러운 "관념적인" 새로운 것들에 의해서도 출몰하는 것이 아님을 보여줄 것이다. 노동의 "비물질적인" 산물인 것처럼 보이는 것은 기계들(이것들이 나무, 쇠, 종이 카드로 이루어져 열기관에 의해 동력을 공급받건, 또는 플라스틱, 실리콘, 구리로 이루어져 전류에 의해 동력을 공급받건)에 의해 수행될 수 있는 패턴 생산의 결과다. 이들 기계는 이것들이 생산하고, 더욱 중요하게는 재생산하는 패턴들이 그러하듯이 단어의 통상적인 의미로 볼 때 완전히 "물질적이다." 자본주의적 상품 생산의 핵심에는 그것[패턴]이 순수 비단으로 또는 순수 전자들로 "이루어져" 있건, 패턴의 재생산이 존재하기 때문이다. 새로운 기계론은 이러한 패턴들을 기계적으로 생산할 수 있는 능력의 자본주의적 결과들을 설명하는 데 도움을 줄 것이다.

자카르 베틀을 부수었던 리용의 장인들은 이러한 이론으로 기술되어야 하는 계급투쟁에서 중요한 진실을 깨달았다. 기계는 그들 — 지적이고 창의적인 인간들 — 이 직조한 패턴들을 재생산할 수 있다. 수백만 명의 장인들, 직인들, 엔지니어들, 사무원들, 컴퓨터 프로그래머들은 그때 이후로 똑같은 교훈을 배웠다. 재생산될 수 있는 상품생산은 본질에서 기계화될 수 있다.

당연한 결과로서, 새로운 기계론은 하트와 네그리가 규정한 바의 "비물질적 노동"에 대한 비판을 명확하게 제공해줄 것이다. 이러한 점을 보기 위해, 그들이 "비물질적 노동"이라는 제목 아래 결합하는 노동의 세

가지 유형들을 재검토해 보자. (1) "정동의 생산과 처리를 포함하고 (가상적인 혹은 현실적인) 인간적 접촉, 즉 신체적인 양식의 노동을 필요로 한다.", (2) "정보화되어 온 산업생산", (3) "분석적이고 상징적인 일들을 하는 비물질적 노동인데 이 비물질적 노동 자체는 한편으로는 창조적이고 지성적인 처리로, 다른 한편으로는 일상적인 상징적 업무들로 나뉜다."[79]

물론 하트와 네그리는 자신들의 통찰을 표현하기 위한 어떤 용어를 자유롭게 만들어 낼 수 있다. 그들은 "유물론적" 맑스주의 전통으로부터 자본주의에 대한 자신들의 관점을 구분하는 방식의 하나로 "비물질적인" ─ 형이상학적이고 정치적인 신념으로 가득 찬 형용사 ─ 을 선택한 것으로 보인다. 하지만 그들은 또한 이러한 선택을 하면서 고려할 필요가 있는 그 고유의 역사가 있는 장 속으로 들어간다. 예를 들어 "가사노동", "재생산적인" 노동, 그리고 신체를 자본주의 분석에서 핵심적인 것으로 인정을 받게 하기 위한 여성운동의 오랜 투쟁 이후, 여성에 의해 광범하게 수행된 바로 이 구체적이고 재생산적인 노동을 이 두 남성이 함께 "비물질적인" 것으로 기술하도록 하는 것은 비관적으로 되어가고 있다! 실제로 우리는 이러한 종류의 비물질적인 노동에 대한 그들의 바로 그 정의 즉, "신체적인 양식의 노동" 속에서 이러한 긴장을 발견한다. 비물질성과 신체적 양식 간의 부조화는 "비물질적 노동"이라는 용어를 사용하는 것이 문제가 있음을 우리에게 경고하고 있음이 틀림없다.

새로운 기계론은 "비물질적 노동"이라는 용어에 대한 비판을 더욱더 뒷받침할 것이다. 결국 "지적 조작"과 "일상적 업무"라는 바로 그 구분은 분석적이고 상징적인 업무들이 완전하게 기계화될 수 있는 동작들로 본질에서 환원될 수 없다는 생각이 그랬듯이, 튜링 기계 이론에 의해 문제시된다. 튜링이 반세기도 더 전에 "기계에서 유령을" 쫓아냈다면, 하트와 네그리가 데카르트적인 정신/육체, 물질적/비물질적인 수사학으로 귀환하는 것은 엄청난 혼란을 치르고 다시 "기계를 영성화"하게 될 것이다. 더욱이 정보가 "비물질적"이라는 생각은 정보를 엔트로피의 역으로 본 (다시 한번 말하지만 반세기도 더 전의) 정보 이론에 의해 성공적으로 무효가 되었다. 정보가 엔트로피처럼 "유형적인" 것이 아니라는 사실이 그것이 "물질적이지"physical 않다는 것을 의미하는 것은 아니다(고로 그것은 "비물질적이지"immaterial 않다).

이제 내 최초의 주장 ─ 비물질적 노동은 존재하지 않는다 ─ 으로 돌아가 보자. 이 말이 의미하는 바는 단순히, "비물질적 노동"이라는 용어가 가사 노동과 컴퓨터 프로그래밍 같은 노동의 중요한 공통적인 특징들을 드러내지 못하며, "비물질적"이라는 관형어가 수 세기 동안 문제가 있었던 담론을 형성하는 의미론적 장에 관계되어 있다는 것이다. 하트와 네그리를 따라, 그리고 여타의 "비물질적 노동"의 이론가들을 따라 그러한 장 속으로 들어가는 것은 반자본주의 운동을 위한 현명한 "대탈출"이 되지 못할 것이다.

하지만 21세기의 투쟁을 위해 튜링 기계의 중요성을 주장한다는 점에서 하트와 네그리는 옳다. 모든 기계와 마찬가지로 튜링 기계는 아직도 형성 중인 그 자신의 획기적인 사건 및 역사와 더불어 투쟁 지형을 규정한다. 단순 기계, 열기관, 튜링 기계들을 통합하는 새로운 기계론은 이러한 지형을 개관하고 21세기 자본주의 생산에서 노동자와 기계 사이의 모순들과 갈등의 계속된 현존을 단순히 주목하는 것을 넘어설 수 있도록 해준다. 나는 이러한 예비적 노력이 다른 사람들이 그러한 작업에 참여할 수 있도록 초대하기를 희망한다.

3부

화폐, 전쟁
그리고 위기

운동을 동결하기 그리고 맑스주의적 전쟁론

　　나는 최근에 벽장을 청소하면서 아래의 "유작 노트" 뭉치들을 발견했다. 이것들은 내가 미국을 떠나 나이지리아에 살면서 강의를 하기 바로 전인 1983년 봄에 기억과 원문 증거를 토대로 쓴 것들이다. 이 노트들에 실린 자료 일부는 당시 출간된 두 편의 논문에 포함되었다. 하나는 『미드나잇 노츠』의 『유작 노트』(1983)호였고, 또 하나는 반핵 전쟁에 대한 『급진 과학저널』호에 실린 「맑스주의 전쟁론」이라는 제목의 단편(1983)에 실렸다. 하지만 이 원고들은 그때 이후로 읽히지 않았고 별다른 문제없이 시간이 지나갔다.

　　이 노트들을 다시 발견하게 되자 이것들과 나는 견고한 논리적 관계에 놓이게 된다. 이 노트들에 따르면 나는 죽은 것으로 (그리고 부활하는 것으로) 되어 있지만⋯ 분명 둘 다 아니다. 그래서 이 노트들의 유포는 이제 그것들이 틀렸음을 입증한다. 자기부정이건 아니건 나는 죽은 자가 보낸 이 노트들이 핵전쟁이 다시 문제가 되는 시대에 산 자들에게 유용할 수 있기를 바라고 있다.

　　어쨌든, 이 노트들을 죽은 자의 날[1]에 보내진 선물로 받아주시라.

　　2003년 11월 2일

아, 광야에서 내가 머물 나그네의 거처가 있다면 내 백성을 저버리고 떠나갈 수 있으련만! 참으로 그들은 모두 간음하는 자들이요 배신하는 무리다. ― 예레미야 9장 2절

"핵무기의 존재는 우리를 무력하게 만든다. 우리가 할 수 있는 유일한 움직임이라곤, 우리가 선택하는 것이 모든 욕망, 요구, 투쟁 들이 사라지고 우리의 생물학적 현존만이 정당한 이유처럼 보이는 우리 생존의 최소 조건으로 엄청나게 퇴보하는 것뿐이다. 우리를 죽이지 말라, 우리를 절멸시키지 말라, 우리를 산 채로 불태우지 말라, 수천 번 두려움에 떨며 7시 뉴스를 보고 '과학 의학 보고서'를 읽으면서 살아가며 정신이 상상할 수 있는 가장 무서운 장면(?????)을 목격하게 하지 말라. 살아있게만 해달라. 그것이 우리가 바라는 전부다. 남은 생은 어떤 삶일까에 대해서는 잊으라. 이제는 유토피아적이라고 여겨지는 우리의 꿈들에 대해서도 잊으라."

그러나 이것은 우리가 이미 죽었다는 것을 선언하고 있는 것이 아닌가? 이것은 이미 핵폭발이 일어났으며, 우리가 이미 수백 번 갈기갈기 찢겨 날아가 우리의 모든 필요와 투쟁 의지들 중에 오직 생존 의지만이 남았음을 인정하는 것이 아닌가? 더 나쁜 것이 있다. 이러한 선언은 가장 위험한 경로이지 않은가? 왜냐하면, 사람들이 현재의 권력들 앞에서 무릎을 꿇을 때에는, 그리하여 이러한 권력들이 신처럼 느끼고 정당화되고 당연히 무릎써야 할 두려움에 의해 억제되지 않을 때에는, 우리 중 살아남은 사람들 역시 삶이 불가능하게 될 것이기 때문이다.

그렇다면 왜 동결인가? 무엇을 동결한단 말인가? 우리 뇌의 동결을 말하는 것 같다. 현 상태가 이 순간 우리에게 어떤 보장이라도 해줄 것이라는 잘못된 가정을 하고 우리 뇌를 동결하는 것 말이다. 동결은 핵무기의 공감과 함께 살아가는 것을 받아들이는 것이다. 핵폭발이 위협하는 세계로 아이들을 데리고 들어가는 것을 받아들이기. 동결은 그들이 우리를 날려 버리겠다고 위협하면서 반복적으로 우롱하는 것을 허용하는 것이다. 유대인들이 가스실을 세우겠다는 계획을 목격할 수밖에 없었던 것처럼 우리도 우리의 미래를 처분하겠다는 논의를 TV에서 시청할 정도로 미친 것일까? 우리는 그것들의 규모, 방편, 효율 등에 관한 논의를 협상 – 가스실의 개수를 100개 또는 1만 개 대신 10개를 요구 – 할 것인가? 얼마나 많은 사람을 [거기에서] 일하게 할 것인지 또는 그만두게 할 것인지 물을 것인가? 아니면 그것들이 – 아마도 유럽의, 아니면 중동 지방의 – 다른 누군가에게 사용될 목적으로 준비된 것이라는 비밀스러운 희망을 품을 것인가.

평화의 여름에 대한 성찰들

이전에는 붉은 옷을 입고 자라난 자들이 이제는 거름더미를 안았도다. – 예레미야 애가 4장 5절

사후 상태의 기쁨 중의 하나는 우리가 마침내 타협, 자기기만, 모든 교환 속임수들로부터 자유로워진다는 점이다. 자아가 없다면 교환될 무엇이 존재하는가? 세상을 떠나기 전에 마지막 판결의 상쾌한 미풍을 느끼기 위해 잠깐 사후 상태를 공유해 보자. 몸을 뒤집으라. 우리의 신화적인 폭발의 그림자가 맴돌고, 파편이 반짝거린다. 지금은 이 모든 것의 이유를 정립해야 할 시간이다.

분명 우리는 자신의 벙커 안에서 웅크리고 있는 각양각색의 장군들, 자본가들, 상담사들을 괴롭히러 간다. 하지만 그들이 충분한 이유인가? 지금은 어쩌면 우리 자신을 기억해야 할 시간인지 모른다.

그것은 예외적인 평화의 여름이었다. 대공황 이래로 실업, 파산, 사회적 임금의 삭감이 가장 심했던 시대의 한가운데에서 거리에서 일어난 유일한 운동은 "평화" 운동이었다.

그 여름은 1982년 6월, 유엔에서 군축 회기를 앞두고 뉴욕시에 집결한 최대 규모의 추모 시위로 시작되었다. 워싱턴과 뉴욕에서는 시위를 계획하는 데 여러 달이 걸렸고 미국 전역의 수많은 시위는 명백하게 그것을

자신들의 정치적·창의적 노력의 중심으로 만들었다. (서부에서의 또 다른 행진들과 함께) 미국 전역에서 모인 거의 백만 명의 사람들이 도시로 모여들었다.

그 행진의 장관은 너무나 강렬해서 한 달이 지난 지금까지도 내 마음의 눈에 아직도 생생하게 남아 있다. 당신은 행진 장식들의 일부를 보았을 것이다. 백 피트나 되는 흰고래의 옆에는 인류를 구하라는 구호가 적혀 있었다. 5번가를 따라 걷고 있는 사람들의 머리 위로, 하얀 솜의 거대한 볼트들로 조립된 흰 비둘기 조형물이 장대에 걸린 채 오후의 미풍에 살아 움직이는 것처럼 보인다. 수백만 명의 사람들이 그 인형들을 본 것 같다 ─ 허공 속으로 15피트와 20피트를 활공한 촌스러운, 시골뜨기의, 그리고 상상 속의 생명체의 형상을 한 여성과 아이들. 온갖 종류의 깃발들. 획일적이지 않은 구호, 포스터 또는 현수막 ─ 워싱턴의 연대의 날 행진과는 큰 차이가 있다.

사실 1982년 여름에 일어난 다른 사건들과 이 시위의 뚜렷한 차이는 주목할 만하다. 노동조합으로 조직된 전통적인 노동계급으로부터는 심원한 평화, 어쩌면 무덤의 고요가 나타났다. 아이오와[2] 비프 파업 같은 필사적인 예외들은 겨우 몇 개 안 된다. 그것은 길고도 지독했으며, 노조 비가입자들을 공장으로 돌아가도록 거들면서, 총을 빼든 주 방위군의 소집으로 이어졌다. 이 파업이 격렬했던 까닭은 그것이 2차 세계대전 이래 가장 낮은 파업 활동의 한 가운데에서 일어났기 때문이며, 또한 특징적으로, 이 파업의 쟁점이 임금 인상을 얼마나 많이 할 것인가가 아니라 "기득권 일시유보give backs"가 얼마나 될 것인가였기 때문이다! 오직 프로야구 선수들만이 파업을 벌여 그해 여름에 승리할 수 있었다.

노동계급의 "비임금" 부분들에도 똑같이 평화가 존재했다. 그것은 미국 게토에서 일어난 "반란의 여름"의 시작이었다. 그리고 흑인들과 히스패닉들의 사회적 임금에 대한 가장 직접적인 공격에 직면해서는 어떠한 반란도 찾아볼 수가 없었다. 그 침묵은 너무도 눈에 띄는 것이어서 『뉴욕타임스』는 그해 여름이 끝나갈 무렵 그에 대해 탄식을 하며 사설로 다루었으며, 『월스트리트저널』은 그 비존재에 대해 알아내기 위해 조사 보고 팀을 파견했다. 심지어 가장 "활동적인" 흑인 그룹들조차 그해 여름에 휴가를 갔다!

따라서 1982년에 레이건 시대의 가장 직접적으로 "주목할 만한" 저항 운동은 공장에서나 게토에서는 볼 수 없고, 센트럴파크에서, 5번가에서, 유엔 광장에서 볼 수 있었다. 불복종과 반란이라는 두 오래된 중심들은 겉으로 보기에 무력화된 것 같았다.

평화 운동의 구성, 조직 그리고 분화들

그의 선지자들의 죄들과 제사장들의 죄악들 때문이니 그들이 성읍 안에서 의인들의 피를 흘렸도다. 그들이 거리에서 맹인같이 방황함이여 그들의 옷들이 피에 더러워졌으므로 아무도 만질 수 없도다. — 예레미야 애가 4장 13, 14절

그해 여름 도시의 거리로 자신들의 다중을 데리고 온 사람들은 누구인가? 그들에게는 반핵 에너지 운동의 천사들 속에 과거의, 실로 직접적인 선조들이 있다. 평화 운동은 1977년 봄과 위기가 최초로 강력하게 폭발한 1980년 봄 사이의 기간에 "새로운 노동계급"을 균질화하기 시작한 반핵 에너지 운동의 일반화다. 실제로, 1979년 뉴욕시에서 일어난 이전의 대중 시위는 25만 명 이상의 사람들을 끌어모은 반핵 에너지 시위이자 사건이었으며 당시의 운동 중에서 가장 큰 규모의 데모였다. 그 사이의 3년은 참가자 수의 "확대"로 이어졌다. 다른 한편 그것은 "더욱 피상적인" 운동으로 이어지기도 했다. 어쨌건 우리는 이제 반핵 에너지 운동이 추구하던 한계

에 다다랐다. 그것 너머에는 미지의 사회적 바다가 존재한다.

그러나 그 한계에 다가가자 1979년의 "좋았던 옛 시절"에 거의 향수를 느끼도록 하는 냉혹하면서도 질적인 변화가 일어난다! 이것은 다음과 같은 세 가지 점에서 이해될 수 있다. "풀뿌리" 조직, 전술, 지도부 배치.

사람들이 반핵 에너지 운동에 가했을 모든 가능한 비판에도 불구하고, 한 가지가 중요하게 지목되어야 한다. (흑인이나 히스패닉 게토 거주자를 제외한다 하더라도) 산업화하지 않은 노동자가 사는, 분업의 근본적으로 다른 층들의 사람들을 결합하는 미시적인 사회 수준에서 새로운 사회적 배치들을 창출한 것이 그것이다. 1970년대 후반에 정당과 노조가 점점 더 충족하기 어려웠던 새로운 혼합의 거장[디스크자키]mix-master에 대한 필요를 충족시킨 것은 "친밀성 집단"affinity group이었다. 이렇게 해서 〈하드레인〉, 〈섀드〉, 〈토마토〉, 〈클램〉, 〈애벌로우니〉 등의 단체가 나타났다. 이와 달리 직업, 정당, 교회 노선을 따라 조직된 평화 운동이 존재한다. 다음 목록을 살펴보라.

핵 군축을 위한 법률가 동맹
핵 군축을 위한 예술가들
핵 군축을 위한 작가들
핵 군축을 위한 전달자들
핵 군축을 위한 컴퓨터 프로그래머들
사회적 책임을 위한 교육자들
사회적 책임을 위한 심리학자들
사회적 책임을 위한 건축가들
사회적 책임을 위한 간호사들
핵전쟁을 고발하는 대학 연맹 등등

아, '핵전쟁에 보내는 기업가의 경고'도 있었음을 잊지 말자! 퀘이커 교도들에서 가톨릭에 이르는 교회 단체들뿐만 아니라 민주당 전선들 ─ 그리고 공산당 전선들도 역시 있었다. "새로운 노동계급"은 한계에 다가가면서 노동의 토대 위에서 또는 (정치적인 대의이건 또는 신학적인 대의이건) 대의적 형태 속에서 자신들을 규정하려고 노력하고 있었다. 하지만 그에 따른 결과로서 운동은 어떤 가능한 새로운 사회적 수준, 또는 그 계급의 이질적인 영역들을 연결하기 위한 "이상한 고리"를 발견할 수 있기 전에 경직되어 가고 있다.

둘째, 지도부 구조는 아주 다르다. 반핵 운동은 매우 기만적인 "지도부 부재"라는 신화를 가지고 있었다. 하지만 이 운동의 지도부 간부들은 상대적으로 산만했다. 이것은 평화 운동에는 해당하지 않는데, 이 운동의 명백한 중심은 워싱턴 DC에, "신자유주의적인"〔여기에서는 "말 그대로" 시대착오적인!〕 두뇌집단과 국회의사당 안에 존재한다. 좌파는 그들의 더러운 일을 하는 데 그치지 않으려 하지만, 실질적인 주도권은 자유주의적 민주당으로부터 직접 나오고 있다.

셋째, 반핵 에너지 운동의 중도적 전술(즉 그것을 통해 상승할 수도 하강할 수도 있는, 운동을 특징짓는 행동 형태)은 "시민 불복종"이었다. 우리는 이것을 예전에, 인적 자본의 평가절하를 통해 고도의 유기적 구성 자본을 "볼품없는 것으로 만들기" 위해 후자에 맞서 전자를 사용하려는 시도로 분석했다.[3] 평화 운동의 중도적 전술은 투표와 그 지지자들과의 "배당" 관계다. 예를 들어, 동결 운동은 자신을 순수하게 대의적인 방식으로 규정한다. 국민투표, 의석수 장악, 즉각적인 입법이 그것이다. 더욱이, 그것은 운동에 참여한 대중들을 동일한 대의적 형태 속으로 끌어들인다. 그것은 (그 운동이 많은 가르침을 받았던 〈엘살바도르 민중 연대위원회〉CISPES처럼) 평화 운동의 일을 하기 위해 기층으로부터 일종의 운동 "세금"이나 "배당"을 요구한다. "보통 사람"은 직접적인 정치적 참여를 하기에는 너무나 바쁠 것이고 그래서 그/녀는 그들을 위해 이러한 일이 행해지게 하려고 세금을 지급해야 할 것이라는 추정이 존재한다. 이 세금은 주말 집회나 조직자들을 위한 기금에서 단체별로 징수된다.

그러나 한계에 도달하는 것이 전부는 아니다. 왜냐하면 지금 평화 운동에 참여하는 노동자 유형의 한계가 아직도 폭넓지 않기 때문이다. 그래서 또 다른 계급적 요소들을 다루는 것이 결정적으로 된다. 첫 번째 요소들은 반핵 에너지 운동의 시위들에는 해당하지 않았던 방식으로 전국의 시위에서 운동 일부를 형성했던 흑인들이다(이것은 과거의 운동이 그 경계들에 도달하기 전에 시간이 아직 있었음을 보여준다). 흑인들과 핵전쟁 반대 운동 간의 "어려운 관계"라는 뒤얽힌 이야기는 6월 12일 시위를 준비하는 과정에서 볼 수 있는데, 이것은 1981년 가을에 시작되었다. 그렇지만 최초의 흑인 집단들은 적어도 뉴욕시에서는 1982년 1월이 되어서야 접촉이 되었다. 참가자 중의 한 사람은 전국 조정 위원회에서 1983년 1월 29일에 일치를 본 요점들이 다음과 같다고 쓰고 있다. "모든 캠페인 문헌들은 군비경쟁을 제3세계에 대한 미국의 개입주의 및 자국의 인종주의와 연결시키는 구절들을 포함할 것이다. 캠페인의 각 지도부 구성원들의 적어도 3분의 1이 제3세계일 것이다. 그리고 제3세계 조직의 간부 회의가 지도부에서 자신들을 대표할 사람을 선출할 것이다."

그러나 1982년 3월 8일, "주류" 그룹들은 "6월 12일의 사건을 일으킬 단체"를 구성하기 위해 움직였다. (《리버사이드 교회 군축 프로그램》, 〈미국 친선 서비스 위원회〉, 〈전국 핵무기 동결 캠페인〉 및 〈SANE〉[4]를 포함하는) "주류" 그룹의 한 회원이 (〈생존을 위한 동원〉, 〈전쟁 저항 연맹〉, 〈미국 평화위원회〉, 〈평화와 자유를 위한 국제 여성 동맹〉, 〈뉴욕 공익 연구 그룹〉을 포함하는) "중도파"에게 편지를 보내 흑인 및 제3세계 집단들과의 협정을 무효로 할 새로운 접근법을 주장했다. 이러한 배제 노력의 대상은 〈흑인 연합 전선〉과 다양한 백인 좌익 정당 그룹들이었다.

그래서 봄이 되자 주류 그룹, 좌파적이지만 중재적인 그룹, 그리고 흑인 좌파 정당들 사이의 균열이 커지고 곪아 터졌다. 마침내 개별적인 집회를 하자는 위협으로 인해 주류 그룹들은 어느 정도의 "화합"을 선택하게 되었으며 6월 12일의 집회 위원회에서 "제3세계 지도부"를 허용하였다. 하지만 그 긴장은 너무나 치열해서 브루스 스프링스틴이 운집한 수백만 명을 위해 공연을 하는 동안 "사장들"과의 더 많은 시간을 요구하고 있던 조직자들과 흑인 대변자들 사이에 무대 뒤에서 주먹다짐이 있었다는 소문이 나돌았다.

이러한 것들은 그 계급적 한계를 극복하려고 노력하는 운동의 연속극으로서 여기에서도 간통과 결혼, 살인 등이 일어난다. 사실 흑인 운동과의 화해로 이르는 길은 매우 험난해서 6월 12일 이후의 특이한 침묵에 대한 그럴듯한 이유가 되었다. 왜냐하면 "반핵" 같은 천연두를 온 땅에 퍼뜨리는 일련의 "지역적" 주도권은 존재하지 않았기 때문이다. 6월 12일 이후에는 평화 운동으로부터의 평화 역시 존재했다. 그리고 그것은 불가피했다. 왜냐하면 계급 구성의 질서를 유지하기 위해서는 그 운동이 아주 작은 운동만을 허용할 수 있을 뿐이라는 점을 깨달았기 때문이다. 한계에 도달하면 자신을 동결해야 한다.

역설적이게도 1982년의 바로 그 노동계급 공백이 이 운동에 엄청난 상대적인 추진력을 부여했다. 노동계급은 가만히 있을 수 없었다. 심지어 노동계급은 스스로를, 그리고 위기에 의해 만들어진 사회 기술자 및 전기 기술자 출신의 그 간부들을, 뉴뉴딜New New Deal의 예언자라고 생각할 수 있었다. 머뭇거림, 소심함, 조급한 타협에도 불구하고 그들은 그 공백 속에서 계급관계의 운명을 거래할 능력을 발견하였다. 그러나 이러한 거래를 위해 이 동결호의 선장들은 프롤레타리아의 모비 딕, 즉 위대한 백인 노동자를 찾아 나서야 했다. 그를 찾기 위해 바다의 지도를 그려보자.

평화 운동과 1970년대 미국의 계급 전쟁

네 모든 원수들은 너를 향하여 그들의 입을 벌리며 비웃고 이를 갈며 말하기를 우리가 그를 삼켰도다. 우리가 바라던 날이 과연 이 날이라 우리가 얻기도 하고 보기도 하였다 하도다. 여호와께서 이미 정하신 일을 행하시고 옛날에 명령하신 말씀을 다 이루셨음이여. ─ 예레미야 애가 2장 16, 17절

그리고 순식간에 나는 모든 것이 기억났다. 나는 1965년부터 안락사의 마디점을 향해 가는 1973년까지, 폭동, 파업, 연좌시위, 반란, 노동거부, 성교 거부, 무성교 거부 등에 의한 끊임없는 공격이 이루어지는 가운데, 자본의 이윤이 하락하는 것을 보았다. 그리고 내 앞에 '반동의 대괴수: 에너지와 화폐 위기'라는 이미지가 나타났다.

이 위기는 자본 자체의 바로 그 유기체적 특성을 변화시켰다. 대규모의 조립라인, 강철 및 고무 공장들은 모두 속력을 늦추었고 때때로 정지했다. 해고가 계속되는 가운데 경제의 양극화는 엄청나게 확대되었다. 한쪽에서는 자본 집약적인 "고기술" 정보 및 에너지 산업들, 다른 한쪽은 노동집약적인 "재생산" 및 "서비스" 경제 영역들이 존재했다. (소프트웨어 프로그래밍과 생명공학 같은) 완전히 새로운 산업들이 "좋은 아이디어"를 바탕으로 수십억 달러의 이용 가능한 투자를 확보한 반면, 거대한 정육공장들과 오래된 강철 공장들은 자살적인 임금과 자기관리적인 고역으로 심장마비에 걸리기 쉬운 노동자들에게 넘겨졌다.

나는 노동계급의 바로 그 신체가 변형되는 것을 보았다. 근육도 뱃살도 더는 없었다. 임금노동자들은 노동시장의 맨 밑바닥에서 합법적·불법적 이주자들이 급속도로 늘어나자 여성화됨과 동시에 "소외"되어 왔다. 한편 맨 꼭대기에는 사회적이거나 계산적인 기계들의 백인-남성-기술관료들이 있었다. 1968년에 절정에 달한 임금의 균질화 경향은 1970년대에 명백하게 깨졌으며 여러 산업 부문들과 노동계급 부문들 내부의 임금 격

차는 역사적 절정에 도달하고 있다.

그리고 영토 자체가 변화를 겪었다. 노동계급 힘의 전통적 중심지였던 도시들은 체계적으로 인구가 줄었고 중심지에 대한 흑인의 전술적 지배력은 깨졌다. 이때는 사막을 방황하는 망명의 시대, 추방[자]의 시대, 그리고 반항하는 사람들에게는 억류의 시대였다.

1973년 이후 시대에 탄식과 함께 임금 투쟁은 해산되었고 이윤은 늘어났다. 흑인 운동은 지리적으로 동요되었을 뿐만 아니라 이주의 충격을 통해 노동계급의 최저임금 부분과 비임금 부분에 새로운 분할들이 도입되었다. 여성운동은 즉각적으로 전통적인 백인 노조 노동자들에 맞서는 투쟁을 벌였고 흑인들은 훨씬 팍팍한 노동시장에 처하게 되었다. 1974~1976년 그리고 1980~1983년의 불황에 의해 강화된 이러한 분할과 긴장은 이 운동들의 주도권을 대부분 소진했고, 그 결과 1920년대 이래 처음으로 십여 년 이상 실질임금은 하락하였다.

위기는 제 할 일을 했지만, 그것은 엄청난 불안정을 대가로 치른 것이었다. 그래서 이제 두 번째 밀레니엄을 지나 다음 세기까지 지속할 수 있을 자본 축적 모델을 위해 더욱 일관되게 결정해야 할 시간이 도래했다. 가치 생산과 노동력 재생산을 생각할 수 있는 가능성을 상상해야 했다.

가치 생산 영역에서. 첫 번째 모델은 조립라인 생산을 주축으로 하는 낡은 2차 세계대전 이후의 "케인스주의적인" 생산형태의 부활이다. 비록 이번에는 의심할 바 없이, 기가 꺾인 노동계급이 "수출" 지향적 경제 속에서 고용 안정을 대가로 더 낮은 임금을 받아들일 새로운 형태의 "사회계약" 아래에서이지만 말이다. 두 번째 모델은 자본이 위기에 처했다는 인상학의 강화일 것이다. "낡은 자본"의 흔적 지우기, 정보-연산-반-엔트로피 산업들에 투자하기, 낮은 자본/높은 노동의 특별한 보존을 창출하기, 새로운 겸손함 또는 더욱 위험하고 더욱 양극화된 경제를 갖춘 진실. "재산업화"[5] 또는 "탈산업화".

그러나 가치를 생산하기 위해서는 그것의 생산자인 노동력을 재생산해야 한다. 그리고 다시 두 개의 모델이나 이념들이 두드러졌다. 한편으로, 남성에게 재생산 문제 틀의 중심을 되돌려주기 위해 노력할 "가부장적인 전통적" 가정 모델. 그것은 출산을 장려하는, 그리하여 반동성애적인, 반낙태적인, 반페미니즘적인 모델일 것이다. 그것은 부르주아 가족 단위들을 지키기 위해 가장 프로테스탄트적인 금욕으로 돌아가려는 동경을 나타낸다. 두 번째 모델은 마찬가지로 고색창연한 부르주아 요구 ─ 재생산적인 효용 수단으로서의 개인의 자율 ─ 를 고집하는 "선택의 자유" 모델이다. 그것은 또다시 필머6 대 로크의 대결이지만, 이제 로크는 낙태를 요구하는 동성애자, 성전환 독신자가 되었다.

이러한 이분법이 교차할 때 자본주의 미래 정치학의 네 가지 순수 유형의 위치를 정하는 지반이 형성된다. 바로 이러한 유형들 위에서 계급과의 거래가 만들어질 수 있을 뿐만 아니라 자본 내부에서의 타협이 조정될 수 있다. 잠깐 각각에 대해 살펴보도록 하자.

A11 : 이것은 결백한 생활에서부터 사디스트와 매저키스트 S&M 배회자에 이르는 대안적인 "생활양식"의 환경에 구현된 과학적 생산과 컴퓨터광들의 유토피아다.

	탈산업화	재산업화
선택의 자유	A11	A12
가부장제	A21	A22

A12 : 이것은 좌파의 유토피아로서, "유용한" 물질들을 생산하는 공장에서 이루어지는 하루 동안의 노동이며 자유로우며 "사회화된" 가사노동 형태이다.

A21 : 이것은 1950년대의 이미지로서, 1960년대와 1970년대가 없었다면, 상고머리의 테크대디7는 근친상간이 일어나지 않고 모조남근도 없는 행복한 가정으로 귀가한다.

A22 : 여기에서는 공장 노동자가 가정으로 돌아가고, 아내와 아이들은 입을 다무는 한편 유대인들과 흑인들은 눈물을 흘린다.

내가 농담을 하는 걸까? 어쩌면 그럴 수도 있다. 죽은 자들이 즐기도록 내버려 두라. 어쨌든 내 말을 알아들을 것으로 생각한다. 그러나 동결 운동은 정확히, 역사적 선택들이 이상적인 유형들 가운데에서 만들어져야 할 때 발생한다. 더 정확히 말하자면 그것은 선택 과정의 일부로서 발생한다. 그것은 위 행렬의 우측 상단부에서 발견될 수 있는 생산형태를 요구하는 사회적 투쟁의 군사정책을 구성한다. 승리를 위해서 거대한 백색 리바이어던은 A12 근처에서 유혹하거나 덫을 놓아야 한다. 그러나 왜 군사정책이 필요할까? 이것을 이해하기 위해서 우리는 과거 친구들의 목소리를 들을 수 있는 어두운 터널을 더듬어 내려가야 한다.

전쟁의 순수 이론

활을 당겨 나를 화살의 과녁으로 삼으심이여. 화살통의 화살들로 내 허리를 맞추셨도다. 나는 내 모든 백성에게 조롱거리 곧 종일토록 그들의 노랫거리가 되었도다. 나를 쓴 것들로 배불리시고 쑥으로 취하게 하셨으며, 조약돌로 내 이들을 꺾으시고 재로 나를 덮으셨도다. 주께서 내 심령이 평강에서 멀리 떠나게 하시니 내가 복을 내어 버렸음이여. ─ 예레미야 애가, 3장 12절-17절

전쟁이란 나라의 중대한 일이다. 죽음과 삶의 문제이며, 존립과 패망의 길이니 살피지 않을 수 없다. ─ 손자병법[8]

광명에 이르기 전에 전쟁의 터널로 내려가는 세 개의 무대가 있다. 첫번째 무대에서 우리는 맑스와 엥겔스의 고전적인 말을 듣고, 이어서 제국주의적인 목소리 속에서 로자 룩셈부르크, 레닌과 힐퍼딩의 변증법을 듣고, 마지막으로 스위지, 오코너 그리고 케인스주의적인 맑스주의를 말하는 베트남 노병들의 생생한 목소리를 듣는다. 그들은 맑스주의 전쟁론의

세 가지 계기들을 제공해 준다. 폭력과 생산 간의 관계가 그것이다.

맑스와 엥겔스가 그들의 전쟁론을 발전시킨 것은, 1814년과 1914년 사이 유럽에서 자본주의적 평화의 세기가 한창일 때였다. (당시 유럽 땅에서 치러진 공식적인 전쟁에서보다 파리의 바리케이드 위에서, 그리고 광업과 공업 지구에서 일어난 대량 학살 속에서 더 많은 사람이 죽었을 것이다.) 군사 개입과 권력이라는 고전적인 부르주아 정치적인 중상주의 정책은 축적 과정의 본질적인 요소다. 나폴레옹 전쟁 이후, 이 중상주의 이론가들은 외교 문제를 좌우할 항상적인 시장 기제를 주장하는 한편 국내의 계급 관리를 강조하면서 ― 즉, 군대에서 경찰로, 전쟁에서 계급투쟁으로의 전환을 강조하면서 ― 유럽의 국가 자본 체제의 전략을 주도했다. 그리하여 19세기 내내 군비 지출과 "낭비"에 대한 부르주아적 비판이 지속해서 일어났다.

물론 이러한 맥락이 맑스와 엥겔스의 전쟁론을 틀 지은 것은 자본주의 전략에 대한 그들의 평가 때문만이 아니라 노동자 운동 내부에서 이루어진 내적 논쟁들 때문이기도 했다. 프루동주의자들, 뒤링과 아나키스트들 같은 허풍선이들은 소유가 "절도"이며, 이 체제가 폭력과 무장 강탈을 토대로 구축되어 있어서 자본주의 생산이 근본적으로 불법적이라고 끊임없이 주장했다. 이러한 논쟁이 가져다준 결과 중의 하나는 노동계급 봉기 전술에 대한, 특히 임금투쟁과 법률 개혁의 효용성에 대한 오랜 싸움이었다. 단연코 자본이 칼로써 살아간다면 칼에 의해 죽을 것이 틀림없다고 많은 사람이 주장했다. 그러나 맑스는 폭력과 정복은 생산양식의 종국적인 발달을 위한 동인을 형성할 뿐이지 그것을 결정하지는 못한다고 주장했다. 이것은 가장 극단적인 경우들에서조차 참이다.

예를 들어 러시아에서의 대파괴와 더불어 몽골인들은 대규모의 무인_{無人} 공간이 주요 조건이 되는 유목이라는 그들의 생산에 적합하게 행동했다. … 어떤 시기에 사람들이 약탈로만 살았다는 것은 널리 받아들여진 생각이다. 그러나 약탈하기 위해서는 무엇인가 약탈당할 것, 즉 생산이 있어야 한다. 그리고 약탈 방식 자체도 다시 생산 방식에 의해 규정된다. 예컨대 증권 투기 민족은 유목 민족과 같은 방식으로 약탈당할 수 없다.[9]

이 글은 프루동주의 경제학자들을 비판하는 맥락에서 쓴 것으로 1857년의 『그룬트리세』와 『정치경제학 비판』에서 발견된다. 20년 뒤 엥겔스는 뒤링이 제시한 독일사회민주당의 파시즘 노선을 교정하려고 시도하면서 공격을 이어나갔다. 그는 소유가 "특정한 대상들에 제한되어 있었기는 해도 모든 문명인의 고대 원시적인 코뮌에 존재했었기" 때문에 "폭력에 기초한 소유"라는 뒤링의 구절이 틀렸다고 지적했다. 그는 다음과 같이 결론을 지었다.

이상에 근거해 볼 때, 역사에서 폭력이 경제 발전에 대해 어떤 역할을 하는가는 명확하다. 첫째, 모든 정치적 폭력은 본원적으로는 어떤 경제적, 사회적 기능에 근거하며, 본원적 공동체가 해체되어 사회 성원들이 사적 생산자로 전환하는 것과 같은 정도로, 따라서 사회 성원들이 공동의 사회적 기능의 집행자들로부터 점점 더 소외되는 것과 같은 정도로 강화된다. 둘째, 정치적 폭력이 사회에 대해 자립적인 것으로 되고 충복에서 주인으로 전화한 후에, 그 폭력은 두 가지 방향으로 작용할 수 있다. 정치적 폭력은 합법칙적인 경제적 발전의 뜻을 따라 또 그 방향으로 작용할 수도 있다. 이 경우에는 둘 사이에 아무런 충돌도 일어나지 않으며, 경제적 발전은 촉진된다. 그러나 정치적 폭력은 경제적 발전에 반하는 방향으로 작용할 수도 있는데, 그렇다면 정치적 폭력은 약간의 예외를 제외하고는 대개 경제적 발전에 굴복한다.[10]

폭력[힘]의 중요성을 강조하고 이어서 그것을 덜 강조하는 이 복잡한 변증법은 나름의 전술적 차원을 갖는데, 그것은 당원인 맑스와 엥겔스가 블랑키주의적인 봉기주의와 사회평화주의 사이에서 계속해서 노동자 운동의 진로를 잡아나가고 있었기 때문이었다. 궁극적으로 그들은 노동자 운동에 대해, 경제 발전이 이미 사회를 몰락 직전까지 몰아가지 않는 한 폭력[힘]을 사용하는 것은 적절하지 못하다고 말한다. 실제 실천에서 이 메시지는 파리 코뮌에 대한 맑스의 태도가 돌변한 것이 보여주었던 것처럼 애매한 측면이 있다.

그러나 군비 지출에 대한 맑스의 경제적 분석은 사실상 당시의 부르주아적 여론에 훨씬 더 부합했다. 다시 말해 그는 "전체 육군과 해군은" 소득으로부터 지급되는 "비생산적 노동자들"이며 어쨌든 자본을 생산하지 않는다는 스미스, 리카도, 밀에 동의했다. 분명 맑스는 시초축적에 관한 "베짱이와 개미" 이론에 대한 그의 훌륭한 비판이 보여주듯이, 이 문제에 대해 결코 어떠한 이데올로기적 어리석음도 범하지 않았다.

> 그러나 일단 소유에 관한 문제가 무대에 등장하면, 이 유치원 이야기의 관점이 모든 나이와 모든 발육단계의 사람들에게 가장 적합하다고 주장하는 것이 신성한 의무가 된다. 잘 아는 바와 같이, 현실의 역사에서는 정복이라든가, 노예화라든가, 강탈이라든가, 살인이라든가, 한마디로 말해 폭력이 큰 역할을 했다. 그러나 정치경제학의 부드러운 역사에서는 옛날부터 소박하고 전원적인 말투가 지배했다. 정의와 '노동'은 옛날부터 유일한 치부수단이었다. 물론 '올해'만은 항상 예외였지만. 그런데 시초 축적의 방법들은 사실상 전혀 목가적인 것이 아니다.[11]

자본은 "머리부터 발끝까지 모든 털구멍으로부터 피와 오물을 뚝뚝 떨어뜨리며 나타"나지만, 이 피의 생산자들인 군인들, 선원들, 그리고 이 생산의 수단들인 크루프포들과 모제르총들은 "생산의 부수적인 비용"이다. 군비 지출에 대한 맑스의 논의는 "속류 경제학자들"과 벌인 논쟁 속에서 나타난다. 이들은 스미스와 리카도에 대항하여 하인, 의원, 부사관, 색소폰 연주자와 성 노동자들이 제강소 노동자만큼 본질적일 수 있는 (정신적이거나 물질적인) 서비스들을 진정으로 생산하기 때문에 생산적 노동/비생산적 노동을 종종 구분할 수 없다고 주장했다. 맑스는 그렇기는 하다고 대꾸하지만, [맑스에 따르면] 자본의 관점에서 볼 때 생산적 노동을 구성하는 것은 그것이 쾌락을 생산하는가 여부가 아니라 그러한 노동을 위한 비용이 이윤(잉여가치)을 생산하는가 하는 것이다.

맑스의 논의가 다소 엉성하고 단편적이며 때로는 진정 혼란스럽고 비확정적이지만, 전쟁 및 군비 지출 문제에 대해서는 매우 분명한 입장을 드러낸다. 맑스는, 나라가 불안정한 상태이기 때문에 들판을 지키는 병사가 씨 뿌리고 수확하는 농부들만큼 생산적이라고 주장하는 나소 시니어의 "마지막 1시간"론에 대한 토론에서 이러한 입장을 표명한다. 시니어는 이 병사가 수확하는 노동자만큼 중요하며, 그가 지닌 총은 괭이만큼 본질적이라고 당대의 코미디언처럼 주장한다. 그래서 총검으로 석탄을 캐낼 수 없는 게 사실이라 하더라도, 총검 없이 석탄을 캐낼 수 없는 것 역시 사실이라면 괭이와 그것을 휘두르는 사람[병사]이 삽과 채탄부처럼 생산적이지 않을 것인가? 시니어는 다음과 같이 쓰고 있다.

병사들에 의한 방위가 없이는 땅을 전혀 경작할 수 없는 나라들이 있다. 그러나 어떻게 하겠는가! 스미스의 분류에 의하면 수확물은 밭갈이하는 사람과 무기를 손에 쥐고 그의 옆에서 그를 보호하는 사람의 공동 노력의 산물이 아니다. 스미스의 견해에 의하면 농민만이 생산적 노동자이고 병사의 활동은 비생산적이다.[12]

[시니어의] 이러한 스미스 비판에 대한 맑스의 반박은, 생산적 노동과 비생산적 노동 영역에서 이루어진 그의 대부분 작업을 특징지었던 범주화의 큰 실수 중의 하나를 나타낸다. "정신적으로건 물질적으로건 아무것도 생산하지 않지만 오직 잘못된 사회적 관계로 인해서 유용하고 필요한 대부분의 비생산적 노동자들과 마찬가지로, 병사는 생산의 부수적 비용에 속한다. 그들은 사회악으로 인하여 존재한다."[13] "잘못된 사회적 관계와 사회악"이 사라진다 하더라도, "생산의 물질적 조건들, 농업 자체의 조건들은 아무런 변화 없이 남아 있을 것이다."[14] 우리는 오랫동안 여기 터널 안에 머물면서 이 구절들을 두고 논쟁할 수 있을 것이다. 예를 들어 군비 지출(예컨대, 병사의 임금과 그가 소지한 M-16의 비용)이 부수적인 것은, 주둔군이 "생산의 정상적인 조건"의 일부가 아니고 그래서 그것이 무기의 그늘에서 생산된 상품들의 가치를 결정하는 "사회적으로 필요한 노동시간"에 영향을 미치지 않기 때문인가? 그러나 그 전에 군비 지출을 비생산적인, 그래서 성직자와 세금 사무원의 임금 같은 것으로 범주화하는 맑스의 생각이 J. S. 밀의 고전적인 19세기 자유주의와 아주 유사하게 식민주의에 대한 비판으로 귀결된 것은 주목할 만하다. 1850년대에 『뉴욕 데일리 트리뷴』에 실은 기사들에서 맑스는 인도에서 영국이 차지하는 역할의 "낭비"와 "비효율"에 대해 순수하게 원가계산의 측면에서 계속해서 언급했다. 그는 기사 중의 하나에서 다음과 같이 결론을 내리고 있다.

따라서 개인들이 다시 영국인들에 의해 대부분 인도와 연결되고, 그리하여 당연하게 그들의 소득이 국부의 총계를 상승시키게 되는 것은 명백하다. 그러나 이 모든 것에 대하여 매우 큰 차감 계산이 이루어질 수 있다. 영국이나 인도 고객의 호주머니에서 지급된 육군과 해군의 비용은 인도 지배의 정도에 따라 꾸준히 증대하고 있었다. 여기에 버마, 아프간, 중국, 페르시아 전쟁들의 비용이 더해져야 한다. … 여기에 인도의 점령으로 인해 영국인이 연루된 끊임없는 정복과 부단한 침략을 추가하라. 그러면 전체적으로 이러한 지배가 기대만큼 그렇게 엄청나게 큰 비용이 안 드는 것은 아닌지 의심받는 것도 당연하다.[15]

다시 말해, 벵골의 들판에서 양귀비를 재배하고, 그것들을 아편(달러로 환산했을 때 모든 인도 수출품의 절반 이상을 차지하는)으로 가공하여 캘커타에서 수송하는 비용은 발생한 소득보다 훨씬 더 컸다. 그러나 맑스가 시사한 바에 따르면, 소득은 사적이고 비용은 공적이기 때문에 "잉여"의 부족은 영국 국가에 의해 묵인되었으며 실제로 그것은 자본의 이익을 위해 영국 노동계급에 과세하는 방법이었다.

전쟁에 대한 맑스와 엥겔스의 최종적인 태도는 결코 간단하지 않지만, 사회적·경제적 분석을 종합해 보면 어쩌면 이러한 그림을 얻을 수도 있을 것이다. 전쟁은 축적의 조건들(특히 토지로부터 노동자들을 강탈하는 것)을 창출하기 위한 "시초축적" 시기에 절대적으로 불가결하지만, 자본주의 생산양식이 확립되면서 전쟁 관련 지출의 증가는 축적 과정과 상반되게 된다.

맑스주의 전쟁론은 대공황(1873~1896)의 한가운데에서 자본주의적 "제국주의"가 발흥하면서 심원한 변화를 겪었다. 19세기 자유주의의 "자유무역" 이데올로기가 퍼지는 대신 "아프리카 쟁탈전"scramble of Africa, 중국의 재분할, 러프 라이더[16] 등등이 이어졌다. 전쟁, 침략, 대학살은 군대 투자가 극적으로 늘어나면서 시대의 질서가 되었다. 예컨대 영국에서 절대적으로도 상대적으로도 군비 지출이 늘어난 것을 생각해 보라.

제2인터내셔널의 이론가들은 맑스가 인식하지 못하고 적절하게 예견하지 못한 자본의 측면들을 (외관상으로) 가정함으로써 부를 둘러싼 전쟁Mars over Mammon의 개시를 설명하려고 시도했다. 우리는 잠시 멈춰 룩셈부르크, 힐퍼딩, 레닌에 관해 이야기를 하겠지만 이들에게서 군비 지출

에 대한 평가가 점점 변
하는 것을 볼 것이다. 군
비 지출은 점점 더 부수
적인 비용이라기보다는
본질적인 구성 요소로
서 축적 과정에 개입하
는 것으로 보인다.

	정부의 총지출	군비	군비/전체(%)
1820	50	12.5	25
1850	50	10	20
1880	80	30	37
1900	120	60	50

* (단위 : 백만 파운드 금액)

　룩셈부르크가 보기에, 맑스는 틀렸다. 왜냐하면 자본주의가 축적과
재생산을 확대된 규모로 하면서 동시에 자본가와 노동자의 닫힌 체계일
수는 없다는 것을 맑스가 인식하지 못했기 때문이다. 자본주의가 닫혀
있다면 확대된 재생산의 생산물인 잉여 상품들을 팔 사람들은 어디에 있
겠는가? 그녀의 대답은 이렇다. 잉여가치의 실현은 직접적인 자본주의적
관계들의 체제 바깥의 비자본주의적 소비자들, 즉 아직도 단순상품생산
수준에서 살아가는 전 세계의 사람들이 반드시 있어야 한다. 그들은 이
체제가 계속된 축적을 위해 절대적으로 필요로 하는 신선한 혈액이다. 이
리하여 지구 위에 남아 있고 점점 작아지는 비자본주의적 부분들을 나누
고자 하는 제국주의적 쟁탈전이 벌어진다. 이러한 흡혈귀들의 전투 속에
서 전도된 맬서스주의의 한 형태인 전쟁과 폭력 수단이 잉여의 실현을 위
한 본질적인 조건들이다. 군사 정책은 근본적으로 공격적이 되지만, 그것
은 "선택"이나 "기회"의 문제가 아니다. 그녀의 모델에 따르면, 아마도 홀로
코스트가 보르네오의 마지막 비자본주의적 농민을 불태울 때까지, 잔존
한 비자본주의적 지역들이 작아짐에 따라 수학적으로 강화되는 것은 이
제 전쟁 또는 죽음이다!

　힐퍼딩의 제국주의 설명은 룩셈부르크의 설명과 매우 달랐지만, 그
역시 전쟁 및 전쟁 준비의 성격이 19세기 중반과 후반 사이에 극적으로
변했다는 것에 동의한다. 그의 분석에 따르면 그 원인은 금융자본의 발흥

이다. 즉 자본의 막대한 집중은 은행 시스템이 카르텔과 트러스트의 형태로 산업자본의 거대 부분들을 통합할 수 있게 만든 주식회사를 낳게 했지만, 국가 독점들이 형성되면서 독점 회사들은 국내 독점에 의해 지배되지 않는 시장 확대의 유일한 원천인 국외의 투자 판로를 찾을 수밖에 없다. 유한한 세계의 상황 속에서 이러한 동시적인 탐색은 즉각 국가적인 갈등과 합병으로 귀결된다. 그것은 더 많은 선수가 매년 (일본, 독일, 이탈리아 등등과 같은 신흥 산업 자본주의 사회들의 형태로) 참여하는 일종의 제로섬 게임이자 지구의 지리학적 한계들에 의해 고정되는 그릇이다. 이런 까닭으로 전쟁은 불가피할 뿐만 아니라 필연적이다. 힐퍼딩은 다음과 같이 쓰고 있다.

> 결국, 금융자본은 팽창정책을 추진하고 새로운 식민지를 확보하는 역할을 하기에 충분할 정도로 강력한 힘을 가진 국가가 필요하다. 자유주의는 국가의 무력외교에 반대하면서 귀족과 관료들에 대항해 자신들의 지배력을 확고히 하기를 원했고, 이런 목적을 위해 국가가 힘을 행사하는 데 이용할 수 있는 수단을 가능한 한 좁은 범위 안으로 한정하려고 했다. 반면에 금융자본은 국가에 제한 없는 무력외교를 요구한다. 육군과 해군에 대한 국가의 지출이 가장 강력한 자본가 집단들에게 엄청난 독점이윤을 가져다주는 중요한 시장을 직접적으로 보장해주지 못하는데도 금융자본은 무제한적인 무력외교를 요구하곤 한다.[17]

힐퍼딩은 군비 지출을 군사 협상가military contractor들과 정부 관리 간의 공모와 매수의 산물로 보는 통상적인 자유주의적 비판을 기각한다. 군사력은 축적을 위해 필요하며, 자본주의 생산양식의 바로 그 조건들 속으로 진입한다. 육군과 해군에 들어가는 경비는 더는 임의적이거나 부수적이지 않다. 그것은 금융자본의 지배 속에서 사업하기의 일부이다.

레닌은 전쟁 문제를 특히 강조함으로써 힐퍼딩의 금융자본론을 발전시킨다. 제국주의에 대한 1916년의 팸플릿에 실린 레닌 주장의 요지는 독점자본(레닌은 힐퍼딩에게서 이것의 세부 내용을 과도하게 추론한다)의 발전이 불가피하게 전쟁으로 귀결된다는 것을 보여주는 것이다. 그것은 국제적인 카르텔들이, 서로 다른 일국의 독점 자본가들이 "세계에 대한" 평화로운 "공동 착취" 속에서 결합할, 하나의 "제국주의" 시대를 예시하는 것이라고 주장한 카우츠키와 그 밖의 사람들에 대한 논박이다. 1차 세계대전 중이라면 레닌의 짜증을 너그러이 봐줄 수 있다. 그의 주장은 너무 단도직입적이다. 이 "초제국주의"를 위한 유일하게 상상할 수 있는 토대는 서로 다른 국가 자본들을 그들의 "힘"과 관련하여 수학적으로 평등하게 하는 것이다. 그리하면 이러한 힘들에서 일어나는 모든 변화는 수평을 이룰 것이다. 이것은 불가능하다고 레닌은 지적한다. 사실, 레닌이 전쟁론을 펼치는 곳이 바로 여기다. 군사력은 독점자본의 경제적 내용의 형식이다. 그리고 이 형식은 불안정성의 시기에 모습을 드러낸다. "금융자본과 트러스트는 세계 경제 각 부분 간의 성장률에서 나타나는 차이를 감소시키는 것이 아니라 증대시킨다. 자본주의하에서 일단 역관계가 변화하면, 힘에 의한 것 외에 또 다른 모순 해결방법이 있을 수 있는가?"[18] 내용, 형식, 폭력은 의심할 바 없이 헤겔의 『논리학』과 헤겔주의 군사 이론가인 클라우제비츠에 대한 독서를 통해 형성된 헤겔주의적 범주들이다. 레닌은 "전쟁은 다른 수단에 의한 정치의 연속이다."라는 클라우제비츠의 주제를 취해 그것을 전쟁과 "평화"의 "악무한"의 시대인 제국주의 시대에 적용한다.

"국제제국주의적" 또는 "초제국주의적" 동맹들은… 그 형태가 어떠하든, 즉 다른 것들에 대립하는 하나의 제국주의적 연합이든 아니면 모든 제국주의 열강을 포괄하는 전반적 동맹이든, 그것들은 모두 전쟁과 전쟁 사이의 하나의 "휴전" 이상의 것은 결코 될 수 없다. 평화적 동맹은 전쟁의 근거를 마련하기도 하지만 전쟁으로부터 생겨나기도 한다. 양자는 서로 제약하는 가운데 세계경제와 세계정치의 제국주의적 관계와의 연관이라는 같은 토대로부터 평화적 투쟁과 비평화적 투쟁의 형태를 교대로 만들어낸다.[19]

전쟁과 군비 지출은 자본주의 생산양식에 본질적이고 필수적인 것이 되었다. 그래서 레닌은 "부수적인 생산 비용"이라는 맑스의 개념과 대조적으로 "폭력"에 대한 가치의 근본적으로 다른 관계에 전념한다. 무기의 그늘에서 성장한 옥수수가 무방비의 들판에서 자란 옥수수와 같은 맛을 내고 그 옥수수와 같은 가치를 지닌다고(즉 사회적으로 필요한 노동시간을 구체화한다고) 맑스가 지적할 때 그는 단연코 옳다. 병사의 임금과 그/녀의 무기 비용은 말하자면 들판의 특별한 "비옥함"으로 인해 만들어질 수 있는 여분의 것들이다. 그렇지만 모든 들판이 보호받아야 한다면 어떻게 되는가? 이것은 제국주의적 권력으로 세계를 나누고 또 나누려는 쟁탈전의 경우 사실처럼 보인다. 군비 지출은 "생산의 통상적인 조건들"의 일부가 되는가? 외관상으로는 그렇다. 따라서 이러한 지출들은 일정 부분 상품들의 가치를 결정한다. 『제국주의론』의 다른 여러 군데에서처럼 여기에서 우리는 레닌이 바로 수정주의적 배신자임을 발견한다! 이와 더불어 레닌은 우리가 터널 더 아래쪽으로 이끌려 들어감에 따라 정떨어지게도 사라져 버린다.

폴 바란은 그 자신 그리고 생존하는 스위지와 오코너를 변호하는 것처럼 보인다. 히로시마 그리고 적군赤軍의 베를린 입성은 욕지기나는 제국주의 전쟁의 교대 회로를 끝냈지만, 또 다른 욕지기가 생겨났다. 미국이 지배적인 자본주의 권력으로 출현해서 "제국주의 사이의" 전쟁은 끝났지만, 미국은 직접 또는 "제3세계"의 예속 정권을 통해 무수한 반란 반대 전쟁에 개입했을 뿐만 아니라 소련과의 "가상적인" 핵전쟁을 지속했다. 막대한 금액이 군비로 나갔다. 핵무기의 지구 외적인 힘들을 가정하면, "국방" 개념을 바탕으로 하는 어떠한 만족스러운 설명도 가능하지 않다. 그렇다면 왜 전쟁인가? 20세기 초반의 제국주의 분석가들과는 완전히 다른 새로운 설명이 나타났다. 바란과 스위지는 독점 자본가의 형성과 더불어 발견되는 새로운 자본주의 발전 "법칙"에 기초해서 이러한 접근법을 규정했다. 상승하는 잉여법칙, 다시 말해 "한 사회가 생산하는 것과 그것을 생산하는 데 드는 비용" 간의 늘어나는 격차가 그것이다. 이것은 산업기술의 생산 역량들과 자본주의적 축적의 사회적 한계들 사이의 점증하는 모순 ― 궁극적으로는 사용가치와 교환가치 간의 대립 ― 을 표현하는 것이었다. 요컨대, 바란과 스위지의 주장은, 자본주의 기업을 정상적으로 운영하게 되면 수익성의 관점에서 볼 때 불변자본과 가변자본의 재생산에 필요한 것보다 훨씬 많은 것을 생산하고, 그리하여 이러한 잉여가 자본주의적인 사회관계의 기본 원리들을 침해하지 않고 "흡수될" 수 있도록 어떤 방안이 강구되어야 한다는 것이다.

이러한 주장의 귀결은 새로운 전쟁론이다. 전쟁 비용은 그것들의 오래된 제국주의적 용도를 떠나서, 잉여를 흡수하는 최고의 방법이다. 그들은 다음과 같이 쓰고 있다. "여기에서 마침내 독점 자본주의는 겉으로 보기에 '어떤' 문제 ― 정부는 체제가 더욱 심한 침체에 빠지지 않도록 충분한 돈을 지출할 수 있는 것은 무엇인가? ― 에 대한 해답을 찾은 것처럼 보였다. 무기, 더 많은 무기, 훨씬 많은 무기가 그것이다."[20] 1860년대의 정부 지출에 대한 J. S. 밀의 비판을 떠오르게 하는 이러한 주장은 생산적 노동과 비생산적 노동을 가르는 맑스의 구분을 다시 불러내는 것처럼 보이지만, 그것은 왜곡을 거친 뒤이다. 미사일 공장의 선반 조작자인 "비생산적 노동자"는 자본주의 생산의 현존에 필수적이다. 그/녀는 "합리적인 사회"의 관점에서 볼 때만 비생산적이다. 전쟁을 이런 식으로 그려내는 것에는 현실적인 매력이 있다. 왜냐하면 상상할 수 있는 가장 파괴적인 무기들을 생산하는 시대에 바란과 스위지가 우리에게 그것들이 결국 자본의 장난감들이라고, 독점자본(!)의 "특징적인 소비"라고 말해주기 때문이다. 나아가 그들이 우리에게, 미국의 노동계급은 이 근본적 사기꾼에 대한 수동적 동조자들이며 이들은 독점자본의 요구에 노동계급이 복종하는 것을 반공이데올로기로 "합리화한다"고 말해주기 때문이다.

바란과 스위지의 작업은 2차 세계대전 직후의 "전쟁" 케인스주의를 반영했는데, 당시 계급투쟁은 대규모 산업들의 단체교섭 의식들rituals로 흘러들어 가는 것 같았다. 그러나 1965년과 1973년 사이에, 투쟁의 "노조-경영" 공식은 ("살쾡이 파업"을 통해) 공장 자체 내부와 특히 "사회공장"(게토, 대학, 군대, "가정") 내부에서 모두 깨졌다. 국가의 직접적인 대응은 군비 지출뿐만 아니라 "복지" 기금("베트남" 더하기 "위대한 사회")을 늘리는 것이었다. 제임스 오코너는 이러한 사태 전개를 설명하기 위해 바란과 스위지의 전쟁론을 확대하려고 시도했다. 그는 자본주의 국가가 "두 개의 기본적이면서도 종종 모순적인 기능들 - 축적과 합법화[정당화] legitimation - 을 수행하려고 노력해야 한다."라고 주장했다. 축적 기능들을 수행하는 지출이 "사회적 자본"이라면 합법화 기능들을 수행하는 지출은 "사회적 비용"으로서, 첫 번째의 것은 생산적이고(잉여가치를 확대하고) 두 번째의 것은 그렇지 않다. 군비 지출과 "복지" 지출은 사회 비용을 합법화하는 범주로 분류된다.

복지의 기능은 잉여인구를 정치적으로 통제하는 것일 뿐만 아니라 소비와 국내 시장을 확장하는 것이기도 하다. 그리고 전쟁 체계는 외국 경쟁자들의 접근을 막고 세계 혁명의 전개를 억제할 뿐만 아니라…국내 경제의 침체를 저지하는 데 도움을 주기도 한다. 그래서 우리는 정부를 전쟁-복지 국가로 서술한다.[21]

그러므로 군비 지출의 기본적인 기능은 자본주의 국가의 "합법성", 다시 말해 노동계급 내부에 자본주의를 위한 "충성과 지원"을 늘리는 것이다. "복지"가 "잉여"인구에게 빵 같은 것으로 보인다면, 군사 기구는 현대 프롤레타리아의 서커스처럼 보인다. 사실 오코너의 "잉여인구" 개념은, 그것의 유일한 기능이 국가를 위해 "서민들"prolis(아이들)을 생산하는 것인 테베레강의 기슭에 사는 소란스러운 프롤레타리아와 크게 다르지 않다. 그들은 또한 현대판 곡물법(예컨대 아동부양세대부조AFDC와 식권 제공)을 통해 혁명적 소요로부터 차단되어야 한다. 그들은 또한 "빈곤 퇴치 프로그램"으로, 그리고 군대에 의해 생산되는 폭력의 쾌락, 일시적인 전능함, 원격 테러를 무료로 제공하는 (그뿐만 아니라 고용의 계속된 원천이기도 한) 검투사 게임과 전투로 구매된 선거권을 지니고 있다. 세네카는 이에 대해 다음과 같이 기술했다. "구경꾼들은 살해자가 이제, 그를 죽이기로 되어 있는 사람을 만날 것을 요구한다. 그리고 그들은 또 다른 도살을 위해 항상 마지막 승리자를 남겨 둔다. 모든 결투의 결과는 죽음이며, 그 수단은 불과 검이다."[22] 그래서 마찬가지로, 군대는 그것의 명백한 제국주의적 목적과는 별개로, (오코너에게 핵심적인 영향을 끼친 사람인) 하버마스에 따르면, "선진 자본주의 국가"가 요구하는 합법화 과정에 필수적인 스펙터클을 제공한다.

> 국가 기구는 더는 자유주의적 자본주의에서처럼 (재생산 과정의 지속적인 존재를 위한 필수 조건이라는 의미에서의) 생산의 일반적인 조건들을 단순히 보호하는 것을 넘어서 이제는 그것에 적극적으로 참여한다. 그러므로 그것은 ― 자본주의 이전의 국가처럼 ― 합법화되어야 한다. 비록 그것이 자본주의의 발전 과정에서 침식당하고 쇠약해져 버린 전통의 잔여물에 더 이상 의존할 수 없다 해도 말이다.[23]

하지만 국가는 "참여"를 끌어냄이 없이 어떻게 "일반화된 동기들을 끌어내는가 — 즉 대중적 충성을 유포하는가?" 분명 수소폭탄, 레이저 빔을 쏘는 "스타워즈" 인공위성, 종말론적 소문과 미사일 등은 "게임" 요소를 지니고 있다(필경 사용되지 않기 위해 구축된 거대하고 값비싼 기술!). 그것들은 우리가 국가의 권력, 폭력, 공포를 느끼도록 만든다. 혹은 적어도 그들은 그렇게 만들었다. … 결국 국가는 신에게 가장 가까운 세속적인 것이다.

이렇게 오코너의 전쟁론은 바란과 스위지의 이론보다 어느 정도 더 나아가는데, 군비 지출의 잉여 흡수적인 특징(그것들은 "국내의 경기 침체를 지연시킨다.")을 인식하는 것 외에 "합법화하는" 요소 — 대중적 느낌들을 생산하는 기계에 대한 막대한 투자 — 를 추가하기 때문이다.

바란은 우리가 그 터널 아래로 더욱 이끌려 들어갈수록 미소를 지었다. 그리고 거기에 찬란하게 빛나는 맑은 조명, 순수한 수정이 될 때까지 강렬하게 커지기 시작한 빛이 나타났다. 하지만 그것이 내 눈을 다치게 하지는 못했다. 나는 부드럽게 비꼬는 목소리로 다음과 같은 질문과 물음들을 던졌다.

노동계급은 왜 자본이 하는 모든 것들을 인내할 정도로 그렇게 비합리적인가?

자본이 그렇게 자기-제한적인가?

"비생산적" 상품들 대부분의 교환은 왜 일어나는가?

부검을 위한 시체들은 어디에서 오는가?

"비정상적인" 동성애자들, "광인들", 집시들, 유대인들에 대한 히틀러의 몰살은 관료제적 비합리성 또는 자본주의적 재생산 정책의 산물이었는가?

더 많은 질문이 흘러나왔고 열기가 나를 에워싸기 시작했다. 그런 뒤에 나는 어떤 섬광 속에서 모든 자본의 고갱이를 생산하는 데 요구되는 막대한 양의 노동 – 노동력 – 을 보았다. 그리고 나는 자본과 좌파가 얼마나 많이 그것을 비가시적인 것으로, 무보수적인 것으로 유지해 왔는지, 그것을 무엇보다도 여성을 위한 자연적 정체성으로 이해했는지, 그리고 이러한 노동에 대해 임금을 요구하는 사람들을 헐뜯었는지 알게 되었다. 바다에서 솟아나는 섬처럼 해저의 어둑한 곳에서 젖어 있다가 빛 속에서 숨을 쉬는 이름 없는 동물들, 곤충들, 식물들로 가득 찬 재생산 노동이 시야에 들어왔다.

자본주의적 생산이 가치를 생산하기 위해 (필수적이긴 해도) 오직 부수적으로만 사용가치를 창출하는 것과 꼭 마찬가지로, 자본주의적 재생산에서도 역시 노동력이 대상이며 그것을 구현하는 인간 동물들은 부수적으로만 만들어지는 것이다. 자본의 시각에서 볼 때 이 동물들은 노동력을 구현할 때만 인간이며, 이 동물들의 집합은 가변자본이 될 수 있을 때만 인구를 형성한다. 그러나 동물에서 인간으로의 이행, 동물에서 자본으로의 이행은 결코 "자연적이지" 않다. 그 이행은 노동을 필요로 하며, 그렇기 때문에 그곳이 투쟁의 어떤 지반, 어쩌면 투쟁의 바로 그 지반이다. 동물의 탄생은 결코 노동력의 탄생이 아니며, 동물의 죽음은 결코 노동력의 죽음이 아니다. 계급투쟁은 탄생과 죽음을 둘러싼 투쟁이 아니며, 더 근본적으로 말해, 태어나고 죽임당하고 있는 것이 무엇이냐를 둘러싼 투쟁이다. 여기에서 우리는 전쟁의 재생산적 기능을 알 수 있다. 강도가 생산물을 탈취해 가지 못하도록 들판을 지키는 병사를 예로 드는 나소 시니어는 피상적이지만, 그때 그에 대한 맑스의 논평 역시 피상적이었다. 병사의 현전이 노동자가 거기에 존재하는 데 필수적이었다면 어떨까, 그것이 지출된 노동력의 본질적인 부분이었다면 어떨까?

전쟁, 대량 학살, 노동이라는 주제는 물론 맬서스의 "인구론" 이래 고전적인 정치경제학의 기본을 이룬다. 맬서스의 "인구론"은, 노동계급의 성적 활력에 의해 생산된 동물들의 숫자가 공간 부족과 음식 공급 부족에 직면하여 "서로를 상호 생산하는 두 가지 치명적인 무질서인 국내 폭정과 내부 소란"으로 이어질 때 "인구에 대한" 거대한 "억제책들" 중의 하나가 전쟁이라고 설명한다. 맬서스 목사의 "원리[인구론]"에 대한 맑스의 가차 없는 비판은 전쟁의 원인을 대자연에서 대자본으로 옮길 뿐이다.

> 따라서 경제학자들에 의해 자연법칙으로까지 신비화되고 있는 자본주의적 축적 법칙이 실제로 표현하고 있는 것은, 자본관계의 끊임없는 확대재생산을 매우 위태롭게 할 수 있는 노동 착취도의 어떤 감소와 노동가격의 어떤 등귀도 자본주의적 축적의 성격 자체에 의해 배제되고 있다는 점이다. 그것은 물질적 부가 노동자의 자기 발전 요구를 충족시키기 위해 존재하는 것이 아니라, 도리어 노동자가 현존 가치의 증식 욕망을 충족시키기 위해 존재하는 그런 생산양식에서는 그렇게 될 수밖에 없다.[24]

자본주의 축적을 "심각하게 위험에 빠뜨리는" 모든 경향을 "배제하고자 하는" 끊임없는 시도에서 가장 중요한 물질적 수단은 "인간 절멸 산업"과 그 산물들 ― 시체와 공포 ― 속에서 발견할 수 있다. 분명 히틀러는 "인구학적 정책"에서 차지하는 전쟁의 중요성에 주목한 최초의 사람이 아니었다. 그의 새로움은 단지 그러한 정책의 대상(유럽인들)과 시대(20세기)에 있었다.

따라서 "전쟁" 지출과 "복지" 지출을 가른 좌파 다수의 구분은 피상적이었으며 기껏해야 전술적이었다. 두 지출은 "계속 확대되는 규모로 이루어지는 자본주의 관계의 재생산"에서 본질적인 요소들이다. 앞에서 내가 언급했던 것처럼,

> "전쟁"과 "방위"는 노동력 재생산의 본질적인(비록 그렇게 인식되지 못하고 있지만) 부분으로서, 수백만 노동자들의 죽음을 명령할 수 있다. 아우

슈비츠, 다하우, 벨젠 수용소들은 몰살 공장으로서 이곳의 생산물은 나치 자본의 '노동 정책'의 본질적인 계기였다. ··· 더욱이, 국가의 "사회복지"비는 방위비와 같은 것으로 간주할 수 있다.[25]

국가 지출의 이 두 유형은 작동하기 시작한 노동인구와 사회자본 간의 "적절한" 양적 비율의 유지에 본질적이었다. "자본주의 생산양식에 특수한 인구 법칙"을 생산하는 데 필요한 기제들이 되어가고 있는 전쟁과 출생률 통제. 따라서 국가의 전쟁 수행 능력 그리고 자궁에 대한 국가의 통제를 둘러싼 계급투쟁은 가장 기본적이고 전복적인 것이었다. 자본주의가 잉여 노동(자본)의 양과 전체 노동의 양 사이의 비율을 통제하지 못하면 체제는 자신을 재생산할 수 없게 될 것이기 때문이다. 자본은 생명에 맞서는 죽음의 투쟁, 에로스 자체에 맞서는 타나토스의 투쟁이 아니었다. 모든 인구 통계학자들이 볼 수 있었던 것처럼, 자본은 우주의 불멸의 힘뿐만 아니라 엄청난 성적 힘을 해방했다. 아니, 그것은 축적된 가치들을 생산하기 위해 에로스와 타나토스, 사랑과 죽음을 관련시킨 법칙이다. 고로 계급투쟁은 자본의 법칙과 의도에 맞서는 투쟁이었지 생명(이것이 무엇을 의미하건!)을 위한 투쟁이 아니었다.

그러나 전쟁은 양적 비율의 결정에 중요했을 뿐만 아니라 노동력의 질을 결정하는 것의 일부이기도 했다. 전쟁 그리고 그 위협, 다시 말해 공포는 임금의 기존 위계뿐만 아니라 일반적인 임금 수준을 통제하는 데 이용될 수 있었다. 이것의 가장 명백한 사례는 임금을 직접 통제하는 것 그리고 공식적으로 선포된 전쟁 중의 노동의 구성이었다. 하지만 이것은 가장 피상적인 사례에 지나지 않는데, 임금투쟁에서 자본과 노동계급의 "접촉면" 지점들에서 이루어지는 군대, 경찰, 준군사 조직의 미시응용microapplication은 기록할 가치가 없을 만큼 너무나도 흔한 일이기 때문이다. 실제로, 임금 투쟁의 절정기에 활동했던 (예컨대 홉스 같은) 자본의 이론가들은 국가를 재산과 재산 생산의 조건들(노동)을 보호하기 위해 폭력에 의존할 수밖에 없는 사회제도와, 다시 말해 국가를 저 유명한 "무장한 사람들의 신체"와 단순하게 동일시한다. 하지만 임금, 노동의 이용가능성, 임금 위계의 유지 등에 가해지는 전쟁과 테러라는 전 지구적인 충격 역시 존재했는데, 이는 임금이 노동력의 가치, 즉 노동력 단위를 재생산하는 데 필요한 노동시간의 양을 특정하기 때문이며, 테러(죽음의 공포)는 이 가치[원문 그대로]를 극적으로 감소시킬 수 있기 때문이다. 진실로, 우리 죽은 자들이 알고 있는 것처럼, 이 테러에는 한계들이 존재하지만, 노동자들이 그 도구들이 자신들을 쓰러뜨리기 위해 선택할 것으로 믿는 것은 무엇이든 효과적이다. 예컨대, 노동자들이 자신들의 임금투쟁이 자신들의 나라에서 자본을 "약화할 것"이고 그래서 자본이 보복할 것이라고 믿느냐 아니냐, 또 다른 국가가 이러한 취약함에서 "이득을 보고" 공격할 것으로 믿는가 아닌가는 이 효과와는 무관하다.

더욱이, "인간 절멸 산업"은 어느 시기에도 또는 노동계급의 "시초적 또는 원시적 축적"에도 불가결한 것이었다. 물론 여기에 있는 우리는 모두 자본이 착취를 목표로 "공짜로" 국제적인 프롤레타리아를 창출하기 위하여 유럽인들의 들판을, 아프리카인들의 대륙을, 인도인들의 부족部族을 빼앗기 위해 휘둘렀던 폭력을 기억한다. 하지만 이 엄청난 폭력의 필요는 두 가지 이유에서 17세기로 끝나지 않았다. 첫째, 대부분의 잠재적인 노동력은 세계의 노동에 대한 자본의 초기 목록에서 제외되었으며 더욱이 몇몇 영역들은 장부에서 "빠질" 수 있었다(예를 들어 19세기 잠깐 동안의 아이티가 그렇다). 둘째, 그리고 훨씬 중요한 것은, 자본주의 발달의 모든 시대에 노동계급 일부는 어떻게든 자급수단들을 확보한다. 이것들은 더 오래된 자본주의 양식과 양립할 수는 있겠지만 새로운 축적 양식을 창출하기 위해서는 파괴되어야 한다. 시초축적의 영겁회귀로 기술될 수 있는 자본주의 발전의 모든 중요한 변화마다 각각의 계기가 존재한다. 오래된 방식들은 파괴되어야 하며, 프롤레타리아는 자신의 과거에서 "자유로워져야" 하고 이것이 일어나기 위한 유일한 방법은 전쟁과 그것의 폭력이라는 피와 불을 통해서이다. 유럽의 공장 프롤레타리아의 창출로 귀결되는 나폴레옹 전쟁 그리고 1945년 이후 "붐"의 형성으로 귀결되는 1차, 2차 세계대전은 원시적 축적 "메아리"의 분명한 사례이다.

전쟁이 노동계급의 창출, 양, 질의 유일한 필수조건인 것만은 아니었다. 전쟁은 노동조직의 새로운 형식을 위한 연구실, 실험장, 공장이었다. 우리는 다음과 같은 요점, 즉 군대 경험이 자본주의적 협력의 기본적인 패러다임이라는 요점을 말하기 위해 진부한 이야기("산업생산의 모델들은 군대와 감방이었다.")를 되풀이할 필요도 없으며 세계대전의 대중적 군대와 1950년대의 미국, 유럽, 일본의 조립라인 사이의 상관관계를 다시 상상할 필요가 없다. 그러나 여기에는 새로운 이야기가 하나 있다. 베트남 전쟁 이후 미국 군대 내에서 여성을 활용한 것은 분명, 여성의 재생산적 능력이라는 새로운 노동형식을 이전 시기처럼 간접적으로가 아니라 직접적으로 시험하는 것이었다. 이러한 통합된 섹슈얼리티의 난점은 국가의 핵심부에서 엄청나게 쉽게 연구되고 조작될 수 있었다. 이것은 노동생산성의 발달과 새로운 유형의 협력을 위한 영역으로서의 전쟁과 군대의 일반적인 "기능"이라는 가장 최근의 사례에 지나지 않는다.

결국, 군대와 경찰은 노동관계의 효율을 높일 뿐만 아니라 비생산적이고 반생산적인 노동자들을 절멸시킨다. 실제로 이것들은 무관한 과제들이 아니었다. 심지어, 또는 특히 노동력의 매우 생산적인 고용이라 할지라도 생산 흐름에서 배제되어 죽임을 당하고 나중에는 내버려져야 하는 고도로 엔트로피적인 "쓰레기들"을 창출했다는 것을, 가장 어리석은 사람들조차도 알았다. 가장 원활하게 작동하는 기계도 모든 주기의 완성에서 배제되어야 하는 그 나름의 "다 써버리고", "소진되고", "저하된" 에너지들을 창출한다. 그것들은 매 주기가 끝날 때마다 폐기되어야 한다. 그렇지 않으면 다음번 주기는 극히 비효율적으로 될 것이다. 이것은 불변자본뿐만 아니라 가변자본에도 해당된다. 그래서 자본주의의 가장 정교한 형태조차 그 나름의, 재활용할 수 없는 "범죄자들", "악당들", "게릴라들", "테러리스트들", "혁명가들", "변태 성욕자들", "마녀들"과 마주한다. 묘책은 그것들을 발견하는 것이다. 그러므로 발견자들 ─ 첩자들, 첩보원들, 서류들이 필요하다. 그런 다음 그[것]들을 파괴할 필요가 있다. 처형, 암살, 암살단, "반테러주의" 캠페인, 그리고 "대게릴라 활동" 전쟁의 긴 역사는 변칙적인 "잘못된 사회관계들"에서 비롯하는 "부수적인 비용"에 관한 이야기가 아니다. 이러한 것들은 냉각기가 증기기관에서 본질적인 것처럼 자본주의 생산에서 본질적이었다.

그래서 나는 내 앞에 전쟁의 순수 이론이 놓여 있음을 알았다. 피와 배설물에 젖은 절멸, 테러, 몰수, 훈육, 근절의 뱀이 똬리를 틀고 있다. 전쟁이라는 이 추잡한 수정^{水晶}을 불러내었던 목소리는 사라졌다. 나는 홀로 남겨졌다.

전쟁을 본질로 하는, 내가 탈출했었던 체제에 대한 지식을 지닌 채, 그리고 병에 걸린 채 나는 홀로 남겨졌다. 평화를 가져오자고 주장했던 사람들이 새로운 전쟁기계를 망토 속에 숨기고 군대를 마음속에 숨겼던 지난날들에 대한 기억과 함께 나는 홀로 남겨졌다.

"가볍게, 값싸게, 많이" / "수출만이 살길이다" : 새로운 전투적 사유와 재산업화

나라가 군대 때문에 가난해지는 까닭은 군수품을 멀리까지 수송하는 데에 있으니, 군수품을 멀리까지 수송하게 되면 백성들은 가난해진다. 가까이에 군대가 있으면 물가는 비싸지고 물가가 비싸지면 백성들의 재정이 고갈되고, 재정이 고갈되면 백성들은 가렴주구에 시달린다. ─ 손자[26]

그들이 갖고 있다고 생각한 금세기 자본주의 발전의 4중 경로는 제안된 모델을 "가속하고" 노동계급을 적절하게 재생산할 군사 정책을 수립할 능력을 필요로 했다.

결국, 각각의 모델들은 군사적 "전략"을 개발하고 거래를 위해 그것을 자본과 노동계급의 주요 부분들에 "판매해야" 했다. 1973년 이후 축적 과정이 밟았던 방향성 속에서 중요한 변화들이 일어나기 위해서는 특히 그러해야만 했다. 군사 정책과 [국방]조달이 자본주의 발전과 다른 발전에서 대단한 역할을 한 것은 단지 노동계급의 재생산, 즉 노동자로서의 노동자의 생산에 대한 군비 지출 때문만이 아니다. 그것은 또한 "가내" 산업들 위에서 이루어지는 국내 생산과정의 형성에서도 결정적이다. 미국에서 군사 조달은 직접적인 정부 투자 및 불변자본을 위한 보조금의 기본 형태다. 그것은 GNP — 이것은 어쨌든 측정하기에는 너무 크다 — 의 작은 부분일 수도 있지만, 형태와 효과 면에서 다른 유형의 투자와는 질적으로 다르다. 다른 형태의 직접적인 불변자본 투자와 비교하여, 군비 지출은 역동적일 수 있다. 엄청난 양의 자본이 말 그대로 "하늘을 벗어나" 변형될 수 있다는 의미에서 말이다. 그것은 군대에 반대하는 자유주의의 영원한 불만사항인 직접적인 이윤성에 의존하지 않는다. 군비 지출 뒤에는 국가 권력이 존재하며, 그리하여 모든 지역적 제약, 노동 규제책 등은 무시될 수 있다. 그것은 의도적이고 임의적이 됨으로써 효과 면에서 속도를 더하고 있다.

엠엑스[27]에서 입자 빔에 이르는 극히 자본 집약적이고 심지어는 "과학집약적"이기까지 한 무기에 새로이 막대한 투자를 해야 한다고 강조한 레이건의 방어 정책은 분명 새 천 년을 위한 특수한 불변자본 모델을 포함하고 있다. 폰 노이만의 제자이자 수소폭탄 애호가인 텔러가 주요한 기술적 고문이었던 것은 우연이 아니다. 또 다른 반⊠레이건 개발 모델이 제안되려면 새로운 군사 교의가 필요했다. 그래서 "평화" 운동이 하룻밤 만에 "동결" 운동으로 바뀐 것은 놀랄 일이 아니다.

실제로, 동결[운동] 뒤에는 전체적으로 새로운 군산 복합체가 존재했으며, 그래서 동결로 가는 길이 매끄러울 수 있었다. 전형적인 동결이나 그라운드 제로[28] 집회에 모인 사람들은 참석한 "중도주의적" 인사들 — 재킷을 입은 사람들과 타이를 맨 사람들, 전문적인 여성들과 (민주당 안에서처럼) 정치적이건 제도적이건 "공식적인" 후원인들 — 에 감명받았던 것을 기억한다. 전 중앙정보부CIA 국장이었던 윌리엄 콜비조차 그것을 지지했다. 사람들이 편집증에 걸리게 하기에 충분했다! 『리더스 다이제스트』와 레이건은 (항상 선의를 지닌!) 대중들이 (모든 것들을) KGB에 조종당하고 있다고 말하면서 온통 공산주의자 사냥에 전념했다. 하지만 여기에서 레이건과 동료들은 시대에 뒤처졌다. 그 "조종자들"이 의회 의원들, 자동차 산업의 기업 사령부들, 모스크바가 아닌 워싱턴의 "신자유주의적" 두뇌집단들 속에서 발견될 가능성이 좀 더 많았기 때문이다. 그리고 조종을 당하는 사람들은? 우리 대중들은 그렇게 선의의 사람들이 아니었다. 일부 정당들은 명백히 모스크바의 꼭두각시들에게서 좀 더 나은 거래를 찾고 있었다! 그 이유는, 예컨대, 1982년 봄에 [미국] 북동부의 주요 언론들(특히 『뉴욕타임스』와 『보스턴 글로브』)은 6월 12일 이전의 동결 이벤트 참가자 수를 일관되게 과대평가했기 때문이었다. 여기에서 초라한 반핵 에너지 운동은 말 그대로, 보도를 위해 싸워야 했다.

반핵전쟁 운동을 감동적으로 후원하는 이유는 간단했다. 대부분의 자본은 레이건의 극단적인 영역 모델의 안정성을 의심했으며 더욱이 일부 자본들은 혼합노동의 역사 무대를 평화적으로 행진하기를 거부한다면 사라질 것이 분명했기 때문이다. 동결 운동에서, 그리고 그것과 결합한 군산복합체에서 발견되는 이러한 요소들은 생존과 미래의 더욱 안정적인 체제를 약속했다. 그리고 어쩌면 더욱 깊게 그들은 핵무기들이 군사적으로 시대에 뒤졌음을 인식했다. 다시 말해, 자본주의적 통제에의 위협은 광범위한 영토 전쟁에 존재하는 것이 아니라 정밀하면서도 집중적인 응용을 해야 하는 분자적이고, 모세관으로 이루어진 확산적인 전염들에 존재했다. 나이키[29]는 정말 "엘살바도르 문제"를 "해결"할 수 있을까?

"새로운 전략적 사유"를 주장하는 정치 평론가는 의심할 바 없이 제임스 팔로즈(와 레이건 취임 첫해에 간행된 그의 책『국방』)였다. 그는 그러한 접근법의 주요 주장들의 기초를 세웠을 뿐만 아니라, 본연의 위치로 복귀한 과거 베트남 전쟁 저항자들의 목소리를 기가 막히게 포착했지만, 지금은 그 대가로 체제에 합리성과 "인간성"을 요구한다. 그가 취하는 접근법의 요체는 저렴하게 많이 구축하는 것이다. 충분하기만 하다면 군무기는 "작은 것이 아름답다." 그러면 『워싱턴 먼슬리』, 팔로즈와 "신자유주의자들"의 기관지가 추천하는 다음의 조달 목록을 검토해 보라.

군대가 사용할 수 있는 무기들

1. B-52를 대체할 경량의 기동성 있는 장거리 폭격기

2. 이제는 주 방위군만이 사용하는 A-7 공격기의 증대된 조달

3. A-10 근접 지원 비행기의 증대 조달

4. F-4와 F-5 전투기들의 갱신된 조달

5. 공격과 미사일 발사가 모두 가능한 소형의 디젤 엔진 잠수함들

6. 레이더를 피하는 저렴한 소형 "쾌속정"

7. 대전차 무기로 활용하기 위한 106밀리 무반동 (대포) 총

8. 대전차 무기로 활용하기 위한 GAU-8 30밀리 대포

9. 사이드와인더[30] 미사일의 증대 조달

10. 기동전 능력 향상을 위한 오토바이 대대

11. 원격 조종 발사체의 증대 조달(적군 고사포에 대한 무인 표적 탐지기들과 교란기들)

12. 해병대용의 소형 경전차

물론 핵심어들은 "경량", "소형", "저렴", "기동성" 등이다. 팔로즈와 그의

동료들은 "방위"의 문제들에 대한 고기술의 "마술적인" 해결책들을 찾기 위한 계속된 시도와 "조달의 문화"를 겨냥했다. 팔로즈의 수사학적 전술들의 의미를 파악하기 위해, 그가 "돈 쓰기 사업"에 대한 국방부의 왜곡을 논평한 것을 고찰해 보라.

이것은 부패이기는 하지만 흔히 생각되는 의미에서 부패인 것은 아니다. 뇌물, 법인 항공기를 이용한 카리브해로의 여행이 실제 일어나지만, 이것들은 본질을 왜곡한다. 마치 앱스캠[31]이 의회가 무책임한 것의 본질을 왜곡하는 것처럼 말이다. 그리고 총무청[32]의 뇌물이 공무원의 병리를 왜곡하는 것처럼 말이다. 실질적 피해는 극적이지 않고 일상적이다. 그것은 군사 무기의 일상적인 작동에서 이루어지는 의도의 상실이며, 국방을 조달이 대체하는 것이다. 이것이 진짜 부패이며, 모든 연관된 집단들에 영향을 미친다. 군인들은 판매 대리인으로 전락하는데 이들은 부동산업계에서 의미가 있는 기술들에 대해 보상을 받는다. 계약자들의 생산적 핵심은 불이행 문화와 접촉하면서 부식되며, 마침내 방위에 대한 공적 논의의 합리성과 정중함은 끊임없는 비용 지출이라는 은폐된 의도에 의해 파괴된다.[33]

여기에서 우리는 "이성"의 목소리를 듣는데, 그 목소리는 재단하는, 냉소적인, 레즈비언-맑스주의적인 으르렁거림이 아니다. 그 목소리를 내는 사람은 방위 구도의 양 입장을 보았으며 적절한 균형을 가져올 수도 있고, 그 "일"이 "제대로" 이루어져야 한다고 요구하고 있을 뿐이다. 팔로즈의 진지한 글과 『비즈니스위크』의 "재산업화" 팀의 신경질적인 불평을 비교해 보라.

너무나 자주 최고 경영자들은 직원들에게 잡다한 신호들을 보낸다. 한편으로는 창의성을 요구하고 다른 한편으로는 숫자를 중시한다. … 경영진이 낯선 기술 또는 마케팅 개념들에 익숙해지는 가장 쉬운 길은 그것들을 측정하기 위한 기술을 고안하는 것이다. 내부수익률[34]과 할인현금흐름[35]이 새로운 프로젝트들을 결정하는 데 필요한 학습된 본능을 대체했을 뿐만 아니라 양적 접근법들 - 아니면 기껏해야 공식화된 접근법들 - 이 인적 자원 관리에 영향을 미치기도 했다. 그 옛날 모범을 보이고 통상적인 매일매일의 현장 접근을 통해 종업원들에게 동기 부여했던 것들은 행위 수정 풍토와 태도 조절 등등과 같은 상담사의 기술에 자리를 내주었다. 최고 경영진이 종업원들에게서 고립되어 온 것은 조금도 이상하지 않다.[36]

다른 리듬으로 이야기하고는 있지만 파토스는 같다. 이 기술자들은 정지된 시스템의 엔진을 살펴보며 "수단을 방법보다 앞세웠다."라고 진단한다.

팔로즈의 사유와 "재산업화론자들"의 사유가 관계있다는 것은 결코 미사여구가 아니다. 왜냐하면 팔로즈의 책들에서 그리고 결국은 동결 운동의 일부로 발전한 방위 전략의 사고 속에서, 동결은 "재산업화" 정책의 본질적인 요소이기 때문이다. 그것은 두 가지 면에서 본질적이었다. (a) 그것은 대규모 산업을 재도입하고 오래된 경제 분야를 부활시키기 위해 새로운 조달 정책을 통해 국내 경제에 국가가 개입하는 것을 허용할 수 있는 완전히 수용 가능한 타협 방법을 받아들였다. 또한 (b) 그것은 국제적인 노동 분할에서 미국의 새로운 역할에 부합하는 개입세력을 국제적으로 개발하려고 시도했다.

동결 운동 자체가 성공했다면 국방 조달은 레이건의 양극화를 넘어서는 "새로운 양식"을 개발하려고 노력하고 있던 방위 체제 일부의 수중에 놓였을 것이다. 전체 방위 체제는 모든 자본의 달걀들이 냉전의 핵 바구니에 놓여야 하느냐 마느냐에 따라 분열되었다. 이러한 논쟁을 분명하게 알 수 있는 것은 한동안 중앙정보부CIA의 실질적인 수장이었던 해군중장 "바비" 인먼이 1982년 4월 중앙정보부에서 사임하는 이유를 설명하면서 했던 언급들이다. 그는 "나는 우리가 진주만 공격과 같은 것에 놀랄 수 있으리라는 가망성을 즉각적으로 거부합니다. 그리고 이와 거의 같은 것이 유럽의 동부 전선, 중부 일대에도 적용됩니다."[37] "세계의 많은 지역에서 불안정성과 다투면서, 열렬한 종교운동에 대항하려고 애쓰면서", "해외의 계속되는 정치적·경제적 경향들 속에서" 문제가 발생한다. 다시 말해, 첩보의 문제는 양극적인 문제가 아니다. 그 물음은 이렇다. 미국은 미사일-폭탄-항공모함을 통해 또는 기관총-실신 가스-레이저를 통해, 다시 말해 소련 또는 직접적으로는 지방이나 해외의 프롤레타리아 반란을 겨냥하는 무기들을 통해 지구를 "돌볼" 것인가? 재산업화의 결말은 물론, 레이건의 냉전을 거부하면 국방부의 우선권을 조정하게 될 것이라는 점이다. "고기술" 자유주의자들에서 케네디에 이르는, 로하틴에서 『비즈니스 위크』의 정치평론가들에 이르는 이러한 변동은 그들이 바라는 "정보, 노조, 기업" 간의 "협력" 유형에 연결되는 개방형 쐐기가 될 것이다. 이러한 유형의 군사적 발전은 그러한 협력에 이르는 지름길이 될 것이다.

동결은 외교에서 "재산업론자들"이 필요로 하는 군사 정책 유형이었다. 왜냐하면, 동결이 단순히 (노동의 길이에 따른 공장들의 규모에 부과되는 한계와 같은) 어떤 한계가 되었다면 그 동결은 자본이 새로운 방향성 속에서 더욱 집중적으로 발전하도록 허용, 또는 훨씬 더 좋게 말한다면, 강제할 것이기 때문이다. 어떤 점에서 더욱 순조로웠을 방향은 총체적으로, 국제적인 자본주의 무역의 혁명적 붕괴를 향해 다가간다. 사실, "산업화론자들"은 한편으로는 세계시장을 미국의 프롤레타리아를 채찍질하기 위한 하나의 클럽으로 사용하고 있었다. 다른 한편으로는 유럽과 제3세계 프롤레타리아의 점점 더 성공적인 저항으로 인해 미국의 외부에서 중단되었던 이익을 미국 프롤레타리아에게서 얻는 것이 필요하다.

2차 세계대전 이후 미국에서 일어난 임금투쟁은 생산의 다국적 경로

위에 있는 미국 자본을 첫 번째는 유럽으로 그리고 나중에는 제3세계 전역으로 내보낸 결정적인 기동력이었다. 유럽에서 임금률은 지난 시대 미국의 임금률을 추월하여 높아지기 시작했고, 제3세계에서는 폭력적인 반동과 사악한 패퇴에도 불구하고 혁명과 반란이 격렬하게 일어나기조차 했다. 그 결과 미국 프롤레타리아 안에서는 새로운 관심이 일어나고 다시 "고향"으로 돌아오고자 하는 바람이 일어난다. 하지만 그러한 귀환은 19세기 후반의 제국주의 시기를 떠올리게 하는 상황으로 자본을 내몰았다. 그러므로 양극적이지 않은 군사 정책의 유형이 본질적이 될 것이었다.

실제로 『비즈니스위크』 팀은 미국을 위한 새로운 장소를 "제1세계"와 "제3세계"의 혼합으로 받아들인다.

> 미국은 주요 경쟁국들과 달리 급속도로 성장하는 노동력을 지니고 있지만, 그 대부분은 미숙련 노동력이며 미국 임금은 해외의 임금과 비교해서 하락하고 있다. 따라서 경제는, 다른 선진국이 초기의 노동력 부족과 상승하는 임금으로 인해 덜 강조하기 시작할, 자동차와 직물 같은 대량생산 산업들을 배치할 자원들을 지니게 될 것이다. 그러나 미국은 이 산업들을 훨씬 효율적으로 만들어야 할 것이다. 왜냐하면, 미국은 노동 비용이 훨씬 낮을 아시아와 라틴아메리카의 신흥 산업 국가들과 점점 더 경쟁 관계로 진입할 것이기 때문이다.[38]

이 "수출 기반의" 정치경제학에서 군사 정책의 기능은 무엇인가? 이 팀은 그에 대해 언급하면서 정부가 "미국 수출업자들에게 불리한 조건을 다는 것"과 관련하여 "미국이 해외원조에서부터 해외의 특수한 상황에 군사적으로 개입하는 것에 이르는 더욱 적절하고 비용이 저렴한 수단을 찾아야 한다."라고 말한다. 이러한 언급은 독보적이면서 꽤 인상적인데, 그 이유는 이것이 지난 세기의 수출 제국주의 형태를 매우 나쁘게 이야기하는 것이기 때문이다. 이 팀이 이 절의 제목에서 다음과 같이 말하는 것처럼 말이다. "수출만이 살길이다."

징병대 : 가변자본과 모비 딕

생산수단이 노동 조직을 규정한다는 우리의 이론이 인류 절멸 산업에서보다 더 확연히 입증되는 곳이 어디에 있단 말인가? — 맑스가 엥겔스에게 보낸 편지(1866)[39]

재산업화의 정치경제학과 동결 캠페인이 맺는 본질적인 관계를 알게 되자마자 다음과 같은 질문이 떠올랐다. 그 병사들은 어디에서 충원되며 그들이 할 일은 무엇인가? "지원군"志願軍이어야 하는가 아니면 징병대여야 하는가?

(전체적 스펙트럼을 통한) 군사 재산업화가 징병대에 관해서 레이건 행정부와는 근본적으로 다른 시각을 갖게 된 것은 불가피했다. 결국, 금세기의 "노동 군대"와 대규모 군대는 조립라인에 구현된 대규모 노동 조직화의 본질적인 일부다. 레이건 행정부는 대중노동자를 포기하고 있었으며, 그래서 베트남 전쟁 이후 "지원"군을 자기가 선호하는 노동계급 구성의 완벽한 이미지로 바라보았다. 노동시장의 경직성을 전제한다면 바닥에는 군대가 임금에 의해 징집된 노동의 순수한 "자유 기업 지대"를 이루고 있으며, 꼭대기에는 보수가 좋은 "전문가들"과 심지어는 고기술 전쟁기계의 "상담사들"이 차지하고 있다. "자유주의자들"이 ("보수파들"이 외치곤 했던) "돈만으로는 군대를 운영할 수 없다."라고 외치면 레이건은 (프리드먼의 지원을 받아) 다음과 같이 대답했다. "왜 안 된단 말인가? 우리는 이 빌어먹을 나머지 시스템을 돈으로 운영하고 있다." 당시 자본의 좌파는 낡은 애국주의 손수건을 꺼내 훌쩍거렸다. 돈으로는 충분하지 않다고 말이다! 팔로즈는 군대의 "정신"에 대해 다음과 같이 울부짖었다. "무엇보다도 먼저 우리는 기능적인 군대가 확신, 희생, 계급에 대한 존중 등의 결속을,

그리고 군대와 그것이 대표하는 국민 간의 지지와 존중의 결속이 필요하다는 점을 인식해야 한다. … 우리가 징병제를 재도입하지 않는다면 그런 일은 일어나지 않으리라고 생각한다."[40] 재산업론자들은 그들의 군대가 온통 흑인과 라틴아메리카인들로 이루어져 있었을 때 어떻게 아프리카와 남미에서 무역 전쟁을 치르기를 바랄 수 있었을까? 그들은 어떻게 위대한 백인 청년들에게 다시 군복을 입히게 되었을까? 물론 재산업화가 완전 고용 경제를 재도입했다면, 군대 봉급이 터무니없이 높지 않았는데도 백인 청년들이 "지원"군에 입대해야 하는 이유는 무엇인가? 임금의 소용돌이로부터가 아니라면, 그리하여 감옥의 박차로부터가 아니라면, 창백한 리바이어던을 끌어들이기 위한 "희생의 결속"은 어디에 있는가? 『워싱턴먼슬리』의 편집자들은 다음과 같이 쓰고 있다.

> 국방부의 입안자들은 지난해 자신들이 우수한 자질을 갖춘 사병들을 통해 신병 모집의 목표를 달성했음을 지적하고 싶어 한다. 그들이 언급하고 싶지 않은 것은 이러한 소득의 주요 원인 — 1930년대 이후 최악의 경기 후퇴 — 이다. 경제가 계속 순환한다면, 신병 모집의 문제들이 돌아올 것이다. 특히 15세에서 21세의 국내 신병 모집 풀은 1990년까지 15% 하락할 것이기 때문이다.[41]

물론 오만함에서는 그들이 옳았지만, 예견에서는 틀렸다. 레이건이 자신의 모델에 따라 정치경제학을 수행했더라면 "군인 정신"을 침식시키는 "완전 고용"의 부활은 없었을 것이다. 이러한 점에서 레이건주의자들은 그들의 적들보다 더욱 진지한 것으로 드러났는데, 이들은 "그때 그 시절의 군"에 대해 지겹게 이야기하면서 기본 발판을 추구하고 있었다. 레이건은 15~21세의 젊은이들이 "장교로서의 훌륭한 자질"의 관례에 대해 가지고 있는 분명한 저항을 더 존중했다(저항자들을 등록하도록 길들이는 신중하고도 기회주의적인 방식이 보여주었듯이).

징병에 대한 이러한 태도를 통해 명확하게 드러난 것은, 재산업화론자들에게 새로운 군국주의자들이 필요했던 것처럼 "새로운 군대"의 사상가들에게는 재산업화론자들이 필요했다는 점이었다. 누구도 그 징병대를 백인 어린이들에게 팔 것으로 기대하지 않았다. 그들의 부모들에게는 말할 것도 없었다. 그것이 일괄 거래의 일부가 아니었다면 말이다. 미래가 실재적이라고, 그리고 완전고용과 고임금에 대한 어떤 보장이 이루어질 것이라고 합리적으로 주장할 수 있었을 때라야, 국가는 현재의 "희생"을 요구할 수 있었으며 [그에 대한 책임을] 모면할 수 있었다. 예를 들어, 대규모의 투옥은 차치하고 징병 기피에 맞서는 유일하게 신뢰할 만한 무기는 고용차별이 될 수 있었다. 하지만 전형적인 백인 반란 펑크들이 높은 수준의 자질을 요구하는 노동시장 일부에서 일자리를 찾을 가능성이 거의 없다면, 애초에 왜 그들이 징병 등록을 하겠는가? 현재와 미래의 이러한 변증법의 분명한 사례는 흑인들이 징병 및 등록과 맺은 관계 사례 속에서 찾을 수 있다. 수백만 명의 "밀입국자들", 보수파들, 떠돌이들을 최소한의 서류로 흡수할 수 있었던 레이건 정책 추진자들이 상상했던 "지하 경제"의 대규모 확대는 85%에 달하는 "공정하고 공평한" 등록률을 불가능한 꿈으로 만들었을 것이다. 재산업화론자들이 성공하지 못한다면 대규모 군대는 허풍, 심지어는 군사적인 감상과 덜 노골적인 가학 피학증에 지나지 않음이 분명하다.

어쨌든 거대한 백경白鯨은 자유주의자들의 피쿼드호[42] 근처로 유인되어야 했다. 한편에서 그들은 그들의 오래된 일자리를 더 낮은 임금으로 제공했지만, 더 낮은 수준의 착취를 약속했으며("경영에 관한 의사 결정에 노동이 참여하는 것."), 다른 한편으로 그들은 자신들의 총체적인 존재에 대해 유일하게 상상할 수 있는 위협 — 핵전쟁 — 으로부터 자신들과 자신들의 부동산을 보호해줄 러시아인들과 거래할 수 있다고 주장했다. 그들은 더욱 온건하고 더욱 합리적인 다가적인polyvalent 세계를 약속했다. 선의 세력이 "악의 중심"과 벌이는 대규모의 투쟁들은 더는 엠엑스MXs 및 레이저들을 가지고 싸운 것이 아니라 단지 몇 번의 무역전쟁과 국경 분쟁, 제3세계의 선택된 지역에서의 제한된 사회민주주의, 그리고 무능력자를 위한 약간의 자비를 가지고 그렇게 했다. 이때는 환상이 만연했다….

핵전략 : 누가 누구를 속이고 있는가?

원자 폭탄은 미국의 반동주의자들이 인민을 겁주기 위해 사용하는 종이호랑이다. 무서워 보이지만 사실은 그렇지 않다. 물론 원자 폭탄은 대량 학살의 무기다. 하지만 전쟁의 결과는 인민에 의해 결정되는 것이지 한두 개의 새로운 유형의 무기에 의해 결정되는 것이 아니다.
— 마오쩌둥(1946)[43]

　　동결 이면의 정치경제학은 부활한 대규모 군대에 의해 강제된 대규모 조립라인 산업에 기초한 케인스주의 국가의 부활이었다. 그러나 "인류 구원"이라는 그들의 수사학에도 불구하고, 동결주의자들은 레이건처럼 유지 불가능한 처지에 놓였다. 왜냐하면, 그들은 노동계급이 처음부터 받아들일 수 없는 것으로 간주했던 계급관계 모델을 다시 제안했기 때문이었다. 그들은 그 고래가 대공황과 가장 최근에 치른 한판 대결 이후 길들었을 것이라고 요행을 바라면서 다시 그 위기 중의 하나를 청산하려 하고 있었다. 그러나 1982년 크라이슬러 파업에서 알 수 있는 것처럼, 심지어 시간당 4달러를 받는 몇몇 변변찮은 일자리를 얻기 위해 결속한다 해도, "인플레이션 압력"은 절대 사그라지지 않았다. 크라이슬러 노동자들은 그들의 임금을 자본가들의 서열에서 크라이슬러가 차지하는 지위에 맞춰 조정하는 계약을 수용하기를 간단히 거부했다. 적어도 그들은 그들의 임금이 미국의 자동차 산업의 나머지 영역에서 일하는 노동자들과 동등하기를 기대했다. 다시 말해 그들은 "정당한 하루의 지불에 대한 정당한 하루의 노동"이라는 격언을 거꾸로 뒤집을 것을 주장했다.

레이건의 정책이 명백하게 불안정하고 모순적이었음에도 그것에 실재성을 부여한 것은 바로 이러한 회의론이다. 레이건의 정책은 다소 기묘한 방식으로 노동계급 에너지의 방향성을, 물론 "전도된" 형식으로, 나타낸다. 적어도 "고향으로 돌아오기" 열망은 거의 존재하지 않았다! 레이건은 1950년대 그의 폭력 행위와 늘어진 목살에도 불구하고, 계급적 미래와 대면했으며, (자유주의적, 사회민주주의적인 또는 맑스레닌주의적인 형태를 띠는) 좌파들은 계급적 과거와 대면했다. 그것은 그의 권력이었지 그가 마음대로 할 수 있는 축적된 폭력은 아니었다. 이것은 결코 최초의 요점이 아니었다. 그것은 "여론 조사"에 의해 반복해서 만들어졌다. 좋아하건 그렇지 않건 우리는 어쩔 수 없이 그와 관계를 맺어야 한다. 그렇지 않으면…. 그리고 사실, 그들의 에너지에서 도약이 일어났다면, 우리는 "대학살자들"이 믿었던 것보다 훨씬 오랫동안 역사의 단지 속에서 썩어도 좋았을 것이다.

동결론자들은 "현명한 거래"를 제시했다. 그것은 특히 대안을 제시하는 것처럼 보였다. 레이건의 핵[전력] 강화 그리고 핵전쟁의 증대된 위험. 그들의 주장은 단순했다. 핵[전력] 강화는 인류의 생존에 너무나 위험했기에 그것을 멈추기 위해 계급 역학의 나머지와 독립적으로 이루어지는 모든 노력은 절박하며 가능하다. 노동계급 역사가이자 영국의 반핵 운동의 지도자인 톰슨이 이러한 주장의 기초를 가장 웅변적으로 주장했다. 그는 동결론자가 아니었지만, 그의 "절멸주의" 논문은 원자력 동결 캠페인에 지대한 영향을 끼쳤다. 이 논문에서 그는 전체 경제적, 과학적, 정치적, 이데올로기적 지원 체제에서 그러한 무기-체제 ― 무기를 탐구하고, "선택하고", 생산하고, 정책화하고, 정당화하고, 그것의 존재를 유지하는 사회 체제 ― 에 이르는 핵-무기 체제의 "상대적 자율"을 위한 단어를 주조하고 그것을 위한 주장을 내세웠다. 사실 톰슨은 자본주의, 제국주의 등등이 존재한다고 인정한다. 실제로 그것들이 절멸주의를 낳았을지도 모르지만, 일단 절멸주의가 존재하게 되자 말하자면 그 자신의 "생명"을 발생시켰다.

계급투쟁은 전 지구를 가로질러 다양한 형태들로 계속된다. 그러나 절멸주의 자체는 "계급적 문제"가 아니다. 그것은 인류의 문제. 어떤 종류의 "혁명적" 자세와 수사학, 이것들은 절멸주의 이데올로기를 자극하고 인류가 벌이는 저항의 필수적인 동맹들을 분열시키는, 없어도 지낼 수 있는 사치품이다.[44]

이렇게 그 버섯구름에서 방출되는 X선의 불꽃 속에서 인류로서의 인류가 하나의 정치적 실체로 태어난다. 원자 폭탄에 맞서는 가장 극단적인 약함의 순간에 톰슨은 인류의 통일전선을 본다. 절멸주의의 악마들에게 밝힌 주요 요구는 "우리를 살게 하라!"이다. 톰슨은 미국과 소련의 양극적인 전면전에 대해 레이건이 이야기하는 것과 같은 경건함을 갖고 이야기한다. 그러나 그의 절멸주의 주장의 뿌리인 동형isomorphism을 이렇게 가정하는 것은 논거가 희박하다. 왜냐하면 무엇보다도 그는 "미국"도 "소련"도 없고 오히려 두 나라 내부에 계급 체제 – 소비에트와 미국의 자본과 노동계급 – 가 있을 뿐임을 "망각했기" 때문이다. 최소한 우리는 "힘들의 사다리꼴"에 대해 이야기해야 한다. 이러한 사다리꼴의 계급 역학 속에서만 우리는 "핵전쟁"의 논리를 이해하기 시작할 수 있었다. 이러한 역학은 '소련 대 미국'이라는 두 개의 방향성이 아니라 12개의 방향성을 가졌다.

<table>
<tr><td></td><td>소련</td><td>자본</td><td></td></tr>
<tr><td></td><td colspan="2">이 아니라</td><td></td></tr>
<tr><td>소련 자본</td><td></td><td></td><td>미국 자본</td></tr>
<tr><td>소련 노동계급</td><td></td><td></td><td>미국 노동계급</td></tr>
</table>

노동계급의 자기 활동을 다룬 역사가인 톰슨은 20세기 후반의 무기 기술에 직면하자 계급 분석을 포기했다. 그러나 이러한 무기들의 바로 그 지구 외적 에너지들로 인해 클라우제비츠가 말하는 바의 절대 전쟁은 불가능하게 되었다. 다시 말해, "적을 타도한다는", 강제로 "적이 우리의 의지를 이행하도록 한다는" 목표를 갖는 전쟁은 종언을 고했다. 오로지 실제적인 또는 "부분적인" 핵전쟁만이 치러질 수 있었다. "어중간한 생산, 내부적으로 완벽한 응집성을 갖추지 못한 어떤 것." 나폴레옹적인 장엄함은 사라지고 일진일퇴의 정교한 핵전쟁 게임이 남았다. (따라서 워싱턴과 모스크바 사이의 "핫라인" 그리고 러시아와 미국의 분석가들이 인도양 어딘가에서 원자력의 교환 과정에서 파괴될 수 있는 도시들에 대해 논란을 벌이는 상원의원 잭슨이 말한 핵전쟁 유토피아!) 그렇다면 결국 핵 전쟁이 겨냥하는 적이란 누구란 말인가?

　　실제적인 핵전쟁의 위험은 그것이 미국 자본과 소련 자본 양자의 이해관계에 놓일 때만 발생한다. 이것은 특히 미국의 경우 참인데, (캐스퍼[45]의 으르렁거림에도 불구하고) 소련의 고정자본과 가변자본을 어떠한 상황에서도 파괴할 수 있는 미국 군대의 의심할 바 없는 능력을 가정한다면 말이다. "최악의 시나리오"에서조차, 우리의 신뢰할 만한 핵 입안자들은 미국 대통령이 자신의 기지 미사일들을 파괴하고, 150만 명의 영혼들과 함께, 폴라리스와 트라이던트 잠수함으로 소련의 선택된 도시들을 공격하기를 주저할 것으로 상상한다. 이 도시들은 완전한 무방비 상태에 놓여 있으며 이곳의 소련 시민들은 인질의 처지에 놓여 있다. 하지만 그렇다면 어떤 상황에서 실질적인 전쟁으로서의 핵전쟁은 두 나라에 의미가 있을 것인가? 물론 그것은 매우 민감한 조건들 아래에 놓여 있을 수 있다. 다시 말해 계급 세력들이 교환할 인질들로 사용될 정도로 충분히 집중된 무게중심에 도달했을 때에만 가능했다. 키예프에 대한 디트로이트! 가난하고 게으른 핵 입안자들에게 해당하는 "문제"는 이러한 조건들이 내부적인 계급관계의 심각한 위기 그리고 노동계급의 목표 영역을 물리적으로 제거하는 것이 체제의 붕괴로 귀결될 반란과 격변의 수준으로 이어지지 않을 것이라는 자본 쪽의 믿음 둘 다가 필요했다는 것이다. 이러한 조건 중 하나라도 유효하지 않다면, [미국이나 소련] 어느 편에서도 위험을 감수할 가치가 없을 것이다.

1983년에는 분명 이러한 위기는 미국 자본의 처지에서 볼 때 임박해 보이지 않았다. 몇 년 안에 실제로 일어나고 말았지만 말이다. 그 사이에, 아이러니한 것은 소련 프롤레타리아의 고집이 군대 게이머들이 꿈꿨던 일종의 "핵 체스"로부터 모든 사람을 구했다는 점이다. 소련의 입안자들은 어떠한 주요한 붕괴가 통제될 것이라고 확신하지 못했다. 미국 노동계급의 "위기 행동"이 미국 자본이 보인 유사한 공포들을 불러일으키지 못한 것은 부끄러운 일이었다. 어쨌든 레이건주의적 엄숙함은 정말 소련의 프롤레타리아와 "농민"들을 대상으로 한 망설임을 그만두라고 "러시아인들"에게 보내는 경고였을지도 모른다.

"핵전쟁의 위험"이 진정으로 "평화"운동의 문제였다면, 오로지 한 가지 전략만이 가능했을 것이다. 분명히 동결은 합리적인 대응일 수 없었을 것인데, 왜냐하면 동결은 또 다른 (낮은) 수준의 무장에 대해 문제를 다시 제기하는 것에 지나지 않았기 때문이었다. 오히려 유일하게 논리적인 전략은 혁명을 통해 실제적인 핵전쟁을 벌이려는 모든 시도를 위협할 수 있는 능력을 발달시키는 것이었을 테다. 다시 말해, 소련과 미국에, 노동계급을 극적으로 그리고 "즉각적으로" 평가절하하려는 어떠한 시도도 통제의 완전한 상실로 귀결될 뿐이라는 점을, 원자 폭탄을 떨어뜨리면 전체 게임이 파괴될 것이라는 점을 명확히 하는 것. 모든 핵전쟁이 절대적이어야 한다고 주장했던 사람들은 허풍쟁이들이다. "부분적이거나" 또는 "통제된" 핵전쟁은 분명히 기술적으로 가능했기 때문이다. 어떠한 "부분적인" 전쟁도 자본에는 "절대적으로" 파국이 될 것이라는 점을 확실히 할 수 있었던 것은 오로지 반란적인 프롤레타리아다. 사실상, 미국의 모든 혁명적 시기에 핵무기로 말미암아 문제는 복잡해지는데, 왜냐하면 미국의 고유한 위기와 붕괴 사이의 그와 같은 미묘한 지점을 매우 빠르게 또는 소련의 프롤레타리아와는 다른 지점에서 지나치는 것이 불가피할 것이기 때문이다. 확실히 "평화"운동은 이러한 전략을 취하지 않았고 오로지 일부 무법자들만이 이것을 다음과 같이 자신의 신조로 삼았다. 핵전쟁은 절대적이거나 아무것도 아닐 것이다. 이제 종말론적 비애감은 필요치 않다.

"평화"운동은 결코 핵전쟁에 대응하기 위한 계획을 세우지 못했지만, 자본은 핵전쟁의 혁명적 결론의 가능성을 인식하고 그에 대해 상당히 걱정했다. 우리는 이것을 ([방위력] 증강의 초기인) 1979년에 간행된 '방위생산 공동 위원회'를 위해 준비된 의회 연구에서 찾아볼 수 있다. 이 연구는 "핵 공격의 사회적·정치적 함축들"에 대해 다룬 장으로 끝난다. 여기에서 우리는 핵전쟁 이후 환경에 관한 다음과 같은 설득력 있는 말들을 발견한다.

정치적 정당성의 완전한 상실이라는 중대한 위험이 전개될 수 있다. 거기에는 어쩌면 생존자들 측에서 지도부와 체제를 강제적으로 바꾸거나, 아니면 지역적 수준에서 직접 행동에 나서려는 노력이 동반될 수도 있다. 공격 이후의 시기에 한동안 생존자의 지지를 유지하기 위해 국가 비상사태와 연대의 감각이 효과를 나타낼 수도 있는 한편, 신속하고도 의미 있는 회복 과정을 성취하거나, 그 공격의 원인을 만족스럽게 설명하거나, 또는 사회적 필요와 공격 이전 가치들에 대한 진정한 염려를 보여주지 못하는 모든 수준에서의 정부의 실패는 광범한 불만으로 귀결될 수도 있고, 어쩌면 정부 자체의 권위에 대한 심각한 도전들에 직면하는 결과를 낳을 수도 있다.[46]

이러한 공포는 핵전쟁에 맞서는 우리의 가장 위대한 방어였다. 동결은 노동계급 대응의 예견 불가능성, 예견 불가능성의 확실성을 공격한다. (2차 세계대전이 발발했을 때 독일 사회민주당이 전쟁-채권에 "마지못해" 찬성표를 던진 것이 그랬던 것처럼) 처음으로 전쟁을 일으켰을 바로 그 과정과 제도들에 몸을 맡김으로써 그렇게 했다. 왜냐하면, 그것이 핵전쟁의 한가운데에서 시민 평화를 보장했기 때문이다. 따라서 예컨대 〈그라운드 제로〉[47] 그룹의 공식 도서인 『핵전쟁 ─ 우리한테 무엇이 돌아오는가?』에서, 핵 이후의 "시나리오"에 대한 서술은 반란적인 결과들이나 가능성에 대해서는 아무런 언급이 없다. 오히려 우리는, 산발적인 식량 폭동과 암거래에 일부 손을 대는 것이 그들의 가장 위험한 소일거리인, 눈에 띄는 의기소침한 주민들에 대한 사진을 본다. 이것은 우연이 아니다. 이러한 이미지는 동결론자들이 우리가 핵 이전 상황에 놓이기를 바라는 방법의 산물이다. 혼란스러운, 그러나 무언가 분별없는 짓을 할 정도로 혼란스럽지는 않은.

무법자들의 전략은 누군가와의 "협상"을 요구하지 않았다. 왜냐하면, 그것은 궁극적으로, 그들이 했거나 하지 않은 것에 달려 있지 않았기 때문이다. 그들은 그들이 MXs를 세웠는지 안 세웠는지 그 자체에 대해서는 혼란스러워하지 않았다. 그들은 그들이 "부분적인 핵전쟁"의 중간 지대를 하나의 수학적 파국으로 만들 수 있도록 자신을 조직했다. 전쟁 위협을 계속하려면 만사를[목숨을] 걸어야 한다고 자본이 확신하지 않는 이상, 자본은 모든 것을 위험하게[무슨 짓이든] 할 것이라고 그들은 생각했다. 이제 나는 그들이 꼭짓점을, 불연속점을 보지 못했음을 안다.

사실, 나는 동결이 자본주의적 재조직의 정교한 도식 그 이상의 어떤 것이었음을 기억한다. 그것은 정말 그 자신의 계급을 "객관적 가능성"으로 만들었다. 첫째, 미국 프롤레타리아와 소련의 자본 및 노동계급 사이에서 직접 소통함으로써 그것은 레이건 행정부를 대단히 불안정하게 만들고 있었다. 실제로, 동결 운동이 불안정한 상황을 만들지 않았다면 재산업론자들이 [동결 운동을] 미국의 자본주의적 발전의 과정과 모델을 바꾸기 위한 그들의 지렛대로 사용하지 못했을 것이다. 물론 동결 지도자들은 이러한 객관적 가능성이 자신들의 통제를 벗어나기를 바라지 않았다. 그리고 대의적 형태를 통해서 여과되었기 때문에 통제를 벗어나지는 못했다. 하지만 (동결 해법이 다수의 주와 지역에서 통과된) 1981년과 1982년의 선거 공세조차 동결 지도자들에게 위험했는데, 그 까닭은 그것이 "너무나 빠른 속도로", 다시 말해 "게임 계획"의 다른 요소들이 성숙하기도 전에 "사물들에 돌진했기" 때문이었다. 그래서 그들은 그것을 조절하고 적당한 열매를 수확하기 위해 운동의 속도를 늦추어야 했지만, 그 지지자들의 시간 지평에서는 모순이 일어나는 위험이 있었다. 결국 "우리가 절대적인 절멸에 직면했다면" "우리는 매우 서둘러 전진해야 한다."(가 그 운동을 자극하기 위해 그들이 사용하는 구호다). 하지만 동시에 지도자들은 "글쎄, 종말론은 1984년의 선거까지 연기되었다."라고 경고함으로써 그러한 돌진의 속도를 늦추었다. 종말론은 전술적으로 다루기에는 다소 버거운 종마였지만 어느 정도 조련이 가능했는데 기수들은 우유부단했고 어린이조차 그들을 이끌 수 있었기 때문이었다.

미국의 프롤레타리아는 기꺼이 자신의 목숨을 거래할 준비가 되어 있는 것처럼 보였다. 예를 들어, 매사추세츠에서는 1982년의 "동결" 결의안은 (대략) 75% 대 25%로 통과되었지만, 그와 동시에 주州에 사형 집행의 재도입을 요구하는 사형에 대한 국민투표가 60% 대 40%로 통과되었다. 가장 "호의적인" 해석(그러니까 동결에 반대표를 던진 사람들이 모두 사형에 투표했다는)에 따르면, 동결에 표를 던졌던 사람들의 적어도 35%가 사형 선고를 받은 사람들을 "전기의자로 처형할" 권리에 표를 던졌다. 그들은 사형수에 대한 전쟁을 선언할 수 있는 권리를 대가로 (그들을 공격할 힘을 갖고 있던) 소련과 기꺼이 화해하고 있었다. 백경白鯨은 작살을 맞을 준비가 되어 있었다.

이것 그리고 그 계급의 수많은 배반, 인종주의, 강간, 비열함 들이 기억났을 때, 나는 평온하게, 모든 걱정이 사라진 이곳에 남아 있고 싶었다. 나를 둘러싼 주변 일대에 살아 있는, 창백한 겹삼잎국화가 흔들리며 만발해 있었다. 그러나 나는 어떤 장벽을 느꼈다. 나는 그 빛 속으로 들어가고 싶었지만…그렇게 할 수 없었다. 무엇인가가 나를 막아섰다….

종결 : 이론과 실천

각자는 이 강물을 일정량만큼 마셔야 했는데, 지혜의 도움을 받지 못한 자들은 정해진 양보다 더 많이 마셨다. 그리고 그 물을 마신 자는 누구나 모든 일을 잊어버렸다. 그러고 나서 그들은 잠자리에 들었는데, 한밤중이 되자 천둥이 치고 땅이 흔들리더니 별안간 각자가 태어나기 위해 유성처럼 사방으로 날려가더라. 에르 자신은 강물을 마시는 것이 금지되어 있었지만 어디로 어떻게 해서 몸속으로 돌아왔는지 알 수 없고, 이른 아침에 갑자기 눈을 떠 보니 자기가 화장용 장작더미 위에 누워 있더래. — 플라톤[47], 『국가론』

루소는 『사회계약론』의 어딘가에서, "힘들의 총합"의 극복을 필요로 하는 압도적인 자연의 대격변이 가하는 위협 아래 인간들이 놓이지 않는다면 그들이 익명의 달콤한 노예 상태에서 절대로 벗어나지 않을 것이라고 주장한다. 사회계약은, 인간 존재에 가해지는 전체 위협을 일소하면서 개인의 주어진 힘들을 결합하는 속박들의 네트워크를 창출했다. 집단적인 자연적 필연성의 자극이 없다면 부르주아 권리와 의무의 사슬로 묶인 미로 속으로 왜 들어가겠는가?

새로운 필연성이 나타나자, 이제 사회계약이 파기된다. 깜빡이는 불과 소용돌이치는 먼지의 한가운데에서 나는 우리가 동의했던 대로의 다른 것들이 새로 나타나고 있는 것을 본다. 지금은 새로운 사물을 위한 시간이다.

화폐의 권력

부채와 인클로저

이 글은 1995년 내가 나 자신과 가진 "인터뷰"다. 나는 1990년대 중반 다른 사람들이 내게 혹은 그들 자신에게 묻고 있지 않았던 "단순한" 질문들을 스스로에게 묻고 싶었다. 질문 다음의 것은 나의 대답들이다.

처음에 생산 증대를 위한 수단(예컨대 화폐)로 나타났던 것이 생산자들에게 낯선 관계가 된다. 생산자들이 교환에 더욱 의존하게 되면서 교환은 그들과는 더욱 무관한 것이 되는 것으로 보이며, 생산물로서의 생산물과 교환가치로서의 생산물 사이의 간격은 확대되는 것으로 보인다. 화폐가 이러한 안티테제와 모순들을 창출하지는 않는다. 화폐의 외관상의 초월적인 권력을 창출하는 것은, 오히려 이러한 모순들과 안티테제의 전개다. — 맑스, 『노트 1』(1857)

국제통화기금IMF과 세계은행은 결국 돈을 빌려주고, 이자를 부과하고, 외환 조작에 관여하는데 어찌하여 당신의 주장처럼 그러한 "선험적인" 권력을 갖는가?

나의 주장은 이렇다. 세계은행과 국제통화기금은 전 세계 국가들 사이에서 화폐의 흐름, 부채의 변제, 이자율의 결정들을 관리하는 조정자들이다. 그리고 화폐, 부채, 이자는 오늘날 정보들의 생존 또는 사멸에 본질적이다. 그러므로 세계은행과 국제통화기금은 막강한 권력을 가진다.

화폐가 왜 그렇게 중요한가? 어떤 점에서 그것은 분명하지만 — 돈 없이 지내보라 — 왜 그것이 분명한지는 분명하지 않다. 인류사 대부분에서 (대략 BC 7세기 이전까지는) 화폐는 존재하지 않았거나 (대략 AD 19세기까지)

지구의 대부분의 사람에게 부차적으로 중요했다. 화폐는 오늘날 왜 그렇게 중요하게 되었는가?

수많은 경제학자가 이제, 화폐가 합리적인 사회생활에 불가결한 이유를 설명하기 위해 화폐에 관한, 이성이 넘쳐흐르는 달콤한 이야기를 들려준다. 자, 들어보라.

화폐는 사고파는 것(상품 교환)이 삶의 모든 면에 영향을 미치는 사회들에서만 불가결하게 된다. 단순상품교환(즉 물물교환)은 유명한 결점이 있다. 누군가 A와 B를 교환하고 싶어 하지만, B를 소유하고 있는 인근의 누구도 그것과 A를 교환하고 싶지 않을 수도 있다. 이렇게 욕망이 일치하지 않는 것(이 안에는 A를 생산하는 사람이 B를 생산하는 사람들과 소통하지 않거나 그들의 욕망에 적대적이라는 전제가 포함되어 있다)의 욕망은 화폐 발달을 위한 기동력으로 받아들여진다. 물물교환에는 또한 (판매자가 적당한 구매자를 찾기 위해서는 시간, 에너지가 많이 들고 위험성이 많으므로) 매우 높은 "거래비용"이 발생한다. (시간, 에너지, 위험을 절감하는) 상품 교환의 네트워크에서 발생하는 화폐 제도는 만인에게 막대한 "비용"을 "절약해 준다." 모든 사람이 형편이 좋다면 화폐가 일단 도입되면 그것을 받아들이는 것이 합리적이다. 이것이 화폐가 "경제학"에서 논의되는 방식이다.[1]

그러나 이 경제학자의 동화 같은 이야기는 대답들보다 더 많은 질문을 제기한다. 예를 들어, 화폐의 비용은 분명 물물교환보다 덜 드는가? 왜 "모든 사람"이 판매자와 구매자가 되는가? 그리고 마지막으로, 이야기 속의 가설적 인물들은 왜 그렇게 서로에게 냉담하거나 적대적으로 되는가?

이것들을 차례대로 살펴보자.

화폐 체제의 사회비용은 물물교환 체제의 사회비용보다 덜 드는가?

화폐 역시 "거래비용"이 발생한다. 이에 대해 화폐라는 논점에 대한 가장 방대한 저자이면서 가장 인색한 필자인 맑스는 다음과 같이 썼다. "화폐는 오직 물물교환에 내재한 어려움을 일반화하고, 보편적으로 만듦으로써만 그 어려움을 지양할 수 있다."[2] 화폐 사회에서 살아가는 사람들로서 우리는 욕망들의 일치의 결여가 종종 화폐가 우세를 보이는 바로 그곳에서도 종종 맹렬히 발생한다는 사실을 잘 입증할 수 있다. 왜냐하면, 돈이 있는 사람들은 종종 어떤 특별한 상품에 돈을 소비하는 데 관심이 없고(그들은 돈을 쌓아두거나 그걸로 더 많은 돈을 벌려고 한다) 돈이 없는 사람들은 종종 그것을 얻기 위해 팔아야 할 것이 아무것도 없기 때문이다. 이런 상호 적대적인 "일치의 실패들"은 막대한 비용 ― 불황, 기근, 경찰에의 예속, 감옥, 사형 집행실에서 은행, 주식시장, 그리고 모든 종류의 값비싼 "금융 서비스"에 이르는[3] ― 을 발생시킨다. 그것들이 얼마나 큰 비용이 들고 또 누가 그 비용을 감당하는지 화폐의 합리성 이야기를 들려주는 사람들은 함구한다. 하지만 확실한 것은 이 비용이 막대하다는 것이고 그 비용을 감당하는 수십억 명의 사람들이 그 이야기를 하는 사람들일 경우는 매우 드물다는 것이다.

화폐 체제의 옹호자들은 언제나 화폐를 추상적이지만 순수하게 합리적인 실재로서 제시한다. 그들은 화폐를 상품들의 이상적인 언어로서뿐만 아니라 지구에서 이루어지는 거대하고 무한히 증식하는 다양한 인간 교류를 초월하는 인간 협조의 진정으로 보편적인 양식으로서 제시한다. 그들은 말한다. "오로지 비합리적인 사람들만이 그것을 거부할 수 있다." 그러나 화폐 체제의 전체 비용을 조사해서 그 비용이 다른 대안들의 비용보다 훨씬 크다는 결론을 내리는 것은 더할 나위 없이 합리적이다.

화폐 체제가 완전히 선험적인 합리성에 기초하지 않는다면, 다시 말해 그 비용이 이익보다 훨씬 클 수 있다면, 왜 "모든 사람"이 화폐 체제에 영향을 받는가?

대부분의 사람은, 그들의 조상이나 그들 자신이 자기의 생산물이나 자신[의 노동(력)]을 꼭 팔지 않아도 생계를 제공했던 땅과 사회관계로부터 강제적으로 쫓겨났던, 다시 말해 인클로저를 당했던 어떤 시점을 그들의 족보나 그들 자신의 삶 속에서 발견할 수 있다. 이러한 폭력의 계기들이 없었다면 화폐는 인간 역사에서 주변적인 측면으로 남아 있었을 것이다. 이 계기들은 대부분 때로는 (폭탄, 대포, 소총, 또는 채찍이 동반되는) 신속한, 때로는 (기근, 심화하는 궁핍, 전염병이 동반되는) 더 느린 잔인한 폭력으로 이루어졌다. 이것들은 토지로부터, 다 타버린 마을로부터, 허기지거나 전염병에 걸린 사람들로 가득 덮인 거리로부터 노예선들로의, 보호구역으로의, 공장들로의, 농장들로의 끔찍한 탈주로 이어졌다. 이 탈주는 "생산자들이 교환에 더욱 의존적으로 되어가는 것"으로 귀결되었는데, 이는 그들이 자신들의 생산물을 팔고 자신들을 판매하거나 판매되는 것 외에는 달리 생존할 길이 없었기 때문이다. 이렇게 해서 "교환은 그들로부터 더욱 독립적으로 되었으며", "모든 사람"을 화폐 체제 속으로 몰고 간 일방향적인unreversed 폭력으로부터 그 선험적인 권력이 생겨났다.

이 강탈적인 폭력의 구실로 기능하는 것은 종종 화폐 자체인데, 그것은 빚을 갖지 않으면 종종 노예가 되거나 땅을 잃거나 "1파운드의 살코기"를 포기하게 되는 바탕이 되었기 때문이다. 화폐 사회의 주변부에서 살아가는 사람들에게 빚은 화폐 체제에서 살아가는 데 요구되는 강제들을 잠시 완화하고자 하거나 어느 정도의 힘을 갖추고 그 체제에 진입하고자 하는 한 가지 방법이 될 수 있다. 그러나 이 채무자들은 주변부에 있으므로 조건들이 달라지거나 기대가 그릇된 것으로 드러나면, 상환은 불가능하게 된다. 이럴 때 화폐의 힘은 절대적으로 여호와처럼 되고, 모든 탈출구는 폐쇄되며, 채무자들은 파산한다. 다시 말해 그/녀가 부양해야 했던 모든 것들은 은행, 경찰, 또는 빚 수금업자 깡패들에게 넘어간다. 그리고 "생산 증대를 위한" 방법이 되어야 했던 것은 "생산자들에게 낯설게" 된다.

이 시나리오는 과거에는 종종 개인들과 집단들에게 발생했지만, 최근에는 국제통화기금과 세계은행 그리고 그들과 공모한 국가 정부들이 지불 불능 국채를 활용하여 노동자들의 생존을 보장하는 토지 강탈 제한 법률을 수정하는 뉴인클로저가 발생했다. 이 뉴인클로저의 고전적인 사례로는 세계은행과 국제통화기금의 지휘 아래 1980년대 중반에 실행되었던 구조조정 프로그램에 따라 1992년에 멕시코 헌법의 27조를 살리나스 정부가 폐지한 것을 들 수 있다. 27조가 폐지되기 전에 멕시코 농장 노동자들은 그들이 일하고 있었던 토지 일부를 요구할 권리가 있었으며 누구도 그들이 소유한 토지를 구매할 수 없었으나, 오늘날 그들은 이러한 법적 원조들을 받지 못하고 악성 대출로 인해 그들의 토지를 강제로 팔아야 할 수도 있다.

따라서 멕시코 그리고 80개국 이상의 나라들에서 이루어진 이 구조조정프로그램들SAPs의 본질은 누구라도 화폐 체제에서 벗어나는 것을 불가능하게 만들고 그들을 "화폐의 선험적인 힘"에 완전히 종속되게 만드는 것이다.

일단 강제로 화폐 체제에 들어가게 되면 왜 다른 대안들을 창출하는 것이 불가능해 보이는가?

이러한 시도들에 대해 즉각적으로 위협을 하는 (경찰에서 암살단, 군대에 이르는) 강력한 (그리고 무장한) 조직들의 전체 배열이 분명히 존재하지만, 화폐로부터의 탈출을 저지하는 또 다른 더 합리적이고 훨씬 더 냉혹한 힘, 즉 그 유명한 비화폐적인 사회적 교환의 "결함" – 욕망의 일치 결핍 – 이 존재하는 것처럼 보인다. 이 욕망의 일치 결핍으로 인해 화폐가 계속 존재하는 한, 화폐 체제와 그 대리인들은 욕망에 대한 집단적인 토론과 이해가 결코 일치에 이를 수 없다는 것을 모든 사람들에게 확신시키려고 치열하게 노력하면서 이 결핍을 개발하고 심화한다. 적대, 의심, 경쟁 그리고 부족에 대한 두려움(특히 화폐의 부족) 등의 개발은 모든 사람이 교환을 위한 화폐에 (그것의 결함에도 불구하고) 의존하도록 하는 전제 조건들을 창출한다. 이 전제조건들은 또한 화폐 체제의 생산과 재생산의 결과들이다. 그래서 화폐보다 더 나쁜 유일한 두려움은 화폐의 결핍이다.

그러므로 세계은행과 국제통화기금의 힘은 상품 봉쇄로 화폐의 회로에서 벗어나려고 시도하는 정부들, 정치 정당들, 노동조합들, 원주민 조직들을 직접 위협할 수 있는 그들의 능력이나, 반군들, 유엔의 "인도주의적" 군대, 또는 예전의 식민지 세력들에 의한 차후의 폭력적인 침략을 교묘하게 제안할 수 있는 그들의 능력에만 존재하는 것이 아니다. 세계은행과 국제통화기금의 힘은 "화폐의 선험적인 힘" 자체에 의존한다. 지구 전역에서 영원히 발전하는 것이 그들이 맹세한 의무다. 따라서 그들은 사회적 협조의 반화폐적인 형태들을 개발하기 위한 토지(또는 여타의 잠재적인 "공통장들" 즉 언어 교환의 장, 전자기적인 주파수들, 공해公海, 대기, 과거)의 사용에 대해 생득적으로, 본능적으로 적개심을 드러낸다. 안 그러면 사람들이 욕망의 (화폐 체제에는) 치명적인 일치들을 창출할 수 있다는 자신감을 다시 얻을 수 있을 테니까 말이다.

예컨대 아마존 분지나 남부 멕시코의 우림 지대에서 살아가는 원주민들의 "문화적 재산"에 대한 세계은행의 새로운 정책을 고찰해 보라. 종교적, 전통적, 예술적 중요성이 있는 장소들은 사람들, 특히 원주민들이 (침략자들에 맞서는 전쟁을 계획하는 것을 포함해서) 종종 입장료를 지급하지 않고, 가장 폭넓은 스펙트럼을 갖는 그들의 필요와 욕망을 서로 통합해 온 장소들이었다. 그러나 오늘날 세계은행은 이 지역들에서 일어나는 일들을 조사하고 "좋은" 것들을 투자 기회로 바꾸는 데 전념하고 있다.

세계은행은 이 새로운 "원주민 문화에 대한 존경"에 부응하여 문화적 재산에 관한 1992년 작전 명령을 공표했다. 아래는 이러한 명령에 대한 세계은행의 서술이다.

"문화적 재산"은 장소들, 구조들과 관계되며, 고고학적, 역사적, 종교적, 문화적 또는 미학적 가치를 지니고 있다. 정책 담화, 대출 작업, 그리고 경제적인 구역 작업을 통해 한 나라의 문화적 재산을 보호할 가능성이 있다면 그것을 증대시키는 것이 세계은행의 정책이다. 작전 명령은 사회의 문화적 가치들을 유지하는 것이 사회 발전의 지속 가능성에 중요하다는 인식에 기초할 것이다. 특히 이 사회에서 그러한 가치들은 국가적 또는 지역적 의의가 있는 문화적 재산에 반영되어 있다.[4]

그래서 세계은행은 이제, 사람들이 모여서 구조조정프로그램들SAPs에 맞서는 투쟁들을 계획하기 위해 종종 이용하는 바로 그 장소들을 자신의 수중으로 가로채고 있다. 세계은행은 원주민들에 관해 새롭게 발견한 관심을 구실로 자유로운 조화가 이루어지던 이 장소들을 화폐적 "가치"와 "의의"를 지닌 장소들(물론 그것의 규모에 대해서는 세계은행의 전문가들이 원주민 공동체들과 협의하여 결정할 것이다)로 바꾸려고 애쓰고 있다. 세계은행은 이런 식으로 다문화적 인식을 감동적으로 과시하면서, 중앙 유럽 유대인에 대한 귀중한 "토착 지식"을 잃지 않기 위해 최고의 유대인 학자들을 모아 프라하에 "멸종된 종의 박물관"을 건설하게 했던 나치와 동등한 모습을 보여준다. 이 학자들은 그들의 나치 주인의 요구 내용에 따라 박물관 기록 보관소에 프라하 게토의 아름다운 문화 유물들을 분류하고, 해석하고, 설치한 뒤 끌려 나와 총살을 당했다.

금융위기에 대한 메모

주가 폭락에서 동결까지

이 메모들은 2008년 9월 (종종 "월가 몰락"으로 불리는) 정치-경제적 위기로 촉발된 것이다. 이때 다수의 미국 금융 기업들이 사실상 몇몇 주요 투자은행들과 일반은행들의 파산에 대응하여 (일부는 일시적으로, 일부는 지금까지도) 국유화되었다.[1] 이 글들은 또한 "주가 폭락" 이후 1년 동안 임금, 주택, 연금을 잃어가고 있는 수백만 명의 사람들의 처지에서 위기의 해결책을 요구하는, 미국의 거리, 노조 사무실, 퇴직 단체들에서의 정치 활동이 눈에 띄게 적었다는 사실에 자극을 받았다.

이 심각한 동결을 설명하는 다양한 방식이 있다. 한 가지 요인은 화폐 그리고 화폐를 직접 취급하는 자본주의의 금융부문이 본질에서, 한 세기 이상 동안 노동계급의 정치적 분석과 행동에 본질적으로 불투명한 것으로 남아 있었다는 점일 수도 있다. (노동자들이 종종 화폐 또는 화폐의 결핍으로 괴롭힘을 당하지만, 화폐 형태와 관련하여 전국적 수준의 자기 의식적인 노동계급 논쟁이 이루어졌던 마지막 때는 화폐의 운명이 "황금 십자가"에 걸려 있던 1896년 선거였다.) 아이러니하게도 금융 정보와 거래가 빛의 속도로 순환하는 이 시대에 자본의 대규모 금융 조치와 프롤레타리아 대응 사이에는 시간의 지체가 늘어나고 있다. 이 지체는 현대 계급투쟁의 지지부진함이 갖는 의미를 설명해 준다.

이 메모들의 목적은 이 위기를 지난 10년간 미국에서 그리고 국제적으로 일어나고 있는 계급투쟁으로부터 발전되고 있는 것으로 이해하는 한

가지 방식을 개략적으로 제공하는 것이다. 나는 이것이 유용할 수 있다고 생각하는데, 그 까닭은 계급투쟁이 이 위기를 창출할 힘을 가지고 있다면 이 투쟁에 대한 이해를 통해 우리는 더 많은 계급적 힘으로 그 위기에서 벗어날 경로를 안내받을 수 있을 것이기 때문이다. 이 준칙은 물론 나만의 것이 아니다. 이것은 내가 동지들과 1970년대 초반 이래, 특히 『제로워크』지에서, 그리고 이후에는 〈미드나잇 노츠 콜렉티브〉와 함께 짜고 있는 연속적인 정치 프로젝트의 그물망의 구성요소가 되고 있다. 그러니까 이것은 30년도 더 전에 시작된 것이다.

이 메모들은 또한 어떤 방법론적 실험의 구성요소가 된다. 나는 나와 내 동지들이 지난 40년 동안 전개해 온 가치, 잉여가치, 이윤, 이자, 지대 등의 맑스주의 범주들에 대한 해석이 현재의 위기를 이해하는 데 어느 정도로 이용될 수 있는지 알고 싶다. 오늘날 반자본주의적 정신 실험실에서 탄생한 대부분의 방법론적 실험들은 맑스의 기본 범주들을 그 탄성 한계를 벗어나 확대하여 해석하는 경향이 있다. 예컨대 가치의 종말을 선언하고, 금융과 산업자본을 동일시하거나 지대와 이윤을 뒤섞기도 한다.[2] 나는 여기에서, 잉여가치의 이윤, 이자, 지대로의 변형을 포함하는 맑스의 범주들과 구분들이 현대 자본주의에서 계속 작용하고 있음을 가정하고 있다(물론 나 역시도 이 범주들을 어느 정도 "확대 해석"한다).

결국, 나는 이 메모들이 바깥에서 볼 때 볼품없는 글처럼 보일 수도 있음을 인정하지만, 이 메모들의 스타일에 대해 세 가지를 얘기하고 싶다. 첫째, 아무리 볼품없을지라도 이 분석에 담긴 내용은 우리 자신을 포함해 수백만 사람들의 운명에 관계된다. 둘째, 이 분석의 보폭은, 이 위기가 빠져든 인위적인 속도와 전투를 벌이기 위해 이 위기에 관한 사유의 속도를 늦출 목적으로 한 번에 한 발자국씩만 내어 딛도록 신중하게 설정되었다. 셋째, 나는 어떤 "종말론적" 어조도 택하지 않을뿐더러 포괄적인 역사적 전망을 펼쳐 놓지도 않는다. 위기 상황에서는 이러한 수사학적 선택이 매혹적이기는 하지만 말이다. 나는 다가올 투쟁의 윤곽을 예상할 수 있다고 우길 생각은 없기 때문이다.

금융위기는 통상적인 계급 정치학의 시각에서는 이해하기 어려운데, 그 까닭은 계급투쟁에 대한 표준적인 맑스주의 모델이 여전히 임금의 지급을 통해, 자본주의 기업들에 의해 노동자들의 노동력이 구매되는, 그리고 이윤을 위해 판매되는 생산물을 생산하기 위해 기계들 및 다른 투입 [요소]들과 함께 노동하도록 강제되는, 공장, 사무실, 농장이기 때문이다. 노동자들은 더 큰 이윤을 내기 위해 더욱 열심히, 더욱 오래, 더욱 위험하게 그리고/또는 더욱 생산적으로 노동하게 된다. 노동자들은 이러한 노동 체제에 대해 순종에서부터 갖가지 수동적인 저항 방식들, 파업들, 공장 탈취에 이르는 [다양한] 수단들의 조합을 통해 대응하는 한편, 자본가들은 노동자들의 저항에 저항하는 전략들을 고안한다. 이 투쟁은 미로의 형태를 띨 수 있는데, 때로는 사회학과 심리학을 가장 정밀하게 응용하는 것을 동반하기도 하고 때로는 가장 잔인한 암살과 고문의 형태를 띠기도 한다. 하지만 공장-사무실-농장 모델은 범주적으로 직선적이다. 임금노동자들은 착취에 저항하고 자본가들은 노동자들의 저항에 저항한다는 것이다. 아주 빈번하게 상반되게 움직이는 이윤과 임금을 가지고 말이다. 외면적으로야 전적으로 단순해 보이지만 그것은 복잡해질 수 있다. 투쟁 속에서는 각 당사자가 모두 서로에 대해 행하는, 그뿐만 아니라 관찰자들에게도 행하는 수많은 책략과 속임수가 존재하기 때문이다. 현재도 그렇고 미래도 그럴 것이다.

화폐 그리고 화폐를 가지고 작동하는 금융기업들 ─ 은행, 담보 대출 기업, 헤지펀드, 그리고 여타의 화폐 시장 회사들 ─ 에 관한 한, 이 계급투쟁 모델은 적용되지 않는 것처럼 보인다. 왜 그런가? 적어도 네 가지 중요한 이유가 있다.

첫째, 화폐는 자동차와 같은 물리적인 것들, 마사지 같은 서비스들, 또는 소프트웨어 프로그램 같은 패러다임들 어느 것과도 완전히 다른 "생산물"이다. 화폐는 다소 신비스럽다. 철학적인 것과 마법적인 것을 결합한, "마술적인", "추상적인", "물신적인", "보편적인" 등의 단어들은 종종, 돈을 묘사하면서 다른 상품과 비교하여 통상적인 규칙이 적용되지 않는다는 인상을 주기 위해 사용된다. 예를 들어 화폐는 다른 모든 상품과 교환되는 독특한 종류의 상품이며, 다른 어떤 상품들도 하지 못하는 역할을 지니고 있다. 내가 화폐를 "상품"이라고 부른다고 해서 그것이 BC 7세기의 리디아(오늘날의 터키)에서 AD 20세기까지 뻗쳐 있던 값비싼 금속 주조 화폐 시대에 그랬던 것처럼 물리적인 사물임을 뜻하는 것은 아니다. 하지만 오늘날의 화폐는 하루에 수천억 달러가 교환되고, 사고 팔리며, 대여되기도 하고, 축적된다.

둘째, 일반 기업들이 "돈을 벌기 위해" 비화폐적 상품의 생산과 판매가 필요하다면, 금융 회사들은 "돈으로 돈을" 번다. 그것들은 공간적 장소가 없는 추상적 영역에서 작동하는 것처럼 보인다. 즉 만약 그것들이 실제로 뉴욕이나 런던 같은 거대 도시들에 위치한다면, 도시 자체를 추상적으로 만들어 버린다.[3] 이것은, 자본주의 역사 내내 다른 자본가들과 노동자들에게서 언제나 매혹과 적대 모두를 이끌어 온 금융회사들의 불가사의를 증대시킨다. "우리는 돈을 위해 정말 열심히 일한다."라고 노동자들도 말하고 산업 자본가들도 말하지만, 이들이 말하는 일의 의미는 물론 다르다. 그러면서 그들은 말 그대로 이런저런 악질적인 음모로 화폐를 만들어내는 화폐-인간을 발견한다.

셋째, 금융 자본가들은 다른 자본가들 및 노동자들과는 다른 형태의 소득, 즉 이자를 요구한다. 금융 자본가는 "자기" 이윤으로부터 이자를 지급하는 자본가들과 "자기" 임금으로부터 이자를 지급하는 노동자들에게 해준 융자에 대한 이자의 형태로 돈을 번다. 다시 말해, 금융 회사들이 대금업을 통해 "만들어내는" 가치는 비금융 자본가들을 위해 일하는 사람들이 다른 곳에서 창출한다. 금융회사들에서 일하는 노동자들 스스로 착취될 수 있지만(예컨대 그들은 장시간 노동을 강제 받을 수 있고 가치 없는 주식 상여금으로 임금을 받을 수 있다), 회사 소유주들이 받는 소득의 연원은 생산물을 생산하는 데 들이는 피고용인들의 노력이 아니다. 그것의 가치는 융자를 받는 사람들 – 이들은 대부분 그들의 피고용인이 아니다 – 의 이윤과 임금에서 나온다.

이자를 벌어들일 "권리"는 어디에서 나오는가? 그것은 어떻게 결정되는가? 이러한 종류의 질문들은 우리가 금융회사들을 이해하고자 할 때 자주 떠오르는데, 그 까닭은 노동이 가치의 원천인 사회에서 이자가 "무에서 창출되는 것"처럼 보이기 때문이다.

이때 자본주의에는 명심해야 할 두 가지 측면이 있다. 첫째, 자본주의는 연속적인 변형과 변화의 체제이므로 어떤 주기의 끝에서는 잉여가치의 창출과 그것의 출현 사이에 직접적인 연관성이 없다. 둘째, 잉여가치는 자본주의 체제의 무소유적 창출이다. 잉여가치는 가치가 이윤, 이자, 지대로 변형될 때만 개인이나 회사가 소유하는 가치의 형태로 나타난다. 그것은 사실상 자본주의 – 탐욕과 소유의 도덕적 체제 – 가 사적 소유에 대해서 가장 방어적인 사람들이 공유하는, 공통의 가치 저수지의 창출에 근거한다는 역사의 위대한 아이러니 중의 하나다.[4] 자본주의의 이러한 측면은 현재, 경제가 신용 관계 속에, 그리고 "사회자본"의 중요성 속에 "뿌리내려 있다는 것"에 관한 연구 속에서 인식되고 있다.[5]

전형적인 계급투쟁 시나리오에서 발견되는 네 번째 어려움은 "금융화"가 이 이야기에 새로운 전환을 가져온다는 점이다. 금융화는 오늘날, 이러한 역사적 시기에 자본이 자신의 전통적인 역할에 더해 새로운 역할들을 수행해 왔다는 사실을 기록하는 데 사용되고 있는 다양한 의미를 지닌 용어다. 이러한 변화는, 비록 강조하는 바는 다르지만, 이 시대를 "독점-금융 자본"의 시대로 명명한 『먼슬리 리뷰』 시각에서부터 안또니오 네그리, 마이클 하트, 크리스티안 마라찌 등의 자율주의적 맑스주의 시각들에 이르는 좌파들에게서 광범위하게 인식됐다.[6] 한 가지는 확실하다. 금융 자본 회사들은 더는 화폐 자본을 공동 출자하고 또 그것을 기업들에 대여한다거나 평균이윤율이 산업생산에서 하락하기 시작할 때 투자자들에게 대체 단기 이윤 수단을 제공하는 등의 전통적인 기능들만을 봉사하고 있지 않다.

이들의 새로운 기능들은 무엇이며 그러한 원천들은 무엇인가? 어떤 사람들은 이러한 새로움을 "정신의 화폐"가 화폐와 정신 모두를 대체하기 시작하는 현대 자본주의의 점증하는 비물질성의 일부로 이해한다. 하지만, 나는 일단 이 새로움이 과거 국제통화기금과 세계은행 같은 국제기구들과 국가에 의해 시행된 구조조정프로그램 그리고/또는 그 한계에 다다른 전쟁을 [대체할] 새로운 통제 수단의 필요성에서 연원한다고 생각한다.

금융화의 출현이 보여주는 것은 자본가들이 화폐의 새로운 역할들을 창안함으로써 자신들의 문제들을 해결할 길을 발견했다는 점이다. 자본주의의 다른 많은 것들과 마찬가지로 금융화는 노동자들과 자본가들에게 대해 각각 상이한 형태를 띠는 과정이다. (a) 금융화는 더욱 높은 수준의 저항으로 인해 불확실성의 단계가 상승해 왔음을 나타내면서 헤지펀드와 파생상품들을 통해 투자자들에게 보호책을 제공한다. (b) 금융화는 화폐 수단을 통해 정부들에 대한 침략 전쟁을 허용한다. (c) 금융화는 노동자들의 투쟁을 침식한다. 금융화는 자본이 이 나라 저 나라를 자유롭게 이동할 수 있는, 그리하여 정부를 협박하고, 훨씬 더 중요한 것으로는, 투쟁들을 무릎 꿇릴 수 있는 상황을 나타낸다. 이것은 남한 노동자들의 투쟁이 그들을 집어삼킨 금융위기에 의해 즉각적으로 멈추어진 1990년대 중반 "아시아 금융위기" 시기의 남한에서 목격할 수 있다.[7] 금융화는 또한, 거품들의 창출, 식료품과 석유 같은 필수품들의 가격 상승 등 ─ 이것들은 대중의 투쟁들을 멈추는 데 사용될 수도 있었다 ─ 을 부추기는 과정이기도 하다. 금융화는 구조조정프로그램들과 전쟁이 완수하지 못하는 것을 그것들의 가장 파괴적인 결과들을 늘림으로써 수행할 수 있다. 그리고 수십억 명의 사람들이 뼈저리게 알게 된 것처럼, 화폐적 흐름의 결과들과 싸운다는 것은 매우 힘든 일이다. 그것들은 국가 통제와 국가 영토의 외부에서 작동하기 때문이다.

이러한 점들로 인해, 금융회사들은 공장-사무실-농장의 계급투쟁 모델에는 적합하지 않다. 물론 금융회사들이 그 본성 때문에 연루되어 있는, 오랜 기원을 갖는 투쟁 형태가 존재한다. 채무자와 채권자의 투쟁이 그것이다. 어떤 회사가 다른 개인이나 회사에 돈을 대출해 주면 채무자는 미래의 언젠가 이자를 붙여 이 융자를 갚겠다는 약속을 한다. 고대에는 돈을 갚지 못하면 종종 노예가 되거나 신체가 절단되기도 했다. 예를 들어 채권자는 빚을 갚지 못한 채무자의 신체에서 저 유명한 "1파운드의 살"을 절단하는 것이 허용되었다. 현대 자본주의에서는 흉악한 경우의 범죄적 제재 외에도 대출금에 대한 채무불이행은 노동자의 재산과 미래의 소득에 대한 유치로, 혹은 자본주의 기업의 파산으로 이르게 된다. 이 채무자-채권자 간의 싸움은 여러 가지 면에서 임금투쟁과는 구별된다. 예컨대, 시간적인 측면에서 볼 때, 노동자들은 보통 노동이 끝난 뒤 보수를 받지만, 채무자는 대출을 갚기 전에 대출금을 받는다.

오늘날 미국에도 분명히 화폐와 재정을 둘러싸고 투쟁이 존재하는데, 이러한 현상을 가장 잘 이해하는 방법은 무엇인가? 노동자와 자본가의 싸움으로? 채무자와 채권자의 싸움으로? 아니면 다른 새로운 것으로? 이러한 위기 속에서 표현되고 있는 정치적 요구들은 무엇인가? 무엇보다도 이 투쟁은 공동체 사회에서 공유되어야 했던 사회적 잉여를 어떻게 분배하는가에 관한 것이다.

이 물음들에 대답하기 위해 우리는 기본으로 돌아가 그것들을 현대 자본주의에 적용하는 방법을 찾아야 한다. 하지만 "구제금융" 입법을 살펴보기 전에 관련 있는 자본주의 요소들에 주의를 돌려보자. 금융부문 F가 있고, 산업 부문 I가 있다. 산업 부문에는 모든 정보/계산 업체들도 포함되는데, 이 업체들이 "비물질적인 상품"을 생산하기 위해 매우 물질적인 노동자들을 착취하기 때문이다. 그리고 노동계급 W가 있다.

미래는 우리가 예견했던 것들이 실현되도록 만드는 역사적 시기가 될 것인가? 그것은 W에 "속하는" 사람들, 즉 노동계급이 자신의 종속에 맞서 투쟁할 준비가 되어 있는가에 달려 있다.

또한, 우리는 노동계급을 나타내기 위해 "W"를 설정한다고 해서 그러한 행위가 이 계급을 마술적으로 단결시키지는 않는다는 점을 기억해야 한다. W의 관계항은 계속 변형 중인 복잡한 계급 구성으로 이루어져 있다.[8] 그것은 기술적 구성, 사회적 구성, 아울러 정치적 구성으로 이루어져 있다. 그리고 그것들은 서로에게 딱 맞게 변화하지는 않는다. 예를 들어 가장 강력하고 기술적으로 선진적인 노동계급 부문들은 어떤 특정한 순간에 정치적으로 가장 덜 공세적일 수 있지만, 가장 낮은 수준의 기술 수준에 놓여 있는 노동자들이 요구를 가장 많이 하고 가장 전투적일 수 있다.

더욱이, 노동계급은 임금 자체에 의해 심각하게 분열되어 있다. 일부 노동자들은 다른 노동자들보다 더 높은 임금을 받고, 또 대부분의 노동계급이 임금을 받지 못한다. 화폐 경제에서 이러한 비임금 노동자들은 종종 임금을 받는 동료들보다 낮은 위치에 놓인다. 이런 분열과 위계는 인종주의, 성차별, 여타의 수많은 계급 약점들의 원천인 것처럼 보인다. 가장 중요한 것은, 이 위기 이야기에 관계된 노동자들이 단지 지역적으로 미국 노동자들만이 아니라는 점을 우리가 인식할 필요가 있다는 것이다.

이러한 요소들을 가정해서 우리는 F와 I(금융부문과 산업부문), F와 W(금융부문과 노동계급), 그리고 물론 W와 I(노동계급과 산업부문) 간의 관계와 투쟁 들을 살펴보아야 할 것이다. 따라서 계급 간 투쟁뿐만 아니라 계급 내 투쟁도 존재한다. 다시 말해, 임금과 이윤, 그리고 임금과 이자 간의 투쟁뿐만 아니라 이윤과 이자 간의 투쟁이 존재한다. 임금이 금융과 관련된 계급 문제로 진입한 것은 매우 중요하다. 왜냐하면 우리의 이자 개념과 관련하여 20세기에 심대한 변동이 일어났기 때문이다.9 19세기와 그 이전에, 임금노동자들은 금융계에서 결코 중요한 직접적인 선수들이 아니었다. 왜냐하면, 그들은 금융기관으로부터 융자를 받기 위해 담보물로 사용할 수 있는 재산이 거의 없고, 은행에서 보증금으로 사용할 수 있는 저축이 거의 없었기 때문이다. 맑스가 쓰고 있는 것처럼, "이자는 자본가와 노동자 사이의 관계가 아니라 두 자본가 사이의 관계다."10 실제로 수많은 상호부조와 신용조합 조직들이 19세기에 갑자기 모습을 드러낸 것은 은행과 기타 금융기관들 스스로가 오직 (크고 작은) 자본가들만이 그들의 고객인 것처럼 사고했다는 사실, 또는 노동자들이 너무 의심이 많아 자신들이 어렵게 벌어서 마련한 저축을 금융자본의 수중으로 넘기지 않았다는 사실 때문이었다. [지금] 이것은 더는 사실이 아니다. 따라서 21세기의 금융위기에 대해 말할 때 우리는 자본 분파 간의 갈등뿐만 아니라 계급 간 갈등에 대해서도 말해야 한다.

금융위기와 "구제금융"의 원인은 무엇인가? 우선, 그것은 역사 속의 모든 다른 금융위기와 비슷한 것처럼 보인다. 채무자들이 오래된 융자들을 갚지 못하는 것, 그리고 금융회사들이 새로운 융자를 하지 못하는 것 등이 그것이다. 지금 우리 앞에는 무에서 화폐를 창출하는 화폐 대신에 아무것도 창출하지 못하는 화폐가 있다.

그러나 이런 방식으로 화폐를 살펴보는 것은 거의 동어반복적이다. 또 다른 설명을 위해서 우리는 계급관계들을 고찰해야 한다. 이 위기에는 적어도 세 가지 이유가 존재한다. 미국 노동계급의 조건, 금융 흐름의 세계화, 금융화 현상이 그것이다.

오늘날 금융부문의 위기 촉발은, 19세기의 위기 시나리오의 통상적인 기원이었던 사람들, 즉 생산품을 판매하여 자신들의 대출금에 대한 이자를 지불하기에 충분할 만큼의 이윤을 벌어들일 수 없게 된 자본가들이 아니라 노동계급 주택소유자들과 관계가 깊다. 이 경우 노동자의 임금은 주택 구입을 위해 융자한 이자 및 원금을 지불하기에 충분하지 않았다. 실제로, 주택 시장이 급등하고 주택 가격이 거품을 일으켰던 바로 그 순간에 한 차례 실질임금의 정체가 있었다. 그래서 21세기 미국에서 성공적인 임금투쟁을 유지할 수 없다는 것이 현재의 금융위기의 핵심에 놓여 있다. 설령 이러한 투쟁이 성공적이라 해도 전혀 다른 위기가 뒤따랐을 것이다.

위기의 두 번째 측면은 새로운 투자 펀드가 미국의 금융 시스템으로 유입되는 것에서 나타나는 제약이다. 금융부문으로의, 특히 중국으로부터의 방대한 자본 유입으로 인해 미국 금융회사들은 미국 자본가들과 노동자들에게 주택 담보 대출을 제공하고 신용 거래를 확대하게 되었다. 여기에서 "유입"이라는 단어가 중요한데, 이 부문으로 진입해 들어오는 새로운 자본이 있는 한 "악성" 대출은 "차환"될 수 있고, 지급은 어떠한 심각한 문제없이 연기될 수 있기 때문이다. 하지만, 이러한 유입에 상당한 압박들이 가해지면 연기 기제들은 사용될 수 없으며, 대출은 이행될 수 없고 새로운 대출은 처리될 수 없다.

중국은 두 가지 이유에서 미국으로의 유입을 막는 유일하지는 않지만 주요한 제약 원천이었다. 첫째, 중국 경제의 최근의 성장률 감소는 중국의 평균이윤율에서 하락이 일어났다는 것을 보여준다. 둘째, 중국의 노동자들은 최근 그들의 임금을 극적으로 상승시킬 수 있었고 노동조건을 더 낫게 만들 수 있었다. 이것은 중국의 내부 투자 증대로 이어졌으며, 정부 계획에서 국내 시장의 장려 정책이 마련되었다. 이러한 추세는 미국의 금융부문에 대한 중국 해외 투자의 유입에 부정적인 영향을 미쳤다. 그래서 중국의 국부 펀드는 미국 자본주의의 구출에 참여하는 것을 거부했다. 이러한 요인들은 미국 정부가 단기 하락을 보충해야 했던 이유를 부분적으로 설명해 준다.[11]

따라서 우리는 미국의 주택 담보 대출 위기가 어떻게 두 [나라] 프롤레타리아가 끼친 영향에서 비롯되었는지 이해하게 된다. 첫째, 미국의 프롤레타리아가 임금을 상승시킬 수 없었던 것(지난 수년간 미국에서는 중요한 파업이 거의 없었다), 그리고 생존 욕구를 충족시키기 위해 노동자들이 신용과 담보를 사용한 것(이것은 전통적으로 금리 생활자들의 속성이었다). 둘째, 수천 번의 파업과 저항을 통해 임금인상 그리고 사회적 재생산에 대한 더 많은 투자의 강제를 이루어낸 중국 프롤레타리아의 성공.

계급투쟁에 뿌리를 둔 이러한 원인을 전제로, 국가에 의해 조정되는, 현대 자본주의의 다른 요소 간의 "담합들"deals의 집합인 "구조조정" 입법을 고찰해 보자. "담합"이라는 말로 내가 의미하는 것은, 때로는 사회계약의 공식적인 법적 도식 속에 모습을 드러내지만 가끔은 그것보다 앞서는 두 경쟁 상대 간의 암묵적인 동의 같은 것이다.[12] 우리가 이 말을 사용하는 것은, 사회계약 개념이 너무 형식적이고 협조적(다시 말해 평화적)인 구조여서 세력관계 상태에 의존하고 또 장기적이고 결말을 알 수 없는 투쟁으로부터 발생하는 종종 말해지지 않는 측면들을 포착할 수 없음을 나타내기 위해서다. 적대자들은 투쟁의 규칙들이 투쟁의 목표가 될 때까지 투쟁의 규칙들에 동의할 수 있다는 것, 이것이 투쟁의 학문인 "투쟁학"agonology의 첫 번째 공리다.

이 부문들 각각을 선택해서 국가가 그것들에 제공하고 있는 담합을 개략적으로 고찰해 보자.

F(금융부문) : 이 부문은 자신들의 행동 자유에 대해 강제하는 정부의 끝없는 제약들에, 그리고 자신들의 화폐자본 운동들에 대한 정부의 통제에 동의해야 한다. 그것은 최소한 특정 분야의 산업의 일시적인 국유화에도 동의한다. 그 대신 그것은 전반적인 대손貸損의 대규모 "사회화"(소위 비우량 주택담보대출에서만이 아닌)를 얻게 될 것이다. 이 사회화가 [금융자본에] 대립적이지는 않을 것이라는 암묵적인 가정이 존재한다. 즉 정부가

구매할 채무 선택과 관계된 사람들은 정부의 이익만을 고려하지는 않을 것이다. 오바마 행정부는 래리 서머스와 티머시 가이트너[13]를 임명하고 그들을 지원함으로써 이러한 부류의 담합에 확실하게 부응했다.

I(산업부문) : 이 부문은 정부가 신용에 대한 지속적 접근을 보장("신용 규제"의 종결)하는 대가로, 그리고 금융부문의 어느 기업이 "구제될 것인지" 판단하는 데 사용된 "너무 거대해서 파산될 수 없다."는 원리가 또한 이 부문에 적용될 것이라고 정부가 암묵적으로 동의하는 대가로, 금융부문의 "구출"을 지원하는 것에 동의해야 한다.

물론 이 두 부문의 구별은 외견상 명확하지 않다. 왜냐하면 다수의 산업회사가 금융 자회사들을 보유하고 있고 다수의 금융회사가 산업 기업들의 투자를 받기 때문이다. 더욱이 두 부문에서 이루어지는 축적을 기술하기 위해 사용되는 회계 범주는 같다. 이윤이 바로 그것이다. 이 의미론에 따르면, 자동차 공장들이 이윤을 만드는 것처럼(또는 적어도 그렇게 되기를 바라는 것처럼) 은행들 역시 이윤을 만든다. 설령 그들이 전반적인 시스템을 통해 생산된 잉여가치와 서로 다른 관계를 맺고 있다 할지라도 말이다.

W(노동계급) : 우리의 계급은 빚으로 인한 인플레이션과 환율 평가절하를 통해서건, 또는 사회보장기금에 대한 절도를 통해서건, 또는 상대적으로 완전한 고용으로 상대적으로 빨리 귀환하는 대가로 - 여기서 "상대적으로"의 성격은 투쟁에 의해 판가름날 문제이다 - 이 둘 모두를 통해서건, 극적인 임금 하락에 동의해야 한다.

머지않은 미래의 F, I, W 간의 관계 배치는 다음과 같이 기술된다.

F-I(이자와 이윤, 그리고 금융자본가와 산업자본가 간의 관계) : 다가오는 이번 시기는 금융부문의 헤게모니 시대 이후에 금융부문(그리고 이자에 대한 요구)과 산업부문(그리고 "기업 이윤"의 요구) 간의 "영원한 갈등" 관계를 다시 제기할 것이다. 경제적 수사는 발사체를 찻잔 위에나 착륙시키는

화폐 마술사들과 로켓 과학자들에 대한 신랄한 비평과 함께 특히 에너지 부문에 "실질적인" 투자가 필요하다는 발언으로 가득해질 것이다.

F-W(임금과 이자 또는 노동계급과 금융자본가와의 관계): 다가오는 시기는 한편으로는 — 임금에 가해지는 엄청난 하향 압력에 직면하여 — 부채 말소나 경감에 대한 도덕주의적이고 대부분 헛된 요구들로, 다른 한편으로는 융자 계약의 파기, 주택담보대출 일정 연기, 신용카드 연체에 대한 엄중한 제재로 가득 찰 것이다. 이러한 예측은 지난 2년 전에 통과된 "주택소유자 구제" 법에 의해 이미 확인되었는데, 이 법은 압류에 직면한 수많은 사람들을 지원했다.

I-W(임금과 이윤, 그리고 노동자들과 산업자본과의 관계): 부시 행정부의 "소유권" 사회는 오바마 시대에는 이상하게 보이기 시작한다. 결과적으로 이전의 소득 수준을 회복하려는 노동자들의 노력은 더는 — 주식 보유나 주택 구매를 통한 — "금융적" 대탈출에 의존하지 않을 것이며, 넓은 의미의 임금투쟁을 둘러싸고 자본과 직접 대면해야 할 것이다. "임금투쟁"으로써 내가 의미하는 것은 정문 주변에서 피켓 싸움을 벌이는 것만이 아니다. 나는 생산수단과 생존수단을 더 많이 통제하고 자신의 노동력을 팔지 않아도 될 능력을 갖추기 위한 투쟁을 거기에 포함시킨다. 노동계급 대부분의 역사에서, 노동을 거부할 수 있는 이러한 능력은, 임금노동자로서의 자신의 지위와 무관하게 접근할 수 있는 공통장들이나 공유재의 현존에 토대를 두고 있었다. 따라서 "임금투쟁"이 오랜 공통장들을 보존하고 새로운 공통장들을 창출할 수 있는 능력을 포함한다는 게 내 생각이다.[14]

하지만 모든 계급과 부문은 신자유주의의 대다수 이데올로기와 일부의 실천이 유물로 전락할 것이라는 점에 동의한다. "정부"는 경제의 모든 수준에서 "협치"의 목소리를 높이고 있는 중이다(물론, 일부 포스트모던 사상가들이 지난 십 년간 믿도록 이끌렸던 것처럼 국가는 결코 사멸해 가고 있던 것이 아니었다). 9·11 이후의 사태 전개, 즉 아프가니스탄과 이라크에 대한 침공이 보여주고 있는 것처럼, 세계화라는 중심 없는 "평평한" 세계는 실재라기보다는 일종의 홍보 속임수에 지나지 않았다. 마찬가지로, "테러리즘과의 전쟁"으로 무장한 감시의 귀환은 인터넷이 개방된 소통의 장이 아니었음을 보여주었다. 마찬가지로 2008년 9월 10월 초에 일어난 사건들은, 빛의 속도로 작동하는 상징적인, 미래-중심 경제가 주가 하락, 투자회사의 파산, 압류된 주택들과 판자촌tent city의 유성우 속에서 한계에 다다랐음을 드러냈다.

구제금융 거래가 그것이 만들어내는 결과만큼만 효과적일 뿐이라는 점 역시 분명하다. 수천억 달러에 달하는 "악성" 대출을 매수한다고 해서 그것이 금융부문에 대한 신뢰를 "회복하는" 데 적절할지, 또는 신용 흐름이 경제적 "호전"을 가능하게 할 정도로 재개될지, 또는 "격동"의 시대를 지난 뒤 역사적으로 정상적인 고용 수준으로 되돌아갈지 아무것도 보장된 바가 없다. 더욱이, 이 체제의 몇몇 부분들은 결국에는, 애초의 제안 속에 암묵적으로만 존재했던 요구들에 대면하면 이전에 수용했던 거래를 거부할 수도 있다. 예를 들어, 최근에 벌어진 일련의 주식시장의 붕괴를 목격한 직후 사회보장기금이 주식에 투자되어야 한다는 요구에 노동자들은 어떻게 대응할 것인가? "세계의 지배자들"인 금융부문은 자신들이 너무 엄격하게 규제된다면 주저하지 않겠는가? 신자유주의의 "붕괴"는 미국 내의 더욱 강력한 반자본주의적 운동으로 이어질 것인가, 아니면 우리가 "파시즘"이라 부를 것과 비슷한 어떤 것으로 귀결될 것인가? 이것들은 신자유주의 위기의 계급정치학을 이해하는 데 핵심이 될 종류의 물음들이다.

신자유주의적 세계화에 대한 비판가들은 자신의 적의 운명에 흡족해할 수 있다. 그러나 단지 잠시뿐이다. 이 "구제금융"의 결과들은 중요하며, 국가의 시각에서 그리고 프롤레타리아의 시각에서 주의 깊게 고찰될 필요가 있기 때문이다.

미국 정부가 자본주의에서 국가의 역할에 관해 10년 이상 벌여온 중국과의 대논쟁은 최소한 이번 라운드에서는 중국의 승리로 끝났다. 이것은 "구제금융"의 중요한 전략적 결과물이며, 위기의 세계적인 확산이 논의될 때 종종 언급된다. 구제금융은 대부분 이데올로기적 광풍이다. 미국 정부는 정확히 반대되는 정책을 실행하고 있는 바로 그 순간에 금융 규제 완화를 진지하게 밀어붙일 수 있는가? 힘의 세계에서 일관성을 기대해서는 안 된다는 것은 사실이다. 결국, 미국 정부는, 자국 농부들에게 지급하는 보조금을 실질적으로 늘렸던 바로 그 순간에 아프리카 정부에 농업보조금의 폐지를 설교해 오고 있다! 하지만 정치적 위선에는 한계가 있으며 미국이 금융 규제 철폐를 설교하고 있는 중국 정부(그리고 그와 비슷한 다른 나라의 정부들)는 자신에 대한 봉쇄에 저항할 역량을 지니고 있다.

그와 반대로, 공산주의에서 자본주의에 이르는 러시아적 이행뿐만 아니라 이제는 외관상 "아주 독한"straight no chaser 교조적인 신자유주의에서 신자유주의의 한 형태인 플랜 B(즉 시장을 위한 금융 사회주의)에 이르는 미국적 이행을 아우르는 이러한 시대에 금융부문과 환율에 대한 중국의 강력한 국가 통제 모델이 승자로 판명이 났다. 그러나 이 승리는 완전한 정치경제학의 발달을 위한 결과들을 낳기도 했다. 경제의 미시 조직에 국가가 다시 개입하는 것이 체제 전체에 대해 갖는 의미는 무엇인가? 신자유주의는 경제적 패러다임일 뿐만 아니라 정치적 패러다임 그리고 문화적 패러다임이기도 했다. 신자유주의의 몰락으로 이러한 삶의 영역들이 어떻게 영향을 받을 것인지를 예견하기 위해서는 많은 연구가 필요할 것이다. 중국식의 경제 모델은 미국의 정치와 문화에 어떻게 수혈될 것인가?

마지막으로, 미국 노동계급은 신자유주의의 이 위기로부터 국제 사회를 고무시킬 수 있을 것인가? 인터넷과 전화 시스템을 통해 워싱턴 정치가들에게 가해진 전자 공습은 2008년 9월 구제금융 법안의 최초 패배로 이어졌는데 이는 지구 위의 수많은 사람에게 어떤 희망을 안겨주었다. 하지만 더욱 지속적인 저항이 이어지지 못했고 일주일 만에 패배했다. 그렇다면 부시 행정부의 "대공습"에 대한 흔들리는 정치적 대응에 기초해 볼 때, 즉각적인 대답은 "아니오."여야 한다. 우익의 라디오 토크 수다와 좌익의 인터넷 청원은 이 특별한 투쟁에서는 아주 서툰 수였다. 실제로, 노동계급은 "비우량" 주택담보대출을 이 위기의 기원으로 받아들임으로써, 신뢰성 있는 주택 및 소득 보장에 대한 그들의 요구들은 (오늘날 유행하고 있는 은유를 사용하자면) 신용체제에 체계적으로 "유독한" 것으로 낙인찍혀 왔다. 임금의 장기 침체로 인한 신용 수단의 봉쇄는 주요한 전략적 결과를 초래할 것이다. 자본은 미국 노동계급이 금리 생활자 계급이 되는 것 – 보유 주식과 보유 주택 가격의 끊임없이 상승하는 가치에 기식해 살아가는 것 – 을 허용하지 않을 것이기 때문에, 노동자들은 다가오는 시대에 가장 폭넓은 의미에서 임금투쟁의 가혹한 지형으로(그것이 아무리 불길하게 보인다 하더라도) 되돌아가야 한다.

이러한 주석들을 낳은 투쟁의 "동결 상태"가 녹고 있다는 어떤 조짐들이 있는가? 한 가지 징후는 2009년 가을 캘리포니아 학생 운동의 부흥에서 발견될 수 있다. 신자유주의 시대 노동계급과 관련한 가장 중요한 "거래들" 중의 하나가 대학 교육에 집중되어 왔기 때문이다. 고등학교를 겨우 졸업할 수 있었을 뿐인 프롤레타리아들에 비해 대학 졸업을 했던 사람들, 특히 상대적으로 값싼 공립대학에 다닌 사람들에게는 엄청난 임금 프리미엄이 존재했다. 막대한 학자금 대출 사업은 바로 이 임금 격차 위에서 번성했다.[15] 정부 관리와 자본가들은 공립대학의 수업료를 극적으로 인상함으로써 그리고 한편으로는 정부의 재정 지원을 극적으로 축소함으로써 이 거래를 공격하는 데 이 위기의 한 측면을 활용해 왔다.

예전에 로버트 존슨[16]이 노래한 것처럼 이 "하락하는 마지막 공정 거래" – 다시 말해, 더 많은 임금을 받기 위한 "공립대학" 사다리의 이 널리 인정되는 목표 – 에 맞서, 캘리포니아 대학, 그리고 뉴욕시 대학에서 칠레와 퀘벡 대학 시스템에 이르는 청년 프롤레타리아들은 마침내 대중 저항을 조직하고 있다. "교육–공장" 안에서 이루어지는 이 저항의 운명은 몇 달 안에, 이 주기의 위기 순간의 끝에서 보이는 권력관계에 대해 더 많은 것을, 어쩌면 "실제" 공장·사무실·농장에서 발생하는 다가올 투쟁보다 더 많은 것을 우리에게 말해줄 것이다. 그렇게 되면 미국 내 계급투쟁의 지세地勢에서 중요한 변동이 일어날 것이다.

사회적 재생산의 위기 개념에 대하여
이론적 개관

시장관계가 사회적 교환의 패러다임이 될 때 사회적 재생산 과정에서 비시장extramarket 관계의 역할은 무엇인가? "비시장" 관계들과 행동들(예컨대 친근한 대화 나누기, 아이 기르기)은 그저 시장의 중심적이고 발산적인 현존의 그림자에 불과할 뿐인가, 아니면 사회적 시장의 주요한 부분인가? 시장 현상에 과도하게 주의를 기울이는 것이 정당한가, 아니면 이것은 개념적·실천적 재난에 대한 처방전인가? 이 물음들은 오랫동안 (최근까지) 경제학에 반대되는 것으로서 사회학의 자기인식에서 핵심적인 것이었다.

관련된 이슈들에 대한 구체적인 생각을 얻기 위해, 미국의 어느 곳이든 도시에서 하루에 통화된 전화나 발송된 전자메일 메시지들을 상상해 보라. 우리는 이것들을 시장 교환으로 분류할 수 있는데, 대부분의 통화나 메시지들은 전화회사를 통해 유료로 이루어지는 것이며 다수는 시장 활동들의 맥락 속에서 만들어진 것이기 때문이다. 그러나 그것들에 의해 가능하게 된 비시장적인nonmarketable 교환들은 어떠한가? 사거나 팔기 위해서가 아니라, 가족관계, 사랑, 투쟁(전화회사에 맞서 벌이는 투쟁들을 포함해서)의 맥락 속에서 이루어지는 통화와 메시지들은 어떠한가? 이러한 통화와 메시지들은 분명 "사용가치"를 지니고 있다. 우리는 이것이 사회적 부와 무관하다고 말할 수 있는가?

맑스가 기술하고 있는 것처럼, "자본주의적 생산양식이 지배하는 사회의 부는 '방대한 상품더미'로 나타난다."[1] 전화회사의 경우, 부는 회사 소득의 형태로 나타난다. 그러나 소득은 전선을 통해 움직이는 정보와 사회적 협력의 웹을 드러내지는 못한다. 이 정보적이고 상상적인 부와 상품 형태 간의 관계는 무엇인가? 우리는 전화 노동자들의 파업이나 이자율의 상승이 통화량과 그것의 가격에 영향을 미친다는 사실을 알고 있다. 그렇지만 이러한 교환 속에서 생산된 사회적 부는 어떠한가? 이 모든 것은 시장 수단으로 측정할 수 있는가?

우리가 전화 통화와 전자메일 메시지들의 사례를 확대해서 모든 물질적 교환들(예컨대, 대화, 연애 만남)을 포함한다면, 우리는 시장의 대 "타자"를 탐구하기 시작하는 것이다. 상품들과 화폐의 유통 외부에 존재하는 이 영역은 1960년대 후반 이래 사회과학을 유혹하는 한 축이었다. 비시장 교환이 공식 경제에 도전하고 그것을 붕괴시킬 수 있다는, 하지만 비시장 교환이 공식 경제의 현존에 본질적이라는 깨달음이 점점 늘어났기 때문이다.[2] 따라서 그것들의 양을 측정하고, 그것들의 잠재력을 평가하는 것은 사회이론에서 결정적인 문제들이 되었다. 이것은 상품 형태가 지배적이지 않은 아프리카, 아시아, 아메리카 대륙 등의 수많은 지역 사회에 관한 연구들에서 특히 더 그렇다. 이러한 점은 노동력의 재생산과 관련된 가사노동과 기타 활동들에 관한 연구에서도 마찬가지인데, 이 활동들은 지구 대부분에서 이루어지는 공식적인 시장 교환의 공간 바깥에서 주로 수행된다.

비시장 관계들의 영역을 기술하기 위한 새로운 용어들이 요즘 세대의 정치 이론가들에 의해 개발됐다. "비임금노동" 영역[3], "사회공장"[4], "그림자경제"[5], "일반경제"[6], "도덕경제"[7], "정보경제"[8] 등이 그것이다. 이것들과 함께 일련의 새로운 사회-경제적 대립들 ─ 공식적/비공식적, 생산/재생산, 시장/도덕, 이성적/관습적, 근대/탈근대 ─ 이 나타났다. 그리고 사회적 형식들의 해체가 시작되었다. 명백한 이분법이 확인되자마자 당연하게 생각되는 그것들의 긍정적이고 부정적인 양극들은 치환되거나 전도되어 관계의 새로운 장들을 드러냈다. 예컨대 자급 농업을 포함하여 재생산 노동이 가시화되자 비임금노동의 양이 예전에는 맑스주의와 비맑스주의를 막론하고 경제적 분석에서 가장 중요한 위치를 차지했던 임금노동 부분을 왜소하게 만든다는 점은 더는 무시될 수 없었다.

이 이론적 혁명이 우리에게 제기하는 첫 번째 물음은 이러한 발전에 비추었을 때 더 낡은 개념들의 지위에 관련된 것이다. 사회생활에서 비시장 관계의 중요성에 대한 재평가는, 예전에 정치경제학이 오직 시장에 기초해서 분석했던 사회적 재생산의 개념을 어떻게 변화시켰는가? 더욱 구체적으로 말해, "정상적인" 시장 교환의 한 파열로 생각된, 그리고 (맑스와 고전경제학 전통에 의해) 불황, 공황, 거품 등과 연관되어졌던 "사회적 재생산 위기"는 이 영역과 어떤 관계에 있는가? 우리는 상품교환에 기초한 개념들에 유추하여, 이 위기에 대한 보다 일반적인 개념을 발전시킬 수 있는가? 기근, 대량학살, 전쟁 그리고 사회적 재생산에서의 다른 "파열들"이 위기에 대한 고전적 관념의 일반화를 통해 설명될 수 있는가?

이 글은 이 물음들을 집중적으로 다룬다. 이 물음들은 1980년대 이후 사회이론의 초점이었는데, 기근들과 여타의 많은 이변이 결코 자연재해가 아니라 사회적으로 강제된 ― 음식, 토지, 그리고 여타의 생존요소들에 대한 ― 권리 부정의 결과들이라는 점이 인식되었다. 이에 대해서는 아마르티아 센과 그 밖의 다른 사람들이 이미 논증한 바 있다.[9]

나는 맑스의 사회적 재생산 이론에서 논의를 시작할 것이다. 이 이론은 아직도 이 문제에 관한 가장 복잡한 고전적인 경제이론이다. 그런 뒤에, 비시장 관계들의 중요성을 인정하지만 그것들을 설명하는 방식에서는 차이를 보이는 세 개의 대안적인 접근법들을 확인할 것이다. 첫 번째 접근법은 상품 형태를 일반화함으로써 비시장 교환들을 설명하고, 두 번째 접근법은 사회적-교환 관계를 일반화하며, 세 번째 접근법은 비시장 현상들의 가치-생산적 측면들을 강조한다. 이 세 가지 접근법 각각은 또한 사회적 재생산의 위기 개념에 대한 상이한 전망을 제공해 준다. 내가 보기에 이것이야말로 이들의 설명력을 진단하는 시금석이다. 나는 세 번째 접근법이 기근 같은 사회적 재생산 위기를 설명하는 데 가장 탁월한 잠재력을 지니고 있다고 결론지을 것이다.

사회적 재생산: 계보학과 위기, 맑스주의적 시각

"사회적 재생산"은 오래된 용어다. "재생산"이 자연적으로 재발생하는 생물학적 주기들을 환기하는 반면, "사회적"은 의도적이고 자발적인 일련의 상호작용을 내포한다. 그럼에도 불구하고 근대 자본주의 사회들이 자연적인 재생산적 주기들을 지니고 있다는 생각은 경제학과 사회학의 발전에 핵심적이었다. 이 개념 속에 존재하는 긴장은 이 분과학문들 사이의 지속적인 긴장에서 여실히 확인된다. 그 이유는 어원학적으로 설명될 수 있다. "사회학"은 혈연으로 묶이지 않고 자유롭게 선택된 친구를 의미하는 라틴어 socius에 뿌리를 두고 있다. 그와 달리 "경제학"은 고대 그리스어 oikos("따뜻한 가정")에 기원을 두고 있는데, 이것은 혈연과 노예로 맺어진 유대를 나타낸다. 사람들은 oikos의 재생산에 대해 말할 수 있었는데, 그것은 가정이 선택과 자유의 지형이 아닌 자연과 관습, 즉 physis와 nomos 사이의 문턱으로, 그리하여 물리적 세계의 자동성과 반복성을 공유하는 것으로 간주되었기 때문이다. 이러한 시각에서 볼 때, 경제 관계들은 필연성의 영역 안에 있었다. 이 관계들은 남편과 아내, 부모와 자식, 주인과 노예 사이에서 이루어졌고, 그들의 재생산은 외관상 "자연적인" 리듬에 뿌리를 두고 있었다. 그와 달리 사회적 관계들은 자유의 영역에 기초하고 있었는데, 이 관계들은 "자연적인" 혈연으로부터 자유로운, 평등한 사람들 간의 상호협정으로 수립되었다. 바람직한 일치들 위에 구축된 이 독특한 관계들이 재생산될 수 있을 것이라고는 상상도 할 수 없었다. 기껏해야 (아리스토텔레스의 『윤리학』에서처럼) 규칙들이 그것들의 보존을 위해 정해져 있을 수 있었다.

하지만 socius와 oikos를 나누는 그리스-로마식 구별은 자본주의가 발달하면서 사라졌다. 왜냐하면, 가족의 생활수단 생산은 화폐 교환("자유"라는 부르주아 개념의 토대)에 대한 의존으로 대체되었기 때문이다. (인클로저 이후의) 프롤레타리아와 (자신의 사유지에서 생산된 재화를 소비하는 데 익숙했던) 금리생활자 모두에게 영향을 미친 이러한 발전으로부터 인간의 단란함을 기술하는 용어인, 바로 그 "사회" 개념이 비롯되었다. 이어서 "정치경제학" 개념이 생겨났는데, 여기에서 그리스어 politikos는 라틴어 socius의 동의어로 만들어졌다. 로크의 "사회계약" 이론은 17세기 부르주아 사이에서 널리 퍼져 있던, oikos의 "자연적인" 관계들(남편-아내, 부모-자식, 주인-노예)이 "사회적인 것"으로 되고 있다는 견해를 공식화했다. 다시 말해, 그것은 평등한 사람들 사이에서 이루어지는 개별적인 결정과 계약의 문제라는 것이다. 그러나 반대의 인식 역시 모양을 갖추고 있었는데, 사회 역시 생물학적 신진대사와 재생산 주기를 갖추고 있다는 생각을 중심으로 전개되고 있었다. 이러한 인식은 "사회적 재생산" 개념을 낳았다. 이 개념은 계몽주의 시대 정치경제학 연구의 주요 대상이었다.

최초의 사회적 재생산 이론은 18세기 중반 『경제표』를 쓴 케네에 의해 제공되었다. 케네는 새로운 접근법을 써서, 연합된 개인들, 특정한 계급들의 구성원들(금리생활자, 자본가, 노동자), 그리고 계약으로 결합된 사람들의 집합이, 상품들의 생산과 유통의 한 주기가 끝난 후에 동일한 개인들과 계급들이 다시 나타나는 것과 같은 방식으로 어떻게 자신을 재생산할 수 있는지 물었다. 맑스가 지적하는 바와 같이, 케네의 접근법이 지닌 분석적 힘은 그가 자신의 분석을 oikos라는 오래된 장소 — 토지와 농업생산 ─ 에 근거하고 있다는 사실에서 비롯되었다. 그렇지만 이것 역시 『경제표』의 한계였다. 매뉴팩처는 여기에서 단지 성가신 "잡다한" 것으로서만 모습을 드러내고 있기 때문이다. 18세기 후반 산업생산이 서유럽에서 농업을 압도하기 시작하고 있었음에도 말이다.

케네에서 맑스에 이르는 궤적에서 볼 때, 사회적 재생산 분석에서 이루어진 가장 중요한 발전은 가치 생산이 산업 노동을 포함해야 한다는 애덤 스미스의 이론이었다.[10] 하지만 자본주의의 재생산 조건들에 대한 가장 결정적인 분석을 정교화한 사람은 자본주의 위기와 프롤레타리아 혁명의 이론가인 맑스였다.

이 주제는 『자본론』 2권에서 다루어지는데, 여기에서 맑스는 계급투쟁(1권의 초점)으로부터 자기 자신에게로 되돌아가는 자본주의의 저 사회적 현상들 ─ 유통, 회전, 회전율, 순환, 재생산 ─ 의 분석으로 이동했다. 맑스는 2권에서 일차적인 변수들(예컨대 임금상승, 이윤하락)에서 일어나는 변화 대신, 하나의 체제를 그 출발점으로 되돌리는 변화들을 고찰해서, 그것이 그 과정에서 겪는 변형들이 어떻게 체제의 전복을 위해서뿐만 아니라 그것의 재생산을 위해서도 결정적인지 보여주었다.

맑스가 2권에서 자본의 재생산을 분석하기 위해 사용한 모델은 19세기 중반의 물리학에서 발전된 기계적 열 이론이었다. 이 이론은 미시적 현상들이 수백만 개의 미시적 사건들과 실재들의 산물이라고 설명한다.[11] 맑스는 이러한 방법에 따라 자본주의의 거시적 측면들이 수백만 개의 미시사건들의 산물이라고 기술했다. 그리고 속도와 주기가 다른 미시물리적 궤도들을 갖춘 개별 자본들의 회로들에 기초해서 사회자본의 재생산을 설명했다. 맑스는 "사회자본의 재생산과 유통"을 다루는 제3편 서론에서 미시 수준에서 거시 수준으로 이행하는 운동을 생생하게 설명했다.

… 그런데 개별자본의 순환들은 서로 엉키며 서로 전제가 되고 조건으로

되는 것이며, 그리하여 바로 이렇게 엉킴으로써 사회적 총자본의 운동을 이룬다. 단순상품유통에서 한 상품의 탈바꿈 전체가 상품 세계 전체의 일련의 탈바꿈들의 한 고리로 나타났듯이, 이제는 개별자본의 탈바꿈이 사회적 자본의 일련의 탈바꿈들의 한 고리로서 나타난다.[12]

맑스의 자본주의 경제에 대한 시각은 각기 통일된 순환을 하는 교환들의 막대한 집적에 대한 시각이다. 여기에서 가치는 보존되거나 늘어나거나 줄어든다. 그리고 상품들과 화폐는 각각의 교환 과정에서 다른 순환들의 앞뒤로 도약해서 모든 방향으로 자극들을 전달한다.[13] 그것은 맑스 시대에 매우 대중적이었던 유기화학 도식들에서 원자들이 차지하는 역할을 상기시키는 이미지다. 왜냐하면 우리는 (i) 생산된 상품을 그것을 생산수단으로 이용하는 또 다른 자본가 B에게 판매하고, (ii) 그렇게 실현된 화폐 일부를 가지고 자본가 C로부터 몇몇 사치재를 구매하고, (iii) 노동자 D에게서 노동력을, 결국 다른 개별 자본들의 새로운 순환을 북돋우는 자본가 E에게서 새로운 생산수단을 구매하는 자본가 A를 상상해 볼 수 있기 때문이다.

하지만 교환은 체계가 미시적이고 거시적인 수준에서 자신을 재생산하는 데 유익해야 한다. 따라서 "세 개의 순환 모두에 공통적인 것은 가치 증식이 규정적인 목적이고 추진적인 동기라는 점이다."[14] 그러나 어떠한 교환도 필수적이지 않으며 보장을 받지도 못한다. 각각의 연결은 깨어질 수 있으며, 그 목적은 실현되지 않을 수도 있다. 따라서 미시위기가 항구적일 가능성이 있으며 심지어는 체계 전체가 붕괴할 수도 있다.[15] 맑스는 교환 대칭이 파괴될 수 있다는 점에 엄청난 중요성이 있다고 서술한다. 자본 순환의 미시결합들이 단절되자마자 그에게 남는 것은 위기와 자본주의 종말의 가능성이다. 우리는 이러한 점을 1859년과 1867년에 (각각) 출간된 아래 구절에서 확인할 수 있다. "교환과정에서 구매와 판매의 분리가 (사회적 물질대사의 국지적이고 자생적인, 조상 전래의 돈독한, 정겹지만 어리석은 제약을 무너뜨리듯이, 동시에 그 분리는 그 물질대사의 공속적 계기들을 파열시키고 대립적으로 고정하는 일반적 형태, 한마디로 말하자면) 상업공황의 일반적 가능성이다. [그렇지만 그 까닭은] 오직 상품과 화폐의 대립이 부르주아적 노동에 포함된 모든 대립의 추상적이고 일반적인 형태이기 때문이다."16 그리고 다시 이렇게 이야기한다.

> 따라서 이 두 과정의 외적 자립화가 일정한 점까지 진행되면 그 내적 통일은 공황crisis이라는 형태를 통해 폭력적으로 관철된다. 상품에 내재하는 대립과 모순들 ― 사용가치와 가치의 대립, 사적 노동이 동시에 직접적으로 사회적인 노동으로 표현되어야 한다는 모순, 특수한 구체적 노동이 동시에 추상적 일반적 노동으로서만 통용된다는 모순, 물상의 인격화와 인격의 물상화 사이의 대립 ― 은 상품 탈바꿈의 대립적인 국면들에서 자기를 드러내고 자기의 운동 형태를 전개한다.17

맑스가 보기에 이 위기[공황]은 사회적 재생산이라는 자본주의 체계의 진실을 표면으로 불러온다. 상품의 화폐 및 이윤으로의 탈바꿈은 필요들과 명백한 모순들의 지속적인 억압을 필요로 한다. 그러나 일단 상품과 화폐의 결합이 일시적으로 느슨해지면 그 간극은 더 벌어져 자본주의 생활의 모든 모순을 폭발시킬 수 있다. 알다시피 맑스에게 주요 모순은 "부르주아적 노동양식"에 있다. 이것은 유통 영역과는 무관하게 보일 수도 있다. 왜냐하면 사람들은 일반적으로 자신의 요구를 충족시키기 위해 재화를 구매하는 것이지 그것을 만든 사람 때문에 구매하는 것은 아니기 때문이다. 그러나 시장교환의 일차적 목적은 가치 확대이다. 그리고 여기에서 상품에 들어가는 노동이야말로 핵심 요인이 된다. 노동자들의 투쟁과 함께 시작하는 그것의 "모순들"은 자본가들의 이윤을 침범할 수 있고 유통 과정을 위기에 빠뜨릴 수 있다.

맑스가 지적한 바와 같이, 사회적 재생산 과정은 모든 것 ─ 화폐, 상품, 생산 ─ 을 출발점으로 되돌린다. 그러나 이러한 회귀는 보장을 받지 못하는데, 그것은 자본주의가 자신을 재생산하면서 그것의 모순들 역시 재생산하기 때문이다. "따라서 자본주의적 생산과정은, 하나의 연결된 전체과정을, 즉 재생산과정이라는 측면에서 본다면, 상품이나 잉여가치를 생산할 뿐 아니라 자본관계 자체를, 즉 한편으로 자본가를, 다른 한편으로 임금노동자를 생산하고 재생산한다."[18] 모순적이고 갈등적인 자본주의 관계의 재생산은 결코 자연적이지 않으며 위기와 파국의 가능성에 영구적으로 노출되어 있다.

맑스의 사회적 재생산 이론의 위기

따라서 『자본론』 1권이 출간된 1867년부터 1960년대 후반까지 "위기 이론"이 맑스주의 사상의 발전에서 중요한 요소였으며 위기의 위험을 이론과 실천을 통해 몰아내려고 했던 시도가 부르주아 경제학의 추동력이었다는 점은 놀랄 일이 아니다. 맑스주의자들은 사회적 재생산에 대한 맑스의 설명을 대부분 받아들이고 종종 재검토를 했다.[19] 그러나 그들의 주요 관심사는 그 위기를 가능케 한 원인을 밝히는 것이었고, 여기에서 맑스의 설명은 거의 도움이 되지 못했다. 위기들은 소비재 생산 대 생산재 생산의 불균형에서 발생했는가? 그것들은 총수요의 만성 부족에 기인한 것인가, 아니면 확장과 투자 시기의 이윤율 하락에 대한 대응이었는가?[20] 여러 번 재해석해도 『자본론』이라는 텍스트는 이 문제를 해결해줄 수 없었다.

"위기 이론"은 여전히 도발적인 가설들을 만들어내었다. 룩셈부르크, 힐퍼딩, 레닌, 부하린 등의 과소 소비적인 제국주의 설명에서부터 2차 세계대전 동안의 칼레츠키[21]의 "정치적 경기순환", 바란과 스위지의 "실현" 가설, 1960년대의 폴 매틱의 "이윤율" 역습에 이르기까지 위기 이론의 장은 논쟁적이었다.[22]

『자본론』 1권이 출간된 직후 부르주아 정치경제학은 중대한 변화를 겪었다. "경제학"이라는 새롭게 채택된 이름 아래, 그것[부르주아 정치경제학]은 사회적 교환들의 총체성을 설명하려는 모든 시도를 그만두었고 욕망의 장들과 합리적인 계산 양식들이 어떤 특별한 순간에 개별적 주체들(소비자들이나 기업들)에서의 효용의 최대화로 이어지는 방식에 관심을 돌렸다. 사회적 재생산의 오래된 물음들은 새로운 담론 범주들 속에서 굴절되거나 경제학자들에게는 무의미한 것이 되었다. 발라[23], 파레토[24], 제번스[25], 멩어[26] 같은 19세기 후반 경제학자들에게는 위기 같은 일은 일어날 수 없었다. 시장은 모든 생산요소의 완전 고용을 보장하고 (예산 압박에도 불구하고) 모든 사람의 욕망을 최대화하면서 평형 상태로 나아갈 것으로 기대되었다. 그래서 평형 상태에서 벗어나려는 어떠한 움직임도 "충격"의 형태를 띨 수밖에 없었다. 다시 말해 그것은 예를 들어 습관과 취향의 변화, 지진, 또는 정부 법령처럼 경제 관계 영역의 외부에서 발생한 현상이어야 했다. 그 결과 대체로, 망각의 한 세기가 경제학에서 재생산과 위기라는 맑스주의적 문제 틀을 덮어씌우고 말았다. 하지만 이러한 상황은 1960년대에 끝을 맺었는데, 이 시기에 전 세계의 새로운 사회운동들의 성장으로 자본주의의 토대들이 위협을 받았으며 재생산/위기의 연계에 대한 맑스주의적 분석, 그리고 그것의 부르주아 경제학으로부터의 탈출에 대한 재평가가 이루어질 수밖에 없었다.

맑스주의 이론의 문제는, 이 이론이 자본가-임금노동자 관계의 재생산을 설명할 수 있을 뿐이었다는 점이다. 그러나 1960년대의 혁명적 주체들은 대부분 임금을 받지 못하는 사람들이었다. 그들은 제3세계의 자급자족 농민, 주부, 학생, 그리고 세계인구 대부분을 구성하는 모든 "소수자들"이었다. 맑스의 이론은 이러한 주체형상들에 대해 실천적으로 침묵을 지켰으며, 지도급의 대다수 맑스주의자는 반식민주의 운동, 생활 보장 여성welfare mothers 운동과 흑인 지위 향상 운동, 학생 운동, 여성 운동, 그리고 오늘날의 원주민 운동 등이 지닌 정치적 잠재력을 과소평가했다.

부르주아 경제학 역시 유사한 문제들에 봉착했다. 왜냐하면 신고전주의 경제적 종합의 "실업자들", "불완전고용자들", "비생산자들"이 역사를 만들고 있었고 이들이 정부 정책과 기업 투자의 주제들이 되어가고 있었기 때문이다. 새로운 패러다임이 필요했다. 정부와 기업은 새로운 보고서를 요구했다. 그리고 친절하게도 경제학자들은 가족에서 섹슈얼리티, 인종차별, 교육, 건강에 이르는 비시장적 영역들의 경제적 중요성을 재평가하는 새로운 이론들을 통해 [그들을] 구조했다. 맑스주의 연구 프로그램과 부르주아 연구 프로그램 모두에서, 나머지 사회과학들, 특히 사회학에 남겨진 것에 대한 분석이 이제 우선적인 것이 되었다. 이 새로운 활동의 핵은 사회적 재생산 개념을 다시 시험하는 것이었다.

이 시기에 부르주아 정치경제학과 맑스주의 정치경제학의 단점에 대응해서, 사회적 재생산에 대한 세 개의 새로운 연구 프로그램들이 출현했다. 각각은 맑스가 제시한 바의 상품–화폐–생산 회로에서 그중의 한 계기, 또는 다른 계기를 일반화하는 것으로 이해될 수 있다. 알다시피 이 과정은 상품 C로 시작하는데 이것은 화폐 M으로 교환되고 이 화폐는 상품을 생산하기 위한 수단을 구매하는 데 쓰이고 생산과정 P 속에서 작동하여 새로운 상품 C'로 이어진다. 이 상품 C'는 생산과정에 투자된 화폐보다 더 많은 가치를 포함한다. 상품(C)으로부터 일련의 교환(M과 P)을 거쳐 잉여가치로 인해 증식된 상품 C'로 움직이는 이 과정의 각각의 계기는 경제적인 것의 사회적인 것으로의 일반화를 허용한다. 재생산과 위기에 대한 새로운 이론들은 그것들이 사회적 재생산 회로의 어떤 부분을 일반화하느냐에 따라 서로 차이를 보인다.

상품 형태의 전체화 : 시장이 전부다

첫 번째 접근법은 상품 형태의 일반화를 통해 사회적 재생산을 설명한다. 고전적인 정치경제학은 상품을 소유되거나 합법적으로 교환될 수 있는 어떤 것으로 규정한다. 그러나 상품 형태가 삶의 모든 측면을 지배하는 것처럼 보이는 "선진적인" 화폐 경제에서조차 화폐의 장악력에서 벗어나는 많은 것들이 존재한다. 대부분의 가사노동은 불불노동이며, 매우 많은 경우에 성행위도 그러하고, 아기들도 대부분 화폐와 교환되어 출산하는 것이 아니며, 대다수의 투표[권]도 직접 구매되지 않는다. 더욱이, 미국 인구의 대부분은 급료 생활자들이나 개인 자본가들로 구성되어 있지 않으며, 대부분의 보통 사람들의 하루는 임금이나 이윤을 벌어들이는 활동들에 직접 관련되어 있지 않다. 대부분의 종교적, 과학적, 또는 예술적 활동뿐만 아니라 사랑·우정·수면·꿈·질병·죽음 등의 거대 지형은 사회적 재생산의 결정적인 측면들이다. 하지만 그것들은 상품 형태의 영향력에서 벗어난다. 그게 아니라면 그런 것처럼 보인다고 해야 할 것이다. 왜냐하면, 우리가 언젠가 상품들의 세계에서 벗어날 수 있다는 것에 대해 이의를 제기할 준비가 되어 있는 베커[27] 같은 경제학자들이 있기 때문이다.

블레즈 파스칼[28]이 17세기에 보여주었던 것처럼 시장 논리는 영혼의 구원 문제에조차 적용될 수 있다. 그래서 그는 이성적인 사람은 기독교 신앙이 사실일 가망성이 극미하게 적다고 할지라도 신의 존재를 믿어야 하고 기독교적 삶을 살아가면서 자신의 에너지를 걸어야 한다고 주장했다. 지옥에 가게 될 무한한 고통에 기독교 신앙이 참일 수 있는 작은 확률을 곱한 수는 도덕적인 삶을 영위하는 불편함에 기독교 신앙이 오류일 수 있는 큰 확률을 곱한 수보다 훨씬 크기 때문이다.

파스칼의 유명한 내기는 일부 사람들이 "인간 행위에 대한 경제적 접근법" 또는 "합리적 선택 이론", "신자유주의"라고 불렀던 것에 그리고 여전히 또 다른 사람들이 "경제적 제국주의"의 형태라고 묘사했던 것에 알맞은 모델을 제공한다.[29] 영혼이 마치 투자가 이루어질 수 있는 상품처럼 취급될 수 있다면 우리의 여가, 우리의 아이들, 성적 욕망, 심지어 우리의 혁명적 기호嗜好조차 자본주의의 지배하에서는 같은 취급을 받을 수 있다. 이것이 어쨌든, 노벨상 수상자인 개리 베커의 주장이었다. 그는 자신의 경제적 접근법이 다음과 같은 것에 뿌리를 두고 있다고 주장했다. "행위, 시장 평형, 안정 선호를 최대화하는, 냉혹하고 잔인하게 사용된, 결합된 가정假定들이 내가 보기에 경제적 접근법의 핵심을 형성한다."[30]

베커 분석의 이상적인 대상은 "행위자들" 집합(예를 들어 이상적인 기업처럼 행동하는 부부)의 "행위"이다. 이들은 자신이 마치 자동차를 사기 위해 선택을 하는 합리적인 소비자들인 것처럼 (아이를 낳아야 할지 말아야 할지, 잠을 자야 할지 밤을 새워야 할지, 이빨을 닦아야 할지 말아야 할지) 모든 결정을 내린다. 요컨대 베커의 모델은, 아이들·투표권·생활·섹슈얼리티처럼 법적으로나 도덕적으로 양도할 수 없는, 또는 명시적인 경제적 가치가 주어지지 않는 사물들과 활동들에 상품 논리를 적용한다(드문 경우이긴 하지만, 예컨대 어떤 사람은 꿈을 꾸기 위해 지출을 한다). 베커와 그 밖의 "합리적 선택" 이론가들은 사람들이 시장을 모델로 받아들임으로써 자신들의 개인 생활에 대해 어떻게 선택을 하는지 설명한다. "합리적 행위자"는 모든 선택지를 그것들이 마치 가격이 붙은 상품들"인 것처럼", (예를 들어) 아이를 키우거나 연인과 저녁 시간을 함께 보내는 데 어느 정도의 비용과 시간이 들어갈지 계산된 상품들"인 것처럼" 취급할 것이다. 여기에서 그의 시간 가치는 같은 시기에 공식적인 노동시장에서 벌어들일 수 있는 화폐의 양에 의해 측정된다. "합리적 행위자"는 시간의 양으로서 계산되고, 그 시장 가치에 따라 평가될 예산 압박을 받을 수도 있을 것이다. 그래서 그/녀는 자신의 실익을 극대화할 "가상의"as if 상품들의 조합을 선택해야 할 것이다. 베커는 현실의 인간이 이러한 "경제적 가정"에 따라 행동한다고 주장하지는 않는다. 그는 모든 현실적 "행위"가, 시장의 "경제적" 가정을 체화하고 있는 이상적으로 합리적인 존재가 취할 행동과 비교될 수 있다고, 그리하여 현실적 결과와 이상적 결과 간의 거리가 계산될 수 있다고 생각한다.

"합리적 선택" 접근법은 경제학자들이 자신들의 분석을 (경제적으로 관련이 없다고 생각되었기 때문에, 또는 그것들의 상품화에 대한 법적 제약 때문에) 경제학이 대부분 무시해 왔던 사회생활 영역들에 적용하도록 해주었다. 1980년대에 시장을 모든 사회적 의사결정의 조정자로 만드는 신자유주의적 관점이 점차 늘어나면서 이 이론은 새로운 용도를 얻게 되었다. 대리모 제도, 입양 시장, 합법적인 장기臟器 거래 ─ 이 모든 것은 어떤 법적 지위를 획득하려고 시도하면서 시장에 의존했다.[31] 신자유주의자들은 이 새로운 "거래들"이 완전히 합법화되기를 원한다. 그들은 이 지역에서의 애로사항들(예를 들어 "자신의" 위탁 아이를 포기하는 것에 대한 대리모의 저항)이 제거되도록 정책들이 마련되기를 원한다. 그리고 이러한 변화들의 사회적 효용성이 극대화되기를 원한다. 그들은 또한 여전히 이러한 생활 영역들의 상업화에 달라붙는 오명을 제거하기를 원한다. 그리고 여기에서 "합리적 선택 이론"이 중요하게 된다. 신자유주의 정치학의 논리적 귀결과 열망은, 상품 논리가 도덕적이거나 심리학적인 선입관들에 의해 지금까지 그 적용이 금지되었던 분야들에조차 보급될 수 있도록, 베커의 "경제적 접근법"을 사회적이고 개인적인 생활의 모든 측면에 적용하는 것이다.[32]

일단 "합리적 선택" 이론이 인구학과 같은 분야들에 적용된다면, 그것은 공식적 교환들뿐만 아니라 비공식적 교환들을 고려하면서 사회적 재생산의 일반 이론을 제공하겠다고 주장할 수도 있다. 따라서 이러한 상품 논리의 일반화가 상품들, 화폐, 기업들, 그리고 자본주의 자체의 바로 그 현존에 대한 "합리적 설명"(과 정당성)을 제공하려고 노력하는 "새로운 제도 경제학"으로 귀결되었던 것은 우연이 아니다(이런 식으로 이 논리는, 교회가 신의 존재를 입증하기 위한 "증거들"을 고안했던 때에, 중세 철학이 교회에 부여했던 것과 같은 활력을 자본주의에 제공한다).

"제도 경제학"에 대한 핵심적인 질문 중의 하나는, 초개인적인 구조들을 창출하는 개인들의 선호에서 일어나는 극적인 변화들을 전제할 때, 그 초개인적인 구조들의 현존과 재생산을 어떻게 설명하는가 하는 것이다.[33] 사회생활의 모든 측면이 원자화된 인간 욕망에 기초한 상품 논리에 의해 결정된다면, 그리고 인간의 선호도가 계속 변화하고 있다면, 예컨대 화폐 체제와 같은 어떤 제도들은 왜 오랜 역사적 시기 동안 살아남는가?(라고 묻는 것이다) 주어지는 대답은 "거래비용" 개념에 달려 있다. 이 비용은 교환, 생산, 소비를 수행하는 것과 관련된 비용이다. "거래비용"의 고전적인 사례는 운송비용이지만, 예를 들어 시장 가격에 대한 정보를 얻는 비용 같은 다른 비용들 역시 존재한다. 오늘날의 전형적인 설명은 화폐 교환의 "거래비용"이 그 대안인 바터제[34]의 비용보다 더 낮다고 주장한다. 우리가 원하는 것을 갖고 있고 우리가 가지고 있는 것을 원하는 사람을 찾는 수송비용과 정보비용이 바터제에서는 아주 높기 때문이다.[35] 우리가 상품들을 화폐와 교환할 수 있도록 해주는 화폐 체제는 이 비용을 줄여준다. 그리고 이것이 모든 시장 원리들에 합당한 화폐 체제 제도를 만들어준다(고 한다). 이 "제도주의적" 접근법에 따르면, 화폐 체제가 존재하게 되면 그것의 긍정적 특징들이 모두에게 분명하게 드러나게 되고, 이런 이유로 이 체제가 생존하고 시간 속에 재생산된다.

이 "경제적 접근법"이 왜 신자유주의 이데올로기의 완벽한 표현인지 이해하기는 쉽다. 초개인적인 구조들을 개인들 간의 합리적 선택의 결과라고 설명함으로써 그것은 상품 형태를 삶의 모든 측면으로 일반화하고, 자본주의의 기본 요소들을 사회 세계에 이성이 구현된 것으로 제시한다. 하지만 이러한 접근법은 그들의 행위가 이러할 것이라고 설명하는 바로 그 주체들의 신념과 욕망을 무시한다. 예를 들어 많은 여성이 '가사 노동에 대한 임금'을 요구해 왔는데, 이것은 작은 기업가가 되기 위해서가 아니라 더 많은 노동과 경제적 의존을 거부하기 위해서였다.[36] 마찬가지로, 자급자족 농민들은 "토지와 자유"라는 구호 아래 금세기 내내 투쟁해 왔다. 그러나 이 구호가 "부동산과 수익작물"을 의미하는 것은 아니었다. 1910~1917년의 멕시코 혁명과 1994년의 사빠띠스따 운동에서 보이는 것처럼 토지에 대한 요구는 지구를 탈상품화하고자 하는 욕망을, 그리고 지구를 부동산으로부터, 농업 관련 산업의 지배력으로부터 해방하고자 하는 욕망을 표현했다.[37]

"합리적 선택" 이론이 지닌 더 심각한 문제는 이 이론이 상품 체제 외부에서 생긴 충격 말고는 사회적 재생산의 위기들을 개념화할 수 없다는 점이다. 충격은 "외부로부터" 발생해야 하는데, 그것은 이 체제 "내부의" 모든 과정이 예산 압박을 받는 합리적 행위자들의 결정에 따라 이루어지고, 평형 상태에 도달할 것으로 가정되는 예정된 상품 분배에 따라 이루어지기 때문이라는 것이다. 이러한 설명은 일반적인 위기들이 신고전주의 경제학으로 설명되는 방식과 유사하다. 이 신고전주의 경제학에 따르면, (초콜릿에 대한 열광에서 새로운 유전 발견에 이르는) 취향 및 자연적이거나 사회적인 환경에서 일어난 변화들은 가격 기제를 통해 새로운 욕망, 새로운 재고, 또는 새로운 제한들과 관련된 정보를 전송한다. 설명에 따르면, 합리적인 경제 행위자들은 마음속의 예산으로 새로운 가격 구조들을 해석하고, 그런 뒤에 자신들의 교환 유형을 변경한다. 이것이 시장에 침투하면서 이러한 변동은 처음에는, 예를 들어 실업의 급증이나 미판매 상품들의 거대한 재고 같은 파국적 결과들을 일으킬 수도 있다. 그러나 시간이 지나면 아마도 평형 상태가 회복될 것이다. 실업자들은 고용이 잘 되는 지역으로 이동하거나 낮은 임금의 현재 일자리를 받아들인다. 그리고 미판매 상품들은 있을 수 있는 미래의 판매 수익보다 보관비용이 훨씬 더 크면 가격이 할인되거나 파괴된다. 모든 시장 참여자들(또는 적어도 간신히 살아남은 사람들)이 이러한 조정의 결과에 아주 만족하는 새로운 평형 상태가 도래한다. 왜냐하면 그들이 이러한 조정에 선행하기 때문이다.

하지만, 이 신고전주의적 모델이 일단 예전에 공식적인 시장 관계들의 연구에서 배제된 사회생활의 모든 영역을 포괄하도록 일반화되면, 한 가지 논리적 문제가 발생한다. 상품 논리가 일단 예를 들어 심리학과 정치학 영역들로 일반화되면, 이 영역들에서 일어난 변화들은 외부적인 것으로 취급될 수 없을뿐더러, 그것들은 위기들의 기원을 설명하기 위한 충격들의 원천으로 기능할 수도 없다. 일련의 새로운 욕망 또는 새로운 정부 정책이 합리적 선택의 산물이라면 그것은 위기의 체제외적extrasystemic 원천일 수 없다. 그것은 공식적 시장의 일부가 된다. 결론적으로, 새로운 체제외적 영역을 창조하거나, 아니면 합리적 선택의 체제가 평형 상태에 도달하지 못하고 자체 안에 동요하는 힘들을 창조할 수도 있다는 가능성을 받아들여야 한다. 다시 말해, 상품 논리가 사회적 재생산 영역으로 일반화되면 신고전주의 이론의 논리적 틀 자체가 위험에 빠진다.

일반화된 교환

사회적 재생산에 대한 두 번째 접근법은 상품 교환을 보다 일반적인 사회적 교환관계의 특별한 경우로 이해한다. 내가 논평을 할 이 이론의 주요 대표자들은 그래노베터[38]와 푸코이다. 이들은 시장관계가 사회관계들의 더 폭넓은 네트워크 안에 "배태되어" 있다고 주장한다. 칼 폴라니의 작업에 공명하고 있는 그래노베터는 시장관계의 현존과 시장의 형성을 위한 본질적인 조건들인 신용과 의무의 중요성을 강조한다. 그는 일반화된 부정과 기회주의를 막을 보호책들, 그리고 상호신뢰의 일부 보장책들이 없다면, 가장 단순한 시장 거래조차 가능하지 않을 것이라고 주장한다. 주장은 다음처럼 계속된다. 만약 우리가 신뢰할 만한 정보를 얻을 수 없다면, 혹은 자신의 재산을 잃어버릴까 두려워서 재산에서 눈을 뗄 수 없다면 어떻게 시장에 갈 수 있을 것인가?

이 주장은, 구체적인 개인 관계들의 "네트워크들" 안에 시장관계들이 "배태되는 것"에 의해 보호책과 보장책들이 제공된다는 것이다.[39] 다시 말해, 사회적 재생산은 시장 교환뿐만 아니라 호혜주의 및 재분배 관계들에 의존한다.[40] 그래노베터에 따르면, 우리는 성실과 상호인정의 비실용적인 개인 관계들의 맥락 속에서, 이기주의적인 구매자들과 판매자들이 가동하는 상품 시장의 작동에 요구되는 "이타주의적" 행위를 이해할 수 있을 뿐이다. 역설적으로 말해, 계약에 "진실하게 참여"할 수 있는 경제 행위자의 존재는 오로지 시장 외부의 기존의 환경 속에서만 배울 수 있는 사회적 행위들의 비경제적 형태들에 의존한다. 실제로 그래노베터는 신용, 공동체 연대, 상호신뢰가 시장 사회의 (결과가 아니라) 전제 조건이라고 주장함으로써 "시장을 인간화한다." 하지만 이러한 입장은 중대한 모순에 직면한다. 시장관계의 진전에는 시장이 의존한다고 가정되는 신용, 연대, 상호신뢰라는 바로 그 관계들을 파괴하려는 경향이 내재한다.

그래노베터와 폴라니가 보기에 사회적 재생산 위기는 바로 이러한 경향 때문이다. 예컨대 폴라니는 16세기에서 18세기에 걸친 자본주의의 발흥 – 토지, 노동, 화폐의 상품으로의 "거대한 전환" – 이 어떻게 중세 유럽의 시장관계의 뿌리인 사회성을 파괴했는지 묘사했다.[41] 그러나 "거대한 전환"은 어떻게 일어날 수 있었으며, 시장은 왜 자신의 생존에 절대적으로 필요한 것을 파괴하려 했을까? 우리가 만약 그래노베터와 폴라니의 가설들을 받아들인다면, 이러한 현상들은 이해되지 않은 채로 남아 있을 수밖에 없다.

이러한 난국은 그래노베터와 폴라니의 이론이 정치적으로 표현된 운동인 "공산사회주의" 정치학에서 명백하게 드러난다. 자발성volunteerism

을 재평가하고, "비정부조직들"을 찬양하며, "비영리 영역"을 전면에 내세우면서 공산사회주의는 "인간의 얼굴"을 한 시장 경제의 편에 선다.[42] 그래노베터와 마찬가지로 공산사회주의자들은 상품 논리의 승리가 – 신자유주의자들의 열망에서처럼 – 그 논리가 강화하고자 하는 바로 그 시장 사회의 토대를 침식한다고 생각한다. 따라서 이러한 접근법에 고무된 비정부조직들이 "인류"를 구하기 위해 (디트로이트에서 소말리아에 이르는) 지구 전역에서 신자유주의적 구조조정 정책들이 초래한 다양한 파국들에 달려들었다. 그러나 이 과정에서 그들은 또한 "시장"을 구하는 데 도움을 줬으며, 이러한 파국의 전개를 허용한 바로 그 정책들에 대해서도 마찬가지의 도움을 주었다.

이러한 모순들은 1968년 이후 시기의 지적 흐름 속에서 그래노베터 (와 폴라니)의 분석들이 왜 미셸 푸코의 작업에 의해 빛을 잃게 되었는지 그 이유를 부분적으로 설명해줄 수 있다. 푸코는 "경제생활의 사회학"에 대한 다른 이론가들처럼, 상품화할 수 없는 관계들이 자본주의적 교환 가능성의 조건이라는 데에 동의한다. 그러나 그래노베터가 호모 에코노미쿠스의 삶에 필요한 도덕적 덕들을 조명한다면, 푸코는 "합리성"과 "합리적인 경제 행위자"라는 바로 그 개념을 문제 삼는다. 1960년대 초반과 1980년대 초반에 쓰인 일련의 역사적 저작들에서 그는 합리성이 하나의 사회적 구조일 뿐만 아니라 그것이 (상품 논리 이론가들이 생각하는) 기존의 합리적 자아의 계산들에 따라 기능하지 않는 "일반경제"를 만들어 내면서 권력관계의 장 속에서 형성된다고 주장한다. 왜냐하면, 특정한 시대에 어떤 "합리성"과 "자아"가 존재해야 한다고 규정하는 것이 바로 이러한 권력관계이기 때문이다.[43]

권력관계는 맑스의 설명에 본질적인 것만큼이나 사회적 재생산에 대한 푸코의 설명에도 본질적이다. 그래노베터와 폴라니가 제공한, 어떤 경제적 행위자를 둘러싼 호혜적 관계의 네트워크에 대한 낙관적인 그림 대신 푸코의 작업은 우리에게 우울한 시나리오를 들이댄다. 여기에서 경제적 합리성은 발생학적으로 볼 때, 고통·감금·통제를 생산하기 위해 조직된 체제들의 결과, 그리고 권력을 타자(광인, 환자, 범죄자, 성도착자들)에게 행사하기 위한 과학기술의 결과이다.

하지만 푸코는 권력에 대한 전통적인 시각을 거부한다. 첫째, 그는 입법행위를 하고, 규범으로부터의 어떤 일탈도 억압하는 사회적 위계의 정점에 있는 중앙집권적인 안정화 축(법의 원리, 즉 신에 의해 정화된 왕)을 제시하는 "사법적/군주적" 권력 모델을 비판한다. 푸코는 "신은 죽었다."는 니체의 슬로건에 공감하면서 모든 사회적 행위자들에게 법률을 강제하고 그것을 위반하면 죽음으로써 처벌하는 지배계급, 재판관, 또는 왕은 존재하지 않는다고 주장했다. 그것의 지배와 금지들에 맞서는 반대의 계급투쟁 역시 존재하지 않는다. 그는 모든 권력관계를 위한 "일반적 모체"로 기능하고 있는 "지배자들과 피지배자들 사이의 전체적인 이항 대립" 대신에 편재하는 "권력관계"의 다양체를 확인했다. 이 권력관계는 "생산기구, 가족, 국한된 집단 제도들 안에서 [형성되고] 작용하는 다양한 세력관계가 사회체 전체를 가로지르는 매우 폭넓은 분열 효과에 대해 받침대의 역할을 떠맡는다."[44]

푸코는 또한 "권력"이 오직, 주로 금지의 구조를 통해서 작동한다는 가정을 거부했으며, 그 대신 그것의 생산적 성격을 강조했다. 권력관계는 사회적이거나 개인적인 가능성을 금지하거나 제한할 뿐만 아니라 새로운 전략들, ("이성"과 "경제적 합리성"의 전개를 전형적인 예로 들 수 있는) 통제기술들, 그리고 그에 상응하는 사회적 개인 내부의 새로운 역량들을 생산한다.

잘 알려진 것처럼, 푸코의 대부분 작업은 새로운 권력 체제의 출현에 관한 서술과 관련되어 있다. 이러한 맥락에서 특히 영향력이 있는 것은 "생명권력"의 발달에 대한 그의 분석이다. 푸코는 이 생명권력이 18세기에 시작되는 "근대 시대" 유럽 사회들의 두드러진 특색이라고 밝힌다. 이 용어를 통해 푸코는 자본주의적 관계의 사회적 재생산이 역사적으로 의존해 온, 그리고 이어서 자본주의가 발달시킨 힘들을 묘사한다. 따라서 "생명권력"은 충분히 맑스주의의 "노동력"을 생각나게 한다. 그리고 실제로 푸코는 통제된 신체를 생산기계 속으로 삽입하지 않는다면, 인구 현상들을 경제과정에 맞춰 조정하지 않는다면 자본주의는 가능하지 않았을 것이라는 점을 인정했다.[45] 그러나 그는 "자본주의는 그 이상의 것을 요구했다. 자본주의에는 신체와 인구의 증가, 그것들의 강화와 동시에 활용 가능성 및 순응성이 필요했으며, 힘과 적성과 전반적 삶을 최대로 이용할 수 있으면서도 그것들의 예속화를 더 어렵게 만들지 않을 권력행사의 방법들이 필요했다."[46]라고 덧붙인다.

따라서 맑스가 공장 안의 권력관계에 집중했다면 푸코는 생명권력의 저 중요한 요소 ─ 섹슈얼리티 ─ 를 통제하고 발달시키기 위해 19세기부터 나타난 (인구학에서 정신분석에 이르는) 섹슈얼리티 학문의 발전을 고찰했다. 이런 식으로 그의 이론은 권력관계들의 지형으로서의 섹슈얼리티와 가족을 똑같이 강조한 페미니즘 운동과 동성애 운동의 통찰들 일부를 예견했다. 이것은 물론 그의 이론이 1968년 이후 급진주의자들 사이에서 인기를 누렸던 이유 중의 하나다. 하지만 권력관계를 어떤 특정한 정치적·경제적 구조로부터 절연시키는 것에 대한 그의 관심, 권력관계의 편재성에 대한 그의 주장, 그리고 무엇보다도 어떠한 자유주의적인 기획에 대한 그의 모든 의심으로 인해 그는 마르쿠제가 1960년대의 활동가들에 했던 역할을 1968년 이후의 세대에게 하지 않았다.

더욱이, 권력관계의 (억압적이라기보다는) 생산적인 성격을 강조하려는 푸코의 노력을 보면 그가 종종 (a) "근대 시대"의 "생명의 생산"이 노동역량의 발달로 완결되어 순수하게 도구적인 성격을 지니고 있었다는 사실을 잊은 것처럼 보였으며, (b) 식민지 정복의 역사, 1차 및 2차 세계대전의 기계화된 학살, 원자탄에 의한 절멸이라는 지속적인 위협, 오늘날 지구 전역의 사람들을 점점 더 많이 괴롭히고 있는 경제적·이데올로기적 재앙들이 입증하듯이, 죽음의 생산이 자본주의의 모든 단계 속에서, "생명의 생산"만큼 자본주의의 목표들에 본질적인, 자본주의 정치경제학의 영구적인 요소들이었다는 사실을 잊은 것처럼 보였다.

반면, 그는 18세기부터 국가의 목표가 "생명의 생산"이 되었다고 확고하게 추정한다. 그리고 역사적 장면에서 생명권력이 등장하는 것에 대한 그의 설명은 대체로, 동화책이 아님에도 불구하고, 자본주의의 진보적 성격을 확립하기 위해 아직도 너무나 자주 되풀이되고 있는 기원의 신화를 떠올리게 한다.

> 생물학적인 것이 역사적인 것에 가한 압력은 수천 년에 걸쳐 지극히 강한 것이었다. 전염병과 기근이, 그리하여 죽음의 영향권 아래 놓여 있던 그 관계의 두 가지 주요한 극적 형태를 이루고 있었는데, 순환적인 과정을 통해, 그리고 18세기의 경제, 특히 농업의 발전 그리고 인구의 증가보다 훨씬 더 급속한 생산성과 자원의 증대 — 이것이 인구 증가를 촉진했지만 — 에 힘입어 그 두 가지 위협이 다소 완화될 수 있었다. 다시 말해서 기아와 흑사병이 날뛰던 시대는 몇몇 재발한 경우를 제외하면 프랑스 대혁명 이전에 막을 내리고, 그때부터 죽음은 더 이상 직접 생명을 공격하지 않게 된다.[47]

여기에는 처음부터 지금까지 자본주의의 오점이었던 기근, 대량학살, 사형 집행 등의 흔적은 남아 있지 않다. 어마어마한 양의 생명 자원들이 유럽으로 운반되었던 고대 세계와 신세계의 노예무역, 제국주의적 정복에 관해 이야기되는 것은 아무것도 없다. 그 대신 역사에서 죽음을 몰아낸 상황에서 생산성이 가장 중요한 몫을 차지하고 있다. 다시 한번 말하지만 1846년의 아일랜드의 기근에 대해서는 아무런 언급이 없다. 중상주의자들이 잘 인식했던 바의 인구 증가에 대한 관심이나 구체제Ancien Regime 아래에서 인구증가를 고무했던 기술들에 관한 관심 역시 인식되지 않고 있다.[48]

푸코의 이론은 또한 사회적 재생산의 위기를 설명하지 못하는데, 이는 그에게 위기와 단절은 사회적 재생산의 항구적인 조건이기 때문이다. 이미 언급한 것처럼 푸코는 사회적 재생산이 중앙 집권적이고 평형 상태 지향적인 시장에 의해 관리된다는 신고전주의적 가정과 위기가 계급 갈등의 산물이라는 맑스주의적 시각 모두를 배제한다. 반면에 그는 그것이 "불균형적이고 이질적이며 불안정하며 팽팽한 세력관계들"의 결과라고 묘사한다. 이것은 위기가 말 그대로 모든 곳에 존재한다는 것을 의미한다. 그것은 대권력Power 자체의 다른 이름이다. 그것은 홉스식으로 말하자면, 전쟁이 편재하는 사회 속의 규범이다. 그러므로 전쟁 자체는 아무런 특별한 설명이 필요하지 않다.

하지만 이 명목론적 관점은 논리적 난관에 부닥친다. 거대한 파열, "근본적인 파열들,〔그리고〕 대규모의 이원론적인 틈"은 어떻게 가능한가? 예를 들어 "죽음의 권리로부터 생명에 대한 권력에" 이르는 18세기의 위대한 변형은 어떻게 일어났는가? 생명권력의 체제는 어떻게 자신을 재생산하기 시작했는가?

푸코는 대답하지 않는다. 대신에 그는 형이상학의 영역 안에 전체적인 문제 틀을 투사하는 하이데거적인 진술들에 의지한다. 생명권력의 출현은 "역사 영역에서의 생명의 등장"[49]을 나타낸다는, 그리고 "근대인은, 그의 정치학이 살아 있는 존재로서의 자신의 실존 자체를 문제로 만드는 동물"이라는 주장들이 그것이다.[50] 우리는 여기에서 우주의 대규모의 특질을 설명하라는 강요를 받자 "긴장 속의 조화"와 로고스로 되돌아간 고대의 헤라클레이토스를 떠올린다.

일반화된 생산과정

세 번째 접근법(나는 이것이 맑스의 생산 개념을 일반화한 것에서 유래한다고 생각한다)은, 1970년대 "가사노동에 대한 임금" 캠페인과 "가사노동 논쟁" 속에서 정치적으로 연합했던 페미니즘 이론가들과 활동가들에 의해 발전된 접근법이다.[51]

이 접근법에서 근본적인 것은 가치가 상품생산에 필요한 노동에 의해서뿐만 아니라 노동력을 생산 및 재생산하는 데 필요한 노동에 의해서도 역시 창출된다는 주장이다.[52] 이것은 가치가 상품생산 과정 안에서만 만들어진다는 맑스의 시각과 대조된다.

맑스에게 노동력의 가치는 상품의 생산에서 소비되는 상품의 가치에 의해, 다시 말해 "임금재"wage goods의 다발에 의해 측정된다. 맑스는 노동의 가치에 존재론적 결정론을 부여하기를 거부했으며 임금에 대한 어떠한 공급–수요 이론도 거부했다. 그가 보기에 노동력의 가치는 노동일의 길이를 둘러싼 투쟁처럼 "역사적이고 도덕적인" 투쟁의 산물이다. 하지만 맑스는 노동력의 생산에서 소비되는 비임금노동을 인식하지 못했으며 그것을 "생산적 노동"의 영역 속에 포함하지 않았다. 그는 몇몇 예외적인 구절들을 제외하고는 출산, 양육, 가사, 노약자 간호 등과 관련된 노동을 거의 주목하지 않았다. 가사노동의 생산성을 인정하는 데에서 나타나는 이러한 반감은 맑스주의 전통에서 거의 한 세기 동안이나 지속되었다. "여성문제"가 사회주의 및 공산주의 이데올로기와 국가 계획의 발전에서 결정적이었음에도 말이다.

이러한 맑스주의적 생략에 처음으로 도전하는 것은 아니었지만, 달라코스따와 제임스 같은 1970년대 초반 페미니스트들은 가사노동이 가치생산적인 활동이며 노동력이 자연적인 소여所與가 아니고 사회적 재생산을 위한 본질적인 조건으로서 생산되거나 재생산되어야 하는 어떤 것이라고 강력하게 주장했다.『여성의 힘과 공동체의 전복』의 초기 작업은 이후 제임스, 달라 코스따, 그리고 같은 정치적·이론적 틀에서 활동했던 다른 사람들에 의해 발전되었다.[53] 이러한 시각은 1970년대 내내 페미니즘 집단 내에서 열띠게 논의되었으며, 이 통찰들의 대부분은 페미니즘적 경제학과 사회이론을 위한 출발점이 되었다. 이 접근법은 사회적 재생산에 대한 베커의 이론 및 푸코의 이론과 동시대에 전개되었지만, 이들 사이의 직접적인 대면은 거의 없었다.[54]

달라 코스따와 제임스는 ─ 보통 "가사노동"으로 언급되는 ─ 재생산 과정의 주요한 주체들은 여성이며, 이 노동이 직접 가치를 생산하지만 자신의 노동에 대한 어떠한 직접적인 지급도 받지 못한다고 주장했다. 이러한 사실들은 가사노동의 비가시성, 자본주의에서의 여성의 종속적 지위, "가족"의 안정성에 대한 고용주들과 국가 양자의 끊임없는 관심을 설명해 준다. 가사노동이 대부분 임금을 받지 못하고 노동자 활동들의 가치가 그들의 임금으로써 측정되기 때문에 여성들은 당연히 사회적 생산과정에 주변적인 것으로 이해됐다.

가사노동의 비가시성은 모든 자본주의적 삶의 비밀을 은폐한다. 사회적 잉여의 원천 ─ 비임금노동 ─ 은 박탈되고 자연화되고 체제의 주변부로 만들어져야 한다. 그래야 그것의 생산자들이 더욱 쉽게 통제되고 착취될 수 있다. 맑스는 19세기 유럽의 임금 소득 프롤레타리아의 경우에서 이러한 현상을 인식했다. 그러나 노동력을 재생산하는 노동이 가치의 미지급 원천임을 확인했던 1968년 이후 페미니스트 세대는 맑스의 분석을 일반화하여 가정주부의 노동을 포함시켰다. 이후 학생들, 자급자족 농민들, 아동 노동자, 거의 노예적 환경에서 살아가는 점점 늘어나는 다수의 노동자, 특히 성 노동자들이 같은 범주에 포함되었다.[55] 정통 경제이론이 무시했거나 "임금 묶음"wage bundle에 포함시켰거나, 또는 "간접비용"의 영역에 놓았던, 모든 비임금 재생산 활동들은 페미니즘 이론가들에 의해 사회적 재생산 과정을 설명하는 데 필수적인 은폐된 변수로 소개되었다.

이것은 사회적 재생산이 노동력의 재생산으로 환원될 수 있다고 말하는 것이 아니다. 상품 C, 화폐 M, 그리고 생산과정 자체 P의 재생산은 노동력을 필요로 하지만, 그것에 의해 규정되는 것은 아니다. 맑스가 『자본론』 2권에서 묘사한 교환의 복잡한 순환은 사회적 재생산을 설명하는 데 여전히 결정적이다. 하지만 맑스의 사회적 재생산 이론에 노동력의 생산 및 재생산을 추가하는 것은 전체 맑스주의 패러다임을 실천적·이론적 수준에서 변화시킨다. 역설적으로 그것은 "노동자 투쟁"의 개념을 변화시킨다. 맑스에게서 계급적 갈등의 장소는 가치 생산의 전형적인 공간인 공장이다. 그러나 임금을 받지 못하는 사람들 역시 가치를 생산한다면 그들의 투쟁은 계급투쟁의 핵심적인 측면이며, 또한 가치 생산을 위협할 수도 있다. 결론적으로 "사회운동"은 계급운동이 된다. 사회운동이 (공적이고 사적인) 자본과 벌이는 협상들/적대는 지난 20년간의 공공연한 사회 투쟁의 대부분을 포함해 왔다.

이론적으로 가사노동과 노동력 재생산 순환의 "추가"는 사회적 재생산에 대한 우리의 시각을 변화시킨다. 화폐(M), 상품(C), 그리고 상품생산과정(P)이 임금노동자들과 자본가들에게 양가적인 의미가 있을 수 있다는 점은 잘 알려져 있다.[56] 자본가에게 화폐는 투자의 수단인 반면 임금노동자에게 화폐는 생존수단에 접근할 수 있는 방법이다. 그러나 가사노동 순환 L을 포함하면, M, C, P에 대한 새로운 "시각" – 대부분 여성 노동자인 비임금 노동자에 대한 시각 – 을 갖게 된다. 이러한 시각은 노동계급 내부의 세력관계와 분할들을 밝혀준다. 예를 들어, 화폐는 가사노동을 교환의 대상으로 인정하지 않는 임금노동자들이 그녀의 행동을 통제하는 수단이다. 가사 노동자가 지출하는 "가정 화폐"household money는 임금 – 자본가와 노동자 간의 사회적으로 인정된 교환의 결과 – 이 주는 자율을 그녀에게 주지 못한다. 노동자들 간의 "비공식적"이지만 결정적인, 종종 폭력적인 권력관계들의 네트워크는 "조건이 붙은" 이 화폐에 각인되어 있다.

일반화된 사회적 재생산과정(C, P, M)에서 작동하는 권력관계를 비임금 노동자의 시각에서 설명하는 것은 맑스주의적 계급 분석에 변형을 가져오고 (그것들의 모든 물질적인 구현체들인) 인종주의와 성차별주의를 계급현상으로 해석할 수 있도록 해 준다. 그것은 또한 사회적 재생산의 위기들에 대한 설명에 더욱 분명한 기초를 제공해 준다. 고전적인 맑스주의자는 자본주의 국가의 대기업에서 일어나는 일련의 성공적인 파업들이 어떻게 "경제위기"로 이어질 수 있는지를 쉽게 설명할 수 있다. 그러나 노동력 재생산 접근법은 예를 들어 아이를 갖지 않겠다거나 아이가 특정한 종류의 노동과 임금을 받아들이도록 훈련하지 않겠다는 여성들의 대중적인 거부를 통한 "공동체의 파괴" 역시 어떻게 사회적 재생산의 위기로 이어질 수 있는지 이해할 수 있도록 해 준다. 비임금 노동자들의 대규모 (종종 침묵을 통한) 투쟁으로 야기된 L 순환에서의 파열은 수천 건의 파업보다 더 심각한 영향을 자본주의에 가할 수 있다. 1960년대 후반과 1970년대에 이탈리아에서 일어난 대규모 공장 투쟁들은 의심할 바 없이 자본에 영향을 끼쳤지만, 1960년대 후반 이후 인구 보충 수준[57] 아래의 가족 규모를 위해 투쟁하기로 한 이탈리아 여성들의 결정은 어쩌면 훨씬 더 큰 충격을 가져왔다.[58]

사회적 재생산의 위기에 대한 이 접근법의 문제는 그것을 적용하는 데 필요한 방법론을 감지하기 힘들고 그것이 필요로 하는 데이터가 정부나 국제기구들이 모은 통상적인 분량의 국가 경제학 및 통계학 자료들에서 발견되지 않는다는 점이다. 유엔개발계획이 겨우 "인간개발지수"의 일부로 수많은 국가에서 수행된 비임금 가사노동의 양을 기록하기 시작하고 있을 뿐이다. "노동력을 재생산하는 노동일"의 길이, 그리고 경제적·사회적 위기의 다른 더 잘 알려진 척도들 같은 다양한 변수 간의 관계에 관한 연구는 거의 이루어지지 않았다. 그러나 이러한 현실적 문제들은 이 접근법이 사회적 재생산 위기에 대한 이해에 기여한 것에 비하면 덜 중요하다. 첫째, 그것은 위기의 외부적 원인을 찾을 필요가 없다. 위기는 자본주의 체제 내부적인 것으로서 (맑스가 언급했듯이) 단지 구매와 판매 간의 비대칭 때문에 일어나는 것이 아니다. 위기는 또한 개별 자본가들이 자신들의 자본을 적절한 이윤으로 만족스럽게 탈바꿈해내지 못하는 무능력에 의해서도 일어난다. 다시 말해 순환 궤도에서의 기대와 생산의 지대에서 일어나는 갈등의 현실 사이의 모순 때문에 발생한다.

노동력 접근법은 또한 자본주의 내부에 또 다른 갈등을 일으킨다. 이 점을 맑스는 간과했다. 자본주의적 생산의 필요들과 노동력의 사회적 재생산 영역에서 집중적으로 노동하는 사람들의 요구들 사이의 갈등이 그것이다. 이 갈등은 극적으로 하락하는 (또는 상승하는) 출산율, 도시 폭동, 농민 봉기로 모습을 드러내는 중대한 재생산 위기들로 이어질 수 있다. 이 위기들은 시장의 관점에서 볼 때 종종 외부적인 것으로 보이지만, 사회적 재생산 활동들이 자본주의의 주기 속으로 도입되면 그것들은 노조에 가입한 노동자들의 파업과 관련되게 된다. 노동력의 재생산은 케인스의 "인력 계획"이나 신자유주의적 노동시장 이론으로 결정될 수 있는 변수가 아니다. 보통의 상품시장이 그 안에 각인된 상품 생산자들의 투쟁을 담고 있는 것과 마찬가지로 노동시장 역시 그 안에 각인된 노동력을 생산하는 사람들의 투쟁을 담고 있다. 그리고 그러한 투쟁은 그 결과의 상품 지위에 의해 지시되지 않으며 그 구매자들의 요구 지시 또한 받지 않는다. 분명, 구매자와 판매자가 만날 때, 설령 그것이 식탁에 관한 것이라 할지라도 모든 가능한 세상 중에서 최상의 세상으로 통하는 예정된 조화는 존재하지 않는다.

그래서 노동력 생산 접근법은 위기의 영구적인 가능성이라는 푸코의 인식을 공유하지만, 위기의 영구적인 현실성에 대한 그의 주장은 거부한다. 자본주의는 체제의 기준에 걸맞은 법률들, 물질적 조건들, 계급 분할들을 가지고 있으며, 그래서 시공을 가로질러 재생산될 수 있는 역사적 형태를 가지고 있다. 사실, 이처럼 오늘날의 현실의 두드러진 측면인 (그리고 "서구화"로 잘못 이름 붙여진) 대부분의 사회적 표준화는 수많은 다양한 규모로 지구 전역에 걸쳐 이루어지는 이 형태의 반복에 지나지 않는다. 자본주의의 특수한 형태들은 재생산될 수 있기 때문에 세계은행과 국제통화기금 같은 국제기구들은 적도 기니와 타지키스탄처럼 매우 다양한 지역들에서 자본주의의 실현을 위해 신자유주의적 자본주의의 포장된 서식을 적용하고 있다. 푸코가 사용하는 권력 모델의 무한한 미시변이들이라는 외견상의 실재는 공허하다. 왜냐하면, 이 미시변이들이 실효적인 현존을 취할 수도 있기 전에 이 변수들을 사멸하게 하는 자본주의 생산양식 내부의 총체화 경향이 존재하기 때문이다. 물론 자본의 법칙 중의 하나는 노동력의 재생산을 임금 형태에 철저하게 의존적으로 만들어 노동력을 재생산하는 사람들을 체제에 비가시적이게 그리고 체제의 통제를 받도록 유지하는 것이다. 이것이 모든 생존 보장[요구]에 대해, 특히 노동력을 재생산하는 사람들에게 잔인한 공격이 가해지는 이유이다. 이것은 최근에 뉴인클로저라 불리고 있다.[59] 푸코의 다가적多價的이고 탈중심적이며 파편화된 세력관계 이론은 위기들이 생존의 공유를 바탕으로 자신들에 대한 수탈에 맞서 성공적으로 투쟁할 수 있는 노동자들의 능력 때문에 초래된다는 것을 설명할 수 없다.

이렇게 노동력 재생산 접근법은 베커의 파르메니데스주의와 푸코의 헤라클레이토스주의의 형이상학적 흐름에서 벗어나 위기에 대한 내생적인 설명을 제공해줄 수 있다.[60] 그것은 이 접근법이 유통/생산 그리고 축적/재생산 간의 적대를 자본주의의 생존에 본질적인 것으로 정립하기 때문이다.

: : 감사의 글

이 책에 실린 논문들은 세 개의 대륙에서 30여 년 이상에 걸쳐 쓰인 것으로 내가 참여한 반자본주의 운동이 맞닥뜨린 정치적 문제들에 대응하기 위한 수많은 집단적인 작업의 산물이다. 수년간 이 논문들 중의 일부는 다른 형태로 유통되었지만, 이 논문들을 한 권의 책에 실을 수 있도록 결정해 준 커먼 노션스Common Notions와 PM 출판사에 감사한다. 이 논문들이 명료화하고 있는 정치적 이념들은 여전히 현재와 연관이 있기 때문이다.

내가 다라 그린왈드가 블루 마운틴 레이크 센터에서 개최한 2주간의 커먼스 회의에 참여했을 때 이 책을 편집하기로 결정했다. 그린왈드는 목숨이 위태로운 질병으로 고생하고 있었지만 강력한 존재감을 드러내며 우리가 협력하여 새로운 프로젝트에 참여하도록 독려했다. 이러한 정신의 연장선상에서, 내가 이 논문들을 엮어서 (당시에는 많은 글들이 아직 미출간 상태였다) 하나의 일관된 이론적 저작으로 만들 때가 되었다고 제안한 사람은 또 다른 참가자였던 커먼 노션스의 말라프 카누가Malav Kanuga였다. 이 점에 대해 그리고 이 프로젝트가 진행될 수 있도록 지원해 준 그에게 진심으로 감사한다. 나는 또한 이 프로젝트에 참여해 전문적인 의견을 피력해 준 PM 출판사의 램지 카난에게도 감사하고 싶다.

30년 이상 내 정치적 "고향"인 〈미드나잇 노츠 콜렉티브〉에 특별히 감사를 드린다. 특히 미카엘라 브레넌, 스티븐 콜라트렐라, 댄 코글린, 피터 라인보우, 몬티 네일, 데이비드 라이커, 한스 위드머, 존 윌셔-카레라에게 감사한다. 나는 매일 이들에게서 계속 가르침을 받는다.

실비아 페데리치에게도 감사한다. 그녀는 애정과 지혜로 내가 육체적으로나 정신적으로 건강을 유지할 수 있도록 해 주었고, 가능한 한 정치적 엄밀함을 잃지 않도록 해 주었다. "공간의 예언자들"의 공동 집필 외에도 그녀는 나의 모든 저작에 관여해 주었다.

마지막으로 손녀 애너에게 감사하고 싶다. 그녀는 지금 나의 사유가 미래를 향하도록 해 주고 있다. 그녀가 지금부터 십여 년 뒤 이 책을 읽을 때쯤 이 책의 유용성을 발견하기를 바란다.

「노동/에너지 위기와 종말론」은 *Midnight Notes* 2, no. 1 (1980), 1~29에 최초로 출판되었다. 이 글은 *Midnight Oil : Work, Energy, War, 1973-1992* (Brooklyn : Autonomedia, 1992) [1980], 215~71로 재출간되었다.

「공간 속의 모르몬교도들」은 *Midnight Notes* 2, no. 1 (1982), 3~12에 최초로 출판되었다. *Semiotext(e) USA*, edited by Jim Fleming and Peter Lamborn Wilson (Brooklyn : Autonomedia/Semiotext(e))에 확장본이 출간되었다.

「노동의 종말인가 노예제의 부활인가? 리프킨과 네그리에 대한 비판」은 *Common Sense : Journal of the Edinburgh Conference of Socialist Economists* 24 (December 1998)에 최초로 출판되었다. *Revolutionary Writing : Common Sense Essays in Post-political Politics*, edited by Werner Bonefeld (Brooklyn : Autonomedia : 2003), 115~34에 개정판이 실렸다.

「아프리카와 '자기를 재생산하는 자동기계들'에 대해」는 *The New Enclosures* (Brooklyn : Midnight Notes/Autonomedia, 1990), 35~41에 최초로 출판되었다.

「기계는 왜 가치를 생산하지 못하는가 ― 맑스의 기계론」는 *Cutting Edge : Technology, Information, Capitalism and Social Revolution*, edited by Jim Davis, Thomas Hirschl, and Michael Stack (London : Verso, 1997), 29~56에 최초로 출판되었다.

「맑스, 튜링기계 그리고 사유의 노동」은 *Maine Scholar* 11 (Autumn 2000) : 97~112에 최초로 출판되었다.

「결정들과 분석 엔진들 — 새로운 기계론을 위한 역사적이고 개념적인 예비들」은 "immaterial and affective labor : explored"라는 제목으로 *ephemera : theory & politics in organization* 7, no. 1, (June 2007) : 24~45, http://www.ephemeraweb.org에 최초로 출판되었다.

「화폐의 권력 — 부채와 인클로저」는 *Altreeragioni : Saggi e documenti* 4 (1995) : 23~28에 최초로 출판되었다.

「금융위기에 대한 주석 — 주가 폭락과 동결」은 *Uses of a Whirlwind : Movement, Movements, and Contemporary Racial Currents in the United States*, edited by Team Colors Collective (Oakland : AK Press, 2010), 273~82에 최초로 출판되었다.

「사회적 재생산 위기 개념에 대하여 — 이론적 고찰」은 *Donne, sviluppo e lavoro di riproduzione*, edited by Mariarosa Dalla Costa and Giovanna Della Costa (Milan : FrancoAngeli, 1996), 173~209에 최초로 출판되었다. *Women, Development and Labor of Reproduction : Struggles and Movements*, edited by Mariarosa Dalla Costa and Giovanna Della Costa (Trenton, NJ : Africa World Press 1999), 153~87에 영역본에 실렸다.

이 책은 조지 카펜치스의 *In Letters of Blood and Fire*를 옮긴 것이다. 조지 카펜치스는 평생을 반자본주의 활동에 몸 바쳐 온 자율주의 맑스주의의 대표적 투사이자 이론가다. 이미 그는 『탈정치학의 정치학』(워너 본펠드 엮음, 김의연 옮김, 갈무리, 2014)에 실린 한 논문으로 우리에게 소개된 바 있다. 완결된 책이 우리말로 옮겨져 나오는 것은 이번이 처음이다.

이 책의 번역을 시작하고 마무리한 때는 2016년부터다. 항상 그래왔지만 2016년부터 지금까지 이 지구상에는 수많은 사건들로 점철되어 있다. 우리나라와 관련해서 굵직굵직한 일들만 나열해 봐도 얼마나 숨 가쁘게 시간이 흘러왔는지 알 수 있다.

이세돌과 알파고의 대결, 강남역 여성 살인 사건, 구의역에서 일어난 비정규직 청년의 안타까운 죽음, 개성공단의 전면 폐쇄, 한반도 사드 배치 결정 및 배치, 미국 트럼프 대통령 당선, 김영란법 시행, 최순실의 국정농단, 박근혜 전 대통령 탄핵·구속, 세월호 인양, 전 세계에서 일어난 테러 사건들, 살충제 달걀과 생리대 파동, 국가정보원 댓글 조작 및 블랙리스트 수사, 강도 높은 지진의 잇단 발생, 남북정상회담과 북미정상회담, 가상화폐, 간호사 '태움 문화', 미투 운동, 공공기관 채용 비리, 미중 무역전쟁, 이명박 대통령 구속, 재활용 쓰레기 대란, 삼성 노조와해 문건, 대한항공 일가족 갑질, 제주 예멘 난민, 주 52시간제 시행, 기무사 계엄령 문건, 최저임금 인상….

나는 이 책을 옮기고 교열을 보는 과정에서 글쓴이의 문제의식이 오늘날의 우리에게 매우 절실하게 필요하다는 생각을 했다. 그는 이 책에서 "노동/거부", "기계들", "화폐, 전쟁 그리고 위기"라는 큰 범주를 가지고 현대 자본주의에서 일어나는 다양한 사건들, 위기들, 투쟁들을 일관된 맑스주의 관점에서 고찰하고 있다. 위에서 나열한 사건들을 이해하고 분석하는 데에서 이 책이 훌륭한 이론적 지침과 분석 방법을 제공해 줄 수 있을 것으로 믿는다.

맑스는 자본주의의 역사가 피와 불의 문자로 쓰여 있다고 말했다. 카펜치스는 이 책에서 오늘날의 자본주의 역사 역시 여전히 피와 불의 문자로 기록되고 있음을 다양한 사례를 들어 이야기하고 있다. 그러면서 자본주의의 최후의 역사를 기록하는 그 순간까지도 또한 그러할 것임을 전망하고 있다.

우리가 사는 사회에서 일어나는 작은 사건들은, 그것들이 '에피소드'처럼 보일 때조차, 이미 자본주의의 피와 불의 문자가 각인되어 있는 역사이다. 동네의 작은 마을공원의 유지를 둘러싸고 일어나는 갈등에서 우리는 '공통'과 '인클로저'를 둘러싼 투쟁들을 읽을 수 있다. 제주도의 예맨 난민과 동성애를 둘러싼 논란들에서 우리는 자본주의의 현대판 '마녀사냥'을 읽을 수 있다. ….

'갑'질의 동토를 뚫고 희망의 새순처럼 목소리를 낸 이 땅의 수많은 '을'들에게 이 책이 연대의 손길이 되고 투쟁의 무기가 될 수 있기를, 그리하여 그들의 역사가 승리의 문자로 아로새겨지기를 희망한다.

많은 분들의 도움이 없었다면 이 번역본이 제대로 된 꼴을 갖추기 힘들었음을 고백해야겠다. 프리뷰를 통해 큰 방향을 잡아 준 안태호 님, 조미애 님, 전체 원고를 꼼꼼히 살펴 맥락을 바로잡아 주고 번역의 정도를 보여 준 조정환 선생님께 심심한 감사의 말씀을 드린다. 번역의 처음부터 끝까지 세심한 배려를 아끼지 않은 김정연 님에게는 지면의 인사가 너무 좁게 느껴진다. 그저 감사할 따름이다.

2018년 7월 30일
서창현

한국어판 지은이 서문

1. [옮긴이] 1950년대 중반 미국에서 현대의 산업 사회를 부정하고 기존의 질서와 도덕을 거부하며 문학의 아카데미즘을 반대한, 방랑자적인 문학가 및 예술가 세대를 이르는 말. 대표적인 문학가로는 메일러(Mailer, N.), 긴스버그(Ginsberg, A.), 케루액(Kerouac, J.) 등이 있다.

2. [옮긴이] 앨런 긴스버그(Allen Ginsberg, 1926~1997) : 1950년대 미국 비트 제너레이션의 지도적 시인들 중 한 명.

3. [옮긴이] 미국 뉴욕에 있는 예술가·작가·학생 중심의 거주 지구.

4. Frederick Engels, *Anti-Dühring* (Peking : Foreign Language Press, 1976), 8 [칼 맑스·프리드리히 엥겔스, 『저작 선집 5』, 최인호 외 옮김, 박종철 출판사, 1994, 200쪽].

5. Bill Watson, "Counter-Planning on the Shop Floor," *Radical America* Vol. 5, No. 3(May~June) : 77~85.

6. 계급투쟁의 이 긴장된 차원에 대해서는 이 책 1부에 실린 논문 「계급투쟁의 세 가지 시간적 차원」을 보라.

7. George Caffentzis, "Commons," in *Keywords for Radicals : The Contested Vocabulary of Late-Capitalist Struggle*, ed. Kelly Fritch et al. (Oakland, CA : AK Press), 95~101.

8. [옮긴이] 스탠딩 락은 미국의 노스다코타와 사우스다코타에 있는 원주민 보호구역을 가리킨다.

9. [옮긴이] 2013년 5월 28일 게지 공원에서 공원 재개발에 반대하는 시위가 시작되었고 터키 전역의 반정부 투쟁으로 발전하여 그해 8월 말까지 지속되었다.

머리말

1. [옮긴이] 스케어 따옴표(scare quotess)는 다른 사람의 말을 인용할 때, 자신은 그 표현에 대해 책임이 없거나 그러한 표현에 동의하지 않음을 강조하기 위해 사용한다. '무서워서 원문을 그대로 인용하는 것'임을 말한다.

2. [옮긴이] 애덤 스미스의 『도덕 감정론』에 따르면 사람들의 마음속에 "공정한 관찰자"가 존재하며, 이 관찰자가 자신의 행동을 관찰하고 옳고 그름을 판단함으로써 사회질서를 유지한다.

3. Mariarosa Dalla Costa and Selma James, *The Power of Women and the Subversion of the Community* (Bristol : Falling Wall Press, 1972), 그리고 Silvia Federici, "Wages against Housework" in *Revolution at Point Zero : Housework, Reproduction, and Feminist Struggle* (Oakland : PM Press/Common Notions, 2012)[실비아 페데리치, 「가사노동에 대항하는 임금」, 『혁명의 영점 — 가사노동, 재생산, 여성주의 투쟁』, 황성원 옮김, 갈무리, 2013].

4. "자본주의 사회"라는 말이 편리하기는 하지만 나는 이 말을 사용하기가 꺼려진다. 왜냐하면 이 말은 자본의 지배를 받는 관계들이 자발적인 결정들의 산물이라는 뜻을 함축하기 때문이다.

5. [옮긴이] 레빗타운(Levittown) : 1940년대 말 뉴욕에서 중산층의 거주 공간을 위한 계획으로 조성된 신도시를 말한다.

6. Antonio Negri, *Marx beyond Marx* (Brooklyn : Autonomedia 1991)[안토니오 네그리, 『맑스를 넘어선 맑스』, 윤수종 옮김, 중원문화, 2012]와 Christian Marazzi, *The Violence of Financial Capitalism* (Los Angeles : Semiotext(e), 2010)[크리스티안 마라찌, 『금융자본주의의 폭력』, 심성보 옮김, 갈무리, 2013].

7. [옮긴이] 찰스 배비지(Charles Babbage, 1792~1871) : 영국의 수학자이자 발명가다. 천공 카드를 이용해 기억, 지시, 연산, 제어 장치를 갖춘 해석 기관을 구상했다. 영국 수학계에 유럽 대륙의 연구 성과를 알리기 위해 해석학회 창립을 주도했다.(마틴 데이비스, 『라이프니츠에서 튜링까지 수학자, 컴퓨터를 만들다』, 박정일·장영태 옮김, 지식의풍경, 2005, 342쪽).

8. [옮긴이] 그리스 신화에 등장하는 전쟁의 신 또는 전투의 정령.

9. [옮긴이] 그리스 신화에서 곡물과 수확을 담당하는 농업의 신.

10. [옮긴이] 그리스 여성들을 단결시켜 성 파업을 감행함으로써 남자들의 전쟁을 종결시키고자 했던 그리스의 여신.

1부 노동/거부

노동/에너지 위기와 종말론

1. 예컨대 다음을 보라. Hal in *2001*.

2. [옮긴이] 니콜라 레오나르 사디 카르노(Nicolas Léonard Sadi Carnot, 1796~1832) : 프랑스의 물리학자. 열역학의 선구자로서 열은 높은 온도로부터 낮은 온도로 옮겨질 때에만 힘을 얻을 수 있고, 그와 반대의 경우에는 밖으로부터 힘을 주지 않으면 안 된다는 사실을 증명하였다.

3. Charles Gillespie, *The Edge of Objectivity* (Princeton : Princeton University Press, 1960), 376.

4. [옮긴이] 루돌프 율리우스 에마누엘 클라우지우스(Rudolf Julius Emanuel Clausius, 1822~1888) : 독일의 이론물리학자. 열역학 제2법칙을 정식화하였으며, 기체운동론을 본격적인 이론으로 만들어냈다. 운동하는 대전체 사이에 작용하는 힘에 관하여 독자적인 이론을 전개하고, 열전도 연구, 전기분해의 문제에도 공헌하였다.

5. 같은 책.

6. [옮긴이] heat death. 엔트로피가 최대가 되는 열평형 상태를 가리킨다.

7. Jacob Clavner Leventon, *The Mind and Art of Henry Adams* (Boston : Houghton Mifflin Co., 1957), 377에서 인용함.

8. [옮긴이] 양자론에서, 빛을 특정 에너지와 운동을 가지는 일종의 입자적인 것으로 취급할 경우에 생각하는 빛의 입자.

9. Edward Teller, "Energy : A Plan for Action," in *Power & Security*, eds. Edward Teller, Hans Mark, and John S. Foster Jr. (Lexington, MA : Lexington Books, 1976), 1~82.

10. 같은 글.

11. 같은 글.

12. Howard T. Odum and Elisabeth C. Odum, *Energy Basis for Man and Nature* (New York : McGraw-Hill, 1976).

13. 같은 책.

14. [옮긴이] 영국의 유명한 밴드 비틀스가 부른 〈문어의 정원〉(Octopus's Garden)에 등장하는 가사다. 노래 가사 전문은 다음과 같다.

I'd like to be under the sea 바다 밑으로 내려가
In an octopus's garden in the shade 그늘 속에 숨겨진 문어의 정원에 가고 싶어
He'd let us in, knows where we've been 그는 우리를 환영할 거야, 우리가 어디에서 왔는지도 알 걸
In his octopus's garden in the shade 그늘 속에 숨겨져 있는 문어의 정원에서

I'd ask my friends to come and see 친구들에게도 와서 보라고 해야지

An octopus's garden with me 나와 함께 문어의 정원을
I'd like to be under the sea 바다 밑으로 내려가
In an octopus's garden in the shade 그늘 속에 숨겨진 문어의 정원에 가고 싶어

We would be warm below the storm 폭풍이 불어도 우리는 따뜻할 거야
In our little hideaway beneath the waves 파도 아래 작은 은신처에서
Resting our head on the sea bed 바다 침대에 머리를 뉘고
In an octopus's garden near a cave 동굴 가까이에 있는 문어의 정원에서

We would sing and dance around 우리는 노래하고 춤출 거야
Because we know we can't be found 아무도 찾지 못할 걸 알고 있기에
I'd like to be under the sea 나는 바다 밑으로 내려가
In an octopus' garden in the shade 그늘 속에 숨겨진 문어의 정원에 가고 싶어

We would shout and swim about 우리는 소리 지르며 헤엄쳐 다니겠지
The coral that lies beneath the waves 파도 아래 산호초 사이를 말이야
(Lies beneath the ocean waves) (바다의 파도 아래 누워 있는)
Oh what joy for every girl and boy 얼마나 즐거울까, 우리는 모두
Knowing they're happy and they're safe 행복하고 안전하단 걸 알고 있어
(Happy and they're safe) (행복하고 안전해)

We would be so happy you and me 너와 나, 우리는 모두 행복할 거야
No one there to tell us what to do 강제로 무언가 시키려는 사람도 없을 걸
I'd like to be under the sea 바다 밑으로 가고 싶어
In an octopus's garden with you 당신과 함께 문어의 정원에
In an octopus's garden with you 당신과 함께 문어의 정원에
In an octopus's garden with you 당신과 함께 문어의 정원에

15. [옮긴이] 인민사원의 교주이자, 범죄인으로, 1978년 11월 18일에 가이아나 조지타운과 인근 활주로에서 900명이 넘는 신도들과 함께 자살한 사건으로 유명하다.

16. [옮긴이] 맬컴 엑스의 강경투쟁 노선을 따르던 급진적 흑인운동단체인 '블랙 팬서'를 가리키는 것으로 보인다.

17. [옮긴이] DRUM은 The Dodge Revolutionary Union Movement의 약자로 미국 미시건의 디트로이트에 있는 자동차 회사 크라이슬러사의 중급 승용차인 다지의 핵심 생산라인에서 1968년 결성된 아프리카계 미국인 노동자 조직이다.

18. [옮긴이] SCUM은 Society for Cutting Up Men의 약자로 발레리 솔라너스가 만든 단체다. 솔라너스는 남성들이 세계를 황폐하게 만들었으며 여성들이 사회를 전복하고 남성을 제거해야 한다고 1967년 〈SCUM 선언〉을 통해 주장했다.

19. [옮긴이] 원문은 'Stonewall blowout'으로 되어 있는데 맥락으로 보아 1969년 6월 28일의 스톤월 항쟁(Stonewall riots)을 가리키는 것으로 보인다.

20. [옮긴이] "당시[1960~70년대]는 봉기의 시대였다. 가장 미묘하고 복잡한 감옥 ─ 가정 ─ 내부에서 반란이 있을 수 있었다면, 가장 야만적이고 명백한 감옥 ─ 교정제도 자체 ─ 에서도 반란이 있었던 것은 당연한 일이다. 1960년대와 1970년대 초에 그런 반란이 급증했다. 전례 없는 정치성과 계급전쟁의 격렬한 형태를 취했던 이런 반란은 1971년 9월 뉴욕주 애티카에서 정점에 달했

다."(하워드 진, 『미국 민중사 2』, 유강은 옮김, 이후, 2006, 286쪽). 애티카 폭동의 전개에 대한 자세한 서술은 같은 책, 286~301쪽을 참고할 것.

21. [옮긴이] 다하우 강제수용소는 2차 세계대전 당시 최초로 개설되었다. 아우슈비츠와 함께 대표적인 강제수용소로 유명하다.

22. [옮긴이] 정부가 당기의 생산 활동과 무관한 사람에게 반대급부 없이 지급하는 지출을 말한다. 경제학에서 이전 지출은 시장 체제에서의 소득 재분배에 해당한다.

23. [옮긴이] 기술 혁신에 대한 보수적 태도, 급진적 노동운동, 비효율적인 정부 등 고비용·저효율 산업구조로 인해 경기침체에 빠졌던 1970년대 영국을 모욕적으로 이르는 말.

24. William D. Nordhaus, "The Falling Share of Profits," *Brookings Institute Papers* (Brookings Institute, 1975).

25. 같은 책.

26. [옮긴이] 존 폰 노이만(John von Neumann, 1903~1957) : 헝가리 태생의 미국 수학자. 힐베르트의 5번째 문제 중 콤팩트 군 문제를 풀었고 집합론의 공리화로 수학 기초론의 출발점을 제시했다. 프로그램 기억 방식을 제안하여 최초의 프로그램 기억 방식 컴퓨터인 에드삭을 발명했다. 폰 노이만 대수로 연속 기하학을 창시했고 게임 이론으로 유명하다.(마틴 데이비스, 『라이프니츠에서 튜링까지 수학자, 컴퓨터를 만들다』, 351~352쪽)

27. 미시건 디어본에 있는 포드 리버 루지 단지는 1928년에 완성되었는데, 세계에서 가장 큰 복합 공장이었다.

28. [옮긴이] 수비학(數祕學)이란 숫자와 사람, 장소, 사물, 문화 등의 사이에 숨겨진 의미와 연관성을 연구하는 학문. 칼데아의 수비학, 피타고라스의 수비학, 카발라의 게마트리아 수비학 등이 있다.

29. [옮긴이] 1793년 엘리 휘트니가 미국에서 발명한 목화의 씨를 빼는 기계.

30. [옮긴이] 힌두교의 주요 신들 중의 하나로 파괴의 신임과 동시에 창조의 신이다. 영혼의 자비로운 목자이자 분노에 찬 복수의 신으로 알려져 있다.

31. [옮긴이] 위스키의 일종.

32. 인종은 어찌 되는가? 우리는 "가사노동에 임금을" 분석에 동의한다. 인종적(또한, 성적) 분할의 본질은 임금의 위계에서 찾아져야 한다는 분석 말이다. 그리고 여성 복지 운동에서, 흑인 공장 노조 및 간부의 형성에서, 슬럼가 거리의 청년 갱단과 "정당들"에서 흑인 운동이 가장 직접 공격한 것이 사실 그러한 위계였다. 흑인 여성, 남성 청년들의 폭발은 케인스주의의 바로 그 심장부에서 케인스주의 축적 모델을 공격했다. 왜냐하면, 그러한 공격은 광범위한 비임금 부문에서 비롯된 것이기 때문이다. 이러한 문제에 대한 생산적인 작업을 위해서는 다음을 보라. Dalla Costa and James, *The Power of Women*.

33. [옮긴이] 셰익스피어의 『햄릿』의 등장인물로 오필리어의 아버지다. 수다스러운 궁내 대신이다.

34. 다음에서 인용함. B. J. Widick, "Work in Auto Plants : Then and Now," in *Auto Work and Its Discontents* (Baltimore : John Hopkins University Press, 1976), 10.

35. [옮긴이] 포드 자동차 공장 등이 있는 미국의 대규모 공업 지구. 디트로이트시 남서쪽에 인접해 있고 디트로이트강과 루지강을 끼고 있다.

36. Nikolai Bukharin, *The Economic Theory of the Leisure Class* (New York : AMS Press, 1970), 31.

37. Karl Marx, *Grundrisse : Foundations of the Critique of Political Economy* (Harmondsworth : Penguin, 1973), 693, 700, 701 [칼 맑스, 『정치경제학 비판 요강 II』, 김호균 옮김, 백의, 2001, 371, 374~5쪽].

38. [옮긴이] 윌리엄 스탠리 제번스(William Stanley Jevons, 1835~1882) : 영국의 경제학자. 영국 한계 효용학파 창시자 중의 한 명이다.

39. Eugen von Böhm-Bawerk, "Control or Economic Law," in *Shorter Classics of E. Von. Böhm-Bawerk* (South Holland, IL : Libertarian Press, 1962), 192~93.

40. [옮긴이] 피해자가 입은 피해와 같은 정도의 손해를 가해자에게 가하는 보복의 법칙을 말한다.

41. Piero Sraffa, *Production of Commodities by Means of Commodities* (Cambridge : Cambridge University Press, 1960), 9 [스라파, 『상품에 의한 상품 생산』, 박찬일 옮김, 비봉출판사, 1986].

42. David Ricardo, *Principles of Political Economy and Taxation* (New York : Macmillan Co., 1914), 80 [데이비드 리카도, 『정치경제학과 과세의 원리에 대하여』, 권기철 옮김, 책세상, 2010].

43. Marx, *Grundrisse*, 705 [맑스, 『정치경제학 비판 요강 II』, 380쪽].

44. 같은 책, 706 [같은 책, 381쪽].

45. Sraffa, *Production of Commodities*, 7~8.

46. 이러한 분석을 전 지구적 규모로 발전시킨 것으로는 이 책 2장의 첫 논문 「아프리카와 '자기를 재생산하는 자동기계들'에 대해」를 참조하라.

47. Karl Marx, *Capital : Volume I : A Critique of Political Economy* (London : Penguin, 1976), 799 [카를 마르크스, 『자본론 - 정치경제학 비판 I (하)』, 김수행 옮김, 비봉출판사, 2015, 879쪽].

48. [옮긴이] 조니 페이첵(Johnny Paycheck)이 1977년에 발매한 앨범에 실린 주제곡이다. 당시는 아직 미국 고용시장의 환경이 좋았을 때였다.

49. 같은 책, 274 [마르크스, 『자본론 - 정치경제학 비판 I(상)』, 225쪽].

50. Federici, "Wages against Housework," *Revolution at Point Zero* [페데리치, 「가사노동에 대항하는 임금」, 『혁명의 영점』].

51. Marx, *Capital : Volume I*, 680 [카를 마르크스, 『자본론 - 정치경제학 비판 I(하)』, 733~734쪽].

52. [옮긴이] 요제프 멩겔레(Josef Mengele, 1911~1979) : 나치 친위대 장교이자 아우슈비츠-비르케나우 강제 수용소의 내과 의사. 수감자 중 죽일 사람, 강제노역을 시킬 사람을 정하였고, 생체 실험으로도 악명이 높다.

53. [옮긴이] 1차 세계대전 이후 프랑스에서 출현한 시각예술 디자인 양식. 풍부한 색감, 두터운 기하학적 문양, 호와로운 장식성이 특징이다.

54. 이 글이 처음 출판될 때 각주는 다음과 같았다. "[맑스 문헌에서] 이 인용구를 발견하는 맑스 연구가에게 『미드나잇 노츠』 한 부를 무료로 드립니다." 이 제안은 여전히 유효하다!

55. [옮긴이] 1979년 3월 28일 미국 펜실베이니아주 서스퀘해나강의 스리마일섬 원자력 발전소 2호기에서 미국 원자력 산업 역사상 가장 심각한 노심 용융 사고가 발생했다.

56. [옮긴이] 스리마일섬 사고를 연구하기 위해 카터 행정부가 설립한 단체.

57. John G. Kemeny, Chairman, *Report of the President's Commission on the Accident at Three Mile Island* (Washington, DC : U.S. Government Printing Office, 1979), 11~12.

58. [옮긴이] 케메니(John George Kemeny, 1926~1992) : 유대-헝가리계 미국인 수학자이자 컴퓨터과학자. 1964년 토머스 쿠르츠와 함께 베이식 프로그래밍 언어를 공공 개발한 것으로 유명하다.

59. Kemeny, *Report*, 10.

60. Marx, *Capital : Volume I*, 309 [마르크스, 『자본론 - 정치경제학 비판 I (상)』, 268쪽].

61. 같은 책, 319 [같은 책, 304~305쪽].

62. Karl Marx, *Capital : Volume III : A Critique of Political Economy* (London : Penguin, 1981), 173 [카를 마르크스, 『자본론 - 정치경제학 비판 III (상)』, 김수행 옮김, 비봉출판사, 2015, 98~99쪽].

63. [옮긴이] 목화의 씨를 빼거나 솜을 트는 기계.

64. [옮긴이] 발트해에 면한 포모르스키에주의 항구 도시. 10세기에 포모제인이 건설한 항만 도시로 그 후 폴란드로 합병되었다. 이후 독일인과 네덜란드인이 유입되었다. 폴란드 분할 이후 프로

이센 왕국의 영토가 되었으며, 1919년까지는 독일 제국의 서프로이센에 속하여 그 주도였다. 2차 세계대전 이후에 폴란드령이 되어 오늘에 이른다. 1980년대에 레흐 바웬사는 이곳에 있는 조선소를 중심으로 자유노조 운동을 일으켰다.

65. 양자 기계의 창시자 중의 한 사람인 에어빈 슈뢰딩거는 1944년, 『생명이란 무엇인가』(Cambridge : Cambridge University Press, 1944)[에어빈 슈뢰딩거, 『생명이란 무엇인가 ― 정신과 물질』, 전대호 옮김, 궁리, 2007]라는 책에서 유전학과 정보 사이의 관계를 도출해냈다.

66. [옮긴이] 열역학 제2법칙에 따르면 열평형상태의 물체가 저절로 온도 차이가 나도록 하는 운동은 하지 않는다. 그런데 맥스웰은 온도 차이가 나도록 열을 옮기는 도깨비가 있다고 가정하고 속도분포법칙을 만들었는데, 이는 실재하지 않는 가상의 존재이며 열역학 제2법칙도 항상 성립한다. 이 책의 논의와 관련하여 엔트로피와 맥스웰의 도깨비에 대한 더 자세한 설명은 다음 링크를 참조하라. http://terms.naver.com/entry.nhn?docId=1047706&cid= 42351&categoryId=42351

67. Norbert Weiner, *Cybernetics; or, Control and Communication in the Animal and the Machine* (Cambridge, MA : MIT Press, 1965), 58~59 [관련된 책으로 다음을 참고할 수 있다. 노버트 위너, 『인간의 인간적 활용 ― 사이버네틱스와 사회』, 이희은·김재영 옮김, 텍스트, 2011 ― 옮긴이].

68. [옮긴이] 그리스 신화에 등장하는 인물로, 죽은 자를 저승으로 건네준다는 뱃사공을 가리킨다.

69. Marx, *Capital : Volume III*, 182 [마르크스, 『자본론 ― 정치경제학 비판 III (상)』, 108~109쪽].

70. [옮긴이] '사일로'는 원래 큰 탑 모양의 곡식 저장고를 가리킨다. 의미가 확대되어 핵무기 등 위험 물질의 지하 저장고를 뜻하기도 한다.

71. [옮긴이] 현대의 기술 문명을 거부하고 소박한 농경 생활을 하는 미국의 종교 집단을 가리킨다.

72. [옮긴이] 점퍼는 원래 2개의 핀이나 소켓으로 된 전극이 서로 연결되도록 하는 작은 플러그나 전선 또는 도체를 가리킨다. 여기에서는 극단적인 환경에서 작업하는 핵 노동자들을 빗대어 표현하고 있다.

73. [옮긴이] 게리 길모어는 '미국에서 가장 유명한 사형수'로 불린다. 두 명의 시민을 죽인 그는 자신을 사형시켜 달라고 주장해 충격을 주었다. 그가 사형 집행자를 향해 남긴 마지막 말은 "자, 시작합시다!"였다고 한다.

74. [옮긴이] 페르시아만 입구의 항구.

75. [옮긴이] 1965년 8월 11일에서 17일에 걸쳐 로스앤젤레스의 흑인 밀집 지역인 와츠 지역에서 일어난 봉기를 가리킨다. 폭동의 자세한 전개 과정에 대해서는 『부산일보』 2011일 8월 8일자(26면)를 참조할 것.

공간 속의 모르몬교도들(실비아 페데리치와 공동 집필)

1. [옮긴이] 'New Right'는 우익 성향을 보이는 다양한 정책들과 집단들을 기술하려는 용어로 여러 나라에서 사용되는 술어다. 소련 및 소비에트 스타일의 공산주의를 사용하는 체제의 붕괴 이후 서유럽 정당들의 출현을 기술하기 위해 사용됐다.

2. [옮긴이] 1970년대 후반부터 세계적으로 강화된 보수화 추세에 맞춰 미국에서 침례교파인 바우엘 목사가 조직했다. 정치적으로는 텔레비전이나 라디오를 통해서 공산주의와 반핵운동, 낙태, 자유주의 성향의 의원을 반대하는 데 주력했다. 도덕적 다수파는 1980년 미국 대통령선거에서 보수주의자인 레이건 대통령의 당선에 크게 공헌했다.

3. [옮긴이] 뉴잉글랜드 청교도 중에서 가장 유명한 사람으로 성직자가 다스리는 옛 체제를 지지했다.

4. [옮긴이] '가정 옹호 포럼'에 관해서는 다음 링크를 참고하라. http://www.profamilyforum.org/?page_id=15

5. [옮긴이] 와인버거(Caspar Weinberger, 1917~2006) : 미국의 정치가. 캘리포니아주 예산국장, 연

방교역위원장, 행정관리예산국장, 후생교육장관, 공화당 정부의 국방장관 등을 역임하였다.

6. [옮긴이] 제리 레이먼 폴웰(Jerry Lamon Falwell, 1933~2007) : 미국의 침례교 목사. 미국 기독교 우파단체인 도덕적 다수파의 대표이다.

7. [옮긴이] 18세기에 등장한, 반삼위일체론 계통의 기독교 교회.

8. [옮긴이] 17세기에 조지 폭스가 창시한 기독교계 신흥 종교.

9. [옮긴이] 후터파는 기독교에서, 종교 개혁 시기에 등장한 개신교 계통인 재세례파의 분파를 일컫는 말이다. 야콥 후터가 창시했기 때문에 후터파라고 부른다.

10. [옮긴이] 1830년에 미국의 스미스가 창시하였으며, 성경과 모르몬경을 성전으로 삼는 기독교의 한 파. 미국 유타주 솔트레이크에 본부가 있으며, 정식 명칭은 '예수 그리스도 후기 성도'이다.

11. Stewart Brand, ed., *Space Colonies* (New York : Penguin, 1977), 54.

12. Robert Reinhold, "Strife and Despair at South Pole Illuminate Psychology of Isolation," *New York Times*, January 12, 1982.

13. [옮긴이] 스트론튬 90은 우라늄 235와 플루토늄 239의 핵분열과 자연계에 존재하는 토륨, 우라늄의 동위원소가 자발적으로 핵 분열할 때 나오는 스트론튬의 방사성 동위원소로서 고농도의 방사성 물질이다.

14. [옮긴이] 연료·제트 엔진·화물·무기 등을 수용하기 위해 동체나 날개 밑에 다는 유선형 용기를 가리킨다.

15. [옮긴이] 1962년 머큐리 계획의 일환인 시그마 7호에 탑승했으며, 우주공간에서 최초로 랑데부를 기록한 제미니 6호(1965)의 지휘조종사였다.

16. 1968년 10월 아폴로 7호 안에서 방송된 텔레비전 방송 중 시라(Walter M. Schirra)가 한 말에서 인용함.

17. Richard D. Johnson and Charles H. Holbrow, eds., *Space Settlements : A Design Study* (Washington, DC : NASA, Scientific and Technical Information Office, 1977), 31.

노동의 종말인가 노예제의 부활인가―리프킨과 네그리에 대한 비판

1. Harold L. Sheppard and Neal Q. Herrick, *Where Have All the Robots Gone? Worker Dissatisfaction in the 70s* (New York : The Free Press, 1972); Stanley Aronowitz, *False Promises : The Shaping of American Working Class Consciousness* (New York : McGraw-Hill, 1972); Special Task Force to the Secretary of Health, Education, and Welfare, *Work in America* (Cambridge, MA : MIT Press, 1973); Peter Linebaugh and Bruno Ramirez, "Crisis in the Auto Sector," in *Midnight Oil : Work, Energy, War, 1973~1992*, ed. Midnight Notes Collective (Brooklyn : Autonomedia, 1992), 143~68.

2. Linebaugh and Ramirez, "Crisis," 160.

3. [옮긴이] '쇠락한 산업단지'(rust belt)는 미국 북동부 위쪽, 그레이트호, 중서부에 속한 주들에 걸쳐 있는 지역을 표현하는 용어다. 한때 막강했던 산업 부문의 위축으로 인한 경제 하락, 인구 감소, 도시 노후화를 가리킨다.

4. [옮긴이] 저렴한 생산비(특히 인건비)를 활용할 목적으로 해외로 생산 입지를 이동시키는 것을 말한다.

5. Jeremy Rifkin, *The End of Work : The Decline of the Global Labor Force and the Dawn of the Post-Market Era* (New York : G.P. Putnam's Sons, 1995)[제레미 리프킨, 『노동의 종말』, 이영호 옮김, 민음사, 1996]; Michael Hardt and Antonio Negri, *The Labor of Dionysus* (Minneapolis : University of Minnesota Press, 1994)[안토니오 네그리·마이클 하트, 『디오니소스의 노동 I, II ― 국가형태 비판』, 이원영 옮김, 갈무리, 1996, 1997]; Stanley Aronowitz and William

De Fazio, *The Jobless Future* (Minneapolis: University of Minnesota Press, 1994). 또한, New York Times, *The Downsizing of America* (New York: Times Books/Random House, 1996)에 나타난 "다운사이징" 같은 말들.

6. Aronowitz and De Fazio, *Jobless Future*, xii.

7. Rifkin, *End of Work*, xvi [리프킨, 『노동의 종말』, 10쪽].

8. Hardt and Negri, *Labor of Dionysus*, 10 [안토니오 네그리·마이클 하트, 『디오니소스의 노동 I』, 41쪽].

9. 이 책에 실린 다음 논문을 보라. 「노동/에너지 위기와 종말론」과 「사회적 재생산의 위기 개념에 대하여 ─ 이론적 고찰」.

10. Rifkin, *End of Work*, 35 [리프킨, 『노동의 종말』, 60쪽].

11. [옮긴이] 서브루틴에 따라 이용 가능한 정보에 따라서 해답이나 해명, 원인 규명을 해주는 프로그램.

12. 같은 책, 162 [같은 책, 221쪽].

13. 이 "역" 정의는 금세기의 수학적 연구에서 유익한 것으로 증명된 칸토르의 대각선 논법을 떠오르게 한다. 이 논법의 비결은 어떤 특별한 K 등급의 모든 항목을 소진하는 목록들이 존재한다고 가정하는 것, 그리하여 목록 자체의 특수한 속성들을 사용해서 목록에 없는 K 숫자를 정의하는 것이다.

14. Rifkin, *End of Work*, 16~17 [리프킨, 『노동의 종말』, 35~36쪽].

15. 예를 들어, 자유무역에 대한 대부분의 현재 논의에서, 다수의 사람은 저임금 수준을 리카도의 "비교 우위"로 간주한다. 그러나 이러한 독해는 리카도 관점의 왜곡이며, 노동자 투쟁의 억압을 정당화하는 도발이다. 리카도에게 비교 우위의 원천들은 한 나라의 물리적이고 문화적인 환경의 반영구적인 특징들이지 임금, 이윤, 또는 지대 같은 경제적 변수들이 아니다.

16. Karl Marx, *Theories of Surplus Value, Part II* (Moscow: Progress Publishers, 1968), 573.

17. Marx, *Capital: Volume III*, 339~48 [마르크스, 『자본론 ─ 정치경제학 비판 III』, 263~333쪽].

18. Rifkin, *End of Work*, 56 [리프킨, 『노동의 종말』, 87쪽].

19. 같은 책, 292 [같은 책, 375쪽].

20. 같은 책, 291 [같은 책, 373쪽].

21. [옮긴이] 방글라데시의 은행인 그라민은행이 표방한 정책을 가리키는 것으로 보인다. 그라민은행은 무하마드 유누스가 빈곤퇴치의 한 방법으로 1983년 법인으로 설립하였다. 이 은행은 빈민들에게 담보 없이 소액대출을 제공하여 빈곤퇴치에 이바지한 공으로 2006년 유누스 총재와 함께 노벨평화상 공동 수상자로 선정되었다.

22. Negri, *Marx Beyond Marx* [네그리, 『맑스를 넘어선 맑스』].

23. Felix Guattari and Antonio Negri, *Communists Like Us* (New York: Semiotext(e), 1990). 이 책은 원래 1985년에 출간되었고 다음의 제목으로 재출간되었다. *New Lines of Alliance, New Spaces of Liberty* (Brooklyn: Minor Compositions/Autonomedia, 2010)[안토니오 네그리·펠릭스 가타리, 『자유의 새로운 공간』, 조정환 옮김, 갈무리, 2007]. 이곳은 1970년대 이후 네그리의 정치적·사법적 삶을 논의하는 자리가 아니다. 이 부분에 대해 더 알고 싶으면 『전복의 정치학』(Negri, 1989)에 부치는 얀 물리에르의 서문을 보라. 네그리는 1997년 7월 프랑스 망명으로부터 이탈리아로 자발적으로 돌아와 2003년 석방될 때까지 로마에 투옥되었다.

24. Hardt and Negri, *Labor of Dionysus*, 10 [네그리·하트, 『디오니소스의 노동I』, 41쪽]; Guattari and Negri, *Communists Like Us*, 21 [네그리·가타리, 『자유의 새로운 공간』, 110쪽]; Negri, *Marx Beyond Marx*, 172 [네그리, 『맑스를 넘어선 맑스』, 306쪽].

25. Hardt and Negri, *Labor of Dionysus*, 8 [네그리·하트, 『디오니소스의 노동I』, 37쪽].

26. Guattari and Negri, *Communists Like Us*, 21 [네그리·가타리, 『자유의 새로운 공간』, 110쪽].

27. Negri, *Marx Beyond Marx*, 172 [네그리, 『맑스를 넘어선 맑스』, 306쪽].

28. Marx, *Grundrisse*, 709 [맑스, 『정치경제학 비판 요강 II』, 385~6쪽].

29. Donna Haraway, *Simians, Cyborgs, and Women : The Reinvention of Nature* (New York : Routledge, 1991), 149~81 [다나 해러웨이, 『유인원, 사이보그, 그리고 여자』, 민경숙 옮김, 동문선, 2002].

30. Marx, *Grundrisse*, 705 [맑스, 『정치경제학 비판 요강 II』, 380~1쪽].

31. Hardt and Negri, *Labor of Dionysus*, 281 [하트·네그리, 『디오니소스의 노동 II』, 167쪽]. 네그리는 종종 사회적 노동자 사이보그의 노동을 "비물질적"이라고 서술한다. 그러나 튜링 기계 이론에 대한 분석은 보통 물질노동이라고 부르는 것(예컨대 직조와 채굴)과 비물질적 노동이라고 부르는 것(예컨대 소프트웨어 프로그램을 짜는 것) 사이에는 근본적인 차이가 없다는 점을 보여준다. 결과적으로, 우리는 속성들을 창출하는 그것의 가치를 찾기 위해 노동 상황의 다른 측면들에 눈을 돌려야 한다. 이 책에 실린 「기계들은 왜 가치를 창출할 수 없는가 ─ 맑스의 기계 이론」을 보라.

32. Rifkin, *End of Work*, 175 [리프킨, 『노동의 종말』, 238쪽].

33. Hardt and Negri, *Labor of Dionysus*, 282 [하트·네그리, 『디오니소스의 노동II』, 169쪽].

34. 같은 곳 [같은 책, 170쪽].

35. Negri, *Marx Beyond Marx*, 162~63 [네그리, 『맑스를 넘어선 맑스』, 293~295쪽]; George Caffentzis, "A Review Article on Antonio Negri's *Marx Beyond Marx : Lessons on the Grundrisse*," *New German Critique* 41 (Spring~Summer 1987) : 186~92.

36. 이 책에 실린 「기계는 왜 가치를 창출하지 못하는가 ─ 맑스의 기계 이론」을 보라.

37. Silvia Federici, "War, Globalization, and Reproduction," *Peace and Change* 25, no. 2 (April 2000) : 153~65.

38. 다음을 보라. 이 책에 실린 「아프리카와 '자기를 재생산하는 자동기계들'에 대해」. George Caffentzis, "On the Fundamental Implications of the Debt Crisis for Social Reproduction in Africa," in *Paying the Price : Women and The Politics of International Economic Strategy*, eds. Mariarosa Dalla Costa and Giovanna F. Dalla Costa (London : Zed Books, 1995).

39. Silvia Federici, "The God That Never Failed : The Origins and Crises of Western Civilization," in *Enduring Western Civilization : The Construction of the Concept of Western Civilization and Its "Others,"* ed. Silvia Federici (Westport, CT : Praeger, 1995).

40. Marx, *Capital : Volume III*, 358 [마르크스, 『자본론 ─ 정치경제학 비판 III (상)』, 312쪽].

41. Hardt and Negri, *Labor of Dionysus*, 282 [네그리·하트, 『디오니소스의 노동 II』, 170쪽].

계급투쟁의 세 가지 시간적 차원

1. Marx, *Capital : Volume III*, 958~59 [마르크스, 『자본론 ─ 정치경제학 비판 III (하)』, 1040~1041쪽].

2. Marx, *Capital : Volume I*, 783~84 [마르크스, 『자본론 ─ 정치경제학 비판 I (하)』, 861쪽].

3. Silvia Federici, *Caliban and the Witch : Women, the Body and Primitive Accumulation* (Brooklyn : Autonomedia, 2004), 91 [실비아 페데리치, 『캘리번과 마녀 ─ 여성, 신체 그리고 시초축적』, 황성원·김민철 옮김, 갈무리, 2011, 148~149쪽].

4. Adam Smith, *Wealth of Nations* (Amherst, NY : Prometheus Books, 1991[1776]), 19 [애덤 스미스, 『국부론 (상)』, 김수행 옮김, 비봉출판사, 2007, 17쪽].

5. Marx, *Capital : Volume I*, 874 [마르크스, 『자본론 ─ 정치경제학 비판 I (하)』, 978쪽]

6. 같은 책, 876 [같은 책, 980쪽].

7. 같은 책, 930 [같은 책, 1046쪽].

8. 다음을 보라. Luise White, *Speaking with Vampire : Rumor and History in Colonial Africa* (Berkeley : University of California Press, 2000) 그리고 Michael T. Taussig, *The Devil and Commodity Fetishism in South America* (Chapel Hill : University of North Carolina Press, 1980).

9. 다음을 보라. Midnight Notes Collective, "The Hammer and ⋯ or the Sickle : From the Zapatista Uprising to the Battle of Seattle" in *Auroras of the Zapatistas : Local and Global Struggles in the Fourth World War* (Brooklyn : Autonomedia, 2001).

10. Jeff Sharlet, "Inside America's Most Powerful Megachurch," *Harper's* 310, no. 1860 (May 2005) : 47.

11. Karl Marx, *Pre-capitalist Economic Formations* (New York : International Publishers, 1964) 와 Michael Hardt and Antonio Negri, *Empire* (Cambridge, MA : Harvard University Press, 2000) [안토니오 네그리·마이클 하트, 『제국』, 윤수종 옮김, 이학사, 2001].

12. [옮긴이] 호보헤미아는 떠돌이 노동자들의 커뮤니티를 가리키는 말로서, 예술적인 보헤미안들과 파산자들 또는 떠돌이 노동자들이 뒤섞여 사는 도시 내부의 임대료가 싼 지역을 뜻한다. 시카고에서는 타워 타운이, 뉴욕에서는 바우어리가와 그리니치빌리지 인근이 그러한 지역이었다.

13. 다음을 보라. Nels Anderson, *The Hobo : The Sociology of the Homeless Man* (Chicago : University of Chicago Press, 1923). 그리고 Todd Depastino, *Citizen Hobo : How a Century of Homelessness Shaped America* (Chicago : University of Chicago Press, 2003).

14. Anderson, *The Hobo*, 16.

15. Depastino, *Citizen Hobo*, 81~85.

16. Anderson, *The Hobo*, 24.

17. 같은 책, 25.

18. William Greenleaf, *American Economic Development Since 1860* (New York : Harper and Row, 1968), 79.

19. Howard Zinn, *A People's History of the United States* (New York : HarperCollins, 2003), 238 [하워드 진, 『미국민중사 1』, 유강은 옮김, 이후, 2006, 413쪽].

20. Depastino, *Citizen Hobo*, 171~94.

21. [옮긴이] 파머 레이드는 1919년 후반과 1920년 초반에 미국 법무부가 급진적인 좌파들, 특히 아나키스트들을 생포, 체포하여 국외로 추방하고자 했던 일련의 일제 검거 조치를 가리킨다.

22. Anderson, *The Hobo*, 161~62.

23. Depastino, *Citizen Hobo*, 219.

24. Marcus Rediker, *Villains of All Nations : Atlantic Pirates in the Golden Age* (Boston : Beacon Press, 2004).

"인지자본주의"에 대한 비판

1. [옮긴이] 게오르그 짐멜, 『돈의 철학』, 김덕영 옮김, 길, 2013, 754쪽.

2. 다음을 보라. Edu-factory Collective, *Towards a Global Autonomous University : Cognitive Labor, the Production of Knowledge, and Exodus from the Education Factory* (Brooklyn : Autonomedia, 2009).

3. Georg Simmel, *The Philosophy of Money*, 2nd ed. (London : Routledge, 2002) [게오르그 짐멜, 『돈의 철학』, 김덕영 옮김, 길, 2013].

4. Max Weber, *The Protestant Ethic and the "Spirit" of Capitalism* (London : Penguin Books,

2002) [마스 베버, 『프로테스탄티즘의 윤리와 자본주의 정신』, 김덕영 옮김, 길, 2010].

5. Friedrich A. Hayek, *Individualism and the Economic Order* (London : Routledge and Kegan Paul, 1949), 77~91.

6. David Ramsay Steele, *From Marx to Mises : Post-Capitalist Society and the Challenge of Economic Calculation* (La Salle, IL : Open Court, 1992), 119~22.

7. John Maynard Keynes, *Essays in Persuasion*, vol. 9 of *The Collected Writings of John Maynard Keynes* (London : Macmillan, 1972), 329.

8. Alfred Sohn-Rethel, *Intellectual and Manual Labour : A Critique of Epistemology* (London : Macmillan, 1978).

9. Marx, *Grundrisse*, 704~11 [맑스, 『정치경제학 비판 요강 II』, 380~88쪽].

10. [옮긴이] 프리츠 매클럽(Friz Machlup, 1902~1983) : 오스트리아계 미국인 경제학자. 지식을 하나의 경제적 자원으로 고찰한 최초의 경제학자 중의 한 사람으로 알려졌다.

11. Fritz Machlup, *The Production and Distribution of Knowledge in the United States* (Princeton : Princeton University Press, 1962), 393.

12. Robert Reich, *The Work of Nations* (New York : Random House, 1992) [로버트 라이시, 『국가의 일』, 남경우 옮김, 까치, 1994].

13. World Bank, *Higher Education : The Lessons of Experience. Development in Practice Series* (Washington, DC : World Bank, 1994).

14. World Bank, *Constructing Knowledge Societies : New Challenges for Tertiary Education* (Washington, DC : World Bank, 2002), 7.

15. OECD, *Education Policy Analysis : Education and Skill* (Paris : OECD, 2001).

16. World Bank, *Constructing Knowledge Societies*, 22.

17. 같은 책, 9.

18. Silvia Federici et al., *A Thousand Flowers : Social Struggles Against Structural Adjustment in African Universities* (Trenton, NJ : Africa World Press, 2000).

19. Yan Moulier Boutang, "Cognitive Capitalism and Entrepreneurship : Decline in Industrial Entrepreneurship and the Rising of Collective Intelligence" (paper presented at the Conference on Capitalism and Entrepreneurship at Cornell University, September 28~29, 2007), 11.

20. Carlo Vercellone, "From Formal subsumption to General Intellect : Elements for a Marxist Reading to the Thesis of Cognitive Capitalism," *Historical Materialism* 15 (2007) : 14.

21. 예컨대 다음을 보라. Ray Kurzweil, *The Age of Spiritual Machines : When Computers Exceed Human Intelligence* (New York : Penguin, 2000).

22. [옮긴이] 애덤 스미스, 『국부론(상)』, 132쪽.

23. Marx, *Capital : Volume I*, 1021 [마르크스, 『자본론 — 정치경제학 비판 I (하)』].

24. 같은 곳.

25. 같은 책, 1034~35.

26. Vercellone, "From Formal Subsumption," *Historical Materialism* 15, 14.

27. 같은 글, 31.

28. 같은 글, 6~7.

29. [옮긴이] 극적 전환점(tipping point) : 예상하지 못한 일이 한꺼번에 몰아닥치는 극적인 변화의 순간을 가리킨다.

30. Carlo Vercellone, "Cognitive Capitalism and Models for the Regulation of Wages," in *To-*

wards a Global Autonomous University : Cognitive Labor, The Production of Knowledge, and Exodus from the Education Factory, ed. the Edu-factory Collective (Brooklyn : Autonomedia, 2009), 120.

31. Carlo Vercellone, "The New Articulation of Wages, Rent and Profit in Cognitive Capitalism" (paper presented at the conference, "The Art of Rent," Queen Mary University School of Business and Management, London, 2008), 6.

32. Paolo Virno, *A Grammar of the Multitude* (New York : Semiotext(e), 2004), 61~63 [빠올로 비르노, 『다중』, 김상운 옮김, 갈무리, 2004, 105~109쪽].

33. Vercellone, "From Formal Subsumption," *Historical Materialism* 15, 22.

34. 같은 글, 30.

35. Vercellone, "The New Articulation," 2.

36. [옮긴이] 미국의 제약회사.

37. 같은 책, 2.

38. [옮긴이] 지대추구(rent-seeking)는 경제 주체들이 자신의 이익을 위해 비생산적인 활동에 경쟁적으로 자원을 낭비하는 현상을 가리킨다. 오늘날에는 로비, 약탈, 방어 등 경제력 낭비 현상을 지칭하는 말이다.

39. John Maynard Keynes, *The General Theory of Employment, Interest, and Money* (New York and London : Harcourt Brace Jovanovich, 1964) [존 메이너드 케인스, 『고용 이자 화폐의 일반이론』, 이주명 옮김, 필맥, 2010].

40. Vercellone, "The New Articulation," 5.

41. 같은 글, 2.

42. Gary Locke, "National Export Initiative Remarks," 2010년, 2월 4일에 최종 수정됨. http://www.commerce.gov/news/secretary-speeches/2010/02/04/national-exports-initiative-remarks. 주의 : 이 진술은 걸러서 들어야 한다. 왜냐하면, 미국 수출의 겨우 약 5%만이 (예컨대 직접적인 지적 재산 소득으로부터 생기는) 면허와 사용료 형태다. 중요하지 않다는 것이 아니라, 다시 말하지만 대단한 양이 아니라는 것이다. 더욱이, 제트 비행기 같은 특정 형태의 지적 재산에 의존하는 미국의 수출(하지만 이것은 제한적이다)은, 디자인, 시험, 특허 표준을 위한 제조 작업이 완료된 이후에조차 재생산 비용이 결코 안 드는 것이 아니다(예를 들어 지적 재산의 재생산이 실제로 언제나 비용이 안 드는 것은 아니다). 그렇지만 물론 지적 재산을 임대하는 것에서 발생하는 소득은 기업 소득의 중요한 원천이다.

43. [옮긴이] "Garbage in, garbage out(GIGO)"는 유용한 결과를 얻으려면 유용한 자료를 사용해야 한다는 자료처리의 원리를 나타내는 말로 쓰인다. 이 원칙은 전제에 결함이 있다면 논증은 오류가 있을 수 있다는 점에서 모든 분석, 논리에 더 일반적으로 적용된다.

44. Carlo Vercellone, "The Hypothesis of Cognitive Capitalism" (paper presented at the Historical Materialism annual conference, London, November 4~5, 2005), 2.

45. George Caffentzis, "Immeasurable Value? An Essay on Marx's Legacy," in *Reading Negri*, eds. Pierre Lamarche, Max Rosenkrantz, and David Sherman (Chicago : Open Court, 2011), 101~24.

46. Vercellone, "The Hypothesis," 10.

47. 같은 글, 10.

48. Larry Wild, "Film Production," http://www3.northern.edu/wild/th100/flmprod.htm.

49. Vercellone, "From Formal Subsumption," *Historical Materialism* 15, 31에서 인용함.

50. 예컨대, 이 책에 실린 글 「기계들은 왜 가치를 생산할 수 없는가」를 참조할 것.

51. Marx, *Capital I*, 125 [마르크스, 『자본론 — 정치경제학 비판 I (상)』, 43쪽].

52. 다음을 보라. Massimo De Angelis and David Harvie, "Cognitive Capitalism and the Rat Race: How Capital Measures Immaterial Labour in British Universities," *Historical Materialism* 17, no. 3 (2009): 3~30.

53. Caffentzis, "Immeasurable Value?," *Reading Negri*, 115. 강조는 인용자.

54. Vercellone, "From Formal Subsumption," *Historical Materialism* 15, 30.

55. [옮긴이] 새뮤얼 존슨(Samuel Johnson, 1709~1784): 영국의 시인이자 평론가. 1755년 영국에서는 처음으로 영어사전을 만들어 영문학 발전에 크게 기여했다.

56. Marx, *Capital: Volume I*, 129 [맑스, 『자본론 — 정치경제학 비판 I (상)』, 48쪽].

57. 여기에서 나는 "정동적 노동"을 언급하고 있는 것이 아니다. 다음을 보라. Silvia Federici, *Revolution at Point Zero* (Oakland: PM Press/Common Notions, 2012) [실비아 페데리치, 『혁명의 영점 — 가사노동, 재생산, 여성주의 투쟁』, 황성원 옮김, 갈무리, 2013].

58. Marx, *Capital: Volume I*, 490 [마르크스, 『자본론 — 정치경제학 비판 I (상)』, 500쪽에서 인용함.

59. Marx, *Grundrisse*, 705 [맑스, 『정치경제학 비판 요강 II』, 380쪽].

60. Marx, *Capital: Volume III*, 511 [마르크스, 『자본론 — 정치경제학 비판 III (상)』, 511쪽].

61. [옮긴이] 독일에서 상인(putter-out)을 이르는 말.

62. Peter Kriedte, *Peasants, Landlords and Merchant Capitalists: Europe and the World Economy 1500-1800* (Cambridge: Cambridge University Press, 1983), 138.

63. Jürgen Schlumbohm, "Relations of Production — Productive Forces — Crises," in *Industrialization before Industrialization: Rural Industry in the Genesis of Capitalism*, ed. Peter Kriedte, Hans Medick, and Jürgen Schlumbohm (Cambridge: Cambridge University Press, 1981), 102.

64. 같은 책, 103.

65. Marx, *Capital: Volume I*, 695 [마르크스, 『자본론 — 정치경제학 비판 I (상)』, 753쪽].

66. 같은 곳.

67. 같은 곳.

68. 같은 곳. [고한제도(苦汗制度)는 열악한 노동조건을 통칭하는 것으로, 저임금·장시간 노동 및 비위생적 환경에서 이루어지는 노동 등 육체적·정신적으로 과도한 고통을 수반하는 노동조건을 의미한다. ─ 옮긴이]]

69. 같은 곳.

70. Marx, *Capital: Volume I*, 697 [맑스, 『자본론 — 정치경제학 비판 I (하)』, 755쪽].

71. [옮긴이] 노동시장에서 임금이 일정 수준 이상으로 상승할 때 소득효과가 가격효과를 상쇄하여 일정 수준 이상으로 임금이 상승한 이후 좌상향하는 모습을 보이게 되는 노동 공급곡선을 말한다.

72. Kriedte, *Peasants*, 142.

73. 다음을 보라. Herbert Kisch, *From Domestic Manufacture to Industrial Revolution: The Case of the Rhineland Textile Districts* (New York: Oxford University Press, 1989).

74. Fernand Braudel, *The Wheels of Commerce* (New York: Harper & Row, 1982), 304~6.

75. Kriedte, *Peasants*, 142.

76. Schlumbohm, "Relations of Production," 100.

77. Kriedte, *Peasants*, 142~45.

78. Kriedte, *Peasants*, 145에서 인용함.

79. Marx, *Capital: Volume III*, 300 [마르크스, 『자본론 — 정치경제학 비판 III (상)』, 245쪽].

80. 같은 책, 503~4 [같은 책, 495쪽].

81. 같은 책, 959 [같은 책, 1041쪽].

82. 같은 책, 969 [같은 책, 1053쪽].

83. 같은 책, 299 [같은 책, 244쪽].

84. 같은 책, 953~70 [같은 책, 1033~1055쪽].

85. 같은 책, 956 [같은 책, 1037쪽].

86. 같은 곳 [같은 책, 1037쪽].

87. 같은 책, 957 [같은 책, 1038쪽].

88. 같은 책, 343 [마르크스, 『자본론 — 정치경제학 비판 III (상)』, 295쪽].

89. Benedict de Spinoza, *On the Improvement of the Understanding, The Ethics, Correspondence* (New York : Dover, 1955), 291 [다음을 참조하라. 스피노자, 『지성 개선론』, 강영계 옮김, 서광사, 2015. 그리고 『에티카』, 강영계 옮김, 서광사, 2007 — 옮긴이].

90. Silvia Federici and George Caffentzis, "Notes on the Edu-factory and Cognitive Capitalism," in *Toward a Global Autonomous University*, ed. Edu-factory Collective (Brooklyn : Autonomous, 2009).

91. 같은 글, 128~29.

92. 같은 글, 129.

93. Midnight Notes Collective, "The Hammer and⋯."

2부 기계들

아프리카와 '자기를 재생산하는 자동기계들'에 대해

1. Frantz Fanon, *Wretched of the Earth* (New York : Grove Press, 1963), 102 [프란츠 파농, 『대지의 저주받은 사람들』, 남경태 옮김, 그린비, 2015, 112~113쪽].

2. John von Neumann, "The General and Logical Theory of Automata" in *The World of Mathematics*, ed. James Newman (New York : Simon and Schuster, 1956), 2086.

3. [옮긴이] 두 장의 금속판을 전극 사이에서 가압하면서 대전류를 통해 단시간 내에 용접하는 방법을 말한다.

4. [옮긴이] 베를린 회의는 비스마르크의 중재로 베를린에서 개최된 아프리카 분할에 관한 회의로, 주최국인 독일 제국은 카메룬과 탄자니아, 나미비아 등을 얻었다.

5. Silvia Federici, "Journey to the Native Land : Violence and the Concept of the Self in Fanon and Gandhi," *Quest : An International African Journal of Philosophy* 8, no. 2 (December 1994).

왜 기계들은 가치를 창출할 수 없는가: 맑스의 기계론

1. Marx, *Grundrisse*, 501 [맑스, 『정치경제학 비판 요강 II』, 128쪽].

2. Marcel Biefer and Beat Zgraggen, *Prophecies*, ed. Hans-Ulrich Obrist (Zürich and Venice : Sammlung Hauser & Wirth and Aperto 93/Biennale of Venice, 1993).

3. 예를 들어 다음을 보라. Mario Savio, "An End to History," in *The New Left : A Documentary History*, ed. Massimo Teodori (Indianapolis : Bobbs-Merrill, 1969), 159~61.

4. Juliet Schor, *The Overworked American : The Unexpected Decline of Leisure* (New York : Basic Books, 1991)

5. Organization for Economic Cooperation and Development, *The OECD Jobs Study : Evidence and Explanations* (Paris : OECD, 1994)

6. J. J. Thomas, *Informal Economic Activity* (Ann Arbor : University of Michigan Press, 1992); Mariarosa Dalla Costa and Giovanna Franca Dalla Costa, *Paying the Price : Women and International Economic Strategy* (London : Zed Books, 1995).

7. Hannah Arendt, *The Human Condition* (Chicago : University of Chicago Press, 1958) [한나 아렌트, 『인간의 조건』, 이진우 옮김, 한길사, 1996]; Hannah Arendt, *The Origins of Totalitarianism* (New York : Harcourt Brace Jovanovich, 1973) [한나 아렌트, 『전체주의의 기원』, 이진우·박미애 옮김, 한길사, 2006]; Jürgen Habermas, *Legitimation Crisis* (Boston : Beacon Press, 1975); Julius Sensat Jr., *Habermas and Marxism : An Appraisal* (Beverly Hills : Sage, 1979); Jean Baudrillard, *The Mirror of Production* (St. Louis : Telos Press, 1975) [장 보드리야르, 『생산의 거울』, 배영달 옮김, 백의, 1994]; Jean Baudrillard, *Simulations* (New York : Semiotext(e)/Autonomedia, 1983) [장 보드리야르, 『시뮬라시옹』, 하태환 옮김, 민음사, 2012]; Negri, *Marx Beyond Marx* [네그리, 『맑스를 넘어선 맑스』].

8. Andre Gorz, *Farewell to the Proletariat* (Boston : South End Press, 1983) [앙드레 고르, 『프롤레타리아여 안녕 — 사회주의를 넘어서』, 이현웅 옮김, 생각의나무, 2011]; Andre Gorz, *Paths to Paradise : On the Liberation from Work* (Boston : South End Press, 1985). 그리고 이 책에 실린 다음 글을 보라. 졸고, 「노동/에너지 위기와 종말론」.

9. [옮긴이] 클로드 섀넌(Claude Shannon, 1916~2001) : 미국의 수학자, 공학자. 스위칭 회로의 동작이 2진법 대수로 표현될 수 있음을 보였고, 처음으로 비트(bit) 개념을 소개했다. 체스 게임 프로그램을 개발했고, 정보 이론, 커뮤니케이션 이론, 인공 지능에 공헌했다.(마틴 데이비스, 『라이프니츠에서 튜링까지 수학자, 컴퓨터를 만들다』, 346쪽)

10. 앞 장 「아프리카와 '자기를 재생산하는 자동기계들'에 대해」를 보라.

11. Marx, *Capital : Volume I*, 494 [마르크스, 『자본론 — 정치경제학 비판 I (하)』, 505쪽].

12. 같은 책, 494 [같은 책, 505~506쪽].

13. 같은 책, 496~97 [같은 책, 507~509쪽].

14. [옮긴이] 아리스토텔레스의 용어로서, 그가 사용한 질료와 형상의 대립에 조응하는 것으로, 질료 측이 다이나미스에, 형상 측이 엔텔레케이아에 해당한다. 즉 다이나미스는 가능성을 의미하며 이것은 현실태가 되어 가는데 이 현실태가 엔텔레케이아이다.

15. 같은 책, 490 [같은 책, 500쪽].

16. [옮긴이] 같은 책, 571쪽.

17. [옮긴이] 같은 책, 532쪽의 각주 35를 참조할 것. "'불쌍한 사람들'은 영국의 경제학에서 농업노동자를 가리키는 용어다."

18. 같은 책, 517 [같은 책, 532쪽].

19. 같은 책, 508 [같은 책, 521쪽].

20. Michel Foucault, *The Order of Things : An Archeology of the Human Sciences* (New York : Random House, 1970) [미셸 푸코, 『말과 사물』, 이규현 옮김, 민음사, 2012].

21. Marx, *Capital : Volume I*, 137 [마르크스, 『자본론 — 정치경제학 비판 I (상)』, 58쪽].

22. [옮긴이] 헤르만 폰 헬름홀츠(Hermann von Helmholtz, 1821~1894) : 독일의 철학자, 과학자. 칸트의 자연 철학을 거부하고, 지식은 감각에서 나온다는 경험주의를 주장했다. 에너지 보존 법칙을 제시했고 검안경과 검안계를 발명했다.(마틴 데이비스, 『라이프니츠에서 튜링까지 수학자, 컴퓨터를 만들다』, 353쪽)

23. Edward L. Youmans, *The Correlation and Conservation of Force : A Series of Expositions* (New York : Appleton & Co., 1872), 387.

24. 같은 책, 213.

25. Marx, *Capital : Volume I*, 308 [마르크스, 『자본론 — 정치경제학 비판 I (상)』, 268쪽].

26. Marx, *Grundrisse*, 766 [칼 맑스, 『정치경제학 비판 요강 III』, 김호균 옮김, 백의, 2000, 37쪽].

27. 같은 책, 767~68 [맑스, 『정치경제학 비판 요강 III』, 39쪽].

28. 같은 책, 706 [마르크스, 『정치경제학 비판 요강 II』, 381~2쪽].

29. Marx, *Capital : Volume I*, 266 [마르크스, 『자본론 — 정치경제학 비판 I (상)』, 215쪽].

30. Marx, *Capital : Volume III*, 266 [마르크스, 『자본론 — 정치경제학 비판 III (상)』, 208~209쪽』]; Marco Lippi, *Value and Naturalism in Marx* (London : New Left Books, 1979), 50~51.

31. Marx, *Capital : Volume III*, 270 [마르크스, 『자본론 — 정치경제학 비판 III (상)』, 211쪽].

32. 같은 책, 299 [같은 책, 244쪽].

33. 같은 책, 300 [같은 책, 245쪽].

34. 같은 책, 273 [같은 책, 214쪽].

35. 다음을 보라. G. D. H. Cole, *Socialist Thought : Marxism and Anarchism 1850-1890* (London : Macmillan, 1969). 그리고 Julius Braunthal, *The History of the International, Volume 1 : 1864~1914* (New York : Praeger, 1967).

36. Andrew Ure, *The Philosophy of Manufactures* (New York : Augustus M. Kelly, 1967), 368.

37. 같은 책, 367.

38. 같은 책, 417.

39. Feodor Dostoevsky, "Notes from the Underground," in *Existentialism*, ed. Robert C. Solomon (New York : Modern Library, 1974), 37.

40. Samuel Butler, *Erewhon* (New York : Lancer Books, 1968), 337.

41. Karl Marx, *Theories of Surplus Value, Part I* (Moscow : Progress Publishers, 1963), 390~91 [카를 마르크스, 『잉여가치 학설사 1』, 편집부 옮김, 아침, 1989, 437~438쪽].

42. 다음을 보라. Mark Blaug, *Economic Theory in Retrospect* (Homewood, IL : Richard D. Irwin, 1962)과 Samuel Hollander, *The Economics of John Stuart Mill, Vol. 1 : Theory of Method* (Toronto : University of Toronto Press, 1985).

43. Karl Marx, *Value, Price and Profit* (New York : International Publishers, 1935).

44. Marx, *Capital : Volume I*, 772~81 [마르크스, 『자본론 — 정치경제학 비판 I (하)』, 848~857쪽].

45. [옮긴이] 산업별노동조합회의(CIO : the Congress of Industrial Organization)는 1935년부터 1955년까지 미국과 캐나다의 산업 노조에서 노동자들을 조직했던 노조들의 동맹이다.

46. Alan Turing, "On Computable Numbers," in *The Undecidable*, ed. Martin Davis (Hewlett, NY : Raven Press, 1965), 117.

47. 같은 곳.

48. [옮긴이] 에밀 포스트(Emil Leon Post, 1897~1954) : 헝가리 태생의 미국의 논리학자, 수학자. 이후 계산 이론으로 알려지게 되는 분야에서 이룬 작업으로 유명하다.

49. [옮긴이] 알론조 처치(Alonzo Church, 1903~1995) : 미국의 논리학자, 수학자. 계산 가능한 함수를 회귀 함수로 정의할 것을 주장했고 『기호 논리학 저널』을 창간했다.(마틴 데이비스, 『라이프니츠에서 튜링까지 수학자, 컴퓨터를 만들다』, 349쪽)

50. [옮긴이] 콜모고로프(Andrey Nikolayevich Kolmogorov, 1903~1987) : 소련의 수학자. 주로 확률론을 연구하였다. 20세기의 가장 위대한 수학자 중 한 명으로 꼽힌다.

51. [옮긴이] 마르코프(Andrey Andreyevich Markov, 1856~1922) : 소련의 수학자. 확률과정이론, 특히 마르코프 연쇄라는 이론을 발전시켰다. 그의 연구는 상호종속적 사건들의 확률연구에 기초하여 발전했고 생물학과 사회과학에 널리 응용되었다.

52. [옮긴이] 맥컬록(Warren McCulloch, 1898~1969) : 미국의 신경생리학자. 신경회로망 모델의 수

학적 연구에 지대한 영향을 끼쳤다.

53. [옮긴이] 피츠(Walter Harry Pitts, Jr., 1923~1969) : 인지심리학 분야의 논리학자.

54. [옮긴이] 미국 서부 뉴멕시코주 중북부에 있는 인구 1만 2천 명 정도의 작은 도시. 외부와 고립된 자연조건으로 인해 1942년 국립연구소가 설치되었고, 맨해튼 계획에 의해 최초의 원자폭탄이 이곳에서 개발되었다.

55. Marx, *Capital : Volume I*, 135 [마르크스, 『자본론 ― 정치경제학 비판 I (상)』, 55쪽].

56. [옮긴이] 같은 책, 55쪽.

57. Spencer J. Pack, *Reconstructing Marxian Economics : Marx Based upon a Sraffian Commodity Theory of Value* (New York : Praeger, 1986).

58. Andrew Hodges, *Alan Turing : The Enigma* (New York : Simon and Schuster, 1983), 487~96 [앤드루 호지스, 『앨런 튜링의 이미테이션 게임』, 김희주·한지원 옮김, 동아시아, 2015, 698~709쪽 참조]. [앨런 튜링의 자살에 대한 구체적인 언급은 『앨런 튜링의 이미테이션 게임』의 "제8부 해변에서" 중 743~744쪽을 참고하라. ― 옮긴이]

맑스, 튜링기계 그리고 사유의 노동

1. 이러한 진술은, 수학 논리학자 알론조 처치가 1930년대에 유한한 결정 절차에 대한 어떠한 과거 또는 미래의 정식화가 튜링 기계에 의해 시뮬레이션 될 수 있다는 가설을 세운 이후 "처치의 테제"라 불린다.

2. Hodges, *Alan Turing* [앤드루 호지스, 『앨런 튜링의 이미테이션 게임』].

3. Sohn-Rethel, *Intellectual and Manual Labour*.

4. 같은 책.; George Thomson, *The First Philosophers* (London : Lawrence and Wishart, 1955); Benjamin Farrington, *Science in Antiquity* (Oxford : Oxford University Press, 1969).

5. Thomas Hobbes, *Leviathan* (Indianapolis, IN : Hackett Publishing Co., 1994), 22 [토머스 홉스, 『리바이어던』, 진석용 옮김, 나남출판, 2008, 65~66쪽].

6. Sohn-Rethel, *Intellectual and Manual Labour*, 140~74.

7. Alan Turing, "Computing Machinery and Intelligence," *Mind* 59, no. 236 (May 1950) : 444, 15 (카펜치스의 강조).

8. Marx, *Capital : Volume I*, 283~84 [마르크스, 『자본론 ― 정치경제학 비판 I (상)』, 238쪽].

9. Marx, *Capital : Volume II*, 212 [마르크스, 『자본론 ― 정치경제학 비판 II』, 161쪽].

10. Marx, *Theories of Surplus Value, Part I*, 268 [마르크스, 『잉여가치 학설사 I』, 298~299쪽].

11. Marx, *Capital : Volume III*, 507 [마르크스, 『자본론 ― 정치경제학 비판 III (상)』, 489쪽].

12. Marx, *Grundrisse*, 704 [맑스, 『정치경제학 비판 요강 II』, 379쪽].

13. Sohn-Rethel, *Intellectual and Manual Labour*, 3~4.

14. Charles Babbage, *On the Economy of Machinery and Manufactures* (London : Charles Knight, 1832); Ure, *Philosophy*.

15. [옮긴이] 조제프-마리 자카르(Joseph-Marie Jacquard, 1752~1834) : 프랑스의 발명가. 천공 카드로 원하는 무늬를 자동으로 얻을 수 있는 자카르 베틀을 발명했다. 이후 천공 카드는 H. 홀러리스의 인구 조사 기계와 디지털 입출력 장치에 응용됐다.(마틴 데이비스, 『라이프니츠에서 튜링까지 수학자, 컴퓨터를 만들다』, 349쪽)

16. Marx, *Capital : Volume I*, 470 [마르크스, 『자본론 ― 정치경제학 비판 I (상)』, 476~477쪽].

17. 같은 책, 134 [같은 책, 55쪽].

18. 같은 곳.

19. [옮긴이] 로저 펜로즈(Roger Penrose, 1931~) : 영국의 수학자. 스티븐 호킹과 함께 블랙홀의 모

든 물질은 부피가 0이고 밀도가 무한대인 특이점으로 붕괴한다는 특이점 정리를 증명했다. 블랙홀을 둘러싼 시공간 영역을 나타내는 '펜로즈 도형'을 고안했다.(마틴 데이비스, 『라이프니츠에서 튜링까지 수학자, 컴퓨터를 만들다』, 351쪽)

20. Turing, "Computing Machinery and Intelligence," 444.

21. 같은 글, 442.

22. [옮긴이] 존 R. 설(John R. Searle, 1932~) : 미국의 철학자. 계산주의와 '강한 인공 지능'에 대한 비판으로 '중국어 방 논쟁'을 불러일으켰고 지향성 이론과 의식 이론으로 유명하다. 의식과 언어의 문제를 연구하는 버클리 대학 철학 교수다.(마틴 데이비스, 『라이프니츠에서 튜링까지 수학자, 컴퓨터를 만들다』, 346쪽)

23. J.R. Lucas, "Minds, Machines and Gödel," *Philosophy* 36, no. 137(April~July 1961) : 117.

24. 같은 글, 126.

결정들과 분석 엔진들─새로운 기계론을 위한 역사적이고 개념적인 예비들

1. Galileo Galilei, *On Motion and On Mechanics*, trans. I. D. Drabkin and Stillman Drake (Madison : University of Wisconsin Press, 1960), 150.

2. [옮긴이] 필립 미로프스키(Philip Mirowski, 1951~) : 경제사상에 관한 역사학자이자 철학자.

3. Arthur W. J. G. Ord-Hume, *Perpetual Motion : The History of an Obsession* (New York : St. Martin's Press, 1977).

4. Hardt and Negri, *Empire*, 290 [네그리·하트, 『제국』, 382쪽].

5. Marx, *Capital : Volume I*, 1055 [맑스, 「직접적 생산과정의 제 결과」, 『경제학 노트』, 김호균 옮김, 이론과실천, 1988, 124쪽].

6. Alan Turing, "On Computable Numbers with an Application to the Entscheidungsproblem" in *The Essential Turing : Seminal Writings in Computing, Logic, Philosophy, Artificial Intelligence, and Artificial Life, Plus : The Secrets of Enigma*, ed. Jack Copeland (Oxford : Clarendon Press, 2004[1936]).

7. 이 책에 실린 글 「기계들은 왜 가치를 생산하지 못하는가 ─ 맑스의 기계론」을 보라.

8. Galileo, *On Motion and On Mechanics*; 그리고 Stillman Drake, *Galileo at Work : His Scientific Biography* (Chicago : University of Chicago Press, 1978).

9. Galileo, *On Motion and On Mechanics*, 150.

10. 같은 곳.

11. 같은 곳.

12. Marx, *Capital : Volume I*, 559~60 [마르크스, 『자본론 ─ 정치경제학 비판 I (하)』, 585쪽]에서 인용함.

13. Marx, *Capital : Volume I*, 559 [마르크스, 『자본론 ─ 정치경제학 비판 I (하)』, 584쪽].

14. Marx, *Capital : Volume III*, 273 이하.

15. Novalis, *Henry von Ofterdingen* (New York : Frederick Ungar Books, 1964), 88 [노발리스, 『푸른 꽃』, 김재혁 옮김, 민음사, 2003, 123~124쪽].

16. Eugen von Böhm-Bawerk, *Karl Marx and the Close of His System* (London : Porcupine Press, 2006[1896]).

17. [옮긴이] 폴 새뮤얼슨(Paul Anthony Samuelson, 1915~2009) : 미국 신고전파 경제학자. "현대 경제학의 아버지"로 평가받고 있다.

18. Ian Steedman, et al., *The Value Controversy* (London : Verso, 1981); 그리고 Anwar Shaikh, "Marx's Theory of Value and the 'Transformation Problem,' " in *The Subtle Anatomy of*

Capitalism, ed. Jesse Schwartz (Santa Monica, CA : Goodyear Pub. Co., 1977).

19. Philip Mirowski, *More Heat than Light : Economics as Social Physics, Physics as Nature's Economics* (Cambridge : Cambridge University Press, 1989).

20. 같은 책, 177.

21. 같은 책, 180.

22. Sadi Carnot, *Reflections on the Motive Power of Fire*, ed. and trans. Robert Fox (Manchester : Manchester University Press, 1986 [1824]); Rudolf Julius Emanuel Clausius, "Entropy," in *A Source Book in Physics*, ed. William F. Magie (Cambridge, MA : Harvard University Press, 1965 [1865]).

23. Mirowski, *More Heat*, 184.

24. Ernst Cassirer, *Substance and Function* (New York : Dover, 1953), 199~200.

25. Mirowski, *More Heat*, 181.

26. 같은 곳.

27. 같은 책, 184.

28. 같은 책, 185.

29. [옮긴이] 물리학 선망이란 물리학처럼 기본 개념을 단순하면서도 아름다운 방정식으로 표현하고 싶어 하는 경향성을 가리킨다.

30. 같은 책, 394.

31. 같은 책, 6.

32. Baudrillard, *Mirror of Production* [장 보드리야르, 『생산의 거울』].

33. Mirowski, *More Heat*, 180.

34. [옮긴이] 아우이(René Just Haüy, 1743~1822) : 프랑스의 광물학자.

35. Rene Taton, ed., *Science in the Nineteenth Century* (New York : Basic Books, 1965), 302.

36. Marx, *Capital : Volume I*, 664 [마르크스, 『자본론 ─ 정치경제학 비판 I (하)』, 712쪽]. [그로브의 저작은 『물리적 힘들의 상호관계에 대해』를 가리킨다. ─ 옮긴이]

37. Youmans, *Correlation and Conservation of Forces*, 172에서 인용함.

38. [옮긴이] 랭킨(William John Macquorn Rankine, 1820~1872) : 스코틀랜드의 공학자 · 물리학자. 증기기관에 관한 이론으로 열역학 분야의 기초를 마련했다.

39. C. A. Truesdell, *The Tragicomical History of Thermodynamics, 1822~1854* (New York : Springer-Verlag, 1980), 259에서 인용함.

40. Marx, *Capital : Volume I*, 128 [마르크스, 『자본론 ─ 정치경제학 비판 I (상)』, 47쪽].

41. Youmans, *The Correlation and Conservation*, 227에서 인용함.

42. 같은 책, 227.

43. Marx, *Capital : Volume I*, 318 [마르크스, 『자본론 ─ 정치경제학 비판 I (상)』, 274쪽].

44. Jack Copeland, ed., *The Essential Turing : Seminal Writings in Computing, Logic, Philosophy, Artificial Intelligence, and Artificial Life : The Secrets of Enigma* (Oxford : Clarendon Press, 2004), 41.

45. Marshall Clagett, *The Science of Mechanics in the Middle Ages* (Madison : University of Wisconsin Press, 1959), 3~68.

46. Marx, *Capital : Volume I*, 643~74 [배비지가 언급되고 있는 곳은 다음과 같다. 마르크스, 『자본론 ─ 정치경제학 비판 I (상, 하)』, 471, 476, 509, 529, 547쪽 ─ 옮긴이].

47. 같은 책, 470 [같은 책, 476쪽].

48. 같은 책, 563~64 [같은 책, 590~591쪽].

49. 이 책에 실린 글 「기계들은 왜 가치를 생산할 수 없는가 : 맑스의 기계론」을 보라.

50. [옮긴이] 다항함수를 계산하기 위해 고안된 기계식 디지털 계산기.

51. Anthony Hyman, *Charles Babbage : Pioneer of the Computer* (Oxford : Oxford University Press, 1982), 105.

52. Charles Babbage, *Passages from the Life of a Philosopher* (New York : A. M. Kelley, 1969 [1864]), 389~90.

53. Carnot, *Reflections on the Motive Power of Fire*, 67.

54. Hyman, *Charles Babbage*, 170.

55. 같은 책, xiii.

56. J. M. Dubbey, "The Mathematical World of Charles Babbage," in *The Universal Turing Machine : A Half-Century Survey*, ed. Rolf Herken (New York : Oxford University Press, 1995), 217.

57. [옮긴이] 에이다 러블레이스(Ada Lovelace, 1815~1852) : 영국의 수학자. 찰스 배비지의 동료로 배비지의 디지털 컴퓨터 원형에 맞는 프로그램을 짜서 최초의 컴퓨터 프로그래머로 알려졌다. 1979년 미국 국방성이 개발한 컴퓨터 프로그래밍 언어는 그녀를 기려 '에이다'(Ada)로 이름 붙여졌다.(마틴 데이비스, 『라이프니츠에서 튜링까지 수학자, 컴퓨터를 만들다』, 343쪽)

58. Donald Stephen Lowel Cardwell, *Turning Points in Western Technology : A Study of Technology, Science and History* (New York : Science History Publications, 1972), 89~120; Babbage, *Passages from the Life of a Philosopher*, 68.

59. Charles Babbage, *Charles Babbage and his Calculating Engines : Selected Writings by Charles Babbage and Others*, eds. Philip Morrison and Emily Morrison (New York : Dover, 1961), 252에서 인용함.

60. William Gibson and Bruce Sterling, *The Difference Engine* (London : Victor Gollancz Ltd, 1990).

61. 괄호를 치지 않은 부분은 다음에서 인용함. Marx, *Capital : Volume I*, 545 [마르크스, 『자본론 — 정치경제학 비판 I (하)』, 567쪽].

62. Babbage, *On the Economy*, 176~77.

63. Hyman, *Charles Babbage*, 254.

64. 이 책에 실린 「노동/에너지 위기와 종말론」, 11을 보라.

65. Harry Braverman, *Labor and Monopoly Capital : The Degradation of Work in the Twentieth Century* (New York : Monthly Review Press, 1974), 295 [해리 브레이버맨, 『노동과 독점자본』, 이한주 옮김, 까치, 1989, 253쪽].

66. 같은 책, 296~98 [같은 책, 254~257쪽].

67. Marx, *Capital : Volume I*, 553~64 [마르크스, 『자본론 — 정치경제학 비판 I (하)』, 566~591쪽].

68. Babbage, *Charles Babbage and His Calculating Engines*, 55.

69. Douglas R. Hofstadter, *Gödel, Escher, Bach : The Eternal Golden Braid* (New York : Random House, 1980), 25에서 인용함.

70. Marx, *Capital I*, 563 [마르크스, 『자본론 — 정치경제학 비판 I (하)』, 563~564쪽].

71. Mark Lynn Stewart-McDougall, *The Artisan Republic : Revolution, Reaction, and Resistance in Lyon, 1848-1851* (Kingston : McGill-Queens University Press, 1984), xiv~xv.

72. [옮긴이] 자크 보캉송(Jacques de Vaucanson, 1709~1782) : 프랑스의 발명가. 현대산업에서 중요한 역할을 한 로봇의 전신이라 할 만한 자동기계를 발명했다.

73. Ure, *Philosophy*, 256~57.

74. Stewart-McDougall, *The Artisan Republic*, 12.

75. Ure, *Philosophy*, 264.

76. 같은 곳.

77. Mario Tronti, "Workers and Capital," *Telos* 14(1972), 25~62.

78. Hardt and Negri, *Empire*[네그리·하트, 『제국』].

79. 같은 책, 293 [같은 책, 386쪽].

3부 화폐, 전쟁 그리고 위기

운동을 동결하기 그리고 맑스주의적 전쟁론

1. [옮긴이] '죽은 자의 날'은 멕시코 전역, 특히 중부와 남부 지역, 그리고 다른 장소들, 특히 미국에서 살아가는 멕시코계 사람들이 치르는 명절로서 11월 1일과 2일 이틀간 고인을 위해 제사를 올리고 묘지를 찾는다.

2. [옮긴이] 아이오와는 중서부 지방에 속해 있으며 북쪽으로 미네소타주, 동쪽으로 위스콘신·일리노이주, 남쪽으로 미주리주, 서쪽으로 네브래스카·사우스다코타주에 접해 있다.

3. Midnight Notes, "Strange Victories : The Anti-nuclear Movement in the U.S. & Europe," *Midnight Notes* 1, no. 1(1979)

4. [옮긴이] 세인은 1957년 설립된 핵실험 반대와 세계 평화를 제창하는 미국의 민간 조직이다.

5. [옮긴이] "re-industrialization"을 옮겼다. 이 말은 카터 전 미국 대통령이 교서에서 처음으로 사용하기 시작했다. 이후 이를 계승하는 형태로 레이건 대통령이 재산업화를 포함한 경제재생화를 주창했다. 1960년대 중반 '번영의 60년대'로 불리며 전례 없는 공전의 호황을 누리던 미국이 베트남전쟁 이후 생산성이 떨어지고 극심한 정체를 겪자, 다시 활력이 넘치는 '강한 미국'을 재건하자는 움직임 속에서 추진되었다.

6. [옮긴이] 로버트 필머(Robert Filmer, 1588~1653) : 영국의 정치인이자 사상가. 찰스 1세로부터 나이트 작위를 받았다. 왕권신수설의 대표적인 인물로 청교도 혁명 때에는 국왕파로서 활약하였다.

7. [옮긴이] '태크대디'는 자기 자신만의 스타일 없이 전형적으로 노인들이 입었던 옷을 입고 다니는, 십중팔구 뚱뚱한 남자를 가리킨다. 여기에는 스페리 스타일의 신발, 낚시 셔츠, 헐렁한 바지, 파스텔 색조의 짧은 반바지, 선글라스 끈, 가죽끈으로 된 카우보이 타이가 포함되는데, 보통 이 모두가 결합해서 의상 한 벌이 된다.

8. [옮긴이] 손자, 『손자병법』, 김원중 옮김, 휴머니스트출판그룹, 2016, 36쪽.

9. Marx, *Grundrisse*, 98 [맑스, 『정치경제학 비판 요강 I』, 67~68쪽].

10. Engels, *Anti-Dühring*, 234 [맑스·엥겔스, 『저작 선집 5』, 200쪽].

11. Marx, *Capital : Volume I*, 874 [마르크스, 『자본론 ─ 정치경제학 비판 (하)』, 978쪽].

12. Marx, *Theories of Surplus Value, Part I*, 288 [마르크스, 『잉여가치 학설사 I』, 320쪽].

13. 같은 책, 289 [같은 책, 320쪽].

14. [옮긴이] 같은 곳.

15. Karl Marx, "British Incomes in India," in *Karl Marx on Colonialism and Modernization : His Dispatches and Other Writings on China, India, Mexico, the Middle East and North Africa*, ed. Shlomo Avineri (New York : Doubleday and Company, 1968), 225.

16. [옮긴이] '러프 라이더'는 아메리카 스페인 전쟁 당시 1898년에 조직된 미국의 의용 기병대원을 가리킨다.

17. Paul Sweezy, *The Theory of Capitalist Development* (New York : Monthly Review Press,

1942), Appendix B, 375 [폴 스위지, 『자본주의 발전의 이론』, 이주명 옮김, 필맥, 2009, 519쪽]
에서 인용함.

18. V. I. Lenin, *Imperialism: The Highest Stage of Capitalism* (New York: International Pub-lishers, 1967), 752 [레닌, 『제국주의론』, 남상일 옮김, 백산서당, 1986, 130쪽].

19. 같은 책, 770 [같은 책, 157쪽].

20. Paul Baran and Paul Sweezy, *Monopoly Capital: An Essay on the American Economic and Social Order* (New York: Monthly Review Press, 1966), 213.

21. James O'Connor, *The Fiscal Crisis of the State* (New York: St. Martin's Press, 1973), 150~51.

22. Lucius Annaeus Seneca, *Moral Epistles*, trans. Richard M. Gummere (Cambridge, MA: Harvard University Press, 1917), Letter VII.

23. Habermas, *Legitimation Crisis*, 36.

24. Marx, *Capital: Volume I*, 771~72 [마르크스, 『자본론 — 정치경제학 비판 I (하)』, 848쪽].

25. 이 책에 실린 「노동/에너지 위기와 종말론」, 50쪽을 보라.

26. [옮긴이] 손자, 『손자병법』, 김원중 옮김, 휴머니스트출판그룹, 2016, 83쪽.

27. [옮긴이] 미국의 차기 대륙간탄도탄. 대형 핵미사일 피스키퍼(Peacekeeper)의 개발 단계에 붙여진 가칭.

28. [옮긴이] 핵무기가 폭발한 지점 혹은 중심 위치를 뜻하는 군사 용어. 여기에서는 핵 폭격의 대표적인 목표물로 알려졌던 미국 국방성이 있는 펜타곤 건물의 중앙 공터를 가리키는 것으로 보인다.

29. [옮긴이] 미 육군의 지대공 유도탄.

30. [옮긴이] 미군의 공대공 유도탄의 일종으로 적외선 추적식 초음속 유도탄을 말한다.

31. [옮긴이] 1980년 아랍의 실업가로 가장한 FBI 수사관이 연방 의회 의원과 공직자의 수뢰를 적발하기 위해 썼던 함정 수사의 암호명.

32. [옮긴이] 연방 정부의 재산·문서·건설 관리 업무 담당. 약어 GSA.

33. James Fallows, *National Defense* (New York: Random House, 1981), 62~63.

34. [옮긴이] 내부수익률이란 애초 투자에 드는 지출액의 현재가치가 그 투자로부터 기대되는 현금 수입액의 현재가치와 같게 되는 할인율을 말한다. 즉 미래의 현금 수입액이 현재의 투자가치와 같이 되는 수익률이다.

35. [옮긴이] 미래의 현금 수입과 지출의 가치를 화폐의 시간가치를 고려하여 현재의 가치로 계산한 현금흐름.

36. "The Reindustrialization of America," *Business Week* (special edition), June 30, 1980, 81.

37. *New York Times*, April 28, 1982, A16.

38. "The Reindustrialization of America," 120.

39. Karl Marx and Friedrich Engels, *Selected Correspondences, 1846-1895* (London: Lawrence & Wishart, 1936), 209.

40. Fallows, *National Defense*, 173.

41. George Ott, "Three Modest Proposals," *The Washington Monthly* 14, no. 2 (April 1982): 35.

42. [옮긴이] 허먼 멜빌의 소설 『모비 딕』에 등장하는 포경선.

43. Mao Tse-Tung, *Selected Works of Mao Tse-Tung Vol. IV* (Peking: Foreign Languages Press, 1969), 100.

44. E. P. Thompson, "Notes on Exterminism: The Last Stage of Civilization," in *Peace Studies: Critical Concepts in Political Science*, ed. Mathew Evangelista (New York: Routledge, 2005), 211.

45. [옮긴이] 미국 레이건 행정부 시절(1981~1989)에 국방성 장관을 역임했던 캐스퍼 와인버거

(1917~2006)를 가리키는 것으로 보인다. 그는 1990년대 중반 미국 국방성의 방대한 데이터를 기초로 작성된 다섯 가지 전쟁 시나리오를 내용으로 하는 『넥스트워』라는 소설을 발표한 바 있다.

46. Joint Committee on Defense Production, *Economic and Social Consequences of Nuclear Attacks on the United States* (Washington, DC : US Government Printing Office, 1979), 148.

47. [옮긴이] 앞에서와 달리 여기에서는 1977년 핵추진 잠수함 반대운동을 위해 결성된 미국의 비폭력 반핵 운동 단체를 가리킨다.

48. [옮긴이] 플라톤, 『국가』, 천병희 옮김, 숲, 2015, 590쪽.

화폐의 권력 — 부채와 인클로저

1. 화폐의 이야기를 들려주는 "거래비용" 접근법은 가장 궤변적인 것들 중의 하나다. 이러한 접근법에 대한 상세한 설명은 다음을 보라. R. W. Clower, "A Reconsideration of the Microfoundations of Monetary Theory," *Western Economic Journal 6*, December 1967, 1~8.

2. Marx, *Grundrisse*, 149~50 [맑스, 『정치경제학 비판 요강 I』, 129쪽].

3. Suzanne de Brunhoff, *Marx on Money* (New York : Urizen Books, 1976).

4. World Bank, *The World Bank and the Environment* (Washington, DC : World Bank, 1992), 108.

금융위기에 대한 메모 — 주가 폭락에서 동결까지

1. 나는 이 글의 초기 판본에 대한 해리 클리버의 신중한 분석에서 많은 걸 배웠다. 당시 그는 친절하게도 2008년 가을에 자신의 논평들을 보내주었다. 해리 클리버에게 감사한다. 나는 또한 실비아 페데리치에게도 감사하고 싶다. 그녀는 금융화에 대한 비평들을 정식화하는 데 도움을 주었다. 물론 [이 글의] 최종적인 산물에 대해서는 해리도 실비아도 책임이 없다. 이 논문은 2008년 10월 12일과 2009년 12월 18일 사이에 메인주 포틀랜드에서 썼다.

2. Christian Marazzi, *Capital and Language : From the New Economy to the War Economy* (Los Angeles : Semiotext(e), 2008) [크리스티안 마라찌, 『자본과 언어 — 신경제에서 전쟁경제로』, 서창현 옮김, 갈무리, 2013].

3. Simmel, *Philosophy of Money*, 503~5 [게오르그 짐멜, 『돈의 철학』, 882~886쪽].

4. Marx, *Capital : Volume III*, 270 [마르크스, 『자본론 — 정치경제학 비판 III (상)』, 211쪽].

5. Francis Fukuyama, *Trust : The Social Virtues and the Creation of Prosperity* (New York : The Free Press, 1995).

6. John Bellamy Foster and Robert W. McChesney, "Monopoly-Finance Capital and the Paradox of Accumulation," *Monthly Review* 61, no. 5 (October 2009); Michael Hardt and Antonio Negri, *Multitude : War and Democracy in the Age of Empire* (New York : Penguin, 2004) [안토니오 네그리·마이클 하트, 『다중 — 제국이 지배하는 시대의 전쟁과 민주주의』, 조정환·정남영·서창현 옮김, 세종서적, 2008]; Marazzi, *Capital and Language* [크리스티안 마라찌, 『자본과 언어』].

7. Midnight Notes Collective, eds., *One No, Many Yeses* (Brooklyn : Autonomedia, 1998).

8. Midnight Notes Collective, eds., *Midnight Oil : Work, Energy, War* (Brooklyn : Autonomedia, 1992).

9. 이것이 『자본론』 3권에서의 맑스의 작업이 오직 제한적으로 도움이 되면서도 그와 동시에 이 시기에 대단히 필요한 한 가지 이유다. 왜냐하면 『자본론』 3권은 맑스가 노동자들과 대부분의 자본가들의 "배후에서" 계속해서 일어나는 가치의 이전들을 추적하려고 시도하는 곳이며, 자본주

의의 비가시적인 불사신이라는 끔찍한 느낌에 도전하는 곳이기 때문이다.

10. Marx, *Capital: Volume III*, 506 [마르크스, 『자본론 — 정치경제학 비판 III (상)』, 487쪽].

11. Midnight Notes Collective and Friends, *Promissory Notes: From Crisis to Commons* (Brooklyn: Autonomedia, 2009); Niall Ferguson, *The Ascent of Money: A Financial History of the World* (London: Penguin Books, 2008), 338~39.

12. p.m., *bolo'bolo* (Brooklyn: Autonomedia, 2011[1984]); Midnight Notes Collective, "Outlaw Notes," *Midnight Notes* 8 (Brooklyn: Midnight Notes, 1985).

13. [옮긴이] 래리 서머스는 미국의 경제학자로 하버드 대학교 교수다. 골드만삭스 출신으로 클린턴 행정부의 재무장관을 거쳐 오바마 행정부의 국가경제위원장이 됐다. 티머시 가이트너는 그의 제자로 재무장관을 지냈다.

14. 예를 들어서 다음을 보라. Federici, *Caliban and the Witch* [페데리치, 『캘리번과 마녀』; Chris Carlsson, *Nowtopia: How Pirate Programmers, Outlaw Bicyclists, and Vacant-Lot Gardeners Are Inventing the Future Today* (Oakland: AK Press, 2008); Peter Linebaugh, *The Magna Carta Manifesto: Liberties and Commons for All* (New York: Penguin, 2007) [피터 라인보우, 『마그나카르타 선언 — 모두를 위한 자유권들과 커먼즈』, 정남영 옮김, 갈무리, 2012] ; Massimo De Angelis, *The Beginning of History: Value Struggles and Global Capital* (London: Pluto Press, 2007).

15. Jeffrey Williams, "The Pedagogy of Debt," in *Towards a Global Autonomous University: Cognitive Labor, the Production of Knowledge, and Exodus from the Education Factory*, eds. Edu-factory Collective (Brooklyn: Autonomedia, 2009).

16. [옮긴이] 로버트 존슨(Robert Johnson, 1911~1938): 아프리카계 미국인 가수. 전설적인 블루스 가수로 알려져, 동시대의 많은 블루스뿐만 아니라 이후의 록 등에 큰 영향을 주었다. 대표적인 곡으로 "Last Fair Deal Gone Down"이 있다.

사회적 재생산 위기 개념에 대하여 — 이론적 개관

1. Marx, *Capital: Volume I*, 125 [마르크스, 『자본론 — 정치경제학 비판 I (상)』, 43쪽].

2. Richard Swedberg, "Economic Sociology: Past and Present" in *Current Sociology* 35 (1987): 1~221; Richard Swedberg, ed., *Economics and Sociology: Redefining Their Boundaries, Conversations with Economists and Sociologists* (Princeton: Princeton University Press, 1990); Neil J. Smelser and Richard Swedberg, *The Handbook of Economic Sociology* (Princeton: Princeton University Press, 1994).

3. Dalla Costa and James, *Power of Women*.

4. Mario Tronti, "Capitale Sociale," *Telos* 17 (1973): 98~121.

5. Ivan Illich, *Shadow Work* (London: Marion Boyers, 1981) [이반 일리치, 『그림자 노동』, 노승영 옮김, 사월의책, 2015].

6. Georges Bataille, *The Accursed Share* (New York: Zone Books, 1988) [조르주 바타유, 『저주의 몫』, 조한경 옮김, 문학동네, 2000].

7. E. P. Thompson, *Customs in Common* (New York: The New Press, 1991).

8. Serge Latouche, *In the Wake of the Affluent Society: An Exploration of Post-Development* (London: Zed Books, 1993).

9. Amartya K. Sen, *Poverty and Famines: An Essay on Entitlement and Deprivation* (Oxford: Clarendon Press, 1981); Joanna Macrae and Anthony Zwi, eds., *War and Hunger: Rethinking International Responses to Complex Emergencies* (London: Zed Books and Save the

Children (UK), 1994); Alexander De Waal, *Famine that Kills: Darfur, Sudan, 1984~1985* (Oxford: Clarendon Press, 1989).

10. 중농주의자들과 스미스의 관계에 대한 심화된 논의로는 다음을 보라. Joseph Schumpeter, *Economic Doctrine and Method* (New York: Oxford University Press, 1967) [조지프 슘페터, 『경제학의 역사와 방법』, 성낙선 옮김, 한신대학교출판부, 2007].

11. 맥스웰 같은 물리학자들은 기체가 부단히 운동하는 수백만 개의 눈에 보이지 않는 미시적인 분자들로 이루어져 다른 분자들 그리고 가스를 담고 있는 용기의 벽들과 충돌한다고 가정함으로써 부피가 줄어들면 기체가 왜 두드러지게 활기를 띠는지를 수학적으로 설명할 수 있음을 증명했다.

12. Karl Marx, *Capital: Volume II: A Critique of Political Economy* (London: Penguin Books, 1978), 429~30 [칼 마르크스, 『자본론 ─ 정치경제학 비판 II』, 김수행 옮김, 비봉출판사, 2015, 438쪽].

13. 가치의 이러한 미시순환 네트워크에 관한 맑스의 연구는 자본과 관련해 다수의 중요한 통찰들로 이어졌다. 예를 든다면, 회전 시간과 이윤율의 수학적 관계에 대한 연역이 그것이다. 그러나 이 모델의 중심에는 사회와 사회의 재생산 이야기의 개작이 존재한다. 맑스는 자신들의 자연권을 재산권을 보호해줄 수 있는 시스템과 교환하는 데 암묵적으로 동의하는 이성적 개인들에 대한 로크의 이야기를 거부했다. 맑스는 사회를 함께 직조하고 있는 자본가와 노동자 간의 수백만 개의 더 복잡하지만 실제적인 수백만 개의 상품교환 이야기로 대체했다.

14. Marx, *Capital: Volume* II, 103 [마르크스, 『자본론 ─ 정치경제학 비판 II』, 119쪽].

15. J. B. 세이는 이후 맑스가 기술했던 것과 같은 부류의 사회적 재생산 위기의 가능성을 배제했다. 그는 자신의 『정치경제학 또는 부의 생산, 분배, 소비에 대한 논문』에서 나중에 "세이의 법칙"이라고 부르게 되었던 것을 다음과 같은 말로 표현했다. "하나의 생산물이 만들어지자마자 그 순간부터 그 자신의 가치를 충분하게 다른 생산물들에 시장을 제공한다는 것은 언급할 만한 가치가 있다. 생산자는 자신의 생산물에 마무리 손질을 하면서 그것을 곧바로 팔고 싶어 한다. 생산물의 가치가 자신의 손안에서 감소하지 않도록 말이다. 그는 또한 그것으로 벌어들일 화폐를 처분하고 싶어 하지도 않는다. 왜냐하면, 화폐의 가치 역시 사라질 수도 있기 때문이다. 그러나 화폐를 제거할 수 있는 유일한 길은 어떤 생산물이나 다른 생산물을 구매하는 데 있다. 따라서 하나의 생산물을 창출하는 단순한 환경은 다른 생산물들을 위한 배기구를 열어 놓는다." Jean-Baptiste Say, *A Treatise on Political Economy or the Production, Distribution and Consumption of Wealth* (New York: Augustus M. Kelly Reprints of Economic Classics, 1964), 134~35.

16. Karl Marx, *Contribution to a Critique of Political Economy* (New York: International Publishers, 1970), 96 [맑스, 『정치경제학 비판을 위하여』, 김호균 옮김, 중원문화, 2007, 88쪽].

17. Marx, *Capital: Volume* I, 209 [마르크스, 『자본론 ─ 정치경제학 비판 I (상)』, 148쪽].

18. Marx, *Capital: Volume* I, 724 [마르크스, 『자본론 ─ 정치경제학 비판 I (하)』, 788~789쪽].

19. Christian Palloix, *Les firmes multinationales et le procès d'internationalisation* (Paris: Francois Maspero, 1973); De Brunhoff, *Marx on Money.*

20. Duncan Foley, *Understanding Capital: Marx's Economic Theory* (Cambridge, MA: Havard University Press, 1986).

21. [옮긴이] 칼레츠키(Michał Kalecki, 1899~1970): 폴란드의 경제학자. 경기 이론, 분배론의 연구로 유명하다.

22. Rosa Luxemburg, *The Accumulation of Capital* (New York: Monthly Review Press, 1968) [로자 룩셈부르크, 『자본의 축적 1, 2』, 황선길 옮김, 지식을만드는지식, 2013]; Nikolai Bukha-

rin, *Imperialism and World Economy* (New York : Howard Fertig, 1966); Michal Kalecki, *Selected Essays on the Dynamics of the Capitalist Economy, 1933-1970* (Cambridge : Cambridge University Press, 1971); Baran and Sweezy, *Monopoly Capital*; Paul Mattick, *Marx and Keynes : The Limits of a Mixed Economy* (Boston : F. Porter Sargent, 1969). 이 위기 이론들에 대한 간략한 서술은 차례대로 되어 있다. 과소 소비적 설명은 노동계급의 소비재 구매 불가능성, 그리고 생산수단의 과잉생산에서 자본주의 위기의 원인을 찾았다. 이 이론에 대한 로자 룩셈부르크의 견해는 20세기 후반 내내 가장 많은 반향을 불러일으켰다. 그녀는 자본주의가 자신의 잉여생산을 흡수하(고 그 안에 구현된 잉여가치를 실현하)기 위해 비자본주의적 세계가 필요하다고 주장했다. 그녀의 관점에서 아프리카, 아시아, 오세아니아 등의 비자본주의 지역들에 대한 통제가 다수의 국가 자본들의 생존에 결정적이었다. 따라서 제국주의 전쟁은 유럽과 아메리카 대륙의 토지와 노동을 대부분 포섭했던 자본주의의 불가피한 산물이었다. 룩셈부르크가 보기에, 자본은 마지막 비자본주의 세계 지역들이 자본주의 생산양식 속으로 흡수되는 최종적 위기 속으로 진입한다. "현실이 맑스의 확대된 재생산 도식에 부합하기 시작하자마자 축적의 종말은 목전에 닥치고, 축적은 한계에 도달하며, 자본주의 생산은 죽음에 이른다. 자본 입장에서 축적의 정지는 생산력의 발전이 억제된다는 것을, 그리고 자본주의의 붕괴가 객관적인 역사적 필연성으로서 불가피하게 뒤따른다는 것을 의미한다."(Luxemburg, *Accumulation of Capital*, 417 [룩셈부르크, 『자본의 축적 1, 2』]). 룩셈부르크의 이론은 10년 이후의 "세계화" 속에서 결정적으로 시험을 받을 것이다. 반면에 칼레츠키의 경기순환 이론은 위기를 임금인상 요구를 통제할 목적으로 국가가 취한 정치적 선택으로 이해한다.

23. [옮긴이] 발라(Léon Walras, 1834~1910) : 프랑스의 경제학자. 일반균형론의 창시자로서 멩어, 제번스와 함께 한계 효용 개념을 경제학에 도입했다.

24. [옮긴이] 파레토(Vilfredo Pareto, 1848~1923) : 이탈리아의 경제학자. 무차별 곡선에 기초한 선택행동이론을 창시했다.

25. [옮긴이] 제번스(William Stanley Jevons, 1835~1882) : 영국의 논리학자·경제학자. 한계효용학파의 선두주자로 알려져 있다.

26. [옮긴이] 카를 멩어(Karl Menger, 1902~1985) : 오스트리아 태생의 미국 수학자. 유클리드의 평행선 공리를 부정하는 쌍곡 기하학을 연구했고 기하학과 차원론에 공헌했다.(마틴 데이비스, 『라이프니츠에서 튜링까지 수학자, 컴퓨터를 만들다』, 344쪽)

27. [옮긴이] 개리 베커(Gary Stanley Becker, 1930~2014) : 미국의 경제학자. 과거 경제학이 다루지 않았던 인간행동, 사회현상에 대한 경제적 연구 분야를 개척한 인물로 평가받는다.

28. [옮긴이] 블레즈 파스칼(Blaise Pascal, 1623~1662) : 프랑스의 수학자, 철학자. 확률론을 창안했고 파스칼의 원리를 발견했다. 시 행정관이던 아버지의 세금 계산 업무를 돕기 위해 계산기를 발명했는데 이 기계는 최초의 디지털 계산기로 평가된다.(마틴 데이비스, 『라이프니츠에서 튜링까지 수학자, 컴퓨터를 만들다』, 350~351쪽)

29. Richard McKenzie and Gordon Tullock, *The New World of Economics : Explorations into the Human Experience* (Homewood, IL : Richard D. Irwin Inc., 1978); Gordon Tullock, "Economic Imperialism," in *The Theory of Public Choice*, ed. James M. Buchanan and Robert D. Tollison (Ann Arbor : University of Michigan Press, 1972); Kenneth Boulding, "Economics as a Moral Science," *American Economic Review* 59, no. 1(1969) : 1~12.

30. Gary Becker, *The Economic Approach to Human Behavior* (Chicago : University of Chicago Press, 1976), 5.

31. "장기 부족"에 대한 신자유주의적 접근법을 논의한 것으로는 다음을 보라. Paul Menzel, *Strong Medicine : The Ethical Rationing of Health Care* (New York : Oxford University Press,

1990), 182~86; Arthur Caplan, "Beg, Borrow, or Steal : The Ethics of Solid Organ Procurement," in *Organ Substitution Technology : Ethical, Legal, and Public Policy Issues,* ed. Deborah Mathieu (Boulder : Westview Press, 1988).

32. Richard Posner, *Sex and Reason* (Cambridge, MA : Harvard University Press, 1992), 3~4 [리처드 포스너, 『성과 이성 — 섹슈얼리티의 역사와 이론』, 말글빛냄, 2007, 14~18쪽].

33. Oliver Williamson, "Transaction Cost Economics and Organization Theory" in *The Handbook of Economic Sociology,* ed. Neil Smelser and Richard Swedberg (Princeton : Princeton University Press, 1994).

34. [옮긴이] 화폐를 매개 수단으로 하지 않고 물건과 물건을 직접 맞바꾸는 제도를 말한다.

35. Clower, "A Reconsideration."

36. 다음을 보라. Federici, "Wages against Housework," in *Revolution at Point Zero,* 15~22 [실비아 페데리치, 『혁명의 영점』, 35~51쪽].

37. George Collier and Elizabeth Lowery Quaratiello, *Basta! Land and the Zapatista Rebellion in Chiapas* (Oakland : Food First, 1994).

38. [옮긴이] 마크 그라노베터(Mark Granovetter, 1943~) : 미국의 사회학자. 신경제 사회학 패러다임 정립에 중요한 공헌을 한 것으로 평가받고 있으며, 인간의 경제행위가 사회관계에 배태되어 있다는 주장을 한 것으로 유명하다.

39. Mark Granovetter, "Economic Action and Social Structure : The Problem of Embeddedness," in *The Sociology of Economic Life,* ed. Mark Granovetter and Richard Swedberg (Boulder : Westview Press, 1992), 60.

40. Karl Polanyi, "The Economy as Instituted Process," 같은 책.

41. Karl Polanyi, *The Great Transformation : The Political and Economic Origins of Our Times* (Boston : Beacon Press, 1957[1944]) [칼 폴라니, 『거대한 전환 — 우리 시대의 정치 경제적 기원』, 홍기빈 옮김, 길, 2009].

42. Amitai Etzioni, *The Moral Dimension : Towards a New Economics* (New York : Free Press, 1988). Amitai Etzioni, ed., *New Communitarian Thinking : Persons, Virtues, Institutions and Communities* (Charlottesville : University Press of Virginia, 1995); Rifkin, *End of Work.*

43. Michel Foucault, *Madness and Civilization : A History of Insanity in the Age of Reason* (New York : New American Library, 1971) [미셸 푸코, 『광기의 역사』, 이규현 옮김, 나남출판, 2003]; Foucault, *Order of Things* [미셸 푸코, 『말과 사물』, 이규현 옮김, 민음사, 2012]; Foucault, *The Birth of the Clinic : An Archeology of Medical Perception* (New York : Pantheon Books, 1973) [미셸 푸코, 『임상의학의 탄생』, 홍성민 옮김, 인간사랑, 1993]; Foucault, *Discipline and Punish* (London : Allen Lane, 1977) [미셸 푸코, 『감시와 처벌 — 감옥의 탄생』, 오생근 옮김, 나남출판, 2011]; Barry Smart, *Foucault, Marxism and Critique* (London : Routledge and Kegan Paul, 1983), 123~37.

44. Michel Foucault, *The History of Sexuality, Volume One* (Harmondsworth : Penguin Books, 1981), 94 [미셸 푸코, 『성의 역사 1권 — 앎의 의지』, 이규현 외 옮김, 나남, 2004, 108쪽].

45. 같은 책, 140~41 [같은 책, 150~152쪽].

46. 같은 곳 [같은 곳].

47. 같은 책, 142 [같은 책, 152쪽].

48. Eli Heckscher, *Mercantilism, Volume Two* (London : George Allen & Unwin Ltd., 1995).

49. Foucault, *History of Sexuality,* 141~42 [미셸 푸코, 『성의 역사 1권』, 152쪽].

50. 같은 책, 143 [같은 책, 154쪽].

51. Ellen Malos, ed., *The Politics of Housework* (London: Allison and Busby, 1982). 1960년대와 70년대 초 다수의 프랑스 맑스주의 인류학자들은 "생산양식" 분석을 달라 코스따와 제임스의 작업과 유사한 방식으로 아프리카 사회에 적용했다. 대표적 인물인 클로드 메이야수는 식민지 아프리카에는 두 개의 생산 체제들이 공존한다고 보았는데, 식민지 체제에 의해 착취를 당하는 노동력의 생산 및 재생산을 이루어지게 하는 국내 생산 체계와 상품 생산양식이었다. 다음을 보라. Claude Meillassoux, *Maidens, Meal and Money: Capitalism and the Domestic Community* (Cambridge: Cambridge University Press, 1981).

52. Dalla Costa and James, *The Power of Women.*

53. Mariarosa Dalla Costa, "Riproduzione e emigrazione" in *L'operaio multinazionale in Europa,* ed. Alessandro Serafini (Milan: Feltrinelli, 1974); Mariarosa Dalla Costa, *Famiglia, Welfare e Stato tra Progressismo e New Deal*(Milan: FrancoAngeli, 1983) [마리아로사 달라 코스따, 『집안의 노동자 ― 뉴딜이 기획한 가족과 여성』, 김현지·이영주 옮김, 갈무리, 2017]; Leopoldina Fortunati, *The Arcane of Reproduction. Housework, Prostitution, Labor and Capital* (Brooklyn: Autonomedia, 1995) [레오뽈디나 포르뚜나띠, 『재생산의 비밀』, 윤수종 옮김, 박종철출판사, 1997]; Silvia Federici and Leopoldina Fortunati, *Il Grande Calibano* (Milan: FrancoAngeli, 1984); Mariarosa Dalla Costa and Giovanna Franca Dalla Costa, "Development and Economic Crisis: Women's Labor and Social Policies in Venezuela in the Context of International Indebtedness" in *Paying the Price: Women and the Politics of International Economic Strategy.* eds. Dalla Costa and Dalla Costa (London: Zed Books, 1995).

54. 다음을 제외하고 말이다. Federici and Fortunati, *Il Grande Calibano.*

55. Selma James, "Wageless of the World," in *Sex, Race, and Class ― The Perspective of Winning: A Selection of Writings 1952-2011* (Oakland: PM Press/Common Notions, 2011); Maria Mies, *Patriarch and Accumulation on a World Scale* (London: Zed Books, 1986)[마리아 미즈, 『가부장제와 자본주의 ― 여성, 자연, 식민지와 세계적 규모의 자본축적』, 최재인 옮김, 갈무리, 2014]; 졸고, 「노동/에너지 위기와 종말론」(이 책 33쪽); Silvia Federici, "The Debt Crisis: Africa and the New Enclosures," in *Midnight Oil: Work, Energy, War, 1973-1992,* ed. Midnight Notes Collective (Brooklyn: Autonomedia, 1992); Mariarosa Dalla Costa, "Capitalism and Reproduction," in *Emancipating Marx, Open Marxism* 3, eds. Werner Bonefeld et al. (London: Pluto Press, 1995).

56. Harry Cleaver Jr., *Reading Capital Politically*(Oakland: AK Press, 2000 [1979])[해리 클리버, 『자본론을 어떻게 읽을 것인가 ― 정치경제학적 읽기, 철학적 읽기를 넘어 정치적 읽기로』, 조정환 옮김, 갈무리, 근간].

57. [옮긴이] 총인구를 유지하는 데 필요한 출생률을 가리킨다.

58. Dalla Costa, "Riproduzione e emigrazione."

59. Midnight Notes Collective, *Midnight Oil,* 317~33.

60. [옮긴이] 형이상학적 존재론의 근원적인 두 흐름을 언급한 것으로, 단순하게 말하자면 파르메니데스는 불변성과 단일성에 무게를 두고, 헤라클레이토스는 운동과 변화를 강조한다.

:: 참고문헌

Anderson, Nels. *The Hobo : The Sociology of the Homeless Man.* Chicago : University of Chicago Press, 1923.

Aronowitz, Stanley. *False Promises : The Shaping of American Working Class Consciousness.* New York : McGraw-Hill, 1973.

Aronowitz, Stanley, and William Di Fazio. *The Jobless Future : Sci-Tech and the Dogma of Work.* Minneapolis : University of Minnesota Press, 1994.

Arendt, Hannah. *The Human Condition.* Chicago : University of Chicago Press, 1958 [한나 아렌트, 『인간의 조건』, 이진우 옮김, 한길사, 1996].

_____. *The Origins of Totalitarianism.* New York : Harcourt Brace Jovanovich, 1973 [한나 아렌트, 『전체주의의 기원』, 이진우·박미애 옮김, 한길사, 2006].

Babbage, Charles. *Charles Babbage and His Calculating Engines : Selected Writings by Charles Babbage and Others.* Edited by Philip Morrison and Emily Morrison. New York : Dover, 1961.

_____. *On the Economy of Machinery and Manufactures.* London : Charles Knight, 1832.

_____. *Passages from the Life of a Philosopher.* New York : A. M. Kelley, 1969.

Baran, Paul, and Paul Sweezy. *Monopoly Capital : An Essay on the American Economy and Social Order.* New York : Monthly Review Press, 1966.

Bataille, Georges. *The Accursed Share.* New York. Zone Books, 1988 [조르주 바타이유, 『저주의 몫』, 조한경 옮김, 문학동네, 2000].

Baudrillard, Jean. *The Mirror of Production.* St. Louis : Telos Press, 1975 [장 보드리야르, 『생산의 거울』, 배영달 옮김, 백의, 1994].

_____. *Simulations.* New York : Semiotext(e)/Autonomedia, 1983 [장 보드리야르, 『시뮬라시옹』, 하태환 옮김, 민음사, 2012].

Becker, Gary. *The Economic Approach to Human Behavior.* Chicago : University of Chicago Press, 1976.

Biefer, Marcel, and Beat Zgraggen. *Prophecies.* Edited by Hans-Ulrich Obrist. Zürich and Venice : Sammlung Hauser & Wirth and Aperto 93/Biennale of Venice, 1993.

Blaug, Mark. *Economic Theory in Retrospect.* Homewood, IL : Richard D. Irwin, 1962.

Bonefeld, Werner, et al. *Emancipating Marx,* Open Marxism 3. London : Pluto Press, 1995.

Boulding, Kenneth. "Economics as a Moral Science." *American Economic Review* 59, no. 1 (1969) : 1~12.

Boutang, Yan Moulier. "Cognitive Capitalism and Entrepreneurship : Decline in Industrial Entrepreneurship and the Rising of Collective Intelligence." Paper presented at the Conference on Capitalism and Entrepreneurship at Cornell University, September 28~29, 2007.

Braudel, Fernand. *The Wheels of Commerce.* New York : Harper & Row, 1982.

Braunthal, Julius. *The History of the International, Volume 1 : 1864-1914.* New York : Praeger, 1967.

Braverman, Harry. *Labor and Monopoly Capital : The Degradation of Work in the Twentieth Century.* New York : Monthly Review Press, 1974 [해리 브레이버맨, 『노동과 독점자본』, 이한주 옮김, 까치, 1989].

Butler, Samuel. *Erewhon.* New York : Lancer Books, 1968 [새뮤얼 버틀러, 『에레혼』, 한은경 옮김, 김영사, 2018].

Bukharin, Nikolai. *The Economic Theory of the Leisure Class.* New York : AMS Press, 1970.

_____.*Imperialism and World Economy.* New York : Howard Fertig, 1966.

Business Week. "The Reindustrialization of America." Special issue, *Business Week,* June 30, 1980.

Caffentzis, George. "Immeasurable Value? An Essay on Marx's Legacy." In *Reading Negri,* edited by Pierre Lamarche, Max Rosenkrantz, and David Sherman, 101~24. Chicago : Open Court, 2011.

_____. "On the Fundamental implications of the Debt Crisis for Social Reproduction in Africa." In *Paying the Price : Women and the Politics of International Economic Strategy,* edited by Mariarosa Dalla Costa and Giovanna Franca Dalla Costa. London : Zed Books, 1995.

_____. "A Review Article on Antonio Negri's Marx Beyond Marx : Lessons on the Grundrisse." *New German Critique* 41 (Spring-Summer 1987) : 186~92.

Caplan, Arthur L. "Beg, Borrow, or Steal : The Ethics of Solid Organ Procurement." In *Organ Substitution Technology : Ethical, Legal, and Public Policy Issues,* edited by Deborah Mathieu. Boulder : Westview Press, 1988.

Cardwell, Donald Stephen Lowel. *Turning Points in Western Technology : A Study of Technology, Science and History.* New York : Science History Publications, 1972.

Carlsson, Chris. *Nowtopia : How Pirate Programmers, Outlaw Bicyclists, and Vacant-Lot Gardeners Are Inventing the Future Today.* Oakland : AK Press, 2008.

Carnot, Sadi. *Reflexions on the Motive Power of Fire.* Translated and edited by Robert Fox. Manchester : Manchester University Press, 1986 [1824].

Cassirer, Ernst. *Substance and Function.* New York : Dover, 1953.

Clagett, Marshall. *The Science of Mechanics in the Middle Ages.* Madison : University of Wisconsin Press, 1959.

Clausius, Rudolf Julius Emanuel. "Entropy." In *A Source Book in Physics,* edited by William Francis Magie. Cambridge, MA : Harvard University Press, 1965 [1865].

Cleaver, Harry, Jr. *Reading Capital Politically.* Oakland : AK Press, 2000 [1979] [해리 클리버, 『자본론을 어떻게 읽을 것인가 ─ 정치경제학적 읽기, 철학적 읽기를 넘어 정치적 읽기로』, 조정환 옮김, 갈무리, 근간].

Clower, Robert W. "A Reconsideration of the Microfoundations of Monetary Theory." *Western Economic Journal* 6 (December 1967) : 1~8.

Cole, G.D.H. *Socialist Thought : Marxism and Anarchism 1850~1890.* London : Macmillan, 1969.

Collier, George, and Elizabeth Lowery Quaratiello. *Basta! Land and the Zapatista Rebellion in Chiapas.* Oakland : Food First, 1994.

Copeland, Jack, ed. *The Essential Turing : Seminal Writings in Computing, Logic, Philosophy, Artificial Intelligence, and Artificial Life, Plus : The Secrets of Enigma.* Oxford : Clarendon Press, 2004.

Dalla Costa, Giovanna Franca. "Development and Economic Crisis : Women's Labor and Social Policies in Venezuela in the Context of International Indebtedness." *In Paying the Price : Women and the Politics of International Economic Strategy*, edited by Mariarosa Dalla Costa and Giovanna Franca Dalla Costa. London : Zed Books, 1995.

Dalla Costa, Mariarosa. "Capitalism and Reproduction." In *Emancipating Marx : Open Marxism* 3. Edited by Werner Bonefeld et al. London : Pluto Press, 1995.

_____.*Famiglia, Welfare e Stato tra Progressismo e New Deal*. Milan : FrancoAngeli, 1992 [마리아로사 달라 코스따, 『집안의 노동자 — 뉴딜이 기획한 가족과 여성』, 김현지·이영주 옮김, 갈무리, 2017].

_____."Riproduzione e emigrazione." In Alessandro Serafini (ed.) *L'operaio multinazionale in Europa*. Milan : Feltrinelli, 1974.

Dalla Costa, Mariarosa, and Giovanna Franca Dalla Costa, eds. *Paying the Price : Women and International Economic Strategy*. London : Zed Books, 1995.

Dalla Costa, Mariarosa, and Selma James. *The Power of Women and the Subversion of the Community*. Bristol : Falling Wall Press, 1972.

De Angelis, Massimo. *The Beginning of History : Value Struggles and Global Capital*. London : Pluto Press, 2007 [맛시모 데 안젤리스, 『역사의 시작』, 권범철 옮김, 갈무리, 근간].

De Angelis, Massimo, and David Harvie. "Cognitive Capitalism and the Rat Race : How Capital Measures Immaterial Labour in British Universities." *Historical Materialism* 17, no. 3 (2009) : 3-30.

De Brunhoff, Suzanne. *Marx on Money*. New York : Urizen Books, 1976.

De Waal, Alexander. *Famine that Kills : Darfur, Sudan, 1984-1985*. Oxford : Clarendon Press, 1989.

Depastino, Todd. *Citizen Hobo : How a Century of Homelessness Shaped America*. Chicago : University of Chicago Press, 2003.

Devereux, Stephen. *Theories of Famine*. New York : Harvester/Wheatsheaf, 1993.

Dostoevsky, Fyodor. *Notes from the Underground*. In *Existentialism*, edited by Robert C. Solomon. New York : Modern Library, 1974.

Drake, Stillman. *Galileo at Work : His Scientific Biography*. Chicago : University of Chicago Press, 1978.

Dubbey, J. M. "The Mathematical World of Charles Babbage." In *The Universal Turing Machine : A Half-Century Survey*, edited by Rolf Herken (New York : Oxford University Press, 1995), 217.

Edmond, Wendy, and Suzie Fleming, eds. *All Work and No Pay*. Bristol : Falling Wall Press, 1975.

Edu-factory Collective. *Towards a Global Autonomous University : Cognitive Labor, the Production of Knowledge, and Exodus from the Education Factory*. Brooklyn : Autonomedia, 2009.

Engels, Frederick. *Anti-Dühring*. Peking : Foreign Language Press, 1976 [칼 맑스·프리드리히 엥겔스, 『저작 선집 5』, 최인호 외 옮김, 박종철 출판사, 1994].

Etzioni, Amitai. *The Moral Dimension : Towards a New Economics*. New York : Free Press, 1988.

_____.ed. *New Communitarian Thinking : Persons, Virtues, Institutions, and Communities*. Charlottesville : University Press of Virginia, 1995.

Fallows, James. *National Defense*. New York : Random House, 1981.

Fanon, Frantz. *The Wretched of the Earth*. New York : Grove Press, 1963 [프란츠 파농, 『대지의 저주받은 사람들』, 남경태 옮김, 그린비, 2015].

Farrington, Benjamin. *Science in Antiquity*. Oxford : Oxford University Press, 1969.

Federici, Silvia. *Caliban and the Witch : Women, the Body and Primitive Accumulation*. Brooklyn : Autonomedia, 2004 [실비아 페데리치, 『캘리번과 마녀 — 여성, 신체 그리고 시초축적』, 황성원 · 김민철 옮김, 갈무리, 2011].

_____. "The Debt Crisis : Africa and the New Enclosures." In *Midnight Oil : Work, Energy, War, 1973-1992*, edited by Midnight Notes Collective. Brooklyn : Autonomedia, 1992.

_____. ed. *Enduring Western Civilization*. Westport, CT : Praeger, 1995.

_____. "The God that Never Failed : The Origins and Crises of Western Civilization." In *Enduring Western Civilization : The Construction of the Concept of Western Civilization and Its "Others,"* edited by Silvia Federici. Westport, CT : Praeger, 1995.

_____. "The Great Witch Hunt of the Sixteenth and Seventeenth Century." *Maine Scholar* 1 (1988) : 31~52.

_____. "Journey to the Native Land : Violence and the Concept of the Self in Fanon and Gandhi." *Quest : An International African Journal of Philosophy* 8, no 2 (December 1994) : 47-69.

_____. "Wages against Housework." In *Revolution at Point Zero : Housework, Reproduction, and Feminist Struggle*, edited by Silvia Federici. Oakland : PM Press/Common Notions, 2012. Originally in *The Politics of Housework*, edited by Ellen Malos. London : Allison and Busby, 1982 [실비아 페데리치, 「가사노동에 대항하는 임금」, 『혁명의 영점 — 가사노동, 재생산, 여성주의 투쟁』, 황성원 옮김, 갈무리, 2013].

_____. "War, Globalization, and Reproduction," *Peace and Change* 25, no. 2 (April 2000) : 153-65.

Federici, Silvia, George Caffentzis, and Ousseina Alidou, eds. *A Thousand Flowers : Social Struggles against Structural Adjustment in African Universities*. Trenton, NJ : Africa World Press, 2000.

Federici, Silvia, and George Caffentzis, "Notes on the Edu-factory and Cognitive Capitalism." In *Toward a Global Autonomous University*, edited by Edu-factory Collective. Brooklyn : Autonomedia, 2009.

Federici, Silvia, and Leopoldina Fortunati. *Il Grande Calibano*. Milan : FrancoAngeli, 1984.

Ferguson, Niall. *The Ascent of Money : A Financial History of the World*. London : Penguin, 2008.

Foley, Duncan. *Understanding Capital : Marx's Economic Theory*. Cambridge, MA : Harvard University Press, 1986.

Fortunati, Leopoldina. *The Arcane of Reproduction. Housework, Prostitution, Labor and Capital*. Brooklyn : Autonomedia, 1995 [레오뽈디나 포르뚜나띠, 『재생산의 비밀』, 윤수종 옮김, 박종철출판사, 1997].

Foster, John Bellamy, and Robert W. McChesney. "Monopoly-Finance Capital and the Paradox of Accumulation." *Monthly Review* 61, no. 5 (October 2009) : 1~20.

Foucault, Michel. *The Birth of the Clinic : An Archeology of Medical Perception*. New York : Pantheon Books, 1973 [미셸 푸코, 『임상의학의 탄생』, 홍성민 옮김, 인간사랑, 1993].

_____. *Discipline and Punish*. London : Allen Lane, 1977 [미셸 푸코, 『감시와 처벌 — 감옥의

역사』, 오생근 옮김, 나남출판, 2011].

_____. *Foucault Live : Collected Interviews, 1961-1984*. Edited by Sylvere Lotringer. New York : Semiotext(e), 1996.

_____. *The History of Sexuality*, Volume One. Harmondsworth : Penguin Books, 1981 [미셸 푸코, 『성의 역사 1권 — 앎의 의지』, 이규현 외 옮김, 나남, 2004, 108쪽].

_____. *Madness and Civilization : A History of Insanity in the Age of Reason*. New York : New American Library, 1971 [미셸 푸코, 『광기의 역사』, 이규현 옮김, 나남출판, 2003].

_____. *The Order of Things : An Archeology of the Human Sciences*. New York : Random House, 1970 [미셸 푸코, 『말과 사물』, 이규현 옮김, 민음사, 2012].

Fukuyama, Francis. *Trust : The Social Virtues and the Creation of Prosperity*. New York : The Free Press, 1995.

Galilei, Galileo. *On Motion and On Mechanics*. Translated by I.D. Drabkin and S. Drake. Madison : University of Wisconsin Press, 1960.

Gibson, William, and Bruce Sterling. *The Difference Engine*. London : Victor Gollancz Ltd., 1990.

Gillespie, Charles. *The Edge of Objectivity*. Princeton : Princeton University Press, 1960.

Gorz, Andre. *Farewell to the Proletariat*. Boston : South End Press, 1983 [앙드레 고르, 『프롤레타리아여 안녕 — 사회주의를 넘어서』, 이현웅 옮김, 생각의 나무, 2011].

_____. *Paths to Paradise : On the Liberation from Work*. Boston : South End Press, 1985.

Granovetter, Mark. "Economic Action and Social Structure : The Problem of Embeddedness." In *The Sociology of Economic Life*, edited by Mark Granovetter and Richard Swedberg. Boulder : Westview Press, 1992.

Greenleaf, William, ed. *American Economic Development Since 1860*. New York : Harper and Row, 1968.

Guattari, Felix, and Antonio Negri. *Communists Like Us*. New York : Semiotext(e), 1990. Republished as *New Lines of Alliance, New Spaces of Liberty*. Brooklyn : Minor Compositions/Autonomedia, 2010 [안토니오 네그리·펠릭스 가타리, 『자유의 새로운 공간』, 조정환 옮김, 갈무리, 2007].

Habermas, Jürgen. *Legitimation Crisis*. Boston : Beacon Press, 1975.

Haraway, Donna. *Simians, Cyborgs, and Women : The Reinvention of Nature*. New York : Routledge, 1991 [다나 해러웨이, 『유인원, 사이보그, 그리고 여자』, 민경숙 옮김, 동문선, 2002].

Hardt, Michael, and Antonio Negri. *Empire*. Cambridge, MA : Harvard University Press, 2000 [안토니오 네그리·마이클 하트, 『제국』, 윤수종 옮김, 이학사, 2001].

_____. *The Labor of Dionysius : A Critique of the State Form*. Minneapolis : University of Minnesota Press, 1994 [안토니오 네그리·마이클 하트, 『디오니소스의 노동 I·II — 국가형태 비판』, 이원영 옮김, 갈무리, 1996, 1997].

_____. *Multitude : War and Democracy in the Age of Empire*. Cambridge, MA : Harvard University Press, 2004 [안토니오 네그리·마이클 하트, 『다중 — 제국이 지배하는 시대의 전쟁과 민주주의』, 조정환·정남영·서창현 옮김, 세종서적, 2008].

Hayek, Friedrich A. *Individualism and the Economic Order*. London : Routledge and Kegan Paul, 1949.

Heckscher, Eli. *Mercantilism*. Volume Two. 2nd revised edition. London : George Allen & Unwin Ltd., 1955.

Hobbes, Thomas. *Leviathan*. Indianapolis : Hackett Publishing Co., 1994 [토머스 홉스, 『리바이어던』, 진석용 옮김, 나남, 2008].

Hodges, Andrew. *Alan Turing : The Enigma*. New York : Simon and Schuster, 1983 [앤드루 호지스, 『앨런 튜링의 이미테이션 게임』, 김희주·한지원 옮김, 동아시아, 2015].

Hofstadter, Douglas. *Gödel, Escher, Bach : The Eternal Golden Braid*. New York : Random House, 1980.

Hollander, Samuel. *The Economics of John Stuart Mill, Vol. 1 : Theory of Method*. Toronto : University of Toronto Press, 1985.

Hyman, Anthony. *Charles Babbage : Pioneer of the Computer*. Oxford : Oxford University Press, 1982.

Illich, Ivan. *Shadow Work*. London : Marion Boyers, 1981 [이반 일리치, 『그림자 노동』, 노승영 옮김, 사월의책, 2015].

James, Selma. "Wageless of the World." In *Sex, Race, and Class — The Perspective of Winning : A Selection of Writings 1952-2011*. Oakland : PM Press/Common Notions, 2011. Originally in *All Work and No Pay*, edited by Wendy Edmonds and Suzie Fleming. Bristol : Falling Wall Press, 1975.

Johnson, Richard D., and Charles H. Holbrow, eds. *Space Settlements : A Design Study*. Washington, DC : NASA, Scientific and Technical Information Office, 1975.

Joint Committee on Defense Production. *Economic and Social Consequences of Nuclear Attacks on the United States*. Washington, DC : U.S. Government Printing Office, 1979.

Kalecki, Michal. *Selected Essays on the Dynamics of the Capitalist Economy, 1933-1970*. Cambridge : Cambridge University Press, 1971.

Kemeny, John G. *Report of the President's Commission on the Accident at Three Mile Island*. Washington, DC : U. S. Government Printing Office, 1979.

Keynes, John Maynard. *Essays in Persuasion. Vol. 9 of The Collected Writings of John Maynard Keynes*. London : The Macmillan Press, 1972.

_____. *The General Theory of Employment, Interest and Money*. New York : Classic Books America, 2009 [존 메이나드 케인스, 『고용, 이자, 화폐의 일반이론』, 이주명 옮김, 필맥, 2010].

Kisch, Herbert. *From Domestic Manufacture to Industrial Revolution : The Case of the Rhineland Textile Districts*. New York : Oxford University Press, 1989.

Kriedte, Peter. *Peasants, Landlords and Merchant Capitalists : Europe and the World Economy, 1500-1800*. Cambridge : Cambridge University Press, 1983.

Kurzweil, Ray. *The Age of Spiritual Machines : When Computers Exceed Human Intelligence*. New York : Penguin, 2000.

Laslett, Barbara, and Johanna Brenner. "Gender and Social Reproduction." *Annual Review of Sociology* 15 (1989) : 381~404.

Latouche, Serge. *In the Wake of the Affluent Society : An Exploration of Post-Development*. London : Zed Books, 1993.

Lenin, V.I. "Imperialism : The Highest Stage of Capitalism." In *Selected Works,* Vol. I. New York : International Publishers, 1967 [레닌, 『제국주의론』, 남상일 옮김, 백산서당, 1986].

Leventon, Jacob Clavner. *The Mind & Art of Henry Adams*. Boston : Houghton Mifflin Co., 1957.

Linebaugh, Peter. *The Magna Carta Manifesto : Liberties and Commons for All*. Berkeley : University of California Press, 2007 [피터 라인보우, 『마그나카르타 선언 ― 모두를 위한 자유권들과 커먼즈』, 정남영 옮김, 갈무리, 2012].

Linebaugh, Peter, and Bruno Ramirez. "Crisis in the Auto Sector." In *Midnight Oil: Work, Energy, War, 1973-1992*. Brooklyn : Autonomedia, 1992. Originally published in *Zerowork I* in 1975.

Lippi, Marco. *Value and Naturalism in Marx*. London : New Left Books, 1979.

Locke, Gary. "National Export Initiative Remarks." February 4, 2010. http://www. commerce. gov/news/secretary-speeches/2010/02/04/national-exports-initiative-remarks.

Lucas, J. R. "Minds, Machines and Gödel." *Philosophy* 36, no. 137 (April~July 1961) : 112~27.

Luxemburg, Rosa. *The Accumulation of Capital*. New York : Monthly Review Press, 1968 [로자 룩셈부르크, 『자본의 축적 1, 2』, 황선길 옮김, 지식을만드는지식, 2013].

Machlup, Fritz. *The Production and Distribution of Knowledge in the United States*. Princeton : Princeton University Press, 1962.

Macrae, Joanna, and Anthony Zwi, eds. *War and Hunger: Rethinking International Responses to Complex Emergencies*. London : Zed Books and Save the Children (UK), 1994.

Malos, Ellen, ed. *The Politics of Housework*. London : Allison and Busby, 1982.

Mao Tse-Tung. *Selected Works of Mao Tse-Tung* Vol. IV. Peking : Foreign Languages Press, 1969.

Marazzi, Christian. *Capital and Language: From the New Economy to the War Economy*. Cambridge, MA : MIT Press/Semiotext(e), 2008 [크리스티안 마라찌, 『자본과 언어 ― 신경제에서 전쟁경제로』, 서창현 옮김, 갈무리, 2013].

_____. *The Violence of Financial Capitalism*. Los Angeles : Semiotext(e), 2010 [크리스티안 마라찌, 『금융자본주의의 폭력』, 심성보 옮김, 갈무리, 2013].

Marx, Karl. "British Incomes in India." In *Karl Marx on Colonialism and Modernization: His Dispatches and Other Writings on China, India, Mexico, the Middle East and North Africa*, edited by Shlomo Avineri. New York : Doubleday and Company, 1968.

_____. *Capital: Volume I : A Critique of Political Economy*. London : Penguin, 1976 [카를 마르크스, 『자본론 ― 정치경제학 비판 I (상), (하)』, 김수행 옮김, 비봉출판사, 2015].

_____. *Capital: Volume II : A Critique of Political Economy*. London : Penguin, 1978 [카를 마르크스, 『자본론 ― 정치경제학 비판 II』, 김수행 옮김, 비봉출판사, 2015].

_____. *Capital: Volume III : A Critique of Political Economy*. London : Penguin, 1981 [카를 마르크스, 『자본론 ― 정치경제학 비판 III (상), (하)』, 김수행 옮김, 비봉출판사, 2015].

_____. *A Contribution to the Critique of Political Economy*. New York : International Publishers, 1970 [칼 맑스, 『정치경제학 비판을 위하여』, 김호균 옮김, 중원문화, 2007].

_____. *Grundrisse: Foundations of the Critique of Political Economy*. Harmondsworth : Penguin, 1973 [칼 맑스, 『정치경제학 비판 요강 I, II, III』, 김호균 옮김, 백의, 2001].

_____. *Pre-capitalist Economic Formations*. New York : International Publishers, 1964 [카를 마르크스, 『자본주의적 생산에 선행하는 제 형태』, 성낙선 옮김, 지평, 1988].

_____. *Theories of Surplus Value, Part I*. Moscow : Progress Publishers, 1963 [카를 마르크스, 『잉여가치 학설사 1』, 편집부 옮김, 아침, 1989].

_____. *Theories of Surplus Value, Part II*. Moscow : Progress Publishers, 1968.

_____. *Value, Price and Profit*. New York : International Publishers, 1935 [칼 맑스, 「임금, 가격 및 이윤」, 『경제학 노트』, 김호균 옮김, 이론과실천, 1988].

Marx, Karl, and Friedrich Engels. *Selected Correspondences, 1846-1895*. London : Lawrence & Wishart, 1936.

Mathieu, Deborah. *Organ Substitution Technology : Ethical, Legal, and Public Policy Issues*. Boulder : Westview Press, 1988.

Mattick, Paul. *Marx and Keynes : The Limits of a Mixed Economy*. Boston : F. Porter Sargent, 1969.

McKenzie, Richard, and Gordon Tullock. *The New World of Economics : Explorations into the Human Experience*. Homewood, Il : Richard D. Irwin Inc., 1978.

Meillassoux, Claude. *Maidens, Meal and Money : Capitalism and the Domestic Community*. Cambridge : Cambridge University Press, 1988.

Menzel, Paul. *Strong Medicine : The Ethical Rationing of Health Care*. New York : Oxford University Press, 1990.

Midnight Notes Collective, eds. *Auroras of the Zapatistas : Local and Global Struggles in the Fourth World War*. Brooklyn : Autonomedia, 2001.

_____.*Midnight Oil : Work, Energy, War 1973-1992*. Brooklyn : Autonomedia, 1992.

_____.*The New Enclosures*. Brooklyn : Autonomedia, 1990.

_____.*One No, Many Yeses*. Brooklyn : Autonomedia, 1998.

_____.*Outlaw Notes*. Brooklyn : Midnight Notes, 1985.

_____.*Strange Victories : The Anti-nuclear Movement in the U.S. & Europe*. Jamaica Plain, MA : Midnight Notes, 1979.

_____. "The Working Class Waves Bye-Bye : A Proletarian Response to Andre Gorz." *Lemming Notes*. Special issue of Midnight Notes 7 (1984) : 12~16.

Midnight Notes Collective and Friends. *Promissory Notes : From Crisis to Commons*. Brooklyn : Autonomedia, 2009.

Mirowski, Philip. *More Heat than Light : Economics as Social Physics, Physics as Nature's Economics*. Cambridge : Cambridge University Press, 1989.

Negri, Antonio. *Marx Beyond Marx : Lessons on the Grundrisse*. Brooklyn : Autonomedia, 1991 [안토니오 네그리, 『맑스를 넘어선 맑스』, 윤수종 옮김, 중원문화, 2012].

New York Times, The Downsizing of America. New York : Times Books/Random House, 1996.

Nordhaus, William D. "The Falling Share of Profits." *Brookings Institute Papers*. Washington, DC : Brookings Institute Press, 1975.

Novalis. *Henry von Ofterdingen : A Novel*. New York : Frederick Ungar Pub. Co., 1964.

O'Connor, James. *The Fiscal Crisis of the State*. New York : St. Martin's Press, 1973 [제임스 오코너, 『현대국가의 재정위기』, 우명동 옮김, 이론과실천, 1990].

Odum, Howard T., and Elisabeth C. Odum. *Energy Basis for Man and Nature*. New York : McGraw-Hill, 1976.

O'Neill , Gerard, ed. *Space Colonies*. New York : Penguin, 1977.

Organization for Economic Cooperation and Development. *Education Policy Analysis : Education and Skills*. Paris : OECD, 2001.

_____.*The OECD Jobs Study : Evidence and Explanations*. Paris : OECD, 1994.

Ord-Hume, Arthur W. J. G. *Perpetual Motion : The History of an Obsession*. New York : St. Martin's Press, 1977.

Pack, Spenser J. *Reconstructing Marxian Economics : Marx Based upon a Sraffian Commodity*

Theory of Value. New York : Praeger, 1986.

Palloix, Christian. *Les firmes multinationales et le procès d'internationalisation*. Paris : Francois Maspero, 1973.

Picchio, Antonella. *The Political Economy of Social Reproduction*. Cambridge : Cambridge University Press, 1992.

Polanyi, Karl. "The Economy as Instituted Process." In *The Sociology of Economic Life*, edited by Mark Granovetter and Richard Swedberg. Boulder : Westview Press, 1992.

_____. *The Great Transformation : The Political and Economic Origins of Our Times*. Boston : Beacon Press, 1944[1957] [칼 폴라니, 『거대한 전환 ― 우리 시대의 정치적 기원』, 홍기빈 옮김, 길, 2009].

_____. *Primitive, Archaic and Modern Economies : The Essays of Karl Polanyi*. Edited by George Dalton. Boston : Beacon Press, 1968.

Posner, Richard. *Sex and Reason*. Cambridge Mass. : Harvard University Press, 1992 [리차드 포스너, 『성과 이성 ― 섹슈얼리티의 역사와 이론』, 이민아·이은지 옮김, 말글빛냄, 2007].

Post, Emil. "Finite Combinatory Processes : Formulation 1." *Journal of Symbolic Logic* 1, no. 3 (1936) : 103~5.

p.m. *bolo'bolo*. Brooklyn : Autonomedia, 2011 [1985].

Rediker, Marcus. *Villains of All Nations : Atlantic Pirates in the Golden Age*. Boston : Beacon Press, 2004.

Reich, Robert. *The Work of Nations*. New York : Random House, 1992 [로버트 라이시, 『국가의 일』, 남경우 옮김, 까치, 1994].

Ricardo, David. *Principles of Political Economy and Taxation*. New York : Macmillan Co., 1914 [데이비드 리카도, 『정치경제학과 과세의 원리에 대하여』, 권기철 옮김, 책세상, 2010].

Rifkin, Jeremy. *The End of Work : The Decline of the Global Labor Force and the Dawn of the Postmarket Era*. New York : G.P. Putnam's Sons, 1995 [제레미 리프킨, 『노동의 종말』, 이영호 옮김, 민음사, 1996].

Savio, Mario. "An End to History." In *The New Left : A Documentary History*, edited by Massimo Teodori. Indianapolis : Bobbs-Merrill, 1969.

Say, Jean-Baptiste. *A Treatise on Political Economy or the Production, Distribution and Consumption of Wealth*. New York : Augustus M. Kelly Reprints of Economic Classics, 1964.

Schlumbohm, Jürgen. "Relations of Production—Productive Forces—Crises." In *Industrialization before Industrialization : Rural Industry in the Genesis of Capitalism*, edited by Peter Kriedte, Hans Medick, and Jürgen Schlumbohm. Cambridge : Cambridge University Press, 1981.

Schor, Juliet B. *The Overworked American : The Unexpected Decline of Leisure*. New York : Basic Books, 1991.

Schrodinger, Erwin. *What Is Life?* Cambridge : Cambridge University Press, 1944 [에르빈 슈뢰딩거, 『생명이란 무엇인가 ― 정신과 물질』, 전대호 옮김, 궁리, 2007].

Schumpeter, Joseph. *Economic Doctrine and Method*. New York : Oxford University Press, 1967 [조지프 슘페터, 『경제학의 역사와 방법』, 성낙선 옮김, 한신대학교출판부, 2007].

Sen, Amartya K. *Poverty and Famines : An Essay on Entitlement and Deprivation*, Oxford : Clarendon Press, 1981.

Seneca, Lucius Annaeus. *Moral Epistles*. Translated by Richard M. Gummere. Cambridge,

MA : Harvard University Press, 1917.

Sensat, Julius, *Jr. Habermas and Marxism : An Appraisal*. Beverly Hills, CA : Sage, 1979.

Serafini, Alessandro, ed. *L'operaio multinazionale in Europa*. Milan : Feltrinelli, 1974.

Shaikh, Anwar. "Marx's Theory of Value and the 'Transformation Problem.'" In *The Subtle Anatomy of Capitalism*, edited by Jesse Schwartz. Santa Monica : Goodyear Pub. Co., 1977.

Sharlet, Jeff. "Inside America's Most Powerful Megachurch." *Harper's* (May 2005) : 41~54.

Sheppard, Harold L., and Neal Q. Herrick, *Where Have All the Robots Gone? Worker Dissatisfaction in the '70s*. New York : The Free Press, 1972.

Simmel, Georg. *The Philosophy of Money*. London : Routledge, 2002 [게오르그 짐멜, 『돈의 철학』, 김덕영 옮김, 길, 2013].

Smart, Barry. *Foucault, Marxism and Critique*. London : Routledge and Kegan Paul, 1983.

Smelser. Neil J., and Richard Swedberg. "The Sociological Perspective on the Economy." In *The Handbook of Economic Sociology*, edited by Neil J. Smelser and Richard Swedberg. Princeton : Princeton University Press, 1994.

Smith, Adam. *Wealth of Nations*. Amherst, NY : Prometheus Books, 1991[1776] [애덤 스미스, 『국부론 (상), (하)』, 김수행 옮김, 비봉출판사, 2010].

Sohn-Rethel, Alfred. *Intellectual and Manual Labour : A Critique of Epistemology*. London : Macmillan, 1978.

Special Task Force to the Secretary of Health, Education, and Welfare. *Work in America*. Cambridge, MA : The MIT Press, 1973.

Spinoza, Benedict de. *On the Improvement of the Understanding. The Ethics. Correspondence*. New York : Dover, 1955 [B. 스피노자, 『지성개선론』, 강영계 옮김, 서광사, 2015; B. 스피노자, 『에티카』, 강영계 옮김, 서광사, 2007].

Sraffa, Piero. *Production of Commodities by Means of Commodities*. Cambridge : Cambridge University Press, 1960 [스라파, 『상품에 의한 상품생산』, 박찬일 옮김, 비봉출판사, 1986].

Steedman, Ian, et al. *The Value Controversy*. London : Verso, 1981.

Steele, David Ramsay. *From Marx to Mises : Post-capitalist Society and the Challenge of Economic Calculation*. La Salle, IL : Open Court, 1992.

Stewart-McDougall, Mark Lynn. *The Artisan Republic : Revolution, Reaction, and Resistance in Lyon, 1848-1851*. Kingston : McGill-Queens University Press, 1984.

Swedberg, Richard, ed. "Economic Sociology : Past and Present." *Current Sociology* 35 (1987) : 1~221.

_____. *Economics and Sociology : Redefining Their Boundaries, Conversations with Economists and Sociologists*. Princeton : Princeton University Press, 1990.

_____. "Major Traditions of Economic Sociology." *Annual Review of Sociology* 17 (1991) : 251~76.

Sweezy, Paul. *The Theory of Capitalist Development*. New York : Monthly Review Press, 1942 [폴 스위지, 『자본주의 발전의 이론』, 이주명 옮김, 필맥, 2009].

Taton, Rene, ed. *Science in the Nineteenth Century*. New York : Basic Books, 1965.

Taussig, Michael T. *The Devil and Commodity Fetishism in South America*. Chapel Hill, NC : University of North Carolina Press, 1980.

Teller, Edward. "Energy : A Plan for Action." In *Power & Security*, edited by Edward Teller, Hans Mark, and John S. Foster Jr., 1~82. Lexington, MA : Lexington Books, 1976.

Thomas, J. J. *Informal Economic Activity*. Ann Arbor : University of Michigan Press, 1992.

Thompson, E. P. *Customs in Common*. New York : The New Press, 1991.

_____. "Notes on Exterminism : The Last Stage of Civilization." In *Peace Studies : Critical Concepts in Political Science*, edited by Mathew Evangelista, 186~214. New York : Routledge, 2005.

Thomson, George. *The First Philosophers*. London : Lawrence and Wishart, 1955.

Tronti, Mario. "Workers and Capital." *Telos* 14 (1972) : 25~62. Subsequently published as "Capitale Sociale." *Telos* 17 (1973) : 98~121.

Truesdell, C. A. *The Tragicomical History of Thermodynamics, 1822~1854*. New York : Springer-Verlag, 1980.

Tullock, Gordon. "Economic Imperialism." In *The Theory of Public Choice*, edited by James M. Buchanan and Robert D. Tollison. Ann Arbor : University of Michigan Press, 1972.

Turing, Alan. "Computing Machinery and Intelligence." *Mind* 59, no. 236 (May 1950) : 433~60.

_____. "On Computable Numbers." In *The Undecidable*, edited by Martin Davis. Hewlett, NY : Raven Press, 1965.

_____. "On Computable Numbers with an Application to the Entscheidungsproblem." In *The Essential Turing : Seminal Writings in Computing, Logic, Philosophy, Artificial Intelligence, and Artificial Life, Plus : The Secrets of Enigma*, edited by Jack Copeland. Oxford : Clarendon Press, 2004[1936] : 58~90.

Ure, Andrew. *The Philosophy of Manufactures*. New York : Augustus M. Kelley, 1967.

Vercellone, Carlo. "Cognitive Capitalism and Models for the Regulation of Wages." In *Towards a Global Autonomous University : Cognitive Labor, the Production of Knowledge, and Exodus from the Education Factory*, edited by the Edu-factory Collective. Brooklyn : Autonomedia, 2009.

_____. "From Formal Subsumption to General Intellect : Elements for a Marxist Reading to the Thesis of Cognitive Capitalism." *Historical Materialism* 15 (2007) : 13~36.

_____. "The Hypothesis of Cognitive Capitalism." Paper presented at the Historical Materialism annual conference, London, November 4~5, 2005.

_____. "The New Articulation of Wages, Rent and Profit in Cognitive Capitalism." Paper presented at the conference "The Art of Rent." Queen Mary University School of Business and Management, London, 2008.

Virno, Paolo. *A Grammar of the Multitude*. New York : Semiotext(e), 2004 [빠올로 비르노, 『다중』, 김상운 옮김, 갈무리, 2004].

von Böhm-Bawerk, Eugene. "Control or Economic Law." In *Shorter Classics of E. Von Böhm-Bawerk*. South Holland, IL : Libertarian Press, 1962

_____. *Karl Marx and the Close of His System*. London : Porcupine Press, 2006.

von Neumann, John. "The General and Logical Theory of Automata." In *The World of Mathematics*, edited by James Newman. New York : Simon and Schuster, 1956.

Weber, Max. *The Protestant Ethic and the "Spirit" of Capitalism*. Translated by Peter Baehr and Gordon C. Wells. London : Penguin Books, 2002 [막스 베버, 『프로테스탄티즘의 윤리와 자본주의 정신』, 김덕영 옮김, 길, 2010].

Weiner, Norbert. *Cybernetics; or, Control and Communication in the Animal and the Machine*. Cambridge, MA : MIT Press, 1965.

White, Luise. *Speaking with Vampires : Rumor and History in Colonial Africa*. Berkeley : University of California Press, 2000.

Widick, B.J. "Work in Auto Plants : Then and Now." In *Auto Work and Its Discontents*, edited by B.J. Widick. Baltimore : John Hopkins University Press, 1976.

Wild, Larry. "Film Production." http://www3.northern.edu/wild/th100/flmprod.htm.

Williams, Jeffrey. "The Pedagogy of Debt." In *Towards a Global Autonomous University : Cognitive labor, the Production of Knowledge, and Exodus from the Education Factory*, edited by the Edu-factory Collective. Brooklyn : Autonomedia, 2009.

Williamson, Oliver. "Transaction Cost Economics and Organization Theory." In *The Handbook of Economic Sociology*, edited by Neil J. Smelser and Richard Swedberg. Princeton : Princeton University Press, 1994.

World Bank. *Constructing Knowledge Societies : New Challenges for Tertiary Education*. Washington, DC : World Bank, 2002.

_____. *Higher Education : The Lessons of Experience. Development in Practice Series*. Washington, DC : World Bank, 1994.

_____. *The World Bank and the Environment*. Washington, DC : World Bank, 1992.

Youmans, Edward L. *The Correlation and Conservation of Forces : A Series of Expositions*. New York : Appleton & Co., 1872.

Zinn, Howard. *A People's History of the United States*. New York : HarperCollins, 2003 [하워드 진, 『미국민중사 1, 2』, 유강은 옮김, 이후, 2006].